D1730250

J. von Staudingers
Kommentar zum Bürgerlichen Gesetzbuch
mit Einführungsgesetz und Nebengesetzen
Viertes Buch. Familienrecht
§§ 1741–1772

Dr. Rolf Sack
Professor an der Universität Mannheim

Dr. Ludwig Salgo
Professor an der Fachhochschule Frankfurt
a. M., Apl. Professor an der Universität
Frankfurt a. M.

Dr. Gottfried Schiemann
Professor an der Universität Tübingen

Dr. Eberhard Schilken
Professor an der Universität Bonn

Dr. Peter Schlosser
Professor an der Universität München

Dr. Jürgen Schmidt
Professor an der Universität Münster

Dr. Karsten Schmidt
Professor an der Universität Bonn

Dr. Günther Schotten
Notar in Köln, Professor an der
Universität Bielefeld

Dr. Hans Hermann Seiler
Professor an der Universität Hamburg

Dr. Walter Selb †
Professor an der Universität Wien

Dr. Reinhard Singer
Professor an der Universität Rostock,
Richter am Oberlandesgericht Rostock

Dr. Jürgen Sonnenschein †
Professor an der Universität Kiel

Dr. Ulrich Spellenberg
Professor an der Universität Bayreuth

Dr. Sebastian Spiegelberger
Notar in Rosenheim

Dr. Hans Stoll
Professor an der Universität Freiburg
i. Br.

Dr. Hans-Wolfgang Strätz
Professor an der Universität Konstanz

Dr. Dr. h. c. Fritz Sturm
Professor an der Universität Lausanne

Dr. Gudrun Sturm
Assessorin, Wiss. Mitarbeiterin an der
Universität Lausanne

Burkhard Thiele
Ministerialdirigent im Justizministerium
Mecklenburg-Vorpommern, Schwerin

Dr. Bea Verschraegen, LL.M.
Professorin an der Universität Wien

Dr. Klaus Vieweg
Professor an der Universität Erlangen-
Nürnberg

Dr. Reinhard Voppel
Rechtsanwalt in Köln

Dr. Günter Weick
Professor an der Universität Gießen

Gerd Weinreich
Richter am Oberlandesgericht Oldenburg

Dr. Birgit Weitemeyer
Wiss. Assistentin an der Universität Kiel

Dr. Joachim Wenzel
Vorsitzender Richter am Bundesgerichtshof, Karlsruhe

Dr. Olaf Werner
Professor an der Universität Jena, Richter am Thüringer Oberlandesgericht Jena

Dr. Wolfgang Wiegand
Professor an der Universität Bern

Dr. Peter Winkler von
Mohrenfels
Professor an der Universität Rostock,
Richter am Oberlandesgericht Rostock

Dr. Roland Wittmann
Professor an der Universität Frankfurt
(Oder), Richter am Brandenburgischen
Oberlandesgericht

Dr. Hans Wolfsteiner
Notar in München

Dr. Eduard Wufka
Notar in Starnberg

Dr. Michael Wurm
Richter am Bundesgerichtshof, Karlsruhe

**Redaktorinnen
und Redaktoren**

Dr. Christian von Bar

Dr. Wolf-Rüdiger Bub

Dr. Heinrich Dörner

Dr. Helmut Engler

Dr. Karl-Heinz Gursky

Norbert Habermann

Dr. Dott. h. c. mult. Dieter
Henrich

Dr. Heinrich Honsell

Dr. Norbert Horn

Dr. Heinz Hübner

Dr. Jan Kropholler

Dr. Dr. h. c. Manfred Löwisch

Dr. Ulrich Magnus

Dr. Dr. Michael Martinek, M.C.J.

Dr. Gerhard Otte

Dr. Lore Maria Peschel-Gutzeit

Dr. Peter Rawert, LL.M.

Dr. Dieter Reuter

Dr. Herbert Roth

Dr. Hans-Wolfgang Strätz

Dr. Wolfgang Wiegand

J. von Staudingers
Kommentar zum Bürgerlichen Gesetzbuch
mit Einführungsgesetz und Nebengesetzen

Viertes Buch
Familienrecht
§§ 1741–1772

Dreizehnte
Bearbeitung 2001
von
Rainer Frank

Redaktor
Helmut Engler

Sellier – de Gruyter · Berlin

Die Kommentatorinnen und Kommentatoren

Dreizehnte Bearbeitung 2001
§§ 1741–1772 Rainer Frank

12. Auflage
§§ 1741–1772 Rainer Frank (1992)

10./11. Auflage
§§ 1741–1772 Helmut Engler (1966)

Sachregister

Rechtsanwalt Dr. Dr. Volker Kluge, Berlin

Zitierweise

Staudinger/Frank (2001) Vorbem 1 zu
§§ 1741 ff
Staudinger/Frank (2001) § 1741 Rn 1

Zitiert wird nach Paragraph bzw Artikel und Randnummer.

Hinweise

Das **vorläufige Abkürzungsverzeichnis** für das Gesamtwerk Staudinger befindet sich in einer Broschüre, die zusammen mit dem Band §§ 985–1011 (1993) geliefert worden ist.

Der **Stand der Bearbeitung** ist jeweils mit Monat und Jahr auf den linken Seiten unten angegeben.

Am Ende des Bandes befindet sich eine Übersicht über den aktuellen **Stand des Gesamtwerks** Staudinger zum Zeitpunkt des Erscheinens dieses Bandes.

Die Deutsche Bibliothek – CIP-Einheitsaufnahme

J. von Staudingers Kommentar zum Bürgerlichen Gesetzbuch : mit Einführungsgesetz und Nebengesetzen / [Kommentatoren Karl-Dieter Albrecht ...]. – Berlin : Sellier de Gruyter
Teilw. hrsg. von Günther Beitzke ... – Teilw. im Verl. Schweitzer, Berlin. – Teilw. im Verl. Schweitzer de Gruyter, Berlin. – Teilw. u. d. T.: J. v. Staudingers Kommentar zum Bürgerlichen Gesetzbuch
ISBN 3-8059-0784-2

Buch 4. Familienrecht
§§ 1741–1772 / Red. Helmut Engler. – 13. Bearb. / von Rainer Frank. – 2001
ISBN 3-8059-0946-2

Satz: jürgen ullrich typosatz, Nördlingen.

Druck: H. Heenemann GmbH & Co., Berlin.

Bindearbeiten: Lüderitz und Bauer, Buchgewerbe GmbH, Berlin.

Umschlaggestaltung: Bib Wies, München.

♾ Gedruckt auf säurefreiem Papier, das die DIN ISO 9706 über Haltbarkeit erfüllt.

Inhaltsübersicht

---

[*] Zitiert wird nicht nach Seiten, sondern nach
Paragraph bzw Artikel und Randnummer; siehe
dazu auch S VI.

Neunter Titel
Annahme als Kind

Vorbemerkungen zu §§ 1741 ff

Schrifttum

1. Juristische Literatur

a) Monographien

BAER/GROSS, Adoption und Adoptionsvermittlung (2. Aufl 1981)
BICKLER, Untersuchungen zur Erwachsenen-
adoption (Diss Gießen 1971)
Bundesarbeitsgemeinschaft der Landesjugend-
ämter (Hrsg), Empfehlungen zur Adoptions-
vermittlung (3. Aufl 1994)
ENGLER, Auf dem Weg zu einem neuen Adop-
tionsrecht (1972)
FRANK, Grenzen der Adoption (1978)
GLÄSSING, Voraussetzungen der Adoption
(1957)
GROB, Die elterliche Einwilligung in die Adop-
tion (Diss Tübingen 1984)
KRAUSE, Die Volljährigenadoption (Diss Frei-
burg i Br 1971)
LONGINO, Die Pflegekinderadoption (Diss
Frankfurt/Oder 1997)
LÜDERITZ, Adoption (1972)
OBERLOSKAMP, Wir werden Adoptiv- oder
Pflegeeltern (4. Aufl 2000)
ROTH, Erbrechtliche Probleme bei der Adop-
tion (Diss Freiburg i Br 1979)
ROTH-STIELOW, Adoptionsgesetz – Adoptions-
vermittlungsgesetz (1976)
SALGO, Pflegekindschaft und Staatsintervention
(1987)
SCHNITZERLING, Die Adoption (1960)
GRÄFIN VON SCHLIEFFEN, Offene Adoptions-
formen – ein Grund zur Reform des Adop-
tionsrechts (Diss FU Berlin 1994)
SCHOTTEN, Die Stiefkindadoption: eine ver-
gleichende Darstellung des spanischen und
deutschen Rechts (Diss Freiburg i Br
1998)
STRICK, Die Adoption des eigenen Kindes: zum

Abbruch statusrechtlicher Verwandtschaftsbeziehungen (Diss Freiburg i Br 1996).

b) Aufsätze

ARNDT/SCHWEITZER, Zur Ersetzung der elter-
lichen Adoptionseinwilligung nach § 1747 a
BGB, ZfJ 1974, 201
BACH, „Vatertag" beim Bundesverfassungsgericht, ZfJ 1995, 471
BALTZ, Kindschaftsrechtsreform und Jugendhilfe, NDV 1997, 341
BARTH, Vaterschaftsfeststellung bei gleichzeiti-
ger Adoptionsvermittlung?, ZfJ 1984, 68
BEITZKE, Internationalrechtliches zur Adop-
tionsreform, FamRZ 1976, 74
ders, Zur Neuregelung der Zuständigkeit in
Adoptionssachen, FamRZ 1976, 507
BINSCHUS, Schwerpunkte des neuen Adop-
tionsrechts, ZfF 1976, 193
BISCHOF, Das neue Adoptionsgesetz ab
1. 1. 1977, JurBüro 1976, 1569
BOSCH, Zur Volljährigen-Adoption, FamRZ
1964, 401
ders, Entwicklungen und Probleme des neuen
Adoptionsrechts in der Bundesrepublik
Deutschland, FamRZ 1984, 829
BRÖTEL, Die grundrechtliche Stellung des Vaters
bei der Adoption seines nichtehelichen Kindes
durch Dritte, FamRZ 1995, 72
BRÜGGEMANN, Zweifelsfragen des neuen
Adoptionsverfahrensrechts aus der Sicht des
Jugendamts, ZBlJugR 1977, 199
ders, Schwerpunkte juristischer Problematik in
der Tagesarbeit des Amtsvormunds und Amts-
pflegers, ZBlJugR 1982, 538, 548
ders, Der Vorname des Adoptivkindes, ZfJ 1988,
101
BÜHLER, Hinweise und Einzelfragen zum neuen
Adoptionsrecht, BWNotZ 1977, 129

Rainer Frank

Coester, Elternrecht des nichtehelichen Vaters
und Adoption, FamRZ 1995, 1245

Conradi, Zivilrechtliche Regelung des Stiefkindverhältnisses – Alternative zur Adoption
des Stiefkindes?, FamRZ 1980, 103

Dieckmann, Erbrechtliche Fragen familienrechtlicher Reformgesetze im Spiegel neuerer
Lehrbücher, FamRZ 1979, 389, 393

ders, Randfragen des Adoptionsrechts, ZBlJugR
1980, 567

Dittmann, Adoption und Erbrecht, Rpfleger
1978, 277

Engler, Das neue Adoptionsrecht, FamRZ
1976, 584

ders, Kann bei einer Stiefkindadoption der
leibliche Elternteil das Kind vertreten?, Rpfleger 1977, 274

Evangelische Akademikerschaft in Deutsch-
land/Katholischer Akademikerverband, Neuordnung des Adoptionsrechts, FamRZ 1974, 170

Finger, Belehrung und Beratung durch das
Jugendamt nach §§ 1748 Abs 2 BGB, 51 a JWG,
DAVorm 1990, 393

ders, Die Ersetzung der Einwilligung eines Elternteils in die Annahme als Kind nach § 1748
BGB, FuR 1990, 183

Fahrenhorst, Die Rechtsstellung des Vaters
bei Inkognito-Adoption seines nichtehelichen
Kindes, FuR 1995, 107

Flik, Beeinflußt die Aufhebung eines Adoptionsverhältnisses frühere Verfügungen von
Todes wegen?, BWNotZ 1980, 132

Frank, Die Neuregelung des Adoptionsrechts,
FamRZ 1998, 393

Frank/Wassermann, Entscheidungsanmer-
kung, FamRZ 1988, 1247

Fritsche, Annahme eines Ehepaares durch ein
Ehepaar, StAZ 1983, 106

Gawlitta, Verspätete Beratung durch das
Jugendamt im Ersetzungsverfahren zur Adoption?, ZfJ 1988, 110

Grziwotz, Schützenswerte Interessen der Abkömmlinge des Annehmenden bei der Volljährigenadoption, FamRZ 1991, 1399

Hecker, Einfluß der Adoption auf die Staatsangehörigkeit, StAZ 1985, 153

Heilmann, Die „Anfechtung" einer Einwilligung vor Erlaß des Adoptionsdekrets – Teil 1,
DAVorm 1997, 581, Teil 2, DAVorm 1997, 671

Hellermann, Kindesannahme durch den Ehegatten nach dem Tode des anderen mit der
Rechtswirkung des § 1754 Abs 1 BGB?, FamRZ
1983, 659

Helms, Das Einwilligungsrecht des Vaterschaftsprätendenten bei der Adoption eines
nichtehelichen Kindes, JAmt (DAVorm) 2001,
57

Henrich, Die Wirksamkeit der Adoption als
Vorfrage für die Namensführung des Adoptierten, IPRax 1998, 96

Hohloch, Rechtsprechungsübersicht – Adoption des nichtehelichen Enkelkindes durch die
Großeltern, JuS 1996, 1033

ders, Keine Genehmigung der Adoption des
Kindes der Zweitfrau durch Erstfrau bei „hin-
kender" polygamer Ehe, JuS 1998, 268

Holzhauer, Die Neuregelung des Pflegekind-
verhältnisses, ZRP 1982, 222, 226

Kallabis, Aids und das Jugendamt – Rechts-
probleme bei der Vermittlung von Pflegschaften
und Adoptionen, ZfJ 1988, 53

Kemper, Beurkundung des Annahmeantrages
durch den Notar nach § 1752 II BGB, DAVorm
1977, 153

Kirchmayer, Während des Adoptionsverfahrens eintretende Volljährigkeit – perpetuatio
adoptionis minoris?, StAZ 1995, 262

Knur, Zur Reform der Adoption Volljähriger,
DNotZ 1959, 284

Kraiss, Das neue Adoptionsrecht, BWNotZ
1977, 1

Krzywon, Zur vormundschaftsgerichtlichen
Genehmigung nach § 1746 Abs. 1 Satz 4 BGB
bei inländischen Adoptionsverfahren, BWNotZ
1987, 58

Lakies, Zum Verhältnis von Pflegekindschaft
und Adoption, FamRZ 1990, 698

ders, Das Recht der Pflegekindschaft im BGB
nach der Kindschaftsrechtsreform, ZfJ 1998,
129

Liermann, Änderungen im Adoptionsrecht,
FamRZ 1993, 1263

ders, Readoption des volljährigen Kindes durch
den leiblichen Vater, FamRZ 1995, 1229

ders, Zur Wirksamkeit eines Minderjährigen-
Adoptionsbeschlusses trotz Volljährigkeit des
Anzunehmenden im Zeitpunkt der Entschei-
dung, FamRZ 1997, 112

ders, Auswirkungen der Reform des Kindschaftsrechts auf das Recht der Adoption – Teil 1, FuR 1997, 217, Teil 2, FuR 1997, 266

ders, Zur Ersetzung der Einwilligung zur Kindesannahme nach BGB § 1748 Abs 1 S 1, FamRZ 1999, 1685

ders, Zur Teilnichtigkeit einer Entscheidung der Freiwilligen Gerichtsbarkeit, FamRZ 2000, 722

LISTL, Adoptionsrecht und religiöse Kindererziehung, FamRZ 1974, 74

LÜDERITZ, Das neue Adoptionsrecht, NJW 1976, 1865

ders, Gesetzliche Klarstellungen im Adoptionsrecht, NJW 1993, 1050

MANSEES, Fremdmutterschaft und Adoptionsrecht, ZfJ 1986, 496

MERGENTHALER, Welche Gesetzesbestimmungen muß der Beschluß über die Annahme als Kind enthalten?, StAZ 1977, 292

NÄGELE, Auswirkungen des § 1925 IV BGB auf die Erbfolge, BWNotZ 1978, 79

NIED, Zweifachadoption ohne Aufhebung des ersten Adoptionsverhältnisses, StAZ 1982, 23

OBERLOSKAMP, Annahme als Kind und Adoptionsvermittlung seit dem 1.1.1977, DAVorm 1977, 89

dies, Die Ersetzung der Einwilligung der leiblichen Eltern in die Annahme ihres Kindes (§ 1748 BGB), ZBlJugR 1980, 581

OSWALD, Zur steuerlichen Anerkennung von Adoptionen nach altem und nach neuem Recht, FamRZ 1978, 99

PAULITZ, Adoption – Reizwort oder Zauberformel? ZfJ 1997, 126

ders, Wie sinnvoll sind Stiefkindadoptionen?, ZfJ 1997, 311

PRANG, Volljährigenadoption – Annahme von Ehegatten durch eine Einzelperson – Ausweisung der Adoption in den Personenstandsbüchern, StAZ 1982, 111

RENNER, Zur aufenthaltsrechtlichen Stellung des von einem deutschen Staatsangehörigen adoptierten erwachsenen Ausländers, ZAR 1981, 128

ROTH-STIELOW, Die Vertretung des Kindes im Annahmeverfahren, NJW 1978, 203

RUTHE, Zum Unterhaltsanspruch des adoptierten Kindes, FamRZ 1977, 30

SAMELUCK, Vormundschaftsgerichtliche Genehmigung gem § 1746 I 4 BGB in Fällen mit Auslandsberührung, ZfJ 1989, 203

SCHELD, Grundrechtsentmündigung der Adoptiv-Großeltern?, DRiZ 1976, 45

ders, Diskriminierung der Adoptiv-Großeltern?, FamRZ 1975, 326

SCHMITT-KAMMLER, Zur erbrechtlichen Problematik der Verwandten- und Stiefkinderadoption nach § 1756 BGB, FamRZ 1978, 570

STÖCKER, Bemerkungen zu drei Streitpunkten der Reform des Adoptionsrechts, FamRZ 1974, 568

STURM, Zur Scheinadoption volljähriger Ausländer in der Bundesrepublik Deutschland und in der schweizerischen Eidgenossenschaft, in: FS Firsching (1985) 309

TEXTOR, Offene Adoptionsformen, NDV 1991, 107

ULLENBRUCH, Betreibung der Vaterschaftsfeststellung bei vorgesehener Adoption eines nichtehelichen Kindes?, ZBlJugR 1977, 426

WAGENITZ, Randkorrekturen im Adoptionsrecht, ZfJ 1991, 241

ZIERL, Pränatale Adoption, DRiZ 1984, 108

ZUR NIEDEN, Mängel des Adoptionsrechts, FamRZ 1956, 68.

2. Nichtjuristische Literatur

BAER, Adoptierte suchen ihre Ursprungsfamilie, NDV 1988, 148

BARTH, Adoption in der Literatur – Entscheidungshilfe und Aufklärung?, ZBlJugR 1983, 384

ders, Adoption in der Literatur II – Aufklärung für Betroffene, ZfJ 1988, 83

ders, Soziologische Daten zur Adoption Minderjähriger, ZBlJugR 1978, 243

BOHMANN, Adoptivkinder und ihre Familien (1980)

BUSH/GOLDMAN, The psychological parenting and permanency principles in child welfare, 52 American Journal of Orthopsychiatry 1982, 223

Diakonisches Werk der Evangelischen Kirche in Deutschland, Arbeitsausschuß Evangelischer Adoptionsvermittlungsstellen (Hrsg), Adoption – Annahme als Kind (2. Aufl 1978)

EAGLE, The separation experience of children in long-term care, American Orthopsychiatric Association 1994, 421

EBERTZ, Adoption als Identitätsproblem (1987)

Rainer Frank

FEIGELMAN/SILVERMAN, Chosen children. New patterns of adoptive relationships (New York 1983)

GERBER (Hrsg), Ja – zum angenommenen Kind (1979)

HARMS/STREHLOW (Hrsg), Das Traumkind in der Realität (1990)

HOFFMANN/RIEM, Das adoptierte Kind. Familienleben mit doppelter Elternschaft (4. Aufl 1998)

HUTH, Adoption und Familiendynamik (1983)

HOKSBERGEN/TEXTOR (Hrsg), Adoption: Grundlagen, Vermittlung, Nachbetreuung, Beratung (1993)

HOKSBERGEN/JUFFER/TEXTOR, Attachment und Identität von Kindern, Prax d Kinderpsychologie und Kinderpsychiatrie 1994, 339

JAFFEE/FANSHEL, How they fared in adoption (New York 1970)

JUNGMANN, Aufwachsen in der Adoptivfamilie, Forschungsbericht des Deutschen Jugendinstituts eV (1987)

KADUSHIN, Adopting older children (New York 1970)

KIRK, Adoptive kinship. A modern institution in need of reform (Toronto 1981)

KROLZIK (Hrsg), Pflegekinder und Adoptivkinder im Focus (1999)

LIFTON, Adoption (1982)

dies, Journey to the adopted self (1994)

NAPP-PETERS, Adoption – Das alleinstehende Kind und seine Familien (1978)

PAULITZ, Offene Adoption: ein Plädoyer (1997)

ders (Hrsg), Adoption: Positionen, Impulse, Perspektiven (2000)

REID/KAGAN/KAMINSKY/HELMER, Adoptions of older institutionalized youth, 68 Social Casework 1987, 140

ROSENBERG, The adoption life cycle: The children and their families through the years (1992)

ROWAL/SCHILLING, Adoption through the eyes of adult adoptees, American Journal of Orthopsychiatry 1985, 354

SOROSKY/BARAN/PANNOR, Adoption. Zueinander kommen – miteinander leben (1982)

SWIENTEK, Ich habe mein Kind fortgegeben (1982)

dies, Die „abgebende Mutter" im Adoptionsverfahren (1986)

dies, Was Adoptivkinder wissen sollten und wie man es ihnen sagen kann (früher unter dem Titel: Wir haben dich adoptiert) (1998)

STECK, Eltern-Kind-Beziehungsproblematik bei Adoption, Prax d Kinderpsychologie und Kinderpsychiatrie 1998, 240

TEXTOR, Offene Adoption von Säuglingen, UJ 1988, 530

ders, Offene Adoption älterer Kinder, Jugendwohl 1989, 10

ders, Die unbekannten Eltern, ZfJ 1990, 10

ders, Offene Adoptionsformen, NDV 1991, 107

TRISELIOTIS, Counselling adoptees, in: TRISELIOTIS (Hrsg), New Developments in foster care and adoption (London 1989)

ders, In search of origins. The experiences of adopted people (London 1973)

WOLLEK, Offene Adoption oder Inkognito?, UJ 1999, 147.

3. Schrifttum zum ausländischen Adoptionsrecht

Einen Überblick über das geltende Adoptionsrecht in den europäischen Staaten gibt BEGHÈ LORETI, L'adozione dei minori nelle legislazioni europee (Milano 1986) – m teilw engl Übers.

Eine weitere Darstellung des Adoptionsrechts einer Reihe europäischer Staaten (Belgien, Bundesrepublik Deutschland, Frankreich, Großbritannien, Italien, Niederlande, Österreich, Portugal, Schweiz, Spanien) findet sich in Rev int dr comp 1985, 502 (L'adoption dans les principales législations européennes).

Zahlreiche rechtsvergleichende Hinw auf europäische und außereuropäische Staaten enthalten die Ausführungen bei STAUDINGER/HENRICH (1996) Vorbem 1–6 zu Art 22 nF.

Gesetzl Bestimmungen über die Adoption in ausländischen Staaten sind bei BERGMANN/FERID, Internationales Ehe- und Kindschaftsrecht, abgedruckt. Die nachfolgende Zusammenstellung von Literatur zum Adoptionsrecht fremder Staaten kann nur eine erste Hilfe sein.

a) Europäische Rechtsordnungen
Belgien:

CASMAN, La réforme de l'adoption, Rev trim dr fam 1988, 9

MEULDERS-KLEIN, Die Reform des Abstammungs- und Adoptionsrechts in Belgien, FamRZ 1989, 696

KLINKHARDT, Neues belgisches Kindschaftsrecht, ZfJ 1988, 542

PINTENS, Die Reform des belgischen Kindschaftsrechts aus vergleichender Sicht, FamRZ 1997, 457

RUBELLIN-DEVICHI, La réforme de l'adoption, Rev int dr comp 1988, 153

VAHLE, Typenmehrheit bei der Minderjährigenadoption? Das Beispiel Belgien, ZfJ 1999, 11.

Dänemark:

MARCUS, Das dänische Adoptionsgesetz von 1972, RabelsZ 1974, 194

KORKISCH, Einführung in das Privatrecht der nordischen Länder (1977) 127.

DDR (Einigungsvertrag):

SIEHR, Das Kindschaftsrecht im Einigungsvertrag, IPRax 1991, 20.

Frankreich:

BATTES/MEIXNER, Neue französische Gesetzgebung zum Familienrecht, FuR 1993, 219

BRUNAUD, L'adoption (Paris 1999)

FERID/SONNENBERGER, Das französische Zivilrecht, Bd 3 (2. Aufl 1987) 407

FURKEL, Die wichtigsten Änderungen im französischen Familienrecht durch das Gesetz vom 8. Januar 1993, FamRZ 1994, 1084

HAUSER/HUET-WEILLER, Traité de droit civil – La famille – Fondation et vie de la famille (Paris 1989) 625

HUET-WEILLER, Adoption – France, Rev int dr comp 1985, 611

STEINDORFF, Familienrechtsreform in Frankreich – Das Gesetz vom 8. Januar 1993, FuR 1992, 319.

Griechenland:

JAYME/BISSIAS, Adoption und Interessen des Annehmenden nach griechischem Recht, StAZ 1987, 275

VASSILAKAKIS, Die neue Regelung der Adoptionen mit Auslandsberührung im griechischen Recht, IPRax 1998, 224.

Großbritannien:

Association of Child Care Officers, Adoption – The Way Ahead (London 1969)

BÜTTNER, Kindschaftsrechtsreform in England, FamRZ 1997, 464

Departmental Committee on the Adoption of Children, London HMSO 1970

FLAUSS, Adoption – Angleterre, Rev int dr comp 1985, 539

LOWE, Die Rechtsstellung des Kindes – Reform auf englische Art, FuR 1991, 123

LOWE/DOUGLAS, Bromley's family law (9. Aufl London 1998) 379

RICHARDS, Adoption (Bristol 1989)

SIEBERT-MICHALAK, Aspekte des Adoptionswesens in Großbritannien, ZfJ 1990, 45.

Irland:

BRÖTEL, Die grundrechtliche Stellung des Vaters bei der Adoption seines nichtehelichen Kindes durch Dritte (Anmerkung zum Urteil des Europäischen Gerichtshofes für Menschenrechte vom 26. 5. 1994 im Fall Keegan gegen Irland), FamRZ 1995, 72.

Italien:

BAUERMANN, Das italienische Adoptionsrecht (1977)

BRAND, Adoption – Italie, Rev int dr comp 1985, 631

BUONO, Neue Entwicklungen des Ehe- und Kindschaftsrechts in Italien, StAZ 1997, 201

CUBEDDU, Das neue italienische Staatsangehörigkeitsgesetz, IPRax 1993, 51

LUTHER, Das italienische sachliche und internationale Adoptionsrecht nach dem Gesetz v 4. 5. 1983, StAZ 1983, 333.

Kasachstan:

BALANOWSKI, Kasachisches Familien- und Personenstandsrecht, StAZ 1999, 120.

Luxemburg:

FRANCK, Das neue luxemburgische Adoptionsgesetz, StAZ 1975, 17

ders, Änderung des Adoptionsrechts, ZfJ 1990, 512.

Niederlande:

NUYTINCK, Das neue Personen- und Familienrecht in den Niederlanden, StAZ 2000, 72

PAPANDREOU, Adoption – Pays-Bas, Rev int dr comp 1985, 653.

Österreich:

SCHWIMANN (SCHWIMANN/SCHLEMMER), Praxiskommentar zum ABGB, Bd 1, §§ 179–185 a (Wien 1990)

ders, Das österreichische Adoptionsrecht nach seiner Reform, FamRZ 1973, 345

RIEG, Adoption – Autriche, Rev int dr comp 1985, 557.

Polen:

GRALLA, Polen: Neues Adoptionsrecht, StAZ 1996, 24.

Portugal:

JAYME, Portugal: Internationales Verfahrensrecht, IPR und Europäisches Arbeitsrecht, Dritte Deutsch-Lusitanische Rechtstage in Trier, IPRax 1994, 69

ders, Neue Verfahrensregeln für Adoptionen mit Auslandsberührung in Portugal, IPRax 1995, 57

PEREIRA COELHO, Adoption – Portugal, Rev int dr comp 1985, 671.

Rumänien:

LEONHARDT, Rumänien: Das neue Gesetz über die Genehmigung der Adoption, StAZ 1992, 83.

Russland:

DIV-Gutachten, Adoption nach russischem Recht, DAVorm 1999, 764

WOHLGEMUTH, Rußland: Ordnung über das Adoptionsrecht, StAZ 1996, 213.

Schweiz:

EICHENBERGER, Das neue Adoptionsrecht des Schweizerischen Zivilgesetzbuches, FamRZ 1975, 16

FLORSCH, Adoption – Suisse, Rev int dr comp 1985, 687

HEGNAUER, Grundriss des Kindesrechts und des übrigen Verwandtschaftsrechts (5. Aufl Bern 1999)

ders, Kindesrecht in Deutschland und in der Schweiz, FamRZ 1996, 914

HEUSSLER, Zu den jüngsten Reformen im schweizerischen Familienrecht, StAZ 2000, 4

LOCHER, Persönlichkeitsschutz und Adoptionsgeheimnis (Diss Zürich 1992) m Bspr FRANK, FamRZ 1994, 1018.

Spanien:

ARCE Y FLOREZ/VALDES, El Acogimiento familiar y la adopcion en la ley de 11 noviembre de 1987, Rev Gen Leg Jur 1987, 741

BRAND, Adoption – Espagne, Rev int dr comp 1985, 595

ESTEBAN DE LA ROSA, Die Pflegekindschaft im spanischen Recht – ihre Qualifikation im IPR, IPRax 1999, 123

JAYME, Neues Adoptionsrecht in Spanien, IPRax 1989, 123

SCHOTTEN, Die Stiefkindadoption: eine vergleichende Darstellung des spanischen und deutschen Rechts (Diss Freiburg i Br 1998)

Tschechische Republik:

ZUKLINOVA, Was gibt es neues im Familienrecht?, Pravni Praxe 1998, 258

HADERKA, Zur Entstehung und den grundsätzlichen Problemen der Familienrechtsnovelle, Pravni Praxe 1998, 269.

Türkei:

ANSAY, Türkei: Änderung familienrechtlicher Bestimmungen, StAZ 1991, 201

KRÜGER, Änderungen im türkischen Familienrecht, StAZ 1991, 181.

b) Außereuropäische Rechtsordnungen

China:

WOHLGEMUTH, Volksrepublik China: Adoptionsgesetz, StAZ 1992, 253

ders, Die Kodifikation des Adoptionsrechts in der Volksrepublik China, FamRZ 1993, 149.

Costa Rica:

BENICKE, Typenmehrheit im Adoptionsrecht und deutsches IPR (Diss Heidelberg 1994) 14 ff

Indien:

OTTO, Indisches Adoptionsrecht und deutsche Praxis, StAZ 1993, 39

SCHÜTT, Indisches Familienrecht und deutsche Praxis, FamRZ 1999, 1330.

Japan:

BRYANT, Sons and Lovers: Adoption in Japan, 38 Am J comp law 1990, 299

KAMITANI, Aktuelle Tendenzen im japanischen Adoptionsrecht, FamRZ 1987, 130

ders, Zur Reform des japanischen Adoptionsrechts, FamRZ 1988, 803

MAYER, Wandel und Kontinuität im Japanischen Adoptionsrecht (Diss Tübingen 1995).

Jemen:

FORSTNER, Jemen: Das neue Ehe- und Kindschaftsrecht von 1992, StAZ 1993, 260

ders, Das neue jemenitische Ehe- und Kindschaftsrecht von 1992 – Teil 1, StAZ 1993, 249, Teil 2, StAZ 1993, 280.

Kambodscha:

Gesetz über Ehe und Familie, StAZ 1990, 304, 309.

Kamerun:

OTTO, Kamerun: Ehe- und Personenstandsrecht, StAZ 1995, 372.

Kanada:

HEPWORTH, Foster care and adoption in Canada (Ottawa/Ontario 1980).

Laos:

WOHLGEMUTH, Laos: Familiengesetz, StAZ 1992, 283.

Lateinamerika:

HEINRICH, Adoption in Lateinamerika, ZVglRWiss 1986, 100.

Marokko:

HEINEN, Keine Adoption nach marokkanischem Recht, StAZ 1994, 292.

Mongolei:

KUBITZ, Mongolisches Kindschaftsrecht, StAZ 1994, 390

WOHLGEMUTH, Zum Staatsangehörigkeits-, Familien- und Namensrecht in der heutigen Mongolei, StAZ 1996, 72.

Peru:

RIECK, Peru: Adoption Minderjähriger, StAZ 1993, 398.

Philippinen:

GLAHN, Die Neuregelung des Adoptionsrechts der Philippinen durch die Gesetze über die Adoption philippinischer Kinder im Ausland und über die Inlandsadoption von 1995 und 1998, StAZ 1999, 232.

Sri Lanka:

CIESLAR, Sri Lanka: Adoptionsrecht, StAZ 1991, 295.

Südkorea:

BÖHMER, Südkorea: Neues Familienrecht, StAZ 1991, 174.

Thailand:

MARX, Adoptionsrecht und Adoptionspolitik in Thailand, StAZ 1990, 89.

Tunesien:

MENHOFER, Neues Internationales Privatrecht in Tunesien, IPRax 1999, 266.

USA:

KRAUSE, Family Law (2. Aufl St Paul/Minnesota 1986) 163

WEYRAUCH/KATZ, American Family Law in Transition (Washington 1983)

PÜTTER, Adoption in den USA – Voraussetzungen, Verfahren und Wirkungen (1972)

VOSS, Neue Tendenzen im Adoptionsrecht der Vereinigten Staaten von Amerika, FamRZ 2000, 203.

Systematische Übersicht

Alphabetische Übersicht

I.   Entstehungsgeschichte

1 Die Bearbeitung der 10./11. Aufl war am 31. 12. 1966 abgeschlossen worden. Zur Rechtsentwicklung bis zu diesem Zeitpunkt vgl STAUDINGER/ENGLER[10/11] Vorbem 1–66 zu § 1741.

1.   Das Europäische Adoptionsübereinkommen v 1967

2 Das EuAdÜbEink v 1967 (European Treaty Series Nr 58; BGBl 1980 II 1094 ff; Mitt AGJJ 57/58, 1969, 35 ff; abgedr auch bei ENGLER 127 ff u LÜDERITZ 109 ff) hat die nationale Entwicklung mitbeeinflußt. Zur Geschichte des Übereinkommens vgl BT-Drucks 8/3529, 20; SCHWIND StAZ 1965, 33; FICKER RabelsZ 30 (1966), 606; OBERLOSKAMP ZBlJugR 1982, 121.

Das Ministerkomitee des Europarats hat auf Wunsch des Sozialausschusses und in Anbetracht der Empfehlung 292 (1961) der Beratenden Versammlung im April 1961 einen ad-hoc-Ausschuß von Rechts- u Sozialsachverständigen einberufen mit dem Auftrag, die Probleme im Zusammenhang mit der internationalen Adoption von Kindern zu prüfen. Dieser Ausschuß stellte fest, daß der beste Weg, angemessene Schutzmaßnahmen für die internationale Adoption von Kindern zu schaffen, darin bestehe, daß sich der **Europarat** mit der Adoption von Kindern im allg befaßt. Aufgrund eines entsprechenden Auftrags durch das Ministerkomitee arbeitete der Ausschuß einen Übereinkommensentwurf aus, der dem Sozialausschuß und dem Europäischen Ausschuß für die rechtl Zusammenarbeit des Europarats vorgelegt wurde. Das Ministerkomitee billigte schließlich den E und legte das Übereinkommen am 24. 4. 1967 zur Unterzeichnung durch die Mitgliedstaaten aus. Die Unterzeichnung durch die Bundesrepublik Deutschland erfolgte noch am gleichen Tag, die Ratitifizierung erst durch Ges v 25. 8. 1980 (BGBl I 1093). **In Kraft getreten** ist das Übereinkommen am 11. 2. 1981 (BGBl II 72).

3 Das Abkommen zeichnet sich dadurch aus, daß es in seinem Teil II (Art 4–16) **obligatorische Bestimmungen** zur Ausgestaltung des nationalen Rechts der Mitgliedstaaten enthält und in Teil III (Art 17–20) **Regelungen fakultativer Art,** welche die Mitgliedstaaten gem Art 2 nur „in Erwägung zu ziehen haben". Das Abkommen selbst enthält kein unmittelbar geltendes Recht. Einzelheiten zum Inhalt des Übereinkommens können der Denkschrift zum GesE der Bundesregierung v 21. 12. 1979 und dem ihr anliegenden erläuternden Bericht (BT-Drucks 8/3529) entnommen werden; vgl auch JANSEN Mitt AGJJ 49/50 (1967), 50 u OBERLOSKAMP ZBlJugR 1982, 121. Vor allem wegen des in Art 10 verankerten Grundsatzes der **Volladoption** hat die Ratifizierung des EuAdÜbEink durch die Bundesrepublik Deutschland lange auf sich warten lassen. Andererseits wurde im deutschen Schrifttum von der Ratifizierung und dem Inkrafttreten des Abkommens kaum mehr Notiz genommen, nachdem den Anforderungen des EuAdÜbEink durch das AdoptG v 2. 7. 1976 (BGBl I 1749) in vollem Umfang Rechnung getragen worden war.

2.   Die sog Vorabnovelle v 1973 und das Adoptionsgesetz v 1976

a)   Vorgeschichte

4 Die Arbeitsgemeinschaft für Jugendpflege und Jugendfürsorge (AGJJ) hatte bereits

1955 einen GesE vorgelegt, in dem ua die Einführung der Volladoption und des Dekretsystems gefordert worden war (MittAGJJ 11 [1955] 9 ff; abgedr auch bei GLÄSSING 128 ff; vgl auch STAUDINGER/ENGLER[10/11] Vorbem 45 zu §§ 1741 ff). Unter dem Eindruck des EuAdÜbEink (oben Rn 2) unternahm die AGJJ 1967 erneut einen Vorstoß. Ein Ausschuß prüfte, welche Reformen des nationalen Rechts zur Anpassung an das Abkommen notwendig oder zweckmäßig seien. Das Ergebnis der zweijährigen Arbeit waren 16 Thesen zur Neuregelung des Adoptionsrechts (MittAGJJ 57/58 [1969] 32 ff; abgedr auch bei ENGLER 135 ff; Stellungnahme zu diesen Thesen MENDE ZBlJugR 1970, 189 ff). Auch im juristischen Schrifttum wurde immer dringlicher auf die Notwendigkeit einer Gesamtreform des Adoptionsrechts hingewiesen (BOSCH FamRZ 1970, 497, 503; ENGLER, Auf dem Weg zu einem neuen Adoptionsrecht [1972]; LÜDERITZ, Adoption [1972]). Das NEhelG v 1969 (BGBl I 1243) führte zwar im Adoptionsrecht zu Klärungen, Anpassungen, Ergänzungen, brachte aber keine einschneidenden Änderungen. Immerhin wurde im Zuge dieser Reform erstmals von der BReg klar herausgestellt, daß eine grundlegende Revision des Adoptionsrechts erforderlich sei (RegE BT-Drucks 5/2370, 78; vgl auch STAUDINGER/ENGLER[10/11] Vorbem 40 zu § 1741).

b)   Die sog Vorabnovelle v 1973
Parlamentarische Aktivitäten folgten Anfang der Siebzigerjahre in immer kürzer **5** werdenden Zeitabständen. Aufgrund eines Initiativantrags der Fraktionen von SPD und FDP (BT-Drucks 6/2367) und eines weiteren Antrags mehrerer Abgeordneter sowie der Fraktion der CDU/CSU (BT-Drucks 6/2591) faßte der BT am 2.2.1972 folgende Entschließung (vgl BT-Drucks 6/3067):

> „Der Bundestag hält eine Reform des Adoptionsrechts für dringend erforderlich. Er fordert die Bundesregierung auf, sobald wie möglich einen Gesetzentwurf vorzulegen, der das Adoptionsrecht umfassend neu regelt. … Sollte die Vorlage des Entwurfs eines solchen umfassenden Reformgesetzes nicht alsbald möglich sein, so wird die Bundesregierung aufgefordert, unverzüglich den Entwurf für eine gesetzliche Neuregelung derjenigen Bestimmungen vorzulegen, die Adoptionen zur Zeit wesentlich erschweren. Dazu gehören vor allem die Bestimmungen über die elterliche Einwilligung, das Mindestalter des Annehmenden und das Erfordernis der Kinderlosigkeit."

Aufgrund dieser Entschließung legte die BReg vorweg den E eines Ges zur Änderung des Adoptionsrechts vor (BT-Drucks 7/421 mit Stellungnahme des BR; Bericht und Antrag des RAussch BT-Drucks 7/716). In dem E wurde vorgeschlagen, die Mindestaltersgrenze für die Annehmenden von 35 auf 25 Jahre herabzusetzen und die engen Bestimmungen über die Ersetzung der elterl Einwilligung in die Adoption zu lokkern, insbes auch bei Gleichgültigkeit die Möglichkeit der Ersetzung vorzusehen. Dem Anliegen des E wurde schließlich durch die sog Vorabnovelle v 14.8.1973 (Ges zur Änderung von Vorschriften des Adoptionsrechts, BGBl I 1013) Rechnung getragen. Näheres zur Herabsetzung der Mindestaltersgrenze bei § 1743 Rn 3, zur erleichterten Ersetzung der Einwilligung bei § 1748 Rn 4.

c)   Das Adoptionsgesetz v 1976
Die Gesamtreform des Adoptionsrechts wurde am 7.9.1973 durch einen **RefE des** **6** **Bundesministeriums der Justiz** eingeleitet (DAVorm 1973, 522; Unsere Jugend 1974, 76). Dieser E wurde in der Lit eingehend diskutiert (MittAGJ 70 [1974] Sonderbeilage; Akademikerverbände FamRZ 1974, 170; JAYME FamRZ 1974, 115; MENDE ZBlJugR 1974, 155; wNachw

MünchKomm/Lüderitz[2] Vor § 1741 Fn 60). Der überarbeitete E wurde am 7.1.1975 als
GesE der BReg (BT-Drucks 7/3061, 4–72) mit Stellungnahme des BR (BT-Drucks 7/3061,
73–83) und Gegenäußerung der BReg (BT-Drucks 7/3061, 84–87) dem BT zugeleitet (zum
RegE vgl Engler FamRZ 1975, 125; Meyer-Stolte Rpfleger 1975, 204). Dieser verwies ihn am
23.1.1975 an den RAussch. Nach Vorlage des Berichts des RAussch (BT-Drucks 7/
5087) wurde am 2.7.1976 das „Gesetz über die Annahme als Kind und zur Änderung
anderer Vorschriften" (AdoptG) beschlossen (BGBl I 1749). Es ist am 1.1.1977 in
Kraft getreten.

d)   Inhalt des Adoptionsgesetzes v 1976

7   Der Inhalt des AdoptG v 1976 kann hier nur bzgl einiger wesentlicher Punkte kurz
skizziert werden. Im einzelnen wird auf die Darstellung der Entstehungsgeschichte
bei der Kommentierung der jeweiligen Paragraphen verwiesen. Einen Überblick
über den Inhalt des AdoptG v 1976 geben ua Binschus ZfF 1976, 193; Bischof
JurBüro 1976, 1569; Engler FamRZ 1976, 584; Lüderitz NJW 1976, 1865; Oberloskamp DAVorm 1977, 89 (w LitNachw MünchKomm/Lüderitz[2] Vor § 1741 Fn 69).

8   Voraussetzungen der Annahme: Gegenüber der Vorabnovelle wurden die **Mindest-**
altersvorschriften bei der Annahme durch ein Ehepaar ein weiteres Mal dahingehend
geändert, daß es nunmehr genügt, daß ein Ehegatte das 25., der andere das 21. Lebensjahr vollendet hat (Näheres § 1743 Rn 3). Das Erfordernis der **Kinderlosigkeit**
wurde abgeschafft (Näheres § 1745 Rn 4). Dem **Vater des nichtehel Kindes** wurde
1976 noch kein Einwilligungsrecht zuerkannt. Stellte er jedoch selbst einen Antrag
auf Ehelicherklärung oder Adoption, so entfaltete dieser Antrag Sperrwirkung gegenüber Anträgen Dritter auf Annahme des Kindes (Näheres § 1747 Rn 2). Was die
Ersetzung der Einwilligung der Eltern des ehel und der Mutter des nichtehel Kindes
anbelangte, so hat das AdoptG v 1976 in § 1748 unter nur unwesentlichen redaktionellen Änderungen die durch die Vorabnovelle eingeführte Regelung übernommen
(Näheres § 1748 Rn 5).

9   Annahmeverfahren: Anders als vor der Reform kommt die Adoption nicht mehr
durch Vertrag, sondern durch vormundschaftsgerichtl Entscheidung zustande (De-
kret- statt Vertragssystem; Näheres § 1752 Rn 1).

10   Wirkungen der Annahme: Die **Volladoption** ersetzt die einfache Adoption alten
Rechts. Die Einführung der Volladoption war das zentrale Reformanliegen des AdoptG v 1976. Durch die Annahme werden nunmehr einerseits die Rechtsbeziehungen zwischen Kind und Ursprungsfamilie vollkommen gelöst, andererseits wird das
Kind völlig in die Familie seiner Adoptiveltern integriert (Näheres § 1754 Rn 1 u § 1755
Rn 1). Lediglich für die **Verwandten- und Stiefkindadoption** enthält § 1756 seit 1976
einige Kompromißregelungen (Näheres § 1756 Rn 1).

11   Aufhebung des Annahmeverhältnisses: Ein wesentliches Anliegen der Adoptionsrechtsreform war es auch, dem Annahmeverhältnis **verstärkten Bestandsschutz** zu
verleihen. Die Möglichkeit, eine Adoption wegen Begründungsmängeln oder wegen
späteren Scheiterns aufzuheben, wurde auf seltene Ausnahmefälle beschränkt (Näheres § 1759 Rn 2).

12   Volljährigenadoption: Die umstrittene Volljährigenadoption war im Zuge der Re-

form nicht ernsthaft in Frage gestellt. Sie ist nunmehr in den §§ 1767 ff gegenüber der Minderjährigenadoption selbständig geregelt. Die **Sonderregelung** war notwendig geworden, weil die für Minderjährige eingeführte Volladoption als Regeltyp für die Erwachsenenadoption nicht in Betracht kommt (Näheres § 1770 Rn 1).

3. Änderungen nach dem Adoptionsgesetz v 1976

Das AdoptG v 1976 hat eine Reihe von Rechtsvorschriften außerhalb des BGB dem **13** neuen Recht angeglichen. Eine umfassende Anpassung ist jedoch nicht erfolgt. Erforderliche gesetzl Änderungen oder Klarstellungen sollten einem späteren Ges vorbehalten bleiben (vgl BR-Drucks 304/76 u BT-Drucks 8/1495). Diesem Auftrag ist der Gesetzgeber durch das Ges zur Anpassung rechtl Vorschriften an das AdoptG (**Adoptionsanpassungsgesetz** – AdoptAnpG) v 24. 6. 1985 (BGBl I 1144; Begründung BT-Drucks 10/1746, 11 ff) nachgekommen. Geändert wurden öffentlichrechtl Vorschriften, zB das BKGG, die RVO, das AVG, das BVG. Bürgerlichrechtl Bestimmungen waren von den Änderungen nicht betroffen.

Das Ges zur Änderung adoptionsrechtl Vorschriften (**AdoptRÄndG**) v 4. 12. 1992 **14** (BGBl I 1974) korrigierte einige punktuelle Mängel des AdoptG v 1976. So wurde die Möglichkeit, den Vornamen eines Adoptivkindes auf Antrag des (der) Annehmenden zu ändern, erleichtert (vgl § 1757 Rn 3 u 48). Das Verbot der erneuten Annahme eines volljährigen oder volljährig gewordenen Adoptivkindes wurde beseitigt (vgl § 1742 Rn 8). Schließlich wurde im Interesse der leibl Eltern eines volljährigen Adoptivkindes in § 1772 die Bestimmung eingefügt, daß die *Voll*adoption (nicht: die einfache Adoption) des Volljährigen nur dann sittlich gerechtfertigt sein soll, wenn ihr überwiegende Interessen der leibl Eltern nicht entgegenstehen (vgl § 1772 Rn 6).

Obwohl das Ges zur Neuordnung des Familiennamensrechts (**FamNamRG**) v 16. 12. 1993 (BGBl I 2054) nicht eigens auf eine Änderung adoptionsrechtl Vorschriften abzielte, wirkte sich das Reformgesetz doch unvermeidbar auch auf die namensrechtl Bestimmungen der §§ 1757 und 1756 aus (vgl dort).

Erhebliche Änderungen – auch für das Adoptionsrecht – brachte das Ges zur Reform **15** des Kindschaftsrechts (**KindRG**) v 16. 12. 1997 (BGBl I 2942). Die Aufgabe jeglicher Unterscheidung zwischen ehel und nichtehel Kindern durch das KindRG hatte vor allem zur Folge, daß erstmals in der Geschichte des deutschen Adoptionsrechts dem Vater eines nichtehel Kindes in gleicher Weise wie dem Vater eines ehel Kindes ein Einwilligungsrecht bei der Annahme seines Kindes zugestanden wurde (§ 1747 Abs 1 nF). Die Möglichkeit, das eigene nichtehel geborene Kind zu adoptieren (§ 1741 Abs 3 S 2 aF), wurde abgeschafft. Zu weiteren Änderungen, insbes die §§ 1741, 1746, 1747, 1748, 1756 u 1772 betreffend, vgl FRANK FamRZ 1998, 393 u LIERMANN FuR 1997, 217 u 266.

4. Haager Übereinkommen über den Schutz von Kindern und die Zusammenarbeit auf dem Gebiet der Adoption v 29. 5. 1993*

16 Das Haager Übereinkommen über den Schutz von Kindern und die Zusammenarbeit auf dem Gebiet der Adoption v 29. 5. 1993 (BR-Drucks 17/01) ist bereits am 1. 5. 1995 für eine Reihe von Vertragsstaaten in Kraft getreten (aktueller Überblick über den Ratifikationsstand unter http://www.hcch.net/e/status/stat33e.html). Nachdem das Übereinkommen am 7. 11. 1997 auch von Deutschland gezeichnet wurde, hat die Bundesregierung das Ratifikationsverfahren mittlerweile eingeleitet (BT-Drucks 14/5437). Parallel dazu wurde der Entwurf eines Gesetzes zur Regelung von Rechtsfragen auf dem Gebiet der internationalen Adoption und zur Weiterentwicklung des Adoptionsvermittlungsrechts vorgelegt (BR-Drucks 16/01, vgl dazu Rn 102). Ziel des Haager Übereinkommens ist es, auch bei internationalen Adoptionen den Vorrang des Kindeswohls durch ein System zwischenstaatlicher Kooperation sicherzustellen, Kinderhandel zu verhindern und die Anerkennung von internationalen Adoptionen in den Vertragsstaaten zu erleichtern (Art 1).

17 Die **Anwendung** des Übereinkommens setzt voraus, daß Kind (vgl Art 3) und Adoptionsbewerber ihren gewöhnlichen Aufenthalt in verschiedenen Vertragsstaaten haben und die Annahme für das Kind mit einem Aufenthaltswechsel verbunden ist (Art 2), sei es, daß eine Adoption einen solchen Aufenthaltswechsel nach sich ziehen wird, sei es, daß der Aufenthaltswechsel zum Zwecke der Annahme erfolgt war. Keine Rolle spielt es dabei, ob die Adoption im Herkunftsstaat des Kindes oder im Aufnahmestaat ausgesprochen wird (Näheres SOERGEL/LÜDERITZ Art 22 EGBGB Rn 67 ff; BUSCH DAVorm 1997, 659, 662). Nicht ganz verständlich ist, daß Verwandten- und Stiefkindadoptionen vom Anwendungsbereich des Übereinkommens nicht ausgenommen wurden (vgl dazu BR-Drucks 16/01, 35 ff).

18 In erster Linie enthält das Übereinkommen **verfahrensrechtliche Vorschriften,** welche die Anbahnung der Adoption (Art 14–22), die Einrichtung zentraler Behörden in jedem Vertragsstaat (Art 6–13) und die Zusammenarbeit zwischen ihnen regeln. Zwar enthält das Übereinkommen keine Kollisionsnorm zur Bestimmung des auf eine Adoption **anwendbaren Sachrechts,** doch begründet es für die Behörden des Herkunfts- und des Aufnahmestaates gewisse Prüfpflichten: Soweit eine Unterbringungsmöglichkeit im Herkunftsstaat nicht besteht **(Subsidiaritätsprinzip),** haben die Behörden des Heimatstaates die Adoptionsvoraussetzungen in Bezug auf das Kind und dessen leibliche Eltern zu prüfen (Art 4). Demgegenüber begutachten die Behörden im Aufnahmestaat die Eignung der Adoptionsbewerber und stellen die Einreise sowie die Aufenthaltsberechtigung des Kindes sicher (Art 5). Da aber das VormG

---

* **Schrifttum:** BENICKE, Typenmehrheit im Adoptionsrecht und deutsches IPR (Diss Heidelberg 1994) 314 ff; BUSCH, Das Haager Übereinkommen über internationale Adoptionen – Hinweise und Erfahrungen aus der Praxis der internationalen Adoptionsvermittlung, DAVorm 1997, 659; MARX, Zur Perspektive eines neuen Haager Übereinkommens über die internationale Zusammenarbeit und den Schutz von Kindern auf dem Gebiet grenzüberschreitender Adoptionen, StAZ 1993, 1; ders, Das Haager Übereinkommen über internationale Adoptionen, StAZ 1995, 315; PIRRUNG, Sorgerechts- und Adoptionsübereinkommen der Haager Konferenz und des Europarats, RabelsZ 57 (1993) 146 ff; Kommentierungen bei SOERGEL/LÜDERITZ Art 22 EGBGB Rn 65 ff und MünchKomm/MAURER Vor § 1741 Rn 50 ff.

an diese Einschätzungen nicht gebunden ist (BR-Drucks 16/01, 40; SOERGEL/LÜDERITZ Art 22 EGBGB Rn 75; MünchKomm/MAURER Vor § 1741 Rn 62), enthalten Art 4, 5 in der Sache auch **materiellrechtliche Mindestanforderungen** für den Ausspruch einer Adoption (SOERGEL/LÜDERITZ Art 22 EGBGB Rn 73), unabhängig davon, welches Sachrecht im übrigen nach Art 22 EGBGB anwendbar ist, wobei dieses weitergehende Erfordernisse enthalten kann (SOERGEL/LÜDERITZ Art 22 EGBGB Rn 73). Da eine Adoption aber nur dann ausgesprochen werden darf, wenn sowohl die Behörden des Herkunfts- als auch des Aufnahmestaates deren Unbedenklichkeit nach Art 4, 5 festgestellt und nach Einholung der abschließenden Zustimmungserklärungen der Fortsetzung des Verfahrens zugestimmt haben (Art 17 lit c), werden praktisch die Adoptionsvoraussetzungen des Herkunfts- und des Annahmestaates kumulativ erfüllt sein müssen (MünchKomm/MAURER Vor § 1741 Rn 52). Im übrigen vereinheitlicht das Abkommen die **Anerkennung von Auslandsadoptionen** (Art 23–25), regelt die Mindestwirkungen, die einer solchen Anerkennung beizumessen sind (Art 26), und eröffnet unter bestimmten Voraussetzungen die Möglichkeit einer Zweitadoption (Art 27).

II.   Die Rechtslage in der ehemaligen DDR*

1.   Die adoptionsrechtlichen Bestimmungen des Familiengesetzbuches
v 20. 12. 1965

Die Annahme an Kindes Statt war in den §§ 66–78 des Familiengesetzbuches der   **19** DDR (FGB) v 20. 12. 1965 (GBl I 1) idF des Einführungsgesetzes zum Zivilgesetzbuch der DDR v 19. 6. 1975 (GBl I 517) und des 1. FamRÄndG v 20. 7. 1990 (GBl I 1038) geregelt. Zur Rechtslage vor dem Inkrafttreten des FGB am 1. 4. 1966 vgl STAUDINGER/ENGLER[10/11] Vorbem 58–62. Die adoptionsrechtl Bestimmungen des FGB (abgedr in STAUDINGER/ENGLER[10/11] Vorbem 64) waren ihrem sachlichen Gehalt nach bis zum Wirksamwerden des Beitritts der DDR zur Bundesrepublik Deutschland am 3. 10. 1990 unverändert geblieben. Das zum 1. 10. 1990 in Kraft getretene 1. Fam-

---

* **Schrifttum:** FGB-Kommentar (Autorenkollektiv unter der Leitung v EBERHARDT), (5. Aufl 1982), Kommentierung zu §§ 66–78 FGB; GRANDKE/ORTH/RIEGER/STOLPE, Zur Wirksamkeit des Erziehungsrechts des FGB, NJ 1979, 345, 349; GRANDKE/WEISS, Gedanken zur familienrechtlichen Ausgestaltung der Annahme an Kindes Statt, Jugendhilfe 1982, 213; HEINRICHS, Zur Entgegennahme der Einwilligung zur Annahme an Kindes Statt durch die Jugendhilfeorgane, Jugendhilfe 1981, 40; KRÜSCH, Unsere Leitungserfahrungen und Standpunkte zu Fragen der Annahme an Kindes Statt, Jugendhilfe 1982, 136; Lehrbuch Familienrecht (Autorenkollektiv unter der Leitung v GRANDKE), (3. Aufl 1981) 191 ff; LIEBER/LUCK, Zu Klagen auf Ersetzung der Einwilligung der Eltern zur Annahme an Kindes Statt, Jugendhilfe 1981, 201; PÄTZOLD/LUCK, Probleme der Entgegennahme von Einwilligungserklärungen zur Annahme an Kindes Statt durch das Referat Jugendhilfe, Jugendhilfe 1982, 104; REINWARTH, Die Verantwortung der Gerichte für die Entscheidung über das elterliche Erziehungsrecht, NJ 1968, 656, 660; RÜHL, Aufhebung der Annahme an Kindes Statt nach Volljährigkeit des Angenommenen, NJ 1969, 372; SCHLICHT, Das Recht zwischen Eltern und Kindern nach dem neuen FGB der SBZ, ROW 1966, 59, 66; ders, Das Familien- und Familienverfahrensrecht der DDR (1970) 176 ff; SZEWCZYK, Ist frühkindlicher Hirnschaden eine „schwere unheilbare Krankheit", die zur Aufhebung der Adoption berechtigt?, NJ 1973, 486; WESTEN, in: BÖHM ua, Innerdeutsche Rechtsbeziehungen (1988) 160 f; WESTEN/SCHLEIDER, Zivilrecht im Systemvergleich (1984) 776 ff.

RÄndG v 20. 7. 1990 hatte sich nur insoweit ausgewirkt, als der Begriff „Organ der Jugendhilfe" durch den Begriff „Jugendamt" ersetzt worden war (vgl Anlage I Nr 33 zum 1. FamRÄndG). Zur Errichtung und Organisation der JugÄ vgl §§ 6 Abs 2, 7, 9 des Ges zur Errichtung der Strukturen eines neuen Kinder- und Jugendhilferechts – JugendhilfeorganisationsG – v 20. 7. 1990 (GBl I 891).

20 Das Recht der DDR folgte dem **Dekretsystem.** Die Entscheidung über die Annahme an Kindes Statt wurde durch **Beschluß des JugA** getroffen (§ 68 Abs 1 S 1 FGB; § 13 JugendhilfeorganisationsG iVm § 18 Abs 1 Nr 2 c der JugendhilfeVO v 3. 3. 1966, GBl II 215). Die Annahme an Kindes Statt war als **Volladoption** ausgestaltet. Durch die Adoption erlangte das Kind die rechtl Stellung eines leibl Kindes des Annehmenden (§ 66 S 2 FGB); die Rechtswirkungen der Annahme erstreckten sich auch auf die Verwandten des Annehmenden bzw auf die Abkömmlinge des Kindes (§ 72 Abs 1 FGB). Lediglich ein Eheverbot zwischen dem Kind und den Verwandten des Annehmenden wurde durch die Adoption nicht begründet (§ 72 Abs 2 FGB). Die Annahme führte zum Erlöschen aller aus dem Verhältnis zwischen dem Kind und seinen leibl Verwandten aufsteigender Linie sich ergebenden Rechte und Pflichten (§ 73 Abs 1 FGB). Zum Sonderfall der **Stiefkindadoption** vgl § 73 Abs 2 FGB. Sondervorschriften für die **Verwandtenadoption** sah das FGB nicht vor.

21 Die Annahme setzte nach § 67 Abs 1 S 1 FGB die Volljährigkeit des Annehmenden voraus, und zwischen dem Annehmenden und dem Kind sollte ein angemessener Altersunterschied bestehen (§ 67 Abs 1 S 3 FGB). Anders als das BGB kannte das FGB **keine Volljährigenadoption** (vgl § 67 Abs 1 S 2 FGB).

22 Zur Annahme bedurfte es der **Einwilligung** der Eltern des Kindes (§ 69 Abs 1 S 1 HS 1 FGB) und ggf eines anderen gesetzl Vertreters (§ 69 Abs 1 S 3 FGB). Die Einwilligung des nichtehel Vaters war nur erforderlich, wenn ihm das elterl Erziehungsrecht übertragen worden war (§ 69 Abs 1 S 2 FGB). Hatte das Kind das 14. Lebensjahr vollendet, so bedurfte es auch seiner persönlichen Einwilligung (§ 69 Abs 1 S 1 HS 2 FGB). Die **Inkognitoadoption** war ausdrücklich vorgesehen (§ 69 Abs 3 FGB); eine **Blankoeinwilligung** war zulässig.

23 Die **Einwilligung** des Elternteils konnte auf Klage des JugA durch das Gericht **ersetzt** werden, wenn die Verweigerung der Einwilligung dem Wohle des Kindes entgegenstand oder sich aus dem bisherigen Verhalten des Elternteils ergeben hat, daß ihm das Kind und seine Entwicklung gleichgültig waren (§ 70 Abs 1 FGB). Zur Anwendung des § 70 Abs 1 FGB durch die Gerichte vgl die Richtlinie Nr 25 des Plenums des Obersten Gerichts der DDR zu Erziehungsrechtsentscheidungen v 25. 9. 1968 (GBl II 847) idF des Beschlusses v 17. 12. 1975 (GBl 1976 I 182), Abschnitt E (Ziff 37–42). Die **Einwilligung** des Elternteils war nach § 70 Abs 2 FGB **entbehrlich,** wenn dieser zur Abgabe einer Erklärung für eine nicht absehbare Zeit außerstande war, ihm das Erziehungsrecht entzogen worden war oder sein Aufenthalt nicht ermittelt werden konnte.

24 Das Annahmeverhältnis konnte aufgehoben werden

> – durch das **Gericht** auf **Klage der leibl Eltern,** wenn eine erforderliche elterl Einwilligung nicht eingeholt worden war, der Aufenthalt der Eltern nicht

hatte ermittelt werden können oder sie zur Abgabe einer Erklärung außerstande gewesen waren und die Aufhebung dem Wohle des Kindes entsprach (§ 74 Abs 1 FGB); die Klage konnte nach § 74 Abs 2 S 2, 3 FGB allerdings nur innerhalb eines Jahres ab Kenntniserlangung des Klägers von der Annahme an Kindes Statt bzw ab Wiederherstellung seiner Fähigkeit zur Abgabe einer Willenserklärung erhoben werden;

– durch das **Gericht** auf **Klage des JugA,** wenn der Annehmende die elterl Pflichten schuldhaft so schwer verletzt hatte, daß die Entwicklung des Kindes dadurch gefährdet war (§ 75 Abs 1 FGB);

– durch das **Gericht** auf **Klage des Annehmenden,** wenn sich innerhalb von 5 Jahren seit der Annahme an Kindes Statt herausstellte, daß das Kind an einer schweren unheilbaren Krankheit litt, die das Entstehen oder den Bestand eines echten Eltern-Kind-Verhältnisses unmöglich machte, oder wenn das Kind einen schweren Angriff auf das Leben oder die Gesundheit des Annehmenden, dessen Ehegatten oder deren Kinder verübt hatte (§ 76 Abs 1 FGB); die Klage war nur innerhalb eines Jahres ab Kenntniserlangung der zur Klage berechtigenden Tatsachen seitens des Annehmenden zulässig (§ 76 Abs 2 S 2, 3 FGB);

– durch das **JugA** auf **Antrag des Annehmenden,** wenn bei einer **Stiefkindadoption** die Ehe vor Eintritt der Volljährigkeit des Kindes beendet worden war und ein echtes Eltern-Kind-Verhältnis nicht mehr bestand (§ 73 Abs 2 S 2 FGB);

– in besonderen Ausnahmefällen durch das **staatliche Notariat** auf **gemeinsamen Antrag** des Annehmenden und des Angenommenen, wenn der Angenommene volljährig geworden war (§ 77 Abs 1 FGB).

Die Aufhebung der Annahme an Kindes Statt führte zum Erlöschen der zwischen **25** dem Annehmenden und dessen Verwandten einerseits und dem Angenommenen und seinen Abkömmlingen andererseits bestehenden rechtl Beziehungen (§ 78 Abs 1 FGB) und gleichzeitig zum Wiederaufleben der rechtl Beziehungen zwischen dem Kind und seinen Verwandten aufsteigender Linie mit Ausnahme des elterl Erziehungsrechtes (§ 78 Abs 2 FGB); war das Kind noch minderjährig, so konnte das Gericht im Aufhebungsverfahren auf Antrag des JugA den Eltern oder einem Elternteil das Erziehungsrecht übertragen (§ 78 Abs 3 FGB).

2.   Die intertemporalen Bestimmungen des Einigungsvertrages*

Der durch den Vertrag zwischen der Bundesrepublik Deutschland und der DDR **26**

---

* **Schrifttum:** ADLERSTEIN/WAGENITZ, Das Verwandtschaftsrecht in den neuen Bundesländern, FamRZ 1990, 1169, 1176 f; FIEBIG, Die rechtliche Bewältigung politisch motivierter Sorgerechtsentziehungen und Zwangsadoptionen, ZfJ 1995, 16; GÖSER, Wiederholung der DDR-Adoption, Rpfleger 1994, 21; GRANDKE, Familienrecht in der ehemaligen DDR nach dem Einigungsvertrag, DtZ 1990, 321, 323; RAACK, Der Einigungsvertrag und die sog Zwangsadoptionen in der ehemaligen DDR, ZfJ 1991, 449; RAUSCHER, Gespaltenes Kindschaftsrecht

über die Herstellung der Einheit Deutschlands – Einigungsvertrag – v 31. 8. 1990 (BGBl II 889) eingeführte Art 234 § 1 EGBGB statuiert den Grundsatz, daß das 4. Buch des BGB für alle familienrechtl Verhältnisse, die am Tag des Wirksamwerdens des Beitritts bestehen, gilt. Für die Annahme als Kind enthält **Art 234 § 13 EGBGB** eine besondere **Übergangsvorschrift,** welche ihre heutige Fassung durch das Adopt-FristG v 30. 9. 1991 (BGBl I 1930) erhielt:

(1)   Für Annahmeverhältnisse, die vor dem Wirksamwerden des Beitritts begründet worden sind, gelten § 1755 Abs. 1 Satz 2, die §§ 1756 und 1760 Abs. 2 Buchstabe e, § 1762 Abs. 2 und die §§ 1767 bis 1772 des Bürgerlichen Gesetzbuchs nicht. § 1766 des Bürgerlichen Gesetzbuchs gilt nicht, wenn die Ehe vor dem Wirksamwerden des Beitritts geschlossen worden ist.

(2)   Vor dem Wirksamwerden des Beitritts ergangene Entscheidungen des Gerichts, durch die ein Annahmeverhältnis aufgehoben worden ist, bleiben unberührt. Dasselbe gilt für Entscheidungen eines staatlichen Organs, durch die ein Annahmeverhältnis aufgehoben worden ist und die vor dem Wirksamwerden des Beitritts wirksam geworden sind.

(3)   Ist ein Annahmeverhältnis vor dem Wirksamwerden des Beitritts ohne die Einwilligung des Kindes oder eines Elternteils begründet worden, so kann es aus diesem Grund nur aufgehoben werden, wenn die Einwilligung nach dem bisherigen Recht erforderlich war.

(4)   Ist ein Annahmeverhältnis vor dem Wirksamwerden des Beitritts begründet worden und war die Einwilligung eines Elternteils nach dem bisherigen Recht nicht erforderlich, weil
1.   dieser Elternteil zur Abgabe einer Erklärung für eine nicht absehbare Zeit außerstande war oder
2.   diesem Elternteil das Erziehungsrecht entzogen worden war oder
3.   der Aufenthalt dieses Elternteils nicht ermittelt werden konnte,
so kann das Annahmeverhältnis gleichwohl auf Antrag dieses Elternteils aufgehoben werden. § 1761 des Bürgerlichen Gesetzbuchs gilt entsprechend.

(5)   Ist ein Annahmeverhältnis vor dem Wirksamwerden des Beitritts begründet worden und ist die Einwilligung eines Elternteils ersetzt worden, so gilt Absatz 4 entsprechend.

(6)   Ein Antrag auf Aufhebung eines vor dem Wirksamwerden des Beitritts begründeten Annahmeverhältnisses kann nur bis zum Ablauf von drei Jahren nach dem Wirksamwerden des Beitritts gestellt werden. Für die Entgegennahme des Antrags ist jedes Vormundschaftsgericht zuständig.

(7)   Ist über die Klage eines leiblichen Elternteils auf Aufhebung eines Annahmeverhältnisses am Tag des Wirksamwerdens des Beitritts noch nicht rechtskräftig entschieden worden, so gilt die Klage als Antrag auf Aufhebung des Annahmeverhältnisses. § 1762 Abs. 3 des Bürgerlichen Gesetzbuchs gilt nicht.

---

im vereinten Deutschland, StAZ 1991, 1; Siehr, Das Kindschaftsrecht im Einigungsvertrag, IPRax 1991, 20, 21 f; Weber, Gesetz zur Änderung adoptionsrechtlicher Fristen, DtZ 1992, 10; Wolf, Überprüfung von in der DDR ausge-sprochenen Adoptionen, FamRZ 1991, 12, Kommentierungen bei MünchKomm/Lüderitz Art 234 § 13 EGBGB; Staudinger/Rauscher (1996) Art 234 § 13 EGBGB.

Die Übergangsvorschrift des Art 234 § 13 EGBGB (vgl dazu näher STAUDINGER/RAU- **27** SCHER [1996] Art 234 § 13 EGBGB) wurde in ihrer ursprünglichen Fassung in den **Erläuterungen zu den Anlagen zum Einigungsvertrag** (BT-Drucks 11/7817, 46) wie folgt begründet:

> „Die Rechtswirkungen, die das bisher geltende Recht der ‚Annahme an Kindes Statt' beimißt, entspricht im wesentlichen den Rechtsfolgen, die das BGB an die Annahme als Kind knüpft. Mit der Überleitung des BGB gelten, wie sich aus dem Grundsatz des Artikel 234 § 1 EGBGB ergibt, deshalb die Rechtsfolgen des neuen Rechts auch für bereits bestehende Annahmeverhältnisse.
>
> Eine Ausnahme gilt nach Absatz 1 für § 1755 Absatz 1 Satz 2, § 1756 BGB, die in dem bisher geltenden Recht keine Entsprechung finden. Eine Überleitung dieser Vorschriften auf am Tag des Wirksamwerdens des Beitritts (Stichtag) bestehende Annahmeverhältnisse würde bewirken, daß bereits erloschene Rechtsbeziehungen wieder auflebten; dies soll vermieden werden. Das bisher geltende Recht kennt keine Annahme Volljähriger. Für vor dem Inkrafttreten des Familiengesetzbuchs der Deutschen Demokratischen Republik unter Volljährigen begründete Annahmeverhältnisse gelten die allgemeinen Vorschriften über die Annahme an Kindes Statt (§ 2 EGBGB). Absatz 1 schreibt deshalb vor, daß die besonderen Vorschriften des BGB über die Annahme Volljähriger auf die am Tag des Wirksamwerdens des Beitritts (Stichtag) bestehenden Annahmeverhältnisse keine Anwendung finden. Das bisher geltende Recht kennt keine dem § 1747 Absatz 3 Satz 1 vergleichbare Regelung. Absatz 1 schließt deshalb die Möglichkeit des § 1760 Absatz 2 Buchstabe e BGB aus, ein Annahmeverhältnis aufzuheben, weil ein Elternteil seine Einwilligung in die Annahme vor Ablauf der in § 1747 Absatz 3 Satz 1 BGB bestimmten Frist erteilt hat.
>
> Absatz 2 konkretisiert die bereits in Artikel 18 und 19 des Einigungsvertrags niedergelegten Grundsätze: Gerichtliche Entscheidungen, durch die ein Annahmeverhältnis aufgehoben wird, bleiben von der Überleitung des BGB unberührt, wenn sie vor dem Tag des Wirksamwerdens des Beitritts (Stichtag) ergangen sind. Dasselbe gilt für entsprechende Entscheidungen anderer staatlicher Organe, wenn sie vor dem Stichtag wirksam geworden sind.
>
> Die künftige Aufhebung von Annahmeverhältnissen bestimmt sich mit der Überleitung des BGB nach neuem Recht. Dies gilt gemäß Artikel 234 § 1 EGBGB auch dann, wenn das aufzuhebende Annahmeverhältnis vor dem Tag des Wirksamwerdens des Beitritts (Stichtag) begründet worden ist – dies allerdings nur mit den in Absatz 3 bis 6 bezeichneten Maßgaben:
>
> – Nach Absatz 3 kann ein vor dem Tag des Wirksamwerdens des Beitritts (Stichtag) begründetes Annahmeverhältnis gemäß § 1760 BGB wegen des Fehlens einer Einwilligung des Kindes oder eines Elternteils nur aufgehoben werden, wenn die Einwilligung nach dem bisherigen Recht erforderlich war.
>
> – Nach dem bisher geltenden Recht ist die Einwilligung eines Elternteils in die Annahme seines Kindes nicht erforderlich, wenn der Elternteil zur Abgabe einer Erklärung für eine nicht absehbare Zeit außerstande war oder der Aufenthalt dieses Elternteils nicht ermittelt werden konnte. Das bisher geltende Recht gibt diesem Elternteil allerdings die Möglichkeit, unter bestimmten Voraussetzungen die Aufhebung des Annahmeverhältnisses zu verlangen (§§ 70 Absatz 2, 74 FGB). Absatz 3 will dem betroffenen Elternteil diese Möglichkeit erhalten.

– Nach dem bisher geltenden Recht ist die Einwilligung eines Elternteils in die Annahme nicht erforderlich, wenn ihm das Erziehungsrecht entzogen worden ist; außerdem kann die Einwilligung eines Elternteils immer schon dann ersetzt werden, wenn er die Einwilligung verweigert und diese Verweigerung dem Wohle des Kindes entgegensteht (§ 70 FGB). Absatz 5 und 6 wollen in beiden Fällen den Eltern die Möglichkeit eröffnen, die ohne ihre Einwilligung erfolgte Annahme ihres Kindes am Maßstab des § 1761 BGB überprüfen zu lassen.

Absatz 7 stellt klar, daß anhängige Klagen auf Aufhebung eines Annahmeverhältnisses nunmehr als Antrag auf Aufhebung des Annahmeverhältnisses gelten; die Formvorschrift des § 1762 Absatz 3 BGB gilt für sie nicht. Damit wird eine erneute Antragstellung entbehrlich und die Gefahr einer Verfristung ausgeschlossen."

III. Statistisches

1. Bundesrepublik Deutschland

28   Die Adoption von Minderjährigen wird vom Statistischen Bundesamt* jährlich erfaßt:

Jahr	Adoption Minderjähriger insg	davon durch Verwandte[1]	davon durch Stiefeltern[2]	davon ausl Kinder	zur Adoption vorgesehene Minderjährige	Adoptions-bewerber
1960	6158				4850	2940
1961	7389				4811	2820
1962	7228				4710	3249
1963	7608	2169			4844	3828
1964	7684	1928			5030	4257
1965	7748	2058			4499	4455
1966	7481	1984			3984	4512
1967	7249	1887			4053	4861
1968	7092	1761			3869	5224
1969	7366	1952			3392	5345
1970	7165	1918			3157	6009
1971	7337	2037			3098	6537
1972	7269	1848			3230	7632
1973	7745	2017			3368	9211
1974	8530	2218			3334	12 210
1975	9308	2540			3076	15 674

[1] Als „verwandt" gelten nach Auskunft des Statistischen Bundesamtes Verwandte u Verschwägerte bis zum dritten Grad. Erfaßt werden also bis zum KindRG v 1997 auch Adoptionen des eigenen nichtehel Kindes. Bis 1981 zählten auch Stiefkindadoptionen zu den Verwandtenadoptionen.
[2] Ab 1982 werden Stiefkindadoptionen gesondert ausgewiesen.

---

* **Quelle:** Begründung RegE, BT-Drucks 7/3061, 18; ab 1975: Statistisches Bundesamt, Fachserie 13: Sozialleistungen, Reihe 6: Öffentliche Jugendhilfe; ab 1980 dass, Reihe 6: Jugendhilfe; ab 1982 dass, Reihe 6. 1: Erzieherische Hilfen und Aufwand für die Jugendhilfe; ab 1991 dass, Statistik der Jugendhilfe, Teil I, Zeitreihen 1991 bis 1996, Adoptionen; ab 1997 dass, Statistik der Kinder- und Jugendhilfe, Teil I, 5 Adoptionen, Arbeitsunterlage.

Jahr	Adoption Minderjähriger insg	davon durch Verwandte[1]	davon durch Stiefeltern[2]	davon ausl Kinder	zur Adoption vorgesehene Minderjährige	Adoptionsbewerber
1976	9551	2564			2994	17 909
1977	10 074	2959			3194	18 817
1978	11 224	3555			2913	18 884
1979	9905	3867			2950	20 014
1980	9298	3102			2819	20 282
1981	9091	3602			2766	19 180
1982	9145	535	3433	1117	6850[3] 1035[4]	20 746
1983	8801	431	3383	1041	6467[3] 884[4]	21 249
1984	8543	446	3562	1085	5967[3] 822[4]	20 003
1985	7974	380	3491	1066	5689[3] 672[4]	19 726
1986	7875	370	3497	1115	5417[3] 726[4]	21 071
1987	7694	349	3566	1136	5315[3] 608[4]	20 806
1988	7481	347	3697	1253	4987[3] 639[4]	20 183
1989	7114	344	3630	1161	5212[3] 595[4]	20 507
1990[5]	6947	344	3564	1150	4994[3] 711[4]	19 576
1991[6]	7142	306	3950	1355	6689[3] 1285[4]	21 826
1992	8403	399	4040	1664	7295[3] 1357[4]	25 744
1993	8687	323	4293	1549	6691[3] 1402[4]	21 711
1994	8449	411	4340	1491	6384[3] 1414[4]	23 189
1995	7969	375	4151	1643	5908[3] 1331[4]	19 426
1996	7420	452	3903	1567	5379[3] 1311[4]	17 310
1997	7173	599	3513	1692	4888[3] 1276[4]	17 139
1998	7119	448	3433	1889	4443[3] 1123[4]	15 930
1999	6399	314	2916	1765	4260[3] 1077[4]	14 524

[3] In Adoptionspflege untergebrachte Minderjährige. [4] Zur Adoption vorgemerkte Minderjährige.
[5] Nur früheres Bundesgebiet. [6] Ab 1991 alte und neue Bundesländer zusammen.

2. Ehemalige DDR

29 Statistische Angaben aus der ehemaligen DDR sind nicht verfügbar. Auf Anfrage teilte Frau Prof ANITA GRANDKE (Humboldtuniversität Berlin) mit Schreiben v 30. 11. 1990 freundlicherweise folgendes mit: „In der ehemaligen DDR wurden ziemlich konstant pro Jahr **2700 bis 3000 Kinder** an Kindes Statt angenommen. **Knapp 30 % davon werden von ihren Stiefvätern, seltener auch von ihren Stiefmüttern** angenommen. Die **Verwandtenadoption** wurde nicht besonders ausgewiesen, zumal sie überaus selten war. Die Großeltern und die Väter nichtehel Kinder konnten nach § 46 Abs 2 FGB das Erziehungsrecht erhalten, was der Adoption grds vorgezogen wurde. Bei der Aufnahme des Kindes durch Verwandte aus der Seitenlinie blieb es aus dem gleichen Grund in aller Regel bei der Pflegekindschaft."

IV. Pflegekindschaft und Adoption

1. Gegenüberstellung beider Institute

30 Pflegekindschaft und Adoption sind zwei unterschiedliche Formen der Pflege und Erziehung von Kindern, die – aus welchen Gründen auch immer – nicht in ihrer Ursprungsfamilie versorgt werden (können) (LAKIES FamRZ 1990, 698). Während es jedoch bei der **Adoption** um eine endgültige Neuzuordnung des Kindes geht, stellt die **Familienpflege** eine Maßnahme dar, mit deren Hilfe ein Kind vorübergehend von anderen als den leibl Eltern versorgt werden soll. Das Pflegekindschaftsverhältnis hat im BGB erst nachträglich und auch nur punktuell eine Regelung erfahren. Zur **Geschichte des Rechts der Pflegekinder** vgl STAUDINGER/ENGLER[10/11] Vorbem 72 ff zu § 1741 und TIREY, Das Pflegekind in der Rechtsgeschichte (1996).

31 Bei der Adoption werden Elternrechte und Elternpflichten vollständig und endgültig aufgehoben. Mit der Annahme des Kindes erlöschen das Verwandtschaftsverhältnis des Kindes zu den bisherigen Verwandten und die sich aus ihm ergebenden Rechte und Pflichten (§ 1755 Abs 1 S 1). Das Kind erlangt die rechtl Stellung eines leibl Kindes des oder der Annehmenden (§ 1754). Das künstlich geschaffene Eltern-Kind-Verhältnis ist nur unter engen Voraussetzungen auflösbar (§§ 1759 ff). Demgegenüber ist bei der Familienpflege die Rückführung des Kindes in die Herkunftsfamilie von vornherein beabsichtigt, wenngleich es in der Praxis oft zu einer sog Dauerpflegschaft kommt (BAER FamRZ 1982, 221; vgl auch WIESNER, SGB VIII, § 33 Rn 32 f).

32 Während das Adoptivkind rechtlich *und* tatsächlich seinen Adoptiveltern zugeordnet wird, gehört das Pflegekind rechtlich weiter seiner Ursprungsfamilie an, obwohl es tatsächlich Bindungen zu den Pflegepersonen entwickelt (soziale oder faktische Elternschaft). Daher wird vielfach angenommen, daß die erforderliche Kontinuität der Pflege und Erziehung durch eine Adoption besser gewährleistet sei als durch ein Pflegekindschaftsverhältnis (MünchKomm/MAURER Vor § 1741 Rn 6; SALGO 370; WIESNER, SGB VIII, § 36 Rn 32; LONGINO 11 und 27).

2. Die rechtliche Ausgestaltung des Pflegekindschaftsverhältnisses

33 Das **Auseinanderfallen von tatsächlicher und rechtlicher Zuordnung** kann zu schwierigen Konfliktsituationen führen. Mit § **1630 Abs 3** hat das Ges zur Neuregelung des

Rechts der elterl Sorge v 1979 (BGBl I 1061) für die Eltern eine Möglichkeit geschaffen, Angelegenheiten der elterl Sorge durch das FamG auf die Pflegeperson übertragen zu lassen. Die Pflegeperson erhält dann insoweit die Rechtsstellung eines Pflegers und damit auch die Möglichkeit gesetzl Vertretung. Der Schutz des Pflegekindschaftsverhältnisses besteht indes nur solange, als die leibl Eltern die Übertragung nicht wieder rückgängig machen. Einem entsprechenden Antrag muß das Gericht jederzeit und unverzüglich stattgeben (MünchKomm/Hinz § 1630 Rn 24; Gernhuber/Coester-Waltjen § 57 II 2; Gleissl/Suttner FamRZ 1982, 122, 124). Das KindRG v 1997 hat das Antragsrecht nach § 1630 Abs 3 nunmehr auch der Pflegeperson eingeräumt. Da der Erfolg des Antrags auch in diesem Fall von der Zustimmung der Eltern abhängt, ist das **Inititativrecht der Pflegeperson** vor allem in den Fällen praktisch bedeutsam, in denen die Eltern aus Gleichgültigkeit oder Scheu vor einem Gerichtsverfahren selbst keinen Antrag stellen. Zur damit einhergehenden Stärkung der verfahrensrechtlichen Stellung der Pflegeperson Salgo FamRZ 1999, 337, 342. Auch ohne Ausübungsübertragung nach § 1630 Abs 3 wurde bei **langfristiger Familienpflege** (krit zu dieser Einschränkung Salgo FamRZ 1999, 337, 343; Wiesner ZfJ 1998, 269, 275) durch § **1688** für Angelegenheiten des täglichen Lebens ein gesetzliches Entscheidungs- und Vertretungsrecht der Pflegeperson geschaffen, welches allerdings unter dem Vorbehalt einer „anderweitigen Erklärung" des Sorgeberechtigten steht. Eine abweichende Anordnung des Sorgeberechtigten kann allerdings nur zu einer kindeswohlverträglichen Modifizierung der den Pflegeeltern zustehenden Rechte, nicht aber zu deren völligem Ausschluß führen (Näheres Staudinger/Salgo [2000] § 1688 Rn 39 f). Auf diese Weise wird die ordnungsmäßige tägliche Betreuung des Kindes nunmehr automatisch gewährleistet, während § 1630 Abs 3 seine Bedeutung vor allem für Fragen behält, die über „Angelegenheiten des täglichen Lebens" hinausgehen (Staudinger/Salgo [2000] § 1688 Rn 10).

Probleme entstehen insbes, wenn die sorgeberechtigten Eltern das Kind von den **34** Pflegeeltern herausverlangen. Falls das Kind seit längerer Zeit in Familienpflege lebt, kann gem § **1632 Abs 4,** der auf das Ges zur Neuregelung des Rechts der elterl Sorge v 1979 zurückgeht und durch das KindRG v 1997 präzisiert wurde (Salgo FamRZ 1999, 337, 344 f; Lakies ZfJ 1998, 129, 132), das FamG von Amts wegen oder auf Antrag der Pflegeperson anordnen, daß das Kind bei der Pflegeperson verbleibt (Näheres Ell, Wieder zu den Eltern? Über die Herausnahme von Kindern aus der Dauerpflege [1990]; Siedhoff NJW 1994, 616 ff; Staudinger/Salgo [2000] § 1632 Rn 42 ff). Die Verbleibensanordnung darf nur ergehen, wenn und solange das Kindeswohl durch die Wegnahme gefährdet würde. Bei einem Streit um den Aufenthalt des Kindes kommt den leibl Eltern allerdings grds der Vorrang zu (Art 6 Abs 2 GG). § 1632 Abs 4 schützt nur davor, daß die leibl Eltern ihr Kind *zur Unzeit* aus der Familienpflege herausnehmen (BVerfGE 68, 176, 185 = NJW 1985, 423 = FamRZ 1985, 39, 41; BT-Drucks 8/2788, 40). Trotzdem kann kein Zweifel daran bestehen, daß § 1632 Abs 4 dazu dient, gewachsene Bindungen des Kindes zu seinen Pflegeeltern zu erhalten. Gelegentlich wird deshalb das iS des § 1632 Abs 4 verfestigte Pflegeverhältnis als „faktische Adoption" (Baer FamRZ 1982, 221, 225; Lakies FamRZ 1990, 698, 699) oder als „Kryptoadoption" (Schwab, Gutachten für den 54. DJT [1982] Verh Bd II [Sitzungsberichte] Teil I, 180) bezeichnet. Pflegeeltern, bei denen das Kind längere Zeit in Familienpflege war, steht nach Beendigung des Pflegeverhältnisses unter den Voraussetzungen des § 1685 seit dem KindRG v 1997 ein eigenes **Umgangsrecht** zu (Näheres Salgo FamRZ 1999, 337, 344).

35 Verfahrensrechtliche Besonderheiten ergeben sich zunächst aus § 50 c FGG, wonach in Personensorgerechtsverfahren die Person anzuhören ist, bei der sich das Kind seit längerer Zeit in Familienpflege befindet. Seit Inkrafttreten des KindRG v 1997 ist außerdem nach § 50 Abs 1 FGG für minderjährige Kinder ein **Verfahrenspfleger** zu bestellen, soweit dies zur Wahrnehmung ihrer Interessen erforderlich ist. Aufgrund der ausdrücklichen Nennung in Abs 2 Nr 3 gilt dies stets in Verfahren nach § 1632 Abs 4. Aber auch im übrigen Pflegekinderbereich wird ein erheblicher Interessengegensatz zwischen dem Kind und seinen gesetzlichen Vertretern iSv § 50 Abs 2 Nr 1 FGG oftmals zu bejahen sein (Salgo FamRZ 1999, 337, 346). Durch das KindRG wurden die **Zuständigkeiten des FamG** ausgeweitet und ua auf die Verfahren nach §§ 1630 Abs 3, 1632 Abs 4, 1685, 1688 erstreckt.

3. Einzelprobleme

a) Adoption durch Pflegeeltern

36 Wollen die Pflegeeltern das Kind adoptieren, verweigern aber die leibl Eltern die nach § 1747 erforderliche Einwilligung, so stellt sich die Frage nach deren **Ersetzung durch das VormG gem § 1748.** Den nach dieser Vorschrift geforderten unverhältnismäßigen Nachteil für das Kind im Falle des Unterbleibens einer Adoption hat die Rspr früher zT mit dem Argument verneint, daß sich für das Kind faktisch nichts ändere, wenn es nur weiterhin als Pflegekind gut versorgt bleibe (Nachw § 1748 Rn 42). Dies führte zu dem paradoxen Ergebnis, daß adoptionswillige Pflegeeltern es ablehnen mußten, das Kind auch ohne Adoption zu behalten, um mit eben dieser Argumentation die Annahme zu erzwingen. Mittlerweile gehen Rspr u Lehre aber davon aus, daß ein Nachteil iS des § 1748 Abs 1 S 1 auch dann zu bejahen ist, wenn die Pflegeeltern bereit wären, das Kind auch ohne Adoption zu behalten (Nachw § 1748 Rn 42). Zur Begründung wird darauf verwiesen, daß der Status eines Pflegekindes rechtl ungesichert sei und das Kind Anspruch auf Klarheit und Sicherheit seiner familiären Beziehungen habe (Näheres § 1748 Rn 42).

b) Adoption des Pflegekindes durch Dritte

37 Eine Gefahr für den Bestand des Dauerpflegeverhältnisses besteht auch dann, wenn Dritte das Kind adoptieren wollen. Einem Herausgabeverlangen steht in einem solchen Fall zwar regelmäßig nicht Art 6 Abs 1 u 3 GG entgegen, da diese Vorschrift im Zusammenhang mit Art 6 Abs 2 GG gesehen werden muß, auf den sich aber die Pflegeeltern gerade nicht berufen können (offengelassen in BVerfG NJW 1994, 183 = FamRZ 1993, 1045). Eine Ausnahme liegt dann vor, wenn etwa die Pflegeeltern während einer jahrelangen Dauerpflege das Kind betreut haben oder andere ins Gewicht fallende Umstände von Verfassungs wegen eine Auflösung der Pflegefamilie verbieten (BVerfGE 79, 51, 60 = NJW 1989, 519 = FamRZ 1989, 31, 33). Jedoch gebieten die Menschenwürde des Kindes und sein Recht auf Entfaltung der Persönlichkeit iS der Artt 1 Abs 1 u 2 Abs 1 GG, daß gewachsene Bindungen nicht ohne gewichtigen Grund zerstört werden. Das Wohl des Kindes verlangt allerdings auch eine Entscheidung, die ihm ein Höchstmaß an Geborgenheit gewährleistet. Anders als bei einer Herausnahme des Kindes zum Zwecke des bloßen Wechsels der Pflegefamilie ist dies bei einer angestrebten Adoption in besonderer Weise gewährleistet. Nach BVerfGE 79, 51 = NJW 1989, 519 = FamRZ 1989, 31 darf deshalb ein Kind aus einer Pflegefamilie auch dann herausgenommen und in eine vorgesehene Adoptivfamilie übergeführt werden, wenn psychische Beeinträchtigungen des Kindes als Folge der Trennung nicht schlechthin ausgeschlossen werden können. Die Adoption hängt in einem solchen Fall davon ab, ob die vorgesehenen Adoptiveltern in der Lage sind, das Kind ohne dauerhafte Schädigungen in ihre Familie zu integrieren (Art 6 Abs 2 S 2 GG).

4. Das Verhältnis von Pflegekindschaft und Adoption de lege lata – Möglichkeit einer funktionellen Abgrenzung de lege ferenda?

a) de lege lata

Bereits seit Jahren wird die gesetzgeberische „Entschlußlosigkeit" (GERNHUBER, Neues **38** Familienrecht [1977] 93) bei der Abgrenzung der beiden Institute beklagt. Das geltende Recht bietet nämlich „keine orientierenden Kontraste" (SALGO 369) dafür, wann die tatsächliche Lebenssituation des Kindes für eine Adoption oder doch eher für die Beibehaltung seines Status als Pflegekind spricht. Zwar besteht nach § 36 Abs 1 S 2 SGB VIII bei langfristig zu leistender Hilfe eine besondere Prüfungspflicht des Jugendamtes, ob die Annahme als Kind in Betracht kommt, so daß das SGB VIII die Adoption des Kindes in diesen Fällen zu bevorzugen scheint (SALGO, in: WIESNER/ ZARBOCK, Das neue Kinder- und Jugendhilfegesetz [1991] 128; ders, GK-SGB VIII, § 33 Rn 32; LAKIES ZfJ 1998, 129, 133), doch sachliche Abgrenzungskriterien lassen sich hieraus kaum ableiten. Vielfach wird von Fällen berichtet, in denen eine eigentlich erwünschte Adoption unterbleibt (SALGO 371; ders StAZ 1983, 89, 99; ders, GK-SGB VIII, § 33 Rn 32; BAER FamRZ 1982, 221, 222; SCHWAB, Gutachten für den 54. DJT [1982] Verh Bd I A 65). Dauerpflegschaften werden zB oft nur deshalb nicht in Adoptivverhältnisse umgewandelt, weil positive Restbeziehungen zur Herkunftsfamilie bestehen und die leibl Eltern den Verbleib in der Pflegefamilie mittragen. Auch materielle Gründe können die Pflegefamilie von der Adoption abhalten. Bei frühkindlichen Schädigungen oder Behinderungen ist für die Betreuungsperson zudem nicht absehbar, welche psychischen Belastungen (neben den materiellen) im Falle einer Adoption auf sie zukommen werden. Die Volladoption erweist sich hier als ein ungeeignetes, weil kompromißloses Mittel der Zuordnung. Bei der Reform des Adoptionsrechts war deshalb ua vorgeschlagen worden, neben der Volladoption einen zweiten Adoptionstyp zuzulassen, die sog einfache Adoption, nach der Kompromißlösungen zwischen alter und neuer Familie möglich gewesen wären (vgl dazu § 1754 Rn 3).

Umgekehrt gibt es Fallkonstellationen, die eine an sich nicht gewollte Adoption **39** nahelegen. So kann der schwächere Schutz der Pflegefamilie, verbunden mit der Angst der Pflegeeltern, die leibl Eltern könnten eines Tages das Kind zurückfordern, der Grund für eine Adoption sein, obwohl ein Pflegeverhältnis die angemessenere Lösung wäre (HOLZHAUER ZRP 1982, 222, 226 f; SALGO StAZ 1983, 89, 99). Auch der „Adoptionsmarkt" (Vielzahl geeigneter Adoptionsbewerber, wenige für eine Adoption in Betracht kommende Kinder) kann mitbestimmend für die Herausnahme aus der Dauerpflege sein, ebenso wie die finanzielle Belastung der Eltern oder die Verpflichtung der öffentlichen Hand zur Zahlung von Pflegegeld.

b) de lege ferenda

Zwar besteht Einmütigkeit darüber, daß die Adoption auf Dauer grds einer lang- **40** fristigen Betreuung in Familienpflege oder in einem Heim vorzuziehen ist. Jedoch lassen sich die vielgestaltigen und unterschiedlichen Lebensverhältnisse mit den schematischen Modellen der Adoption einerseits und der Pflegekindschaft andererseits kaum erfassen. Beide Institute können iS eines tertium non datur schwerlich

Rainer Frank

abschließend voneinander abgegrenzt werden. De lege ferenda sollte man deshalb **Zwischenlösungen** gegenüber jederzeit aufgeschlossen bleiben (zur Reform des Pflege-kindschaftsrechts allg SALGO StAZ 1983, 89; SCHWAB, Gutachten für den 54. DJT [1982] Verh Bd I S A 65; SIMON NJW 1982, 1673). So werden derzeit verstärkt „offene Adoptionen" vermittelt, bei denen der Kontakt zwischen leibl Eltern und Kindern nicht wie bei der Inkognitoadoption von vornherein irreversibel unterbunden wird (vgl dazu § 1747 Rn 34 ff); für „offenere Adoptionsformen", ua mit einem Umgangsrecht der leibl Eltern, SALGO 371 Fn 22. SALGO (374 iVm 170 ff) weist auf die Möglichkeit subventionierter Adoptionen („subsidized adoptions") im anglo-amerikanischen Recht hin. Zu denken wäre auch, insbes als eine Alternative zur Verwandtenadoption (§ 1741 Rn 22 ff), an eine familiengerichtl Übertragung des Sorgerechts auf Zeit oder Dauer auf die Betreuungsperson (eingehend dazu FRANK 141 ff).

V. Kinderpsychologische und -psychiatrische Aspekte der Adoption

41 Soweit im Adoptionsrecht das Kindeswohl maßgebend ist (vgl §§ 1741 Abs 1 S 1, 1748 Abs 1, 1757 Abs 4 S 1 Nr 2, 1761 Abs 2), sind neben rechtl Kriterien auch Erkenntnisse der Erfahrungswissenschaften, insbes der Entwicklungspsychologie und der Kinderpsychiatrie zu berücksichtigen. Von Bedeutung sind dabei sowohl zum Zeitpunkt der Adoption vorliegende Entwicklungsstörungen, sog **Deprivations- und Bindungsstörungen,** als auch die **Auswirkungen des Adoptionsvorganges** selbst auf die weitere psychische Entwicklung des Kindes.

1. Allgemeines zur Entstehung von Deprivations- und Bindungsstörungen

42 Als **Deprivationssyndrom** bezeichnet man eine Entwickungsstörung von Säuglingen und Kleinkindern, die Folge des Verlustes oder Mangels von emotionaler Zuwendung und Pflege durch eine feste Bezugsperson ist (vgl NISSEN, in: EGGERS/LEMPP/NISSEN/STRUNK, Kinder- und Jugendpsychiatrie [7. Aufl 1994] 107, 109; STEINHAUSEN, Psychische Störungen bei Kindern und Jugendlichen [3. Aufl 1996] 253). Der auch heute noch für schwerste Schädigungen gebrauchte Begriff des **Hospitalismus** stammt aus einer Zeit, in der elternlose oder nichtehel geborene Säuglinge und Kleinkinder in Massenheimen ohne jegliche geistige oder emotionale Anregung untergebracht waren und zum Großteil starben. In den seit etwa 1900 beginnenden Untersuchungen wurde verstärkt auf diese Mißstände aufmerksam gemacht – ein Prozeß, der bis in die Achtzigerjahre andauerte (vgl nur BOWLBY, Maternal Care and Mental Health, World Health Organization [1951]; SPITZ, Vom Säugling zum Kleinkind [1967], ausf NISSEN 105 f). Mittlerweile werden in Heimen allgemein an die Versorgung von Kindern hohe psychologische und sozialpädagogische Anforderungen gestellt; ein Großteil der Säuglinge und Kleinkinder wird zudem in Pflegefamilien betreut (LEMPP, in: EGGERS/LEMPP/NISSEN/STRUNK 612; ausf zur Wandlung der Heimerziehung UNZNER, in: SPANGLER/ZIMMERMANN, Die Bindungstheorie [3. Aufl 1999] 335 ff). Als Ursachen von schwersten Deprivationsschäden kommen deshalb heute vor allem die Mißhandlung und Vernachlässigung durch die Eltern in Frage. Dennoch bleibt ein längerer Heim- oder Krankenhausaufenthalt wegen des häufigen Wechsels der Bezugspersonen für kleinere Kinder weiterhin ein wichtiger Risikofaktor (NISSEN 111; STEINHAUSEN 255).

43 Nach heutigem Wissensstand können bestimmte **Deprivationsbedingungen** hervorgehoben werden, die Risikofaktoren darstellen und zu pathologischen Zuständen führen *können,* deren Auswirkung auf die Kindesentwicklung aber von weiteren Faktoren abhängt. Im Vordergrund stehen dabei traumatische Beziehungen der Kinder zu einer Bezugsperson und die längere Trennung oder Entbehrung von dauerhaften Bezugspersonen. Zu unterscheiden sind (1) Fälle der seelischen und körperlichen Vernachlässigung, (2) Mißhandlung oder Mißbrauch durch die Eltern oder andere Bezugspersonen, (3) längere Trennungen oder Verlust der Eltern durch Tod oder Scheidung sowie (4) längere Heim- und Krankenhausaufenthalte von Säuglingen und Kleinkindern (STEINHAUSEN 253; NISSEN 114).

Die Bedeutung des Aufbaus fester und sicherer Beziehungen zu bestimmten Bezugs- **44** personen in der frühen Kindheit für die weitere Entwicklung des Kindes hat vor allem BOWLBY untersucht (Bindung [1975]; Trennung [1976]). Er entwickelte auf der Grundlage von entwicklungspsychologischen Experimenten die **Bindungstheorie** (engl attachment), die von seiner Schülerin AINSWORTH belegt und weiterentwickelt wurde (AINSWORTH *et al,* Patterns of Attachment [1978]) und heute zum gesicherten Bestand der Entwicklungspsychologie zählt. Danach entwickeln Kinder Bindungen in mehreren Etappen: Während der Säugling nach der Geburt zunächst für verschiedene Bezugspersonen offen ist, lernt er **ab etwa 3 Monaten** die wichtigsten Bezugspersonen zu unterscheiden. Ab dem **6.–8. Lebensmonat** beginnt die eigentliche Bindungsphase, so daß mit einem Alter von etwa 1 Jahr bereits enge Bindungsbeziehungen bestehen. Dabei können Bindungen zunächst nur zu wenigen Personen (wenn auch nicht nur zu einer) aufgebaut werden. Die stärksten Bindungen werden mit der Hauptpflegeperson gebildet, die idR die Mutter ist, aber auch der Vater oder eine dritte verwandte oder nichtverwandte Person sein kann. Auch kurzzeitige Trennungen von dieser Person werden vom Kind bereits als schmerzlich empfunden und durch Weinen und Suchverhalten ausgedrückt. In der Folgezeit werden diese Bindungen konsolidiert. **Ab Ende des 3. Lebensjahres** tritt das Kind in die Phase der sog „zielkorrigierten Partnerschaft" ein, in der es beginnt, das Verhalten der Bezugspersonen aktiv zu beeinflussen und deren Erwartungen und Motive zu berücksichtigen (RAUH, in: OERTER/MONTADA, Entwicklungspsychologie [4. Aufl 1998] 240; NISSEN 112; zum entspr Bindungsverhalten auf Seiten der Eltern, sog „bonding" vgl RAUH 182). Alle Kinder bauen derartige Bindungen auf, sofern nur ein Minimum an Interaktionsmöglichkeiten besteht. Bindungen entstehen auch zu Bezugspersonen, die das Kind vernachlässigen, mißhandeln oder mißbrauchen. Ausnahmen bestehen lediglich bei schwer hospitalisierten Kindern, also solchen, die überhaupt keinen regelmäßigen Kontakt zu bestimmten Personen haben. Allerdings gibt es je nach Konstanz, Dauer und Umfang der Fürsorge bedeutende Unterschiede der **Qualität der Bindungen.** Sichere Bindungsbeziehungen werden zu Personen aufgebaut, die feinfühlig auf Gefühls- und Bedürfnisäußerungen des Kindes eingehen und dem Kind daher Vertrauen und ein Gefühl der Wertschätzung geben (RAUH 242; ausf FREMMER-BOMBIK, in: SPANGLER/ZIMMERMANN 109). Die Schaffung möglichst sicherer Bindungen hat ausschlaggebende Bedeutung für die weitere Entwicklung des Kindes; denn sie dienen ihm als „sichere Basis" für die Bewältigung der Entwicklungsaufgaben im Kleinkindalter. Bindungen haben aber auch Auswirkungen auf die spätere Entwicklung (Bewältigung schulischer Probleme, Rückhalt in der Phase der Pubertät, Bildung von partnerschaftlichen Bindungen und eigene Erziehungsfähigkeit), da die im Säuglingsalter erworbenen Bindungen sowie das erlernte Bindungsverhalten große Stabilität aufweisen (RAUH 243 f). Vor allem aber stellen Bindungsbeziehungen **Schutzfaktoren** gegen störende Einflüsse dar. So können sicher gebundene Kinder zB Trennung oder Tod der Eltern, Krankenhausaufenthalte und andere Gefahren und Belastungen idR besser verarbeiten als unsicher gebundene Kinder, die auch im übrigen größere Probleme haben, Entwicklungsaufgaben zu bewältigen. Auch unsicher gebundene Kinder entwickeln sich aber idR normal (SCHEUERER-ENGLISCH, in: Stiftung „Zum Wohl des Pflegekindes", 1. Jahrbuch des Pflegekinderwesens [1998] 71; SUESS/FEGERT FPR 1999, 160). Dagegen entstehen bei **traumatischen Beziehungen** zu den Bindungspersonen häufig **desorganisierte Bindungen,** die nicht mehr als Schutzfaktor dienen können. Hier ist die Bindungsperson nicht Quelle von Sicherheit und Vertrauen, sondern selbst Auslöser von Furcht und Bedrohung oder zumindest wegen Überforderung oder Abwesenheit nicht als „sichere Basis" verfügbar (SCHEUERER-ENGLISCH 73 ff, 79). Schließlich ist zu beachten, daß sich die Bindungsqualität durch traumatische Erfahrungen im späteren Kindesalter auch nachträglich noch ändern kann (RAUH 244).

2. Folgen, Therapie und Prognose von Deprivationssyndromen

45 Die Annahmen der **klassischen Deprivationslehre** bezüglich der längerfristigen Auswirkungen von Deprivationsbedingungen auf die Kindesentwicklung, insbes der Heimunterbringung und der frühen Mutterentbehrung, sind heute nicht mehr oder nur noch in modifizierter Form haltbar (STEINHAUSEN 256; NISSEN 111, 115; LEMPP 608). Grund dafür ist (neben den Veränderungen in der Heimpflege) die Einsicht, daß Kinder sehr unterschiedlich auf Deprivationsbedingungen reagieren. Für das Entstehen eines Deprivationssyndromes, die Stärke der ausgebildeten Symptome und den Einfluß auf die weitere Entwicklung des Kindes ist zum einen ausschlaggebend, inwieweit **innere Schutzfaktoren** beim Kind bestehen (Qualität der Bindungen, erreichter Grad an Eigenständigkeit, Vorliegen von Bewältigungsstrategien), was auch entscheidend vom Alter des Kindes abhängt. Zum anderen sind **äußere Schutzfaktoren** maßgeblich, zB niedriges Konfliktniveau der Eltern nach der Scheidung oder (bei älteren Kindern) Bestätigung außerhalb der Familie durch Freunde, Schule uä (NISSEN 114). Des weiteren ist von Bedeutung, inwieweit **zusätzliche Risikofaktoren** auftreten, also eine Häufung von Deprivationsbedingungen (zB lange Heim- und Krankenhausaufenthalte, die einer traumatischen Beziehung nachfolgen). Schließlich sind die Auswirkungen entscheidend von der Dauer und Schwere der frustrierenden Einwirkungen abhängig (NISSEN 107; SCHULTE-MARKWORT, in: KNÖLKER, Kinder- und Jugendpsychiatrie und -psychotherapie [2. Aufl 2000] 366 f).

46 Kurzfristige Folgen einer Deprivation können vor allem eine motorische Entwicklungsverlangsamung (Verzögerung bei Stehen, Sitzen, Laufen), Verzögerung der Sprachentwicklung, sonstige Verhaltensauffälligkeiten (Einkoten, Einnässen, Lügen uä), Hemmung der intellektuellen Entwicklung und auch psychische Störungen sein. Sie können verstärkt werden durch die mit Deprivationsbedingungen häufig einhergehenden physischen Beeinträchtigungen (zB Unterernährung, Verletzungen, perinatale Schäden bei alkoholkranken Eltern; ausf NISSEN 109 f, 115). In den offiziellen Nomenklaturen ICD-10 und DSM-III/IV wurden entsprechende typische Krankheitsbilder definiert, zu denen Formen der **reaktiven Bindungsstörung** sowie **posttraumatische Belastungsstörungen** (PTSD) gehören (Überblick bei SCHULTE-MARKWORT 368 f; HOKSBERGEN, in: PAULITZ 268 f; STEINHAUSEN 256). Abhängig von den sonstigen Bedingungen kann Folge der Deprivation aber auch eine bloße unsichere Bindung oder eine zwar klinisch sichtbare, aber noch nicht krankhafte Bindungsstörung sein, wie sie sich auch unter weniger gravierenden Umständen entwickeln kann (MINDE 364 f).

Allerdings kann es nicht nur in der frühen Kindheit, sondern auch im mittleren und späten Kindesalter bei schweren Traumata zu psychischen Störungen kommen, die mit frühen Deprivationsfolgen vergleichbar sind (NISSEN 115).

Ob sich **längerfristige Folgen** ergeben, hängt wesentlich von der Dauer der Depri- **47** vationsbedingungen ab. So sind die Folgen monate- oder gar jahrelanger Vernachlässigung oder Mißhandlung idR wesentlich gravierender als die einmaliger Trennungseinschnitte (zB Tod eines Elternteils) bei ansonsten guten Rahmenbedingungen (STEINHAUSEN 256; FEGERT, in: Stiftung „Zum Wohl des Pflegekindes" 22). Deprivation kann die Entwicklung von Neurosen und Psychosen fördern, kommt als alleinige Ursache hierfür jedoch nicht in Frage. Allerdings werden spätere psychische Störungen wie allgemeine Ängstlichkeit, Depressivität und Kontaktschwäche, aber auch dissoziale und delinquente Verhaltensweisen zumindest bei längerer Deprivation überdurchschnittlich häufig beobachtet. Selbst schwere **psychische Entwicklungsstörungen** sind jedoch durch gezielte Behandlung und Übergang in eine Fürsorge und Anregung bietende Dauerbeziehung **reversibel,** wenngleich die Beeinflussungsmöglichkeiten um so geringer werden, je chronifizierter die Störungen sind (NISSEN 115; STEINHAUSEN 256, 259; SCHULTE-MARKWORT 370). Auch **Rückstände der körperlichen und geistigen Entwicklung** können oft relativ schnell wieder aufgeholt werden. Bei langandauernder Deprivation kann jedoch auch die geistige Entwicklung stagnieren, zu einer geistigen Behinderung kann es aber nur zusammen mit materieller Unterernährung kommen (STEINHAUSEN 259; NISSEN 115).

3. Folgerungen für die Adoption

Eine Vielzahl der zur Adoption freigegebenen Kinder befindet sich in einer psychi- **48** schen Verfassung, die durch **traumatische Erfahrungen mit den leiblichen Eltern** (seelische und körperliche Vernachlässigung, Mißhandlung und Mißbrauch, Alkohol- und Drogenabhängigkeit der Eltern, Tod der Eltern) geprägt ist. Zudem droht oftmals ein **häufiger Wechsel der Bezugspersonen** (Heimpersonal, mehrere Pflegeeltern, Krankenhausaufenthalte) oder er ist bereits eingetreten (zu den anders gelagerten Problemen bei der Stiefkindadoption vgl § 1741 Rn 42 ff). Infolge dieser mehrfachen Risikofaktoren liegen häufig reaktive Bindungsstörungen und posttraumatische Belastungsstörungen vor, zumindest aber unsichere oder desorganisierte Bindungen. Durch die Aufnahme in die Adoptivfamilie kann dem Kind eine dauerhafte, fürsorgliche und anregende Umgebung vermittelt werden, in der psychische wie physische Entwicklungsdefizite ausgeglichen und Verhaltensstörungen revidiert oder gemildert werden können. Auch wurden in Untersuchungen deutlich positive Auswirkungen auf den Erwerb sozialer Fähigkeiten festgestellt (TEXTOR, in: HOKSBERGEN/TEXTOR, Adoption: Grundlagen, Vermittlung, Nachbetreuung, Beratung [1993] 47; FEGERT 28). Die Adoption wird daher aus entwicklungspsychologischer wie aus kinderpsychiatrischer Sicht in ihrer Wirkung für das Kind insgesamt als sehr positiv bewertet (LEMPP 610; FEGERT 28; HOKSBERGEN 272). Allerdings soll ein **adoptionsspezifisches Risiko** darin bestehen, daß Adoptiveltern zu hohe Erwartungen an die Kinder stellen und die Kinder ihrerseits fürchten, die uU auch selbst gesetzten Erwartungen nicht erfüllen zu können (ausf SCHLEIFFER, in: KROLZIK, Pflegekinder und Adoptivkinder im Focus [1999] 171). Auch wird nach Begründung des Annahmeverhältnisses eine erhöhte Inanspruchnahme psychiatrischer Hilfe verzeichnet; Ursache dafür sind aber regelmäßig die Vorschädigungen der Kinder. Zudem besteht eine gewisse Unsicherheit der Adoptiveltern im Umgang mit

Entwicklungsstörungen, und das selbst dann, wenn diese objektiv gar nicht bestehen (Lempp 610; Wollek UJ 1999, 147, 152; Schleiffer 164). Untersuchungen zeigen aber, daß sich Kinder in Adoptivfamilien insgesamt nicht wesentlich anders als andere Kinder entwickeln. Vor allem bei **Frühadoptionen** konnten keine erhöhten Neigungen zu späteren psychischen Erkrankungen, Verhaltensauffälligkeiten oder Unterschiede bei der Intelligenzentwicklung festgestellt werden (Lempp 611; Textor 51, 60, 62), wenn auch Unterschiede im Verhalten delinquenter Jugendlicher vorliegen sollen (Schleiffer 169).

49 Von Kinderpsychologen und -psychiatern wird daher immer wieder auf die Bedeutung der **Frühadoption** („Frühestadoption") möglichst innerhalb der ersten Lebensmonate oder doch zumindest während des ersten Lebensjahres hingewiesen (Knölker 170; Lempp 611; Wollek 149). Säuglinge und Kleinstkinder sind idR nur wenig depriviert, können sichere Bindungen zu den neuen Bezugspersonen leichter aufbauen und auch körperliche Defizite besser aufholen. Zu Problemen zwischen Kind und Adoptiveltern kommt es idR erst im Schulalter bzw mit Beginn der Pubertät, wenn das Kind Kenntnis von seinem Adoptionsstatus erhält und mehr über seine Herkunft erfahren will (Textor 49; Lempp 611; zur Aufklärung des Kindes vgl § 1758 Rn 23). Diese sog Identitätskrise, die in abgeschwächter Form ein allgemeines Phänomen der Pubertät ist, wird aber vom Kind bei ansonsten guten Adoptionsbedigungen idR ohne weiteres gemeistert (ausf Nienstedt/Westermann, Pflegekinder [5. Aufl 1998] 241, 271 ff; Hoksbergen/Juffer/Textor Prax Kinderpsychol Kinderpsychiat 1994, 339; Wollek 150). Zu Fragen der Inkognitoadoption und der offenen Adoption vgl § 1747 Rn 34 ff, zum Recht des Kindes auf Kenntnis der eigenen Abstammung §§ 1747 Rn 15, 1758 Rn 23.

50 Bei **Spätadoptionen** besteht dagegen schon in der Eingewöhnungsphase die Gefahr von Kontaktstörungen zu den Adoptiveltern. Hier liegen bei den Kindern oft traumatische Erfahrungen sowie häufige Wechsel der Bezugspersonen vor. Zudem bestehen trotz traumatischer Erfahrungen nicht selten Bindungen zu den leibl Eltern, aber auch zu Pflegeeltern und zu Heimpersonal, so daß diese Kinder einer Adoption teilweise ablehnend oder ambivalent gegenüberstehen (Textor 46; Lempp 610). Ihre negativen Erfahrungen müssen sie zunächst in einem längeren Trauerprozeß verarbeiten (ausf Steck Prax Kinderpsychol Kinderpsychiat 1998, 241, 244 ff). Manche Autoren sprechen in diesem Zusammenhang sogar von einem „Adoptionssyndrom" (Hoksbergen, in: Paulitz 266). Zudem wird eine **Altersobergrenze** der Vermittlung in eine Adoptivfamilie bei längerfristig deprivierten Kindern bei etwa 11 bis 12 Jahren gesehen; hier bieten das Heim und alternative Wohnformen oft bessere und dem Entwicklungsstadium angepaßtere Lösungen (Krolzik 84; Unzner 349 f). Dagegen bestehen nach neueren Untersuchungen gute Chancen auch für Spätadoptionen bei Kindern, die behütet aufwachsen konnten und ihre Eltern durch plötzliche Ereignisse wie Verkehrsunfälle uä verloren haben (Fegert 28; zu Stiefkindadoptionen vgl § 1741 Rn 42 ff).

51 Nicht selten besteht die Gefahr, daß es wegen Überforderung der Eltern aufgrund psychischer und physischer Störungen des Adoptivkindes zu einem **Scheitern der Adoption** kommt (Überblick bei Kasten, in: Paulitz 157 ff). Nicht alle Erziehungsprobleme können auf den Adoptionsstatus des Kindes zurückgeführt werden. Auch die Qualität der Interaktion der Eltern mit dem Adoptivkind hat entscheidenden Anteil am Gelingen der Adoption. Deshalb bedarf es einer ausführlichen **psychischen Be-**

gutachtung des Kindes und der gründlichen Klärung seiner Vorgeschichte. Allerdings wird vor vorschnellen Diagnosen gewarnt. Sie sind vor allem bei Säuglingen schwierig und können daher nur durch Sachverständige erfolgen (HOKSBERGEN, in: PAULITZ 269; KNÖLKER 170; MINDE 363). Vielfach wird auch gefordert, daß die **Eignung der Eltern** zumindest bei schwer vorgeschädigten und älteren und damit schwerer erziehbaren Kindern gutachterlich geklärt wird (LEMPP 662; KNÖLKER 170). Denn bei Vorschädigungen muß davon ausgegangen werden, daß das Kind ein Jahr oder länger unerwartete und seinem Alter unangemessene Verhaltensweisen zeigt (HOKSBERGEN, in: PAULITZ 268). In jedem Fall besteht bei Spät- wie bei Frühadoptionen ein hoher Bedarf an **Beratung und Aufklärung,** weshalb nach der Vorbereitung durch die Vermittlungsstelle auch eine nachhaltige Unterstützung durch die Jugendhilfe (zB allgemeine Förderung [§ 16 SGB VIII], Förderung von Selbsthilfegruppen [§ 25 SGB VIII], Erziehungsberatung durch Psychologen, Psychiater, Sozialpädagogen [§ 28 SGB VIII], Gruppenangebote [§ 29 SGB VIII]) notwendig ist. Den Adoptiveltern muß hier einerseits die Angst vor eigenem Versagen oder bleibenden Störungen des Kindes genommen und andererseits Hilfestellung bei Erziehungsproblemen gegeben werden (LEMPP 610; HOKSBERGEN, in: PAULITZ 282 ff). Sie müssen deshalb schon bei der Adoptionsvermittlung, aber auch später durch das Gericht über die vorhandenen Angebote informiert werden, zumal die derzeit aufgewandte Beratungszeit als zu niedrig eingeschätzt wird (TEXTOR 32).

Schwierigkeiten kann im Einzelfall das **Verhältnis der Adoption zur vorherigen** **52** **Fremdunterbringung** bereiten. Vor allem die Bedeutung der Heime hat sich in den letzten Jahren stark verändert (vgl schon Rn 45). So setzt sich heute zunehmend die Erkenntnis durch, daß die Heimunterbringung über wenige Wochen bei Kindern mit traumatischen Erfahrungen eine notwendige Zwischenstation im Übergang von der Ursprungsfamilie zur Pflege- oder Adoptionsfamilie darstellt. Diese Kinder haben zunächst Probleme, sich überhaupt auf neue Bindungen einzulassen, so daß ihre Integration in die neue Familie gefährdet ist. Sie vermischen in der Übertragungsbeziehung Gefühle aus der erlebten traumatischen Beziehung mit aktuellen Gefühlen und richten häufig die Wut über die leiblichen Eltern gegen die neuen Pflegepersonen (SCHEUERER-ENGLISCH 80; LEMPP 612; ausf NIENSTEDT/WESTERMANN 67 ff). Im Heim soll das Kind deshalb Distanz zur Ursprungsfamilie gewinnen und mittels therapeutischer Angebote seine traumatischen Erfahrungen aufarbeiten, um sich wieder frei an die neuen Eltern binden zu können (NIENSTEDT/WESTERMANN 19 ff, 27; UNZNER 345, 348). Mit Beginn der Reifeentwicklung kann auch die **längerfristige Heimerziehung** durchaus vorzuziehen sein (vgl schon oben Rn 50). In dieser Phase steht das Bedürfnis nach Kontakt mit Gleichaltrigen gegenüber der Beziehung zu Erwachsenen im Vordergrund (LEMPP 612; KROLZIK 84). Später kann dann zur eigenständigen Lebensgestaltung mittels betreuter Wohnformen übergeleitet werden (vgl § 34 SGB VIII). Zum Verhältnis von Adoption zu Pflegekindschaftsverhältnissen vgl Rn 38. Eine vorübergehende **Betreuung in Krankenhäusern** ist bei schwerer Vernachlässigung und Mißhandlungen vor allem zur Behandlung der physischen Erkrankungen (Verletzungen, Unterernährung) meist unumgänglich. Viele Krankenhäuser haben sich aber anders als Heime noch nicht auf die psychischen Bedürfnisse traumatisierter Kinder eingestellt. So wird bei der Einteilung des Pflegepersonals häufig das Bindungsbedürfnis noch nicht in der Weise berücksichtigt, daß Kinder, soweit es der Dienstplan erlaubt, möglichst immer von den gleichen Schwestern betreut werden (zur Umsetzung in der Heimbetreuung UNZNER 343). Der Krankenhausaufenthalt sollte daher nur solange dauern, wie die Versorgung in einem Heim oder einer Pflegefamilie nicht gewährleistet werden kann.

VI. Adoption mit Auslandsberührung

53 **Wird im Inland eine Adoption durchgeführt,** die Auslandsberührung aufweist, insbes weil der Annehmende oder der Anzunehmende die ausl Staatsangehörigkeit besitzt, so sind Artt 22, 23 EGBGB zu beachten (Näheres ERMAN/HOHLOCH Artt 22, 23 EGBGB; MünchKomm/KLINKHARDT Artt 22, 23 EGBGB; PALANDT/HELDRICH Artt 22, 23 EGBGB; STAU-DINGER/HENRICH [1996] Artt 22, 23 EGBGB). Zur **Anerkennung von Auslandsadoptionen** vgl MünchKomm/KLINKHARDT Art 22 EGBGB Rn 81–101; STAUDINGER/HENRICH (1996) Art 22 Rn 85–104; BENICKE, Typenmehrheit im Adoptionsrecht und deutsches IPR (Diss Heidelberg 1994) 167–211; GRIEP, Anerkennung von Auslandsadoptionen (1989); HOHNERLEIN, Internationale Adoption und Kindeswohl (1991). Zum **Haager Übereinkommen über den Schutz von Kindern und die Zusammenarbeit auf dem Gebiet der Adoption vom 29. 5. 1993** vgl Rn 16 ff. Ergänzt werden sollen diese Vorschriften nunmehr durch das **Gesetz über Wirkungen der Annahme als Kind nach ausländischem Recht,** das sich im Entwurfsstadium befindet (BR-Drucks 16/01, 9 ff).

VII. Übergangsvorschriften (Art 12 §§ 1–7 AdoptG)*

54 Das AdoptG v 1976 hat in Art 12 ausführliche Übergangsregelungen zur **Überleitung von Altadoptionen** getroffen. Grundgedanke der in **Art 12 §§ 1–3** enthaltenen Regelung war die Überlegung, daß alle Altadoptionen dem neuen Recht unterstellt werden sollten. „Es würde für die Praxis eine nicht zwingend gebotene Unübersichtlichkeit bedeuten, wenn viele Jahrzehnte das bisher geltende Recht über die Annahme an Kindes Statt und die neuen Vorschriften über die Annahme als Kind nebeneinander anwendbar wären" (BT-Drucks 7/3061, 68). Allerdings war es nicht möglich und auch nicht geboten, alle bestehenden Annahmeverhältnisse den Vorschriften über die Annahme Minderjähriger, also den Regeln der Volladoption, zu unterstellen. Ist das Kind im Zeitpunkt des Inkrafttretens des AdoptG (1. 1. 1977) bereits volljährig, sind die Vorschriften neuen Rechts über die Annahme Volljähriger anzuwenden (Art 12 § 1). Ist das Kind zu diesem Zeitpunkt noch minderjährig, so sind die Vorschriften über die Annahme Minderjähriger anzuwenden, es sei denn, ein unmittelbar Beteiligter erklärt innerhalb einer Frist von 1 Jahr, daß diese Wirkungen nicht eintreten sollen. Dann wird das Annahmeverhältnis den neuen Vorschriften über die Annahme Volljähriger unterstellt (Art 12 §§ 2 u 3). – **Art 12 § 4** regelt den **Erwerb der deutschen Staatsangehörigkeit** bei Adoptionen unter der Herrschaft des alten Rechts. – **Art 12 §§ 5 und 6** betreffen **schwebende Annahmeverfahren der Übergangszeit,** während **Art 12 § 7** die „Aufstockung" von Altadoptionen zu Volladoptionen neuen Rechts in einem förmlichen zweiten Annahmeverfahren regelt.

---

* **Schrifttum:** BEHN ZBlJugR 1977, 463; ders ZBlJugR 1978, 233; BISCHOF JurBüro 1976, 1569, 1600 ff; BRÜGGEMANN ZBlJugR 1977, 199, 207 f; BÜHLER BWNotZ 1977, 129, 132; CZERNER DAVorm 1977, 115, 117; DITTMANN Rpfle-ger 1978, 277, 284 f; ENGLER FamRZ 1976, 584, 593 f; KEMP DNotZ 1976, 646; ders MittRhNotK 1976, 373; LÜDERITZ NJW 1976, 1865, 1871; OBERLOSKAMP DAVorm 1977, 89, 105 ff; REICHARD StAZ 1978, 106; ROTH 263 ff.

1.   § 1

(1) Ist der nach den bisher geltenden Vorschriften an Kindes Statt Angenommene im Zeitpunkt des Inkrafttretens dieses Gesetzes volljährig, so werden auf das Annahmeverhältnis die Vorschriften dieses Gesetzes über die Annahme Volljähriger angewandt, soweit sich nicht aus den Absätzen 2 bis 6 ein anderes ergibt.

(2) Auf einen Abkömmling des Kindes, auf den sich die Wirkungen der Annahme an Kindes Statt nicht erstreckt haben, werden die Wirkungen der Annahme nicht ausgedehnt.

(3) Hat das von einer Frau angenommene Kind den Namen erhalten, den die Frau vor der Verheiratung geführt hat, so führt es diesen Namen weiter.

(4) Für die erbrechtlichen Verhältnisse bleiben, wenn der Erblasser vor dem Inkrafttreten dieses Gesetzes gestorben ist, die bisher geltenden Vorschriften maßgebend.

(5) Ist in dem Annahmevertrag das Erbrecht des Kindes dem Annehmenden gegenüber ausgeschlossen worden, so bleibt dieser Ausschluß unberührt; in diesem Fall hat auch der Annehmende kein Erbrecht.

(6) § 1761 Abs. 1 des Bürgerlichen Gesetzbuchs in der Fassung dieses Gesetzes ist entsprechend anzuwenden. Die in § 1762 Abs. 2 des Bürgerlichen Gesetzbuchs in der Fassung dieses Gesetzes bezeichneten Fristen beginnen frühestens mit dem Inkrafttreten dieses Gesetzes.

Materialien: BT-Drucks 7/3061, 68–70;
BT-Drucks 7/5087, 28.

a)   Abs 1

§ 1 Abs 1 unterstellt alle **Altadoptionen, bei denen der Angenommene bei Inkrafttre- 55 ten des AdoptG (1. 1. 1977) volljährig war,** den Vorschriften des neuen Rechts über die Annahme Volljähriger (ausf KEMP MittRhNotK 1976, 373, 374 ff; ders DNotZ 1976, 646). Von § 1 werden also nicht nur alle Volljährigen-Altadoptionen, sondern auch ein großer Teil der Minderjährigenadoptionen erfaßt, die nach Maßgabe des alten Rechts zustandegekommen waren. Entscheidend ist nur, ob der Angenommene am **Stichtag (1. 1. 1977)** bereits volljährig war oder nicht. Die Überleitung dieser Adoptionen in Volljährigenadoptionen neuen Rechts erschien dem Gesetzgeber gerechtfertigt (BT-Drucks 7/3061, 69), weil die Wirkungen der Annahme eines Volljährigen nach neuem Recht im wesentlichen den Wirkungen der Annahme an Kindes Statt nach altem Recht entsprechen: Rechtsbeziehungen werden gem §§ 1770 Abs 1 S 1 nF, 1763 aF nur zwischen dem Annehmenden und dem Anzunehmenden begründet, das Rechtsverhältnis des Kindes zu seinen bisherigen Verwandten bleibt gem §§ 1770 Abs 2 nF, 1764 aF im wesentlichen bestehen (vgl BayObLG FamRZ 1994, 853, 854 = DNotZ 1994, 399, 401 f). Der Annehmende ist dem Kind vor den leibl Verwandten zum Unterhalt verpflichtet (§§ 1770 Abs 3 nF, 1766 aF). Auch nachträgliche Statusänderungen im Verhältnis zu seinen leibl Verwandten wirken sich weiterhin auf die Rechtsstellung des Kindes aus: Wurde ein nichtehel Kind, das gem § 1589 Abs 2 aF mit seinem Vater als nicht verwandt galt, nach altem Recht adoptiert und wurde es durch eine spätere

Heirat seiner leibl Eltern gem § 1719 aF ehel, so erhält es damit auch beim Tod seines leibl Vaters ein gesetzl Erbrecht (OLG Frankfurt FamRZ 1995, 1087 = Rpfleger 1995, 459).

56 Die **Überleitung** der von Abs 1 erfaßten Altadoptionen in Volljährigenadoptionen neuen Rechts bewirkt indessen zwangsläufig auch (geringfügige) **inhaltliche Veränderungen** dieser Annahmeverhältnisse, die der Gesetzgeber gesehen hat, aber – von den Sonderregelungen des § 1 Abs 2–6 abgesehen – glaubte, hinnehmen zu sollen. So wird mit der Unterstellung schon bestehender Annahmeverhältnisse unter neues Recht das gesetzl Erbrecht verändert. Während bisher die Annehmenden das Kind nicht beerbt haben (§ 1759 aF), erwerben sie nun ein Erbrecht nach dem Tod des Kindes (vgl § 1770 Rn 2) und treten als Miterben neben die leibl Eltern, deren Erbrecht dadurch geschmälert wird (KEMP DNotZ 1976, 646, 647; krit ROTH 263 f). Außerdem konnten Annahmeverhältnisse zu einem Volljährigen nach altem Recht wieder durch Vertrag aufgehoben werden (§ 1768 aF). Diese Möglichkeit ist mit Inkrafttreten des AdoptG v 1976 entfallen; denn nach § 1771 S 1 kann eine Volljährigenadoption auf beiderseitigen Antrag nur aufgehoben werden, wenn ein wichtiger Grund vorliegt.

b)   Abs 2

57 Während sich die Volljährigenadoption neuen Rechts auch auf die **Abkömmlinge des Angenommenen** erstreckt (Näheres § 1770 Rn 2), war dies nach altem Recht nur dann der Fall, wenn diese gem § 1762 aF in die Annahme einbezogen waren. Nach Abs 2 werden die Wirkungen der Annahme nicht auf diese Abkömmlinge des Kindes ausgedehnt, wenn sich die Wirkungen der Annahme an Kindes Statt nicht bereits auf sie erstreckt haben. Zwischen den Abkömmlingen des Kindes und den Adoptiveltern bestehen also auch in Zukunft keine erb- und unterhaltsrechtl Beziehungen. Die Regelung ist vernünftig: Dem Abkömmling und dem Annehmenden sollen keine Familienbeziehungen aufgezwungen werden, nachdem bei Abschluß des Adoptionsvertrags auf eben diese Beziehungen bewußt verzichtet worden war.

c)   Abs 3

58 Bis zum **Inkrafttreten** des 1. EheRG am 1.7.1976 (vgl MünchKomm/MAURER § 1772 Anh Rn 4) konnte bei einer **Einzelannahme durch eine Frau** im Annahmevertrag vereinbart werden, daß das angenommene Kind den von der Frau vor ihrer Verheiratung geführten Namen trägt. Diese Möglichkeit ist mit Inkrafttreten des 1. EheRG entfallen. Der Angenommene erhält nach der heutigen Regelung des § 1757 Abs 1 S 1 als Geburtsnamen stets den Familiennamen des Annehmenden. Entgegen § 1757 Abs 1 S 1, auf den § 1767 Abs 2 an sich verweist, bleibt jedoch nach § 1 Abs 3 eine unter der Geltung des alten Rechts getroffene abweichende Vereinbarung über die Namensführung des Angenommenen trotz Überleitung der Adoption in eine Volljährigenadoption neuen Rechts wirksam.

d)   Abs 4

59 Bei **Erbfällen, die vor Inkrafttreten des AdoptG (1.1.1977) eingetreten sind,** bleibt für die Erbfolge altes Recht maßgebend. Die an sich selbstverständliche Regelung des Abs 4 kann nur iS einer Klarstellung verstanden werden (vgl ROTH 266).

e)   Abs 5

60 Bei **Erbfällen nach dem 1.1.1977** ist grds neues Recht maßgebend (s oben Rn 48). Eine

Ausnahme gilt nach § 1 Abs 5, wenn das **Erbrecht des Kindes** dem Annehmenden gegenüber gem § 1767 Abs 1 aF **ausgeschlossen** worden war; dieser Ausschluß bleibt wirksam (Vertrauensschutz). Da es nicht angemessen wäre, dem Annehmenden nach § 1 Abs 1 ein gesetzl Erbrecht nach dem Angenommenen einzuräumen, während das Erbrecht des Angenommenen aufgrund der vertraglichen Vereinbarung ausgeschlossen bleibt, schließt § 1 Abs 5 für einen solchen Fall auch das Erbrecht des Annehmenden nach dem Angenommenen aus (OLG Düsseldorf FamRZ 1998, 1627, 1628; krit ROTH 265). Ist für den Angenommenen nicht das Erbrecht, sondern das **Pflichtteilsrecht ausgeschlossen,** so liegt eine ähnl Interessenlage vor, so daß aufgrund entsprechender Anwendung des § 1 Abs 5 die vertragliche Vereinbarung maßgebend bleibt und das Pflichtteilsrecht des Annehmenden, nicht aber sein Erbrecht ausgeschlossen wird (KEMP DNotZ 1976, 646, 648 f; ders MittRhNotK 1976, 373, 378 f; DITTMANN Rpfleger 1978, 277, 284). Erfolgte die Annahme durch ein Ehepaar, und wurde das **Erb- oder Pflichtteilsrecht des Kindes nur gegenüber einem Ehegatten ausgeschlossen,** so bleibt der Erb- oder Pflichtteilsrechtsausschluß gegenüber diesem einen Ehegatten bestehen; dieser beerbt dann auch nicht das Kind (so richtig DITTMANN Rpfleger 1978, 277, 284; MünchKomm/ MAURER § 1772 Anh Rn 5 gegen KEMP MittRhNotK 1976, 373, 379).

f)   Abs 6

Die Regelung von § 1 Abs 6 ist schwer verständlich gefaßt. Da § 1 Abs 1 nicht nur **61** **Volljährigenadoptionen** unter der Herrschaft des alten Rechts, sondern auch **Minderjährigenadoptionen** betrifft, sofern nur der Angenommene vor dem 1.1.1977 volljährig geworden ist, mußte bei der Aufhebung von Altadoptionen gem § 1771 nF – auf diese Bestimmung verweist § 1 Abs 1 – auch der Fall bedacht werden, daß es seinerzeit an der erforderlichen *elterlichen* Einwilligung fehlte. Nach **§ 1 Abs 6 S 1** ist in einem solchen Fall auch § 1761 Abs 1 anzuwenden, der eine Aufhebung ausschließt, wenn eine Ersetzung der Einwilligung möglich gewesen wäre (vgl BT-Drucks 7/3061, 69; BGB-RGRK/DICKESCHEID Vor § 1741 Rn 27). – Nach altem Recht konnte eine Adoption uU 30 Jahre lang (§ 121 Abs 2) dadurch in Frage gestellt werden, daß der Annahmevertrag oder die Einwilligung angefochten wurde (vgl § 1762 Rn 2). Um zu verhindern, daß Antragsfristen gem § 1767 Abs 2 iVm § 1762 Abs 2 bei Inkrafttreten des AdoptG bereits verstrichen waren, während die Antragsfristen nach altem Recht noch liefen, läßt **§ 1 Abs 6 S 2** den Lauf der in § 1762 Abs 2 genannten Fristen erst am 1.1.1977 beginnen (BT-Drucks 7/3061, 69 f). Ein nach altem Recht sittenwidriger und damit eo ipso **nichtiger Adoptionsvertrag** (§ 138) hat allerdings nicht nach Abs 1 S 1 die Wirkungen eines Annahmeverhältnisses erlangen können; einer förmlichen Aufhebung derartiger Adoptionsverhältnisse nach neuem Recht bedarf es deshalb nicht (**aA** OLG Köln NJW 1980, 63 u LÜDERITZ NJW 1980, 1087).

2.   § 2

(1) **Ist der nach den bisher geltenden Vorschriften an Kindes Statt Angenommene im Zeitpunkt des Inkrafttretens dieses Gesetzes minderjährig, so werden auf das Annahmeverhältnis bis zum 31. Dezember 1977 die bisher geltenden Vorschriften über die Annahme an Kindes Statt angewandt.**

(2) **Nach Ablauf der in Absatz 1 bestimmten Frist werden auf das Annahmeverhältnis die Vorschriften dieses Gesetzes über die Annahme Minderjähriger angewandt; § 1 Abs. 2 bis 4 gilt entsprechend; die in § 1762 Abs. 2 des Bürgerlichen Gesetzbuchs in der Fassung dieses**

Gesetzes bezeichneten Fristen beginnen frühestens mit dem Tag, an dem auf das Annahmeverhältnis die Vorschriften dieses Gesetzes anzuwenden sind. Das gilt nicht, wenn ein
Annehmender, das Kind, ein leiblicher Elternteil eines ehelichen Kindes oder die Mutter
eines nichtehelichen Kindes erklärt, daß die Vorschriften dieses Gesetzes über die Annahme
Minderjähriger nicht angewandt werden sollen. Wurde die Einwilligung eines Elternteils zur
Annahme an Kindes Statt durch das Vormundschaftsgericht ersetzt, so ist dieser Elternteil
nicht berechtigt, die Erklärung abzugeben.

(3) Die Erklärung nach Absatz 2 Satz 2 kann nur bis zum Ablauf der in Absatz 1 bestimmten
Frist gegenüber dem Amtsgericht Schöneberg in Berlin-Schöneberg abgegeben werden. Die
Erklärung bedarf der notariellen Beurkundung; sie wird in dem Zeitpunkt wirksam, in dem sie
dem Amtsgericht Schöneberg in Berlin-Schöneberg zugeht; sie kann bis zum Ablauf der in
Absatz 1 bestimmten Frist schriftlich gegenüber dem Amtsgericht Schöneberg in Berlin-Schöneberg widerrufen werden. Der Widerruf muß öffentlich beglaubigt werden. § 1762 Abs. 1 Satz
2 bis 4 des Bürgerlichen Gesetzbuchs ist anzuwenden.

(4) Eine Erklärung nach Absatz 2 Satz 2 ist den Personen bekanntzugeben, die zur Abgabe
einer solchen Erklärung ebenfalls berechtigt sind. Ist der Angenommene minderjährig, so ist
diese Erklärung nicht ihm, sondern dem zuständigen Jugendamt bekanntzugeben. Eine solche
Mitteilung soll unterbleiben, wenn zu besorgen ist, daß durch sie ein nicht offenkundiges
Annahmeverhältnis aufgedeckt wird.

Materialien: BT-Drucks 7/3061, 70, 83,
87; BT-Drucks 7/5087, 28.

a) Normzweck und Regelungsbereich

62 § 2 regelt Fälle, in denen der Angenommene am 1.1.1977, also bei Inkrafttreten des
AdoptG, noch minderjährig war. Eine kompromißlose Überleitung dieser Adoptionen in Volladoptionen neuen Rechts wäre mit dem Gedanken des Vertrauensschut-
zes nicht vereinbar gewesen. Andererseits bestand vielfach ein Interesse der Beteiligten, Altadoptionen mit den stärkeren Wirkungen des neuen Rechts auszustatten.
§ 2 strebt einen **Interessenausgleich** an.

63 § 2 Abs 1 normiert zunächst eine einjährige **Zwischenfrist bis zum 31.12.1977,** innerhalb deren das alte Recht weitergilt. **Ab 1.1.1978** gelten dann gem § 2 Abs 2 S 1
entweder die neuen Vorschriften über die Annahme Minderjähriger oder gem § 2
Abs 2 S 2 iVm § 3 Abs 1 die neuen Vorschriften über die Annahme Volljähriger. Die
letztgenannten Vorschriften sind nur dann maßgebend, wenn ein Adoptionsbeteilig-
ter gem § 2 Abs 2 S 2 erklärt hat, daß die Wirkungen der Minderjährigenannahme
nicht eintreten sollen.

64 Eine Überleitung gem § 2 erfolgt auch dann, **wenn der Angenommene zwischen dem
1.1. und dem 31.12.1977 volljährig geworden ist** (MünchKomm/Maurer § 1772 Anh Rn 9;
Soergel/Liermann Vor § 1741 Rn 57; aA Behn ZBlJugR 1977, 463, 482 f; Erman/Holzhauer
Vor § 1741 Rn 9). Der Gesetzgeber hat diesen besonderen Fall offensichtlich nicht
bedacht. Gerade deshalb sollte man aber am klaren Wortlaut des Ges, das allein
darauf abstellt, ob der Angenommene am 1.1.1977 minderjährig war, festhalten,

wenn dieser Wortlaut zu einem vernünftigen Ergebnis führt. Kleinere Unstimmig-
keiten im Verhältnis zu § 1 Abs 1 (Behn ZBlJugR 1977, 463, 482 f) sind hinzunehmen. Vor
allem stört es nicht, daß ein volljährig Gewordener ab 1. 1. 1978 nach den Vorschriften des AdoptG v 1976 „über die Annahme Minderjähriger" (§ 2 Abs 2 S 1) behandelt wird; denn das AdoptG v 1976 kennt auch die Volladoption Volljähriger
(§ 1772). Außerdem hatten die Beteiligten die Möglichkeit, bis zum 31. 12. 1977
eine Erklärung nach § 2 Abs 2 S 2 abzugeben und so die starken Wirkungen zu
vermeiden.

b) Rechtslage nach Ablauf der Widerspruchsfrist

Hat keiner der Beteiligten eine Erklärung nach § 2 Abs 2 S 2 abgegeben (Wider- **65**
spruch), so ist nach Ablauf der Frist des § 2 Abs 1, also ab 1. 1. 1978, auf das Annahmeverhältnis grds das **neue Recht über die Annahme Minderjähriger** anzuwenden.
Gleiches gilt, wenn die Einwilligungserklärung eines Elternteils ersetzt wurde, weil in
einem solchen Fall ein Widerspruch gegen die Maßgeblichkeit des neuen Rechts
nicht in Betracht kommt (§ 2 Abs 2 S 3).

Ist das neue Recht grds anzuwenden, so macht doch § 2 Abs 2 S 1 einige **Ausnahmen:** **66**
(1) Gem § 2 Abs 2 S 1 iVm § 1 Abs 2 erstreckt sich die Annahme abweichend v
§ 1754 nicht auf Abkömmlinge des Angenommenen, auf die sich die Wirkungen
der Annahme nicht erstreckt hatten – ein Fall, der kaum praktisch werden dürfte,
weil er voraussetzt, daß der Abkömmling bei der Adoption des noch minderjährigen
Elternteils bereits vorhanden war. (2) Hat das von einer Frau angenommene Kind
den Namen erhalten, den die Frau vor der Verheiratung geführt hat, so führt es gem
§ 2 Abs 2 S 1 iVm § 1 Abs 3 diesen Namen weiter. (3) Bei einem Erbfall vor dem
1. 1. 1978 bleibt gem § 2 Abs 2 S 1 iVm § 1 Abs 4 altes Recht maßgebend. Für Erbfälle ab 1. 1. 1978 gilt dagegen neues Recht. War im Annahmevertrag das Erbrecht
des Kindes dem Annehmenden gegenüber ausgeschlossen worden, so hat dieser
Ausschluß mit Ablauf des 31. 12. 1977 seine Wirksamkeit verloren: § 2 Abs 2 S 1
verweist nicht auf § 1 Abs 5 (vgl dazu Roth 273) – eine problematische Regelung (pacta
sunt servanda), die auch durch die Möglichkeit des Widerspruchs (§ 2 Abs 2 S 2 iVm
§ 3 Abs 2 S 1) nur schwer zu rechtfertigen ist.

Wird das Annahmeverhältnis gem § 2 Abs 2 S 1 in eine Minderjährigenadoption **67**
neuen Rechts übergeleitet, so gelten für eine eventuelle **Aufhebung** die Vorschriften
der §§ 1759 ff nF. Für einen Aufhebungsantrag nach § 1760 legt § 2 Abs 2 S 1 bzgl des
Fristbeginns nach § 1762 Abs 2 den 1. 1. 1978 als frühesten Termin fest.

c) Der Widerspruch und seine Folgen

Die Wirkungen der Minderjährigenadoption nach neuem Recht traten nicht ein, **68**
wenn der Annehmende, der Angenommene, die Eltern des ehel oder die Mutter
des nichtehel Kindes nach § 2 Abs 2 erklärten, daß diese Bestimmungen nicht maßgebend sein sollen (§ 2 Abs 2 S 2). Gem § 2 Abs 3 S 1 konnte der **Widerspruch bis zum
31. 12. 1977** gegenüber dem AG Berlin-Schöneberg erklärt werden und hatte nach
OLG Köln StAZ 1979, 272 folgendermaßen zu lauten: „Zu dem Annahmeverhältnis
wurde eine ab 1. 1. 1978 wirksame Erklärung nach Art 12 § 2 Abs 2 S 2 AdoptG
abgegeben...". Zu weiteren Einzelheiten vgl Staudinger/Frank[12] Vorbem 62 zu
§§ 1741 ff.

69 Während § 2 Abs 2 S 2 nur negativ bestimmt, daß im Falle eines Widerspruchs die neuen Vorschriften über die Annahme Minderjähriger nicht angewandt werden, regelt § 3 Abs 1 positiv, daß dann die Vorschriften des AdoptG v 1976 über die Annahme Volljähriger maßgebend sind (Näheres dazu unten Rn 70 f).

3.   § 3

(1) Wird eine Erklärung nach § 2 Abs. 2 Satz 2 abgegeben, so werden auf das Annahmeverhältnis nach Ablauf der in § 2 Abs. 1 bestimmten Frist die Vorschriften dieses Gesetzes über die Annahme Volljähriger angewandt.

(2) Die Vorschriften des § 1 Abs. 2 bis 5 und des § 2 Abs. 2 Satz 1 Halbsatz 3 werden entsprechend angewandt. § 1761 des Bürgerlichen Gesetzbuchs ist anzuwenden. Solange der an Kindes Statt Angenommene minderjährig ist, kann das Annahmeverhältnis auch nach § 1763 Abs. 1, 2 des Bürgerlichen Gesetzbuchs in der Fassung dieses Gesetzes aufgehoben werden.

Materialien: BT-Drucks 7/3061, 71, 83;
BT-Drucks 7/5087, 28.

a)   Normzweck

70 § 3 bestimmt die Rechtsfolgen für den Fall, daß eine Widerspruchserklärung gem § 2 Abs 2 S 2 abgegeben wurde. In einem solchen Fall treten nicht die Wirkungen der Volladoption nach neuem Recht ein (§ 2 Abs 2 S 2). Für das Annahmeverhältnis gelten aber auch nicht die alten Adoptionswirkungen weiter. Um ein allzu langes Nebeneinander von altem und neuem Recht zu vermeiden, bestimmt vielmehr § 3 Abs 1, daß auf das Annahmeverhältnis ab 1. 1. 1978 die **Vorschriften des AdoptG v 1976 über die Annahme Volljähriger** Anwendung finden. Da sich diese nur geringfügig von denen unterscheiden, die für die Annahme an Kindes Statt maßgebend waren, hat der Gesetzgeber einerseits dem Interesse der Beteiligten am Fortbestand der alten Adoptionswirkungen Rechnung getragen, andererseits aber auch vermieden, daß neben den verschiedenen Adoptionswirkungen neuen Rechts noch solche alten Rechts fortbestehen.

b)   Rechtswirkungen im einzelnen

71 Von der grds Anwendbarkeit der Vorschriften des neuen Rechts über die Annahme Volljähriger mußte der Gesetzgeber in **§ 3 Abs 2 einige Ausnahmen** machen. Wie bei allen Adoptionen sollen die Wirkungen der Annahme nicht auf einen Abkömmling des Angenommenen ausgedehnt werden, auf den sich die Wirkungen der Annahme an Kindes Statt nicht erstreckt haben (§ 1 Abs 2). Hat das von einer Frau angenommene Kind den Namen erhalten, den die Frau vor der Verheiratung geführt hat, so behält es diesen Namen (§ 1 Abs 3). Für Erbfälle vor Inkrafttreten des AdoptG bleibt das alte Recht maßgebend (§ 1 Abs 4). War im Annahmevertrag das Erbrecht des Kindes dem Annehmenden gegenüber ausgeschlossen worden, so bleibt es bei diesem Ausschluß; in diesem Fall hat auch der Annehmende kein Erbrecht (§ 1 Abs 5).

c)   Aufhebung des Annahmeverhältnisses

Für die Aufhebung des Annahmeverhältnisses gilt nach § 3 Abs 1 **§ 1771** (RsprNachw   **72**
§ 1771 Rn 7). Eine Aufhebung ist somit einmal wegen Mängel beim Zustandekommen
der Adoption gem § 1771 S 2 möglich. § 3 Abs 2 S 2 ergänzt dabei die Verweisung v
§ 1771 S 2 auf § 1760 um § 1761. Die Antragsfristen gem § 1762 Abs 2 beginnen
frühestens ab 1.1.1978 zu laufen (§ 3 Abs 2 S 1 iVm § 2 Abs 2 S 1 HS 3). Eine
Aufhebung kommt außerdem nach § 1771 S 1 auf übereinstimmenden Antrag des
Annehmenden und des Angenommenen in Betracht, wenn ein wichtiger Grund
vorliegt. **Solange das Kind minderjährig ist,** kann das Annahmeverhältnis gem § 3
Abs 2 S 3 „auch" nach § 1763 Abs 1 u 2 aufgehoben werden. Da § 1771 S 1 jedoch
speziell auf die Erwachsenenadoption zugeschnitten ist, sollte diese Bestimmung
neben § 1763 Abs 1 u 2 nicht zur Anwendung kommen, solange das Kind minderjährig ist (so auch BayObLG FamRZ 1990, 97; MünchKomm/MAURER § 1772 Anh Rn 12; SOERGEL/
LIERMANN Vor § 1741 Rn 57; BOSCH FamRZ 1978, 656, 663 f; **aA** BEHN ZBlJugR 1977, 463, 482).
Die mißverständliche Formulierung („auch") in Art 12 § 3 Abs 2 S 3 AdoptG steht
dem nicht entgegen. Diese Bestimmung wurde im Gesetzgebungsverfahren lediglich
eingefügt, um für Übergangsfälle die Aufhebung zum Wohl des Kindes gem § 1763
Abs 1 u 2 zu ermöglichen, wenn das Adoptionsverhältnis den Vorschriften über die
Annahme Volljähriger untersteht, weil diese Möglichkeit entgegen dem früheren
Recht im GesE fehlte (BT-Drucks 7/3061, 71; 7/5087, 58). Mehr sollte durch diese Änderung nicht bewirkt werden (BayObLG FamRZ 1990, 97, 98). Art 12 § 3 Abs 2 S 3 AdoptG
verweist jedoch nur auf § 1763 Abs 1 u 2, nicht auf § 1763 Abs 3. § 1763 Abs 3 sollte
nach dem Willen des Gesetzgebers nicht anwendbar sein, weil das alte Recht
(§ 1770 a aF) keine solche Beschränkung enthielt und das Annahmeverhältnis nicht
dahingehend verstärkt werden sollte (BT-Drucks 7/3061, 71).

4.   **§ 4**

**(1) Das vor dem Inkrafttreten dieses Gesetzes von einem Deutschen nach den deutschen
Gesetzen wirksam angenommene und im Zeitpunkt des Inkrafttretens dieses Gesetzes noch
minderjährige Kind erwirbt durch die schriftliche Erklärung, deutscher Staatsangehöriger
werden zu wollen, die Staatsangehörigkeit, wenn auf das Annahmeverhältnis gemäß § 2
Abs. 2 Satz 1 die Vorschriften dieses Gesetzes über die Annahme Minderjähriger Anwendung
finden. Der Erwerb der Staatsangehörigkeit erstreckt sich auf diejenigen Abkömmlinge des
Kindes, auf die sich auch die Wirkungen der Annahme an Kindes Statt erstreckt haben.**

**(2) Das Erklärungsrecht besteht nicht, wenn das Kind nach der Annahme an Kindes Statt die
deutsche Staatsangehörigkeit besessen oder ausgeschlagen hat.**

**(3) Das Erklärungsrecht kann nur bis zum 31. Dezember 1979 ausgeübt werden. Der Erwerb
der Staatsangehörigkeit wird wirksam, wenn die Erklärung**

1.   vor dem 1. Januar 1978 abgegeben wird, am 1. Januar 1978;

**2.   ab 1. Januar 1978 abgegeben wird, mit der Entgegennahme der Erklärung durch die
Einbürgerungsbehörde.**

**(4) Artikel 3 Abs. 3 Satz 2 und 3, Abs. 4, 5 Satz 1 und 4 und Abs. 7 bis 9 des Gesetzes zur
Änderung des Reichs- und Staatsangehörigkeitsgesetzes vom 20. Dezember 1974 (Bundesge-
setzbl. I S. 3714) gelten entsprechend.**

(5) Die Staatsangehörigkeit erwirbt nach den Absätzen 1 bis 4 auch das Kind, wenn ein Annehmender im Zeitpunkt der Annahme an Kindes Statt Deutscher ohne deutsche Staatsangehörigkeit im Sinne des Artikels 116 Abs. 1 des Grundgesetzes war.

Materialien: BT-Drucks 7/3061, 71 f, 83;
BT-Drucks 7/5087, 28 f.

a)   Normzweck

73 Nach früherem Recht hatte eine Adoption keinen Einfluß auf die Staatsangehörigkeit des Kindes. Ein angenommenes Kind konnte lediglich unter erleichterten Voraussetzungen eingebürgert werden. Nach neuem Recht erhält ein ausländisches Kind, das im Zeitpunkt des Annahmeantrags das 18. Lebensjahr noch nicht vollendet hat, mit der Annahme durch einen Deutschen die deutsche Staatsangehörigkeit (§ 6 S 1 StAG). Zweck des § 4 ist es, ausländischen Adoptivkindern, die am 1. 1. 1977 noch minderjährig waren, den Erwerb der deutschen Staatsangehörigkeit zu ermöglichen.

b)   Voraussetzungen

74 Der Annehmende (oder einer der Annehmenden) muß im Zeitpunkt der Annahme Deutscher gewesen sein (§ 4 Abs 1 S 1). Es genügt, wenn er Deutscher iSv Art 116 Abs 1 GG war (§ 4 Abs 5). Das Kind muß im Zeitpunkt des Inkrafttretens des AdoptG, also am 1. 1. 1977, minderjährig sein, wobei sich die Minderjährigkeit nach dem Heimatrecht des Kindes bestimmt (vgl § 1741 Rn 13). Auf das Annahmeverhältnis müssen gem § 2 Abs 2 S 1 die Vorschriften des AdoptG über die Annahme Minderjähriger Anwendung finden (§ 4 Abs 1 S 1). Das Recht, durch schriftliche Erklärung die deutsche Staatsbürgerschaft zu erwerben (§ 4 Abs 1 S 1), ist nach § 4 Abs 2 ausgeschlossen, wenn das Kind nach der Annahme die deutsche Staatsangehörigkeit bereits besessen oder ausgeschlagen hat. Die Annehmenden, die das Kind nach wie vor vertreten, werden also an der einmal getroffenen Entscheidung festgehalten. Die Erklärung, die deutsche Staatsangehörigkeit erwerben zu wollen, muß schriftlich bis zum 31. 12. 1979 abgegeben sein (§ 4 Abs 3 S 1).

c)   Rechtsfolgen

75 Mit der Abgabe der Erklärung erwarb der Angenommene die deutsche Staatsangehörigkeit (§ 4 Abs 1 S 1). War die Erklärung vor dem 1. 1. 1978 abgegeben worden, wurde der Erwerb am 1. 1. 1978 wirksam (§ 4 Abs 3 S 2 Nr 1). Das Abstellen auf den 1. 1. 1978 erklärt sich durch die bis zum 31. 12. 1977 laufende Widerspruchsfrist nach § 2 Abs 3 S 1. Wurde die Erklärung nach dem 1. 1. 1978 abgegeben, wurde der Erwerb mit der Entgegennahme der Erklärung durch die Einbürgerungsbehörde wirksam (§ 4 Abs 3 S 2 Nr 2). Der Erwerb der Staatsangehörigkeit erstreckte sich auf diejenigen Abkömmlinge des Kindes, auf die sich auch die Wirkungen der Annahme an Kindes Statt erstreckt hatten (§ 4 Abs 1 S 2).

5.   § 5

Hat im Zeitpunkt des Inkrafttretens dieses Gesetzes der Annehmende oder das Kind den Antrag auf Bestätigung eines Vertrages über die Annahme oder auf Bestätigung eines Vertrages über die Aufhebung der Annahme an Kindes Statt bei dem zuständigen Gericht eingereicht oder bei oder nach der notariellen Beurkundung des Vertrages den Notar mit der Einreichung betraut, so kann die Bestätigung nach den bisher geltenden Vorschriften erfolgen. § 15 Abs. 1 Satz 3 des Personenstandsgesetzes ist in diesem Fall in der bisher geltenden Fassung anzuwenden.

Materialien: BT-Drucks 7/3061, 72.

§ 5 enthält (zusammen mit § 6) eine Sonderregelung für Adoptionen und Adoptions- **76** aufhebungen, die bei Inkrafttreten des AdoptG bereits eingeleitet, aber noch nicht abgeschlossen waren (**schwebende Verfahren**). Die praktische Bedeutung dieser Bestimmung hat sich mit Zeitablauf erledigt.

Fehlte am 1. 1. 1977 noch die nach § 1754 aF bzw § 1770 aF erforderliche gerichtl **77** Bestätigung, hatten aber der Annehmende oder das Kind den Antrag auf Bestätigung beim zuständigen Gericht eingereicht oder den Notar mit der Einreichung betraut, so konnte die Bestätigung nach den bisherigen Vorschriften erfolgen, die Adoption oder ihre Aufhebung also **nach den alten Bestimmungen** zu Ende geführt werden. Bedeutung erlangte diese Möglichkeit vor allem, wenn das neue Recht an das Zustandekommen oder die Aufhebung der Adoption strengere Voraussetzungen stellte oder aber die Beteiligten einer Minderjährigenadoption lediglich die schwächeren Wirkungen des alten Rechts wünschten. Für die Überleitung der so zustandegekommenen Adoption blieben im übrigen die allg Vorschriften (§§ 1–3) maßgebend: War der Angenommene am 1. 1. 1977 minderjährig, so mußten die Beteiligten zusätzlich von der Erklärungsmöglichkeit nach § 2 Abs 2 S 2 Gebrauch machen, falls sie den alten Rechtszustand für ihr Adoptionsverhältnis perpetuieren wollten (BT-Drucks 7/3061, 72; Kemp DNotZ 1976, 646, 656). Für die Wirkungen eines Aufhebungsvertrags konnte indessen nur altes Recht maßgebend sein (BayObLGZ 1978, 258, 259 = FamRZ 1978, 944 = DAVorm 1978, 775, 777).

Dem Gericht stand entgegen dem Wortlaut („kann") kein Ermessen zu. Es kam **78** allein darauf an, ob die Beteiligten die Adoption oder ihre Aufhebung nach altem Recht wünschten (Näher Staudinger/Frank[12] Vorbem 72 zu §§ 1741 ff).

§ 5 war nach zunächst umstrittener, später aber gefestigter Rspr auch dann maßge- **79** bend, wenn die vormundschaftsgerichtl Genehmigung nach § 1751 aF, die Befreiung vom Erfordernis der Kinderlosigkeit nach § 1745 a aF bzw der Minderjährigkeit nach § 1745 c aF oder die Einwilligung des Ehegatten nach § 1746 aF oder der Eltern nach § 1747 aF noch fehlten (Nachweise in Staudinger/Frank[12] Vorbem 73 zu §§ 1741 ff).

6.   § 6

(1) Hat vor Inkrafttreten dieses Gesetzes ein Elternteil die Einwilligung zur Annahme eines Kindes an Kindes Statt erteilt, so behält diese Einwilligung ihre Wirksamkeit zu einer Annahme als Kind nach den Vorschriften dieses Gesetzes. Dies gilt entsprechend, wenn das Vormundschaftsgericht die Einwilligung eines Elternteils zur Annahme des Kindes an Kindes Statt ersetzt hat.

(2) Hat der Elternteil bei der Einwilligung nicht ausdrücklich zugestimmt, daß die Annahme nach den Vorschriften dieses Gesetzes mit den sich daraus ergebenden Wirkungen erfolgen kann, so kann er bis zum 31. Dezember 1977 erklären, daß die Vorschriften dieses Gesetzes über die Annahme Minderjähriger nicht angewandt werden sollen. § 2 Abs. 3 gilt für die Erklärung entsprechend. Auf das Annahmeverhältnis werden bis zum Ablauf der in Satz 1 bestimmten Frist, im Fall einer Erklärung nach Satz 1 auch nach Ablauf dieser Frist, die Vorschriften dieses Gesetzes über die Annahme Volljähriger mit der Maßgabe angewandt, daß auf die Aufhebung des Annahmeverhältnisses die Vorschriften der §§ 1760 bis 1763 des Bürgerlichen Gesetzbuchs in der Fassung dieses Gesetzes entsprechend anzuwenden sind. Wird keine Erklärung nach Satz 1 abgegeben, so werden nach Ablauf der in Satz 2 bestimmten Frist auf das Annahmeverhältnis die Vorschriften dieses Gesetzes über die Annahme Minderjähriger angewandt.

Materialien: BT-Drucks 7/3061, 72; BT-Drucks 7/5087, 29.

80 a) Die Übergangsregelung des § 6 hatte nach dem RegE zunächst nur vorgesehen, daß **gerichtl ersetzte Einwilligungen** ihre Wirksamkeit zu einer Annahme als Kind nach den neuen Vorschriften behalten (BT-Drucks 7/3061, 72; später § 6 Abs 1 S 2). Erst auf Vorschlag des RAussch wurden in § 6 auch Übergangsregelungen für **freiwillig erklärte Einwilligungen** aufgenommen (BT-Drucks 7/5087, 29).

81 Mit § 6 wurde erreicht, daß am 1. 1. 1977 bereits erteilte Einwilligungen oder ausgesprochene Ersetzungen wegen der weiterreichenden Wirkungen der Annahme als Kind (Volladoption) nicht wiederholt zu werden brauchten. Andererseits blieb den leibl Eltern die Möglichkeit erhalten, eine Volladoption zu verhindern, die bei freiwilliger Erklärung der Einwilligung nicht beabsichtigt war (BT-Drucks 7/5087, 29; KEMP DNotZ 1976, 646, 656). § 6 hat wie § 5 seine praktische Bedeutung für die Rechtsanwendung durch Zeitablauf verloren.

82 b) Abgesehen von den Fällen des § 5 kann eine Adoption nach dem 1. 1. 1977 nur noch auf der Grundlage des neuen Rechts erfolgen. In einem solchen Fall bestimmen sich die Voraussetzungen der Adoption auch dann nach dem neuen Recht, wenn die Annahme bereits vor dem 1. 1. 1977 eingeleitet wurde (CZERNER DAVorm 1977, 115, 121; LÜDERITZ NJW 1976, 1865, 1871; vgl auch KEMP DNotZ 1976, 646, 657 Fn 22). Eine vorher erteilte **elterl Einwilligung** (BayObLG StAZ 1977, 254, 255; BayObLGZ 1977, 193, 195 = FamRZ 1978, 65, 67) bleibt allerdings wirksam (§ 6 Abs 1). Für sie gilt aber die **Frist des § 1750 Abs 4 S 2 nF** erst ab 1. 1. 1977 (Näheres § 1750 Rn 16). Ähnl gilt für die in **§ 1751 nF** angeordneten Rechtsfolgen: Diese sind frühestens ab 1. 1. 1977 maßgebend, im Normalfall des § 6 Abs 2 S 1 iVm S 4 sogar erst ab 1. 1. 1978 (BayObLGZ 1978, 384, 393 = StAZ 1979, 122, 125; BayObLG FamRZ 1978, 135, 136; BayObLGZ 1977, 193, 196 = FamRZ 1978, 65, 67; OLG Celle FamRZ 1979, 861, 864; **aM** OLG Stuttgart FamRZ 1980, 497 [ohne Begründung]; LG Lüneburg DAVorm 1977, 379 = ZBlJugR 1977, 305 m Anm BRÜGGEMANN).

83 Haben die Eltern des ehel oder die Mutter des nichtehel Kindes bei der Einwilligung **ausdrücklich zugestimmt,** daß die Annahme nach den Vorschriften des neuen Rechts mit den sich daraus ergebenden Wirkungen erfolgen kann, oder liegt eine gerichtl

Ersetzung der verweigerten Einwilligung vor, so finden auf das Annahmeverhältnis auch hinsichtlich der Wirkungen sofort mit dem Ausspruch der Annahme die neuen Vorschriften Anwendung (BT-Drucks 7/5087, 29; BRÜGGEMANN ZBlJugR 1977, 199, 207; OBER-LOSKAMP DAVorm 1977, 89, 106). **Fehlt die ausdrückliche Zustimmung** auch nur eines Elternteils, so richten sich die Wirkungen einer bereits vor dem **1. 1. 1977** eingeleiteten Annahme bis zum **31. 12. 1977** nach dem neuen Recht der Volljährigenadoption (§ 6 Abs 2 S 3). Hat bis zu diesem Zeitpunkt kein Elternteil widersprochen, so gilt ab **1. 1. 1978** das neue Recht der Minderjährigenadoption (§ 6 Abs 2 S 4), im Falle des Widerspruchs (für den § 2 Abs 3 maßgebend ist) weiterhin das neue Recht der Volljährigenadoption mit schwächeren Wirkungen (§ 6 Abs 2 S 3). § 6 überträgt damit die Regelung der §§ 2, 3 für die unter altem Recht vollzogene Minderjährigenadoption auf die vor dem 1. 1. 1977 erteilten elterl Einwilligungserklärungen.

c)   Für die **Aufhebung des Annahmeverhältnisses** gelten während der Schwebezeit **84** (1. 1.–31. 12. 1977) und für den Fall der Überleitung in eine Adoption mit den Wirkungen einer Volljährigenadoption ausschließlich die Vorschriften über die Minderjährigenadoption (§§ 1760–1763).

7.   **§ 7**

(1)   Die Annahme als Kind nach den Vorschriften dieses Gesetzes über die Annahme Minderjähriger ist auch dann zulässig, wenn der Annehmende und der Anzunehmende bereits durch Annahme an Kindes Statt nach den bisher geltenden Vorschriften verbunden sind. Besteht das Annahmeverhältnis zu einem Ehepaar, so ist die Annahme als Kind nur durch beide Ehegatten zulässig.

(2)   Ist der Angenommene im Zeitpunkt des Inkrafttretens dieses Gesetzes volljährig, so wird § 1772 des Bürgerlichen Gesetzbuchs angewandt.

Materialien: BT-Drucks 7/3061, 72.

§ 7 ergänzt zunächst eine Lücke in der Überführung von Altadoptionen in neues **85** Recht für die Zeit v 1. 1.–31. 12. 1977. Wünschten die Beteiligten, daß bereits vor dem 1. 1. 1978 die Wirkungen der Volladoption eintraten, so konnten sie von der Möglichkeit des § 7 Gebrauch machen. Darüber hinaus ist an den Fall gedacht, daß ein Beteiligter zunächst der Überleitung der Adoption in eine Volladoption nach § 2 Abs 2 S 2 widerspricht, nach Ablauf der Widerspruchsfrist aber seine Meinung ändert. In Betracht kommt weiter der Fall, daß bei Altadoptionen, deren Überleitung am Widerspruch der leibl Eltern scheiterte, eine Ersetzung der Einwilligung in eine Volladoption möglich ist (BT-Drucks 7/3061, 72; BISCHOF JurBüro 1976, 1569, 1602 f; ENGLER FamRZ 1976, 584, 594; KEMP DNotZ 1976, 646, 658). Da das Kind bereits adoptiert ist und es nur darum geht, die Wirkungen der Adoption zu verstärken, wird hier eine Ersetzung der Einwilligung idR bereits dann möglich sein, wenn anerkennenswerte Gründe für die Verweigerung nicht feststellbar sind (BGB-RGRK/DICKESCHEID Vor § 1741 Rn 33).

Die Aufstockung erfolgt nach den gleichen Voraussetzungen und im gleichen vor- **86** mundschaftsgerichtl Verfahren wie die Annahme als Kind nach geltendem Recht. Soweit für das Kind ein gesetzl Vertreter handeln muß, sind die Annehmenden von der gesetzl Vertretung nicht ausgeschlossen, da ein Interessenwiderstreit nicht ersichtlich ist (MünchKomm/Maurer § 1772 Anh Rn 23).

87 War der nach altem Recht Angenommene am 1.1.1977 volljährig, so kann nach § 7 Abs 2 unter den Voraussetzungen des § 1772 Volladoption angeordnet werden. War der nach altem Recht Angenommene am 1.1.1977 zwar noch minderjährig, wurde er aber später volljährig, ohne daß ein Verfahren nach § 7 Abs 1 durchgeführt wurde, so fragt es sich, ob eine Umwandlung des Annahmeverhältnisses noch nach § 7 Abs 1 in Betracht kommt. Dagegen spricht der Wortlaut v § 7 Abs 1, der eine Aufstockung nur „nach den Vorschriften über die Annahme Minderjähriger" gestattet, und wohl auch die Überlegung, daß in den wenigen Fällen, in denen die Überleitung einer Minderjährigenadoption in eine Volladoption am Widerspruch eines Beteiligten scheiterte, eine Korrektur der Adoptionswirkungen nach Erreichung des Volljährigkeitsalters nicht mehr gerechtfertigt erscheint.

88 Anders als den §§ 5 u 6 kommt dem § 7 nach wie vor praktische Bedeutung zu, weil weder in Abs 1 noch in Abs 2 Fristen für die Einleitung eines Verfahrens auf „Aufstockung" von Altadoptionen gesetzt werden.

VIII. Adoptionsvermittlung*

89 **Gesetz über die Vermittlung der Annahme als Kind und über das Verbot der Vermittlung von Ersatzmüttern (Adoptionsvermittlungsgesetz)**

---

* **Schrifttum:** Das Schrifttumsverzeichnis beschränkt sich auf die Angabe von Literatur zum Adoptionsvermittlungsgesetz (nicht zur Adoptionsvermittlungspraxis).
1. Zum AdoptVermG v 1976 (BGBl I 1762):
Kommentare u Monographien: Baer/Gross, Adoption und Adoptionsvermittlung (2. Aufl 1981); Empfehlungen zur Adoptionsvermittlung der Bundesarbeitsgemeinschaft der Landesjugendämter (3. Aufl 1994); MünchKomm/Maurer § 1744 Anh; Napp-Peters, Adoption – Das alleinstehende Kind und seine Familien (1978); Roth-Stielow, Adoptionsgesetz – Adoptionsvermittlungsgesetz (1976); Soergel/Liermann Anh Vor § 1741; Wiesner/Oberloskamp, SGB VIII, 2. Aufl 2000, Anh III.
Aufsätze: Baer/Faltermeier/Gross, Adoptions- und Adoptionsvermittlungsgesetz nach drei Jahren Praxis – Erste Erfahrungen, NDV 1980, 370; Carspecken, Probleme des Adoptionsvermittlungsgesetzes, ZBlJugR 1976, 512; Czerner, Kritische Anmerkungen zum Adoptionsvermittlungsgesetz und Adoptionsgesetz, DAVorm 1977, 115; Feil, Stellungnahme zum Entwurf eines Gesetzes über die Vermittlung der Annahme Minderjähriger als Kind – Adoptionsvermittlungsgesetz – (AdoptVermG), RdJB 1975, 53; Oberloskamp, Annahme als Kind und Adoptionsvermittlung seit dem 1.1.1977, DAVorm 1977, 89; Seibert, Das neue Adoptionsvermittlungsrecht, ZfF 1976, 201; Tack, Die Neuordnung des Adoptionsvermittlungsrechts durch das Adoptionsvermittlungsgesetz vom 2. Juli 1976, ZBlJugR 1977, 1.
2. Zum Gesetz zur Änderung des AdoptVermG v 1989 (BGBl I 2014): Bach, Neue Regelungen gegen Kinderhandel und Ersatzmuttervermittlung, FamRZ 1990, 574; Habermann, Änderung des Adoptionsvermittlungsgesetzes, FuR 1990, 95; Liermann, Ersatzmutterschaft und das Verbot ihrer Vermittlung, MDR 1990, 857; Lüderitz, Verbot von Kinderhandel und Ersatzmuttervermittlung durch Änderung des Adoptionsvermittlungsgesetzes, NJW 1990, 1633.

v 27. 11. 1989 (BGBl I 2017) zuletzt geändert durch Artikel 4 des Sechsten Gesetzes zur Reform des Strafrechts v 26. 1. 1998 (BGBl I 164).

Erster Abschnitt
Adoptionsvermittlung

§ 1 Adoptionsvermittlung

Adoptionsvermittlung ist das Zusammenführen von Kindern unter achtzehn Jahren und Personen, die ein Kind annehmen wollen (Adoptionsbewerber), mit dem Ziel der Annahme als Kind. Adoptionsvermittlung ist auch der Nachweis der Gelegenheit, ein Kind anzunehmen oder annehmen zu lassen, und zwar auch dann, wenn das Kind noch nicht geboren oder noch nicht gezeugt ist. Die Ersatzmuttervermittlung gilt nicht als Adoptionsvermittlung.

§ 2 Adoptionsvermittlungsstellen

(1) Die Adoptionsvermittlung ist Aufgabe des Jugendamtes und des Landesjugendamtes. Das Jugendamt darf die Adoptionsvermittlung nur durchführen, wenn es eine Adoptionsvermittlungsstelle eingerichtet hat, das Landesjugendamt nur, wenn es über eine zentrale Adoptionsstelle verfügt. Jugendämter benachbarter Gemeinden oder Kreise können, soweit die ihnen bei der Adoptionsvermittlung obliegenden Aufgaben hierdurch nicht beeinträchtigt werden, eine gemeinsame Adoptionsvermittlungsstelle errichten; die Errichtung bedarf der Zulassung durch die oberste Landesjugendbehörde. Landesjugendämter können eine gemeinsame zentrale Adoptionsstelle bilden. In den Ländern Berlin und Hamburg können dem Landesjugendamt die Aufgaben der Adoptionsvermittlungsstelle des Jugendamtes übertragen werden.

(2) Zur Adoptionsvermittlung sind auch die örtlichen und zentralen Stellen des Diakonischen Werks, des Deutschen Caritasverbandes, der Arbeiterwohlfahrt und der diesen Verbänden angeschlossenen Fachverbände sowie sonstiger Organisationen berechtigt, wenn die Stellen von der nach Landesrecht zuständigen Behörde als Adoptionsvermittlungsstellen anerkannt worden sind.

(3) Die Adoptionsvermittlungsstellen der Jugendämter und die zentralen Adoptionsstellen der Landesjugendämter arbeiten mit den in Absatz 2 genannten Adoptionsvermittlungsstellen partnerschaftlich zusammen.

§ 3 Vermittlung durch Fachkräfte

Mit der Adoptionsvermittlung dürfen nur Fachkräfte betraut werden, die dazu auf Grund ihrer Ausbildung und ihrer beruflichen Erfahrung geeignet sind. Die Adoptionsvermittlungsstellen (§ 2 Abs. 1 und 2) sind mit mindestens einer hauptamtlichen Fachkraft zu besetzen.

§ 4 Anerkennung als Adoptionsvermittlungsstelle

(1) Die Anerkennung als Adoptionsvermittlungsstelle (§ 2 Abs. 2) ist zu erteilen, wenn der Nachweis erbracht wird, daß die Stelle die Voraussetzungen des § 3 erfüllt.

(2) Die Anerkennung ist zurückzunehmen, wenn die Voraussetzungen für ihre Erteilung nicht vorgelegen haben. Sie ist zu widerrufen, wenn die Voraussetzungen nachträglich weggefallen sind.

§ 5 Vermittlungsverbote

(1) Die Adoptionsvermittlung ist nur den nach § 2 Abs. 1 befugten Jugendämtern und Landesjugendämtern und den nach § 2 Abs. 2 berechtigten Stellen gestattet; anderen ist die Adoptionsvermittlung untersagt.

(2) Das Vermittlungsverbot gilt nicht
1. für Personen, die mit dem Adoptionsbewerber oder dem Kind bis zum dritten Grad verwandt oder verschwägert sind;
2. für andere Personen, die in einem Einzelfall und unentgeltlich die Gelegenheit nachweisen, ein Kind anzunehmen oder annehmen zu lassen, sofern sie eine Adoptionsvermittlungsstelle oder ein Jugendamt hiervon unverzüglich benachrichtigen.

(3) Es ist untersagt, Schwangere, die ihren Wohnsitz oder gewöhnlichen Aufenthalt im Geltungsbereich dieses Gesetzes haben, gewerbs- oder geschäftsmäßig durch Gewähren oder Verschaffen von Gelegenheit zur Entbindung außerhalb des Geltungsbereichs dieses Gesetzes
1. zu bestimmen, dort ihr Kind zur Annahme als Kind wegzugeben,
2. ihnen zu einer solchen Weggabe Hilfe zu leisten.

(4) Es ist untersagt, Vermittlungstätigkeiten auszuüben, die zum Ziel haben, daß ein Dritter ein Kind auf Dauer bei sich aufnimmt, insbesondere dadurch, daß ein Mann die Vaterschaft für ein Kind, das er nicht gezeugt hat, anerkennt. Vermittlungsbefugnisse, die sich aus anderen Rechtsvorschriften ergeben, bleiben unberührt.

§ 6 Adoptionsanzeigen

(1) Es ist untersagt, Kinder zur Annahme als Kind oder Adoptionsbewerber durch öffentliche Erklärungen, insbesondere durch Zeitungsanzeigen oder Zeitungsberichte, zu suchen oder anzubieten. Dies gilt nicht, wenn
1. die Erklärung den Hinweis enthält, daß Angebote oder Anfragen an eine durch Angabe der Anschrift bezeichnete Adoptionsvermittlungsstelle oder zentrale Adoptionsstelle (§ 2 Abs. 1 und 2) zu richten sind und
2. in der Erklärung eine Privatanschrift nicht angegeben wird. § 5 bleibt unberührt.

(2) Die Veröffentlichung der in Absatz 1 bezeichneten Erklärung unter Angabe eines Kennzeichens ist untersagt.

(3) Absatz 1 Satz 1 gilt entsprechend für öffentliche Erklärungen, die sich auf Vermittlungstätigkeiten nach § 5 Abs. 4 Satz 1 beziehen.

(4) Die Absätze 1 bis 3 gelten auch, wenn das Kind noch nicht geboren oder noch nicht gezeugt ist, es sei denn, daß sich die Erklärung auf eine Ersatzmutterschaft bezieht.

§ 7 Vorbereitung der Vermittlung

(1) Wird der Adoptionsvermittlungsstelle bekannt, daß für ein Kind die Adoptionsvermittlung in Betracht kommt, so führt sie zur Vorbereitung der Vermittlung unverzüglich die sachdienlichen Ermittlungen bei den Adoptionsbewerbern, bei dem Kind und seiner Familie durch. Dabei ist insbesondere zu prüfen, ob die Adoptionsbewerber unter Berücksichtigung der Persönlichkeit des Kindes und seiner besonderen Bedürfnisse für die Annahme des Kindes geeignet sind. Mit den Ermittlungen bei den Adoptionsbewerbern soll schon vor der Geburt des Kindes begonnen werden, wenn zu erwarten ist, daß die Einwilligung zur Annahme als Kind erteilt wird.

(2) Das Bundesministerium für Familie, Senioren, Frauen und Jugend regelt durch Rechtsverordnung mit Zustimmung des Bundesrates das Nähere über die Durchführung der sachdienlichen Ermittlungen und der Adoptionshilfe (§ 9) sowie die von den Adoptionsvermittlungsstellen dabei zu beachtenden Grundsätze.

§ 8 Beginn der Adoptionspflege

Das Kind darf erst dann zur Eingewöhnung bei den Adoptionsbewerbern in Pflege gegeben werden (Adoptionspflege), wenn feststeht, daß die Adoptionsbewerber für die Annahme des Kindes geeignet sind.

§ 9 Adoptionshilfe

(1) Im Zusammenhang mit der Vermittlung und der Annahme hat die Adoptionsvermittlungsstelle jeweils mit Einverständnis die Annehmenden, das Kind und seine Eltern eingehend zu beraten und zu unterstützen, insbesondere bevor das Kind in Pflege genommen wird und während der Eingewöhnungszeit.

(2) Die Jugendämter haben sicherzustellen, daß die gebotene vor- und nachgehende Beratung und Unterstützung geleistet wird.

§ 10 Unterrichtung der zentralen Adoptionsstelle des Landesjugendamtes

(1) Die Adoptionsvermittlungsstelle hat die zentrale Adoptionsstelle des Landesjugendamtes zu unterrichten, wenn ein Kind nicht innerhalb von drei Monaten nach Abschluß der bei ihm durchgeführten Ermittlungen Adoptionsbewerbern mit dem Ziel der Annahme als Kind in Pflege gegeben werden kann. Die Unterrichtung ist nicht erforderlich, wenn bei Fristablauf sichergestellt ist, daß das Kind in Adoptionspflege gegeben wird.

(2) Absatz 1 gilt entsprechend, wenn Adoptionsbewerbern nicht innerhalb von 6 Monaten nach Abschluß der bei ihnen durchgeführten Ermittlungen ein Kind vermittelt werden kann, sofern die Adoptionsbewerber der Unterrichtung der zentralen Adoptionsstelle zustimmen und ihren Wohnsitz oder gewöhnlichen Aufenthalt im Bereich der Adoptionsvermittlungsstelle haben.

(3) In den Fällen des Absatzes 1 Satz 1 sucht die Adoptionsvermittlungsstelle und die zentrale

Rainer Frank

Adoptionsstelle nach geeigneten Adoptionsbewerbern. Sie unterrichten sich gegenseitig vom jeweiligen Stand ihrer Bemühungen. In den Fällen des Absatzes 2 ist entsprechend zu verfahren.

§ 11 Aufgaben der zentralen Adoptionsstelle des Landesjugendamtes

(1) Die zentrale Adoptionsstelle des Landesjugendamtes unterstützt die Adoptionsvermittlungsstelle bei der Arbeit, insbesondere durch fachliche Beratung,
1. wenn ein Kind schwer zu vermitteln ist,
2. wenn ein Adoptionsbewerber oder das Kind eine ausländische Staatsangehörigkeit besitzt oder staatenlos ist,
3. wenn ein Adoptionsbewerber oder das Kind seinen Wohnsitz oder gewöhnlichen Aufenthalt außerhalb des Geltungsbereichs dieses Gesetzes hat,
4. in sonstigen schwierigen Einzelfällen.

(2) In den Fällen des Absatzes 1 Nr. 2 und 3 ist die zentrale Adoptionsstelle des Landesjugendamtes vom Beginn der Ermittlungen (§ 7 Abs. 1) an durch die Adoptionsvermittlungsstellen ihres Bereiches zu beteiligen.

§ 12 Ermittlungen bei Kindern in Heimen

Unbeschadet der Verantwortlichkeit des Jugendamtes prüft die zentrale Adoptionsstelle des Landesjugendamtes in Zusammenarbeit mit der für die Heimaufsicht zuständigen Stelle, für welche Kinder in den Heimen ihres Bereiches die Annahme als Kind in Betracht kommt. Zu diesem Zweck kann sie die sachdienlichen Ermittlungen und Untersuchungen bei den Heimkindern veranlassen oder durchführen. Das Grundrecht der Unverletzlichkeit der Wohnung (Artikel 13 Abs. 1 des Grundgesetzes) wird insoweit eingeschränkt. Bei Kindern aus dem Bereich der zentralen Adoptionsstelle eines anderen Landesjugendamtes ist diese zu unterrichten. § 46 Abs. 1 Satz 2 des Achten Buches Sozialgesetzbuch gilt entsprechend.

§ 13 Ausstattung der zentralen Adoptionsstelle des Landesjugendamtes

Zur Erfüllung ihrer Aufgaben sollen der zentralen Adoptionsstelle mindestens ein Kinderarzt oder Kinderpsychiater, ein Psychologe mit Erfahrungen auf dem Gebiet der Kinderpsychologie und ein Jurist sowie Sozialpädagogen und Sozialarbeiter mit mehrjähriger Berufserfahrung zur Verfügung stehen.

Zweiter Abschnitt
Ersatzmutterschaft

§ 13 a Ersatzmutter

Ersatzmutter ist eine Frau, die aufgrund einer Vereinbarung bereit ist,
1. sich einer künstlichen oder natürlichen Befruchtung zu unterziehen oder
2. einen nicht von ihr stammenden Embryo auf sich übertragen zu lassen oder sonst auszutragen und das Kind nach der Geburt Dritten zur Annahme als Kind oder zur sonstigen Aufnahme auf Dauer zu überlassen.

§ 13 b Ersatzmuttervermittlung

Ersatzmuttervermittlung ist das Zusammenführen von Personen, die das aus einer Ersatzmutterschaft entstandene Kind annehmen oder in sonstiger Weise auf Dauer bei sich aufnehmen wollen (Bestelleltern), mit einer Frau, die zur Übernahme einer Ersatzmutterschaft bereit ist. Ersatzmuttervermittlung ist auch der Nachweis der Gelegenheit zu einer in § 13 a bezeichneten Vereinbarung.

§ 13 c Verbot der Ersatzmuttervermittlung

Die Ersatzmuttervermittlung ist untersagt.

§ 13 d Anzeigenverbot

Es ist untersagt, Ersatzmütter oder Bestelleltern durch öffentliche Erklärungen, insbesondere durch Zeitungsanzeigen oder Zeitungsberichte, zu suchen oder anzubieten.

Dritter Abschnitt
Straf- und Bußgeldvorschriften

§ 14 Bußgeldvorschriften

(1) Ordnungswidrig handelt, wer
1. entgegen § 5 Abs. 1 oder 4 Satz 1 eine Vermittlungstätigkeit ausübt oder
2. entgegen § 6 Abs. 1 Satz 1, auch in Verbindung mit Abs. 2 oder 3, oder § 13 d durch öffentliche Erklärungen
a) Kinder zur Annahme als Kind oder Adoptionsbewerber,
b) Kinder oder Dritte zu den in § 5 Abs. 4 Satz 1 genannten Zwecken oder
c) Ersatzmütter oder Bestelleltern
sucht oder anbietet.

(2) Ordnungswidrig handelt auch, wer
1. entgegen § 5 Abs. 1 oder 4 Satz 1 eine Vermittlungstätigkeit ausübt und dadurch bewirkt, daß das Kind in den Geltungsbereich dieses Gesetzes oder aus dem Geltungsbereich dieses Gesetzes verbracht wird, oder

2. gewerbs- oder geschäftsmäßig
a) entgegen § 5 Abs. 3 Nr. 1 eine Schwangere zu der Weggabe ihres Kindes bestimmt oder
b) entgegen § 5 Abs. 3 Nr. 2 einer Schwangeren zu der Weggabe ihres Kindes Hilfe leistet.

(2) Die Ordnungswidrigkeit kann in den Fällen des Absatzes 1 mit einer Geldbuße bis zu zehntausend Deutsche Mark, in den Fällen des Absatzes 2 mit einer Geldbuße bis zu fünfzigtausend Deutsche Mark geahndet werden.

§ 14 a Strafvorschriften gegen Kinderhandel

(aufgehoben durch Art. 4 des Sechsten Gesetzes zur Reform des Strafrechts v 26. 1. 1998 [BGBl I 164] und übergeführt in § 236 StGB)

§ 14 b Strafvorschriften gegen Ersatzmuttervermittlung

(1) Wer entgegen § 13 c Ersatzmuttervermittlung betreibt, wird mit einer Freiheitsstrafe bis zu einem Jahr oder mit Geldstrafe bestraft.

(2) Wer für eine Ersatzmuttervermittlung einen Vermögensvorteil erhält oder sich versprechen läßt, wird mit Freiheitsstrafe bis zu zwei Jahren oder Geldstrafe bestraft. Handelt der Täter gewerbs- oder geschäftsmäßig, so ist die Strafe Freiheitsstrafe bis zu drei Jahren oder Geldstrafe.

(3) In den Fällen der Absätze 1 und 2 werden die Ersatzmutter und die Bestelleltern nicht bestraft.

Vierter Abschnitt
Übergangs- und Schlußbestimmungen

(von einem Abdruck dieser Bestimmungen wird abgesehen)

Materialien: AdoptVermG v 1976: BT-Drucks 7/3421 u BR-Drucks 7/75; BT-Drucks 7/5089. Ges zur Änderung des AdoptVermG v 1989: BT-Drucks 11/4154 u BR-Drucks 608/88; BT-Drucks 11/5283; BT-Drucks 11/5325; BR-Drucks 559/89; außerdem BT-Drucks 11/5212 (Große Anfrage) u BT-Drucks 11/7618 (Antwort auf Große Anfrage).

1. Entstehungsgeschichte

90 Zur Entstehungsgeschichte bis zum Stand v 31. 12. 1966 vgl STAUDINGER/ENGLER[10/11] Vorbem 47–57 zu § 1741. Das **Bundesgesetz über die Vermittlung der Annahme an Kindes Statt v 29. 3. 1951** (BGBl I 214) – ergänzt durch DVOen v 1952 u 1971 – erwies sich als unzulänglich (vgl ZUR NIEDEN, Adoption und Adoptionsvermittlung [3. Aufl 1963]; Thesen der AGJJ, MittAGJJ 57/58 [1969] aE; PECHSTEIN MittAGJJ 61/62 [1971] 53 ff; ENGLER 120 ff; BAER/GROSS 166 ff; wNachw BT-Drucks 7/3421, 12). Es beschränkte sich im wesentlichen darauf, die Stellen zu bestimmen, denen die Adoptionsvermittlung gestattet war. Nur die gewerbsmäßige Adoptionsvermittlung war verboten. Dies hatte zur

Folge, daß des öfteren Personen, die von werdenden Müttern oder Adoptionsbewerbern um Rat angegangen wurden (zB Ärzte, Leiter von Kinderheimen), sich als Adoptionsvermittler betätigten. Ein weiterer – und wohl der entscheidende – Kritikpunkt war, daß nicht alle Adoptionsvermittlungsstellen über die erforderlichen Fachkräfte verfügten, die zur Beurteilung der Adoptionsbewerber, zur Beratung der Beteiligten und zur Klärung der anstehenden Rechts- und Verfahrensfragen in der Lage waren. Außerdem fehlte es an einem funktionierenden Mitteilungssystem, das sicherstellte, daß Heimkinder, die für eine Adoption in Betracht kamen, den Vermittlungsstellen auch tatsächlich gemeldet wurden. Schließlich mangelte es zwischen den Adoptionsstellen an jedem geordneten überregionalen Austausch von Informationen, der es ermöglichte, für zB behinderte oder heimgeschädigte Kinder besonders qualifizierte Adoptiveltern andernorts zu finden.

Die **Reform des Adoptionsvermittlungsrechts** verlief parallel zur Reform des materiellen Adoptionsrechts (dazu oben Rn 6 ff). Der GesE der BReg wurde am 26. 3. 1975 eingebracht (BT-Drucks 7/3421) und vom BT am 17. 4. 1975 an den Ausschuß für Jugend, Familie und Gesundheit federführend sowie an den RAussch und den Haushaltsausschuß mitberatend überwiesen. Nach Vorlage des Berichts des Ausschusses für Jugend, Familie und Gesundheit (BT-Drucks 7/5089) wurde am **2. 7. 1976** das „**Gesetz über die Vermittlung der Annahme als Kind**" (AdoptVermG) beschlossen (BGBl I 1762). Es trat am gleichen Tag wie das AdoptG, am 1. 1. 1977, in Kraft.

2.   Gesetz über die Vermittlung der Annahme als Kind v 1976

Das AdoptVermG verfolgte in erster Linie das Ziel, mehr adoptionsbedürftige Kin- **91**
der besser und schneller zu vermitteln. Inhaltlich brachte es im wesentlichen folgende Neuerungen:

(1) Die Adoptionsvermittlung von Kindern unter 18 Jahren wird auf **anerkannte** **92**
Adoptionsvermittlungsstellen öffentlicher und freier Träger beschränkt, die **mit mindestens einer hauptamtlichen Fachkraft** besetzt sind (§§ 1–3 AdoptVermG).

Als Adoptionsvermittlungsstelle „anerkannt" sind kraft Ges (§ 2 Abs 1) die **JugÄ und LandesjugÄ.** Während aber früher jedes JugA zur Adoptionsvermittlung berechtigt war, dürfen JugÄ heute Adoptionen nur noch dann durchführen, wenn sie eine Adoptionsvermittlungsstelle eingerichtet haben. LandesjugÄ sind zur Adoptionsvermittlung nur befugt, wenn sie über eine zentrale Adoptionsvermittlungsstelle verfügen. Zur Adoptionsvermittlung berechtigt sind auch die örtlichen und zentralen Stellen des **Diakonischen Werks,** des **Deutschen Caritas-Verbandes,** der Arbeiterwohlfahrt (welche ihre Tätigkeit allerdings eingestellt hat; WIESNER/OBERLOSKAMP, SGB VIII, Anh III § 2 Rn 14) und der diesen Verbänden angeschlossenen Fachverbände sowie sonstige Organisationen (zB der **Internationale Sozialdienst),** wenn diese Stellen von der nach Landesrecht zuständigen Behörde als Adoptionsvermittlungsstellen anerkannt worden sind (§ 2 Abs 2; vgl dazu Überblick bei MünchKomm/MAURER § 1744 Anh Rn 4 Fn 30). Mit dem **Erfordernis der Anerkennung** soll sichergestellt werden, daß auch bei den großen Fachverbänden kleine Adoptionsvermittlungsstellen, die nicht den Mindestvoraussetzungen entsprechen, diese Arbeit nicht weiter durchführen dürfen (§ 4). Ergänzt wird das in § 2 statuierte Vermittlungsmonopol durch ein **bußgeldbewehrtes** (§ 14) **Vermittlungsverbot** (§ 5), das Ausnahmen nur vorsieht zugunsten von

Personen, die mit dem Adoptionsbewerber oder dem Kind bis zum 3. Grad verwandt oder verschwägert sind, oder die in einem Einzelfall und unentgeltlich die Gelegenheit nachweisen, ein Kind anzunehmen oder annehmen zu lassen, sofern sie eine Adoptionsvermittlungsstelle oder ein JugA hiervon unverzüglich benachrichtigen.

Jede Adoptionsvermittlungsstelle ist mit mind einer **hauptamtlichen Fachkraft** zu besetzen. Ein besonderes Berufsbild des Adoptionsvermittlers wollte der Gesetzgeber mit dem Erfordernis einer Fachkraft nicht schaffen. Nach der Begründung des RegE (BT-Drucks 7/3421, 17) wird Fachkraft iSv § 3 „in der Regel der Sozialarbeiter oder Sozialpädagoge mit beruflicher Erfahrung im Adoptionswesen" sein. Daneben kommen auch Psychologen, Pädagogen und Kinderärzte in Betracht (WIESNER/OBER-LOSKAMP, SGB VIII, Anh III § 3 Rn 2 f).

93 (2) Bei den LandesjugÄ werden **zentrale Adoptionsvermittlungsstellen** eingerichtet, denen ein **interdisziplinär besetztes Team** zur Verfügung stehen soll (§ 13). **Aufgabe dieser zentralen Adoptionsvermittlungsstellen** ist es einmal, den überregionalen Ausgleich bei der Zusammenführung von Adoptionsbewerbern und Kindern zu ermöglichen (§ 10). Sie haben außerdem die Adoptionsvermittlungsstellen bei ihrer Arbeit insbes durch fachliche Beratung in den beispielhaft genannten Fällen des § 11 Abs 1 Nr 1–4 zu unterstützen. Des weiteren prüfen sie gem § 12 selbständig, für welche Kinder in den Heimen ihres Bereiches die Annahme als Kind in Betracht kommt. Schließlich ist die zentrale Adoptionsstelle des LandesjugA bei einer angestrebten **Adoption mit Auslandsberührung** von Anbeginn an in die Adoptionsvermittlung einzuschalten (§ 11 Abs 2). Auch ist das LandesjugA vom VormG vor dem Ausspruch der Annahme als Kind in allen Fällen mit Auslandsberührung zu hören (§ 49 Abs 2 FGG idF des KJHG v 26. 6. 1990 [BGBl I 1163], früher § 48 b JWG). Da derartige Adoptionen in sozialer und rechtl Hinsicht oft kompliziert gelagert sind, empfiehlt es sich in aller Regel, den Internationalen Sozialdienst Frankfurt/M zur fachlichen Beratung hinzuzuziehen. Die Vermittlung internationaler Adoptionen wird durch die Ratifikation des **Haager Übereinkommens über den Schutz von Kindern und die Zusammenarbeit auf dem Gebiet der Adoption vom 29. 5. 1993** (vgl Rn 16 ff) sowie das in Ausführung dieses Übereinkommens geplante Gesetz zur Regelung von Rechtsfragen auf dem Gebiet der internationalen Adoption und zur Weiterentwicklung des Adoptionsvermittlungsrechts in Kürze auf eine neue Grundlage gestellt werden (vgl Rn 102 ff).

94 (3) Es werden **Meldepflichten** sowohl der Adoptionsvermittlungsstellen als auch der Heime als Voraussetzung für eine umfassende und frühzeitige Erfassung der Kinder eingeführt, die für eine Adoption in Betracht kommen (§ 10).

95 (4) § 9 statuiert erstmals einen Rechtsanspruch der Annehmenden, des Kindes und seiner Eltern auf vor- und nachgehende **Beratung** (zur Haftung der Adoptionsvermittlungsstelle bei unzureichender Information der Adoptiveltern vgl OLG Hamm FamRZ 1993, 704 = ZfJ 1993, 208; OLG Frankfurt OLGR 1998, 243 f; LG Frankfurt NJW-RR 1988, 646).

3. Gesetz zur Änderung des Adoptionsvermittlungsgesetzes v 1989

96 Das Ges zur Änderung des AdoptVermG v 27. 11. 1989 (BGBl I 2014), in Kraft getreten am 1. 12. 1989, wurde zum Anlaß genommen, das gesamte AdoptVermG neu bekannt zu machen (BGBl I 2017). Ursache für das Ges zur Änderung des Adopt-VermG v 1989 war ein Mißstand, dem der Gesetzgeber so schnell wie möglich entgegentreten wollte: **„Leihmutteragenturen"** boten Ehepaaren, die wegen Unfruchtbarkeit der Frau keine Kinder bekommen konnten, die Vermittlung einer Ersatzmutter an, die bereit war, sich „auf Bestellung" einer künstlichen Insemination zu unterziehen oder sogar einen nicht von ihr stammenden Embryo auszutragen. Die „Wunsch- oder Bestelleltern" verpflichteten sich, das Kind zu adoptieren (vgl zu einem solchen Fall VGH Kassel NJW 1988, 1281 = FamRZ 1988, 874 [LS]; auch OLG Hamm NJW 1985, 2205 = FamRZ 1983, 1120; rechtsvgl DIETRICH, Mutterschaft für Dritte [1989]).

Der Zweck des Ges v 27. 11. 1989 wird bereits durch seine Bezeichnung „Gesetz über **97** die Vermittlung der Annahme als Kind und das Verbot der Vermittlung von Ersatzmüttern" deutlich. Das Ges ist überraschend schnell und weitgehend einvernehmlich zustande gekommen (vgl BT-Drucks 11/5283, 2). Noch im Februar 1989 hatte der BR den bis dahin vorliegenden E mit der Begründung abgelehnt, ein selbständiges und vorgezogenes Verbot der **Ersatzmuttervermittlung** sei nicht gerechtfertigt, weil die Ersatzmutterschaft in den umfassenden Sachzusammenhang der Fortpflanzungsmedizin gehöre (BR-Drucks 608/88 [Beschluß] 2 ff). Auch die Fachkreise der Jugendhilfe und der Adoptionsvermittlung standen dem E abl gegenüber. Kritisiert wurde vor allem die unglückliche Verquickung der Bestimmungen über die Pönalisierung der Ersatzmuttervermittlung mit dem AdoptVermG. Die Aufnahme von Straf- und Bußgeldvorschriften in ein Leistungsgesetz aus dem Bereich der Jugendhilfe gefährde den fachlichen Ruf der Adoptionsvermittlung (ZfJ 1987, 358; Jugendwohl 1989, 243 u 513; vgl BT-Drucks 11/4154, 7).

Durch das Ges zur Änderung des AdoptVermG werden nur die Vermittlung von **98** Ersatzmutterschaften und die damit verbundenen Werbetätigkeiten verboten und sanktioniert, nicht aber die Ersatzmutterschaft als solche. § 14 b Abs 3 nimmt deshalb auch die Ersatzmutter und die Bestelleltern von den neuen Strafvorschriften aus (krit dazu BACH FamRZ 1990, 574, 575).

Neben den Abschnitt „Adoptionsvermittlung" ist ein **neu eingefügter Abschnitt „Er- 99** **satzmutterschaft"** getreten (§§ 13 a–d): § 13 a definiert den Begriff der Ersatzmutterschaft, § 13 b den der Ersatzmuttervermittlung. § 13 c untersagt sodann die Ersatzmuttervermittlung, und § 13 d normiert zusätzlich ein Verbot von Anzeigen durch öffentliche Erklärungen. Die bisherigen (und erweiterten) **Bußgeldvorschriften** werden durch **Strafvorschriften** ergänzt. Das Betreiben einer Ersatzmuttervermittlung wird mit einer Freiheitsstrafe bis zu 1 Jahr oder mit Geldstrafe sanktioniert (§ 14 b Abs 1). Die Vermittlung gegen Entgelt oder in der Absicht, sich oder einen anderen zu bereichern, wird verschärft mit Freiheitsstrafe bis zu 2 Jahren oder Geldstrafe geahndet (§ 14 b Abs 2 S 1). Handelt der Täter gewerbs- oder geschäftsmäßig, so ist eine Freiheitsstrafe bis zu 3 Jahren oder eine Geldstrafe vorgesehen (§ 14 b Abs 2 S 2).

Außerdem machte das Ges eine bisher sanktionslose Umgehung des AdoptVermG **100** zum Bußgeldtatbestand (§ 14 Abs 1 Nr 1; dazu BT-Drucks 11/4154, 9). Untersagt wurde insbesondere eine Vermittlungstätigkeit mit dem Ziel, daß ein Mann die Vaterschaft für ein nichtehel Kind zum Zwecke der Ehelicherklärung anerkennt, ohne dessen Vater zu sein (zu einem solchen Fall der Kindervermittlung vgl VG Frankfurt NJW 1988, 3032 =

Rainer Frank

FamRZ 1989, 209). Seit dem KindRG 1997, welches die Ehelicherklärung abschaffte, bezieht sich dieses Verbot nunmehr auf alle Fälle, in denen die Vermittlungstätigkeit ein wahrheitswidriges Vaterschaftsanerkenntnis zum Ziel hat.

101 Schließlich hatte der Gesetzgeber in § 14 a eine neue **Strafvorschrift gegen Kinderhandel** aufgenommen, die durch das Sechste Gesetz zur Reform des Strafrechts v 26.1.1998 (BGBl I 164) aus dem AdoptVermG wieder gestrichen und mit erhöhtem Strafrahmen in § 236 StGB übernommen wurde. Diese Bestimmung richtet sich vor allem gegen die illegale Vermittlung von Kindern aus der Dritten Welt (vgl dazu den Fall VG Frankfurt NJW 1988, 3032 = FamRZ 1989, 209; außerdem BACH, Gekaufte Kinder – Babyhandel mit der Dritten Welt [1986]).

4. Entwurf eines Gesetzes zur Regelung von Rechtsfragen auf dem Gebiet der internationalen Adoption und zur Weiterentwicklung des Adoptionsvermittlungsrechts

102 Parallel zur Einleitung des Ratifikationsverfahrens für das Haager Übereinkommen über den Schutz von Kindern und die Zusammenarbeit auf dem Gebiet der Adoption vom 29.5.1993 (vgl Rn 16) hat die deutsche Bundesregierung im Jahr 2000 auch den Entwurf eines Gesetzes zur Regelung von Rechtsfragen auf dem Gebiet der internationalen Adoption und zur Weiterentwicklung des Adoptionsvermittlungsrechts vorgelegt (BR-Drucks 16/01). Dieser Gesetzesentwurf beschränkt sich nicht auf die Umsetzung und Präzisierung der im Haager Adoptionsübereinkommen enthaltenen Vorgaben (Art 1), sondern trifft teilweise auch darüber hinausgehende allgemeingültige Regelungen für die (internationale) Adoptionsvermittlung (Art 3).

103 Art 1 des Regierungsentwurfs enthält zunächst das **Gesetz zur Ausführung des Haager Übereinkommens vom 29. Mai 1993 über den Schutz von Kindern und die Zusammenarbeit auf dem Gebiet der internationalen Adoption (Adoptionsübereinkommens-Ausführungsgesetz – AdÜbAG).** Die Aufgaben der in Art 6 Abs 1 des Haager Übereinkommens vorgesehenen **zentralen Behörde** werden zwischen dem Generalbundesanwalt beim Bundesgerichtshof und den zentralen Adoptionsstellen der Landesjugendämter verteilt (§ 1 Abs 1 AdÜbAG). Dabei hat der Generalbundesanwalt als neue **Bundeszentralstelle für Auslandsadoptionen** den Verkehr mit Behörden und Organisationen in anderen Vertragsstaaten zu **koordinieren** und einen vom Einzelfall gelösten **Informationsaustausch** zu pflegen (§ 2 Abs 2 S 1 AdÜbAG). Demgegenüber obliegt gem § 2 Abs 2 S 2 AdÜbAG die **Adoptionsvermittlung im Einzelfall** den zentralen Adoptionsstellen der Landesjugendämter sowie gewissen (§ 2a Abs 3 Nr 2 AdoptVermG-E) Adoptionsvermittlungsstellen der Jugendämter und zugelassenen (§ 2a Abs 3 Nr 3, § 4 Abs 2 AdoptVermG-E) Organisationen in freier Trägerschaft. Nur die Vermittlung eines Kindes mit gewöhnlichem Aufenthalt im Inland an im Ausland lebende Adoptionsbewerber bleibt den anerkannten Organisationen in freier Trägerschaft vorenthalten (§ 2 Abs 1 AdÜbAG). Die entsprechende Zulassung und Beaufsichtigung der nichtstaatlichen Adoptionsvermittlungsstellen wird in §§ 3, 4 AdoptVermG-E neu geregelt, wobei diese Vorschriften einheitlich auch für solche Organisationen gelten, deren Tätigkeit sich auf das Inland beschränkt.

104 In Ergänzung zu den im Haager Übereinkommen enthaltenen materiellen (Art 4, 5) und verfahrensrechtlichen (Art 14–21) Vorschriften regeln §§ 4–7 AdÜbAG einzelne **Verfahrensschritte bei der Vermittlung einer internationalen Adoption:** Beginnend mit der Bewerbung potentieller Adoptiveltern (§ 4 AdÜbAG), über die Prüfung eines Vermittlungsvorschlags, der von den Behörden des Heimatstaates unterbreitet wurde (§ 5 AdÜbAG), bis zur Einverständniserklärung der Adoptiveltern mit dem konkreten Vermittlungsvorschlag (§ 7 AdÜbAG). Der konkrete Verfahrensablauf für internationale Adoptionen ergibt sich somit erst aus einer Zusammenschau der Vorschriften des Haager Übereinkommens mit dem Adoptionsübereinkommens-Ausführungsgesetz. § 6 AdÜbAG erleichtert die Einreise und den Aufenthalt von Kindern, die von im Inland lebenden Adoptionsbewerbern angenommen werden sollen (vgl BR-Drucks 16/01, 44 ff).

Art 3 des Regierungsentwurfes enthält allgemeine **Änderungen des Adoptionsver-** 105 **mittlungsgesetzes.** Diese Neuregelungen betreffen insbesondere (vgl BR-Drucks 16/01, 112):

– die Begutachtung von Adoptionsbewerbern im Vorfeld einer Auslandsadoption (§ 7 Abs 3 und 4 AdoptVermG-E),

– die Erstattung von Entwicklungsberichten nach Übersiedlung des Kindes ins Inland im Zuge einer internationalen Adoption (§ 9 Abs 2 AdoptVermG-E),

– die Zusammenarbeit der Adoptionsvermittlungsstellen mit der zentralen Behörde des Bundes bei grenzüberschreitender Adoption (§ 2a Abs 4 und 5 AdoptVermG-E),

– die Aufbewahrung von und den Zugang zu Vermittlungsakten sowie den Datenschutz (§§ 2a Abs 6, 9b und 9d AdoptVermG-E),

– die Anerkennung und Beaufsichtigung von Adoptionsvermittlungsstellen in freier Trägerschaft (§§ 3, 4 AdoptVermG-E),

– die Ermächtigung zur näheren Regelung von Modalitäten der Vermittlung und Nachsorge, von Mitteilungspflichten sowie der Kostenerhebung durch Rechtsverordnung (§ 9c AdoptVermG-E).

I. Annahme Minderjähriger

§ 1741

(1) Die Annahme als Kind ist zulässig, wenn sie dem Wohl des Kindes dient und zu erwarten ist, daß zwischen dem Annehmenden und dem Kind ein Eltern-Kind-Verhältnis entsteht. Wer an einer gesetzes- oder sittenwidrigen Vermittlung oder Verbringung eines Kindes zum Zwecke der Annahme mitgewirkt oder einen Dritten hiermit beauftragt oder hierfür belohnt hat, soll ein Kind nur dann annehmen, wenn dies zum Wohl des Kindes erforderlich ist.

(2) Wer nicht verheiratet ist, kann ein Kind nur allein annehmen. Ein Ehepaar kann ein Kind nur gemeinschaftlich annehmen. Ein Ehegatte kann ein Kind seines Ehegatten allein annehmen. Er kann ein Kind auch dann allein annehmen, wenn der andere Ehegatte das Kind nicht annehmen kann, weil er geschäftsunfähig ist oder das einundzwanzigste Lebensjahr noch nicht vollendet hat.

Materialien: BT-Drucks 7/3061, 23, 28–30, 73, 84; BT-Drucks 7/5087, 9; BT-Drucks 13/4899, 111 f; BT-Drucks 13/8511, 75. S STAUDINGER/ BGB-Synopse (2000) § 1741.

Systematische Übersicht

Alphabetische Übersicht

I. Normzweck und Entstehungsgeschichte

1. Normzweck

1 § 1741 regelt in den Abs 1 u 2 zwei unterschiedliche Rechtsbereiche. Während Abs 1 klarstellt, wann im Interesse eines Kindes eine Annahme zulässig ist, regelt Abs 2, wer ein Kind adoptieren darf.

2 Abs 1 S 1 nennt die beiden wichtigsten Adoptionsvoraussetzungen im Kindesinteresse, nämlich das Wohl des Kindes und die Erwartung, daß zwischen dem Annehmenden und dem Kind ein Eltern-Kind-Verhältnis entsteht. Abs 1 S 1 ist *die* zentrale Vorschrift des gesamten Adoptionsrechts. Bei den Vorarbeiten zum AdoptG v 1976 war vom Bundesrat empfohlen worden, die Regelung des heutigen Abs 1 S 1 als Zielbeschreibung in einem selbständigen Paragraphen an die Spitze des Adoptionsrechts zu stellen (BT-Drucks 7/3061, 73). Der Gesetzgeber ist jedoch diesem Vorschlag nicht gefolgt (BT-Drucks 7/3061, 84; BT-Drucks 7/5087, 9).

3 Richtschnur für die Adoption ist nach Abs 1 S 1 das **Wohl des Kindes.** Es ist im AdoptG v 1976 erstmals als Voraussetzung genannt worden, nachdem in der Reformliteratur nachdrücklich eine solche Regelung gefordert worden war (ENGLER 81; LÜDERITZ 27). Schon durch den Gesetzeswortlaut und die Stellung der Vorschrift wird unterstrichen, daß die Adoption im Interesse des Kindes erfolgt, nicht dagegen, wie teilweise zZ der Entstehung des BGB, im Interesse des Annehmenden (BT-Drucks 7/5087, 4; vgl demgegenüber Mot IV 952).

4 Abs 1 S 1 normiert als zweite Adoptionsvoraussetzung die Erwartung, daß zwischen dem Annehmenden und dem Kind ein **Eltern-Kind-Verhältnis** entsteht. Damit soll deutlich gemacht werden, daß die Adoption nicht nur eine rechtliche Statusveränderung zum Vorteil des Kindes bewirken soll, sondern in erster Linie der tatsächlichen Herstellung eines neuen Familienbandes dient.

5 Abs 1 S 2 enthält keine zusätzliche Adoptionsvoraussetzung, sondern will lediglich dazu beitragen, daß sich **gesetzes- und sittenwidrige Praktiken** bei der Vermittlung oder Verbringung eines Kindes zum Zwecke der Annahme für den oder die Adoptionsbewerber nicht auszahlen. Bei entsprechenden Verstößen soll eine Kindesannahme nur ausgesprochen werden, wenn sie zum Wohl des Kindes *erforderlich* ist, nicht aber, wenn sie nur dem Wohl des Kindes *dient,* was Abs 1 S 1 für den Normalfall als Adoptionsvoraussetzung genügen läßt.

Abs 2 S 1 ermöglicht die Adoption **durch eine nichtverheiratete Einzelperson.** Abs 2 **6** S 2 spricht den Normalfall einer Adoption **durch ein Ehepaar** an und stellt klar, daß Eheleute ein Kind grundsätzlich nur gemeinschaftlich annehmen können. Eine Ausnahme gilt nach Abs 2 S 3, wenn ein Ehegatte das Kind des anderen Ehegatten annimmt **(Stiefkindadoption)** und nach Abs 2 S 4, wenn eine gemeinschaftliche Adoption nicht in Betracht kommt, weil ein Ehegatte geschäftsunfähig oder für eine Adoption deshalb zu jung ist, weil er das 21. Lebensjahr noch nicht vollendet hat (vgl § 1743 S 2).

2.   Entstehungsgeschichte

a)   Die Regelung des Abs 1
Obwohl vor dem AdoptG v 1976 das **Wohl des Kindes** im Gesetz als Adoptionsvor- **7** aussetzung nicht ausdrücklich genannt war (heute: Abs 1 S 1), durfte die vormundschaftsgerichtl Genehmigung zum Abschluß des Annahmevertrags nach § 1751 aF nur erteilt werden, wenn die Adoption auch tatsächlich dem Wohl des Kindes entsprach (Näheres STAUDINGER/ENGLER[10/11] § 1751 Rn 24). Die zweite Adoptionsvoraussetzung des Abs 1 S 1, nämlich die **Erwartung, daß zwischen dem Annehmenden und dem Kind ein Eltern-Kind-Verhältnis entsteht,** war vor dem AdoptG v 1976 in § 1754 Abs 2 Nr 2 normiert. Nach dieser Bestimmung mußte die Bestätigung des Annahmevertrags versagt werden, wenn begründete Zweifel daran bestanden, daß durch die Annahme ein dem Eltern-Kind-Verhältnis entsprechendes Familienband hergestellt werden sollte (Näheres STAUDINGER/ENGLER[10/11] § 1754 Rn 32 ff). Mit der seit dem AdoptG v 1976 maßgebenden positiven Formulierung soll klargestellt werden, daß das Gericht die Annahme erst aussprechen darf, „wenn es zu seiner Überzeugung festgestellt hat, daß die Herstellung eines Eltern-Kind-Verhältnisses beabsichtigt ist und die Voraussetzungen dafür vorliegen" (BT-Drucks 7/5087, 9).

Die Regelung des Abs 1 S 2 wurde durch das KindRG v 1997 auf Wunsch der Adop- **8** tionspraxis an die alte Regelung des Abs 1 (heute: Abs 1 S 1) angefügt. Eine vergleichbare Bestimmung enthielt das frühere Recht nicht.

b)   Die Regelung des Abs 2
Die heutige Fassung des Abs 2 beruht auf dem KindRG v 1997, das die bis dahin **9** geltenden Abs 2 u 3 des § 1741 in einen neuen Abs 2 zusammengefaßt sowie inhaltlich abgeändert hat. Die wichtigste Änderung betrifft die ersatzlose Streichung des alten Abs 3 S 2, wonach der Vater oder die Mutter eines nichtehelichen Kindes dieses als Kind annehmen konnte (BT-Drucks 13/4899, 111 f; Näheres Rn 52). Im einzelnen gilt:

Die **Annahme durch eine nichtverheiratete Einzelperson** ist schon seit Inkrafttreten **10** des BGB möglich (§ 1741 S 1 aF). Wenn Abs 2 S 1 idF des KindRG v 1997 erstmals hervorhebt, daß eine nichtverheiratete Person ein Kind „nur" allein annehmen kann, so soll damit klargestellt werden, daß nichtverheiratete (verschieden- oder gleichgeschlechtliche) Paare ein Kind nicht adoptieren können (BT-Drucks 13/4899, 111).

Eine gemeinschaftliche Adoption durch Ehegatten stellt schon seit Inkrafttreten des **11**

BGB den Regelfall der Kindesannahme dar (§ 1749 Abs 1 aF). Allerdings schränkte das BGB vor dem AdoptG v 1976 die Möglichkeit der **Adoption durch einen Ehe-gatten allein** nicht ausdrücklich ein, sondern verlangte in § 1746 Abs 1 aF lediglich (ebenso wie heute in § 1749 Abs 1), daß der andere Ehegatte in die Adoption ein-willigte. Das AdoptG v 1976 beschränkte dann erstmals die Einzeladoption durch einen Ehegatten auf die Fälle der Stiefkindadoption bzw der Geschäftsunfähigkeit oder beschränkten Geschäftsfähigkeit des anderen Ehegatten (§ 1741 Abs 2 S 2 u 3). Bei dieser Rechtslage ist es auch nach dem KindRG im wesentlichen geblieben (heute: § 1741 Abs 2 S 3 u 4). Mit dem Hinweis darauf, daß ein Ehepaar ein Kind „nur" gemeinschaftlich annehmen kann, hat der Gesetzgeber von 1997 zusätzlich klargestellt, daß Einzeladoptionen durch einen Ehegatten nur in den gesetzlich ge-nannten Ausnahmefällen möglich sein sollen (BT-Drucks 13/4899, 111).

II. Minderjährigkeit des Anzunehmenden

12 Die §§ 1741 ff regeln im Gegensatz zu den §§ 1767 ff die **Adoption Minderjähriger.** Entscheidend für die Frage der Minderjährigkeit des Anzunehmenden ist der Zeit-punkt des *Erlasses* des Adoptionsbeschlusses, nicht der des Antrags nach § 1752 (BayObLGZ 1996, 77, 80 = FamRZ 1996, 1034, 1035 m Anm LIERMANN FamRZ 1997, 112; OLG Karlsruhe FamRZ 2000, 768; AG Kempten StAZ 1990, 108; aA KIRCHMAYER StAZ 1995, 262). Auf den Zeitpunkt des *Wirksamwerdens* des Adoptionsbeschlusses nach § 56 e S 2 FGG (= Zustellung an den Annehmenden) ist schon deshalb nicht abzustellen, weil der Beschluß nur mit dem Inhalt wirksam werden kann, mit dem er ergangen ist. Eine rechtsirrtümlich ausgesprochene Minderjährigenadoption eines Erwachsenen bleibt hinsichtl ihrer Wirkungen Minderjährigenadoption (BayObLGZ 1996, 77, 80 = FamRZ 1996, 1034, 1035; AG Kempten StAZ 1990, 108), ebenso wie umgekehrt die irrig verfügte Adoption eines Minderjährigen nach den Vorschriften über die Volljährigenadoption unanfechtbar (§ 56 e S 3 FGG) Volljährigenadoption bleibt (BayObLGZ 1986, 155, 159 f = StAZ 1986, 318, 319; Näheres unter § 1752 Rn 27). Für den Sonderfall, daß der Anzuneh-mende bei Einreichung des Adoptionsantrags noch minderjährig war, bis zum Erlaß des Annahmebeschlusses aber volljährig geworden ist, enthält § 1772 Abs 1 lit d seit dem KindRG v 1997 eine Sonderregelung: Das VormG kann beim Ausspruch der Annahme auf Antrag des Annehmenden und des Anzunehmenden bestimmen, daß sich die Wirkungen der Annahme nach den Vorschriften über die Annahme eines Minderjährigen oder eines verwandten Minderjährigen (§§ 1754 bis 1756) richten (Näheres § 1772 Rn 5).

13 Gehört der Anzunehmende einem fremden Staat an, so bestimmt sich die Minder-jährigkeit nach seinem **Heimatrecht (Art 7 Abs 1 EGBGB).** Eine unselbständige An-knüpfung an das Adoptionsstatut (Art 22 EGBGB) kommt nicht in Betracht, weil der Gesetzgeber die Zulässigkeit der Adoption nach Maßgabe der §§ 1741 ff nicht davon abhängig gemacht hat, ob der Anzunehmende ein bestimmtes Höchstalter noch nicht überschritten hat, wie das im französ Recht der Fall ist, das in Art 345 Abs 1 Cc die adoption plénière nur für Kinder unter 15 Jahren zuläßt, sondern weil er in den §§ 1741 ff u 1767 ff danach differenziert, ob der Anzunehmende die allg Geschäftsfähigkeit erlangt hat oder nicht. Auch zu Zeiten, als das Volljährigkeitsalter noch bei 21 Jahren lag, hatte der BGB-Gesetzgeber diese Altersgrenze (und nicht etwa die Vollendung des 18. Lebensjahres) als entscheidend angesehen (§ 1744 S 3 aF). Daß die Frage der Minderjährigkeit des Anzunehmenden selbständig nach Art 7

Abs 1 EGBGB anzuknüpfen ist, entspricht der hM (BayObLG NJW-RR 1995, 1287 =
FamRZ 1996, 183; BayOblGZ 1986, 155, 159 = StAZ 1986, 318, 319; OLG Karlsruhe FamRZ
2000, 768; HessVGH StAZ 1985, 312, 313 f; VG Darmstadt StAZ 1984, 44, 47 [Vorinstanz] m
Anm vMANGOLDT 48 ff; LG Stade FamRZ 1976, 232; AG Korbach StAZ 1981, 203 m Anm vMAN-
GOLDT; IPG 1984 Nr 34, 340 [München]; STAUDINGER/HENRICH [1996] Art 22 EGBGB Rn 26; aA
MünchKomm/KLINKHARDT Art 22 EGBGB Rn 21).

III. Die Adoptionsvoraussetzungen nach Abs 1

1. Wohl des Kindes

Jede Adoption, also auch die eines verwandten Kindes oder eines **Stiefkindes,** muß **14**
nach Abs 1 S 1 dessen Wohl dienen. Abs 1 S 1 gilt gem § 1767 Abs 2 vom Grundsatz
her auch für die Volljährigenadoption (vgl allerdings § 1767 Rn 13).

a) Begriff

Das Wohl des Kindes ist **Leitmotiv des Kindschaftsrechts** und wird in einer Vielzahl **15**
von gesetzl Bestimmungen – vor allem im Zusammenhang mit dem Recht der elterlichen Sorge – angesprochen (zB §§ 1626 Abs 3, 1627, 1666 Abs 1, 1671 Abs 1, 1672,
1696, 1697 a). Es handelt sich dabei um eine schwer konkretisierbare Generalklausel
(krit zum Begriff, nicht aber zu seinem Ziel GOLDSTEIN/FREUD/SOLNIT 49 ff; vgl auch GERNHUBER
FamRZ 1973, 229; LÜDERITZ FamRZ 1975, 605, 606 f; SIMITIS, in: GOLDSTEIN/FREUD/SOLNIT 101 ff;
grundlegend COESTER, Das Kindeswohl als Rechtsbegriff [1983], sowie in Brühler Schriften zum
Familienrecht Bd 4 [1986], 35 ff, allerdings jeweils ohne Einbeziehung des Adoptionsrechts), die die
Gefahr in sich birgt, daß jeder Richter sie mit seinen eigenen Wertvorstellungen
ausfüllt (hierauf zielen die Bedenken von MNOOKIN FamRZ 1975, 1). Allerdings räumt der
Begriff dem Tatrichter kein Ermessen ein. Vielmehr handelt es sich um einen sog
unbestimmten Rechtsbegriff (BayObLG ZfJ 1991, 431, 432; OLG Hamm FamRZ 1982, 194, 195
= DAVorm 1981, 879, 881; MünchKomm/MAURER Rn 8; ROTH-STIELOW Rn 2), so daß das Rechts-
beschwerdegericht sowohl die Auslegung des Begriffs als auch die Subsumtion der
festgestellten Tatsachen unter diesen Begriff voll überprüfen kann. Auch ein sog
Beurteilungsspielraum wird dem Tatrichter allg nicht eingeräumt (KEIDEL/KUNTZE/
WINKLER § 27 FGG Rn 30 f).

Bei der im Adoptionsrecht notwendigen Prognoseentscheidung hat der Begriff des **16**
Kindeswohls eine doppelte Funktion. Eine **Zielfunktion** kommt ihm insoweit zu, als
das Kind durch die Adoption ein beständiges und ausgeglichenes Zuhause bekommen soll (BT-Drucks 7/3061, 28). Eine **Vergleichsfunktion** hat der Begriff insoweit, als
sich die Lebensbedingungen des Kindes im Vergleich zur Lage ohne Adoption so
verändern müssen, daß eine merklich bessere Persönlichkeitsentwicklung zu erwarten ist (MünchKomm/MAURER Rn 8; BGB-RGRK/DICKESCHEID Rn 4; BayObLG FamRZ 1997,
839, 840 = Rpfleger 1997, 214 = ZfJ 1997, 146, 147; BayObLGZ 1989, 70, 73 f = FamRZ 1989, 1336,
1337 = Rpfleger 1989, 368; BayObLG FamRZ 1983, 532, 533 = ZBlJugR 1983, 431, 433; demgegenüber lassen GERNHUBER/COESTER-WALTJEN § 68 VIII 2 und OLG Hamm FamRZ 1982, 194, 195 =
DAVorm 1981, 879, 881 eine schlichte Verbesserung genügen). Zur Klärung der Frage, ob sich
die Lebensverhältnisse des Kindes durch die beantragte Annahme verbessern, ist ein
Gesamturteil erforderlich; die Situation des Kindes braucht sich nicht bzgl jeder
unterscheidbaren Einzelbedingung zu verbessern. Gewachsene Bindungen des Kindes dürfen nur in Ausnahmefällen bei Vorliegen gewichtiger Gründe zerstört werden

(Kontinuitätsgrundsatz, vgl BVerfGE 79, 51, 64 = NJW 1989, 519, 520 = FamRZ 1989, 31, 33; BGH NJW 1985, 1702, 1703 = FamRZ 1985, 169 zu § 1671). Wichtig ist vor allem, daß der Richter das Kindeswohl nicht einseitig auf Grund der äußeren Lebensumstände beurteilt, sondern auch die psychische Dimension dieses Begriffes ausreichend berücksichtigt (Simitis ua, Kindeswohl [1979] 195 ff, 213 ff; Goldstein/Freud/Solnit 33 f).

b) Einzelgesichtspunkte

17 Haben die natürlichen Eltern ihr Kind bisher ordentlich erzogen, und soll der Kontakt zum Kind auch nach der Adoption nicht abgebrochen werden, so entspricht die Annahme idR nicht dem Wohl des Kindes; dies gilt insbes, wenn die Adoption zu einer **Trennung von Geschwistern** führen würde, mit denen das Kind in gutem Einvernehmen aufgewachsen ist (OLG Bremen DAVorm 1974, 472 = Rpfleger 1973, 430 betr eine Adoption des Kindes durch seinen Onkel und dessen Ehefrau). Spielen für den Entschluß der Eltern, ihr Kind zur Adoption freizugeben, **wirtschaftliche Gesichtspunkte** oder **familiäre Probleme** eine Rolle, so ist zu prüfen, ob finanzielle Hilfen oder unterstützende Maßnahmen nach §§ 16–20, 51 SGB VIII noch eine Änderung dieses Entschlusses bewirken können (Engler 81; MünchKomm/Maurer Rn 9). Führt eine im Interesse des Kindes erforderliche Adoption unvermeidbar zu einer Trennung von bisherigen Bezugspersonen, so gebietet es das Kontinuitätsinteresse des Kindes, den Wechsel so behutsam wie möglich vorzunehmen. Probleme ergeben sich, wenn das Kind längere Zeit gut betreut in einer Pflegefamilie lebte und später in die Obhut der vorgesehenen Adoptiveltern (§ 1744) kommen soll. Nach BVerfGE 79, 51 = NJW 1989, 519 = FamRZ 1989, 31 darf ein Kind aus seiner Pflegefamilie auch dann herausgenommen und in eine vorgesehene Adoptivfamilie übergeführt werden (Adoptionspflege), wenn psychische Beeinträchtigungen des Kindes als Folge der Trennung nicht schlechthin ausgeschlossen werden können. Obwohl in solchen Fällen von Verfassungs wegen eine Adoptionspflege möglich ist, muß die Entscheidung im Einzelfall davon abhängen, wie intensiv die gewachsenen Bindungen des Kindes zu seinen Pflegeeltern sind (Dauer des Pflegeverhältnisses), und ob das Pflegeverhältnis auf Dauer fortgeführt werden kann. Die Statusvorteile, die eine Adoption mit sich bringt, reichen jedenfalls nicht aus, um eine Adoption auf dem Hintergrund des damit verbundenen Erziehungsbruchs zu rechtfertigen (Lakies FamRZ 1990, 689, 702; Lempp ZBlJugR 1974, 124, 129 ff). Wächst ein Kind bei seinen **Großeltern** auf, die das Kind gut betreuen, es indessen nicht adoptieren können oder wollen (vgl dazu unten Rn 22–24), so scheidet ebenfalls die Möglichkeit einer Adoption durch Dritte grds aus (vgl BayObLG DAVorm 1979, 616, 619 f). Haben (auch) Großeltern des Kindes die Adoption beantragt und ist dieser Antrag nicht aussichtslos, so kann ein dringendes Bedürfnis für eine einstweilige Anordnung des VormG, durch die das Kind in eine Adoptionspflege bei ihm fremden Personen übergeführt werden soll, nicht allein wegen des besonderen Interesses an einem möglichst raschen Beginn der Adoptionspflege bejaht werden (BayObLGZ 1993, 76 = NJW 1994, 668 = FamRZ 1993, 1356). Daß eine Adoption jederzeit einer Heimpflege vorzuziehen ist, bedarf keiner Erläuterung. Zur Gefahr des Hospitalismus und von Bindungsstörungen vgl Vorbem 42 zu §§ 1741 ff. Zur Frage, ob bei der Adoption eines nichtehelich geborenen Kindes der Ausgang eines Vaterschaftsfeststellungsprozesses abgewartet werden darf, vgl § 1747 Rn 14.

18 Voraussetzung für die Annahme ist die **Bereitschaft und die Fähigkeit des Annehmenden,** selbst, wenn auch mit Hilfe Dritter, **für das Kind zu sorgen.** Die Annahme eines Kindes dient nicht dessen Wohl, wenn beide Annehmende voll **berufstätig** sind und sich nicht ausreichend um das Kind kümmern können (Empfehlungen zur Adoptionsvermittlung [3. Aufl 1994] unter 3.3214), so daß ua die Gefahr besteht, daß das Kind später hin- und hergeschoben wird. Besonders bei der **Adoption von Heim- und Pflegekindern,** die noch keine engen Beziehungen entwickeln konnten oder oftmals schon einen Beziehungsbruch zu verkraften hatten, ist die Möglichkeit einer intensiven persönlichen Zuwendung unabdingbare Adoptionsvoraussetzung. Verbüßt der Adoptionsbewerber eine **längere Haftstrafe,** so dient die Annahme schon deshalb nicht dem Wohl des Kindes, weil sich persönliche Beziehungen kaum entwickeln lassen (BayObLG FamRZ 1983, 532, 533 = ZBlJugR 1983, 431, 433). Die **Mindestalterserfordernisse** des § 1743 sollen sicherstellen, daß der Annehmende altersbedingt wenigstens ein gewisses **Mindestmaß an persönlicher Reife** besitzt. Anders als in manchen ausländischen Rechtsordnungen wurde im BGB davon abgesehen, im Interesse des Kindes ein **Höchstalter für Adoptierende,** einen **Mindestaltersabstand** oder eine **Höchstaltersdifferenz** zwischen Annehmendem und Kind oder eine **Mindestdauer der Ehe** der Adoptierenden vorzuschreiben (Näheres § 1743 Rn 4). Alle diese Gesichtspunkte spielen indessen für die Frage, ob die Adoption dem Wohl des Kindes dient, eine nicht unerhebliche Rolle. Die Empfehlungen zur Adoptionsvermittlung (3. Aufl 1994) sehen zB unter 3.3211 vor, daß Säuglinge idR nicht Bewerbern über 35–40 Jahre vermittelt werden sollen. Gegen eine Adoption kann im Einzelfall auch sprechen, daß die Annehmenden erkennbar auf eigene Kinder, seien es vorhandene oder gewünschte, fixiert sind und die Adoption in erster Linie dazu dienen soll, über den **Verlust eines eigenen Kindes** hinwegzukommen oder einem vorhandenen leibl Kind zu einem **Spielgefährten** zu verhelfen (Binschus ZfF 1976, 193, 194). Abzulehnen ist eine Adoption auch dann, wenn sie dazu beitragen soll, eine **Ehekrise** zu bewältigen (Binschus ZfF 1976, 193, 194).

Umstritten ist, ob die Adoption eines Kindes, das „auf Bestellung" durch Wunsch- **19** eltern von einer **Leih- oder Ersatzmutter** zur Welt gebracht wurde, dem Wohl des Kindes dient, wenn die Adoptionsbewerber die „Besteller" sind. Durch das KindRG v 1997 wurde die schon nach altem Recht lebhaft diskutierte Frage verschärft, weil nach Abs 1 S 2 eine Adoption durch die „Besteller" nunmehr voraussetzt, daß die Adoption zum Wohl des Kindes *erforderlich* ist, also nicht lediglich dem Wohl des Kindes *dient.* Näheres dazu Rn 35.

Der **Gesundheitszustand des Annehmenden** muß erwarten lassen, daß er das Kind auf **20** Dauer selbst pflegen kann (KG OLGZ 1991, 406, 409 = FamRZ 1991, 1101, 1102 = DAVorm 1991, 490, 492; LG Berlin FamRZ 1989, 427 = ZfJ 1989, 142; LG Berlin FamRZ 1978, 148, 149). Aus diesem Grund steht auch eine HIV-Trägerschaft des Annehmenden einer Adoption idR entgegen (LG Berlin FamRZ 1989, 427 = ZfJ 1989, 142; Bruns MDR 1989, 297, 299 f; Kallabis ZfJ 1988, 53, 55 ff; Tiedemann NJW 1988, 729, 736 f). Deshalb kann vom Annehmenden im Adoptionsverfahren als Grundlage für eine zuverlässige Prognose hinsichtl des Wohls des Kindes auch die **Vorlage eines AIDS-Tests** verlangt werden (KG OLGZ 1991, 406 = FamRZ 1991, 1101 = DAVorm 1991, 490; LG Berlin FamRZ 1989, 427 = ZfJ 1989, 142). Eine Weigerung des Adoptionsbewerbers rechtfertigt zwar nicht automatisch die Zurückweisung des Adoptionsantrages, jedoch ist ein solches Verhalten in die Gesamtbeurteilung einzubeziehen (KG OLGZ 1991, 406, 409 = FamRZ 1991, 1101, 1102 = DAVorm 1991, 490, 492; KG OLGZ 1978, 257, 259 = DAVorm 1978, 788, 792 unter Aufhebung v LG Berlin FamRZ 1978, 148).

21 **Konfession, Weltanschauung und politische Einstellung** des Annehmenden sind grds unbeachtlich. Zur Adoption von Kindern durch Mitglieder einer Jugendsekte vgl SCHOLZ DRiZ 1993, 148, 151. Bei der Adoption älterer Kinder, die schon eine geistige, religiöse oder weltanschauliche Prägung erfahren haben, spricht indessen das Kontinuitätsinteresse dafür, daß die Adoptionsbewerber ihm eine entsprechende Umgebung bieten können (MünchKomm/MAURER Rn 10). Aus demselben Grund sollte bei einem älteren Kind der Annehmende idR einem **gesellschaftlichen Milieu** angehören, das dem vergleichbar ist, in dem das Kind vorher großgeworden ist (Münch-Komm/MAURER Rn 12).

c) **Der Sonderfall der Verwandtenadoption**

22 Besondere Probleme wirft neben der Stiefkindadoption (vgl Rn 41 ff) die Verwandtenadoption auf (ausf dazu FRANK 126 ff; auch GERNHUBER/COESTER-WALTJEN § 68 III 8; LÜDERITZ Rn 1009; MünchKomm/MAURER Rn 17). Sie wird im Ges bei den Voraussetzungen der Adoption nicht erwähnt, wohl aber bei deren Wirkungen (§ 1756 Abs 1). Der Umstand, daß der Gesetzgeber es für richtig hielt, bei der **Annahme durch Verwandte zweiten oder dritten Grades,** also durch Großeltern, Geschwister, Onkel, Tante, die Adoptionswirkungen besonders zu regeln, macht deutlich, daß er der Annahme eines Kindes durch nahe Verwandte nicht gerade abl gegenüberstand. Die Rspr hat sich schon des öfteren mit der Verwandtenadoption befaßt*, diese aber aus Gründen des Kindeswohls nur selten abgelehnt (so betr die **Großelternadoption** BayObLG FamRZ 1997, 839 = Rpfleger 1997, 214 = ZfJ 1997, 146; OLG Oldenburg NJW-RR 1996, 709 = FamRZ 1996, 895 = JuS 1996, 1033 m Anm HOHLOCH; OLG Hamm FamRZ 1968, 110; OLG Celle ZBlJugR 1967, 257 = NdsRpfl 1966, 149; AG Hannover FamRZ 1966, 45 = DAVorm 1966, 70; betr die **Adoption durch den Onkel** OLG Bremen Rpfleger 1973, 430 = DAVorm 1974, 472).

23 Die Verwandtenadoption begründet künstliche Rechtsbeziehungen auf dem Boden natürlicher Verwandtschaftsverhältnisse. Die **Umwandlung natürlicher Verwandtschaftsverhältnisse** führt oft zu einem unerträglichen **Verwirrspiel** für das angenommene Kind. Bei der Reform v 1976 wurde dieses Problem zwar gesehen, durch die mißglückte Regelung des § 1756 Abs 1 aber nicht gelöst (Näheres § 1756 Rn 1–4 u 9–25). Erfolgt die Verwandtenadoption zu Lebzeiten der leibl Eltern, so ist eine sichere Prognose darüber, ob der persönliche Kontakt der Eltern mit dem Kind oder mit nahen Verwandten auch wirklich definitiv beendet wird, kaum möglich. Zwar ist der Abbruch personaler Beziehungen keine Adoptionsvoraussetzung, aber es ist offenkundig, daß eine Familiengemeinschaft, in der die leibl Eltern auch nach der Adoption ihres Kindes tatsächlich dessen Entwicklung mitverfolgen, ohne rechtl irgendwelche Einflußmöglichkeiten auf die Erziehung zu besitzen, in hohem Maße **konfliktgefährdet** ist. Die Empfehlungen zur Adoptionsvermittlung (3. Aufl 1994) stehen

---

* BVerfGE 24, 119, 126 = NJW 1968, 2233 = FamRZ 1968, 578, 580 u OLG Stuttgart FamRZ 1964, 51 (Vorlagebeschluß); BVerwG FamRZ 1969, 488; BayObLGZ 15, 543 = SeuffA 70 Nr 110 = Recht 1915 Nr 208; BayObLGZ 1965, 313 = FamRZ 1965, 525; BayObLG DAVorm 1979, 616; BayObLG FamRZ 1997, 839 = Rpfleger 1997, 214 = ZfJ 1997, 146; OLG Celle ZBlJugR 1967, 257 = NdsRpfl 1966, 149; OLG Hamm FamRZ 1968, 110; OLG Frankfurt FamRZ 1971, 322; OLG Bremen Rpfleger 1973, 430 = DAVorm 1974, 472; OLG Oldenburg NJW-RR 1996, 709 = FamRZ 1996, 895 = JuS 1996, 1033 m Anm HOHLOCH; LG Bad Kreuznach StAZ 1985, 167; AG Freiburg DRZ 1949, 261; AG Hannover FamRZ 1966, 45 = DAVorm 1966, 70; AG Cuxhaven FamRZ 1976, 241.

deshalb auch der Annahme durch Verwandte mit Vorbehalten gegenüber (unter 3. 43). Wenn die Bereitschaft zur Übernahme elterl Verantwortung auf **verwandtschaftl Solidarität** beruht, sollte auch die Herstellung eines künstlichen Verwandtschaftsverhältnisses auf Ausnahmefälle beschränkt bleiben (vgl auch Oberloskamp ZBlJugR 1980, 581, 586). **Ausländische Rechtsordnungen** verbieten zT ausdrücklich die Adoption durch Großeltern und Geschwister (*Albanien* Art 50 FGB; *Bulgarien* Art 52 Familienkodex; *Kroatien* Art 140 Abs 1 Ges über die Ehe und die Familienbeziehungen; *Serbien* Art 158 Abs 1 Ges über die Ehe und die Familienbeziehungen; *Spanien* Art 175 Abs 3 Cc). Die *Niederlande* untersagen nur die Großelternadoption (Art 228 Abs 1 b BW), *Rumänien* nur die Geschwisteradoption (Art 3 Abs 1 Dringlichkeitsanordnung zur Regelung der Adoption v 1997). Für die ehemalige *DDR* hatte § 46 Abs 2 FGB als Adoptionsalternative ausdrücklich die Übertragung des „Erziehungsrechts" auf die Großeltern oder einen Großelternteil vorgesehen.

Auch ohne ausdrückliches gesetzl Verbot sollten **Enkel oder Geschwister** nicht als **24** Kind angenommen werden (vgl außer den Rspr-Hinw in Rn 22 Hillenkamp ZBlJugR 1953, 14; DIV-Gutachten ZfJ 1997, 222 u ZBlJugR 1983, 420). Die Bedenken gegen eine Verwandtenadoption werden allerdings geringer, je weiter sich die Verwandtschaft zwischen Kind und Annehmendem entfernt. Trotzdem wäre es verfehlt, etwa eine **Adoption durch Onkel oder Tante** a priori als *besonders* wünschenswert anzusehen.

2. Eltern-Kind-Verhältnis

Schon bei Inkrafttreten des BGB war unstreitig, daß das Ziel der Adoption darin **25** besteht, nicht nur rechtlich, sondern auch tatsächlich ein Eltern-Kind-Verhältnis herzustellen. Ausdrücklich wurde eine entsprechende Bestimmung jedoch erst durch das Ges gegen Mißbräuche bei der Eheschließung und der Annahme an Kindes Statt v 23. 11. 1933 (RGBl I 979) in das BGB (§ 1754 Abs 2 Nr 2 aF) eingefügt (Näheres Staudinger/Engler[10/11] § 1754 Rn 4 ff). § 1741 Abs 1 S 1 verlangt heute die **Überzeugung** des Gerichts davon, daß ein Eltern-Kind-Verhältnis hergestellt wird, während nach § 1754 Abs 2 Nr 2 aF die Bestätigung nur versagt werden durfte, wenn „**begründete Zweifel**" daran bestanden, daß durch die Annahme ein dem Eltern-Kind-Verhältnis entsprechendes Familienband hergestellt werden sollte. Zu den sich daraus ergebenden – geringen – Unterschieden vgl oben Rn 7 u § 1767 Rn 2. Diese Unterschiede ändern jedoch nichts daran, daß zur Klärung der Frage, was unter einem Eltern-Kind-Verhältnis zu verstehen ist, auch Rspr u Lit aus der Zeit vor Inkrafttreten des AdoptG 1976 herangezogen werden können (vgl dazu Staudinger/Engler[10/11] § 1754 Rn 33 ff).

Der **Begriff** des Eltern-Kind-Verhältnisses hat die Rspr seit jeher in besonderem **26** Maße bei der Volljährigenadoption beschäftigt, für die § 1741 Abs 1 S 1 wegen der Verweisung in § 1767 Abs 2 ebenfalls maßgebend ist. Ausf dazu bei § 1767 Rn 14 ff. Bei der Minderjährigenadoption hat die selbständige Adoptionsvoraussetzung der Erwartung, daß zwischen dem Annehmenden und dem Kind ein Eltern-Kind-Verhältnis entsteht, nie eine besondere Rolle gespielt. Das liegt zum einen daran, daß eine Adoption, die diesen Voraussetzungen nicht genügt, auch nicht dem Wohl des Kindes dienen würde. Zum andern schließt die Adoptionspflege (§ 1744) bei Minderjährigen praktisch aus, daß diese als Kind angenommen werden, obwohl noch Zweifel bestehen, ob ein Eltern-Kind-Verhältnis entstehen wird.

27 Bei der Frage, ob in concreto ein Eltern-Kind-Verhältnis bereits besteht oder zu erwarten ist, daß es entstehen wird, ist allein **darauf abzuheben, ob der Annehmende die Elternrolle übernimmt,** also Aufgaben wahrnimmt, die normalerweise den natürlichen Eltern eines Kindes obliegen. Ist der Altersabstand zwischen Annehmendem und Kind sehr gering oder bedenklich groß (vgl insoweit zur Volljährigenadoption § 1767 Rn 16), dann entscheidet das Wohl des Kindes, ob dem Annahmeantrag stattzugeben ist oder nicht.

28 Schwierigkeiten haben in der Praxis gelegentlich Fälle bereitet, bei denen bereits bestehende natürliche Verwandtschaft durch künstliche ersetzt werden sollte. So wurde mehrmals die Adoption eines Kindes durch seine **Großeltern** abgelehnt, weil wegen des fortbestehenden Kontaktes zwischen Kind und Mutter Zweifel an der Entstehung eines echten Eltern-Kind-Verhältnisses bestanden (OLG Oldenburg NJW-RR 1996, 709 = FamRZ 1996, 895 = JuS 1996, 1033 m Anm HOHLOCH; OLG Hamm FamRZ 1968, 110; OLG Celle ZBlJugR 1967, 257 = NdsRpfl 1966, 149; AG Hannover FamRZ 1966, 45 = DAVorm 1966, 70). Wenn die Großeltern indessen das Kind tatsächlich betreuen und damit faktisch die Elternrolle übernehmen, sollte man die Adoption nicht deshalb scheitern lassen, weil es an einem Eltern-Kind-Verhältnis fehlt, sondern weil eine solche Adoption nicht dem Wohl des Kindes dient (dazu oben Rn 23). Entsprechendes kann bei der geplanten Annahme eines Kindes durch seinen **Onkel** gelten (OLG Bremen Rpfleger 1973, 430 = DAVorm 1974, 472). Eine **gemeinsame Adoption von Mutter und Tochter** mit der Folge, daß zu beiden ein Eltern-Kind-Verhältnis entsteht, ist abzulehnen, weil sie dem Wohl des Kindes widerspricht. Auf die begründeten Zweifel, ob zu Mutter *und* Tochter tatsächlich ein Eltern-Kind-Verhältnis hergestellt werden soll und kann, kommt es nicht entscheidend an (vgl aber OLG Frankfurt FamRZ 1982, 848).

3.   Die Sonderregelung des Abs 1 S 2

29 Die Regelung des Abs 1 S 2 wurde durch das KindRG v 1997 neu an Abs 1 S 1 angefügt. Sie soll dem **Kinderhandel** und vergleichbaren Praktiken präventiv entgegenwirken. Die Annahme eines Kindes durch eine Person, die an solchen Praktiken mitgewirkt hat, darf danach nur dann ausgesprochen werden, wenn die Annahme des Kindes gerade durch diese Person zum Wohl des Kindes erforderlich ist; daß die Annahme dem Wohl des Kindes dient (so Abs 1 S 1), reicht nicht aus (krit BALTZ NDV 1997, 341, 344). Die Regelung bezweckt eine **Erschwerung der Annahme.** Sie wirkt dem Anreiz entgegen, der in der Aussicht liegt, eine auf gesetzes- oder sittenwidrige Weise angebahnte Adoption schließlich doch rechtlich verwirklichen zu können. Andererseits berücksichtigt die Regelung aber auch die Erfordernisse des Kindeswohls. Diese können es im Einzelfall gebieten, der tatsächlichen Verbundenheit, die sich zwischen dem Annahmewilligen und dem unter seiner Mitwirkung auf gesetzes- oder sittenwidrige Weise „vermittelten" Kind entwickelt und im Laufe der Zeit verstärkt hat, maßgebliche Beachtung zu schenken und eine Annahme des Kindes auch durch diesen Annahmewilligen zuzulassen (BT-Drucks 13/8511, 75).

30 Der Begriff der **Vermittlung zum Zwecke der Annahme** entspricht der Legaldefinition in § 1 AdoptVermG. Gesetzeswidrig ist die Adoptionsvermittlung, wenn sie nicht durch eine der nach § 5 Abs 1 AdoptVermG autorisierten Vermittlungsstellen erfolgt. Eines besonderen Hinweises auf „sittenwidrige" Vermittlungen zum Zwecke der Annahme hätte es für reine Inlandsfälle nicht bedurft. Sittenwidrig kann eine Vermittlung nach Abs 1 S 2 jedoch auch dann sein, wenn sie den gesetzlichen Vorschriften eines fremden Staates, in denen die Vermittlung erfolgt, nicht widerspricht. So ist eine Vermittlung im Ausland beispielsweise sittenwidrig, wenn dem Ehemann eines adoptionswilligen deutschen Ehepaares nahegelegt wird, wahrheitswidrig die Vaterschaft für ein Kind, das er nicht gezeugt hat, anzuerkennen, um später in Deutschland das Endziel einer gemeinsamen Elternschaft durch eine ergänzende (Stiefmutter-)Adoption gem § 1741 Abs 2 S 3 herbeiführen zu können (vgl § 5 Abs 4 AdoptVermG; DIV-Gutachten ZfJ 1997, 220).

Die **Verbringung** eines Kindes zum Zwecke der Annahme kann, muß aber nicht **31** notwendigerweise Teilakt einer konkreten Adoptionsvermittlung sein. Anders als in § 236 Abs 2 StGB kann die Verbringung eines Kindes zum Zwecke der Annahme auch dann gesetzes- oder sittenwidrig sein, wenn das Kind nicht vom Ausland ins Inland, sondern im Inland von einem Ort an einen anderen verbracht wird (Münch-Komm/MAURER Rn 21).

Der Annehmende muß an der gesetzes- oder sittenwidrigen Vermittlung oder Ver- **32** bringung des Kindes zum Zwecke der Adoption **mitgewirkt** oder einen Dritten damit **beauftragt** oder hierfür **belohnt** haben. Bloße Kenntnis reicht nicht aus, was im Falle einer späteren ergänzenden Stiefvater- oder Stiefmutteradoption von Bedeutung sein kann.

Erfolgt die **Adoptionsvermittlung im Ausland,** so kann die Frage, ob diese gesetzes- **33** widrig ist oder nicht, nur nach ausländischem Recht beurteilt werden. Allerdings wird man § 1741 Abs 1 S 2 vernünftigerweise in dem Sinne interpretieren müssen, daß diese Bestimmung nach dem Willen des Gesetzgebers auch dann Anwendung findet, wenn die Adoptionsvermittlung unter Verstoß gegen gesetzliche Vorschriften eines fremden Staates erfolgt. Für den Ausspruch der Annahme im Inland ist deshalb in einem solchen Fall § 1741 Abs 1 S 2 (nicht: § 1741 Abs 1 S 1) maßgebend (Münch-Komm/MAURER Rn 23; ERMAN/HOLZHAUER Rn 20; aA PALANDT/DIEDERICHSEN Rn 6).

Unter Abs 1 S 2 fällt auch die **Vermittlung einer Ersatzmutter** (§§ 13 a–d Adopt- **34** VermG) und das Verbringen eines Kindes von der Ersatzmutter zu den Bestelleltern zum Zwecke der Adoption. Zur Strafbarkeit der künstlichen Befruchtung und der Übertragung eines Embryo auf die Ersatzmutter vgl § 1 Abs 1 Nr 7 Embryonenschutzgesetz.

Unter der Herrschaft des alten Rechts (vor dem KindRG v 1997) war streitig, ob die **35** Adoption eines Kindes, das von einer Ersatzmutter geboren wurde, überhaupt dem Wohl des Kindes dienen kann. Richtigerweise war und ist diese Frage zu bejahen (AG Gütersloh FamRZ 1986, 718; COESTER-WALTJEN, Verh 46. DJT [1986] Bd 1 S B 87 f mNw; ERMAN/HOLZHAUER Rn 16), und zwar ohne Rücksicht darauf, ob das Wunschkind vom Bestellvater, möglicherweise sogar von der Bestellmutter genetisch abstammt oder nicht (aA MANSEES ZfJ 1986, 496, 498 f). Nach der Einfügung von Abs 1 S 2 durch das KindRG v 1997 ist die Adoption eines von einer Ersatzmutter geborenen Kindes durch die Bestelleltern zwar weiterhin möglich, setzt aber voraus, daß die Annahme zum Wohl des Kindes erforderlich ist (SOERGEL/LIERMANN Rn 20).

IV. Der Personenkreis der Annehmenden

1. Annahme durch ein Ehepaar (Abs 2 S 2)

36 Die gemeinsame Annahme durch ein Ehepaar war seit jeher der Regelfall der Adoption (Näheres STAUDINGER/ENGLER[10/11] § 1749 Rn 1 ff). Daß eine gemeinschaftliche Annahme nur durch Ehegatten möglich ist, bringt Abs 2 S 1 idF des KindRG v 1997 negativ mit der Feststellung zum Ausdruck, daß Personen, die nicht verheiratet sind, ein Kind „nur allein" annehmen können (vgl BT-Drucks 13/4899, 111). Es sind somit keine Zweifel daran möglich, daß de lege lata nur **Eheleute** gemeinschaftlich ein Kind adoptieren können. Selbstverständlich ist eine solche Regelung heute nicht mehr. Es gibt durchaus Rechtsordnungen, die eine gemeinsame Annahme durch **Partner einer nichtehel Lebensgemeinschaft** erlauben, so zB die Niederlande (Art 227 BW) und Spanien, das in der dritten Zusatzbestimmung des Ges 21/1987 v 11.11.1987 betr Art 175 Cc vorsieht, daß „die Bezugnahme des Gesetzes auf die Fähigkeit der Ehegatten, gemeinsam einen Minderjährigen zu adoptieren, auch auf den Mann und die Frau anwendbar sind, welche ein Paar bilden, das dauerhaft und effektiv entsprechend einem Ehepaar miteinander verbunden ist". Auch die Möglichkeit einer gemeinsamen Adoption durch **Partner einer gleichgeschlechtlichen Lebensgemeinschaft** wird diskutiert (GesE Niederlande). Aus Abs 2 S 1 folgt auch, daß eine gemeinsame **Annahme durch Geschwister** ausgeschlossen ist (LG Bad Kreuznach StAZ 1985, 167). Sollte entgegen der gesetzl Regelung dennoch eine gemeinschaftliche Annahme durch Nichtverheiratete erfolgen, so wäre diese nichtig (Näheres § 1759 Rn 6).

2. Annahme durch einen Ehegatten allein (Abs 2 S 4)

37 Abs 2 S 4 erlaubt die ansonsten grundsätzlich verbotene Adoption durch einen Ehegatten allein (Wortlaut von Abs 2 S 2) ausnahmsweise dann, wenn der andere Ehegatte geschäftsunfähig ist oder das einundzwanzigste Lebensjahr noch nicht vollendet hat. Die Adoption durch einen Ehegatten allein war schon vor dem KindRG v 1997 bei Geschäftsunfähigkeit des anderen Ehegatten möglich (§ 1741 Abs 2 S 3 aF). Wenig sinnvoll erscheint es aber, eine Ausnahme vom Prinzip der gemeinschaftlichen Adoption ausgerechnet für den Fall zu befürworten, daß der Ehegatte des Adoptierenden nach § 1743 S 2 für eine gemeinschaftliche Adoption zu jung ist.

38 Wie die amtliche Begründung des Regierungsentwurfs (BT-Drucks 13/4899, 111) deutlich macht, glaubte der Gesetzgeber von 1997, bereits nach altem Recht sei eine Einzeladoption möglich gewesen, wenn der Ehepartner des Adoptierenden das sechzehnte, nicht aber das achtzehnte Lebensjahr vollendet hatte. Diese irrige Ausgangsüberlegung wurde formal mit einem Hinweis auf § 1741 Abs 2 S 3 aF begründet, wo es in der Tat hieß, eine Einzeladoption sei auch dann möglich, wenn der Ehegatte des Adoptierenden ein Kind nicht annehmen könne, „weil er in der Geschäftsfähigkeit beschränkt ist". Gedacht war bei dieser Regelung an volljährige Ehegatten, die das erforderliche Mindestalter für eine Adoption erreicht hatten, aber wegen beschränkter Geschäftsfähigkeit an einer Adoption gehindert waren. Mit Inkrafttreten des Betreuungsgesetzes am 1.1.1992 hätte deshalb der Hinweis auf den beschränkt geschäftsfähigen Ehegatten ersatzlos gestrichen werden müssen, was übersehen wurde (vgl STAUDINGER/FRANK[12] Rn 31; GERNHUBER/COESTER-WALTJEN § 68 III 4).

Wenn allerdings der Gesetzgeber schon dem Irrtum unterliegt, das alte Recht hätte **39** eine ausdrückliche Sonderregelung für den Fall vorgesehen, daß der Ehegatte des Adoptierenden noch minderjährig war, dann hätte es nahegelegen, diese wenig sinnvolle Vorschrift abzuschaffen, anstatt sie auf die Altersgruppe der achtzehn- bis einundzwanzigjährigen auszudehnen, dh Einzeladoptionen auch dann zu gestatten, wenn der Ehegatte wegen zu geringen Alters an einer Mitadoption gehindert ist (aA ERMAN/HOLZHAUER Rn 28). Schließlich wird von dem noch nicht einundzwanzig Jahre alten Ehegatten, den das Gesetz als zu jung für eine Adoption ansieht, anders als von einem geschäftsunfähigen Ehegatten erwartet, daß er faktisch Mitverantwortung trägt, und das nicht nur bis zum einundzwanzigsten Lebensjahr.

Für andere als die in Abs 2 S 4 genannten Fälle hat der Gesetzgeber eine Ausnahme **40** nicht zugelassen, so insbes nicht für den Fall, daß der allein adoptierende Ehegatte von seinem Partner **auf Dauer getrennt lebt** (OLG Hamm NJW-RR 1999, 1377 = FamRZ 2000, 257 = MDR 1999, 1001), wobei der nicht adoptierende Ehegatte durchaus durch das Einwilligungserfordernis nach § 1749 geschützt wäre (anders insoweit das *schweizerische* Recht, Art 264 b Abs 2 ZGB, bei mehr als dreijährigem Getrenntleben oder falls der Ehegatte seit mehr als 2 Jahren unbekannten Aufenthalts ist). Auch für den Sonderfall der Rückadoption des eigenen Kindes nach dem Tod der Adoptiveltern (vgl § 1742 Rn 11) durch nur einen, aber mit einem Dritten verheirateten Elternteil gilt der Grundsatz der gemeinschaftlichen Annahme uneingeschränkt (vgl dazu die allerdings recht spezielle Fallkonstellation AG Starnberg FamRZ 1995, 827 m Anm LIERMANN S 1229). Die nach Inkrafttreten des AdoptG v 1976 diskutierte Frage, ob der heutige Abs 2 S 4 entsprechend anzuwenden ist, wenn der ausländische Ehegatte zwar mitadoptieren will, es aber nach seinem Heimatrecht nicht kann (KG OLGZ 1981, 37 = Rpfleger 1980, 281), ist durch das **IPRG v 1986** weitgehend gegenstandslos geworden; denn nach Art 22 S 2 EGBGB bestimmt sich die Annahme als Kind nach dem Ehewirkungsstatut und damit nach einer einheitlichen, für beide Ehegatten maßgebenden Rechtsordnung. In Ausnahmefällen kann sich das Problem allerdings auch heute noch stellen, wenn nämlich das an sich maßgebende ausländische Adoptionsstatut bezüglich eines der beiden Ehegatten auf das deutsche Recht zurückverweist (vgl LG Hamburg FamRZ 1999, 253).

3. Stiefkindadoption (Abs 2 S 3)

Wenn es in Abs 2 S 3 heißt, daß ein Ehegatte das Kind seines Ehegatten „allein" **41** annehmen kann, so erweckt diese Formulierung den Eindruck, als würden nach der Annahme nur Rechtsbeziehungen zwischen dem Kind und dem Annehmenden (sowie dessen Verwandten) bestehen. § 1754 Abs 1 S 1 stellt indessen klar, daß bei einer Adoption durch den Stiefvater oder die Stiefmutter die Rechtsbeziehungen zwischen dem Kind und dem mit dem Stiefelternteil verheirateten leiblichen Elternteil nicht etwa erlöschen, sondern das Kind infolge der Adoption die rechtliche Stellung eines gemeinschaftlichen Kindes der Ehegatten erlangt. Die Alleinadoption durch einen Ehegatten nach Abs 2 S 3 unterscheidet sich also in ihren Wirkungen grundlegend von der Alleinadoption durch einen Ehegatten nach Abs 2 S 4.

a) Problematik der Stiefkindadoption

Bedingt durch die hohen Scheidungszahlen sind heute mehr als die Hälfte aller **42** Adoptionen Stiefkindadoptionen (Statistik Vorbem 28 zu §§ 1741 ff). Da es bei der Stiefkindadoption darum geht, eine de facto bereits existierende familiäre Beziehung in eine Form zu kleiden, die dem Wunschbild der Beteiligten am meisten entspricht, wird dieser Typ von Adoption oft als besonders wünschenswert und vorteilhaft für das Kind angesehen. Im BGB kommt das ua darin zum Ausdruck, daß die Annahme eines Stiefkindes bereits mit Vollendung des 21. (und nicht erst des 25.) Lebensjahres möglich ist (§ 1743 S 1 HS 2). **Stiefkindadoptionen sind indessen erheblich problematischer, als gemeinhin angenommen wird** (ausf dazu FRANK 21–110; Empfehlungen zur Adoptionsvermittlung [3. Aufl 1994] unter 3.43). Zentrales Anliegen der Beteiligten ist oft der **Wunsch,** und zwar nicht einmal so sehr des Stiefelternteils als vor allem des mit diesem verheirateten leibl Elternteils, mit Hilfe der Adoption **den außerhalb der Stiefehe lebenden leibl Elternteil** (im allg den Vater) ein für allemal „aus dem Felde zu schlagen". Da der außerhalb der Stiefehe lebende Vater des ehel Kindes oft sein Interesse am Kind nur dadurch bekunden kann, daß er pünktlich Unterhalt bezahlt und sein Umgangsrecht wahrnimmt, ist eine Ersetzung der von ihm verweigerten Einwilligung in die Adoption in aller Regel problematisch (Näheres § 1748 Rn 44). Außerdem ändert sich durch die Adoption nichts an der Tatsache, daß das Kind weiterhin in der Stieffamilie aufwächst.

43 In der **Literatur zur Stiefkindproblematik*** besteht Einmütigkeit darüber, daß die Beziehung der Kinder zu beiden Elternteilen für das Funktionieren der Stieffamilie unabdingbar ist: „Die Bestrebungen der sorgeberechtigten Eltern gehen oft dahin, den außenstehenden Elternteil möglichst ganz hinauszudrängen aus dem Verbund Eltern-Kinder. Es ist aber nur scheinbar paradox, daß gerade die Stieffamilien ‚funktionieren', die zum außenstehenden Elternteil möglichst intensiven und guten Kontakt halten." (SCHEIB 14). Ein Radikalschnitt, wie ihn die Adoption darstellt, gleicht zwar rechtl eine Stieffamilie der „Normalfamilie" an, löst aber deren spezifische Probleme nicht.

44 Stiefkindadoptionen sind oftmals auch aus einem anderen Grund gefährlich: Wer sein Stiefkind adoptiert, übernimmt **lebenslange elterl Verantwortung ohne Rücksicht auf den Bestand der Stiefehe.** Der Stiefelternteil bleibt also insbes auch nach dem Scheitern der Stiefehe zum Unterhalt verpflichtet, und auch am gesetzl Pflichtteils-

---

* BERNSTEIN, Deine, meine, unsere Kinder: die Patchwork-Familie als gelingendes Miteinander (1993); EWERING, Stieffamilien: Schwierigkeiten und Chancen (1996); FRIEDL, Stieffamilien (1988); FRIEDL/MAIER-AICHEN, Leben in Stieffamilien. Erfahrungen von Eltern und Kindern mit neuen Familienbeziehungen (1991); FRITSCH/SANDERS, Hau ab, du bist nicht meine Mutter (1987); FURSTENBERG/CHERLIN, Geteilte Familien (1993); GEISSLER/BERGMANN, Unsere neue Familie. Dilemma und Chance der Stieffamilie (1989); GIESECKE, Die Zweitfamilie. Leben mit Stiefkindern und Stiefvätern (1987); HORSTMANN (Hrsg), Stieffamilie, Zweitfamilie: Reflexionen über einen an gesellschaftl Bedeutung zunehmenden Familientypus (1994); KRÄ-

HENBÜHL ua, Stieffamilien, Struktur-Entwicklung-Therapie (4. Aufl 1994); MOINET, Meine Kinder, deine Kinder, unsere Kinder (1987); PERKINS/KAHAN, Ein empirischer Vergleich der Familiensysteme mit leiblichen Vätern und Stiefvätern, Familiendynamik 7 (1982) 354 ff; RITZENFELD, Kinder mit Stiefvätern: Familienbeziehungen und Familienstruktur in Stiefvaterfamilien (1998); SCHEIB, Der zweite Anlauf zum Glück, Risiko und Chance der Stieffamilie (1987); VISHER/VISHER, Stiefeltern, Stiefkinder und ihre Familien (1987); WALPER (Hrsg), Was wird aus unseren Kindern?: Chancen und Risiken für die Entwicklung von Kindern aus Trennungs- und Stieffamilien (1999).

anspruch der Stiefkinder ändert eine eventuelle Scheidung nichts. Obwohl diese Rechtsfolge dem Annehmenden von vornherein bekannt ist, dürfte sie doch nur selten von ihm ernstlich gewollt sein. Das beweisen schon die zahlreichen Entscheidungen, in denen Stiefväter oder Stiefmütter versuchen, eine Adoption nach der Ehescheidung wieder rückgängig zu machen (BGH NJW 1971, 428 = MDR 1971, 201 = FamRZ 1971, 89; BayObLG FamRZ 2000, 768; BayObLG FamRZ 1995, 1210; BayObLGZ 1979, 386 = MDR 1980, 314 = FamRZ 1980, 498; BayObLGZ 1968, 142 = NJW 1968, 1528 = FamRZ 1968, 485; OLG Düsseldorf FamRZ 1998, 1196 = ZfJ 1998, 39; OLG Karlsruhe FamRZ 1996, 434 = StAZ 1996, 18; OLG Karlsruhe FamRZ 1960, 292; OLG Hamm NJW 1965, 2307 = DAVorm 1966, 6 betr wissentlich falsche Vaterschaftsanerkennung). Stiefkinder werden eben, das hat vor allem IRIS GOODACRE (Adoption Policy and Practice [London 1966] 142 ff) nachgewiesen, **dem Ehepartner, in der Regel der Mutter, zuliebe** adoptiert. Oftmals wird die Adoption des Kindes sogar zur Bedingung der Eheschließung gemacht. Eine eventuelle Scheidung, die erst den eigentlichen Selbstwert der Adoption gegenüber dem bloßen Stiefkindverhältnis hervorkehrt, wird nicht bedacht, oder es wird aus Takt nicht darüber gesprochen.

Die oftmals fragwürdige, zur Annahme von Stiefkindern führende Motivation der **45** Beteiligten legt eine weitere Überlegung nahe: **Stiefkindverhältnisse zählen zu den schwierigsten pädagogischen Situationen** (LitAngaben oben Rn 43). Psychologische Studien von HÖNIG (Z f Kinderforschung 1929, 187), KÜHN (Psychologische Untersuchungen über das Stiefmutterproblem, Beiheft 45 zur Z f angewandte Psychologie 1929), RÜHLE-GERSTEL (Das Stiefkind [1927]) und STERN (Z f Kinderforschung 1928, 144) haben schon in den Dreißigerjahren klargemacht, daß nicht nur der Stiefelternteil, sondern häufig auch der leibl Elternteil sowie das Kind selbst in der neuen Familiengemeinschaft „situativ überfordert" sind (so ECKSTEIN, Pädagogische Situationen im Lichte der Erziehungsberatung [1962]). Da die Stieffamilie von ihrem Ursprung her eine Zwangsgemeinschaft darstellt, wird das Eltern-Kind-Verhältnis trotz (teils sogar gerade wegen) des Bestrebens aller Beteiligten, „es ja recht zu machen", oft außerordentlich kompliziert, eine Situation, die sich in gehemmter Unsicherheit, übergroßer Zärtlichkeit, distanzierter Zurückhaltung oder tyrannischem Verhalten der Familienmitglieder ausdrückt. Vor allem der leibl Elternteil wird nicht selten das Verhalten des Stiefelternteils gegenüber dem Kind mit besonderem Mißtrauen verfolgen und so ungewollt zur Verschärfung potentieller Spannungen beitragen. Schließlich wird auch das Stiefkind selbst, soweit es den durch den Stiefelternteil verdrängten leibl Elternteil bereits bewußt erfahren hat, nur zögernd bereit sein, Stiefvater oder Stiefmutter als einen „Zusatzmenschen" und nicht als einen „Ersatzmenschen" zu begreifen (RÜHLE-GERSTEL 12). Stiefkindverhältnisse sollten deshalb nicht ohne Not durch Adoptionen überlagert und rechtlich „zementiert" werden. Die Empfehlungen der Bundesarbeitsgemeinschaft der Landesjugendämter zur Adoptionsvermittlung ([3. Aufl 1994] unter 3.43) weisen deshalb auch zu Recht auf die besonderen Gefahren einer Stiefkindadoption hin (vgl auch PAULITZ ZfJ 1997, 311 ff). – Zur **Rückadoption** des eigenen Kindes nach dem Scheitern der Stiefehe und Wiederheirat der leibl Eltern vgl AG Kerpen FamRZ 1989, 431.

Dennoch würde ein gänzliches Verbot der Stiefkindadoption der Vielfalt denkbarer **46** Lebensverhältnisse nicht gerecht. Eine verbesserte **gesetzl Regelung des Stiefkindverhältnisses** könnte jedoch die Stiefkindadoption weitgehend überflüssig machen (ausf FRANK 21–110; CONRADI FamRZ 1980, 103). **Namensrechtl Interessen** des Stiefkindes werden seit dem KindRG v 1997 erstmals angemessen geschützt. Während nach altem Recht nur nichteheliche Stiefkinder einbenannt werden konnten (§ 1618 aF), eheliche aber auf das (schwerfällige) öffentlichrechtliche Namensänderungsverfahren angewiesen waren (§ 3 NÄG), können nach der Neuregelung von § 1618 S 1 „der Elternteil, dem die elterliche Sorge für ein unverheiratetes Kind allein zusteht, und sein Ehegatte, der nicht Elternteil des Kindes ist, dem Kind durch Erklärung gegenüber dem Standesbeamten ihren Ehenamen erteilen". Die Einbenennung ist heute also ohne Rücksicht darauf möglich, ob das Kind ehelich oder nichtehelich geboren wurde, setzt allerdings – wie die Adoption auch – die Einwilligung des anderen Elternteils voraus, dessen Namen das Kind führt (§ 1618 S 3). Die Einwilligung kann gerichtlich ersetzt werden, wenn die Einbenennung „zum Wohl des Kindes erforderlich ist" (§ 1618 S 4). Problematisch bleibt, daß das geltende Recht im Gegensatz zu zahlreichen Auslandsrechten keine gesetzl **Unterhaltspflicht des Stiefelternteils** gegenüber den in den Haushalt aufgenommenen Kindern kennt (Überblick bei KREMER, Das Stiefkind im Unterhaltsrecht – eine rechtsvergleichende Untersuchung [Diss Freiburg i Br 1998 = Europäische Hochschulschriften 2000]; FRANK 29–42; auch § 1745 Rn 18). Zu einem Unterhaltsabfindungsvertrag zwischen leibl Vater und Kind im Zusammenhang mit einer Adoption durch den Stiefvater vgl OLG Hamm FamRZ 1979, 1079. Auch ist dem BGB – wieder im Gegensatz zu vielen ausländischen Rechtsordnungen – die Möglichkeit fremd, den Stiefelternteil auch ohne Adoption am **Sorgerecht** des leibl Elternteils teilhaben zu lassen (FRANK 42–49; vPUTTKAMER, Stieffamilien und Sorgerecht in Deutschland und England [Diss Freiburg i Br = Europäische Hochschulschriften 1994]). Zu weiteren Unzulänglichkeiten des geltenden Stiefkindrechts vgl FRANK 50 ff.

47 Als Vorbild könnte dem deutschen das **englische Recht** dienen, das, einer Empfehlung der Association of Child Care Officers (Adoption – The Way Ahead [London 1969]) und einer vom Innenministerium eingesetzten Kommission (Departmental Committee on the Adoption of Children, London HMSO 1970) folgend, im Children Act 1975 Alternativen zur Adoption entwickelt, insbes die Möglichkeit eines gemeinsamen Sorgerechts von Stiefelternteil und leibl Elternteil der Stiefkindadoption vorgezogen hat. Folge war, daß die Zahl der Stiefkindadoptionen erheblich zurückging. Später hat die Praxis allerdings ihre restriktive Linie wieder aufgegeben, was in jüngster Zeit erneut zu einer Gesetzesinitiative geführt hat, die Stiefkindadoptionen sehr zurückhaltend gegenüber steht und die Adoptionswirkungen begrenzt, falls es überhaupt zu einer Stiefkindadoption kommen sollte (Näheres LOWE/DOUGLAS, Bromley's Family Law [9. Aufl 1998] 630).

b) Annahme durch den Stiefelternteil
48 Abs 2 S 3 wurde durch das KindRG v 1997 gegenüber der alten, in Abs 2 S 2 enthaltenen Regelung weder inhaltlich noch sprachlich geändert. Die Stiefkindadoption erfolgt also ohne Rücksicht darauf, ob das Kind ehelich oder nichtehelich geboren wurde, in der Weise, daß der Stiefelternteil das Kind **allein adoptiert.** Das ist nicht selbstverständlich, weil sich infolge der Adoption die Rechtsstellung des mit dem Stiefelternteil verheirateten leiblichen Elternteils erheblich verändern kann. Wird das Kind beispielsweise vom Ehepartner des bislang nicht sorgeberechtigten Elternteils adoptiert, so erwerben dieser Elternteil und sein allein adoptierender Ehepartner nach § 1754 Abs 3 gemeinsam die elterliche Sorge. Kontrollmechanismen zum Schutz des Kindes sind die nach § 1747 Abs 1 notwendigen Einwilligungserklärungen

beider leiblicher Elternteile sowie die allgemeine Adoptionsvoraussetzung des Kindeswohls (§ 1741 Abs 1 S 1).

Eine gemeinsame Annahme kommt auch dann nicht in Betracht, wenn im Falle einer **49** zunächst erfolgten Einzeladoption der spätere Ehegatte des Annehmenden eine ergänzende Annahme anstrebt. Auch hier liegt ein Fall des Abs 2 S 3 vor, so daß nur eine Alleinadoption durch den späteren Ehegatten möglich ist. War das Kind von einem Ehepaar gemeinschaftlich adoptiert worden und will im Falle einer Ehescheidung der neue Ehegatte eines der Annehmenden das Kind adoptieren, so muß wegen § 1742 zuerst das Annahmeverhältnis zu dem außerhalb der Stiefehe lebenden Elternteil aufgehoben werden (§ 1742 Rn 9), bevor die Annahme durch den Stiefelternteil allein gem Abs 2 S 3 möglich ist.

4.   Annahme durch eine nichtverheiratete Person (Abs 2 S 1)

Die Annahme durch eine nichtverheiratete Einzelperson ist nach Abs 2 S 1 grds **50** möglich. Auch international wird die Einzeladoption allg nicht verboten. Eine Ausnahme macht nur das *italienische* Recht (Art 6 Ges zur Regelung der Adoption und der Pflegekindschaft Minderjähriger v 1983). Problematisch ist die Einzeladoption insoweit, als das Kind in einer unvollständigen Familie aufwächst und entgegen der natürlichen Ordnung nur mit einem Familienstamm rechtl verbunden wird. Einigkeit besteht darüber, daß unter dem Aspekt des Kindeswohls die Annahme durch eine nicht verheiratete Einzelperson **auf Ausnahmefälle beschränkt** bleiben muß (BT-Drucks 7/3061, 30; BINSCHUS ZfF 1976, 193, 194; ENGLER 66; OBERLOSKAMP 103). In den Empfehlungen zur Adoptionsvermittlung (3. Aufl 1994) wird (unter 3.42) die Annahme durch Alleinstehende vor allem in folgenden Fällen für möglich gehalten:

> „Bei bereits längerwährender, für das Kind bedeutsamer Beziehung, die einem Eltern-Kind-Verhältnis entspricht, Aufnahme eines verwandten Kindes, Aufnahme eines Kindes, dessen Geschwister im Verwandten- oder Freundeskreis oder in der Nachbarschaft des Bewerbers leben, Aufnahme eines Kindes, das von den leibl Eltern nur zur Adoption durch diesen Alleinstehenden freigegeben wird, soweit dies keinen Rechtsmißbrauch darstellt, Kindern, für die aufgrund persönlicher Vorerfahrungen die Vermittlung in eine Vollfamilie nicht förderlich ist.“

Aus der **Praxis** vgl LG Köln FamRZ 1985, 108 m Anm SCHÖN, wo ein krankes Kind vier Jahre lang von einer ledigen Frau liebevoll gepflegt und versorgt worden war und dann mit Einwilligung der Mutter (Vater unbekannt) adoptiert werden sollte; ferner AG Arnsberg FamRZ 1987, 1194, wo es um die Annahme eines Kindes durch einen katholischen Geistlichen ging, weil die erste Adoption aufgehoben werden sollte, nachdem der Junge seine Adoptivmutter getötet hatte.

Lebt der Annehmende mit einem Partner in **nichtehel Lebensgemeinschaft,** so schei- **51** det eine gemeinschaftl Adoption zusammen mit seinem Partner wegen Abs 2 S 1 aus. Aber auch gegen eine Einzeladoption bestehen Bedenken: Wenn der Gesetzgeber die Einzeladoption durch einen Ehegatten allein grds verbietet (Abs 2 S 4), läßt sich eine Einzeladoption durch einen Annehmenden, der in einer auf Dauer angelegten eheähnl Verbindung lebt, nicht ohne weiteres rechtfertigen (**aA** MünchKomm/MAURER Rn 26).

5. Keine Annahme des eigenen Kindes

52 § 1741 Abs 3 S 2 idF vor Inkrafttreten des KindRG v 1997 bestimmte: „Der Vater oder die Mutter eines nichtehelichen Kindes kann das Kind annehmen." Zur Entstehungsgeschichte dieser Regelung vgl STAUDINGER/FRANK[12] Rn 9. Durch das KindRG v 1997 wurde § 1741 Abs 3 S 2 aF ersatzlos gestrichen. Weder die Mutter noch der Vater kann also in Zukunft **das eigene nichtehelich geborene Kind** „als Kind annehmen".

Das NEhelG v 1969 hatte in der Adoption des eigenen nichtehelichen Kindes ein Instrument gesehen, mit dem die Mutter ein von der Amtspflegschaft befreites Sorgerecht erlangen könne; außerdem stellte die Regelung den „einzigen Weg" dar, „den Verkehr des anderen Elternteils mit dem Kind sicher und endgültig auszuschließen". Diese Begründung erscheint heute ebenso wenig tragfähig wie das Ziel, die Zeugung oder Geburt eines „unehelichen" Kindes zu verbergen (vgl BT-Drucks V/2370, 79). Mit der rechtlichen Gleichstellung ehelicher und nichtehelicher Kinder und der grundsätzlichen Aufgabe dieser Unterscheidung ist auch der Zweck, dem nichtehelichen Kind im Wege der Annahme durch einen leiblichen Elternteil den Status eines ehelichen Kindes sowie die damit bisher verbundenen rechtlichen Vorteile zu verschaffen, gegenstandslos geworden. Die Regelung konnte deshalb beseitigt und damit zugleich Bedenken hinsichtlich ihrer Verfassungsmäßigkeit (BVerfGE 92, 158, 181 = NJW 1995, 2155, 2156 = FamRZ 1995, 789, 792) Rechnung getragen werden (BT-Drucks 13/4899, 111 f; Näheres zur früheren Rechtslage vgl STAUDINGER/FRANK[12] Rn 45–49).

53 Da das KindRG v 1997 **keine besonderen Überleitungsvorschriften** bezüglich des Inkrafttretens von § 1741 nF enthält, gilt das Verbot der Adoption des eigenen nichtehelichen Kindes mit Inkrafttreten des Gesetzes am 1. 7. 1998 (OLG Thüringen FamRZ 2000, 767 = FGPrax 1999, 224). Altadoptionen durch die Mutter des nichtehelichen Kindes bleiben hingegen auch dann gültig, wenn sie nach Maßgabe von § 1747 Abs 2 aF gegen den Willen oder ohne Anhörung des Vaters, ja sogar ohne sein Wissen ausgesprochen wurden (so der Fall des Beschwerdeführers zu 1 in BVerfGE 92, 158 = NJW 1995, 2155 = FamRZ 1995, 789; vgl auch OLG Hamm OLGZ 1994, 553 = NJW-RR 1994, 1227 = FamRZ 1994, 1198 m Anm LIERMANN FamRZ 1995, 506).

54 Die **Adoption des eigenen ehelichen Kindes** (mit dem Ziel, den geschiedenen Ehepartner endgültig vom Kind fernzuhalten oder um schlicht die Gemeinsamkeit der Elternstellung zu beseitigen) war dem BGB – anders als die Annahme des eigenen nichtehelichen Kindes – seit jeher fremd (Nachw STAUDINGER/FRANK[12] Rn 45). Daran hat sich nichts geändert.

55 Der **Begriff der Vaterschaft** ist ein rechtlicher und nicht etwa ein biologischer. Um die Annahme eines eigenen Kindes handelt es sich deshalb nicht, wenn der Erzeuger, der seine Vaterschaft nicht anerkannt hat oder dessen Vaterschaft nicht gerichtl festgestellt wurde, das Kind annimmt. Entsprechendes gilt, wenn ein Ehebruchskind mit Zustimmung der Mutter und ihres Ehemannes von seinem leiblichen Vater adoptiert wird, ohne daß zuvor die Vaterschaft des Ehemannes nach §§ 1599, 1600 angefochten wurde.

9. Titel. Annahme als Kind.
I. Annahme Minderjähriger.

§ 1742
1–3

§ 1742

Ein angenommenes Kind kann, solange das Annahmeverhältnis besteht, bei Lebzeiten eines Annehmenden nur von dessen Ehegatten angenommen werden.

Materialien: BT-Drucks 7/3061, 30 f; BT-Drucks 7/5087, 10. S Staudinger/BGB-Synopse (2000) § 1742.

Systematische Übersicht

I.   Entstehungsgeschichte und Normzweck

1.   Entstehungsgeschichte

§ 1742 entspricht § 1749 Abs 2 S 1 idF vor der Reform des Adoptionsrechts v 1976. **1** Näheres zur Entstehungsgeschichte v § 1749 Abs 2 S 1 aF in Staudinger/Engler[10/11] unter § 1749 Rn 4 u 5.

2.   Normzweck

§ 1742 verbietet grds eine Zweitadoption, „solange das (erste) Annahmeverhältnis **2** besteht“. Ist das Annahmeverhältnis durch Aufhebung nach Maßgabe der §§ 1759 ff oder durch Tod der (des) Adoptierenden beendet, so ist eine Zweitadoption unter den gleichen Voraussetzungen möglich wie eine Erstadoption (Näheres unten Rn 9–13). Auch ohne vorherige Beendigung des Annahmeverhältnisses gestattet § 1742 ausnahmsweise eine Zweitadoption dann, wenn das Kind bei Lebzeiten *eines* Annehmenden von dessen Ehegatten angenommen wird.

Das grds **Verbot von Zweit- oder Mehrfachadoptionen** („Kettenadoptionen“) wurde **3** vor der Reform des Adoptionsrechts v 1976 damit begründet, daß eine Adoption die Rechtsbeziehungen des Kindes zu seiner bisherigen Familie nicht vollständig löse. Eine Zweitadoption würde deshalb zu unnötig komplizierten familienrechtl Beziehungen zwischen dem Kind, seiner Ursprungsfamilie und zwei Adoptivfamilien führen (Mot IV 962; Beitzke StAZ 1955, 3; vgl auch Gernhuber/Coester-Waltjen § 68 V 2). Mit dem Übergang zur Volladoption durch das AdoptG v 1976 ist dieses Argument gegenstandslos geworden, weil nunmehr jede Adoption das Kind auch rechtl vollständig aus seiner bisherigen Familie löst und verhindert, daß ein Kind mehreren Familien angehören kann.

4 Im RegE eines Ges über die Annahme als Kind (BT-Drucks 7/3061, 31) wird die Beibehaltung des grds Verbots von Zweitadoptionen damit gerechtfertigt, daß **unerwünschte Kettenadoptionen** möglichst vermieden werden sollen und die strengen Bestimmungen über die nur ausnahmsweise zulässige Aufhebung von Annahmeverhältnissen (§§ 1759 ff) nicht umgangen werden dürfen. Kinder sollen nicht von einer Familie zur anderen „weitergereicht" werden (BT-Drucks 7/3061, 30).

5 Notwendig ist die Bestimmung des § 1742 sicher nicht (so aber RegE BT-Drucks 7/3061, 31). Ob sie zweckmäßig ist, kann bezweifelt werden. Wenn Adoptiveltern die Beendigung eines Annahmeverhältnisses anstreben und neue Eltern bereit sind, die volle Verantwortung für das Kind zu übernehmen, so wird – trotz des unerwünschten „Weiterreichens" von Adoptivkindern – eine Zweitadoption idR „das kleinere Übel" sein. Das zuständige VormG wird in einem solchen Fall auch de lege lata kaum zögern, die Erstadoption „aus schwerwiegenden Gründen" (§ 1763 Abs 1 u 3 lit b) aufzuheben. Im übrigen ist die Zweitadoption nur zulässig, wenn sie dem Wohl des Kindes dient (§ 1741 Abs 1 S 1).

6 Die **ausländischen Rechtsordnungen** bieten kein einheitliches Bild bzgl der Möglichkeit einer Zweitadoption. Ein Verbot der Zweitadoption kennen *Frankreich* (Art 346 Cc), *Belgien* (Art 346 Cc) und *Spanien* (Art 175 Abs 4 S 2 Cc). Unbekannt ist das Verbot in *England* (LOWE/DOUGLAS, Bromley's Family Law [9. Aufl 1998] 627), der *Schweiz* (HEGNAUER, Grundriss des Kindesrechts [5. Aufl 1999] Rn 12.05) und den *Niederlanden* (Art 231 BW). Auch Art 6 Abs 2 EuAdoptÜbEink setzt nur voraus, daß die rechtl Wirkungen der Erstadoption spätestens mit der Zweitadoption enden, was immer der Fall ist, wenn die Zweitadoption eine Volladoption ist (so auch OBERLOSKAMP ZBlJugR 1982, 121, 122 mHinw auf den erläuternden Bericht der Bundesregierung; SOERGEL/LIERMANN Rn 1; **aA** RegE BT-Drucks 7/3061, 31).

7 Schließlich wird das grds Verbot von Zweitadoptionen auch damit verteidigt, daß die Einwilligung der leibl Eltern in die Erstadoption sich nur auf dieses Annahmeverhältnis beziehe (MünchKomm/MAURER Rn 1; ENGLER FamRZ 1969, 63, 68 u STAUDINGER/ENGLER[10/11] § 1749 Rn 16). Zweitadoptionen würden deshalb dem Verbot von Blankoeinwilligungen (vgl § 1747 Rn 30) zuwiderlaufen. In der Tat führt der Zwang des geltenden Rechts zur Aufhebung des Annahmeverhältnisses im Falle einer angestrebten Zweitadoption dazu, daß mit der Aufhebung die Rechte der leibl Verwandten (mit Ausnahme der elterl Sorge) wiederaufleben (§ 1764 Abs 3), so daß den Eltern für die Zweitadoption erneut das Einwilligungsrecht gem § 1747 zusteht (allgM, vgl RegE BT-Drucks 7/3061, 31; ERMAN/HOLZHAUER Rn 9; MünchKomm/MAURER Rn 4; BGB-RGRK/DICKESCHEID Rn 5; offengelassen in AG Arnsberg FamRZ 1987, 1194, 1195 li Sp Mitte). Es erscheint indessen weder notwendig noch zweckmäßig, den leibl Eltern ein Mitspracherecht am Zustandekommen der Zweitadoption einzuräumen. Die Rechtsbeziehungen zwischen Kind und Ursprungsfamilie enden mit der Volladoption. Auch wenn das Einwilligungsrecht des § 1747 Ausfluß des Elternrechts und nicht des elterl Sorgerechts ist (vgl § 1747 Rn 10), besteht kein Anlaß, die Eltern unter Berufung auf Art 6 Abs 2 GG auch nach der Volladoption ihres Kindes zu schützen (**aA** zu § 1749 aF STAUDINGER/ENGLER[10/11] Rn 16; nicht überzeugend GERNHUBER/COESTER-WALTJEN § 68 III 3 mit dem Argument,

Art 6 Abs 2 GG sei bei einer ergänzenden Zweitadoption nach § 1742 nur deshalb nicht verletzt, weil die elterl Einwilligung in Kenntnis des § 1742 erfolgt sei). Sie haben ohnehin keinen Einfluß darauf, wie sich das Annahmeverhältnis entwickelt. Sie können in Anbetracht der Regelung des § 1742 auch nicht verhindern, daß nach dem Tod eines Adoptivelternteils der andere wieder heiratet und der neue Ehepartner das Kind mitadoptiert. Außerdem gestattet § 1742 nach dem Tod beider Adoptivelternteile eine Zweitadoption ohne jede Mitwirkung der Eltern (Näheres unten Rn 11).

Das Verbot der Zweitadoption gilt nicht für die **Volljährigenadoption**. § 1768 Abs 1 **8** S 2 idF des AdoptRÄndG v 4. 12. 1992 (BGBl I 1974) bestimmt ausdrücklich, daß § 1742 auf die Annahme eines Volljährigen nicht anzuwenden ist. Die Möglichkeit der Volljährigenzweitadoption ohne vorhergehende Aufhebung der Erstadoption ist eingeführt worden, weil Minderjährigenadoptionen nach §§ 1763, 1771 nicht mehr aufgehoben werden können, sobald der Minderjährige das Volljährigkeitsalter erreicht hat (§ 1771 Rn 5). Da der Gesetzgeber an diesem Grundsatz nichts ändern, in Ausnahmefällen aber doch Zweitadoptionen oder Mehrfachadoptionen von Volljährigen, insbes Rückadoptionen durch die leibl Eltern oder einen leibl Elternteil ermöglichen wollte und außerdem ein Schutzbedürfnis Volljähriger vor Kettenadoptionen nicht erkennbar war (BT-Drucks 12/2506, 9), wurde die Anwendbarkeit von § 1742 auf Volljährigenadoptionen ausgeschlossen (§ 1768 Abs 1 S 2). Ein Volljähriger kann somit durchaus mehrmals adoptiert werden, wobei es keine Rolle spielt, ob die Erstadoption eine Minderjährigen- oder eine Volljährigenadoption war oder ob der Volljährigenadoption als Erstadoption Wirkungen nach § 1770 oder § 1772 zukamen (Erman/Holzhauer § 1768 Rn 5; aA Soergel/Liermann § 1742 Rn 11 u § 1768 Rn 8).

II. Ausnahmen vom Verbot der Zweitadoption

1. Aufhebung der Erstadoption

Eine Zweitadoption ist zulässig, sobald das frühere Annahmeverhältnis aufgehoben **9** ist. Das ergibt sich aus dem Wortlaut des § 1742 („solange das Annahmeverhältnis besteht"), folgt mittelbar aber auch aus § 1763 Abs 3 lit b, wo die Aufhebung des Annahmeverhältnisses mit dem Ziel, eine erneute Annahme des Kindes zu ermöglichen, geregelt ist. Zur Aufhebung der Erstadoption und zum gleichzeitigen Ausspruch einer Zweitadoption vgl AG Arnsberg FamRZ 1987, 1194. – Wird das Annahmeverhältnis nur zu *einem* Adoptivelternteil aufgehoben (§ 1763 Abs 2), so kann auch nur der neue Ehepartner des anderen das Kind wegen der in § 1742 enthaltenen Ausnahmeregelung annehmen („ergänzende Zweitadoption").

Eine **Rückadoption** des Kindes durch seine leibl Eltern scheidet bei Aufhebung des **10** Annahmeverhältnisses grds aus, weil § 1764 Abs 3 u 4 auch ohne Adoption die Wiedereingliederung des Kindes in seine Ursprungsfamilie ermöglicht (Erman/Holzhauer Rn 3; Soergel/Liermann § 1741 Rn 44). Denkbar ist allerdings eine Rückadoption, soweit die erwähnte Wiedereingliederung ausscheidet. Beispiel (nach AG Kerpen FamRZ 1989, 431):

> Das Kind der Eheleute A wird nach Scheidung der Ehe und Wiederheirat der Ehefrau A von deren zweitem Ehemann B adoptiert. Nach Scheidung der zweiten Ehe schließen die Eheleute A erneut miteinander die Ehe.

Ehemann A kann nach Aufhebung des Annahmeverhältnisses des Kindes zu B das eigene Kind annehmen; denn nach § 1764 Abs 5 lebt mit der Aufhebung des Annahmeverhältnisses des Kindes zu B die Beziehung des Kindes zu seinem leibl Vater A nicht wieder auf.

2. Adoption nach dem Tod des (der) Adoptierenden

11 Sind die Annehmenden (oder im Falle einer Einzeladoption: der Annehmende) verstorben, so ist eine Zweitadoption – auch eine Rückadoption durch die leibl Eltern oder nur einen leibl Elternteil – ohne besondere Einschränkungen möglich (allgM, vgl PALANDT/DIEDERICHSEN Rn 2; SOERGEL/LIERMANN Rn 3). Man mag darüber streiten, ob sich dieses Ergebnis bereits daraus ableiten läßt, daß das Annahmeverhältnis iS des § 1742 nicht mehr besteht (so LÜDERITZ, FamR [27. Aufl] Rn 1010; GERNHUBER/COESTER-WALTJEN § 68 V 2; ERMAN/HOLZHAUER Rn 5). Die Hinzufügung der Worte „bei Lebzeiten eines Annehmenden" stellt auf alle Fälle klar, daß die Einschränkung von Zweitadoptionen nur gelten soll, solange einer der Annehmenden lebt (so MünchKomm/MAURER Rn 3; SOERGEL/LIERMANN Rn 5). Die Worte „bei Lebzeiten des Annehmenden" waren in § 1749 Abs 2 S 1 aF bereits durch das FamRÄndG 1961 eingefügt worden, um die damals akute Streitfrage zu klären, ob nach dem Ableben des Annehmenden ein anderer als der Ehegatte des Verstorbenen das Kind adoptieren kann (Näheres STAUDINGER/ENGLER[10/11] Rn 22). Schon vor 1961 war indessen von der Rspr die Auffassung vertreten worden, daß nach dem Tod der Adoptiveltern einer zweiten Adoption grds nichts im Wege steht (Nachw STAUDINGER/ENGLER[10/11] Rn 22).

12 Ist nur ein Adoptivelternteil verstorben, so ist eine Weiteradoption möglich, nachdem das Annahmeverhältnis zum Überlebenden aufgehoben worden ist. Eine Aufhebung des Annahmeverhältnisses zum verstorbenen Adoptivelternteil ist weder nötig noch möglich (Näheres § 1764 Rn 15).

13 Einer **Mitwirkung der leibl Eltern** bei der Zweitadoption bedarf es nach dem Tod des (der) Adoptierenden nicht; denn ihre Rechtsbeziehungen zum Kind sind durch die Volladoption beendet worden und bleiben es auch nach dem Tod des (der) Annehmenden. Den Adoptivverwandten stehen im Falle einer Zweitadoption Einwilligungsrechte ebensowenig zu wie den leibl Verwandten eines noch nicht adoptierten Kindes nach dem Tode seiner Eltern. Die Interessen des Kindes werden bei einer Zweitadoption nach dem Tode des (der) Adoptierenden nach Maßgabe des § 1746 durch den zu bestellenden Vormund gewahrt.

3. Adoption durch den Ehegatten des Annehmenden

14 Im Falle einer **Einzeladoption** ist jederzeit eine ergänzende Zweitadoption durch den Ehegatten des Annehmenden möglich. Dies gilt auch dann, wenn der annehmende Ehepartner ein leibl Elternteil des Kindes ist (Beispiel: A nimmt das Kind von B und C an. Später heiratet die A den B). Gleiches gilt, wenn die Mutter oder der Vater eines nichtehelichen Kindes dieses vor Inkrafttreten des KindRG v 1997 nach § 1741 Abs 3 S 2 aF adoptiert hat und später den anderen Elternteil heiratet (vgl zu dieser Frage unter der Herrschaft des alten Rechts STAUDINGER/FRANK[12] Rn 17).

Bei einer **Adoption durch ein Ehepaar** erlaubt § 1742 eine ergänzende Zweitadoption nur, wenn die Ehe durch Tod aufgelöst wurde. Endete die Ehe durch **Scheidung,** so kommt im Falle der Wiederheirat eine Adoption durch den neuen Ehepartner eines der Annehmenden nur in Betracht, wenn zuvor das Annahmeverhältnis zu dem Annehmenden, der durch den neuen Ehepartner ersetzt werden soll, aufgehoben wurde. Dies ergibt sich aus den Worten „bei Lebzeiten eines Annehmenden".

War die erste Adoption eine **Stiefkindadoption,** so ist nach dem Tode des leibl oder **15** des Adoptivelternteils eine ergänzende Zweitadoption durch den neuen Ehepartner möglich. Dabei ist bzgl der Adoptionswirkungen § 1756 Abs 2 zu beachten.

III.   Folgen eines Verstoßes gegen § 1742

1.   Wirksamkeit der Zweitadoption

Eine unter Verstoß gegen § 1742 zustandegekommene Minderjährigen- oder Voll- **16** jährigenadoption ist zwar **fehlerhaft, aber nicht nichtig** (BayObLGZ 1984, 230 = FamRZ 1985, 201 = StAZ 1985, 8; LG Braunschweig FamRZ 1988, 106; LG Münster StAZ 1983, 316; SOERGEL/LIERMANN Rn 12; **aA** BEITZKE StAZ 1983, 1, 6; FRITSCHE StAZ 1983, 106, 107 mHinw auf AG Mannheim v 16. 3. 1982; ERMAN/HOLZHAUER § 1759 Rn 3; BGB-RGRK/DICKESCHEID § 1759 Rn 3). Das AdoptG v 1976 sieht selbst bei schwersten Verstößen gegen materielles Recht nicht die Nichtigkeit, sondern nur die Aufhebbarkeit vor (Näheres § 1759 Rn 6). Ob die fehlerhaft zustande gekommene Zweitadoption aufgehoben werden kann, entscheiden die §§ 1759 ff bzw 1771. Bei einer Minderjährigenzweitadoption kommt vor allem eine Aufhebung wegen fehlender Einwilligung der leibl Eltern (§ 1760 Abs 1) in Betracht, weil deren Zustimmung gem § 1764 Abs 3 iVm § 1747 erforderlich gewesen wäre, falls die Erstadoption richtigerweise zuvor aufgehoben worden wäre. Allerdings dürfte auch in Fällen dieser Art eine Aufhebung oft an § 1761 Abs 2 scheitern.

2.   Auswirkungen auf die Erstadoption

Da eine unter Verstoß gegen § 1742 zustande gekommene Zweitadoption nicht nich- **17** tig ist, kommen ihr rechtl die vollen Adoptionswirkungen zu. Die **Erstadoption verliert ihre Wirkungen** in gleicher Weise, wie wenn das Ges eine Weiteradoption ohne vorherige Aufhebung der Erstadoption erlauben würde (so auch SOERGEL/LIERMANN Rn 12; **aA** KUBITZ StAZ 1985, 318 u NIED StAZ 1982, 23: auch die Erstadoption bleibe wirksam), – eine Lösung, die ohnehin viele Auslandsrechtsordnungen vorsehen (vgl oben Rn 6). Eine Minderjährigenzweitadoption beendet demgemäß die Wirkungen der ersten Annahme. Ist die Zweitadoption eine Volljährigenadoption, so hängen deren Wirkungen davon ab, ob es sich um den Regelfall des § 1770 oder um die ausnahmsweise Anordnung einer Volladoption (§ 1772) handelt.

§ 1743

Der Annehmende muß das fünfundzwanzigste, in den Fällen des § 1741 Abs. 2 Satz 3 das einundzwanzigste Lebensjahr vollendet haben. In den Fällen des § 1741 Abs. 2 Satz 2 muß ein Ehegatte das fünfundzwanzigste Lebensjahr, der andere Ehegatte das einundzwanzigste Lebensjahr vollendet haben.

Materialien: BT-Drucks 7/3061, 31 f, 73, 84; BT-Drucks 7/5087, 9 f; BT-Drucks 13/4899, 112. S Staudinger/BGB-Synopse (2000) § 1743.

I. Normzweck und Entstehungsgeschichte

1 In der Entwicklung des heutigen § 1743 (vor dem AdoptG v 1976: § 1744) zeigt sich der Wandel der Adoption von einem Mittel der Tradierung von Familiennamen und Familiengut zu einem Instrument der Sozialpolitik, das hilfsbedürftigen Kindern das Aufwachsen in einer intakten Familie ermöglichen soll.

Nach § 1744 in seiner ursprüngl Fassung mußte der Annehmende das **50. Lebensjahr** vollendet haben. Diese Altersregelung orientierte sich an dem oft im Vordergrund stehenden Wunsch der Annehmenden, „auf diesem Wege das Andenken an ihren Namen und ihre Familie fortzupflanzen" (Mot IV 952). Die primäre Zielrichtung dieser Bestimmung bestand indessen darin, über die hoch angesetzte Altersgrenze „die Wahrscheinlichkeit der Erzielung eigener Kinder" zu verringern (Mot IV 960); denn die Adoption sollte nur ein „subsidiäres Mittel" zur Begründung von Eltern-Kind-Verhältnissen sein (Mot IV 960). § 1744 aF ergänzte insoweit § 1741 aF, der eine Adoption nur im Falle der Kinderlosigkeit der Annehmenden gestattete (Näheres Staudinger/Engler[10/11] § 1741 Rn 26 ff). Allerdings bestand bereits nach § 1745 aF die Möglichkeit der Befreiung vom Erfordernis der Vollendung des 50. Lebensjahres, wenn der Annehmende wenigstens volljährig war.

2 Durch das FamRÄndG 1961 (BGBl I 1221) wurde das Mindestalter der Annehmenden – weiterhin mit Dispensmöglichkeit – auf **35 Jahre** herabgesetzt, um vor allem im Interesse von anzunehmenden Kleinkindern den Altersabstand von Adoptiveltern und Adoptivkind dem zwischen natürlichen Eltern und Kind anzunähern. Gleichzeitig wurde § 1745 dahingehend geändert, daß nunmehr vom Erfordernis der Kinderlosigkeit Befreiung gewährt werden konnte (Näheres § 1745 Rn 3), eine Regelung, die bereits das AdoptErleichtG v 8. 8. 1950 (BGBl I 356) – zunächst zeitlich begrenzt, dann mehrfach verlängert – vorgesehen hatte (Näheres Staudinger/Engler[10/11] § 1745 Rn 3). Damit aber begann sich die Ratio des gesetzlich vorgeschriebenen Mindestalters entscheidend zu ändern. Es ging nicht mehr in erster Linie darum, sicherzustellen, daß der Adoptierende ohne leibl Abkömmlinge bleiben würde, sondern darum, eine gewisse Persönlichkeitsreife sowie eine Konsolidierung der Lebens- und Familienverhältnisse auf seiten des Annehmenden abzuwarten.

3 Diese Entwicklung wurde durch die sog Vorabnovelle v 1973 (BGBl I 1013) bestätigt, die in § 1744 das Mindestalter der Adoptierenden erneut, und zwar auf **25 Jahre,** reduzierte. Das AdoptG v 1976 übernahm die Regelung in § 1743 Abs 2 (seit dem KindRG v 1997 § 1743 S 1), beseitigte allerdings die nach der Vorabnovelle v 1973 noch mögliche Befreiung von diesem Alterserfordernis (§ 1745 aF). Andererseits wurden die Mindestaltersvorschriften bei der Annahme durch ein Ehepaar ein weiteres Mal, und zwar dahingehend gelockert, daß es genügt, wenn **ein Ehegatte das 25., der andere das 21. Lebensjahr** vollendet hat (§ 1743 Abs 1; seit dem KindRG v 1997 § 1743 S 1). Mit dieser Altersgrenze soll verhindert werden, daß zu junge Menschen eine Verantwortung durch die Annahme eines Kindes auf sich nehmen, deren Aus-

wirkungen sie nicht überblicken können. Zugleich wird damit die unterste Altersgrenze des EuAdoptÜbEink (Art 7 Abs 2) übernommen. Der gesetzl Regelung haftet wie jeder Regelung, die starre Altersgrenzen vorsieht, etwas Willkürliches an (krit Gernhuber/Coester-Waltjen § 68 IV 1; Lüderitz 37). Sie orientiert sich jedoch zutreffend an der internationalen Tendenz, die ehedem hohen Mindestaltersgrenzen für Annehmende zwar zu senken, aber doch höher anzusetzen als das Volljährigkeitsalter (zB *Belgien* Art 345 Cc: mind 25 Jahre; *Frankreich* Art 343–1 Cc: Einzelpersonen älter als 28 Jahre; *Großbritannien* Children Act v 1975 [England] Sec 10 [1]: beide Ehegatten 21 Jahre, Sec 11 [1]: Einzelpersonen 21 Jahre; ebenso Adoption Act v 1978 [Scotland], Sec 14 [1] u Sec 15 [1]; *Österreich* § 180 Abs 1 ABGB: „Wahlvater" 30, „Wahlmutter" 28 Jahre; *Spanien* Art 175 Cc: 25 Jahre, bei Ehegatten mind einer 25 Jahre).

Manche Rechtsordnungen sehen neben oder anstatt des Mindestalters eine **Mindest-** 4 **dauer der Ehe** der Adoptierenden vor (zB *Frankreich* Art 343 Cc: 2 Jahre; *Italien* Art 6 AdoptG: 3 Jahre; *Portugal* Art 1979 Abs 1 Cc: 4 Jahre). Obwohl ein derartiges Adoptionserfordernis bei den Reformarbeiten erwogen worden war (vgl Thesen der AGJ zur Neuregelung des Adoptionsrechts, MittAGJJ Nr 57/58 [1969], These 7.2; Mende ZBlJugR 1970, 189, 192; Engler 65), wurde es nicht in das AdoptG v 1976 aufgenommen. Auch von der Normierung eines **Mindestaltersabstandes** zwischen Annehmendem und Kind, wie ihn § 1744 aF bis zum FamRÄndG v 1961 vorgeschrieben hatte (18 Jahre), und wie ihn eine Reihe ausländischer Rechte vorsehen (*Belgien* Art 345 Cc: 15 Jahre; *Frankreich* Art 344 Abs 1 Cc: 15 Jahre; *Niederlande* Art 228 Abs 1 c BW: 18 Jahre; *Österreich* § 180 Abs 2 ABGB: 18 Jahre; *Schweiz* Art 265 Abs 1 ZGB: 16 Jahre; *Spanien* Art 175 Cc: 14 Jahre; vgl auch Art 8 Abs 3 des EuAdoptÜbEink: gewöhnlicher Altersunterschied zwischen Eltern und Kindern), wurde Abstand genommen, ebenso von der Festsetzung einer **Höchstaltersdifferenz** (so *Italien* Art 6 AdoptG: 40 Jahre) oder eines **Höchstalters für Adoptierende** (so *Portugal* Art 1979 Abs 3 Cc: 50 Jahre). Mit starren Altersgrenzen ist der Grundsatz „adoptio imitatur naturam" nur bedingt zu verwirklichen. Ehedauer und Altersabstand sind deshalb nach deutschem Recht nur im Zusammenhang mit der Frage zu prüfen, ob die Adoption dem Wohl des Kindes dient (§ 1741 Abs 1 S 1).

Durch das **KindRG v 1997** wurde § 1743 idF des AdoptG v 1976 redaktionell neu 5 gefaßt. Trotz erheblicher sprachlicher Änderungen ist der Inhalt gleichgeblieben (BT-Drucks 13/4899, 112): § 1743 S 1 nF entspricht inhaltlich § 1743 Abs 2 und Abs 3 2. Alt aF, § 1743 S 2 nF dem § 1743 Abs 1 aF. § 1743 Abs 3 1. Alt aF betraf das Alterserfordernis bei der Annahme des eigenen nichtehelichen Kindes. Da das neue Recht eine solche Annahme nicht mehr kennt (vgl § 1741 Rn 52), wurde die Regelung als gegenstandslos gestrichen. Gestrichen wurde auch § 1743 Abs 4 aF, der bestimmte, daß ein Annehmender unbeschränkt geschäftsfähig sein muß. Geschäftsunfähigen war indessen die Möglichkeit der Adoption seit jeher verwehrt, weil sie nach § 1752 Abs 2 S 1 keinen wirksamen Adoptionsantrag stellen konnten, und beschränkt geschäftsfähige Volljährige gibt es seit Inkrafttreten des BtG am 1.1.1992 nicht mehr. Auch § 1743 Abs 4 aF wurde deshalb als überflüssig bzw gegenstandslos gestrichen (vgl auch Staudinger/Frank[12] Rn 8).

II. Die Voraussetzungen im einzelnen

6 Das **Regelalter** für den Annehmenden beträgt **25 Jahre.** Wer ein Kind allein annehmen will, *muß* dieses Alter erreicht haben (S 1). Bei der Annahme durch ein Ehepaar genügt es, wenn **ein Ehegatte das 25., der andere das 21. Lebensjahr** vollendet hat (S 2). Das Regelalter von 25 Jahren wird in S 1 auf 21 Jahre für den Fall herabgesetzt, daß der Adoptierende ein Kind seines Ehegatten annehmen will. Die Alterserfordernisse müssen spätestens beim Ausspruch der Annahme als Kind (§ 1752 Abs 1) erfüllt sein (vgl BGHZ 2, 62 = NJW 1951, 706 und LG Bochum StAZ 1966, 173 jeweils zum alten Recht; LG Darmstadt DAVorm 1977, 375, 379).

7 Die Regelung von § 1743 ist klar, wenn auch **nicht unproblematisch.** Bei der Reform des Adoptionsrechts im Jahre 1976 bestand zwar weitgehend Einigkeit darüber, daß das 25. Lebensjahr Regelalter werden sollte. Die vor der Reform auch bei Einzeladoptionen mögliche Befreiung vom Alterserfordernis bis zum 21.Lebensjahr wurde indessen trotz anderslautender Vorschläge gestrichen (vgl zB Thesen der AGJ zur Neuregelung des Adoptionsrechts, MittAGJJ Nr 57/58 [1969], These 7.2; ENGLER 65). Mag diese Entscheidung des Gesetzgebers auch vertretbar sein, so erscheint es nicht recht verständlich, wenn bei Ehepaaren die fehlende persönliche Reife des einen Teils und die möglicherweise mangelnde Stabilität von dessen Lebensverhältnissen in pauschalierender Weise durch das höhere Lebensalter des anderen Teils kompensiert wird (krit auch GERNHUBER/COESTER-WALTJEN § 68 IV 1; ENGLER FamRZ 1975, 125, 128). Eine Regelung, die zwar vom 25. Lebensjahr ausgeht, aber für Sonderfälle eine Befreiungsmöglichkeit vorsieht, hätte wohl besser überzeugt.

8 Verfehlt dürfte auch die in S 2 zum Ausdruck kommende **Förderung der Adoption von Stiefkindern** sein. Bei Stiefkindadoptionen ist vor allem zu bedenken, daß Stiefkinder typischerweise nicht um ihrer selbst willen, sondern dem Ehepartner zuliebe adoptiert werden. Scheitert die Ehe, so bleibt der adoptierende Stiefelternteil unwiderruflich mit Unterhaltspflichten belastet, die er in aller Regel nur im Vertrauen auf den Bestand der Ehe übernehmen wollte (vgl § 1741 Rn 42 ff). Das Stiefkindverhältnis ist ein vom Bestand der Ehe abhängiges faktisches Eltern-Kind-Verhältnis, das nicht ohne Not durch ein künstliches überlagert und erst recht nicht gefördert werden sollte (Bedenken auch bei MünchKomm/MAURER Rn 4 und ENGLER FamRZ 1975, 125, 127 f).

III. Folgen des Fehlens einer Voraussetzung

9 Eine entgegen § 1743 ausgesprochene Annahme als Kind (§ 1752 Abs 1) ist voll wirksam und kann grds auch nicht aufgehoben werden (so auch SOERGEL/LIERMANN Rn 4). Eine Aufhebung kommt nur nach der allg Bestimmung des § 1763 Abs 1 „aus schwerwiegenden Gründen zum Wohl des Kindes" in Betracht.

§ 1744

Die Annahme soll in der Regel erst ausgesprochen werden, wenn der Annehmende das Kind eine angemessene Zeit in Pflege gehabt hat.

Materialien: BT-Drucks 7/3061, 32; BT-Drucks
7/5087, 10. S Staudinger/BGB-Synopse (2000)
§ 1744.

Systematische Übersicht

I.   Normzweck und Entstehungsgeschichte

1.   Rechtslage vor der Reform v 1976

Bis zum Inkrafttreten des AdoptG v 1976 enthielt das BGB **keine gesetzl Regelung** **1**
über Notwendigkeit oder Zweckmäßigkeit eines Pflegeverhältnisses als „Probezeit"
vor der Adoption. Zu erkennbaren Unzuträglichkeiten hatte das Fehlen einer solchen Vorschrift nicht geführt (vgl BT-Drucks 7/3061, 32). In Mot IV 969 war der Verzicht
des Gesetzgebers auf eine Regelung damit begründet worden, daß niemand „die
Mannigfaltigkeit der Verhältnisse im voraus zu übersehen imstande sei", und daß
„gegen leichtsinniges Vorgehen die Form der Annahme an Kindesstatt und, wenn ein
Minderjähriger angenommen werden soll, die erforderliche Genehmigung des Vor-
mundschaftsgerichtes schützen". Auch ohne gesetzl Regelung war indessen bis zur
Reform v 1976 die grds **Zweckmäßigkeit** eines Pflegeverhältnisses vor der Adoption
unbestritten. So sahen die Richtlinien für die Adoptionsvermittlung (erarbeitet und
empfohlen von der Arbeitsgemeinschaft der Landesjugendämter) v 1963 „in der Regel eine
Anpassungszeit von mindestens 1 Jahr" vor (Abschn 2.51).

Im Zuge der Reformarbeiten wurden mehrfach Zweifel geäußert, ob mit einer ge- **2**
setzl Regelung, die ohnehin nur allg richtungweisend sein könne, viel gewonnen sei
(so Engler 82). Im Bericht des RAussch zum RegE heißt es denn auch etwas skeptisch:
„Die Bewährung der Vorschrift wird davon abhängen, ob es gelingt, die unbestimmten Rechtsbegriffe ‚in der Regel' und ‚angemessene Zeit' jeweils im Hinblick auf die
besonderen Umstände des Einzelfalles auszulegen und nicht schematisch zu verfahren" (BT-Drucks 7/5087, 10).

2.   Zweckmäßigkeit einer gesetzlichen Regelung der Pflegezeit

Der gesetzl Hinweis auf das Erfordernis einer angemessenen Pflegezeit dürfte zwar **3**
nicht notwendig, aber zweckmäßig sein (vgl Vorschläge der AGJ zur Reform des Adoptionsrechts und des Adoptionsvermittlungsrechts, MittAGJ 64 [1972] 34 zu Frage 5; Internat Sozialdienst

MittAGJ [1975] 3 ff; Caritas Jugendwohl [1972] 246). Gesetzl Bestimmungen haben eine größere Signalwirkung als bloße Verwaltungsvorschriften oder Empfehlungen von Fachverbänden. § 1744 trägt auch dem EuAdoptÜbEink Rechnung, das in Art 17 eine Pflegezeit vorschreibt, die „ausreicht, damit die zuständige Behörde die Beziehungen zwischen dem Kind und dem Annehmenden im Fall einer Adoption richtig einzuschätzen vermag". **Ausländische Rechtsordnungen** verzichten zT auf jedwede gesetzl Regelung (zB *Dänemark, Norwegen, Österreich, Ungarn*), sehen zT aber auch weitergehend als § 1744 bestimmte **Regel- oder sogar Mindestanpassungszeiten** vor (zB Art 345 Abs 1 *französ* Cc: mind 6 Monate; Art 25 Abs 1 *ital* AdoptG v 1983: mind 1 Jahr; Art 264 *schweiz* ZGB: mind 2 Jahre).

4 Der gelegentlich vertretenen **Ansicht, daß § 1744 nicht nur nicht notwendig, sondern schädlich** sei (GOLDSTEIN/FREUD/SOLNIT 36, 43; LEBER/REISER/SIMONSOHN, MittAGJ 75 [1975] 7 ff; ERMAN/HOLZHAUER Rn 2–6), weil die Vorläufigkeit des Pflegeverhältnisses die vorbehaltlose Annahme als Kind erschwere, ist nicht zu folgen. Sie widerspricht den Erfahrungen, wie sie im Zuge der Reform des Adoptionsrechts von den mit der Adoptionsvermittlung befaßten Stellen geäußert wurden (Vorschläge der AGJ zur Reform des Adoptionsrechts und des Adoptionsvermittlungsrechts, MittAGJ 64 [1972] 34 zu Frage 5; Caritas Jugendwohl [1972] 246; Internat Sozialdienst MittAGJ 75 [1975] 3 ff). Wer ein Kind in Adoptionspflege nimmt, denkt nicht an ein „Reuerecht" (vgl ERMAN/HOLZHAUER Rn 6), von dem er bis zum endgültigen Erlaß des Adoptionsbeschlusses Gebrauch machen kann. Bedenken gegen die Vorschaltung eines längeren Pflegeverhältnisses wären allenfalls aus der Sicht der künftigen Adoptiveltern verständlich (vgl GOLDSTEIN/ FREUD/SOLNIT 36). Für sie ist das Warten auf den Adoptionsbeschluß nach § 1752 gelegentlich mit der Sorge verbunden, „ihr" Kind im letzten Augenblick doch noch zu verlieren – eine Befürchtung, die ua bei außerehel geborenen Kindern dann nicht ganz unbegründet ist, wenn die Vaterschaft erst nach der Inpflegegabe festgestellt wird und der Vater sich mit der Adoption nicht einverstanden erklärt. Entscheidend spricht indessen für § 1744, daß idR ohne eine angemessene Pflegezeit trotz sorgfältigster Vorbereitung die nach § 1741 notwendige Prognose nicht gewagt werden kann, es sei „zu erwarten, daß zwischen dem Annehmenden und dem Kind ein Eltern-Kind-Verhältnis entsteht". Außerdem ist eine nach nicht allzu langer Zeit abgebrochene Pflege in jedem Fall besser als eine gescheiterte Adoption (so zutr MünchKomm/MAURER Rn 2).

3. Dauer der Pflegezeit

5 Hinsichtlich der Dauer des Pflegeverhältnisses wird zu differenzieren sein: **Bei Säuglingen und Kleinkindern** bestehen geringe Anpassungsschwierigkeiten, so daß die Probezeit kürzer ausfallen kann als **bei älteren Kindern,** insb behinderten und sog Problemkindern. Der Internat Sozialdienst (MittAGJ 75 [1975] 4) hält zB bei Kleinkindern 1/4 Jahr, HOLZHAUER (ERMAN/HOLZHAUER Rn 7) 1 Monat für ausreichend. Die Richtlinien für die Adoptionsvermittlung v 1963 sahen zunächst unter 2. 51 „in der Regel eine Anpassungszeit von mindestens 1 Jahr" vor. Die „Empfehlungen der Bundesarbeitsgemeinschaft der Landesjugendämter und überörtlichen Erziehungsbehörden zur Adoptionsvermittlung" idF v 1988 (welche an die Stelle der Richtlinien v 1963 traten) begnügten sich sodann unter 4. 46 mit der Feststellung, daß für Säuglinge und Kleinkinder die Adoptionspflege „wesentlich kürzer" bemessen werden könne als für ältere Kinder. In der 3. Aufl 1994 heißt es unter 4. 4 schließlich nur noch,

daß die Zeit der Adoptionspflege so dimensioniert sein müsse, daß bei deren Beendigung eine möglichst definitive Aussage über den Integrations- bzw Anpassungs-
prozeß möglich sei.

Bedenken bestehen gegen die auch international zu beobachtende **Tendenz, Ver-** 6
wandten- und Stiefkindadoptionen ua durch den Verzicht auf die Vorschaltung eines
Pflegeverhältnisses **zu fördern.** Verwandten- und Stiefkindadoptionen sind in hohem
Maße problematisch, so daß hier keine Erleichterungen am Platze sind, sondern
erhöhte Vorsicht (vgl FRANK 21 f, 68 f, 126 f; außerdem § 1741 Rn 22 ff, 42 ff).

II.   Inhalt der Adoptionspflege

1.   Rechtliche Zielsetzung

Von einem „normalen" Pflegeverhältnis unterscheidet sich die Adoptionspflege 7
durch die **besondere Zielsetzung** (vgl BT-Drucks 7/3421 zu § 6 unter 1; OVG Saarlouis DAVorm
1982, 905, 908). Inhaltlich gleicht sie der allg Familienpflege iSd §§ 1630 Abs 3, 1632
Abs 4 BGB, 33 SGB VIII (OLG Brandenburg DAVorm 2000, 171, 173; OLG Hamm NJW 1985,
2168; SOERGEL/LIERMANN Rn 7).

Bestrebungen der AGJ, ein **förmliches Adoptionspflegeverfahren** nach *französ* (Artt 8
351, 352 Cc: placement en vue de l'adoption) oder *ital* (Artt 22, 23 AdoptG v
4. 5. 1983: affidamento preadottivo) Recht einzuführen (Vorschläge zur Reform des Adoptionsrechts und des Adoptionsvermittlungsrechts, MittAGJ 64 [1972] 33 f; FEIL MittAGJ 67 [1973]
39 f; SCHNABEL MittAGJ 64 [1972] 18, 20 f, MittAGJ 67 [1973] 38 f, MittAGJ 70 [1974] 43 f; Internat
Sozialdienst MittAGJ 75 [1975] 3 ff), waren bei der Reform v 1976 gescheitert (vgl BT-
Drucks 7/3061, 32 unter 5). Ein derartiges zweiphasiges Modell sollte das Kind schritt-
weise zunächst durch einen Adoptionspflegebeschluß, später durch den Adoptionsbeschluß aus der Ursprungsfamilie lösen und in die neue Familie eingliedern. Ziel der
Reformbestrebungen war es ua, Statusveränderungen des Kindes durch Vaterschaftsanerkennung und Vaterschaftsfeststellung während der Adoptionspflege zu verhindern, damit geplante Kindesannahmen nicht durch rechtl Veränderungen wieder in
Frage gestellt werden können.

Der Gesetzgeber hat dem Wunsch nach einer **rechtl Verfestigung von Adoptionspfle-** 9
geverhältnissen partiell durchaus Rechnung getragen: Nach § 1751 Abs 1 ruht die
elterl Sorge mit der Einwilligung in die Annahme; die Befugnis zum persönlichen
Umgang mit dem Kind darf nicht ausgeübt werden. Das JugA wird Vormund. Der
Pflegeperson selbst werden mit dem KindRG v 1997 in § 1751 Abs 1 S 5 erweiterte
Erziehungs- und Entscheidungskompetenzen eingeräumt. Nach § 1751 Abs 4 ist der
Annehmende dem Kind vor den Verwandten des Kindes zur Gewährung des Unterhalts verpflichtet, sobald die Eltern des Kindes die erforderliche Einwilligung erteilt
haben und das Kind in die Obhut des Annehmenden mit dem Ziel der Annahme
aufgenommen ist. Zu beachten ist allerdings, daß die in § 1751 Abs 1 und 4 angeordneten Rechtsfolgen nicht an die Inpflegegabe des Kindes anknüpfen. Die Wirkungen
des Abs 1 sind die unmittelbare Folge der elterl Einwilligung in die Adoption; die
Wirkungen des Abs 4 hängen von der elterlichen Einwilligung und der Aufnahme
des Kindes in die „Obhut" des Annehmenden ab. Mit der Verwendung des Begriffes „Obhut" distanzierte sich der Gesetzgeber auch sprachlich von der Adoptions-

„pflege" des § 1744. Durch das Wort „Obhut" wird klargestellt, daß das Kind nicht unbedingt in den Haushalt des Annehmenden aufgenommen sein muß. Muß es bspw wegen Krankheit oder körperlicher oder geistiger Behinderung noch einige Zeit in einem Krankenhaus oder einem Heim bleiben, so tritt die Unterhaltpflicht der künftigen Annehmenden ein, wenn sie die Verantwortung für das Kind übernehmen (BT-Drucks 7/5087, 14). Demgegenüber setzt die Adoptionspflege als Probezeit voraus, daß die Pflege im eigenen Wohn- und Lebensbereich geleistet wird, weil nur so entspr der Zielsetzung des § 1744 festgestellt werden kann, ob „zu erwarten ist, daß zwischen dem Annehmenden und dem Kind ein Eltern-Kind-Verhältnis entsteht" (§ 1741 Abs 1 S 1; zur Unterscheidung zwischen „Obhut" und „Pflege" vgl SOERGEL/LIERMANN Rn 9 f).

2. Vertragsnatur

10 Das Rechtsverhältnis der Adoptionspflege ist **vertraglicher Natur** (zum Abschluß des Pflegevertrages vgl Rn 15). Es wird zutr als ein „besonderes familienrechtliches" qualifiziert (so ROTH-STIELOW Rn 16), wobei indessen zu beachten ist, daß es im Interesse des Kindes **durch öffentlichrechtl Schutznormen vorgeprägt** ist. So entscheidet über den Beginn der Adoptionspflege die AdVermStelle (§ 8 AdoptVermG) und über ihr Ende der Richter, der die Adoption ausspricht (§ 1752). Die AdVermStelle hat außerdem die Annehmenden, das Kind und seine Eltern während der Eingewöhnungszeit zu beraten und zu unterstützen, und die Jugendämter haben nach § 9 Abs 2 AdVermG sicherzustellen, daß die gebotene Beratung und Unterstützung auch tatsächlich geleistet werden, wenn die Annehmenden dies wünschen (§ 9 Abs 1 AdoptVermG). Die mit einseitigem Blick auf die Vertragsnatur von Pflegeverhältnissen geführte Diskussion, ob Pflegeverträge als Dauerschuldverhältnisse aus wichtigem Grund gekündigt (so GERNHUBER/COESTER-WALTJEN § 68 I 5) oder nach § 119 angefochten werden können (so ROTH-STIELOW Rn 16), erscheint angesichts der Überlagerung privatrechtl durch öffentlichrechtl Vorschriften weitgehend theoretisch und praxisfern: Die Fortsetzung einer Adoptionspflege gegen den Willen der ursprüngl Adoptionsbewerber ist im Falle einer Adoptionsvormundschaft (§ 1751 Abs 1 S 2) ohnehin ausgeschlossen. Haben die personensorgeberechtigten Eltern noch nicht in die Annahme eingewilligt, so kann die für das Kind schädliche Herausnahme aus der Pflegestelle gegen den Willen der Adoptionsbewerber nach § 1632 Abs 4 unterbunden werden (vgl BayObLGZ 1984, 98 = NJW 1984, 2168 = FamRZ 1984, 817; OLG Hamm NJW 1985, 3029). Weitere Schutzmaßnahmen zugunsten des Kindes sind nach §§ 1666, 1748 möglich.

11 Dem Zweck der Adoptionspflege entsprechend hat die **Adoptionsvermittlungsstelle** gem § 56 d FGG eine **gutachtliche Äußerung** darüber abzugeben, ob das Kind und die Familie des Annehmenden für die Annahme geeignet sind. Das **JugA** selbst ist vor der Entscheidung des VormG nach § 49 Abs 1 Nr 1 FGG **zu hören,** sofern es nicht bereits nach § 56 d als Adoptionsvermittlungsstelle eine Stellungnahme abgegeben hat.

III. Voraussetzungen der Adoptionspflege

1. Eignung der künftigen Adoptiveltern

Nach § 8 AdoptVermG darf ein Kind „erst dann zur Eingewöhnung bei den Adop- **12**
tionsbewerbern in Pflege gegeben werden, wenn **feststeht, daß die Adoptionsbewerber
für die Annahme als Kind geeignet sind".** Im RegE zum AdoptVermG v 1976 (BT-
Drucks 7/3421, 21) heißt es dazu im einzelnen:

> „Die Inpflegegabe mit dem Ziel der Adoption bedarf einer äußerst sorgfältigen Vorbereitung.
> Die sog. Eingewöhnungs- oder Anpassungszeit (§ 1744) darf keinesfalls dazu dienen, eine von
> der Adoptionsvermittlungsstelle für zweifelhaft gehaltene Eignung der Annehmenden zu
> klären. Zweck der Eingewöhnungszeit ist es vielmehr, das Verhältnis der mit positivem Ergeb-
> nis überprüften Adoptionsbewerber zu dem Kind dadurch zu festigen, daß die Adoptions-
> bewerber das Kind wie leibliche Eltern selbst eine Zeit lang vor der Adoption betreuen. Die
> Adoptionsvermittlungsstelle soll so Gelegenheit erhalten, die Entwicklung der Eltern-Kind-
> beziehung zu beobachten, um im Rahmen der gutachtlichen Äußerung gegenüber dem Ge-
> richt vor dem Ausspruch der Adoption (§ 56 d FGG) endgültig beurteilen zu können, ob die
> ausgewählten Adoptionsbewerber als Eltern dieses bestimmten Kindes geeignet sind. Das
> Adoptionspflegeverhältnis ist demnach eine ‚Bewährungsprobezeit‘ und keine ‚Vorprüfungs-
> zeit‘."

2. Zeitpunkt für das Vorliegen der Adoptionsvoraussetzungen

Die Adoptionsvoraussetzungen müssen nicht notwendigerweise alle im Zeitpunkt **13**
der Inpflegegabe erfüllt sein. So kann eine geringfügige **Unterschreitung des Mindestalters** hingenommen werden, wenn abzusehen ist, daß beim Ausspruch der Annahme
als Kind (§ 1752) den Alterserfordernissen genügt sein wird. Keine Bedenken bestehen auch gegen eine Adoptionspflege, wenn die **elterl Einwilligung in die Adoption**
zwar erklärt, dem VormG aber noch nicht zugegangen und damit noch nicht wirksam
(§ 1750 Abs 1 S 3) geworden ist (AG Kamen DAVorm 1980, 45 ff; OVG Saarlouis DAVorm
1982, 905 ff). In Betracht kommt eine Adoptionspflege aber auch schon dann, wenn die
Eltern ihre Einwilligung noch nicht erklärt haben, so etwa, wenn ein Kind ohne elterl
Fürsorge in einem Heim lebt und mit der elterl Einwilligung oder deren Ersetzung zu
rechnen ist (DIV-Gutachten DAVorm 1999, 833 f). Hier liegt es oft im Interesse des Kindes,
möglichst schnell in die Familie seiner – wahrscheinlichen – Adoptiveltern aufgenommen zu werden, die dann allerdings über die Risiken eines eventuellen Nicht-
zustandekommens der Adoption informiert werden müssen (MünchKomm/Maurer
Rn 3).

3. Keine Pflegeerlaubnis

Die Inpflegegabe zum Zwecke der Adoption erfüllt an sich den Tatbestand des § 44 **14**
Abs 1 S 1 SGB VIII, was eigentlich zur Folge haben müßte, daß die Pflegeperson
nicht nur durch die AdVermStelle auf ihre Eignung zu überprüfen wäre (§ 7 Ad-
VermG), sondern auch einer Pflegeerlaubnis durch das JugA bedürfte. Das war in der
Tat auch der Rechtszustand bis zum 31.3.1993 (vgl Staudinger/Frank[12] Rn 14). Da
indessen der Adoptionspflege bereits eine Vermittlung durch eine fachlich kompe-
tente Adoptionsvermittlungsstelle vorausgeht (§§ 2, 3 AdVermG), bestand für einen

zusätzlichen Erlaubnisvorbehalt kein Anlaß. Durch das erste ÄndG zum SGB VIII wurde deshalb auf das Erfordernis einer Pflegeerlaubnis verzichtet (§ 44 Abs 1 S 3 Nr 1 SGB VIII nF; Näheres WIESNER/OBERLOSKAMP SGB VIII Anh III [AdVermG] § 8 Rn 3).

4. Vertrag

15 Die Begründung der Adoptionspflege erfolgt durch **Vertrag** zwischen dem gesetzlichen Vertreter des Kindes und der Pflegeperson. Haben die Eltern gem §§ 1747, 1750 Abs 1 in die Annahme eingewilligt, oder wurde ihre Einwilligung durch rechtskräftigen Beschluß des VormG gem § 1748 ersetzt, so wird das Kind durch das JugA als Vormund vertreten (§ 1751 Abs 1 S 2). Andernfalls steht den Eltern das **Vertretungsrecht** zu, es sei denn, ihnen wurde das Personensorgerecht oder das Aufenthaltsbestimmungsrecht gem § 1666 entzogen. Zur rechtl Qualifizierung dieses Vertrags vgl oben Rn 10.

§ 1745

Die Annahme darf nicht ausgesprochen werden, wenn ihr überwiegende Interessen der Kinder des Annehmenden oder des Anzunehmenden entgegenstehen oder wenn zu befürchten ist, daß Interessen des Anzunehmenden durch Kinder des Annehmenden gefährdet werden. Vermögensrechtliche Interessen sollen nicht ausschlaggebend sein.

Materialien: BT-Drucks 7/3061, 33 f; BT-Drucks 7/5087, 10. S STAUDINGER/BGB-Synopse (2000) § 1745.

Systematische Übersicht

Alphabetische Übersicht

I. Entstehungsgeschichte

1. Ursprüngliches Erfordernis der Kinderlosigkeit

Vorläufer des heutigen § 1745 war § 1741, der in seiner ursprüngl Fassung die An- **1**
nahme an Kindes Statt ohne Befreiungsmöglichkeit nur demjenigen erlaubte, der
„keine ehelichen Abkömmlinge" hatte. Für diese Regelung des BGB v 1900 war die

Überlegung maßgebend, daß beim Vorhandensein ehel Abkömmlinge

> „einerseits für eine Annahme an Kindesstatt regelmäßig ein Bedürfnis nicht vorliegt, anderer-
> seits dieselbe die Gefahr mit sich bringt, daß durch die Aufnahme eines fremden Kindes das
> häusliche Glück gestört und die Gelegenheit zu Mißhelligkeiten zwischen dem Annehmenden
> und dessen ehelichen Abkömmlingen gegeben wird, Mißhelligkeiten, welche namentlich dar-
> aus entstehen können, daß durch die Annahme an Kindesstatt die Hoffnungen der ehelichen
> Abkömmlinge in erbrechtlicher Hinsicht getäuscht werden" (Mot IV 957).

Näher zur Rechtslage unter der Geltung des § 1741 aF GLÄSSING 57 ff.

2. Befreiung vom Erfordernis der Kinderlosigkeit

2 Nach dem 2. Weltkrieg erließen zunächst iJ 1948 die Länder der sowjetisch besetzten
Zone und 1949 auch die Länder Württemberg-Hohenzollern und Rheinland-Pfalz
Gesetze, welche die Erleichterung der Annahme an Kindes Statt, insbes die Möglichkeit der Befreiung vom Erfordernis der Kinderlosigkeit des Annehmenden, vor-
sahen (vgl STAUDINGER/ENGLER[10/11] Rn 3). Eine bundeseinheitliche Regelung brachte erst
das **Ges zur Erleichterung der Annahme an Kindes Statt v 8. 8. 1950** (BGBl I 356). Dessen
§ 1 sah gleichfalls die Möglichkeit vor, von dem Erfordernis der Kinderlosigkeit zu
befreien. In häuslicher Gemeinschaft lebende Ehegatten mit gemeinschaftlichen
Abkömmlingen konnten Befreiung nur für die gemeinschaftliche Annahme eines
Kindes erhalten. Nach § 4 sollte die Befreiung nur bewilligt werden, wenn der Annahme an Kindes Statt keine überwiegenden Interessen der ehel Abkömmlinge des
Annehmenden entgegenstanden und keine Gefährdung der Interessen des Anzunehmenden durch das Vorhandensein ehel Abkömmlinge zu befürchten war; vermögensrechtl Interessen der Beteiligten sollten idR nicht ausschlaggebend sein. – Die Gel-
tungsdauer des zunächst bis Ende 1952 befristeten AdoptErleichtG wurde durch
zwei weitere Ges v 1953 u 1955 verlängert. Diese waren aber ebenfalls jeweils befristet, so daß es am 31. 12. 1960 endgültig außer Kraft trat.

3. Regelung durch das FamRÄndG v 1961

3 Am 11. 8. 1961 wurde das FamRÄndG (BGBl I 1221) beschlossen. Die Möglichkeit der
Befreiung vom Erfordernis der Kinderlosigkeit war nunmehr in § 1745 BGB geregelt. § 1745 a stellte Richtlinien auf, nach deren Abs 1 – entspr der Regelung des
AdoptErlG v 1950 – eine Befreiung vom Erfordernis der Kinderlosigkeit nur erfolgen sollte,

> „wenn der Annahme an Kindes Statt keine überwiegenden Interessen der ehelichen Ab-
> kömmlinge des Annehmenden entgegenstehen und wenn keine Gefährdung der Interessen
> des Anzunehmenden durch das Vorhandensein ehelicher Abkömmlinge zu befürchten ist.
> Vermögensrechtliche Interessen der Beteiligten sollen nicht ausschlaggebend sein."

Näheres zu den §§ 1745, 1745 a idF d FamRÄndG v 1961 wie auch allg zur Entstehungsgeschichte des heutigen § 1745 in STAUDINGER/ENGLER[10/11] § 1745 Rn 1 f.

4. Regelung des geltenden Rechts

Das **Erfordernis der Kinderlosigkeit** wurde durch das AdoptG v **1976 abgeschafft**. Der **4** Gesetzgeber kam damit einer übereinstimmenden Empfehlung von Wissenschaft und Praxis nach (BT-Drucks 7/3061, 33; ENGLER 62 f). „Da die Annahme als Kind vor allem der Fürsorge erziehungsbedürftiger Kinder dienen soll, ist es erwünscht, wenn das angenommene Kind mit Geschwistern aufwachsen kann" (BT-Drucks 7/3061, 29). Schutzwürdigen Interessen vorhandener Kinder wird nunmehr durch § 1745 Rechnung getragen, der weitgehend § 1745 a Abs 1 aF entspricht. In der Sache hat sich somit bei der Minderjährigenadoption gegenüber dem früheren Rechtszustand wenig geändert (so auch BT-Drucks 7/3061, 29, 33). Während vor der Reform die schutzwürdigen Interessen vorhandener Kinder bei der Befreiung vom Erfordernis der Kinderlosigkeit (§ 1745 a aF) geprüft wurden, sind sie heute im Rahmen des allg Adoptionsverfahrens, das mit dem Annahmebeschluß (§ 1752) endet, zu würdigen. Geändert hat sich allerdings die Rechtslage bei der **Erwachsenenadoption,** weil dort die Interessen vorhandener Kinder in § 1769 anders gewichtet sind als in § 1745 a aF, der gleichermaßen für die Minderjährigen- wie für die Erwachsenenadoption galt (Näheres § 1769 Rn 2). Die im Zuge der Reform gelegentlich erhobene Forderung, § 1745 a aF (und damit den heutigen § 1745) gänzlich zu streichen, weil es bei der Minderjährigenadoption keine schutzwürdigen Interessen vorhandener Kinder gebe, die sich nicht in den Interessen des Anzunehmenden widerspiegelten, und der Anzunehmende selbst durch § 1741 Abs 1 ausreichend geschützt sei (so der Deutsche Anwaltsverein, vgl BT-Drucks 7/5087, 10; auch LÜDERITZ 35 Fn 110), hat sich nicht durchsetzen können.

II. Bewertung der Vorschrift

1. Abschaffung des Erfordernisses der Kinderlosigkeit

Die Abschaffung des Erfordernisses der Kinderlosigkeit war überfällig. Obwohl die **5** Erziehungswirksamkeit von Familien mit vielfältigen Faktoren zusammenhängt, sprechen eine Reihe soziologischer und psychologischer Gründe dafür, die Zahl der Kinder in einer Familie nicht zu klein zu halten (TOMAN, Familienkonstellationen [5. Aufl 1991] 32 ff; LEMPP, Familie im Umbruch [1986] 89 ff; SCHNEEWIND, in: OERTER/MONTADA, Entwicklungspsychologie [4. Aufl 1998] 160 ff). Das frühere Verständnis der Adoption, nach dem dieselbe „kinderlosen Personen" von diesem „Mangel" abhelfen sollte (Mot IV 952) und folglich beim Vorhandensein von Kindern keinen rechten Sinn haben konnte, ist längst einer Betrachtung gewichen, nach der die **Förderung des Kindeswohls der eigentliche Zweck der Annahme als Kind** ist. § 1745 trägt im übrigen dem EuAdoptÜbEink v 24. 4. 1967 Rechnung, das für die Bundesrepublik am 11. 2. 1981 in Kraft getreten ist (BGBl 1980 II 1093) und in Art 12 Abs 2 verbietet, einer Person die Kindesannahme deshalb zu untersagen, „weil sie ein eheliches Kind hat oder haben könnte". Die Zulassung der Adoption durch Eltern, die bereits Kinder haben, entspricht der **internationalen Rechtsentwicklung:** Staaten, welche das Institut der Adoption erst im 20. Jh als ein Instrument der Sozialpolitik anerkannt haben, wie die nordischen Länder (*Dänemark* AdoptG v 26. 3. 1923, nunmehr AdoptG v 2. 6. 1999 Nr 358; *Schweden* AdoptG v 14. 6. 1917 u 28. 6. 1923, nunmehr 4.Kap §§ 1–11 des ElternG v 10. 6. 1949 Nr 381 idF d Ges v 15. 1. 1981 Nr 26; *Norwegen* AdoptG v 2. 4. 1917 Nr 1, nunmehr AdoptG v 28. 2. 1986 Nr 8; *Finnland* Ges über Adoptivkinder v 5. 6. 1925 Nr 208, nunmehr AdoptG v 8. 2. 1985 Nr 153), *Großbritannien* (Adoption of Children Act v 1926, nunmehr Adoption Act v 1976) und die *Niederlande* (Ges v 26. 1. 1956 Stb 42, nunmehr Ges v 24. 12. 1997 Stb 772), sahen von vornherein die Möglichkeit der Adoption auch beim Vorhandensein eigener Kinder vor. Aber auch diejenigen Staaten, in denen die „Annahme an Kindes Statt" ursprüngl als ein Mittel zur Tradierung von Familiennamen und Familiengut gedient hat, haben in den letzten Jahrzehnten fast ausnahmslos durch Gesetzesänderungen dieses Erfordernis gestrichen (*Schweiz* Art 264 ZGB Ges v 30. 6. 1972, Ausnahme Art 266 Abs 1 ZGB betr Erwachsenenadoption, vgl HEGNAUER, Grundriss des Kindesrechts, 5. Aufl 1999, Rn 11. 09; *Frankreich* Art 353 Abs 2 Cc Ges no 76–1179 v 22. 12. 1976, vgl PATUREAU D 1977 Chron 259; *Spanien* Art 172 Cc Ges v 4. 7. 1970, vgl BRAND Rev int dr comp 1985, 595, 597; *Italien* Art 6 d Ges Nr 184 v 4. 5. 1983 zur Regelung der Adoption und der Pflegekindschaft Minderjähriger, Ausnahme Art 291 Cc betr Erwachsenenadoption, vgl BRAND Rev int dr comp 1985, 631, 632 f).

2.   Schutz von Interessen der Kinder des Annehmenden und des Anzunehmenden

6   Es entspricht allg Gerechtigkeitsvorstellungen, bei der Entscheidung über die Adoption die **Interessen der Kinder des Annehmenden** ebenso zu berücksichtigen wie die der Kinder **des Anzunehmenden.** Diese Interessen werden deshalb heute in § **1745** ausdrücklich geschützt.

7   Trotzdem fragt es sich, ob auf § 1745 nicht hätte verzichtet werden können, weil die einer Adoption entgegenstehenden **Interessen vorhandener Kinder** idR auf die in § **1741** Abs 1 geschützten Interessen des Anzunehmenden zurückschlagen (vgl BT-Drucks 7/5087, 10). Dagegen sprechen indessen zwei Überlegungen: Wenn die vorhandenen Kinder des Annehmenden in gleicher Weise wie der Anzunehmende Schutz verdienen, dann ist nicht einzusehen, warum ihnen dieser Schutz nur mittelbar zuteil werden soll. Außerdem spiegeln sich die Interessen der eigenen Kinder nicht notwendigerweise in denen des Adoptivkindes wider. So kann die Adoption vorehel Kinder der Ehefrau durch den Ehemann diesen durchaus zum Vorteil gereichen, obwohl die Unterhaltsansprüche der eigenen Kinder des Mannes aus erster Ehe in bedenklicher Weise geschmälert oder gar gefährdet werden. Große Schwierigkeiten bereitet allerdings die Klärung der Frage, welche Interessen der Kinder des Annehmenden eine Adoption überhaupt entgegenstehen können. Vermögensinteressen sollen nach § 1745 S 2 nicht ausschlaggebend sein. Nichtvermögensinteressen, die einer Adoption entgegenstehen könnten, sind aber nur schwer ausfindig zu machen. Näheres zu dieser Problematik Rn 14.

8   Entbehrlich erscheint die besondere Hervorhebung der **Interessen der Kinder des Anzunehmenden.** Diese Interessen stehen bei der Annahme Volljähriger auf dem Spiel, sind dort aber in § 1769 besonders geregelt. Minderjährige Anzunehmende mit eigenen Kindern dürften die Praxis kaum jemals beschäftigen. Sollte dies doch einmal der Fall sein, so spiegeln sich die Interessen der Kinder des Annehmenden notwendigerweise im Interesse des Anzunehmenden selbst wider (anders BT-Drucks 7/3061, 34 unter 8; vgl auch unten Rn 19).

3. Gefährdung von Interessen des Anzunehmenden durch Kinder des Annehmenden

Soweit in § 1745 bestimmt ist, daß die **Interessen des Anzunehmenden** nicht durch   **9**
Kinder des Annehmenden gefährdet werden dürfen, ist diese Regelung überflüssig
(ENGLER FamRZ 1976, 586; ERMAN/HOLZHAUER Rn 2; BGB-RGRK/DICKESCHEID Rn 2; SOERGEL/
LIERMANN Rn 14); denn Voraussetzung der Annahme ist nach § 1741 Abs 1 S 1, daß sie
dem Wohl des Kindes dient. Die Begründung des RegE (BT-Drucks 7/3061, 33), daß es
„zweckmäßig" sei, „darauf hinzuweisen, daß auch das anzunehmende Kind Schaden
erleiden könnte, wenn sich das Verhältnis zu den Geschwistern nicht normal entwik-
keln würde", überzeugt nicht. Auf „Hinweise" sollte der Gesetzgeber verzichten.

III. Entgegenstehende Interessen der Kinder des Annehmenden

1. Allgemeines zum Abwägungsprozeß

Die Annahme darf nicht ausgesprochen werden, wenn ihr überwiegende Interessen   **10**
der Kinder des Annehmenden entgegenstehen. Zunächst sind unter dem allg Aspekt
des Kindeswohls (§ 1741 Abs 1) die **Interessen des Anzunehmenden** an der Adoption
festzustellen. Sodann sind die der Adoption evtl entgegenstehenden **Interessen der
Kinder des Annehmenden** zu ermitteln. Diese Interessen können materieller und
immaterieller Art sein. Daß nach § 1745 S 2 vermögensrechtl Interessen nicht ausschlaggebend sein sollen, heißt nicht, daß sie nicht zu berücksichtigen sind (Münch-
Komm/MAURER Rn 7; ROTH-STIELOW Rn 9; BGB-RGRK/DICKESCHEID Rn 6; SOERGEL/LIERMANN
Rn 11; DIV-Gutachten DAVorm 1995, 488, 489; OLG Oldenburg NdsRpfl 1952, 186; OLG Celle
ZBlJugR 1960, 305, 306; LG Mannheim Die Justiz 1961, 14, 15). Sie können im Einzelfall sogar
so gewichtig sein, daß sie eine Annahme verhindern. „Nicht sollen" iS v § 1745 S 2
heißt „nicht dürfen". Der Gesetzgeber wollte mit dieser Regelung, die im übrigen
§ 1745 a S 2 aF entspricht, vor allem klarstellen, daß die mit jeder Adoption verbundene Schmälerung des Erbteils der Geschwister und Minderung der finanziellen
Leistungskraft der Eltern keine ausschlaggebende Gefährdung vorhandener Kinder
darstellen, solange nicht besondere Umstände vorliegen (BT-Drucks 7/3061, 34 unter 7).
Zu restriktiv erscheint angesichts des Gesetzeswortlauts („sollen nicht ausschlaggebend sein") die in der Begründung des RegE (BT-Drucks 7/3061, 34 unter 7) enthaltene
Aussage, daß vermögensrechtl Gesichtspunkte „ganz in den Hintergrund treten sollen und nur ganz ausnahmsweise ausschlaggebend sein können". – Stehen Interessen
und Gegeninteressen fest, so darf die Annahme nur dann nicht ausgesprochen werden, **wenn die Interessen der Kinder des Annehmenden** die des Anzunehmenden an
der Adoption **überwiegen.**

2. „Kinder" des Annehmenden

Der Schutz des § 1745 wird schon seit Inkrafttreten des AdoptG v 1976 allen Kindern   **11**
des Annehmenden zuteil, ohne Rücksicht darauf, ob sie ehel oder nichtehel geboren
wurden. Nachdem das KindRG v 1997 die Unterscheidung zwischen ehel und nichtehel Kindern gänzlich abgeschafft hat, versteht sich dieser Grundsatz von selbst.
§ 1745 schützt auch bereits vorhandene Adoptivkinder des Annehmenden, da diese
nach § 1754 leiblichen Kindern des Annehmenden gleichgestellt sind. Die Interessen
von Stiefkindern, auch wenn sie einbenannt wurden (§ 1618), werden v § 1745 eben-

sowenig erfaßt wie die von Pflegekindern. Werden ihre Interessen durch eine angestrebte Adoption erkennbar vernachlässigt, so dürfte allerdings fraglich sein, ob die Adoption nicht deshalb unterbleiben muß, weil die Annehmenden zur Erziehung nicht hinreichend geeignet sind.

12 Die Schutzvorschrift des § 1745 bezieht sich anders als § 1745 a aF nur auf **„Kinder"**, nicht auf **„Abkömmlinge"** des Annehmenden. Aus den Gesetzesmaterialien ergeben sich allerdings keine Hinw darauf, daß bei der Reform v 1976 insoweit an eine Änderung der früheren Regelung gedacht war (vgl BT-Drucks 7/3061, 33 unter 3). In der Lit wird die analoge Anwendung des § 1745 auf Kindeskinder diskutiert und allg bejaht (MünchKomm/Maurer Rn 3; BGB-RGRK/Dickescheid Rn 3; Soergel/Liermann Rn 5). Bei der Minderjährigenadoption hat die Frage indessen wenig praktische Bedeutung: „Großeltern" kommen im Hinblick auf das Kindeswohl als Annehmende kaum in Betracht. Außerdem ist nicht ersichtlich, welche schützenswerten Interessen der Enkel einer Adoption durch ihre Großeltern überhaupt entgegenstehen sollen, wenn die vermögensmäßigen Interessen ohnehin nachrangig sind. Die alte Regelung des § 1745 a war gerechtfertigt, weil sich die Bestimmung anders als der heutige § 1745 sowohl auf die Minderjährigen- als auch auf die Volljährigenadoption bezog.

13 Fraglich ist, ob mittels einer extensiven Interpretation des § 1745 auch der **nasciturus** geschützt werden muß (so Gernhuber/Coester-Waltjen § 68 VIII Fn 7). Der nasciturus wird der natürlichen Person in allen Fällen gleichgestellt, in denen die Ausdehnung einer Vorschrift auf das werdende Leben möglich und sinnvoll ist (zB §§ 844 Abs 2, 1923 Abs 2, 1912). In der Konsequenz dieser Wertung liegt es, die Frage zu bejahen. Ist der nasciturus allerdings ein nichtehel Kind des Annehmenden, so hängt sein Schutz von einer vorgängigen Vaterschaftsfeststellung ab (§§ 1592, 1594 Abs 1 u 4).

3. Nichtvermögensinteressen

14 Obwohl S 2 mit der Hintanstellung vermögensrechtl Interessen signalisiert, daß in erster Linie Nichtvermögensinteressen vorhandener Kinder berücksichtigt werden sollen, spielen diese in der Praxis unter dem besonderen Aspekt des § 1745 kaum eine Rolle. Der Grund liegt darin, daß in den Fällen, in denen vorhandene Kinder durch die Hinzuadoption eines weiteren Kindes Gefahr laufen, in ihrer Pflege, Betreuung oder Erziehung vernachlässigt zu werden, bereits die vorgängige Frage, ob die Adoption überhaupt dem Kindeswohl dient, in aller Regel zu verneinen ist. Auch dann, wenn zu erwarten ist, daß sich die Annehmenden einseitig dem neuen Kind zuwenden, dürfte es bereits an den für eine Adoption erforderlichen erzieherischen Fähigkeiten fehlen. In den die Praxis beschäftigenden Fällen der Annahme von Kindern des Ehepartners zum Nachteil eigener vor- oder erstehel Kinder, die beim anderen Elternteil leben, stehen typischerweise nicht immaterielle, sondern materielle Interessen auf dem Spiel. An den guten oder schlechten Beziehungen des adoptierenden Stiefelternteils zu seinen eigenen außerhalb der Stiefehe lebenden Kindern ändert sich jedenfalls durch die Adoption nur wenig (vgl MünchKomm/Maurer Rn 6; Soergel/Liermann Rn 12; **aA** anscheinend BGB-RGRK/Dickescheid Rn 5; Erman/Holzhauer Rn 5). Nicht überzeugen kann deshalb eine Entscheidung des OLG Oldenburg (NdsRpfl 1952, 186), in der es heißt, daß durch die Stiefkindadoption die Gefahr einer Entfremdung zwischen dem Annehmenden und seinem bei der Mutter lebenden 9 Jahre alten Sohn eintreten würde. Kein schutzwürdiges Interesse liegt dem Wunsch des aus erster Ehe stammenden Kindes zugrunde, die Adoption der Kinder der zweiten Ehefrau durch seinen Vater zu verhindern, weil die zweite Ehefrau die Ehe seiner Eltern zerstört habe (anders noch: OLG Hamburg ZBlJugR 1954, 31 sowie STAUDINGER/ENGLER[10/11] § 1745 a Rn 5; krit dazu: SOERGEL/ROTH-STIELOW[11] Rn 6).

4. Vermögensinteressen

Vorhandene Kinder haben nach der Wertung von S 2 grds die mit der Adoption **15** verbundene **Schmälerung ihres gesetzl Erb- und Pflichtteilsrechts sowie die Minderung der finanziellen Leistungskraft ihrer Eltern** hinzunehmen. Anders ist die Rechtslage bei der Erwachsenenadoption, wo in § 1769 eine § 1745 S 2 entspr Regelung fehlt, die Vermögensinteressen vorhandener Kinder also stärkeren Schutz genießen. Im Spannungsfeld zwischen § 1745 und § 1769 darf indessen nicht übersehen werden, daß die **typisierende Unterscheidung zwischen Minderjährigen- und Volljährigenadoption** notwendigerweise nur eine grobe Erstorientierung erlaubt. So fallen bei der Adoption eines fast volljährigen Kindes die Vermögensinteressen vorhandener Kinder uU erheblich stärker ins Gewicht als bei der Adoption eines Kleinkindes. Umgekehrt können bei der Annahme eines volljährigen Pflegesohnes, der schon seit seiner Kindheit in der Familie der Annehmenden lebt, die vermögensrechtl Interessen vorhandener Kinder im Abwägungsprozeß eine geringere Rolle spielen als sonst bei einer Erwachsenenadoption. Vermögensrechtl Interessen fallen auch dann stärker ins Gewicht, wenn das vorhandene Kind bereits erwachsen ist, sich für die Fortführung des elterl Unternehmens engagiert hat und ausgebildet wurde und durch die Pflichtteilsansprüche des Anzunehmenden eine Zerschlagung des Unternehmens zu besorgen ist (MünchKomm/MAURER Rn 9; BGB-RGRK/DICKESCHEID Rn 6; ERMAN/HOLZHAUER Rn 4).

Wachsen die vorhandenen eigenen Kinder des Annehmenden in derselben Familie auf 16 wie der Anzunehmende, so spiegeln sich ihre Vermögensinteressen idR in denen des künftigen Adoptivkindes wider. Die Adoption hat zu unterbleiben, wenn es an den nötigen Mitteln fehlt, ein weiteres Familienmitglied zu ernähren.

Schwierig zu beurteilen sind die **Fälle, in denen die bereits vorhandenen Kinder nicht 17 der (faktischen) Familie des Annehmenden angehören.** In erster Linie geht es dabei um die **Adoption von Stiefkindern** zum Nachteil der beim anderen Elternteil lebenden erst- oder vorehel Kinder des Annehmenden. Müssen diese Kinder es hinnehmen, daß ihre Unterhaltsansprüche durch die Adoption von Stiefkindern geschmälert oder gar gefährdet werden? In Lit u Rspr besteht insoweit keine völlige Klarheit: Nach SOERGEL/LIERMANN (Rn 11) muß die Adoption unterbleiben, wenn die eigenen Kinder sonst „auf Sozialhilfe angewiesen wären", nach ENGLER (STAUDINGER/ENGLER[10/11] § 1745 a Rn 6), „wenn die Gefahr wirtschaftlicher Not begründet würde". MAURER (MünchKomm/MAURER Rn 8) meint, ein Annahmeantrag sei auch dann abzulehnen, wenn das leitende Motiv der Stiefkindadoption die Verkürzung von Unterhaltsansprüchen eigener Kinder sei. Der BGH (FamRZ 1984, 378 = JR 1984, 328 m Anm BÖHMER = DAVorm 1984, 387) scheint in einem obiter dictum die Grenze bei der drohenden Inanspruchnahme von Sozialhilfe zu ziehen. Im übrigen hat sich die Rspr vor allem unter der Herrschaft des alten § 1745 a zu dieser Problematik geäußert. Das LG Mannheim (Die Justiz 1961, 14, 15) nahm überwiegende, der Adoption entgegenstehende Interessen der erstehel Kinder an, wenn zu befürchten ist, daß diese „nicht

einmal mehr den gegenwärtig geschuldeten Unterhaltsbetrag infolge der hinzutretenden Unterhaltsverpflichtung erhalten werden". Das OLG Oldenburg (NdsRpfl
1952, 186) stellte auf eine „erhebliche Beeinträchtigung" der Unterhaltsansprüche
ehel Kinder ab, und das OLG Hamm (StAZ 1954, 109) meinte, eine Stiefkindadoption
dürfe nicht erfolgen, wenn der Annehmende „ernstliche Versuche unternehme, sich
der Unterhaltspflicht gegenüber seinen Kindern zu entziehen".

18 Eine objektive Grenze, bis zu der eine **Beeinträchtigung von Unterhaltsansprüchen bei
der Stiefkindadoption** hinzunehmen ist, läßt sich nicht ziehen. Der Grund liegt darin,
daß das im Abwägungsprozeß zu berücksichtigende Wohl des Anzunehmenden
(§ 1741 Abs 1) bei einer Stiefkindadoption recht unterschiedlich tangiert sein kann
(Näheres dazu § 1741 Rn 42 ff). Eine Stiefkindadoption ändert grds nichts daran, daß
„dieses Kind in dieser Familie" aufwächst. Den Beteiligten kommt es oft nicht in
erster Linie auf die Veränderung von Rechtspositionen (Sorgerecht, Unterhalt, Erbrecht), sondern darauf an, das Kind in einer Art Symbolakt als eigenes „anzunehmen" (vgl FRANK 80 f m Nachw). Auch wenn dieser Symbolwert für das gedeihliche
Zusammenleben der Beteiligten von erheblicher Bedeutung sein kann, bleibt festzuhalten, daß das Wohl des Stiefkindes eine Adoption in vielen Fällen nicht mit der
gleichen Intensität gebietet wie etwa das Wohl eines Heimkindes, das in eine neue
Familie aufgenommen werden soll. Unabhängig davon sollte nicht übersehen werden, daß eine ganze Reihe von Gründen gegen die Stiefkindadoption schlechthin
sprechen (vgl dazu und zu der insoweit restriktiven Adoptionspraxis in anderen Ländern § 1741
Rn 43). Diese Überlegungen rechtfertigen es, bei der Stiefkindadoption die unterhaltsrechtl Interessen vor- oder erstehel Kinder nicht ausnahmslos, aber doch oft
stärker ins Gewicht fallen zu lassen als bei anderen Minderjährigenadoptionen. Das
gilt vor allem auch dann, wenn mit der Adoption durch den *Stiefvater* ohne Not
Unterhaltsansprüche des Anzunehmenden gegen den leibl Vater preisgegeben werden (so der Fall LG Mannheim Die Justiz 1961, 14, 15). Die Dauer des Stiefkindverhältnisses
spricht zwar für eine „Besiegelung" des faktischen Eltern-Kind-Verhältnisses durch
Adoption (BGB-RGRK/DICKESCHEID Rn 5; vgl auch AG Darmstadt DAVorm 1981, 933), ist
aber für sich allein kein ausreichender Grund, gesetzl Unterhaltsansprüche vorhandener eigener Kinder zu verkürzen. Solange das deutsche Recht – anders als manche
ausländische Rechtsordnungen (*Großbritannien* Sec 1 b iVm sec 88 [1] [b] Domestic
Proceedings and Magistrates Courts Act 1978; *Niederlande* Art 392 Abs 1 c BW;
Schweden Kap 7 § 5 des ElternG v 10. 6. 1949; *Schweiz* Art 278 Abs 2 ZGB: mittelbarer Unterhaltsanspruch des Stiefkindes wegen der Beistandspflicht des Stiefelternteils gegenüber seinem Ehegatten, vgl HEGNAUER, Grundriss des Kindesrechts [5. Aufl 1999]
Rn 20.08) – Stiefkindern keine Unterhaltsansprüche zuerkennt, liegt darin eine Wertung, die mit Hilfe des Rechtsinstituts der Adoption zum Nachteil vorhandener
Kinder nur überspielt werden kann, wenn *andere* Gründe eine Annahme nahelegen.
Wird eine Stiefkindadoption primär angestrebt, um die gesetzl Unterhaltsansprüche
vorhandener Kinder zu verkürzen, so ist der Annahmeantrag abzulehnen (so auch
MünchKomm/MAURER Rn 8; OLG Hamm StAZ 1954, 109). Dem Annehmenden geht es hier
nicht um das Wohl des Stiefkindes; seine Interessen wiegen jedenfalls gering gegenüber den Interessen erst- oder vorehel Kinder. Rückschlüsse auf die Motivation des
Annehmenden erlaubt sein Verhalten bei der Erfüllung der Unterhaltsansprüche in
den zurückliegenden Jahren.

IV. Entgegenstehende Interessen der Kinder des Anzunehmenden

Die Annahme darf nicht ausgesprochen werden, wenn ihr überwiegende Interessen **19** der Kinder des Anzunehmenden entgegenstehen. Der Gesetzgeber hat diese **unschädliche, aber überflüssige Regelung** (vgl Rn 8) für erforderlich gehalten, weil sich nach §§ 1754, 1755 die Wirkungen der Annahme auf die Kinder des Anzunehmenden erstrecken. Ein Interessengegensatz zwischen dem minderjährigen Anzunehmenden und dem Kind, das sich nur im Säuglings- oder Kleinkindalter befinden kann, ist indessen nicht zu erkennen. An der rechtl Zuordnung des Kindes zu dem Elternteil, der adoptiert werden soll, ändert sich durch die Annahme ohnehin nichts. Auch Geschwister (ein allerdings recht theoretischer Fall) bleiben dem Kind erhalten. Wenn ein „Austausch" der sonstigen Verwandtschaft dem Wohl des Anzunehmenden dient, so gilt gleiches auch für sein Kind. Was insbes den Verlust der leibl Großeltern durch das Kind anbelangt, so müssen diese als Eltern des Anzunehmenden ohnehin in die Adoption einwilligen (§ 1747). Wollen die Annehmenden zwar die Mutter, nicht aber deren Kind faktisch in die neue Familie integrieren, so dient die Annahme nicht dem Wohl des Anzunehmenden.

V. Gefährdung von Interessen des Anzunehmenden durch Kinder des Annehmenden

Hat der Annehmende Kinder und ist zu besorgen, daß sich daraus Interessenbeein- **20** trächtigungen für den Anzunehmenden ergeben, die nicht durch Vorteile in anderen Belangen überwogen werden, so darf das VormG die Annahme nicht aussprechen. Zur Berechtigung der Vorschrift und ihrem Verhältnis zu § 1741 Abs 1 vgl Rn 7. Zunächst ist zu prüfen, ob durch das Vorhandensein von Kindern Interessen des Anzunehmenden beeinträchtigt werden. Das ist idR nicht der Fall, wenn das anzunehmende Kind noch klein ist und der **Altersunterschied** zu den bereits vorhandenen Kindern dem natürlicher Geschwister entspricht. Probleme können sich vor allem ergeben, wenn die vorhandenen Kinder schon älter sind und sich durch die unerwartete Adoption eines Nachkömmlings zurückgesetzt fühlen oder überraschend finanzielle Einschränkungen befürchten müssen.

Ist eine Beeinträchtigung bestimmter Interessen zu besorgen, so führt dies noch nicht **21** zur Ablehnung der Annahme; eine **Interessenabwägung** ist auch hier – obwohl sich die Vorschrift durchaus in anderem Sinne verstehen ließe – erforderlich (PALANDT/ DIEDERICHSEN Rn 5).

VI. Verfahren und Beweislast

1. Anhörungsrechte

Das VormG (§ 1752) hat im Rahmen des Annahmeverfahrens den für § 1745 ent- **22** scheidungserheblichen Sachverhalt **von Amts wegen** zu ermitteln (§ 12 FGG). Auch wenn das VormG in diesem Zusammenhang die **Kinder des Annehmenden** anhören muß, ist nicht gesagt, daß diesen auch ein **Anspruch auf rechtl Gehör** zusteht; denn es ist zwischen der Anhörung der Beteiligten zur Aufklärung des Sachverhalts (Amtsermittlungsgrundsatz, § 12 FGG) und ihrer Anhörung zur Gewährung rechtl Gehörs (Art 103 Abs 1 GG) zu unterscheiden (KEIDEL/KUNTZE/WINKLER § 12 Rn 104 ff mNw). Die

Anhörung zur Gewährung rechtl Gehörs dient nicht primär der Sachaufklärung, sondern der Wahrung der Würde der Person (Art 1 Abs 1 GG) des von einem gerichtl Verfahren Betroffenen; „sie soll verhindern, daß über seinen Kopf hinweg kurzerhand von Obrigkeits wegen verfügt wird" (KEIDEL/KUNTZE/WINKLER § 12 Rn 105). Obwohl eine gesetzl Regelung fehlt, gesteht die hA den Kindern des Annehmenden wegen des in § 1745 (für die Erwachsenenadoption: § 1769) zum Ausdruck kommenden Schutzes ihrer Interessen einen Anspruch auf rechtl Gehör zu (BVerfG NJW 1995, 316 = FamRZ 1994, 687 betr Erwachsenenadoption; BVerfGE 89, 381, 391 = NJW 1994, 1053 = FamRZ 1994, 493, 494 betr Erwachsenenadoption; BVerfG NJW 1988, 1963 = FamRZ 1988, 1247 m Anm FRANK/WASSERMANN betr Erwachsenenadoption; BayObLG FamRZ 2001, 121 betr Erwachsenenadoption; BayObLGZ 1986, 57, 59 = NJW-RR 1986, 872, 873 = FamRZ 1986, 719, 720 li Sp u m Anm BOSCH betr Erwachsenenadoption; LG Koblenz NJW-RR 2000, 959 = FamRZ 2000, 1095 betr Erwachsenenadoption; MünchKomm/MAURER Rn 14; BGB-RGRK/DICKESCHEID Rn 8; SOERGEL/ LIERMANN Rn 15; aA SOERGEL/ROTH-STIELOW[11] Rn 10). Das ist nicht unproblematisch. Zwar kann nicht in Abrede gestellt werden, „daß eine Adoption die Rechtsposition des Kindes eines Annehmenden insbesondere in unterhalts- und erbrechtlicher Hinsicht verändert" (so BVerfG NJW 1988, 1963 = FamRZ 1988, 1247 m Anm FRANK/WASSERMANN). Allein dieser Umstand genügt aber nicht, um eine **materielle Betroffenheit** iS v BVerfGE 60, 7, 13 = NJW 1982, 1635 zu bejahen. Auch die **Rechtsposition der leibl und Adoptiv-Großeltern** wird – wie die sonstiger Verwandter – jedenfalls im Falle einer Minderjährigenadoption verändert, ohne daß diesen Personen ein Anspruch auf rechtl Gehör zugestanden würde. Entscheidend ist, ob das materielle Recht die auf Blutsverwandtschaft basierenden Rechtsbeziehungen vor Veränderungen durch Adoption schützt. Während das bei den Großeltern zu verneinen ist, besteht ein solcher Schutz im Fall der Kinder des Annehmenden aufgrund des § 1745 (bzw § 1769) durchaus. Vor 1976, als noch eine förmliche Befreiung vom Erfordernis der Kinderlosigkeit vonnöten war (§ 1745 aF), bestimmte der im Zuge der Reform ersatzlos gestrichene § 68 a FGG ausdrücklich, daß das Gericht die leibl Abkömmlinge des Annehmenden „hören solle". Wenn auch aus der Streichung von § 68 a FGG nicht geschlossen werden darf, daß die verfahrensrechtl Stellung der Kinder des Annehmenden verschlechtert werden sollte (vgl SOERGEL/LIERMANN Rn 15), so verdient doch Beachtung, daß die ehedem gesetzl verankerte Anhörung in Rspr u L seinerzeit gerade nicht als eine dem rechtl Gehör, sondern lediglich der Sachaufklärung dienende Vorschrift verstanden wurde (BayObLGZ 1965, 313, 315 = NJW 1966, 354 = FamRZ 1965, 525; BASSENGE FGG [1. Aufl 1973] § 68 a Anm 1; BUMILLER/WINKLER, FGG [1. Aufl 1974] § 68 a Anm 2; JANSEN, FGG Bd II [2. Aufl 1970] § 68 a Rn 10). Trotzdem dürfte de lege lata die Regelung des § 1745, die zwar keinen Bestandsschutz gewähren, wohl aber vor besonders nachteiligen Veränderungen schützen soll, die Annahme eines Anspruchs auf rechtl Gehör nahelegen. Entsprechendes gilt für den Fall einer Erwachsenenadoption (§ 1769).

23 Nicht richtig ist indessen die Auffassung, daß der Anspruch auf rechtl Gehör auch dazu zwingt, **das Kind** ab Verstandesreife, jedenfalls ab Vollendung des 14. Lebensjahrs entsprechend § 55 c iVm § 50 b FGG **persönlich anzuhören** (so aber SOERGEL/LIERMANN Rn 17; BGB-RGRK/DICKESCHEID Rn 8; MünchKomm/MAURER Rn 14; offengelassen für einen Fall, in dem sowohl der Anzunehmende als auch die Kinder des Annehmenden volljährig waren, BVerfGE 89, 381, 391 = NJW 1994, 1053 = FamRZ 1994, 493, 494). Auch im Verfahren der fG sind die Eltern oder der Vormund grds Sachwalter des Kindesinteresses. Anders als in den Fällen des § 50 b Abs 2 FGG wird durch die Hinzuadoption eines

Kindes nicht die Personensorge für bereits vorhandene Kinder tangiert, auch nicht die Vermögenssorge. Überdies erscheint eine persönliche Anhörung des Kindes nach § 50 b Abs 2 S 2 FGG wegen der potentiellen Beeinträchtigung erb- oder unterhaltsrechtl Belange nicht angezeigt. Zur Bestellung eines Verfahrenspflegers nach § 50 Abs 2 Nr 1 FGG bei Interessengegensatz zwischen gesetzl Vertreter und Vertretenem vgl SOERGEL/LIERMANN Rn 18. Wer in der Nichtanhörung eines 14- bis 18jährigen Kindes des Annehmenden einen Verstoß gegen Art 103 Abs 1 GG sieht, sollte sich vor allem über die Konsequenzen Gedanken machen: Nachdem das BVerfG zunächst im Falle einer Volljährigenadoption die Ansicht vertreten hatte, daß bei einer Verletzung des Anspruchs auf rechtl Gehör der Annahmebeschluß gem § 95 Abs 2 BVerfGG aufzuheben und die Sache zurückzuverweisen sei (NJW 1988, 1963 = FamRZ 1988, 1247 m Anm FRANK/WASSERMANN), hat es später – ebenfalls im Falle einer Volljährigenadoption – seine Meinung dahingehend präzisiert, daß entgegen dem Wortlaut des § 95 Abs 2 BVerfGG „nur die Beseitigung der Rechtskraft auszusprechen (sei), damit das Fachgericht das rechtl Gehör nachholen und anschließend darüber entscheiden kann, ob der Adoptionsbeschluß rückwirkend aufzuheben oder aufrechtzuerhalten ist" (BVerfGE 89, 381, 393 = NJW 1994, 1053, 1055 m Anm LUTHER NJW 1995, 306 = FamRZ 1994, 493, 496 = FuR 1994, 98, 100 m Anm NIEMEYER; bestätigt durch BVerfG NJW 1995, 316 = FamRZ 1994, 687). In der Sache hat sich allerdings nichts daran geändert, daß gelebte Statusverhältnisse nach Ansicht des BVerfG ohne Rücksicht auf die Umstände des Einzelfalls bei einem Verstoß gegen Art 103 Abs 1 GG ausnahmslos aufzuheben sind, wenn sich uU erst nach Jahren herausstellt, daß der Adoptionsbeschluß nicht hätte ergehen dürfen. Zur Problematik dieser Rspr vgl § 1759 Rn 13.

Anspruch auf rechtl Gehör haben **auch die Kinder des Anzunehmenden,** weil auch ihre **24** Interessen in § 1745 ausdrücklich geschützt werden (allg M; vgl MünchKomm/MAURER Rn 13; BGB-RGRK/DICKESCHEID Rn 8; SOERGEL/LIERMANN Rn 15).

2.   Verletzung von Anhörungsrechten

Die Kinder des Annehmenden und des Anzunehmenden haben ein Recht auf An- **25** hörung (Rn 23). Wird es verletzt, so ist der Beschluß zwar nicht mit ordentlichen Rechtsmitteln anfechtbar (§ 56 e S 3 FGG), dem Betroffenen steht aber die Verfassungsbeschwerde offen. Entgegen der Ansicht des BVerfG (BVerfGE 89, 381, 393 = NJW 1994, 1053, 1054 m Anm LUTHER NJW 1995, 306 = FamRZ 1994, 493, 495 = FuR 1994, 98, 99 m Anm NIEMEYER; NJW 1988, 1963 = FamRZ 1988, 1247 m Anm FRANK/WASSERMANN) führt die Nichtgewährung rechtl Gehörs allerdings nicht schon dann zur Annahme einer Grundrechtsverletzung und zur Begründetheit der Verfassungsbeschwerde, wenn nicht ausgeschlossen werden kann, daß bei Anhörung eine dem Bf günstigere Entscheidung ergangen wäre. Ob die Verfassungsbeschwerde begründet ist, ergibt sich vielmehr erst nach Abwägung der aus Art 103 Abs 1 GG einerseits und Art 6 Abs 1, 1 Abs 1, 2 Abs 1 GG andererseits folgenden Grundrechtspositionen der Beteiligten. Dabei wird im Bereich der Minderjährigenadoption das verfassungsrechtl geschützte Interesse des Kindes und seiner neuen Familie am Fortbestand der Adoption idR den Vorrang haben (näher hierzu § 1759 Rn 12 sowie ausf die oben zit Anm von FRANK/WASSERMANN).

3.   Beweislast

26 Die Prüfung, ob überwiegende Interessen der Kinder des Annehmenden oder des Anzunehmenden einer Adoption entgegenstehen oder ob Interessen des Anzunehmenden durch Kinder des Annehmenden gefährdet werden, erfordert eine **Prognose,** die notwendigerweise mit **Unsicherheiten** verbunden ist, auch wenn die entscheidungserheblichen Tatsachen feststehen. Mit Beweislast hat diese Frage nichts zu tun (unklar insoweit BGB-RGRK/DICKESCHEID Rn 9). Vielmehr führt eine geringere Wahrscheinlichkeit der Beeinträchtigung lediglich zu einer minderen Gewichtung des Interesses. Können **entscheidungserhebliche Tatsachen nicht festgestellt** werden, so beantwortet das materielle Recht die Frage, wer die Folgen der Nichtfeststellbarkeit zu tragen hat (sog materielle oder objektive Beweislast). Nach dem Regel-Ausnahmeverhältnis des § 1745 muß die Annahme ausgesprochen werden, falls kein Gegengrund festgestellt werden kann (MünchKomm/MAURER Rn 4; BGB-RGRK/DICKESCHEID Rn 9). Soweit es allerdings um die Gefährdung von Interessen des *Anzunehmenden* durch Kinder des Annehmenden geht, ist zu beachten, daß es sich hier in Wirklichkeit um einen Teilaspekt der Frage handelt, ob die Adoption dem Wohl des Kindes dient (§ 1741 Abs 1 S 1). Kann diese Frage nicht positiv beantwortet werden, so muß die Annahme unterbleiben (SOERGEL/LIERMANN Rn 19; BGB-RGRK/DICKESCHEID Rn 9; vgl auch § 1752 Rn 21).

§ 1746

(1) Zur Annahme ist die Einwilligung des Kindes erforderlich. Für ein Kind, das geschäftsunfähig oder noch nicht vierzehn Jahre alt ist, kann nur sein gesetzlicher Vertreter die Einwilligung erteilen. Im übrigen kann das Kind die Einwilligung nur selbst erteilen; es bedarf hierzu der Zustimmung seines gesetzlichen Vertreters. Die Einwilligung bedarf bei unterschiedlicher Staatsangehörigkeit des Annehmenden und des Kindes der Genehmigung des Vormundschaftsgerichts; dies gilt nicht, wenn die Annahme deutschem Recht unterliegt.

(2) Hat das Kind das vierzehnte Lebensjahr vollendet und ist es nicht geschäftsunfähig, so kann es die Einwilligung bis zum Wirksamwerden des Ausspruchs der Annahme gegenüber dem Vormundschaftsgericht widerrufen. Der Widerruf bedarf der öffentlichen Beurkundung. Eine Zustimmung des gesetzlichen Vertreters ist nicht erforderlich.

(3) Verweigert der Vormund oder Pfleger die Einwilligung oder Zustimmung ohne triftigen Grund, so kann das Vormundschaftsgericht sie ersetzen; einer Erklärung nach Absatz 1 durch die Eltern bedarf es nicht, soweit diese nach den §§ 1747, 1750 unwiderruflich in die Annahme eingewilligt haben oder ihre Einwilligung nach § 1748 durch das Vormundschaftsgericht ersetzt worden ist.

Materialien: BT-Drucks 7/3061, 34–36; BT-Drucks 7/5087, 10; BT-Drucks 10/504, 86; BT-Drucks 13/4899, 112, 155 f; BT-Drucks 13/8511, 75 f. S STAUDINGER/BGB-Synopse (2000) § 1746.

Systematische Übersicht

Alphabetische Übersicht

I.   Normzweck und Entstehungsgeschichte

1.   Vor der Reform v 1976 war das Kind als Vertragspartner am Zustandekommen **1** der Adoption beteiligt (§§ 1741, 1751 aF). Seit 1976 muß das minderjährige Kind – nach dem Wechsel vom Vertrags- zum Dekretsystem (§ 1752) – gem § 1746 in die Annahme einwilligen. **Ob eine solche Einwilligung zweckmäßig oder gar notwendig ist, läßt sich** jedenfalls im Hinblick auf das geschäftsunfähige oder noch nicht 14 Jahre alte Kind **bezweifeln;** denn nach § 1741 setzt die Annahme ohnehin voraus, daß sie dem Wohl des Kindes dient, und verfahrensrechtl ist durch § 12 FGG (Amtsermittlungsgrundsatz) iVm gesetzl geregelten Anhörungsrechten (insbes § 55 c FGG) gewährleistet, daß alle für oder gegen eine Adoption sprechenden Umstände gewürdigt werden. Ausländische Rechtsordnungen verzichten deshalb weitgehend auf eine besondere Einwilligung des Anzunehmenden, soweit dieser ein bestimmtes Mindestalter, ab dem ein *persönliches* Mitspracherecht sinnvoll erscheint, noch nicht erreicht hat (so *Belgien* Art 348 § 3 Cc: Einwilligung ab 15 Jahren; *Dänemark* § 6 Abs 1 AdoptG: ab 12 Jahren; *Schweiz* Art 265 Abs 2: ab 14 Jahren). Gegen § 1746 läßt sich auch anführen, daß der gesetzl Vertreter, der für das geschäftsunfähige oder noch nicht 14 Jahre alte Kind die Einwilligung erklärt, oft die leibl Eltern selbst sind, die nach § 1747 ohnehin in die Annahme einwilligen müssen. Man fragt sich zu Recht, welche Vorteile hier eine doppelte Einwilligung bringen soll. Der Reformgesetzgeber v 1997 (KindRG) hat deshalb vernünftigerweise in § 1746 Abs 3 HS 2 die Bestimmung eingefügt, daß es der elterl Einwilligung gem § 1746 Abs 1 dann nicht bedarf, wenn die Eltern bereits nach §§ 1747, 1750 unwiderruflich in die Annahme eingewilligt haben oder ihre Einwilligung nach § 1748 durch das VormG ersetzt worden ist. Trotz mancher Bedenken **verdient die Regelung des § 1746 Zustimmung.** Der gesetzl Vertreter als Sachwalter des Kindesinteresses kann beim Zustandekommen einer Adoption nicht übergangen werden. Das gilt vor allem, wenn gesetzl Vertreter nicht ein ohnehin einwilligungsberechtigter leiblicher Elternteil ist. Daß die Einschaltung des Vertreters in das Verfahren zusätzliche Informationen verspricht, ist dabei nicht primär maßgebend (so aber ERMAN/HOLZHAUER Rn 2). Entscheidend ist vielmehr, daß die vom Vertreter übernommene Verantwortung für das Kind auch zu einer *Entscheidung* im Namen des Kindes nötigt. Verweigert der Vormund oder Pfleger die Einwilligung ohne triftigen Grund, so kann sie durch das VormG nach Abs 3 HS 1 ersetzt werden.

2.   Ist der Anzunehmende 14 Jahre alt und nicht geschäftsunfähig, so kann er die **2** Einwilligung nur selbst erteilen, bedarf allerdings der Zustimmung seines gesetzl Vertreters (Abs 1 S 3; Ausnahme: Abs 3 HS 2). Die **14-Jahresgrenze** entspricht deutscher Rechtstradition insofern, als schon nach der ursprüngl Fassung des BGB (§ 1750 aF) das 14 Jahre alte nicht geschäftsunfähige Kind den Adoptionsvertrag nur selbst schließen konnte (Näheres zur Entstehungsgeschichte STAUDINGER/ENGLER[10/11] § 1751 Rn 1 ff). Andere Rechtsordnungen setzen die Altersgrenze teils niedriger (zB *Dänemark* § 6 Abs 1 AdoptG: 12 Jahre; *Frankreich* Art 345 Abs 3, 360 Abs 3: 13 Jahre; *Polen* Art 118 ZGB: 13 Jahre), teils höher an (zB *Belgien:* Art 348 § 3 Cc: 15 Jahre). Die Regelung des geltenden Rechts steht in Einklang mit zahlreichen anderen Bestimmungen, die beim 14 Jahre alten Kind von einem erhöhten Maß an Selbstbestimmung ausgehen, so zB bei der Namensänderung (§ 1617 c Abs 1 S 2), der Übertragung der elterl Sorge auf nur einen Elternteil (§ 1671 Abs 2 Nr 1), der Vaterschaftsanerkennung (§ 1596 Abs 2 S 1) sowie im fG-Verfahren durch die Einräumung von Anhörungs- und Beschwerderechten (§§ 50 b, 59 FGG). Das Abstellen auf eine starre Altersgrenze, über deren Fixierung im einzelnen man diskutieren kann, ist aus Gründen der Rechtssicherheit unerläßlich (BT-Drucks 7/3061, 35 Nr 7).

3 3. Abweichend von § 1754 Abs 1 S 2 aF, der eine Bindung der Vertragschließenden schon vor der gerichtl Bestätigung des Vertrags vorsah (Näheres STAUDINGER/ENGLER[10/11] § 1754 Rn 42), ist seit der Reform v 1976 die **Einwilligung des 14 Jahre alten** nicht geschäftsunfähigen **Kindes** bis zum Wirksamwerden des Ausspruchs der Annahme **frei widerruflich** (§ 1746 Abs 2).

4 4. **Abs 1 S 4 HS 1** ist durch das **Ges zur Neuregelung des Internationalen Privatrechts v 25. 7. 1986** (BGBl I 1142) in das BGB eingefügt worden. Die Regelung betrifft den Sonderfall, daß Annehmender und Kind unterschiedliche Staatsangehörigkeiten besitzen. Hier bedarf die Einwilligung des Kindes der sonst nicht erforderlichen Genehmigung des VormG. Seit dem KindRG v 1997 ist auch bei unterschiedlicher Staatsangehörigkeit eine Genehmigung des VormG dann nicht erforderlich, wenn die Annahme *deutschem* Recht unterliegt (Abs 1 S 4 HS 2). Näheres Rn 36 ff.

II. Einwilligung des noch nicht 14 Jahre alten oder geschäftsunfähigen Kindes

1. Einwilligung durch den gesetzlichen Vertreter

a) Gesetzlicher Vertreter des Kindes

5 Nach Abs 1 S 1 ist zur Annahme grundsätzlich die Einwilligung des Anzunehmenden erforderlich. Für ein Kind, das geschäftsunfähig oder noch nicht 14 Jahre alt ist, kann diese Einwilligung nur von seinem gesetzlichen Vertreter erteilt werden (Abs 1 S 2). Der in Abs 1 S 2 angesprochene Fall der Geschäftsunfähigkeit des Kindes bezieht sich nur auf Anzunehmende unter 18 Jahren; denn für volljährige Anzunehmende schließt § 1768 Abs 1 die Anwendbarkeit des § 1746 Abs 1 ausdrücklich aus. Allerdings bestimmt § 1768 Abs 2, daß der Adoptionsantrag für einen volljährigen Anzunehmenden, der geschäftsunfähig ist, von seinem gesetzl Vertreter gestellt werden muß.

6 Wer gesetzl Vertreter eines Kindes ist, bestimmt sich nach den allgemeinen Vorschriften. Sind die Eltern miteinander verheiratet, so steht ihnen das für die Einwilligung nach Abs 1 S 2 maßgebliche Recht der Personensorge grds gemeinsam zu. Gleiches gilt, wenn sie nicht miteinander verheiratet sind, aber gem § 1626 a Abs 1 Nr 1 Sorgeerklärungen abgegeben haben. Haben sie keine Sorgeerklärungen abgegeben, so steht die elterliche Sorge der Mutter zu (§ 1626 a Abs 2) bzw dem Jugendamt als Amtsvormund, falls die ledige Mutter minderjährig ist (§ 1791 c). Waisen- oder Findelkinder werden von ihrem Vormund vertreten (§ 1773), Kinder geschiedener oder getrenntlebender Eltern nach Maßgabe der §§ 1671, 1672 entweder von beiden Eltern gemeinsam oder nur von einem Elternteil allein. Wurde den Eltern das Sorgerecht ganz oder teilweise entzogen (§ 1666), so ist als gesetzl Vertreter des Kindes ein Vormund (§ 1773) oder Pfleger (§ 1909) zu bestellen.

b) Eltern als gesetzl Vertreter (Abs 3 HS 2)

7 Sind die Eltern (oder ein Elternteil) Inhaber des Personensorgerechts, so müssen sie grds sowohl in ihrer Eigenschaft als Eltern gem § 1747 als auch in ihrer Eigenschaft als gesetzl Vertreter des Kindes gem § 1746 Abs 1 S 2 in die Adoption einwilligen. Das **Erfordernis einer doppelten Einwilligung** hat sich in der Vergangenheit als wenig sinnvoll erwiesen (BT-Drucks 13/4899, 112; STAUDINGER/FRANK[12] Rn 6). Durch das KindRG v 1997 wurde deshalb in § 1746 Abs 3 HS 2 die Bestimmung eingefügt, daß es der Einwilligung durch die Eltern in ihrer Eigenschaft als Vertreter des Kindes dann nicht bedarf, wenn ihre Einwilligung aus eigenem Recht nach §§ 1747, 1750 unwiderruflich geworden oder durch das VormG nach § 1748 ersetzt worden ist. Im **Fall der Adoptionspflege** bedarf es somit der Einwilligung des Jugendamtes als Vormund gem § 1751 Abs 1 S 2 nicht mehr, weil das Jugendamt Vormund erst wird, wenn die elterliche Einwilligung bindend erteilt worden ist (OBERLOSKAMP 146).

Die Regelung des Abs 3 HS 2 ist sachlich angemessen, wenn auch an falscher Stelle **8** plaziert. Sie gehört systematisch nicht in Abs 3, sondern in Abs 1. Inhaltlich wirkt die Neuregelung v 1997 sich widersprechenden Erklärungen der Eltern entgegen und schließt außerdem aus, daß nach einem oft langwierigen Ersetzungsverfahren (§ 1748) das Jugendamt, das in Folge der Ersetzung Vormund geworden ist (§ 1751 Abs 1 S 2), eine weitere (überflüssige) Erklärung als Vertreter des Kindes abgeben muß (§ 1746 Abs 1 S 2), die theoretisch verweigert werden könnte und dann durch eine Entscheidung des VormG ersetzt werden müßte (§ 1746 Abs 3 HS 1). Näheres zur insoweit mißlichen Rechtslage vor der Reform in STAUDINGER/FRANK[12] Rn 6–8, 20.

Die Neuregelung ändert allerdings nichts daran, daß auch in Zukunft zwischen der **9** Einwilligung aus eigenem Recht (§ 1747) und der Einwilligung, welche die Eltern als Vertreter des Kindes abgeben (§ 1746 Abs 1 S 2), unterschieden werden muß (SOERGEL/LIERMANN Rn 7). Das gilt jedenfalls solange, als die Einwilligung der Eltern aus eigenem Recht noch nicht bindend erteilt worden ist (§ 1746 Abs 3 HS 3). Erklärt ein vertretungsberechtigter Elternteil ohne nähere Angaben die Einwilligung in die Annahme des Kindes, so ist davon auszugehen (§ 133), daß diese Erklärung sowohl die Einwilligung nach § 1746 als auch die nach § 1747 umfaßt (GIESEN Rn 713; SOERGEL/LIERMANN Rn 7), zumal beide Einwilligungen gem § 1750 Abs 1 der gleichen Form bedürfen und an den gleichen Adressaten zu richten sind. Schon vor der Reform v 1976 wurde allg im Vertragsschluß durch die Eltern zugleich ihre Einwilligung nach § 1747 aF gesehen (BayObLGZ 21, 197, 199; STAUDINGER/ENGLER[10/11] § 1747 Rn 28).

Die Neuregelung v Abs 3 HS 2 durch das KindRG v 1997 hat mittelbar auch die **10** früher nicht ganz unumstrittene Frage gelöst, ob Eltern als Inhaber des Personensorgerechts überhaupt in der Lage sind, sowohl in ihrer Eigenschaft als Eltern gem § 1747 als auch als Vertreter des Kindes gem § 1746 in die Annahme einzuwilligen (vgl STAUDINGER/FRANK[12] Rn 6). Schließlich zwingt die doppelte Einwilligung der Eltern zur gleichzeitigen **Wahrnehmung eigener und fremder Interessen.** Allerdings war schon nach altem Recht sowohl eine entsprechende Anwendung des § 181 als auch die **Bestellung eines Ergänzungspflegers** für das Kind nach §§ 1629 Abs 2 S 3, 1796, 1909 allgemein abgelehnt worden, weil die Einwilligung der Eltern einerseits und des Kindes vertreten durch seine Eltern andererseits keine gegeneinander gerichteten, sondern parallel laufende Erklärungen darstellten, die jeweils gem § 1750 Abs 1 an das VormG als Adressaten zu richten seien (Nachw STAUDINGER/FRANK[12] Rn 6). Der Wortlaut des neuen § 1746 Abs 3 HS 2 stellt klar, daß auch der Gesetzgeber davon ausgeht, daß Eltern grds Einwilligungserklärungen sowohl nach § 1747 als auch in Vertretung des Kindes nach § 1746 abgeben können. Zur besonderen Problematik der Stiefkindadoption vgl Rn 12 ff.

11 Bestehen im Hinblick auf eine mögliche Interessenkollision keine Bedenken, daß Eltern sowohl nach § 1747 als auch nach § 1746 in ihrer Eigenschaft als Vertreter des Kindes in die Annahme einwilligen, dann bestehen auch keine Bedenken, wenn die zum Vormund oder Pfleger des Kindes bestellten künftigen Adoptiveltern nicht nur gem § 1752 Abs 1 den Adoptionsantrag stellen, sondern auch als Vertreter des Kindes gem § 1746 in die Annahme einwilligen (so zutr AG Plettenberg IPRax 1994, 218 m Anm HOHNERLEIN 197 ff, 199; KUBITZ StAZ 1985, 111; SOERGEL/LIERMANN Rn 10).

c) Stiefkindadoption

12 Will ein Ehegatte das Kind des anderen annehmen, so stellt sich die Frage, ob der andere **Ehegatte als Vertreter seines noch nicht 14 Jahre alten oder geschäftsunfähigen Kindes** die Einwilligung nach § 1746 erteilen kann oder ob er von der Vertretung gem §§ 1629 Abs 2, 1795 Abs 1 ausgeschlossen und statt seiner ein Ergänzungspfleger gem § 1909 zu bestellen ist. Vor der Reform v 1976 erfolgte die Adoption durch Vertrag, den nach dem bis heute unveränderten Wortlaut des § 1795 Abs 1 Nr 1 der leibl Elternteil nicht als Vertreter des Kindes mit dem Stiefelternteil schließen konnte (allgM, vgl STAUDINGER/ENGLER[10/11] § 1751 Rn 16; KG JW 1935, 870; auch KG OLGZ 1968, 70 = NJW 1968, 942 und BGH NJW 1971, 841 für die Zustimmung des gesetzl Vertreters zur Einwilligung des über 14 Jahre alten Kindes nach § 1751 Abs 2 aF). Die Einfügung von Abs 3 HS 2 in § 1746 durch das KindRG v 1997 hat an der Problematik nichts geändert; denn Abs 3 HS 2 setzt immer voraus, daß dem personensorgeberechtigten Elternteil bzgl der konkret angestrebten Adoption auch wirklich das Vertretungsrecht zusteht, und das ist eben – vor wie nach der Reform v 1997 – die Frage (zutr PALANDT/DIEDERICHSEN Rn 4).

13 Unstreitig ist, daß nach dem Wechsel zum Dekretsystem eine **unmittelbare Anwendung der §§ 1629 Abs 2, 1795 Abs 1 nicht mehr möglich** ist. Zwar gilt § 1795 Abs 1 Nr 1 auch für einseitige Rechtsgeschäfte, auch wenn die Erklärung einer Behörde gegenüber abzugeben ist, sofern nur das Rechtsgeschäft nach seinem Inhalt unmittelbar Wirkungen zwischen dem Mündel und dem Ehegatten des Vormunds hervorruft (SOERGEL/ZIMMERMANN § 1795 Rn 13; MünchKomm/SCHWAB § 1795 Rn 24). Jedoch ist die Adoption nicht mehr als Rechtsgeschäft ausgestaltet; außerdem kann die Einwilligung nicht als einseitiges Rechtsgeschäft verstanden werden. Der Antrag des Annehmenden und die Einwilligungen nach den §§ 1746, 1747 sind vielmehr Verfahrenshandlungen (BGH NJW 1980, 1746, 1747 = FamRZ 1980, 675, 676 = DAVorm 1980, 474, 475); denn sie werden „unabhängig voneinander, parallelgehend, nicht einander, sondern ausschließlich der Behörde gegenüber abgegeben" (OLG Hamm OLGZ 1978, 405, 409 = NJW 1979, 49, 50 = FamRZ 1978, 945, 947). Sie bewirken nicht unmittelbar eine Änderung des Eltern-Kind-Verhältnisses. Diese wird erst durch den Beschluß des VormG nach § 1752 herbeigeführt.

14 Auch § 1795 Abs 1 Nr 3 ist nicht anzuwenden, weil das Adoptionsverfahren als fG-Verfahren kein Rechtsstreit iSd § 1795 Abs 1 Nr 3 ist (BGH NJW 1980, 1746 mHinw auf BayObLG NJW 1961, 2309; GIESEN Rn 709; MünchKomm/MAURER Rn 5; **aA** MünchKomm/SCHWAB § 1795 Rn 36 u 26).

Von einem Teil der Lit (ENGLER Rpfleger 1977, 274; MünchKomm/SCHWAB § 1795 Rn 26) und **15**
der älteren Rspr (OLG Stuttgart FamRZ 1979, 1077 = DAVorm 1979, 693; LG Stuttgart FamRZ
1977, 413; LG Traunstein NJW 1977, 2167) wird jedoch **eine analoge Anwendung des § 1795
Abs 1 Nr 1** befürwortet, weil sich an dem Interessenwiderstreit in der Person des leibl
Elternteils durch den Wechsel zum Dekretsystem nichts geändert habe. Gegen eine
analoge Anwendung von § 1795 Abs 1 Nr 1 spricht, daß abstrakte oder konkrete
Interessengegensätze zwischen Vormund und Mündel ein Vertreterhandeln nicht
in jedem Falle, sondern nur unter den in § 1795 genannten Voraussetzungen ausschließen. Das ergibt sich klar aus § 1796 Abs 2, der für die nicht von § 1795 erfaßten
Fälle lediglich die Möglichkeit einer Entziehung der Vertretungsmacht durch das
VormG vorsieht. In Statussachen sollte man außerdem wegen des Gebots der Rechtssicherheit mit Analogien besonders vorsichtig sein (BRÜGGEMANN FamRZ 1977, 656, 658);
immerhin stellt die fehlende Einwilligung des Kindes einen Aufhebungsgrund nach
§ 1760 Abs 1 dar. Unabhängig davon ist bei einer Stiefkindadoption ein abstrakter
Interessenkonflikt des vertretungsberechtigten leibl Elternteils zwar nicht auszuschließen, aber doch eher gering einzuschätzen; denn eine Stiefkindadoption „besiegelt" typischerweise rechtlich nur, was sich faktisch bereits vollzogen hat. Der
Lebenserfahrung entspricht es jedenfalls nicht, daß der vertretungsberechtigte leibl
Elternteil deshalb gegen die Interessen seines Kindes verstößt, weil er sich seinem
annahmewilligen Ehepartner gegenüber „befangen" fühlt. Was schließlich das Argument anbelangt, daß sich an der Konfliktsituation durch den Wechsel vom Vertrags-
zum Dekretsystem nichts geändert habe, so ist diese Feststellung in der Tat richtig.
Da die Adoption alten Rechts jedoch als Vertrag ausgestaltet war und § 1795 für
Verträge *jedweder* Art galt, war für eine Prüfung des konkreten Interessengegen-
satzes von vornherein kein Raum. Von Rspr u L wird deshalb heute zu Recht überwiegend eine **analoge Anwendung der §§ 1629 Abs 2, 1795 Abs 1 Nr 1 abgelehnt** (BGH
NJW 1980, 1746 = FamRZ 1980, 675 = DAVorm 1980, 474; BayObLG FamRZ 1981, 93 = DAVorm
1980, 859; OLG Hamm OLGZ 1978, 405 = NJW 1979, 49 = FamRZ 1978, 945; OLG Schleswig
DAVorm 1979, 440; LG Berlin FamRZ 1977, 660; LG Bonn NJW 1977, 2168; LG Lüneburg NdsRpfl
1979, 219; LG Saarbrücken DAVorm 1978, 124; ROTH-STIELOW NJW 1978, 203; GERNHUBER/COE-
STER-WALTJEN § 68 V 5; GIESEN Rn 709; HENRICH § 25 II 2; MünchKomm/MAURER Rn 5; PALANDT/
DIEDERICHSEN Rn 2; SOERGEL/LIERMANN Rn 10). In besonderen Konfliktsituationen („erheblicher Gegensatz" iSv § 1796 Abs 2) kann dem leibl Elternteil nach §§ 1629 Abs 2
S 3, 1796 die Vertretungsmacht entzogen und ein Ergänzungspfleger nach § 1909
bestellt werden.

Soll das Kind nicht vom Ehegatten, sondern von einem **Verwandten des gesetzl Ver-** **16**
treters in gerader Linie adoptiert werden, so gelten die §§ 1629, 1795 ebenfalls nicht
(BGB-RGRK/DICKESCHEID Rn 8 aE; SOERGEL/LIERMANN Rn 10; zu den grds Bedenken gegen eine
Adoption durch Großeltern vgl § 1741 Rn 22–24).

d) Inkognitoadoption
Unter dem **Vertragssystem** war umstr, ob die leibl Eltern ihr Kind beim Vertrags- **17**
schluß auch im Falle einer Inkognitoadoption vertreten konnten oder ob insoweit ein
Ergänzungspfleger zu bestellen war (Nachw STAUDINGER/ENGLER[10/11] § 1751 Rn 11). Soweit
die Bestellung eines Ergänzungspflegers gefordert wurde, wurde diese Auffassung
entweder damit begründet, daß es gelte, eine Interessenkollision in der Person des
gesetzl Vertreters zu vermeiden, oder damit, daß nur so einer Aufdeckung des Inkognitos begegnet werden könne (WEBER DNotZ 1951, 517, 520 f mNachw). Nach dem

Übergang zum **Dekretsystem** hat sich an der Interessenlage nichts geändert. Sie steht indessen einer Vertretung des Kindes durch seine Eltern bei Erklärung der Einwilligung nicht im Wege (oben Rn 9). Was die **Gefährdung des Inkognitos** anbelangt, so ist für die eigene Einwilligung der Eltern nicht erforderlich, daß ihnen die Person des Annehmenden bekannt ist (§ 1747 Abs 2 S 2). Gleiches hat zu gelten, wenn die Eltern als Vertreter ihres Kindes gem § 1746 in die Annahme einwilligen (heute allgM, vgl GERNHUBER/COESTER-WALTJEN § 68 V 6; SOERGEL/LIERMANN Rn 6). Da seit dem KindRG v 1997 eine Einwilligung der Eltern als Vertreter des Kindes nicht mehr erforderlich ist, sobald ihre Einwilligung nach § 1747 unwiderruflich geworden ist (§ 1746 Abs 3 HS 2), ist die Diskussion um die Wahrung des Inkognitos im Zusammenhang mit § 1746 weitgehend gegenstandslos geworden. Allerdings kann auch dann, wenn das **Kind nicht von seinen Eltern vertreten** wird, im Einzelfall ein schützenswertes Interesse der künftigen Adoptiveltern daran bestehen, daß der Vertreter des Kindes die schon feststehenden Annehmenden wie im Falle des § 1747 Abs 2 S 2 nicht kennt (das Kind wird zB von seinem Großvater vertreten). Hier sollte bei der Einwilligung des Vertreters des Kindes in gleicher Weise verfahren werden wie bei der Einwilligung der Eltern im Falle einer Inkognitoadoption (so auch SOERGEL/LIERMANN Rn 6). Mit einem Hinweis auf das Offenbarungsverbot des § 1758 ist den Interessen der Annehmenden nicht immer gedient (so aber ERMAN/HOLZHAUER Rn 4).

2. Ersetzung der Einwilligung

a) des Vormunds oder Pflegers

18 Ist der gesetzliche Vertreter ein Vormund oder Pfleger, so kann das VormG gem § 1746 Abs 3 HS 1 seine Einwilligung ersetzen. Der Gesetzgeber wollte damit erreichen, daß ein Vormund oder Pfleger, der die Einwilligung verweigert, nicht sogleich entlassen werden muß (BT-Drucks 7/3061, 36 Nr 14; zum früheren Recht OLG Hamm DNotZ 1957, 436, 440 und BayObLGZ 1962, 151, 158), obgleich diese Möglichkeit auch heute noch besteht (§§ 1886, 1915).

19 Eine Ersetzung der Einwilligung nach § 1746 Abs 3 scheidet jedoch aus, wenn der Vormund oder Pfleger die Einwilligung aus einem triftigen Grund verweigert. Nach dem RegE (BT-Drucks 7/3061, 36 Nr 14) ist die Formulierung **„triftiger Grund"** in Anlehnung an § 3 Abs 3 EheG (heute: § 1303 Abs 3 BGB) gewählt worden, wo er als objektiv einsehbarer Grund verstanden wird (BGHZ 21, 340).

20 Der Vormund verweigert die Einwilligung zur Adoption jedenfalls dann aus triftigem Grund, wenn die Voraussetzungen zur Annahme als Kind fehlen (BayObLG FamRZ 1997, 839, 840 = Rpfleger 1997, 214 = ZfJ 1997, 146, 147; BayObLG ZfJ 1991, 431, 432; BayObLGZ 1989, 70 = FamRZ 1989, 1336 = Rpfleger 1989, 368). Über die Frage, wann ein triftiger Grund *fehlt,* besteht indessen vom theoretischen Ansatz her keine Einigkeit. Nach MAURER (MünchKomm/MAURER Rn 7) fehlt er schon dann, „wenn die Annahme im Interesse des Kindes liegt". Da indessen jede Adoption im Interesse des Kindes liegen muß, kommt nach dieser Auffassung der Einwilligung des gesetzl Vertreters keine inhaltliche Bedeutung zu. Nach ROTH-STIELOW (Rn 8) fehlt es an einem triftigen Grund, wenn das Unterbleiben der Adoption dem Kind zu einem unverhältnismäßigen Nachteil iSd § 1748 gereichen würde. Der richtige Lösungsansatz dürfte zwischen diesen beiden Ansichten liegen: Es überzeugt einerseits nicht, daß der Einwilligung des gesetzl Vertreters inhaltlich überhaupt keine Bedeutung zukommen soll, obwohl dieser die Interessen des Kindes verantwortlich wahrzunehmen hat. Es bestehen andererseits Bedenken, dem Kind durch das Unterlassen der Adoption Nachteile aufzubürden, die nur nicht „unverhältnismäßig" sein dürfen. Der Vergleich mit § 1748 hinkt, weil es dort um die Grenzen des durch Art 6 GG geschützten Elternrechts geht. Daß eine Adoption die Situation des Kindes verbessert und somit in seinem Interesse liegt, heißt nicht, daß die Adoption die einzig mögliche Lösung darstellt. Das Kind könnte zB anderen Adoptionsbewerbern anvertraut werden. Selbst die Frage des „Ob" einer Adoption ist oft schwierig zu entscheiden, weil Risiken abgeschätzt, Prognosen gewagt, Vor- und Nachteile abgewogen werden müssen. Das gilt insbes für die oft kompliziert gelagerten Fälle der Stiefkind- und Verwandtenadoption. Hier muß eine **vernünftige Entscheidung des Vertreters** auch dann respektiert werden, wenn das VormG eine andere Ansicht vertritt (zutr BGB-RGRK/DICKESCHEID Rn 17; SOERGEL/LIERMANN Rn 11). In diesem Sinne hat das OLG Stuttgart (OLGZ 1980, 110) unter der Herrschaft des alten Rechts (§ 1741 Abs 3 S 2 vor dem KindRG v 1997) iE zutr entschieden, daß der Vormund des nichtehel Kindes die Zustimmung zur Annahme des Kindes durch den nichtehel Vater nicht ohne triftigen Grund verweigert, wenn das Kind (nach dem Tode seiner Mutter) in dem Familienverband seines Stiefvaters verwurzelt ist. Entsprechendes gilt für die Entscheidungen BayOLG FamRZ 1997, 839 = Rpfleger 1997, 214 = ZfJ 1997, 146 und OLG Oldenburg NJW-RR 1996, 709 = FamRZ 1996, 895 = JuS 1996, 1033 mAnm HOHLOCH, wo der Vormund des Kindes sich gegen eine Großelternadoption ausgesprochen hatte. Keinen triftigen Grund stellt es dar, daß die Vaterschaft nicht festgestellt werden kann, weil die Mutter nicht bereit ist, den Erzeuger des Kindes zu benennen (LG Ellwangen DAVorm 1988, 309).

Über die Ersetzung der Einwilligung kann **ohne Antrag** entschieden werden (OLG **21** Hamm NJW-RR 1991, 905 = FamRZ 1991, 1230 = ZfJ 1991, 433; vgl BT-Drucks 7/3061, 36 Nr 14). **Zuständig** ist das VormG, das auch über den Annahmeantrag zu befinden hat (§ 43 b FGG). Es entscheidet der Richter (§ 14 Nr 3 f RPflG). Die Ersetzung ergeht als Zwischenentscheidung im Annahmeverfahren. Gegen den Ersetzungsbeschluß ist **sofortige Beschwerde** (§§ 60 Abs 1 Nr 6, 53 Abs 1 S 2 FGG) möglich. Wurde die Einwilligung nicht ersetzt, so ist zu differenzieren: Hat das VormG die Frage des triftigen Grundes inzidenter im Rahmen des Annahmeverfahrens geprüft, so kann nur der Annehmende gegen die endgültige Zurückweisung seines Antrags gem § 20 Abs 2 FGG vorgehen (vgl BayObLG FamRZ 1983, 532 = ZBlJugR 1983, 431, 433).Wurde die Ersetzung mit einer selbständigen Zwischenentscheidung abgelehnt, so ist diese von jedem Beteiligten gem § 20 Abs 1 FGG, auch vom 14 Jahre alten nicht geschäftsunfähigen Kind (§ 59 FGG), mit der einfachen Beschwerde anfechtbar (vgl OLG Stuttgart OLGZ 1980, 110, 111).

b)   der Eltern
Nach § 1746 Abs 3 HS 1 kann nur die eigene Einwilligung der Eltern iSv § 1747 **22** ersetzt werden (§ 1748), nicht aber diejenige, welche die Eltern gem § 1746 Abs 1 S 2 für das Kind abgeben. Die **Neufassung des § 1746 Abs 3 HS 2 durch das KindRG v 1997** löst das Problem in der Weise, daß es einer Einwilligung der Eltern in ihrer Eigenschaft als Vertreter des Kindes überhaupt nicht mehr bedarf, wenn die Eltern entweder nach §§ 1747, 1750 unwiderruflich in die Annahme eingewilligt haben oder ihre Einwilligung nach § 1748 durch das VormG (rechtskräftig) ersetzt worden ist (BT-Drucks 13/4899, 112). **Vor der Reform v 1997** hatte die Ersetzung der elterl Ein-

willigung nach § 1748 zwar das Ruhen der elterl Sorge zur Folge (§ 1751 Abs 1 S 1), so daß das JugA gem § 1751 Abs 1 S 2 kraft Gesetzes Vormund wurde. Als gesetzl Vertreter des Kindes mußte das JugA nunmehr aber die Einwilligungserklärung gem § 1746 abgeben. Weigerte sich das JugA, so mußte die Erklärung nach § 1746 Abs 3 ersetzt werden – ein schwerfälliges und wenig sinnvolles Verfahren, weil ggf in zwei Ersetzungsverfahren nach § 1748 und § 1746 Abs 3 die gleichen Fragen geprüft werden mußten (Näheres STAUDINGER/FRANK[12] Rn 20; GIESEN Rn 710). Wird hingegen nach der Neuregelung v 1997 die Einwilligung der personensorgeberechtigten Eltern nach § 1748 ersetzt, so bedarf es einer Einwilligung des JugA, das gem § 1751 Abs 1 S 2 Vormund des Kindes wird, überhaupt nicht mehr.

3. Form der Einwilligung

23 Nach § 1750 Abs 1 ist die Einwilligung dem VormG gegenüber zu erklären und bedarf der **notariellen Beurkundung.** Die Einwilligung ist bedingungs-, befristungsfeindlich sowie unwiderruflich (§ 1750 Abs 2).

4. Maßgeblicher Zeitpunkt

24 Alle Annahmevoraussetzungen müssen im **Zeitpunkt des Ausspruchs der Annahme** (§ 1752) vorliegen. Die nach Maßgabe des § 1750 erklärte und wirksam gewordene Einwilligung ist jedoch unwiderruflich (§ 1750 Abs 2 S 2), so daß selbst ein Wechsel des gesetzl Vertreters die einmal erteilte Einwilligung nicht mehr in Frage stellen kann. **Wird der Anzunehmende** nach Erklärung der Einwilligung durch den gesetzl Vertreter, aber **vor Ausspruch der Annahme 14 Jahre alt,** so ist entgegen der hM (MünchKomm/MAURER Rn 14; SOERGEL/LIERMANN Rn 12; BGB-RGRK/DICKESCHEID Rn 11; BT-Drucks 7/3061, 35 Nr 11) die persönliche Einwilligung des Kindes nach Abs 1 S 3 erforderlich. Zwar stellt die vor Vollendung des 14. Lebensjahres vom gesetzl Vertreter erklärte Einwilligung eine Einwilligung des *Kindes* dar. Diese kann jedoch nicht über das 14. Lebensjahr hinaus zu Lasten des Kindes fortwirken, da Abs 1 S 3 sinngemäß, aber unmißverständlich die persönliche Einwilligung von Kindern verlangt, die vor Erlaß des Adoptionsbeschlusses die Altersgrenze von 14 Jahren erreichen. Mit dem Hinw darauf, daß das Kind die von seinem Vertreter erklärte Einwilligung widerrufen könne (so RegE BT-Drucks 7/3061, 35 Nr 11 und ihm folgend die L, zB MünchKomm/MAURER Rn 14; SOERGEL/LIERMANN Rn 12), wird weder der ratio legis noch den Interessen des Kindes Rechnung getragen, das uU von dieser Möglichkeit keine Kenntnis hat (vgl auch MünchKomm/MAURER Rn 14). Eine besondere Zustimmung des gesetzl Vertreters nach Abs 1 S 3 ist indessen entbehrlich, wenn der Vertreter bereits nach Abs 1 S 2 eingewilligt hat. Die Zustimmung ist in der Einwilligung enthalten.

5. Mängel der Einwilligung

25 Kommt es zum Ausspruch der Annahme trotz Fehlens der Einwilligung des Kindes, so kann das **Annahmeverhältnis** nur unter den engen Voraussetzungen des § 1760 wieder **aufgehoben** werden. Wurde die Einwilligung erteilt, war sie aber mit Willensmängeln behaftet, so berühren diese die Wirksamkeit der Erklärung nur nach Maßgabe des § 1760 Abs 2.

26 Fraglich ist, ob schon vor Erlaß des Adoptionsdekrets selbständig über die Notwen-

digkeit oder Wirksamkeit einer Einwilligung nach § 1746 entschieden werden kann. Das Problem wird vor allem im Zusammenhang mit der elterl Einwilligung nach § 1747 diskutiert, kann aber auch bei § 1746 relevant werden. Richtiger Ansicht nach sollte hier eine **Entscheidung** sowohl vor als auch nach der Stellung des Annahmeantrags möglich sein, um so der Gefahr zu begegnen, daß die spätere Kindesannahme mit einem drohenden Aufhebungsverfahren belastet wird (Einzelheiten § 1752 Rn 23 u § 1750 Rn 13).

III.   Einwilligung des über 14 Jahre alten Kindes

1.   Persönliche Einwilligung des Kindes

Hat das Kind das 14. Lebensjahr vollendet und ist es nicht geschäftsunfähig, so kann 27 es die Einwilligung nur selbst (Abs 1 S 3) und wegen § 1750 Abs 3 S 1 nur persönlich erteilen. Zur 14-Jahresgrenze vgl oben Rn 2. Die Einwilligung ist dem VormG gegenüber zu erklären (§ 1750 Abs 1 S 1). Sie bedarf nach § 1750 Abs 1 S 2 der **notariellen Beurkundung.** Zur Belehrungspflicht der Urkundsperson vgl § 17 BeurkG. Ist der Ausspruch der Annahme eines über 14 Jahre alten Kindes beantragt worden, ohne daß der Antragsteller die erforderliche Einwilligung des Kindes in die Annahme vorlegt, so ist eine persönliche Anhörung des Kindes und des Antragstellers durch das erkennende Gericht jedenfalls dann nicht geboten, wenn das Kind bei seiner Anhörung vor dem ersuchten Richter ausdrücklich eine Einwilligung in die Annahme verweigert (BayObLG FamRZ 1997, 576 = FuR 1997, 29 = StAZ 1997, 35).

2.   Widerruf der Einwilligung

Abweichend von § 1754 Abs 1 S 2 aF, der eine Bindung der Vertragschließenden und 28 somit auch des 14 Jahre alten Anzunehmenden schon vor der gerichtl Bestätigung des Vertrags vorsah (Näheres STAUDINGER/ENGLER[10/11] § 1754 Rn 42), ist seit der Reform v 1976 die Einwilligung des 14 Jahre alten, nicht geschäftsunfähigen Kindes **bis zum Wirksamwerden des Ausspruchs der Annahme frei widerruflich** (§ 1746 Abs 2); denn eine Annahme wird dem Wohl des Kindes regelmäßig nicht entsprechen, wenn dieses die Begründung des Eltern-Kind-Verhältnisses nicht mehr will, ehe das Gericht entschieden hat (BT-Drucks 7/3061, 35 Nr 11). Das Kind erhält damit die gleiche Stellung wie der Annehmende, der ebenfalls bis zum Wirksamwerden der Annahme seinen Antrag nach allg fG-Grundsätzen zurücknehmen kann (vgl § 1752 Rn 6).

Nach § 1746 Abs 2 S 2 bedarf der Widerruf der **öffentlichen Beurkundung.** Diese 29 Form wurde auf Initiative des RAussch (BT-Drucks 7/5087, 10) gewählt, nachdem der RegE (BT-Drucks 7/3061, 35 Nr 11) noch die bloße Schriftform vorgesehen hatte. Es sollte vor allem erreicht werden, daß das Kind vor der Abgabe der Erklärung über die Bedeutung und die Folgen des Widerrufs beraten wird. Außerdem wurde durch eine Änderung des Zuständigkeitskatalogs in § 49 Abs 1 Nr 5 JWG (heute: § 59 Abs 1 Nr 6 SGB VIII) auch dem JugA die Möglichkeit eingeräumt, eine solche Beurkundung vorzunehmen. Dies erschien dem Gesetzgeber besonders wichtig, „weil davon ausgegangen werden kann, daß ein Kind dieses Alters, das angenommen werden soll, bereits Kontakte zu Mitarbeitern des Jugendamts hatte und deshalb am ehesten dem Jugendamt Vertrauen entgegenbringt" (BT-Drucks 7/5087, 10).

30 Einer Zustimmung des gesetzl Vertreters zum Widerruf bedarf es nicht (Abs 2 S 3), weil der Widerruf nur bezweckt, daß die bereits vorhandene familiäre Zuordnung unverändert fortbesteht (vgl BT-Drucks 7/3061, 35 Nr 11).

3. Zustimmung des gesetzlichen Vertreters

a) Allgemeines

31 Das 14 Jahre alte, nicht geschäftsunfähige Kind bedarf zu einer wirksamen Einwilligungserklärung der **Zustimmung seines gesetzlichen Vertreters** (Abs 1 S 3 HS 2). Diese kann vor oder nach der Einwilligungserklärung des Kindes erteilt werden (§§ 183, 184). Die Zustimmung ist, wie der BGH (NJW 1971, 841) zu § 1751 aF entschieden hat, „kein Akt der Fürsorge für das Kind aus eigenem Recht, sondern ein Akt der gesetzlichen Vertretung" (aA noch AG Mannheim FamRZ 1963, 196; LG Koblenz FamRZ 1967, 344; OLG Celle NJW 1970, 2080). Ist ein **personensorgeberechtigter Elternteil** der gesetzl Vertreter, so ist seine Zustimmung nach § 1746 Abs 3 HS 2 nicht erforderlich, falls er nach den §§ 1747, 1750 unwiderruflich in die Annahme eingewilligt hat oder die Einwilligung nach § 1748 durch das VormG ersetzt worden ist. Für die Zustimmung des personensorgeberechtigten Elternteils gilt also das gleiche wie für die Einwilligung, falls das Kind geschäftsunfähig oder noch nicht 14 Jahre alt ist (Rn 7–10). Auch für die **Stiefkindadoption** gelten die Ausführungen Rn 12–16 entsprechend.

b) Verweigerung der Zustimmung

32 Verweigert der Vormund oder Pfleger die Zustimmung ohne triftigen Grund, so kann das VormG sie ersetzen (Abs 3 HS 1). Es gelten die Ausführungen zur Ersetzung der Einwilligung unter Rn 18 ff entsprechend. Sind die Eltern gesetzl Vertreter, so gilt das unter Rn 22 Gesagte entsprechend.

c) Form, Adressat und Widerruf der Zustimmung

33 § 1750 Abs 1 S 1 bezieht sich nur auf „die Einwilligung nach § 1746", nicht auf die Zustimmung des gesetzl Vertreters. Letztere ist deshalb nach allgM (MünchKomm/ Maurer Rn 12; Erman/Holzhauer Rn 7; BGB-RGRK/Dickescheid Rn 13; Soergel/Liermann Rn 16) formlos gültig. Eine analoge Anwendung v § 1750 (dafür Roth-Stielow Rn 10) kommt nicht in Betracht: Schon vor der Reform v 1976 verlangte § 1751 Abs 2 aF die Zustimmung des gesetzl Vertreters zum Vertragsschluß durch das 14 Jahre alte Kind, ohne eine besondere Form vorzuschreiben (Staudinger/Engler[10/11] § 1751 Rn 18, 19). An der Formfreiheit ändert sich auch dadurch nichts, daß die Zustimmung dem VormG nachgewiesen werden muß. Die Schriftform mag sich deshalb aus praktischen Gründen empfehlen, kann indessen auch vom VormG nicht erzwungen werden (Soergel/ Liermann Rn 16; aA Erman/Holzhauer Rn 7).

34 Die Maßgeblichkeit der allg Bestimmungen für die Zustimmung bewirkt, daß diese nach § 182 Abs 1 **sowohl dem Erklärenden** (= Anzunehmender) **als auch dem Erklärungsempfänger** (= VormG) **gegenüber** erfolgen kann (MünchKomm/Maurer Rn 12; BGB-RGRK/Dickescheid Rn 13). Wegen der Nichtanwendbarkeit v § 1750 muß die Zustimmungserklärung als grds **widerruflich** angesehen werden (aA Soergel/Liermann Rn 16 unter Hinw auf die allg Bestimmungen des § 130 Abs 1 S 2 u Abs 3). Unter einer Bedingung oder Zeitbestimmung (vgl § 1750 Abs 2 S 1) kann die Zustimmung schon deshalb nicht erklärt werden, weil die zustimmungsbedürftige Einwilligungserklärung selbst bedingungs- und zeitbestimmungsfeindlich ist. Die Notwendigkeit einer **persönlichen Zustimmung** durch den gesetzl Vertreter läßt sich auch ohne Rückgriff auf § 1750 Abs 3 aus der höchstpersönlichen Natur der Erklärung herleiten (ERMAN/ HOLZHAUER Rn 7; BGB-RGRK/DICKESCHEID Rn 13).

d) Mängel der Zustimmung

Kommt es zum Ausspruch der Annahme trotz fehlender Zustimmung oder ist die **35** Zustimmung mit Willensmängeln behaftet, so wirkt sich dies nicht auf die Bestandskraft der Adoption aus. Eine Aufhebung nach § 1760 ist ausgeschlossen, weil die fehlende Zustimmung des gesetzl Vertreters dort nicht als Aufhebungsgrund aufgeführt ist (BAER/GROSS 107; ERMAN/HOLZHAUER § 1746 Rn 7 u § 1760 Rn 2). Auch eine – zulässige – Verfassungsbeschwerde wegen Verletzung des Anspruchs auf rechtl Gehör (Art 103 Abs 1 GG) vermag an diesem Ergebnis nichts zu ändern. Zwar steckt in jedem Einwilligungs- und Zustimmungsrecht als Minus auch ein Anhörungsrecht. Dessen Verletzung muß jedoch hinter dem ebenfalls grundgesetzl (Art 6 GG) geschützten Bestandsinteresse des Angenommenen an der Adoption zurückstehen (Näheres § 1759 Rn 12).

IV. Einwilligung bei unterschiedlicher Staatsangehörigkeit von Annehmendem und Kind (Abs 1 S 4)

1. Entstehungsgeschichte

Nach der bis zum KindRG v 1997 geltenden Fassung von Abs 1 S 4 bedurfte die **36** Einwilligung des Kindes in die Annahme der vormundschaftsgerichtl Genehmigung, falls der Annehmende und das Kind unterschiedliche Staatsangehörigkeit besaßen. Die durch das Ges zur Neuregelung des IPR 1986 in das BGB eingefügte Bestimmung (Näheres zur Entstehungsgeschichte STAUDINGER/FRANK[12] Rn 34) ergab indessen keinen Sinn, wenn sich die Adoption insgesamt nach deutschem Recht richtete, sei es unmittelbar über Art 22 EGBGB, sei es kraft Rückverweisung (Art 4 Abs 1 EGBGB). Für diesen Fall war und ist nämlich eine Kindeswohlprüfung durch das VormG bereits nach § 1741 vorgeschrieben. Einer zusätzlichen vormundschaftsgerichtlichen Genehmigung der Einwilligung bedurfte und bedarf es nicht (BT-Drucks 13/4899, 156). Schon vor der Reform v 1997 beschränkte deshalb die hM den Anwendungsbereich von Abs 1 S 4 auf den Fall, daß *ausl* Recht Adoptionsstatut war (KRZYWON BWNotZ 1987, 58, 59; MünchKomm/KLINKHARDT Art 22 EGBGB Rn 35; STAUDINGER/HENRICH [1996] Art 23 EGBGB Rn 22; AG Recklinghausen IPRax 1985, 110 mAnm JAYME; JAYME IPRax 1986, 265, 269). Abs 1 S 4 idF des KindRG v 1997 bestätigt nunmehr diese Rechtspraxis: Eine vormundschaftsgerichtl Genehmigung der Einwilligung ist nicht erforderlich, „wenn die Annahme deutschem Recht unterliegt".

2. Anwendungsbereich von Abs 1 S 4

Abs 1 S 4 ist eine **Vorschrift des deutschen materiellen Adoptionsrechts** und setzt **37** deshalb – auch nach der Reform v 1997 – voraus, daß trotz unterschiedlicher Staatsangehörigkeit von Annehmendem und Kind *deutsches* Recht zur Anwendung gelangt (SOERGEL/LIERMANN Rn 19; STAUDINGER/HENRICH [1996] Art 23 EGBGB Rn 22; STAUDINGER/FRANK[12] Rn 35). Da jedoch Abs 1 S 4 HS 1 nach dem eindeutigen Gesetzeswortlaut gerade nicht gelten soll, wenn die Annahme deutschem Recht unterliegt, bleibt für den Anwendungsbereich von Abs 1 S 4 nur der Fall übrig, daß sich zwar nicht die *Annahme,* wohl aber die *Einwilligung des Kindes* gem Art 23 EGBGB nach deutschem Recht beurteilt (FRANK FamRZ 1998, 393, 398; LIERMANN FuR 1997, 217, 219). Auch für diesen Fall hätte man aber besser auf eine Sonderregelung verzichtet. Ausländische Rechtsordnungen, die bei einer Minderjährigenadoption eine Kindeswohlprüfung nicht vorsehen, dürfte es heutzutage kaum mehr geben. Sollte das ausnahmsweise doch einmal der Fall sein, wäre das geradezu ein Musterbeispiel für die Anwendbarkeit des deutschen ordre public (Art 6 EGBGB). Soweit nach Abs 1 S 4 eine vormundschaftsgerichtl Genehmigung erforderlich ist, kann diese zusammen mit dem Adoptionsbeschluß erteilt werden (SOERGEL/LIERMANN Rn 20 mNachw; STAUDINGER/HENRICH [1996] Art 23 EGBGB Rn 22).

38 Abs 1 S 4 kann bei einer **Auslandsadoption** dann zur Anwendung kommen, wenn sich nach dem maßgebenden ausl IPR die Adoption selbst nach ausl Recht bestimmt, für die Einwilligung des Kindes in die Annahme aber deutsches Recht maßgebend ist. Ob indessen Abs 1 S 4 in einem solchen Fall überhaupt angewandt sein will, erscheint fraglich. In den Gesetzesmaterialien heißt es nämlich, daß Abs 1 S 4 das Tätigwerden eines *deutschen* VormG voraussetze (BT-Drucks 10/504, 86; vgl auch MünchKomm/KLINKHARDT Art 22 EGBGB Rn 34). Aber auch wenn Abs 1 S 4 auf Auslandsadoptionen angewandt wird, führt eine fehlende vormundschaftsgerichtl Genehmigung iSv Abs 1 S 4 nicht zur Nichtanerkennung der im Ausland ausgesprochenen Adoption; denn die richtige Anwendung deutschen Rechts ist nach § 16 a FGG keine Anerkennungsvoraussetzung. Eine Anerkennung wäre nur dann ausgeschlossen, wenn die Annahme gegen den deutschen ordre public verstoßen würde (§ 16 a Nr 4 FGG; ausf BENNICKE, Typenmehrheit im Adoptionsrecht und deutsches IPR [1995] 208 ff), was beim bloßen Fehlen einer vormundschaftsgerichtl Genehmigung nicht der Fall ist. Handelt es sich bei der Auslandsadoption nicht um eine anerkennungsfähige Dekret- sondern um eine **Vertragsadoption** (zur Wirksamkeit ausl Vertragsadoptionen vgl STAUDINGER/HENRICH [1996] Art 22 EGBGB Rn 98), so entscheidet das Adoptionsstatut, ob die Nichtbeachtung von § 1746 Abs 1 S 4 die Wirksamkeit der Adoption in Frage stellt bzw zu einer Aufhebung der Adoption führt.

3. Maßgeblicher Zeitpunkt für die Erteilung der Genehmigung

39 Soweit eine vormundschaftsgerichtl Genehmigung nach Abs 1 S 4 erforderlich ist, stellt sich bezügl des Zeitpunkts die Frage, ob gem § 1831 die Genehmigung der Einwilligungserklärung vorangehen muß. Das ist nicht der Fall. Sinn des § 1831 ist der Schutz Dritter, die bei einseitigen Rechtsgeschäften Gewißheit darüber haben sollen, ob deren Rechtswirkungen eintreten (MünchKomm/SCHWAB § 1831 Rn 1). Im Fall des § 1746 wird die Einwilligung aber gegenüber demselben Gericht abgegeben, welches die Genehmigung zu erteilen hat (§ 1750 Abs 1 S 3). Ferner handelt es sich bei der Einwilligung insoweit nicht um ein einseitiges Rechtsgeschäft, als sie keine unmittelbaren Rechtswirkungen zeitigt. Diese treten erst mit dem Ausspruch der Adoption (§ 1752) ein. § 1831 ist deshalb auf die Genehmigung nach Abs 1 S 4 nicht anwendbar (AG Tettnang ZfJ 1989, 392 = Justiz 1987, 316; KRZYWON BWNotZ 1987, 58, 60 mHinw; SAMELUCK ZfJ 1989, 203; MünchKomm/KLINKHARDT Art 22 EGBGB Rn 36).

§ 1747

(1) Zur Annahme eines Kindes ist die Einwilligung der Eltern erforderlich. Sofern kein anderer Mann nach § 1592 als Vater anzusehen ist, gilt im Sinne des Satzes 1 und des § 1748 Abs. 4 als Vater, wer die Voraussetzung des § 1600 d Abs. 2 Satz 1 glaubhaft macht.

(2) Die Einwilligung kann erst erteilt werden, wenn das Kind acht Wochen alt ist. Sie ist auch dann wirksam, wenn der Einwilligende die schon feststehenden Annehmenden nicht kennt.

(3) Sind die Eltern nicht miteinander verheiratet und haben sie keine Sorgeerklärungen abgegeben,
1. kann die Einwilligung des Vaters bereits vor der Geburt erteilt werden;
2. darf, wenn der Vater die Übertragung der Sorge nach § 1672 Abs. 1 beantragt hat, eine Annahme erst ausgesprochen werden, nachdem über den Antrag des Vaters entschieden worden ist;
3. kann der Vater darauf verzichten, die Übertragung der Sorge nach § 1672 Abs. 1 zu beantragen. Die Verzichtserklärung muß öffentlich beurkundet werden. § 1750 gilt sinngemäß mit Ausnahme von Absatz 4 Satz 1.

(4) Die Einwilligung eines Elternteils ist nicht erforderlich, wenn er zur Abgabe einer Erklärung dauernd außerstande oder sein Aufenthalt dauernd unbekannt ist.

Materialien: BT-Drucks 7/3061, 20 f, 36–38, 73 f, 74 f, 84 f; BT-Drucks 7/5087, 10–13, 33 f; BT-Drucks 13/4899, 112–114, 156 f, 169 f; BT-Drucks 13/8511, 76. S Staudinger/BGB-Synopse (2000) § 1747.

Systematische Übersicht

Alphabetische Übersicht

I. Entstehungsgeschichte

1. Einwilligungsrecht der Eltern des ehelichen und der Mutter des nichtehelichen Kindes

§ 1747 sah schon in seiner ursprüngl Fassung ein Einwilligungsrecht der **Eltern des** 1 **ehel** und der **Mutter des nichtehel Kindes** vor. Wechselvoll und umstritten war die Geschichte der Rechtsstellung des Vaters des nichtehel Kindes.

2. Einwilligungsrecht des Vaters des nichtehelichen Kindes

Der **Vater des nichtehel Kindes** war bis zum NEhelG v 1969 am Zustandekommen 2 einer Adoption überhaupt nicht beteiligt. Das Ges ignorierte ihn; denn nach der Fiktion des § 1589 Abs 2 aF galten „ein uneheliches Kind und dessen Vater nicht als verwandt". Durch das NEhelG v 1969 wurde § 1747 a in das BGB eingefügt (später in unveränderter Fassung § 1747 b aufgrund des AdoptRÄndG v 1973 = BGBl I 1013). Diese Bestimmung sah ein „Anhörungsrecht" des Vaters im Adoptions-verfahren vor. Das AdoptG v 1976 wollte die Rechtsstellung des nichtehel Vaters „verstärken" (BT-Drucks 7/3061, 37), ohne ihm indessen ein Einwilligungsrecht einzu-räumen. Nach Abs 2 S 2 idF des AdoptG v 1976 war die Annahme eines nichtehel Kindes durch Dritte nicht auszusprechen, „wenn der Vater die Ehelicherklärung oder die Annahme des Kindes beantragt hat(te)". Der **Antrag des Vaters auf Ehelicher-klärung oder Adoption seines Kindes** entfaltete somit eine Sperrwirkung gegenüber Adoptionsanträgen Dritter und sicherte dem Vater einen Vorrang vor anderen Ad-optionsbewerbern. Bzgl seines Antragsrechts war der Vater nach § 51 Abs 3 SGB VIII aF durch das Jugendamt zu beraten. Eine Beteiligung des Vaters am Adoptions-verfahren selbst war jedoch nicht vorgesehen, so daß der Gesetzgeber von 1976 insoweit die Rechtsstellung des Vaters gegenüber der früheren Regelung von 1969 nicht verbesserte, sondern verschlechterte (zur Problematik des Anhörungsrechts des nicht-ehel Vaters vgl STAUDINGER/FRANK[12] Rn 14 f, außerdem BVerfGE 92, 158 = NJW 1995, 2155 = FamRZ 1995, 789 und OLG Hamm OLGZ 1994, 553 = NJW-RR 1994, 1227 = FamRZ 1994, 1198 m Anm LIERMANN FamRZ 1995, 506). Wegen des fehlenden Einwilligungsrechts war die Regelung des § 1747 aF in zunehmendem Maße verfassungsrechtlichen Bedenken ausgesetzt (vgl STAUDINGER/FRANK[12] Rn 13). Den entscheidenden **Anstoß zur Reform** gab schließlich das Bundesverfassungsgericht (BVerfGE 92, 158 = NJW 1995, 2155 = FamRZ 1995, 789), das sich allerdings nicht zur Adoption des nichtehel Kindes durch Dritte, sondern nur zur Adoption des nichtehel Kindes durch seine eigene Mutter oder deren Ehemann äußerte und insoweit die gesetzliche Regelung des § 1747 als mit Art 6 Abs 2 S 1 GG nicht vereinbar ansah. Das Bundesverfassungsgericht setzte dem Gesetzgeber eine Frist zur Reform bis zum Ende der Legislaturperiode, die dieser dann zu einer grundsätzlichen Neuregelung des § 1747 im Rahmen des KindRG v 1997 nutzte. Inhaltlich wurde die Reform durch eine Entscheidung des Europäischen Gerichtshofs für Menschenrechte in der Sache Keegan v Ireland vom 26. 5. 1994 mitbestimmt (EuGRZ 1995, 113; deutsche Übersetzung in FamRZ 1995, 110 m Anm BRÖTEL FamRZ 1995, 72 und FAHRENHORST FuR 1995, 107). In dieser Entscheidung, die irisches Recht betraf, hatte der Europäische Gerichtshof für Menschenrechte festgestellt, daß in einem Fall, in dem der Vater vor der Geburt des Kindes mit der Mutter zusammengelebt hatte, der Ausspruch der Adoption des nichtehel Kindes durch Dritte ohne Anhörung des Vaters gegen Art 8 Abs 1 und Art 6 Abs 1 der Europäischen Menschenrechtskonvention verstieß.

3 Durch das **KindRG v 1997** wurde dem Vater eines nichtehel Kindes in gleicher Weise wie dem Vater eines ehel Kindes ein Einwilligungsrecht zuerkannt (BT-Drucks 13/4899, 112 ff). Unter **Aufgabe der Unterscheidung zwischen ehel und nichtehel Kindern** spricht das Gesetz in § 1747 Abs 1 S 1 nur noch von der Erforderlichkeit der Einwilligung „der Eltern" ohne Rücksicht darauf, ob diese miteinander verheiratet sind oder waren. Allerdings enthalten Abs 1 S 2 und Abs 3 nach wie vor **Sonderregelungen,** die sich in der Sache, wenn auch nicht sprachlich, typischerweise auf den Fall nichtehel Geburt des Kindes beziehen: So schützt Abs 1 S 2 einen nur potentiellen Erzeuger, dessen Vaterschaft also rechtlich noch nicht feststeht, vor der Adoption „seines" Kindes durch Dritte (vgl Rn 16 ff), während Abs 3 Nr 1 dem Vater eines nichtehel geborenen Kindes die Möglichkeit einräumt, die Einwilligung bereits vor der Geburt zu erteilen (vgl Rn 23 ff). Abs 3 Nr 2 regelt die Wirkung eines Antrags des Vaters eines nichtehel Kindes auf Übertragung des Sorgerechts im laufenden Adoptionsverfahren (vgl Rn 38 ff), während Abs 3 Nr 3 die Möglichkeit vorsieht, daß der Vater auf einen solchen Antrag verzichtet, ohne indessen in die Adoption einzuwilligen (vgl Rn 42 f).

3. Überlegungsfrist

4 Eine (Zwangs-)Überlegungsfrist für Eltern, die in die Adoption ihres Kindes einwilligen, war dem BGB in seiner ursprüngl Fassung fremd. § 1749 Abs 2 idF des FamRÄndG v 1961 normierte erstmals eine Frist von 3 Monaten. Diese wurde durch das AdoptG v 1976 im Interesse des Kindes auf **8 Wochen** reduziert (BT-Drucks 7/3061, 37 f u BT-Drucks 7/5087, 11 f). Das KindRG v 1997 hat an der 8-Wochen-Frist nichts geändert (Abs 2 S 1), für den Fall nichtehel Geburt des Kindes aber eine Sonderregelung bezüglich der Einwilligung des Vaters eingefügt (Abs 3 Nr 1).

4. Inkognitoadoption und Blankoeinwilligung

Abs 2 S 2 verbietet die **Blankoeinwilligung** (die Einwilligung darf sich nur auf die 5
Annahme durch „schon feststehende Annehmende" beziehen), erlaubt aber die
Inkognitoadoption (die schon feststehenden Annehmenden brauchen dem Einwilligenden nicht bekannt zu sein). Vor dem AdoptG v 1976 fehlte es insoweit an einer
eindeutigen gesetzl Regelung. In der Praxis hatte sich indessen längst die Möglichkeit
der Inkognitoadoption durchgesetzt, bei der zwar die Einwilligung zur Annahme
durch einen bestimmten Annehmenden erteilt wird, dessen Person aber dem Einwilligenden unbekannt bleibt (Näheres STAUDINGER/ENGLER[10/11] Rn 16 ff sowie unten
Rn 34 ff).

5. Entbehrlichkeit der Einwilligung

Die Regelung des Abs 4 entspricht wörtlich der schon in der ursprüngl Fassung des 6
BGB enthaltenen Bestimmung des § 1747 S 2 iVm § 1746 Abs 2 (Näheres Rn 46 ff).

II. Einwilligung der Mutter

Einwilligungsberechtigt nach Abs 1 S 1 sind die **Eltern des Kindes.** Anderen Ver- 7
wandten steht ein Einwilligungsrecht nicht zu, obwohl durch die Adoption auch zu
ihnen die Rechtsbeziehungen abgebrochen werden (§ 1755). Anliegen des Gesetzgebers war es, den Kreis der Einwilligungsberechtigten möglichst eng zu halten, um
die Adoption nicht zu erschweren (BT-Drucks 7/3061, 38). Bestehen zwischen dem Kind
und seinen Verwandten (zB Großeltern, Geschwistern) enge Beziehungen, so ist
allerdings fraglich, ob die Adoption durch Dritte dem Wohl des Kindes dient
(§ 1741).

Der **Begriff der Mutterschaft** ist seit dem KindRG v 1997 in § 1591 definiert. Danach 8
ist Mutter die Frau, die das Kind geboren hat. Der Gesetzgeber sah sich zu dieser
Definition genötigt, nachdem es durch die moderne Fortpflanzungsmedizin möglich
geworden war, daß eine Frau ein genetisch nicht von ihr abstammendes Kind zur
Welt bringt (Eispende, Embryonenspende). Mutter im Rechtssinne ist also ausschließlich die Gebärende. Eine Anfechtung der Mutterschaft kennt das geltende
Recht nicht (vgl auch Rn 29).

Einer **Adoptivmutter** steht ebensowenig wie einem Adoptivvater ein Einwilligungs- 9
recht zu. Der Grund liegt in der Regelung des § 1742, der eine Zweitadoption während der Minderjährigkeit des Kindes ausschließt, und nach der Regelung des § 1768
Abs 1 S 2 ist § 1747 auf Volljährigenadoptionen nicht anzuwenden.

Das Einwilligungsrecht der Eltern und damit auch das der Mutter ist **Ausfluß des** 10
natürlichen Elternrechts (unbestr, vgl STAUDINGER/FRANK[12] Rn 6). Es ist unerheblich, ob
der einwilligende Elternteil Inhaber (Mitinhaber) der elterl Sorge ist. Selbst wenn der
Mutter oder dem Vater das Sorgerecht gem § 1666 ganz oder teilweise entzogen
worden ist, ändert dies am Einwilligungsrecht nach Abs 1 S 1 nichts. Allerdings
kommt unter den Voraussetzungen des § 1748 eine Ersetzung der Einwilligung in
Betracht. Einwilligungsberechtigt sind auch die minderjährige Mutter und der min-

derjährige Vater, was sich (auch) aus § 1750 Abs 3 S 2 ergibt. Sind die Eltern geschäftsunfähig, so ist § 1747 Abs 4 maßgebend (vgl unten Rn 46).

III. Einwilligung des Vaters

1. Der mit der Mutter verheiratete Vater

11 Nach Abs 1 S 1 sind die „Eltern" einwilligungsberechtigt. Ob die Eltern miteinander verheiratet sind oder nicht, macht grundsätzlich keinen Unterschied. Wegen der unterschiedlichen rechtlichen Voraussetzungen der Vaterschaft bei ehel und nichtehel Geburt (§ 1592) empfiehlt sich jedoch in der Darstellung eine Unterscheidung danach, ob der Vater bei der Geburt des Kindes mit der Mutter verheiratet ist oder nicht.

12 Nach § 1592 Nr 1 ist Vater eines Kindes der Mann, der zum Zeitpunkt der Geburt mit der Mutter des Kindes verheiratet ist. Der wahre Erzeuger des Kindes hat auch dann kein Einwilligungsrecht, wenn die Mutter und ihr Ehemann gerade deshalb in die Annahme einwilligen, weil das Kind ein **Ehebruchskind** ist. Nach der nicht unproblematischen Regelung des § 1600 steht dem biologischen Vater in einem solchen Fall weder ein Anfechtungsrecht noch ein Vorrang vor anderen Adoptionsbewerbern im Adoptionsverfahren zu (vgl HELMS JAmt [DAVorm] 2001, 57, 63). Maßgebender Zeitpunkt für die Frage, ob eine Einwilligung des Ehemannes der Mutter nach Abs 1 S 1 erforderlich ist, ist der Ausspruch der Annahme (§ 1752). Bis dahin kann die Vaterschaft noch durch Ehemann, Mutter oder Kind (§ 1600) wirksam angefochten werden.

2. Der mit der Mutter nicht verheiratete Vater

13 Einwilligungsberechtigt ist nach Abs 1 S 1 auch der zur Zeit der Geburt mit der Mutter nicht verheiratete Vater. Allerdings muß er die Vaterschaft **anerkannt** haben (§ 1594) oder die Vaterschaft muß nach § 1600 d **gerichtlich festgestellt** sein. Die Anerkennung bedarf nach § 1595 Abs 1 der Zustimmung der Mutter.

14 Schwierig zu entscheiden ist bei einer angestrebten Säuglings- oder Kleinkindadoption die Frage, ob eine **Verzögerung der Adoption** hingenommen werden kann, um im Interesse von Vater und Kind die Vaterschaft noch vor Abschluß des Adoptionsverfahrens zu klären. Der durch das KindRG v 1997 neugeschaffene § 1747 Abs 1 S 2 beantwortet diese Frage nicht, weil die Bestimmung voraussetzt, daß ein Vaterschaftsprätendent seine Vaterschaft iSd § 1600 d Abs 2 S 1 glaubhaft macht, also selbst seine Interessen wahrnimmt (näher dazu Rn 16 ff). Diese Möglichkeit scheidet jedoch aus, wenn der Erzeuger von seiner Vaterschaft nichts weiß und die Mutter den Namen des Erzeugers nicht preisgibt. Außerdem beantwortet § 1747 Abs 1 S 2 nicht die Frage, ob und wann es im *Interesse des Kindes* selbst liegt, das **Ergebnis eines Vaterschaftsfeststellungsverfahrens abzuwarten**. Das Problem war unter der Herrschaft des alten Rechts besonders brisant, weil die Jugendämter als Amtspfleger (§ 1706 aF) nicht selten die Vaterschaftsfeststellung verzögerten, um den Vater als potentiellen Störenfried aus dem Adoptionsverfahren herauszuhalten (vgl STAUDINGER/FRANK[12] Rn 43). Seit der Reform des Kindschaftsrechts von 1997 obliegt die Vaterschaftsfeststellung grundsätzlich der Kindesmutter, die entweder als Vertreterin des

Kindes (§ 1629 Abs 1 S 3) oder in eigenem Namen Klage erheben kann (§ 1600 e Abs 1), so daß gegen den Willen der Mutter eine Vaterschaftsfeststellung nur betrieben werden kann, wenn der Mutter wegen ihrer Weigerung insoweit das Personensorgerecht entzogen wird (§ 1666) oder nach der Erteilung einer unwiderruflichen Einwilligung in die Annahme das Jugendamt als Amtsvormund (§ 1751 Abs 1 S 2) sich um die Vaterschaftsfeststellung bemüht. Bei den Vorarbeiten zum KindRG v 1997 war die Problematik durchaus gesehen worden. Auf eine Anregung des Bundesrates hin, die Frage gesetzlich zu klären (BT-Drucks 13/4899, 156), beschränkte sich indessen die Bundesregierung auf eine formale Stellungnahme (BT-Drucks 13/4899, 170): „§ 1747 Abs 1 S 1 u 2 sieht eine Einwilligungszuständigkeit des Kindesvaters oder des Vaterschaftsprätendenten nur dann vor, wenn der Mann entweder gemäß § 1592 als Kindesvater im Rechtssinne feststeht oder wenn er die Voraussetzungen der Vaterschaftsvermutung gemäß § 1600 d Abs 2 glaubhaft gemacht hat. Keines dieser beiden Tatbestandsmerkmale ist erfüllt, wenn die Person des (möglichen) Kindesvaters unbekannt ist." Richtig ist, daß eine Adoption, die ausgesprochen wird, bevor die Vaterschaft rechtskräftig festgestellt oder iSv § 1747 Abs 1 S 2 glaubhaft gemacht wird, wirksam ist und bleibt. Eine Aufhebung nach § 1760 Abs 1 kommt nicht in Betracht, weil das Annahmeverhältnis nicht „ohne die erforderliche Einwilligung eines Elternteils" begründet wurde. Die fehlende Aufhebbarkeit der Annahme ändert indessen nichts daran, daß es die Pflicht des gesetzlichen Vertreters des Kindes ist, die Vaterschaftsfeststellung zu betreiben. Schon unter der Herrschaft des alten Rechts entsprach es hA, daß bei Rechtshängigkeit einer Vaterschaftsklage das **Adoptionsverfahren auszusetzen** ist, „wenn eine dadurch eintretende Verzögerung dem Wohl des Kindes nicht widerspricht" (BT-Drucks 7/5087, 15; Nachw in STAUDINGER/FRANK[12] Rn 43). Abzuwägen sind das Interesse des Kindes an einer baldigen festen Eingliederung in eine Familiengemeinschaft gegenüber dem Interesse des (möglichen) Vaters an seinem Kind sowie des Kindes an seinem (möglichen) Vater (OBERLOSKAMP 166). Dem Interesse des Kindes an der Kenntnis seiner Abstammung kann notfalls auch durch eine **Vaterschaftsfeststellung nach erfolgter Adoption** Rechnung getragen werden (§ 1755 Rn 15 ff), so daß von einer Vaterschaftsklage durch das Jugendamt als Vormund (§ 1751 Abs 1 S 2) abgesehen werden kann, wenn das Kind sich bereits in Adoptionspflege befindet, gegen die Adoption keine Bedenken bestehen und die Vaterschaft bestritten wird (so schon die Praxis vor dem KindRG v 1997; vgl LG Stuttgart FamRZ 1978, 147 = Rpfleger 1978, 16; BARTH ZfJ 1984, 68; ULLENBRUCH ZBlJugR 1977, 426).

Die Frage, ob die Mutter im Adoptionsverfahren gezwungen werden kann, den oder **15** die möglichen Erzeuger des Kindes zu benennen, wurde vom LG Stuttgart (NJW 1992, 2897 = FamRZ 1992, 1469 = DAVorm 1992, 978) mit guten Gründen verneint. Allerdings entspricht diese Ansicht nicht unbedingt der hM, da das BVerfG jedenfalls vom Grundsatz her einen Anspruch des Kindes gegen seine Mutter auf **Nennung des potentiellen Erzeugers** bejaht (BVerfGE 96, 56 = NJW 1997, 1769 = FamRZ 1997, 869 m krit Anm FRANK/HELMS FamRZ 1997, 1258) und inzwischen auch Entscheidungen bekannt geworden sind, in denen – volljährige – Kinder nicht nur mit Erfolg auf Nennung des Erzeugers geklagt haben (LG Münster NJW 1999, 726 = FamRZ 1999, 1441), sondern in denen die Entscheidung auch mittels Zwangsgeld und Zwangshaft vollstreckt wurde (OLG Bremen NJW 2000, 963 = FamRZ 2000, 618 = DAVorm 1999, 722; **aA** LG Münster NJW 1999, 3787). Keine Zweifel dürften hingegen daran bestehen, daß eine **Weigerung der Mut-**

ter, den Erzeuger zu benennen, ein Adoptionsverfahren nicht zu blockieren vermag (LG Stuttgart NJW 1992, 2897 = FamRZ 1992, 1469 = DAVorm 1992, 978).

3. Der Vaterschaftsprätendent

16 Das in Abs 1 S 2 neu eingefügte **Einwilligungsrecht des Vaterschaftsprätendenten,** der glaubhaft macht, daß er der Mutter während der gesetzlichen Empfängniszeit beigewohnt hat (§ 1600 Abs 2 S 1), beruht auf der Überlegung, daß die Anerkennung der Vaterschaft an der Zustimmung der Mutter scheitern kann (§ 1595 Abs 1) und die daraufhin erhobene Klage des potentiellen Erzeugers (§ 1600 e Abs 1) möglicherweise so zeitaufwendig ist, daß dessen Schutz im laufenden Adoptionsverfahren nicht gewährleistet ist (BT-Drucks 13/4899, 113). Die Vermutungswirkung des Abs 1 S 2 beschränkt sich auf die Begründung des Einwilligungserfordernisses nach Abs 1 S 1 **(vorläufige Vaterschaftsvermutung).** Einen Antrag auf Übertragung der elterlichen Sorge nach Abs 3 Nr 2 kann der Vaterschaftsprätendent also nicht stellen. Hingegen kann die verweigerte Einwilligung des Vaterschaftsprätendenten nach Abs 1 S 2 iVm § 1748 Abs 4 unter erleichterten Voraussetzungen gerichtlich ersetzt werden. Problematisch ist, wie der potentielle Vater vom Adoptionsverfahren überhaupt Kenntnis erlangt (vgl Rn 15 sowie HELMS JAmt [DAVorm] 2001, 57, 60 f).

17 Voraussetzung von Abs 1 S 2 ist, daß die *Beiwohnung* nach § 1600 d Abs 2 S 1 glaubhaft gemacht wird. Die *Vaterschaft* selbst kann im Falle von Mehrverkehr sogar unwahrscheinlich sein (PALANDT/DIEDERICHSEN Rn 5; SOERGEL/LIERMANN Rn 8; **aA** HELMS JAmt [DAVorm] 2001, 57, 59, der als Grundlage des Einwilligungsrechts in der Sache nicht die vermutliche Beiwohnung, sondern die vermutliche Vaterschaft ansieht). **Mittel der Glaubhaftmachung** sind alle nach § 15 Abs 1 FGG zulässigen Beweismittel ohne Beschränkung auf deren Präsenz (vgl § 294 Abs 2 ZPO), vor allem auch die eidesstattliche Versicherung nach § 15 Abs 2 FGG. Die Einholung von Sachverständigengutachten kommt allerdings nicht in Betracht, weil trotz der Amtsermittlungspflicht nach § 12 FGG (insoweit gegen die Geltung des Amtsermittlungsgrundsatzes HELMS JAmt [DAVorm] 2001, 57, 59 f) die Vorwegnahme der Vaterschaftsfeststellung dem Sinn und Zweck von Abs 1 S 2 widerspräche (FamRefK/MAURER § 1747 Rn 5). Die Glaubhaftmachung erfolgt im Adoptionsverfahren vor dem Vormundschaftsgericht, dem gegenüber die Einwilligung nach § 1750 Abs 1 zu erklären ist (SOERGEL/LIERMANN Rn 8).

18 Die Glaubhaftmachung setzt nicht voraus, daß der Vaterschaftsprätendent bereits eine **Vaterschaftsfeststellungsklage** erhoben hat. Hier liegt ein entscheidender Mangel der Neuregelung. Von einem Vaterschaftsprätendenten, der für sich ein Einwilligungsrecht in Anspruch nimmt, sollte wenigstens erwartet werden, daß er sich durch Klageerhebung ernsthaft um die Feststellung der Vaterschaft bemüht (allgM, vgl OBER-LOSKAMP 156; LIERMANN FuR 1997, 217, 221; FRANK FamRZ 1998, 393, 395; WILLUTZKI KindPrax 1998, 103 f; BAER ZfJ 1996, 123, 124; Deutscher Juristinnenbund FPR-Service 04/1997, 10; Deutscher Familiengerichtstag FamRZ 1997, 337, 341; MünchKomm/MAURER Rn 5 iVm Fn 31; SOERGEL/LIER-MANN Rn 9). Versuche, die Regelung des Abs 1 S 2 restriktiv in diesem Sinne zu interpretieren (so WIESNER/OBERLOSKAMP SGB VIII § 51 Rn 35), scheitern am klaren Gesetzeswortlaut (HELMS JAmt [DAVorm] 2001, 57, 58).

19 Die im internationalen Vergleich einmalige Regelung des Abs 1 S 2, welcher der Gesetzgeber „zentrale Bedeutung" beimißt (BT-Drucks 13/4899, 169), kann, wie der

Bundesrat zurecht befürchtet, zu „unwürdigen und unhaltbaren Zuständen" führen (BT-Drucks 13/4899, 156) und Adoptionsverfahren unnötig belasten und verzögern. Wenn der Gesetzgeber im übrigen in Abs 1 S 2 auf § 1748 Abs 4 verweist, wonach die verweigerte Einwilligung eines Vaterschaftsprätendenten unter erleichterten Voraussetzungen ersetzt werden kann, dann fragt man sich doch etwas überrascht, ob ein Ersetzungsverfahren nach § 1748 Abs 4 so viel schneller durchzuführen ist als eine Vaterschaftsfeststellung. Ein Richter, der seine Aufgabe im Ersetzungsverfahren ernst nimmt, wird oft schwerlich umhin können, eine Klärung der Vaterschaft abzuwarten, weil diese mitentscheidend für die Prognose ist, ob „das Unterbleiben der Annahme dem Kind zu unverhältnismäßigem Nachteil gereichen würde". Hätte der Gesetzgeber den Schutz präsumtiver Väter auf Fälle beschränkt, in denen Vaterschaftsfeststellungsverfahren anhängig sind, dann hätte sich im übrigen die Rechtslage kaum mehr von der früher bewährten Rechtspraxis unterschieden, nach der ein Adoptionsverfahren auszusetzen war, wenn die dadurch eintretende Verzögerung der Annahme dem Wohl des Kindes nicht widersprach (dazu oben Rn 14).

IV. Überlegungsfrist

1. Die 8-Wochen-Frist des Abs 2 S 1

Zur Entstehungsgeschichte des Abs 2 S 1 vgl Rn 3, außerdem STAUDINGER/FRANK[12] **20** Rn 30. – Nach Abs 2 S 1 kann die elterliche Einwilligung in die Annahme erst erteilt werden, wenn das Kind acht Wochen alt ist. Die 8-Wochen-Frist gilt nach Abs 3 Nr 1 nicht, wenn die Eltern nicht miteinander verheiratet sind und keine Sorgeerklärungen gem § 1626 a Abs 1 Nr 1 abgegeben haben.

Die 8-Wochen-Frist dient dem **Schutz der Eltern, insbesondere der nicht verheirateten** **21** **Mutter,** vor einer übereilten Weggabe ihres Kindes. Nicht verheiratete Mütter sind in besonderem Maße während der Schwangerschaft Belastungen ausgesetzt. Sie benötigen nach der Geburt ausreichend Zeit, um eine Entscheidung verantwortlich treffen zu können. Die Überlegungsfrist darf allerdings auch nicht zu lang bemessen sein; denn der Bindungsprozeß von Kindern an eine Bezugsperson beginnt sehr früh und ist im 2. und 3. Lebensmonat bereits deutlich ausgeprägt (RAUH, in: OERTER/MONTADA, Entwicklungspsychologie [4. Aufl 1998] 240). Es liegt deshalb im Interesse des Kindes, bald zu seinen künftigen Eltern zu finden. Das Streben der Adoptionsvermittlungsstellen, Kinder möglichst aus der Klinik heraus in die Pflege der in Aussicht genommenen (der Mutter oft unbekannten) Adoptiveltern zu geben, ist nicht ganz unproblematisch, weil auf diese Weise die Mutter de facto teilweise um den Schutz des Abs 2 S 1 gebracht wird.

Obwohl die 8-Wochen-Frist in erster Linie dem **Schutz der nicht verheirateten Mutter** **22** dient, gilt Abs 2 S 1 in gleicher Weise auch für die verheiratete Mutter und den mit der Mutter verheirateten Vater. Daß auch die Väter ehel Kinder geschützt werden, ist kein Redaktionsversehen (vgl BT-Drucks 7/5087, 12). Eine entspr Regelung enthielt schon § 1747 Abs 2 idF vor dem AdoptG v 1976. Es wäre auch nicht sinnvoll, bei ehel Kindern die Überlegungsfrist der Eltern unterschiedlich festzusetzen.

2. Sonderregelung des Abs 3 Nr 1

23 Abs 3 Nr 1 enthält eine Ausnahmeregelung gegenüber Abs 2 S 1: Ist der Vater nicht mit der Mutter verheiratet und haben die Eltern auch keine Sorgeerklärungen gem § 1626 a Abs 1 Nr 1 abgegeben, kann die **Einwilligung des Vaters bereits vor der Geburt** erteilt werden. Voraussetzung ist allerdings, das die Vaterschaft rechtskräftig feststeht, was nach § 1592 Nr 2 iVm § 1594 Abs 4 schon vor der Geburt möglich ist. Eine Glaubhaftmachung, wie sie in Abs 1 S 2 vorgesehen ist, genügt nicht.

24 In der Sache differenziert das Gesetz nach wie vor zwischen ehel und nichtehel Kindern. Es ist jedenfalls nicht gerade wahrscheinlich, daß Sorgeerklärungen gem § 1626 a Abs 1 Nr 1 vor oder unmittelbar nach der Geburt abgegeben werden, obwohl die Mutter bereit ist, das Kind zur Adoption freizugeben. Ein Vergleich mit ausländischen Rechtsordnungen zeigt, daß dort derartige Differenzierungen unbekannt sind, sofern nur das Einwilligungsrecht grundsätzlich unabhängig davon gewährt wird, ob der Vater mit der Mutter verheiratet ist oder nicht (*Schweiz*: Art 265 b ZGB; *Frankreich*: Art 348 u 348–3 Cc; *Spanien*: Art 177 Cc).

25 Eine **Rechtfertigung** der von der deutschen Adoptionspraxis aus naheliegenden Gründen favorisierten gesetzlichen Regelung fällt schwer. Sie läßt sich (mit Mühe) aus der Überlegung herleiten, daß verheiratete Eltern die Möglichkeit haben sollten, gemeinsam und zeitgleich über die Freigabe eines Kindes zur Adoption zu entscheiden. Bei nicht verheirateten Eltern hingegen fehlt es ohne Rücksicht auf die konkreten Lebensumstände jedenfalls an einer gesetzlichen Pflicht zu partnerschaftlicher Rücksichtnahme und die Mutter verdient wegen der psychologischen Belastung durch die Geburt besonderen Schutz (Frank FamRZ 1998, 393, 395). Indessen drängen sich naheliegende Gegenargumente auf: Warum kann der verheiratete, getrennt lebende Ehemann, dessen Frau schwanger ist, nicht pränatal einwilligen, wohl aber der Lebensgefährte der Schwangeren (Wiesner/Oberloskamp SGB VIII § 51 Rn 39)? Überzeugt es, wenn ein Mann, der sich immerhin durch Anerkennung zu seinem Kind bekannt hat, der Überlegungsfrist nur deshalb nicht für wert befunden wird, weil er nicht Inhaber der elterlichen Sorge ist, was wiederum vom Willen der Kindesmutter abhängt (Soergel/Liermann Rn 17)? Verdient der mit der Mutter nicht verheiratete Vater, der pränatal in die Adoption eingewilligt hat, nicht wenigstens dann besonderen Schutz, wenn sich die Lebensumstände überraschend ändern, weil er zB die Mutter heiratet oder Mittel und Wege findet, selbst für das Kind zu sorgen? Die Annahme, eine pränatal erklärte Einwilligung des Vaters werde „hinfällig", wenn dieser noch vor der Geburt die Mutter heiratet, findet im Gesetz keine Stütze (zutr Soergel/Liermann Rn 10; aA Wiesner/Oberloskamp SGB VIII § 51 Rn 39 und MünchKomm/Maurer Rn 7 unter Hinw auf eine entspr Anwendung von § 1750 Abs 4 S 1). Nachdem das KindRG v 1997 die Unterscheidung zwischen ehel und nichtehel Kindern aufgegeben hat, wäre es wohl besser gewesen, auf jede Differenzierung auch im Zusammenhang mit den Überlegungsfristen zu verzichten (so auch Deutscher Familiengerichtstag FamRZ 1997, 337, 341: „mit dem natürlichen Elternrecht sowie der damit zusammenhängenden Elternverantwortung nicht vereinbar"; Soergel/Liermann Rn 17).

3. Pränatale Einwilligung

26 Eine pränatale Einwilligung, wie sie zT vor der Reform des Adoptionsrechts gefordert worden war (vgl Bosch ua FamRZ 1972, 356; Akademikerverbände FamRZ 1974, 170; Stöcker FamRZ 1974, 568) und auch später noch vor allem von Bosch (FamRZ 1983, 976; FamRZ 1984, 839, 840; NJW 1987, 2617, 2630) für richtig gehalten wurde, kennt das geltende Recht – von der Sonderregelung des Abs 3 Nr 1 abgesehen – wegen der 8-Wochen-Überlegungsfrist nicht. Die pränatale Einwilligung soll der Tötung ungeborenen Lebens (**„abgeben statt abtreiben"**) entgegenwirken, indem sichergestellt wird, daß die nichtehel Mutter – an sie ist in erster Linie gedacht – bereits mit der Geburt von allen persönlichen und finanziellen Verpflichtungen definitiv freigestellt wird. Gelingt es, für das Kind im Mutterleib Adoptiveltern zu finden, so würde die pränatale Einwilligung ergänzt durch eine **pränatale Adoption.**

Gegen die pränatale Einwilligung spricht, daß sie ohnehin nur mit einem Widerrufs- **27** recht „binnen 2–3 Monaten nach der Geburt" (so Bosch NJW 1987, 2630) befürwortet werden könnte, so daß aus der Sicht der Mutter die Unterschiede zur Regelung des geltenden Rechts gering wären. Was an Vorteilen bliebe, wäre die völlige Freistellung der Mutter von jeder persönlichen und finanziellen Verantwortung zu Lasten des Staates oder der bereits feststehenden Adoptiveltern. Angesichts des seit Jahren bestehenden Überhangs an Adoptionsbewerbern würde der Mutter de facto nur das Risiko abgenommen, daß ihr Kind nicht gesund zur Welt kommt und deshalb nur schwer zu vermitteln wäre. Ob Mütter mit Blick auf dieses „Restrisiko" abtreiben statt abzugeben, erscheint fraglich. Empirische Untersuchungen fehlen, dürften allerdings auch kaum zuverlässige Daten liefern (gegen pränatale Einwilligung und Adoption vgl BT-Drucks 7/3061, 20; BT-Drucks 7/5087, 12; Deutscher Richterbund [Zierl] DRiZ 1984, 108; Grob 65 ff m Nachw).

4.   Ersatzmutterschaft, Leihmutterschaft

a)   Ersatzmutterschaft

Eine Ersatzmutter ist eine Frau, die ein genetisch eigenes Kind austrägt und sich **28** bereit erklärt, das Kind nach der Geburt Wunscheltern zu überlassen. **Vereinbarungen** zwischen der Mutter und den Wunscheltern wegen einer angestrebten späteren Statusänderung des Kindes durch Adoption sind ohne Rücksicht auf die Sittenwidrigkeit der Vereinbarung schon wegen der Regelung des Abs 2 S 1 nur unverbindliche Absichtserklärungen. Verweigert die Ersatzmutter nach der Geburt die Herausgabe des Kindes sowie ihre Einwilligung in die Adoption, so kommt allein wegen der getroffenen Entgeltabsprache weder eine Entziehung des Sorgerechts (§§ 1666, 1666 a) noch eine Ersetzung der Einwilligung (§ 1748) in Betracht (KG OLGZ 1985, 291 = NJW 1985, 2201 = FamRZ 1985, 735 = JZ 1985, 1053 m Anm Giesen). Ist die Ersatzmutter verheiratet, so ist für eine Adoption auch die Einwilligung des Ehemannes erforderlich (Näheres Coester-Waltjen Verh 46. DJT [1986] Bd 1 S B 9, B 83 ff).

b)   Leihmutterschaft

Eine Leihmutter ist eine Frau, die ein nicht aus ihrer Eizelle entstandenes Kind zur **29** Welt bringt, welches sie an Wunscheltern abgeben will. Nach § 1591 ist die Gebärende, nicht die Eispenderin, rechtlich die Mutter des Kindes. Für eine Statusänderung durch Adoption aufgrund einer vor der Geburt getroffenen Vereinbarung gilt das gleiche wie im Falle der Ersatzmutterschaft. Einwilligungserklärungen sind nur nach Maßgabe der §§ 1747, 1750, insbesondere unter Beachtung der 8-Wochen-Frist, möglich.

V. Inhalt der Einwilligung

1. Blankoeinwilligung

30 **Abs 2 S 2 verbietet die Blankoeinwilligung;** denn die Einwilligung darf sich nur auf bereits feststehende Annehmende beziehen. Schon vor der Reform v 1976 vertraten Rspr u L trotz nicht eindeutiger gesetzl Regelung die Ansicht, daß Blankoeinwilligungen unzulässig seien (Nachw in STAUDINGER/ENGLER[10/11] § 1747 Rn 14 ff). Im RegE zum AdoptG v 1976 (BT-Drucks 7/3061, 21) heißt es: „Auch im neuen Recht soll die Erleichterung der Vermittlung der Annahme als Kind keinen Vorrang vor dem Mitwirkungsanspruch der Eltern haben ... . ‚Staatsmündel‘, für die nur eine staatliche Stelle Verantwortung trägt, sollen nicht entstehen. Aus der elterlichen Pflicht zur Pflege und Erziehung der Kinder ergibt sich die sittliche Verpflichtung der Eltern oder der nichtehelichen Mutter, die Einwilligung zur Annahme nicht ohne ein Mindestmaß an Unterrichtung über die Lebensverhältnisse des Kindes abzugeben.“ Der krit Hinw darauf, daß mit der Zulassung der Blankoeinwilligung Kinder zur Disposition staatlicher Einrichtungen gestellt würden (so GERNHUBER/COESTER-WALTJEN § 68 V Fn 9; vgl auch BT-Drucks 7/5087, 12: Verstoß gegen Art 6 Abs 2 GG; ROTH-STIELOW Rn 15: „moderner Menschenhandel“; GLÄSSING 113; DÖLLE Bd 2 § 112 III 2 c), übersieht, daß der Wunsch der Mutter (oder des Vaters), in eine Adoption einzuwilligen, nicht nur eine aus dem Elternrecht fließende eigenverantwortliche Entscheidung, sondern auch ein Signal für die Schutzbedürftigkeit des Kindes ist, das staatliches Handeln nach Art 6 Abs 2 S 2 erforderlich macht (FRANK 156 f). Man sollte den Hinw auf Art 6 Abs 2 S 1 GG nicht im Interesse von Eltern strapazieren, die ihr Elternrecht (blanko) preisgeben wünschen. Aus der Sicht des einwilligungsberechtigten Elternteils macht es ohnehin keinen großen Unterschied, ob er in eine Inkognitoadoption durch zwar feststehende, aber für ihn anonyme Adoptiveltern einwilligt oder ob er seine Einwilligungserklärung von vornherein blanko erteilt. Der Praxis bereitet das Verbot der Blankoeinwilligung gelegentlich Schwierigkeiten (für die Zulassung der Blankoeinwilligung FEIL MittAGJ 64 [1972] 27, 29; SCHNABEL MittAGJ 64 [1972] 18, 19; SCHMIDGEN MittAGJ 67 [1973] 30, 32; DAIMER BayNotV 1924, 368 ff; MÜLLER DAVorm 1973, 528; Akademikerverbände FamRZ 1974, 170, 171; ausf zur Gesamtproblematik mwHinw GROB 80 ff), weil Adoptionen verzögert werden, etwa wenn die zunächst angestrebte Adoption nicht zustandekommt und die Mutter danach unauffindbar bleibt. Wird ein Ersetzungsverfahren nach § 1748 eingeleitet, so müssen außerdem die künftigen Adoptiveltern bereits feststehen, auch wenn sie später bei entspr Verfahrensdauer oft monate- oder jahrelang in der unerträglichen Ungewißheit leben müssen, ob es zu einer Adoption kommt oder nicht. In der *Schweiz* (Art 265 a Abs 3 ZGB), in den romanischen Rechtsordnungen (*Frankreich* Art 348–4 Cc; *Belgien* Art 349 Cc) und in den *USA* (vgl Uniform Adoption Act v 1994, Section 2–403: „A parent whose consent to the adoption of a minor is required may relinquish to an agency all of the individual's rights with respect to the minor, including the right to consent to the minor's adoption.“) bestehen jedenfalls keine Bedenken, Blankoeinwilligungen zuzulassen.

2. Eventual- und Alternativeinwilligung

31 Abs 3 S 2 des RegE zum AdoptG v 1976 (BT-Drucks 7/3061, 4) lautete ursprüngl, daß der Einwilligende „den“ schon feststehenden Annehmenden nicht zu kennen brauche. Diese Formulierung stand und steht in Einklang mit der anderer Bestimmungen, in denen das AdoptG v 1976 von „dem" Annehmenden im Singular auch dann spricht, wenn die Annahme durch ein Ehepaar erfolgt (zB § 1741 Abs 1). Auf Antrag des RAussch (BT-Drucks 7/5087, 13) wurde in Abs 3 S 2 (seit dem KindRG v 1997: Abs 2 S 2) bewußt die Formulierung gewählt, daß der Einwilligende „die" schon feststehenden Annehmenden nicht zu kennen brauche. Damit sollte klargestellt werden, daß eine „Einwilligung nicht nur zur Adoption des Kindes durch eine Person oder ein Ehepaar erteilt (werden kann), sondern gleichzeitig auch für den Fall, daß das zunächst vorgesehene Annahmeverhältnis nicht zustande kommen sollte, zur Adoption durch ein weiteres Ehepaar oder mehrere weitere Ehepaare. Der Ausschuß hält diese Verbindung einer Einwilligungserklärung mit **hilfsweisen Einwilligungserklärungen** für zulässig" (BT-Drucks 7/5087, 13). Erkennbares Ziel des Gesetzgebers war es, die Härten des Verbots der Blankoeinwilligung durch die Zulassung von Eventualeinwilligungen zu mildern (vgl auch BAER/GROSS 29 f). Bei dieser Ausgangslage sollte man nicht versuchen, das vom Gesetzgeber gewünschte Ergebnis durch einen Hinw auf die Bedingungsfeindlichkeit der Einwilligung (§ 1750 Abs 2 S 1) wieder in Frage zu stellen (hM, vgl MünchKomm/MAURER Rn 19; ERMAN/HOLZHAUER Rn 6; BGB-RGRK/DICKESCHEID Rn 10; SOERGEL/LIERMANN Rn 19).

Bedenken bestehen allerdings gegen **Alternativeinwilligungen,** bei denen der Ein- 32 willigungsberechtigte sein Einverständnis mit der Adoption durch eine möglicherweise unbegrenzte Vielzahl von Bewerbern erklärt und der Adoptionsvermittlungsstelle die Auswahl überläßt. In der Kommentarliteratur wird überraschenderweise nicht die Alternativeinwilligung, sondern eher die oben genannte Eventualeinwilligung für problematisch gehalten (BGB-RGRK/DICKESCHEID Rn 10; SOERGEL/LIERMANN Rn 19; MünchKomm/MAURER Rn 19; aA ERMAN/HOLZHAUER Rn 8; auch die Bedenken von BINSCHUS [ZfF 1976, 191, 196] und OBERLOSKAMP [DAVorm 1977, 89, 103] gegen die Eventualeinwilligung betreffen in Wirklichkeit die Alternativeinwilligung). Daß der Gesetzgeber die Alternativeinwilligung zulassen wollte, kann den Gesetzesmaterialien nicht entnommen werden. Es würde auch dem Sinn des Verbots der Blankoeinwilligung widersprechen, wollte man ohne zahlenmäßige Begrenzung (!) (so GERNHUBER/COESTER-WALTJEN § 62 V 8, wobei allerdings zweifelhaft ist, ob Alternativität nicht iSv Eventualität gemeint ist) eine Einwilligung in die Adoption durch alle in der Liste des JugA X geführten Adoptionsbewerber gutheißen. Unzulässig ist es deshalb entgegen OLG Hamm NJW-RR 1991, 905 = FamRZ 1991, 1230 = ZfJ 1991, 433 und BayObLGZ 1993, 76, 82 = NJW 1994, 668, 669 = FamRZ 1993, 1356, 1359 auch, eine alternative Einwilligungserklärung „nachzuschieben", nachdem die bereits erteilte Einwilligungserklärung unwiderruflich geworden ist. Die „nachgeschobene" Einwilligungserklärung kann Wirksamkeit iS einer Eventualeinwilligung nur dann entfalten, wenn die zunächst angestrebte Annahme gescheitert ist. Unzulässig ist es hingegen, aufgrund zweier Einwilligungserklärungen die Auswahl der Adoptionsbewerber der Vermittlungsstelle zu überlassen.

3. Beschränkung der Einwilligung

Zulässig ist eine Beschränkung der Einwilligung dergestalt, daß der Annehmende 33 bestimmte objektivierbare Voraussetzungen zu einem bestimmten Zeitpunkt (idR dem des Annahmebeschlusses) erfüllt, zB was Religionszugehörigkeit, Nationalität, Beruf angeht (OBERLOSKAMP 135 f; GROB 109 ff; LISTL FamRZ 1974, 74 betr Religionszugehörigkeit; DÖLLE Bd 2 §§ 112 III 2 c, 113 I 4; GERNHUBER/COESTER-WALTJEN § 68 VI Fn 11; PALANDT/

DIEDERICHSEN Rn 8; **aA** ERMAN/HOLZHAUER Rn 8; MünchKomm/MAURER Rn 18; SOERGEL/LIER-MANN Rn 21). Eine unzulässige Bedingung (§ 1750 Abs 2 S 1) iS eines zukünftigen ungewissen Ereignisses liegt hier nicht vor. Auch zwingt die ratio des § 1750 Abs 2 S 1 nicht dazu, derartige Beschränkungen als unzulässige **unechte** Bedingung anzusehen, um die Adoption nicht mit möglichen Fehlerquellen zu belasten (so aber ERMAN/HOLZHAUER Rn 8). Zu unterscheiden ist allerdings zwischen einem bloßen Wunsch der Einwilligungsberechtigten und einer wirklichen Beschränkung der Einwilligung. Letztere müßte mit der Einwilligungserklärung gem § 1750 Abs 1 S 2 notariell beurkundet werden. – Nicht zulässig wäre es freilich, die Einwilligung davon abhängig zu machen, daß das Kind später auch tatsächlich in einem bestimmten Bekenntnis erzogen wird (vgl § 1 RelKEG), daß Beruf oder Staatsangehörigkeit nicht gewechselt werden. Hier würde es sich in der Tat um eine unzulässige Bedingung handeln.

4.   Inkognitoadoption

a)   Sicherung des Inkognito im Annahmeverfahren

34 Nach Abs 2 S 2 braucht der Einwilligende die schon feststehenden Annehmenden nicht zu kennen. Damit wird in Übereinstimmung mit Art 20 EuAdoptÜbEink die Inkognitoadoption ausdrücklich anerkannt (BT-Drucks 7/3061, 38). Zur **Entstehungsgeschichte** vgl oben Rn 4. Durch die Inkognitoadoption soll dem Kind in der neuen Familie eine Entwicklung gesichert werden, die nicht durch unvorbereitetes Dazwischentreten der leibl Verwandten gestört werden kann. Gewahrt wird das Inkognito in der Weise, daß die Eltern ihre Einwilligung in die Annahme durch die unter Nr X beim Jugendamt Y geführten Adoptionsbewerber erklären (OBERLOSKAMP 134). Dem Einwilligenden werden die wichtigsten Lebensumstände der Annehmenden (Staatsangehörigkeit, Konfession, wirtschaftliche und soziale Lage, familiäre Verhältnisse) mitgeteilt, soweit durch diese Information das Inkognito nicht gefährdet wird. Auch das BVerfG (BVerfGE 24, 119, 155 = NJW 1968, 2233, 2238 = FamRZ 1968, 578, 587) geht davon aus, daß eine Unterrichtung der Eltern über die allg Verhältnisse der Adoptiveltern „in der Regel geboten" ist.

35 Das **Inkognito** des Abs 2 S 2 ist **einseitig.** Die leibl Eltern kennen die Adoptiveltern nicht, während umgekehrt keine Bedenken bestehen, den Adoptiveltern Namen und Adresse der leibl Eltern mitzuteilen. Die Regelung wird mit dem Recht des Kindes auf Kenntnis seiner genetischen Herkunft und damit begründet, daß in Krankheitsfällen gewährleistet sein muß, daß umgehend die notwendigen Informationen über die leibl Eltern eingeholt werden können. Selbstverständlich ist indessen die Einseitigkeit des Inkognito nicht. Andere Rechtsordnungen schützen auch die leibl Eltern vor späteren Nachforschungen des Kindes, von dem sie sich endgültig trennen wollten (vgl dazu FRANK FamRZ 1988, 113, 117 bei Fn 29).

36 „**Offene Adoptionen**" (Nicht-Inkognitoadoptionen) kommen in der Praxis auch dann vor, wenn es sich um die Annahme eines den Adoptiveltern vorher nicht bekannten Kindes handelt. Die Zweckmäßigkeit solcher Adoptionen wird diskutiert (GRÄFIN VON SCHLIEFFEN, Offene Adoptionsformen – ein Grund zur Reform des Adoptionsrechts [Diss Berlin 1994]; ROTH ZfJ 1986, 258; EDER Kindeswohl 1989, 14; TEXTOR Jugendwohl 1989, 10; ders NDV 1991, 107; ders, in: HOKSBERGEN/TEXTOR, Adoption: Grundlagen, Vermittlung, Nachbetreuung, Beratung [1993] 30, 35 f; Empfehlungen der Bundesarbeitsgemeinschaft der Landesjugendämter [3. Aufl 1994] Rn 12). Für die Abgebenden mag die offene Adoption erträglicher und beruhigender

sein. Für die Annehmenden und das Kind ist sie jedoch nicht selten belastend (Oberloskamp 134 f). Annehmende, die eine offene Adoption wünschen, überschätzen oft
ihre Kräfte. Ist das Inkognito erst einmal gelüftet, ist es für eine Korrektur zu spät.

b) Spätere Wahrung des Inkognito

Der Zweck der Inkognitoadoption liefe leer, wenn das Inkognito nicht auch nach 37
Abschluß des Annahmeverfahrens gesichert würde. Aus diesem Grund ordnet § 1758
ein Offenbarungs- und Ausforschungsverbot an. Innerhalb der Grenzen dieses Ver-
bots ist nach § 34 Abs 2 FGG die Einsichtnahme in Akten und die Erteilung von
Abschriften zu versagen. Ein auf Antrag in das Geburtenbuch beim Eintrag der
Geburt des Kindes einzutragender Sperrvermerk diente bis zur Gesetzesänderung
des AdoptG v 1976 der Geheimhaltung des Namens der Annehmenden vor den leibl
Verwandten des Kindes (§ 61 Abs 2 PStG aF). Nach der heutigen Fassung des § 61
Abs 2 PStG bedarf es keines Sperrvermerks mehr. Es darf nur noch Behörden, den
Annehmenden, deren Eltern, dem gesetzl Vertreter des Kindes und dem über
16 Jahre alten Kind selbst Einsicht in den Geburtseintrag gestattet oder eine Personenstandsurkunde aus dem Geburtenbuch erteilt werden. Die vor allem im allg Behördenverkehr oft benötigte Geburtsurkunde weist als Eltern nur die Annehmenden
aus (§ 62 Abs 2 PStG); anders die Abstammungsurkunde (§ 62 Abs 1 PStG), die der
Angenommene wegen § 1307 spätestens bei seiner Eheschließung benötigt, was zu
schweren Konflikten führen kann, wenn die Adoptiveltern es versäumt haben, den
Angenommenen rechtzeitig über die Tatsache der Adoption aufzuklären. Zur Sicherung des Inkognito erlaubt das polizeiliche Meldeverfahren nach wie vor die Ein-
tragung von Sperrvermerken bei den Einwohnermeldeämtern (Empfehlungen der Arbeitsgemeinschaft der Landesjugendämter zur Adoptionsvermittlung [3. Aufl 1994] Rn 11. 4).
Außerdem werden Adoptivkinder in der Praxis oft unter Scheinadressen zwischen-
gemeldet, bevor sie am Wohnsitz der Adoptiveltern gemeldet werden (Oberloskamp
258). Zur Wahrung des Inkognito bei Abstammungsprozessen, die auch nach dem
Ausspruch der Annahme möglich sind, vgl § 1755 Rn 16.

VI. Sorgerechtsantrag des mit der Mutter nicht verheirateten Vaters

1. Sperrwirkung des Antrags (Abs 3 Nr 2)

Ist der Vater mit der Mutter nicht verheiratet und haben die Eltern auch keine 38
Sorgeerklärungen abgegeben, so bewirkt ein Antrag des Vaters auf Übertragung
der Sorge, daß die Annahme erst ausgesprochen werden kann, nachdem über den
Antrag des Vaters entschieden worden ist (Abs 3 Nr 2). Der Regelung liegt der
vernünftige Gedanke zugrunde, daß dem mit der Mutter nicht verheirateten Vater
allein mit einem Einwilligungsrecht nach Abs 1 S 1 nicht gedient ist. Der Vater muß
auch die Chance haben, das Sorgerecht zu erlangen, nachdem die alleinsorgeberechtigte Mutter (§ 1626 a Abs 2) ihre Einwilligung in die Annahme erklärt hat. Nun
regelt allerdings Abs 3 Nr 2 nicht die Frage, unter welchen Voraussetzungen der
Vater das Sorgerecht erlangen kann, sondern nur, daß ein derartiger Antrag **Sperrwirkung** für ein bereits eingeleitetes Annahmeverfahren entfaltet.

Bezüglich der Frage, unter welchen Voraussetzungen der Vater Inhaber der elterli- 39
chen Sorge werden kann, verweist Abs 3 Nr 2 auf § 1672 Abs 1. § 1672 Abs 1 ist nun
allerdings nicht die Norm, die auf diesen Fall primär zugeschnitten wäre; denn die

Bestimmung setzt voraus, daß die Mutter der Sorgeübertragung auf den Vater zustimmt, was bei einer Einwilligung der Mutter in die Adoption durch Dritte oft nicht der Fall sein wird. Der zunächst überraschte Leser erfährt dann an versteckter Stelle in § 1751 Abs 1 S 6, daß es für eine **Sorgeübertragung auf den Vater** nach § 1672 Abs 1 der mütterlichen Zustimmung überhaupt nicht bedarf, wenn die Mutter in die Adoption eingewilligt hat. Die Verweisung in § 1747 Abs 3 Nr 2 auf § 1672 Abs 1 ist gesetzestechnisch auch deshalb mißglückt, weil § 1672 Abs 1 ein Getrenntleben der Eltern voraussetzt. Schutz verdient auch der mit der abgabewilligen Mutter zusammenlebende Vater, der bereit ist, elterliche Verantwortung zu übernehmen. Im übrigen ruht die elterliche Sorge der Mutter mit ihrer Einwilligung in die Adoption gem § 1751 Abs 1 S 1, was bedeutet, daß nach § 1678 Abs 2 das Familiengericht die elterliche Sorge auf den Vater (auch ohne dessen Antrag) zu übertragen hat, wenn dies dem Wohl des Kindes dient (SOERGEL/LIERMANN Rn 28). Ob der Gesetzgeber mit der Verweisung auf § 1672 Abs 1 die Möglichkeit eines Vorgehens über § 1678 Abs 2 ausschließen wollte, bleibt dunkel. Aus den Gesetzesmaterialien ergibt sich insoweit nichts (BT-Drucks 13/4899, 113, 156 f, 170 u 13/8511, 76). – Daß eine Übertragung der Sorge auf den Vater nur möglich ist, wenn diese „dem Wohl des Kindes dient" (§ 1672 Abs 1 S 2; ebenso § 1678 Abs 2), ist ebenfalls nicht unproblematisch. Das **Erfordernis einer positiven Kindeswohlprüfung** war im Zuge der Reform kritisiert worden, weil sie ohne Not zwischen Vätern ehel und nichtehel Kinder differenziere und eine negative Kindeswohlprüfung durchaus genüge (Deutscher Familiengerichtstag FamRZ 1997, 337, 341; COESTER FamRZ 1995, 1245, 1250). Das hier angesprochene Problem ist indessen kein spezifisch adoptionsrechtliches. Es stellt sich auch in anderen Fällen immer dann, wenn die Mutter des nichtehel Kindes als Alleinsorgeberechtigte ausfällt, wenn sie zB verstirbt oder ihr die Sorge gem § 1666 entzogen wird. Auch hier sieht das KindRG v 1997 eine positive Kindeswohlprüfung vor (§ 1680 Abs 2 S 2 u Abs 3).

40 Gegen die Sperrwirkung eines Sorgerechtsantrags des mit der Mutter nicht verheirateten Vaters ist an sich nichts einzuwenden. Es überrascht nur, daß eine ähnliche Sperrwirkung nicht eintritt, wenn ein Vater, der früher einmal (Mit-)Inhaber des Sorgerechts war, dieses zugunsten des anderen Elternteils – zB als Folge einer Trennung, § 1671 – wieder verloren hat und nunmehr zurückgewinnen möchte (FRANK FamRZ 1998, 393, 396). In BT-Drucks 13/4899, 113 heißt es dazu, daß es hier eines besonderen Schutzes des nicht sorgeberechtigten Elternteils nicht bedürfe, weil diesem keine gerichtliche Ersetzung der verweigerten Einwilligung unter den erleichterten Voraussetzungen des § 1748 Abs 4 drohe. Die Sperrwirkung des väterlichen Sorgerechtsantrags nach Abs 3 Nr 2 diene dem Zweck, zu „verhindern, daß eine Mutter, die nach § 1626 a Abs 2 Alleininhaberin der Sorge ist, das Kind zur Adoption freigibt und die Einwilligung des Vaters in diese Adoption unter den erleichterten Voraussetzungen des § 1748 Abs 4 ersetzt wird, ohne daß der Vater seinerseits die Möglichkeit erhält, die (Allein-)Sorge für sein Kind zu erlangen". Die Sperrwirkung des Abs 3 Nr 2 muß somit im Zusammenhang mit der durch das KindRG v 1997 neugeschaffenen Regelung des § 1748 Abs 4 gesehen werden (SOERGEL/LIERMANN Rn 27; GRESSMANN, Neues Kindschaftsrecht Rn 399; außerdem unten § 1748 Rn 58 f).

41 Die Sperrwirkung des Abs 3 Nr 2 endet erst, wenn die Entscheidung des FamG nicht mehr mit der befristeten oder weiteren befristeten Beschwerde nach § 621 e ZPO angefochten werden kann, mithin **formell rechtskräftig** geworden ist (MünchKomm/ MAURER Rn 25).

2.   Verzicht auf Antragstellung (Abs 3 Nr 3)

Abs 3 Nr 3 sieht vor, daß der Vater darauf verzichten kann, die Übertragung der **42**
Sorge nach § 1672 Abs 1 zu beantragen. Dieser Verzicht ist § 1747 Abs 2 S 3 aF
nachempfunden (Verzicht des Vaters, einen Antrag auf Adoption des eigenen nichtehelichen Kindes zu stellen). Er soll das Annahmeverfahren erleichtern und be-
schleunigen und ist für den Fall gedacht, daß der Vater zwar einerseits nicht bereit
ist, in die Annahme einzuwilligen, andererseits aber auch keinen Antrag auf Sorgerechtsübertragung stellen will. Die Regelung ist abgesehen davon, daß sie für die
Adoptionspraxis zu einer Arbeitserleichterung führt, ohne eigentlichen Sinn: Verweigert der Vater die Einwilligung in die Adoption und verzichtet er dennoch
„blanko" (vgl Rn 43) und unwiderruflich (Abs 3 Nr 3 iVm § 1750 Abs 2 S 2) darauf,
einen Sorgerechtsantrag nach § 1672 Abs 1 zu stellen, so schafft er geradezu zwangsläufig die Voraussetzungen für eine erleichterte Ersetzung der Einwilligung nach
§ 1748 Abs 4 (Frank FamRZ 1998, 393, 396; auch Soergel/Liermann Rn 29). Die Regelung
ist außerdem verfassungsrechtlich bedenklich, weil sie dem Vater das (unverzicht-
bare) Elternrecht beläßt, ihm aber wegen seines unwiderruflichen Blankoverzichts
für künftige Drittadoptionen die Möglichkeit abschneidet, einen Antrag auf Sorgerechtsübertragung zu stellen (Coester RdJB 1996, 430, 439 u FamRZ 1995, 1245, 1250; Frank
FamRZ 1998, 393, 396).

Die Verzichtserklärung erfolgt **blanko** und verliert deshalb auch dann nicht ihre **43**
Kraft, wenn der Annahmeantrag zurückgenommen oder die Annahme versagt
wird. Auf § 1750 Abs 4 S 1 wird in Abs 3 Nr 3 S 3 ausdrücklich nicht Bezug genommen. Wegen der Verweisung auf § 1750 Abs 4 S 2 entfällt indessen die Wirkung des
Verzichts, wenn das Kind nicht innerhalb von drei Jahren angenommen wird (Oberloskamp 162 f; Soergel/Liermann Rn 29; MünchKomm/Maurer Rn 29). Der Verzicht ist an
keine Frist gebunden und kann deshalb wie die Einwilligung nach Abs 3 Nr 1 bereits
vor der Geburt erteilt werden (MünchKomm/Maurer Rn 26). Die Verzichtserklärung
bedarf der **öffentlichen Beurkundung** (Abs 3 Nr 3 S 2), für die auch das JA zuständig
ist (§ 59 Abs 1 Nr 7 SGB VIII). Die Verzichtserklärung wird erst mit dem Zugang
beim VormG wirksam und unwiderruflich (Abs 3 Nr 3 S 3 iVm § 1750 Abs 1 S 3 u
Abs 2 S 2). Der spätestens gleichzeitig mit dem Verzicht zugangsbedürftige Widerruf
bedarf nicht der für die Erklärung vorgeschriebenen Form (OLG Hamm OLGZ 1982,
282, 288 f = FamRZ 1982, 845, 848). Das Wirksamwerden des Verzichts setzt den Zugang
einer Ausfertigung der beurkundeten Erklärung voraus; eine beglaubigte Abschrift
genügt nicht (OLG Hamm OLGZ 1982, 282, 288 = NJW 1983, 1741, 1742 = FamRZ 1982, 845,
848). Die Verzichtserklärung ist **höchstpersönlicher Natur** und darf daher nicht von
einem Vertreter erteilt werden (Abs 3 Nr 3 S 3 iVm § 1750 Abs 3 S 1). Auf den
Antrag verzichten kann auch ein **minderjähriger Vater.** Dessen Sorgerecht würde
zwar nach § 1673 Abs 2 S 1 ruhen. Aber auch ein minderjähriger Vater kann Inhaber
der tatsächlichen Personensorge sein (§ 1673 Abs 2 S 2), so daß ein Verzicht nach
Abs 3 Nr 3 nicht ins Leere zielt (Oberloskamp 162).

3.   Beratung des Vaters nach § 51 Abs 3 SGB VIII

Gem § 51 Abs 3 SGB VIII hat das Jugendamt den Vater, der mit der Mutter nicht **44**
verheiratet und auch nicht Inhaber des Sorgerechts ist (vgl § 1626 a Abs 1 Nr 1), „bei
der Wahrnehmung seiner Rechte nach § 1747 Abs 1 u 3 des Bürgerlichen Gesetz-

buchs zu beraten". Diese Beratung ist zum einen Rechtsberatung (Einwilligungsrecht des Vaters nach Abs 1, Möglichkeit der Antragstellung nach Abs 3 Nr 2 bzw Verzicht nach Abs 3 Nr 3), zum anderen aber auch Beratung in einer konkreten Lebenslage. Da jeder Vater unabhängig davon, ob er mit der Mutter des Kindes zusammenlebt oder mit dieser gemeinsam Erziehungsaufgaben wahrnimmt, Träger des Elternrechts aus Art 6 Abs 2 S 1 GG ist (BVerfGE 92, 158 = NJW 1995, 2155 = FamRZ 1995, 789), darf bei dieser Beratung nicht der Wunsch der Mutter nach einer Drittadoption beherrschend im Vordergrund stehen. Auch dann, wenn der Vater einen Antrag auf Sorgerechtsübertragung zunächst nicht stellen will, sollte das Jugendamt nicht voreilig im Interesse eines ungestörten Adoptionsverfahrens auf die Abgabe einer Einwilligungs- und einer Verzichtserklärung hinwirken (so aber WIESNER/OBERLOSKAMP SGB VIII § 51 Rn 47). Vor allem sollte der noch unentschlossene Vater nicht vor der Geburt des Kindes zu einer Verzichtserklärung nach Abs 3 Nr 3 gedrängt werden, die ihn später wegen der erleichterten Ersetzung der Einwilligung nach § 1748 Abs 4 praktisch aller Chancen, Vater zu bleiben, beraubt. Dies ändert allerdings nichts daran, daß die Beratung des Vaters rechtzeitig erfolgen muß, und zwar so, daß dieser die Möglichkeit hat, noch vor Beginn der Adoptionspflege eine Entscheidung zu treffen (WIESNER/OBERLOSKAMP SGB VIII § 51 Rn 48).

45 Kommt das Jugendamt seiner Beratungspflicht nicht nach, so bleibt dies für die Adoption folgenlos, insbesondere kann eine unterlassene Beratung eine Aufhebung des Annahmeverhältnisses nach § 1763 nicht rechtfertigen (MünchKomm/MAURER Rn 32).

VII. Entbehrlichkeit der Einwilligung (Abs 4)

1. Dauernde Verhinderung

46 Wichtigster Fall dauernder Verhinderung an der Abgabe einer Erklärung ist die **Geschäftsunfähigkeit** (BT-Drucks 7/3061, 38). Von Dauer ist die Geschäftsunfähigkeit allerdings nur dann, wenn eine Änderung des Zustands nicht abzusehen ist (BayObLG FamRZ 1999, 1688 = DAVorm 1999, 773). Beschränkte Geschäftsfähigkeit läßt das Einwilligungsrecht bestehen (§ 1750 Abs 3 S 2). Dauernde Verhinderung ist auch dann anzunehmen, wenn sich der Berechtigte schon über einen längeren Zeitraum in einem Zustand der Bewußtlosigkeit (Koma) befindet oder sich sonst weder schriftlich noch mündlich äußern kann, ohne daß eine Änderung dieses Zustandes in absehbarer Zeit zu erwarten ist (ROTH-STIELOW Rn 13; SOERGEL/LIERMANN Rn 32).

47 Fraglich ist, ob bei **offenkundig scheinehel Kindern** von der Einwilligung des Ehemannes, der von der Existenz des Kindes nichts weiß, abgesehen werden kann, wenn bei Kenntniserlangung des Scheinvaters mit erheblichen Gefahren für die Mutter gerechnet werden muß. Daß eine Benachrichtigung des Ehemannes zu familiären Schwierigkeiten, evtl auch zu einer gesellschaftlichen Diskriminierung der Frau führen würde, kann nicht ausreichen, um eine Benachrichtigung als unzumutbar und infolgedessen den Ehemann in analoger Anwendung von Abs 4 als dauernd außerstande anzusehen, eine Einwilligungserklärung abzugeben. Etwas anderes gilt dann, wenn es aus humanitären Gründen nicht mehr verantwortet werden kann, den Ehemann zu informieren (AG Ludwigsburg BWNotZ 1984, 23 u AG Hamburg-Bergedorf DAVorm 1979, 195: Todesgefahr für die türkische Mutter; AG XY ZfJ 1986, 462: existenzvernichtende gesellschaftliche Sanktionen zu Lasten der griechischen Mutter; wie hier: Empfehlungen der Bundesarbeitsgemeinschaft der Landesjugendämter zur Adoptionsvermittlung [3. Aufl 1994] Rn 8. 43 u SOERGEL/LIERMANN Rn 32).

2.   Unbekannter Aufenthalt

Die Einwilligung ist auch dann entbehrlich, wenn der Aufenthalt des Berechtigten **48** dauernd unbekannt ist. Als Beispiel wird schon in den Motiven zum BGB (Mot IV 965) das Findelkind genannt. Zu denken ist darüber hinaus allg an Fälle, in denen vor allem infolge von Kriegseinwirkungen, Naturkatastrophen, aber auch individuellen Umständen der Name der Eltern oder eines einwilligungsberechtigten Elternteils unbekannt ist. Sind die Einwilligungsberechtigten namentlich bekannt, so sind sie ausfindig zu machen. Ein dauernd unbekannter Aufenthalt kann angenommen werden, wenn der Aufenthalt trotz angemessener Nachforschungen bei den Ordnungsbehörden nach etwa 6 Monaten nicht zu ermitteln ist (OLG Köln DAVorm 1998, 936; OBERLOSKAMP ZBlJugR 1980, 581, 592; MünchKomm/MAURER Rn 21; BACH ZfJ 1995, 471, 473). Handelt es sich um einen Sozialhilfeempfänger, stellen die Auskünfte der Arbeitsverwaltung und des Sozialamts die letzten möglichen Erkenntnisquellen dar (OLG Köln DAVorm 1998, 936). Zur Nachforschungspflicht bei Auslandsaufenthalt des Einwilligungsberechtigten vgl DIV-Gutachten ZfJ 1990, 61. Ist nicht der Aufenthalt, sondern die Person des nichtehelichen Vaters unbekannt, so ist Abs 4 nicht anzuwenden, weil Abs 4 die Existenz eines Einwilligungsrechts und damit die Feststellung der Vaterschaft voraussetzt (unzutr insoweit LG Lübeck SchlHA 1997, 214). Zum Einwilligungsrecht des nur präsumtiven Vaters vgl oben Rn 16 ff.

3.   Inzidententscheidung, Abgrenzung zu § 1748

Die Entscheidung darüber, ob die Voraussetzungen des Abs 4 gegeben sind, trifft das **49** VormG **inzidenter** mit dem Ausspruch über die Annahme (BGB-RGRK/DICKESCHEID Rn 18; SOERGEL/LIERMANN Rn 32). In dem die Annahme aussprechenden Beschluß ist anzugeben, daß die Einwilligung eines Elternteils nach Abs 4 nicht für erforderlich erachtet wurde (§ 56 e S 1 HS 2 FGG; Näheres § 1752 Rn 25). Diese Feststellung ist für eine eventuelle Aufhebung des Annahmeverhältnisses von Bedeutung. Sind nämlich die Voraussetzungen des Abs 4 zu Unrecht angenommen worden, kann das Annahmeverhältnis nach § 1760 Abs 1 iVm Abs 5 aufgehoben werden. Dies führt im **Überschneidungsbereich v § 1747 Abs 4 u § 1748** zu Abgrenzungsfragen mit erheblichen praktischen Konsequenzen (BayObLG FamRZ 1999, 1688 = DAVorm 1999, 773; OBERLOSKAMP ZBlJugR 1980, 581, 591). Ist zB der Aufenthalt eines einwilligungsberechtigten Elternteils dauernd unbekannt, so kann außer über § 1747 Abs 4 ggf auch nach § 1748 Abs 2 S 2 vorgegangen werden. Bei einer die Geschäftsfähigkeit ausschließenden Geisteskrankheit des Einwilligungsberechtigten liegt ein Ersetzungsgrund nach § 1748 Abs 3 vor, von der Einholung der Einwilligung könnte aber auch nach § 1747 Abs 4 abgesehen werden. Während jedoch das Übergehen eines Einwilligungsberechtigten einen Aufhebungsgrund nach § 1760 darstellt, erwächst der Ersetzungsbeschluß in Rechtskraft, so daß eine Aufhebung der Annahme aus Gründen, auf denen der Beschluß beruht, nicht mehr möglich ist. Deshalb sollte in Fällen, in denen sowohl nach § 1747 Abs 4 verfahren werden kann, als auch eine Ersetzung der Einwilligung nach § 1748 in Betracht kommt, im Zweifel der (bestandskräftigeren) Ersetzung der Vorzug gegeben werden (für den Fall, daß die Eltern geisteskrank sind, vgl BayObLG

FamRZ 1999, 1688 = DAVorm 1999, 773 u DIV-Gutachten ZfJ 1987, 379). De lege ferenda wäre zu überlegen, wie eine Harmonisierung von § 1747 Abs 4 und § 1748 Abs 2 S 2, Abs 3 erreicht werden kann. Zu denken wäre an ein besonderes Beschlußverfahren auch für § 1747 Abs 4.

VIII. Mängel der Einwilligung

50 Kommt es zum Ausspruch der Annahme trotz Fehlens einer erforderlichen Einwilligung oder ist die Einwilligung mit einem der in § 1760 Abs 2 genannten Mängel behaftet, so ist die Adoption nach Maßgabe der §§ 1760–1762 aufhebbar. Über die Wirksamkeit der (unwiderruflich gewordenen) Einwilligung kann vor Erlaß des Adoptionsdekrets in einem selbständigen Verfahren entschieden werden (Näheres § 1752 Rn 23). Die Wirksamkeit der Einwilligung beurteilt sich vor Erlaß des Adoptionsdekrets nicht nach § 1760 Abs 2, sondern nach allg Grundsätzen des bürgerlichen Rechts (Näheres § 1750 Rn 13).

§ 1748

(1) Das Vormundschaftsgericht hat auf Antrag des Kindes die Einwilligung eines Elternteils zu ersetzen, wenn dieser seine Pflichten gegenüber dem Kind anhaltend gröblich verletzt hat oder durch sein Verhalten gezeigt hat, daß ihm das Kind gleichgültig ist, und wenn das Unterbleiben der Annahme dem Kind zu unverhältnismäßigem Nachteil gereichen würde. Die Einwilligung kann auch ersetzt werden, wenn die Pflichtverletzung zwar nicht anhaltend, aber besonders schwer ist und das Kind voraussichtlich dauernd nicht mehr der Obhut des Elternteils anvertraut werden kann.

(2) Wegen Gleichgültigkeit, die nicht zugleich eine anhaltende gröbliche Pflichtverletzung ist, darf die Einwilligung nicht ersetzt werden, bevor der Elternteil vom Jugendamt über die Möglichkeit ihrer Ersetzung belehrt und nach § 51 Abs. 2 des Achten Buches Sozialgesetzbuch beraten worden ist und seit der Belehrung wenigstens drei Monate verstrichen sind; in der Belehrung ist auf die Frist hinzuweisen. Der Belehrung bedarf es nicht, wenn der Elternteil seinen Aufenthaltsort ohne Hinterlassung seiner neuen Anschrift gewechselt hat und der Aufenthaltsort vom Jugendamt während eines Zeitraums von drei Monaten trotz angemessener Nachforschungen nicht ermittelt werden konnte; in diesem Fall beginnt die Frist mit der ersten auf die Belehrung und Beratung oder auf die Ermittlung des Aufenthaltsorts gerichteten Handlung des Jugendamts. Die Fristen laufen frühestens fünf Monate nach der Geburt des Kindes ab.

(3) Die Einwilligung eines Elternteils kann ferner ersetzt werden, wenn er wegen einer besonders schweren psychischen Krankheit oder einer besonders schweren geistigen oder seelischen Behinderung zur Pflege und Erziehung des Kindes dauernd unfähig ist und wenn das Kind bei Unterbleiben der Annahme nicht in einer Familie aufwachsen könnte und dadurch in seiner Entwicklung schwer gefährdet wäre.

(4) In den Fällen des § 1626 a Abs. 2 hat das Vormundschaftsgericht die Einwilligung des Vaters zu ersetzen, wenn das Unterbleiben der Annahme dem Kind zu unverhältnismäßigem Nachteil gereichen würde.

Materialien: BT-Drucks 7/3061, 38; BT-Drucks 7/5087, 13. Zu § 1747 a idF d AdoptRÄndG: BT-Drucks 7/421, 5 ff. Zu § 1747 Abs 3 idF d FamRÄndG: BT-Drucks 3/530, 21. Zu § 1748 Abs 3 idF d BtG: BT-Drucks 11/4528, 108. Zu § 1748 Abs 4 idF d KindRG: BT-Drucks 13/4899, 144, 157, 170. S STAUDINGER/BGB-Synopse (2000) § 1748.

Systematische Übersicht

Alphabetische Übersicht

I.   Normzweck

Die Minderjährigenadoption dient dem Zweck, Kindern ohne Eltern und Kindern, **1** deren Eltern zur Erziehung nicht bereit oder in der Lage sind, das Aufwachsen in einer intakten Familie zu ermöglichen (BVerfGE 24, 119, 122 = FamRZ 1968, 578, 579). Vielfach verweigern jedoch die leibl Eltern die gem § 1747 erforderliche Einwilligung. Der der Adoption zugrundeliegende **Fürsorgegedanke** gebietet es, in besonderen Ausnahmefällen eine Annahme auch gegen den Willen der einwilligungsberechtigten leibl Eltern zu ermöglichen.

II.   Entstehungsgeschichte

Die **Ersetzung der elterl Einwilligung** war **im BGB ursprüngl nicht vorgesehen.** Dies **2** hatte zur Folge, daß eine Adoption bei fehlender Einwilligung – abgesehen von den Fällen des § 1747 Abs 1 S 2 aF iVm § 1746 Abs 2 aF (heute § 1747 Abs 4) – überwiegend als unzulässig angesehen wurde, selbst wenn die Einwilligung böswillig verweigert wurde und das Unterbleiben der Annahme mit unverhältnismäßigen Nachteilen für das Kind verbunden war (umfassende Nachw in STAUDINGER/ENGLER[10/11] § 1747 Rn 36, 38). Entgegen dieser streng am Gesetzeswortlaut orientierten Auffassung hielten es allerdings einige Gerichte unter dem Gesichtspunkt der unzulässigen Rechtsausübung für gerechtfertigt, in besonders gelagerten Ausnahmefällen vom Erfordernis der elterl Einwilligung abzusehen (grundl KG DR 1939, 2079 = JFG 20, 222, 224 = DFG 1939, 175 = StAZ 1940, 89; OLG Hamburg FamRZ 1957, 379, 380; wNachw vgl STAUDINGER/FRANK[12] § 1747 Rn 37). Der BGH hat diese Streitfrage nicht ausdrücklich entschieden, in der Entscheidung BGHZ 27, 126, 131 (= NJW 1958, 1291, 1292 = FamRZ 1958, 317, 318) aber ausgeführt, es sei angesichts der eindeutigen Regelung des BGB in erster Linie Sache des Gesetzgebers, durch eine entspr Gesetzesänderung Vorsorge zu treffen, daß eine rechtsmißbräuchliche Geltendmachung des elterl Einwilligungsrechts verhindert werden könne.

Rechtspolitisch war die Schaffung einer Möglichkeit, die elterl Einwilligung zu ersetzen, vor allem unter verfassungsrechtl Aspekten lebhaft umstritten (befürwortend insbes GLÄSSING 102 ff; zur NIEDEN NJW 1961, 638 ff; ablehnend BOSCH FamRZ 1959, 379; FamRZ 1961, 35; GÖPPINGER FamRZ 1959, 397, 403; KLEIN FamRZ 1954, 66, 68; FamRZ 1957, 294, 296; Jugendwohl 1959, 38; Jugendwohl 1960, 436; SCHNITZERLING 26 ff; Eherechtskommission der EKD FamRZ 1959, 491, 492).

Durch das **FamRÄndG v 11. 8. 1961** (BGBl I 1221) wurde erstmals mit **§ 1747 Abs 3 aF 3** eine Bestimmung eingeführt, wonach das VormG auf Antrag des Kindes die Einwilligung eines Elternteils ersetzen konnte, wenn dieser seine Pflichten gegenüber dem Kind „dauernd gröblich verletzt oder die elterl Gewalt verwirkt" hatte (zur Verwirkung der elterl Gewalt vgl § 1676 aF, aufgehoben durch das Ges zur Neuregelung des Rechts der elterl Sorge v 18. 7. 1979, BGBl I 1061) *und* die Einwilligung „böswillig verweigert" wurde *und* das Unterbleiben der Annahme dem Kind „zu unverhältnismäßigem Nachteil" gereicht hätte. Nach der Begründung zum RegE (BT-Drucks III/530, 21) sollte, um die verfassungsmäßig garantierten Elternrechte nicht zu beeinträchtigen, die Ersetzung der Einwilligung nur in ganz besonderen Ausnahmefällen unter den im Gesetz genau bestimmten und eng umgrenzten Voraussetzungen zulässig sein. Das BVerfG hat die Verfassungsmäßigkeit dieser Bestimmung bejaht (BVerfGE 24, 119 = NJW 1968, 2233 = FamRZ 1968, 578; zur verfassungsrechtl Problematik Näheres unten Rn 6 ff).

4 In der Rechtspraxis erwies sich allerdings schon bald, daß § 1747 Abs 3 aF zu eng gefaßt war. In vielen Fällen bot die Bestimmung keine ausreichende Handhabe, dem Kindeswohl gegen den Elternwillen zur Durchsetzung zu verhelfen. Der Nachweis einer gröblichen und zudem dauernden Pflichtverletzung sowie des subjektiven Merkmals der „Böswilligkeit" der Verweigerung der Einwilligung war oft nur schwer zu führen. Durch das **AdoptRÄndG v 14. 8. 1973** (BGBl I 1013) wurde deshalb wegen eines dringenden praktischen Bedürfnisses unter Vorwegnahme der Gesamtreform des Adoptionsrechts (sog „Vorabnovelle"; vgl dazu die Begründung zum RegE BT-Drucks 7/ 421, 5 ff) § **1747 a** eingeführt, der insbes das Erfordernis einer „dauernden" gröblichen Pflichtverletzung abschwächte und die Ersetzung der Einwilligung auch dann zuließ, wenn dem einwilligungsberechtigten Elternteil nur Gleichgültigkeit gegenüber dem Kind zur Last zu legen war. Außerdem wurde das Merkmal der „Böswilligkeit" der Verweigerung ersatzlos gestrichen und mit § 1747 a Abs 3 erstmals ein allein an objektive Merkmale anknüpfender Ersetzungsgrund – Erziehungsunfähigkeit wegen besonders schwerer geistiger Gebrechen – eingeführt.

5 Das **AdoptG v 2. 6. 1976** (BGBl I 1749) hat § 1747 a unter unwesentlichen redaktionellen Änderungen als § **1748** übernommen (vgl dazu die Begründung zum RegE BT-Drucks 7/ 3061, 38; Bericht und Antrag des RAussch BT-Drucks 7/5087, 13). Zu den Auswirkungen des **KJHG** v 26. 6. 1990 (BGBl I 1163) auf Abs 2 s unten Rn 30. Zur Änderung des Abs 3 durch das **BtG** v 12. 9. 1990 (BGBl I 2002) s unten Rn 55.

6 Durch das **KindRG v 1997** (BGBl I 2942) wurde **Abs 4** neu eingefügt. Bis dahin bezog sich die in § 1748 geregelte Ersetzung der elterl Einwilligung auf die Ersetzung der Einwilligung der Eltern eines ehel und der Mutter eines nichtehel Kindes. Dem Vater eines nichtehel Kindes stand ein Einwilligungsrecht nicht zu. Die neu eingefügte Ersetzungsregelung des Abs 4 bezieht sich allerdings nicht generell auf die Väter nichtehel Kinder, sondern nur auf die „Fälle des § 1626 a Abs 2", Fälle also, in denen die Eltern bei der Geburt des Kindes nicht miteinander verheiratet sind und (außerdem) keine Sorgeerklärungen abgegeben haben. Haben die Eltern Sorgeerklärungen abgegeben, so gelten uneingeschränkt die Abs 1–3. Abs 4 betrifft somit nur Väter nichtehel Kinder, die nie Inhaber der elterl Sorge waren. Inhaltlich sieht Abs 4 eine erleichterte Ersetzung der Einwilligung vor. Für die Ersetzung genügt es, daß „das Unterbleiben der Annahme dem Kind zu unverhältnismäßigem Nachteil gereichen würde"; ein Fehlverhalten des Vaters ist anders als nach Abs 1 nicht erforderlich. Ziel des Gesetzgebers war es, „dem Vater, der zu keiner Zeit die elterl Sorge und damit die Verantwortung für das Kind getragen hat, nicht zu ermöglichen, eine Adoption des Kindes – allein – durch sein Veto zu verhindern" (BT-Drucks 13/4899, 114). Die Regelung ist verfassungsrechtlich bedenklich (vgl unten Rn 59).

III. Verfassungsrecht

1. Grundlagen

7 Die durch das AdoptG v 2. 6. 1976 (BGBl I 1749) eingeführte Volladoption führt zum Erlöschen aller verwandtschaftl Beziehungen des Anzunehmenden zu den leibl Verwandten und beseitigt damit die rechtl Zuordnung zur natürlichen Familie (vgl § 1755). Anders als nach früherem Recht ist die Ersetzung der Einwilligung eines Elternteils in die Adoption verfassungsrechtl nicht mehr nur unter dem Aspekt eines schwerwiegenden Eingriffs in das von **Art 6 Abs 2 S 1 GG** geschützte Elternrecht zu beurteilen. Da die Ersetzung der Einwilligung die Grundlage für die Beseitigung der familiären Zuordnung des Kindes zu den leibl Eltern überhaupt bildet, sind die Bestimmungen des § 1748 auch an **Art 6 Abs 1 GG,** der die Familie in ihrem Bestand schützt und ein Abwehrrecht gegen störende Eingriffe des Staates normiert (BVerfGE 6, 386, 388; JARASS/PIEROTH, GG, Art 6 Rn 35; SCHMIDT-BLEIBTREU/KLEIN, Kommentar zum Grundgesetz Art 6 Anm 4), zu messen.

Bereits die Bestimmung des § 1747 Abs 3 aF war auf erhebliche verfassungsrechtl **8** Bedenken gestoßen (OLG Stuttgart FamRZ 1964, 51 = DAVorm 1964, 61; GÖPPINGER FamRZ 1962, 541; FamRZ 1968, 302; BOSCH FamRZ 1961, 35; LEHMANN/HENRICH, FamR [4. Aufl 1967] 230). Das **BVerfG,** das wegen der seinerzeit noch schwachen Wirkungen der Adoption (kein Abbruch des rechtl Verwandtschaftsverhältnisses zu den leibl Eltern, vgl § 1764 aF) durch die Ersetzung der Einwilligung vorrangig die in Art 6 Abs 2 S 1 GG geschützte Eltern-Kind-Beziehung betroffen sah, bejahte jedoch die Verfassungsmäßigkeit des § 1747 Abs 3 aF mit der Begründung, daß das Recht zur Pflege und Erziehung unauflösbar mit einer entspr Pflicht der Eltern verbunden sei und der Grundrechtsschutz des Art 6 Abs 2 S 1 GG nur für ein Handeln in Anspruch genommen werden dürfe, das bei weitester Anerkennung der Selbstverantwortlichkeit der Eltern noch als Pflege und Erziehung gewertet werden könne, nicht aber für das Gegenteil, die Vernachlässigung des Kindes (BVerfGE 24, 119, 143 = NJW 1968, 2233, 2235 = FamRZ 1968, 578, 584). Bei Versagen der Eltern ergebe sich aus dem Schutzanspruch des Kindes als Träger der Grundrechte aus Art 1 Abs 1, 2 Abs 1 GG eine Verpflichtung des Staates zur Sicherstellung von Pflege und Erziehung (BVerfGE aaO 144). Der Staat müsse bei der Ausübung seines Wächteramtes (Art 6 Abs 2 S 2 GG) allerdings stets dem grundsätzl Vorrang der Eltern sowie dem Grundsatz der Verhältnismäßigkeit Rechnung tragen (BVerfGE aaO 145).

§ 1748 Abs 1–3 geht in zweifacher Hinsicht **über § 1747 Abs 3 aF hinaus.** Zum einen schafft diese Bestimmung die Grundlage für die völlige Aufhebung der rechtl Zuordnung zur natürlichen Familie, zum anderen hat sie die Möglichkeiten für eine Ersetzung der Einwilligung – insbes durch den Verzicht auf die Maßgeblichkeit subjektiver Orientierungen – erheblich erweitert (FINGER FuR 1990, 183, 184).

Gleichwohl sind die gegen die Verfassungsmäßigkeit des § 1748 Abs 1–3 vorgebrachten Bedenken (ENGLER 73 f; FamRZ 1975, 125, 131) iE nicht durchschlagend (so auch MünchKomm/MAURER Rn 24 ff; BGB-RGRK/DICKESCHEID Rn 2 ff; SOERGEL/LIERMANN Rn 2; BayObLG FamRZ 1984, 417, 418; BayObLGZ 1974, 413, 415 ff = FamRZ 1976, 234, 238; OLG Hamm DAVorm 1978, 364, 370; OLGZ 1976, 434 = FamRZ 1976, 462).

2.   Elternrechte und Grundrechte des Kindes

Soweit § 1748 in Abs 1 an ein gravierendes, dem Elternteil **zurechenbares Fehlver-** **9** **halten** anknüpft (anhaltende gröbliche bzw besonders schwere Pflichtverletzung, Gleichgültigkeit), sind Bedenken gegen die Verfassungsmäßigkeit der Bestimmung ebensowenig angebracht wie gegen § 1747 Abs 3 aF. Wo dem Elternrecht nicht die

Elternverantwortung als Korrelat gegenübersteht, muß die Berufung auf dieses Elternrecht gegen Maßnahmen, die der Staat in Ausübung seines Wächteramtes (Art 6 Abs 2 S 2 GG) zur Wahrung der Grundrechte des Kindes aus Art 1 Abs 1, 2 Abs 1 GG trifft, versagen. Dem Anspruch des Kindes auf Wahrung seiner Menschenwürde und seines Rechts auf freie Entfaltung der Persönlichkeit würde aber eine ausschließlich am schuldhaften Fehlverhalten der Eltern orientierte gesetzl Regelung nicht gerecht. Während das BVerfG in BVerfGE 24, 119, 147 = NJW 1968, 2233, 2236 = FamRZ 1968, 578, 585 die Zulassung der Ersetzung der Einwilligung bei besonders schwerwiegendem und vollständigem Versagen mit dem allg Rechtsgedanken legitimierte, daß die mißbräuchliche Ausübung eines Rechts von der Rechtsordnung nicht geschützt wird, kann das Argument des Rechtsmißbrauchs allein nicht mehr zur Rechtfertigung des § 1748 herangezogen werden. Denn in § 1748 ist nicht nur das Erfordernis der „Böswilligkeit" der Verweigerung der Einwilligung entfallen (**aA** SOERGEL/LIERMANN Rn 2: Auf das Erfordernis der „Böswilligkeit" könne aus verfassungsrechtl Gründen nicht verzichtet werden; es sei als ungeschriebenes Element mitzuprüfen), die Bestimmung läßt die Ersetzung auch bei unverschuldeter, „schicksalhafter" Erziehungsunfähigkeit zu (Abs 3). Das Schutzbedürfnis des Kindes, das als Grundrechtsträger selbst Anspruch auf den Schutz und die Hilfe des Staates hat, um sich zu einer eigenverantwortlichen Persönlichkeit innerhalb der sozialen Gemeinschaft entwickeln zu können, besteht auch dann, wenn die Eltern **aus objektiven Gründen zur Erziehung und Pflege des Kindes nicht in der Lage** sind. In solchen Fällen kann es zur Abwendung schwerer Entwicklungsschäden des Kindes geboten sein, dem Schutzbedürfnis des Kindes gegenüber den Elterngrundrechten den Vorrang einzuräumen (OLG Hamm DAVorm 1978, 364, 370 ff). Daß ein Eingriff in die verfassungsrechtl geschützten Elternrechte zur Wahrung der Erfordernisse des Kindeswohls nicht nur bei zurechenbarem Versagen des Elternteils zu rechtfertigen ist, macht im übrigen schon die – allg keinen verfassungsrechtl Bedenken ausgesetzte – Bestimmung des § 1747 Abs 4 deutlich, die das Einwilligungserfordernis bei dauerndem Außerstandesein zur Abgabe einer Erklärung (insbes also in den Fällen der Geschäftsunfähigkeit) völlig entfallen läßt. Auch § 1666 Abs 1 S 1 läßt für den allerdings weniger weitgehenden Eingriff in das elterl Sorgerecht ein „unverschuldetes Versagen der Eltern" genügen.

10 Fraglich erscheint, ob die durch das KindRG v 1997 neu eingefügte Bestimmung des Abs 4 mit dem verfassungsrechtl gewährleisteten **Elternrecht von Vätern nichtehel Kinder** (BVerfGE 92, 158 = NJW 1995, 2159 = FamRZ 1995, 789) vereinbar ist. Nach Abs 4 kann nämlich die verzögerte Einwilligung des mit der Mutter nicht verheirateten Vaters, der nie Inhaber der elterl Sorge war, auch dann ersetzt werden, wenn dem Vater kein Fehlverhalten iSv Abs 1 anzulasten ist. Nach Abs 4 genügt es vielmehr, daß „das Unterbleiben der Annahme dem Kind zu unverhältnismäßigem Nachteil gereichen würde". Abs 4 geht sogar weiter als Abs 3, wo beim Vorliegen geistigseelischer Anomalien eine Ersetzung allein deshalb, weil das Unterbleiben der Annahme dem Kind zu unverhältnismäßigem Nachteil gereichen würde, nicht möglich ist (BGHZ 133, 384 = LM Nr 2 mAnm HOHLOCH = NJW 1997, 585 = FamRZ 1997, 85 mAnm HOHLOCH JuS 1997, 274; Näheres unten Rn 59). Nachdem die verfassungsrechtl Diskussion zu dem derzeitigen § 1748 Abs 1–3 in den letzten Jahren zur Ruhe gekommen war, ist anzunehmen, daß diese Diskussion im Zusammenhang mit Abs 4 neu belebt werden wird. Näheres zur verfassungsrechtl Problematik von Abs 4 unten Rn 59.

3.   Art 6 Abs 1 GG und Volladoption

Die Bestimmungen über die Ersetzung der Einwilligung in Abs 1–3 halten auch **11**
einer Nachprüfung anhand v Art 6 Abs 1 GG stand. Der Gesetzgeber hat sich bei
der Reform des Adoptionsrechts für die Volladoption, also die völlige rechtl Herauslösung des Kindes aus der natürlichen und seine völlige rechtl Eingliederung in
die Adoptivfamilie, entschieden. Nach modernen wissenschaftlichen Erkenntnissen
ist das Erlebnis einer harmonischen und lebenstüchtigen Familiengemeinschaft für
die gesunde körperliche und seelische Entwicklung eines Kindes schlechthin uner-
setzlich (BVerfGE 24, 119, 148 = NJW 1968, 2233, 2236 = FamRZ 1968, 578, 585). Die volle
rechtl Integration des Kindes in eine erziehungsfähige Familie und seine Gleichstellung mit leibl Abkömmlingen des Annehmenden bietet am ehesten die Gewähr für
ein harmonisches, von möglichen schädlichen Einflüssen der leibl Eltern ungestörtes
Aufwachsen. Dieses Erfordernis des Kindeswohls ist gerade in den in § 1748 Abs 1–3
umschriebenen Fällen elterl Versagens bzw elterl Erziehungsunfähigkeit höher zu
bewerten als das mögliche Interesse der leibl Eltern am Fortbestand des rechtl Verwandtschaftsverhältnisses zum Kind. Zur besonderen Problematik des durch das
KindRG v 1997 neu eingefügten Abs 4 vgl unten Rn 59.

4.   Verhältnismäßigkeit

Die Ersetzung der Einwilligung ist in § 1748 an eng umgrenzte gesetzl Vorausset- **12**
zungen gebunden und wegen ihrer einschneidenden Wirkungen **nur als äußerste Maßnahme zulässig,** wenn das Eltern-Kind-Verhältnis so sehr von der Norm abweicht, daß
die Elternverantwortung als das Korrelat des Elternrechts diesem nicht mehr gegenübersteht (vgl BVerfGE 24, 119, 143 ff = NJW 1968, 2233, 2235 = FamRZ 1968, 578, 584). Das
bedeutet aber nicht, wie in der Rspr vielfach geäußert wird, daß die Vorschrift des
§ 1748 aufgrund ihres Ausnahmecharakters „eng auszulegen" sei (so aber OLG Hamm
ZfJ 1984, 364, 366; FamRZ 1968, 110, 111; OLG Frankfurt OLGZ 1983, 135 = FamRZ 1983, 531; OLG
Zweibrücken FamRZ 1976, 469, 470 = DAVorm 1976, 340, 343; dagegen zutr FINGER FuR 1990, 183,
185). Verfassungsrechtl Vorgaben gebieten vielmehr im Einzelfall eine umfassende,
auf exakter Feststellung der tatbestandlichen Voraussetzungen beruhende und streng
am Verhältnismäßigkeitsgrundsatz orientierte Abwägung der beiderseitig geschützten Grundrechtspositionen (MünchKomm/MAURER Rn 1; SOERGEL/LIERMANN Rn 4; BGB-
RGRK/DICKESCHEID Rn 4; FINGER FuR 1990, 183, 185).

IV.   Überblick über die gesetzliche Regelung

§ 1748 unterscheidet bzgl der Ersetzung der elterl Einwilligung **fünf Fälle:**   **13**

(1) **Fall des Abs 1 S 1 Alt 1:** Ein Elternteil hat seine Pflichten gegenüber dem Kind
anhaltend gröblich verletzt und das Unterbleiben der Annahme würde dem Kind zu
unverhältnismäßigem Nachteil gereichen (vgl dazu Rn 14–25 u 37–49).

(2) **Fall des Abs 1 S 1 Alt 2:** Ein Elternteil hat durch sein Verhalten gezeigt, daß ihm
das Kind gleichgültig ist, und das Unterbleiben der Annahme würde dem Kind zu
unverhältnismäßigem Nachteil gereichen (vgl dazu Rn 26–36 u 37–49).

(3) **Fall des Abs 1 S 2:** Ein Elternteil hat eine zwar nicht anhaltende, aber besonders

schwere Pflichtverletzung begangen und das Kind kann voraussichtlich dauernd nicht mehr der Obhut dieses Elternteils anvertraut werden (vgl dazu Rn 50–53).

(4) **Fall des Abs 3:** Ein Elternteil ist wegen einer besonders schweren psychischen Krankheit oder einer besonders schweren geistigen oder seelischen Behinderung zur Pflege und Erziehung des Kindes dauernd unfähig. Das Kind könnte bei Unterbleiben der Annahme nicht in einer Familie aufwachsen und wäre dadurch in seiner Entwicklung schwer gefährdet (vgl dazu Rn 54–57).

(5) **Fall des Abs 4:** Sind die Eltern bei der Geburt des Kindes nicht miteinander verheiratet und haben sie auch keine Sorgeerklärungen abgegeben, so kann die Einwilligung des Vaters ersetzt werden, wenn das Unterbleiben der Annahme dem Kind zu unverhältnismäßigem Nachteil gereichen würde (vgl dazu Rn 58–60).

V. Anhaltend gröbliche Pflichtverletzung (Abs 1 S 1 Alt 1)

1. Gröbliche Pflichtverletzung

14 Eine Pflichtverletzung gegenüber dem Kind liegt regelmäßig vor, wenn ein Elternteil das körperliche, geistige oder seelische Wohl des Kindes durch mißbräuchliche Ausübung der elterl Sorge oder durch Vernachlässigung des Kindes gefährdet. Eine solche Pflichtverletzung ist als anhaltend gröblich zu qualifizieren, wenn sie, offensichtlich und auch für den Elternteil selbst erkennbar, von schwerwiegender Art und von längerer Dauer ist (BayObLG FamRZ 1984, 417, 419; FamRZ 1982, 1129, 1131 = ZBlJugR 1983, 230, 233; DAVorm 1981, 131, 136; vgl auch OLG Hamm FamRZ 1977, 415, 418 = StAZ 1977, 282, 285 f).

15 Objektiv ist für eine gröbliche Pflichtverletzung erforderlich, daß **der Elternteil einer wesentlichen Elternpflicht nicht oder nur unzureichend nachkommt.** Als wesentliche Elternpflicht ist insbes die Pflicht zu Pflege und Betreuung (Ernährung, Kleidung, häusliche Unterbringung, Reinigung, Erziehung, Beaufsichtigung, Versorgung bei Krankheit, Unterhaltsgewährung) anzusehen. „Gröblich" ist eine in besonderem Maße anstößige Verletzung der Elternpflichten (OLG Köln FamRZ 1982, 1132, 1133; KG OLGZ 1966, 251, 255 = FamRZ 1966, 266, 267). Dabei ist jedes Verhalten ausreichend, das zu einer objektiven **Gefährdung existentieller Bedürfnisse des Kindes** führen kann (OLG Karlsruhe FamRZ 1983, 1058, 1059; AG Bad Iburg DAVorm 1983, 62, 63). In Betracht zu ziehen sind dabei insbes die Gefährdungstatbestände des § 1666, wobei jedoch keineswegs jeder Eingriff in die Personensorge nach den §§ 1666 ff auch die Ersetzung der Einwilligung in die Adoption rechtfertigt (OLG Hamm ZfJ 1984, 364, 366, 368; zur Vorrangigkeit der Maßnahmen nach den §§ 1666 ff unter dem Gesichtspunkt der Verhältnismäßigkeit s unten Rn 37). Stets muß es sich um Fälle eines besonders schwerwiegenden, vollständigen Versagens der Eltern in ihrer Verantwortung gegenüber dem Kind handeln (OLG Hamm ZfJ 1984, 364, 366 mwNachw; OLG Frankfurt OLGZ 1983, 135 = FamRZ 1983, 531; OLG Köln FamRZ 1982, 1132, 1133).

16 Eine gröbliche Pflichtverletzung liegt demnach vor, wenn die Eltern das Kind nach der Geburt nicht abholen (OLG Hamm FamRZ 1977, 415, 418 = StAZ 1977, 282, 286; LG München II DAVorm 1980, 119, 124 ff) oder unmittelbar nach der Geburt oder auch zu einem späteren Zeitpunkt an Dritte weitergeben und sich nicht weiter um das Kind

kümmern (OLG Karlsruhe FamRZ 1983, 1058; LG Berlin DAVorm 1966, 98, 99; LG Mannheim DAVorm 1963, 129; AG Mainz DAVorm 1967, 150, 151; AG Schwabach DAVorm 1974, 273, 274), also zB keinen oder nur sporadischen Kontakt pflegen und kein Bemühen zeigen, die Erziehung selbst wieder in die Hand zu nehmen (AG Hamburg ZBlJugR 1983, 240; ZBlJugR 1983, 241; AG Hamburg-Altona ZBlJugR 1983, 241, 242) oder gar eine Volladoption im Ausland verlangen, um alle Bindungen zu beseitigen (BayObLGZ 1974, 413 = FamRZ 1976, 234). Kümmert sich der nichtsorgeberechtigte Elternteil nach der Scheidung nicht um sein Kind, so handelt er gleichgültig. Eine gröbliche Pflichtverletzung liegt nur ausnahmsweise vor, wenn etwa das Kind unter dem Desinteresse leidet oder der sorgeberechtigte Elternteil der erzieherischen Mithilfe bedarf (zu weitgehend AG Kerpen DAVorm 1981, 885 und AG Tübingen DAVorm 1973, 321, 322). Zur Stiefkindadoption gegen den Willen des nichtsorgeberechtigten Elternteils unten Rn 44 ff.

Neben häufigen körperlichen Mißhandlungen, unmäßigen Züchtigungen (AG Blieskastel DAVorm 1975, 434; ROTH-STIELOW Rn 8) und schwerwiegender Vernachlässigung des Kindes, zB durch Verwahrlosenlassen (LG Hamburg DAVorm 1978, 49, 52; LG Ravensburg DAVorm 1975, 306, 307; AG Schwabach DAVorm 1974, 273; AG Berlin-Schöneberg DAVorm 1968, 17) oder Vorenthaltung von Nahrung, Kleidung oder Reinigung (OLG Braunschweig FamRZ 1997, 513), kann auch das Fehlen liebevoller Zuwendung oder das Vorenthalten der notwendigen geistig-seelischen Betreuung (BayObLG FamRZ 1982, 1129, 1131 = ZBlJugR 1983, 230, 233; OLG Hamm ZfJ 1984, 364, 368; FamRZ 1977, 415, 418 = StAZ 1977, 282, 286; OLG Frankfurt FamRZ 1971, 322, 323; LG Kiel DAVorm 1978, 384, 385) eine gröbliche Pflichtverletzung darstellen. Entsprechendes gilt, wenn ein Kind sich wiederholt in Heimen aufhält, weil die Eltern eigensüchtige Interessen verfolgen, ohne sich ernsthaft um die Herstellung von Verhältnissen zu bemühen, die die Aufnahme des Kindes ermöglichen würden (OLG Hamm FamRZ 1977, 415, 419 = StAZ 1977, 282, 286; OLGZ 1976, 434 = FamRZ 1976, 462: Unmöglichkeit der Betreuung des Kindes wegen Betätigung der Mutter als Prostituierte). Im Einzelfall kann eine gröbliche Pflichtverletzung auch darin liegen, daß ein Elternteil nicht bereit ist, sich von einem Partner zu trennen, der die eigentliche Ursache für die Gefährdung und Schädigung des Kindes darstellt (AG Kamen FamRZ 1995, 1013 = ZfJ 1996, 529). Lassen die Eltern das Kind durch zuverlässige Dritte betreuen, so stellt dies – wenn keine weiteren, gravierenden Umstände hinzukommen – für sich genommen noch keinen Ersetzungsgrund dar (OLG Zweibrücken FamRZ 1976, 469 = DAVorm 1976, 340; LG München II DAVorm 1980, 119, 124). Zur Abgrenzung von der Alternative „Gleichgültigkeit" s unten Rn 28 f.

Eine gröbliche Verletzung elterl Pflicht kann auch darin liegen, daß der Elternteil **18** trotz bestehender Leistungsfähigkeit seinen **Unterhaltsverpflichtungen** gegenüber dem Kind nicht nachkommt. Die Nichtzahlung von Unterhalt allein begründet allerdings keine gröbliche Pflichtverletzung. Hinzukommen müssen erschwerende Umstände (BayObLG NJW-RR 1997, 1364 = FamRZ 1998, 55 = ZfJ 1997, 475). Diese liegen zB vor, wenn der Elternteil ohne Hinterlassung der jeweiligen Anschrift häufig den Wohnsitz wechselt, um sich so systematisch dem Zugriff des Unterhaltsberechtigten zu entziehen (OLG Köln DAVorm 1979, 361; vgl auch BayObLG FamRZ 1988, 868, 871 = NJW-RR 1988, 1352, 1353 = ZfJ 1989, 207, 210), nicht aber, wenn der Elternteil (zB eine unverheiratete Mutter) das Kind aus einer wirtschaftlichen Notlage heraus zeitweise nicht selbst pflegt und auch keine Unterhaltsleistungen erbringt, aber durchaus die Absicht hat, es später wieder zu sich zu nehmen (BT-Drucks 7/421, 6; OLG Düsseldorf DAVorm 1977, 757, 758 mNachw; OBERLOSKAMP ZBlJugR 1980, 581, 585).

19 Nach überwiegender Ansicht ist bei Verstößen gegen die Unterhaltspflicht eine gröbliche Pflichtverletzung nur anzunehmen, **wenn es in der Folge tatsächlich zu einer Gefährdung des Kindeswohls kommt** (OLG Schleswig NJW-RR 1994, 585 = FamRZ 1994, 1351; BayObLG FamRZ 1984, 935; FamRZ 1984, 417, 419; ZBlJugR 1983, 234, 238; DAVorm 1981, 131, 137; offengelassen in NJW-RR 1994, 903 = FamRZ 1994, 1348; OLG Frankfurt OLGZ 1985, 171, 172 = FamRZ 1985, 831; OLG Düsseldorf DAVorm 1977, 757, 758; KG OLGZ 1969, 235, 237 = FamRZ 1969, 171). Dies ist nicht der Fall, wenn das Kind von Pflegeeltern gut versorgt wird oder Dritte für den Unterhalt des Kindes aufkommen. Zur Begründung wird angeführt, daß die Zerschneidung des rechtl Bandes zwischen Elternteil und Kind nur bei einem auch objektiv besonders schweren und anstößigen Fehlverhalten zu rechtfertigen sei und nicht lediglich eine zusätzliche Strafe für anhaltende Unterhaltspflichtverletzungen oder eine bloße „Charakterstrafe" darstellen dürfe (BayObLG ZBlJugR 1983, 234, 238). Die Ansicht ist verfehlt. Ob eine Pflichtverletzung gröblich ist, kann nicht durch eine Betrachtung ex post geklärt werden. Entscheidend ist, wie sich – für den Unterhaltsschuldner erkennbar – die **Gesamtsituation im Zeitpunkt der Pflichtverletzung** darstellt. Wer monate- oder jahrelang seine Unterhaltspflicht nicht erfüllt und blind darauf vertraut, daß Dritte diese Aufgabe übernehmen, kann später seine gröbliche Pflichtverletzung nicht mit dem Argument in Frage stellen, es sei ja noch einmal alles gutgegangen. Verfehlt ist deshalb die Ansicht des OLG Frankfurt (OLGZ 1985, 171, 172 = FamRZ 1985, 831; ähnlich OLG Düsseldorf DAVorm 1977, 757, 758), die Nichtzahlung von Unterhalt stelle keine gröbliche Pflichtverletzung dar, wenn sie sich nicht zum Nachteil des Kindes ausgewirkt habe, weil der **Unterhalt durch öffentliche Mittel** habe gesichert werden können. Wer so argumentiert, nimmt der Unterhaltspflichtverletzung mit Bezug auf § 1748 im Sozialstaat jede Relevanz (wie hier FINGER FuR 1990, 183, 186; BAER/GROSS 38; OBERLOSKAMP ZBlJugR 1980, 581, 585; ERMAN/HOLZHAUER Rn 12; MünchKomm/MAURER Rn 5).

20 Eine gröbliche Pflichtverletzung ist zu bejahen, wenn Eltern das Kind zu **Straftaten** oder ähnl schwerwiegendem Fehlverhalten anhalten. Begeht der Elternteil eine Straftat gegenüber Dritten, so liegt darin eine Pflichtwidrigkeit gegenüber dem Kind nur, wenn damit konkrete Auswirkungen auf das Kind verbunden sind (BayObLG NJW-RR 1990, 776, 777 = ZfJ 1990, 477, 478 = MDR 1990, 631 = FamRZ 1990, 799 [LS]; ZBlJugR 1983, 234, 238; BayObLGZ 1978, 105, 109 = StAZ 1979, 13, 15). So liegt zugleich eine (mittelbare) Pflichtwidrigkeit gegenüber dem Kind vor, wenn der Elternteil infolge häufiger Straftaten unfähig wird, für das Kind zu sorgen (LG Kleve DAVorm 1970, 315; LG München II DAVorm 1980, 119, 124; **aA** FINGER FuR 1990, 183, 186), das Kind infolge der Freiheitsentziehung des Elternteils sich selbst überlassen bleibt oder sein Unterhalt gefährdet ist (BayObLG FamRZ 1979, 1078 [LS]; OLG Frankfurt OLGZ 1983, 135 = FamRZ 1983, 531; OLG Düsseldorf DAVorm 1977, 757, 758; vgl auch LG Duisburg DAVorm 1975, 432 und AG Homburg DAVorm 1976, 160, 161). Dabei genügt es, wenn der Elternteil durch sein strafbares Verhalten in Kauf nimmt, daß das Kind von ihm nicht versorgt und betreut werden kann, weil er sich ständig in Strafhaft befindet (AG Cuxhaven FamRZ 1976, 241, 242).

21 Mißbraucht der nichtsorgeberechtigte Elternteil den persönlichen Umgang, um das Kind dem sorgeberechtigten Elternteil zu entziehen, so liegt darin eine Straftat gegen den anderen Elternteil (§ 235 StGB), nicht gegen das Kind. Die Rechtspr in Fällen, in denen der nichtsorgeberechtigte Elternteil **mit dem Kind im Ausland untergetaucht** war, ist nicht einheitlich. Während im Fall BayObLG FamRZ 1989, 429 = ZfJ 1989,

201 = MDR 1988, 1058 eine anhaltend gröbliche Pflichtverletzung aufgrund körperlicher Vernachlässigung und unzureichender Schulbildung bejaht wurde, wurde im Falle BayObLG NJW-RR 1990, 776 = ZfJ 1990, 477 = MDR 1990, 631 eine besonders schwere Pflichtverletzung mangels konkreter schwerwiegender Auswirkungen auf das Wohl des Kindes verneint, da durch den Auslandsaufenthalt eingetretene Defizite in der Schulausbildung keine endgültigen schweren Nachteile für den weiteren Lebensweg begründen und für die Wiedereingliederung in deutsche Lebensverhältnisse bzw den Haushalt des Sorgeberechtigten keine anhaltenden Schwierigkeiten bereitet hätten.

Als eine gröbliche Pflichtverletzung ist es anzusehen, wenn der Vater der Mutter **22** nach der Geburt des Kindes keine anhaltende persönliche Unterstützung zuteil werden läßt, sondern sie durch sein aggressives, gewalttätiges und labiles Verhalten dazu nötigt, das Kind zur Adoption freizugeben (BayObLG FamRZ 1988, 868, 871 = NJW-RR 1988, 1352, 1353 = ZfJ 1989, 207, 210). Die Drogen-, Alkohol- oder sonstige **Suchtmittelabhängigkeit** des Elternteils stellt für sich genommen keine Pflichtverletzung gegenüber dem Kind dar, kann aber Maßnahmen nach den §§ 1666 ff rechtfertigen (OLG Frankfurt OLGZ 1983, 135 = FamRZ 1983, 531). Anders liegt es bei nachgewiesenen negativen Auswirkungen für die Gesundheit oder Entwicklung des Kindes (OLG Celle ZfJ 1998, 262, 263; FINGER FuR 1990, 183, 186).

Steht einem Elternteil das Sorgerecht infolge von Ehescheidung oder aufgrund von **23** Maßnahmen nach den §§ 1666 ff **ganz oder teilweise nicht mehr zu,** so können nur noch solche Pflichten verletzt werden, die dem Elternteil verblieben sind (BayObLG NJW-RR 1997, 1364 = FamRZ 1998, 55 = ZfJ 1997, 475; NJW-RR 1994, 903, 904 = FamRZ 1994, 1348, 1349; NJW-RR 1990, 776 = ZfJ 1990, 477, 478 = MDR 1990, 631 = FamRZ 1990, 1150 [LS]; FamRZ 1984, 417, 419; ZBlJugR 1983, 234, 237 f; DAVorm 1981, 131, 136; FamRZ 1979, 1078 [LS]; OLG Frankfurt OLGZ 1985, 171 = FamRZ 1985, 831; OLGZ 1983, 135, 136 = FamRZ 1983, 531; OLG Hamm ZfJ 1984, 364, 370). Wurde das Sorgerecht in toto entzogen und außerdem die Befugnis zum persönlichen Umgang ausgeschlossen, so bleibt als Pflicht, die dem Kind gegenüber verletzt werden kann, im wesentlichen nur die Unterhaltspflicht übrig. War der Elternteil für eine gewisse Zeit zu Pflege und Erziehung nicht fähig, zB aufgrund eines geistigen Gebrechens, und sind in der Folge Bindungen des Kindes zu anderen Personen entstanden, so stellt das Bestreben des Elternteils nach Aufrechterhaltung des verwandtschaftl Verhältnisses zum Kind und die Weigerung, in die Annahme einzuwilligen, jedenfalls dann keine als Rücksichtslosigkeit zu qualifizierende gröbliche Pflichtverletzung dar, wenn zuvor Elternpflichten allenfalls in geringem Ausmaß verletzt worden waren (OLG Köln FamRZ 1990, 1152, 1153 = DAVorm 1990, 808, 809; vgl auch unten Rn 49). Zum Sonderfall der Stiefkindadoption gegen den Willen des nichtsorgeberechtigten Elternteils vgl unten Rn 44 ff.

2. Das Merkmal „anhaltend"

Erforderlich ist eine anhaltende Pflichtverletzung. Ein einmaliger Verstoß gegen **24** elterl Pflichten reicht – soweit nicht die Voraussetzungen des Abs 1 S 2 erfüllt sind – nicht aus. Die Pflichtverletzung muß vielmehr **von längerer Dauer** sein. Über welchen Zeitraum sie sich erstrecken muß, um „anhaltend" zu sein, läßt sich nicht pauschal beurteilen, sondern ist im Einzelfall unter Berücksichtigung von Art und Schwere der Pflichtverletzung festzustellen (BT-Drucks 7/421, 8; LG München II DAVorm

1980, 119, 123). Während bei jüngeren oder labilen Kindern uU eine die Ersetzung der Einwilligung rechtfertigende Gefährdung bereits bei Verstößen in Betracht kommt, die sich nur über einen relativ kurzen Zeitraum erstrecken, wird bei älteren und stabilen die Pflichtverletzung idR länger andauern müssen (OBERLOSKAMP ZBlJugR 1980, 581, 584; FINGER FuR 1990, 183, 188). Die sichere Erwartung, daß der Elternteil auch in Zukunft gegen seine Pflichten verstoßen wird, ist nicht mehr Ersetzungsvoraussetzung, nachdem der Gesetzgeber durch das AdoptRÄndG v 14. 8. 1973 (BGBl I 1013) das Merkmal **„dauernd" durch den Begriff „anhaltend" ersetzt** und die Vergangenheitsform **(„verletzt hat")** gewählt hat (BT-Drucks 7/421, 8; BayObLGZ 1974, 413, 416 = FamRZ 1976, 234, 238; OLG Braunschweig FamRZ 1997, 513; OLG Hamm ZfJ 1984, 364, 368; FamRZ 1977, 415, 418 = StAZ 1977, 282, 286; OLGZ 1976, 434, 435 = FamRZ 1976, 462, 463; OLG Köln FamRZ 1982, 1132, 1133; LG Münster FamRZ 1999, 890 mAnm LIERMANN FamRZ 1999, 1685). Die Formulierung wurde bewußt gewählt, damit Eltern, die sich lange Zeit nicht um das Kind gekümmert haben, das Zustandekommen der Adoption nicht mehr dadurch verhindern können, daß sie unter dem Druck der bevorstehenden Adoption ihr Verhalten ändern und den Entschluß bekunden, das Kind jetzt zu sich zu nehmen. Ein „Gesinnungswandel" unter dem Druck der bevorstehenden Adoption ist daher unbeachtlich (BT-Drucks 7/421, 8). Die sichere Erwartung, die Eltern-Kind-Beziehung werde sich bessern (MünchKomm/MAURER Rn 7), oder die begründete Annahme, eine Periode gröblicher Pflichtverletzung gehöre der Vergangenheit an (ERMAN/HOLZHAUER Rn 8; FINGER FuR 1990, 183, 187 f), ist eine Frage des unverhältnismäßigen Nachteils (Abs 1 S 2) und kann die Ersetzung nur hindern, wenn der Elternteil noch als Bezugsperson vorhanden ist und eine Rückführung des Kindes ohne nachteilige Folgen für seine Entwicklung in Betracht kommt (vgl dazu unten Rn 48 f).

3. Subjektive Voraussetzungen

25 Subjektiv ist für die Ersetzung der Einwilligung bei anhaltend gröblicher Pflichtverletzung **weder eine besondere individuelle Schuld noch eine verwerfliche Gesinnung erforderlich** (BayObLG FamRZ 1999, 1688, 1690 = DAVorm 1999, 773, 777; OLG Karlsruhe FamRZ 1983, 1058, 1059; BGB-RGRK/DICKESCHEID Rn 8; MünchKomm/MAURER Rn 6). Die Pflichtverletzung muß lediglich offensichtlich und für den Elternteil erkennbar sein (BT-Drucks 7/421, 9), was ein Mindestmaß an Einsichtsfähigkeit erfordert (BayObLG FamRZ 1999, 1688, 1690 = DAVorm 1999, 773, 777; BayObLGZ 1977, 148, 154; OLG Karlsruhe FamRZ 1983, 1058, 1059; aA FINGER FuR 1990, 183, 184). Fehlt es hieran, kommt eine Ersetzung nach § 1748 Abs 3 in Betracht, in besonders gravierenden Fällen kann die Einwilligung sogar nach § 1747 Abs 4 ganz entbehrlich sein (OBERLOSKAMP ZBlJugR 1980, 581, 585). Während vor dem AdoptRÄndG v 14. 8. 1973 (BGBl I 1013) die Einwilligung nach § 1747 Abs 3 aF nur ersetzt werden konnte, wenn der Elternteil sie „böswillig" verweigerte, ist dieses Erfordernis im heutigen § 1748 Abs 1 S 1 nicht mehr enthalten. In der Praxis hatte es sich nämlich als schwierig erwiesen, dem die Einwilligung verweigernden Elternteil „Böswilligkeit", dh verwerfliche Gründe, insbes eine „gehässige, feindselige Gesinnung" nachzuweisen (zu diesen Erfordernissen im einzelnen vgl STAUDINGER/ENGLER[10/11] § 1747 Rn 49), so daß gerade dieses Merkmal ein Haupthindernis für die Ersetzung der Einwilligung darstellte (BT-Drucks 7/421, 9). Das Merkmal der Böswilligkeit wurde deshalb vom Reformgesetzgeber bewußt ersatzlos gestrichen. Somit kann nicht der Ansicht gefolgt werden, daß die „Böswilligkeit" der Verweigerung auch heute noch bei der Ersetzungsentscheidung als ungeschriebenes Tatbestandsmerkmal mitzuprüfen sei (so aber SOERGEL/LIERMANN Rn 2;

offenbar auch ROTH-STIELOW Rn 11). Auch unter verfassungsrechtl Gesichtspunkten ist eine solche Interpretation nicht geboten (BayObLG FamRZ 1984, 417, 418 f).

VI. Gleichgültigkeit (Abs 1 S 1 Alt 2)

1. Begriff der Gleichgültigkeit

Mit der Einführung des Ersetzungsgrundes der Gleichgültigkeit durch das Adopt-   **26** RÄndG v 14. 8. 1973 (BGBl I 1013) sollte die Adoption in den Fällen ermöglicht werden, in denen sich die Eltern **gegenüber dem Kind und dessen Entwicklung gänzlich teilnahmslos zeigen,** ohne daß sie damit zugleich der Vorwurf einer anhaltend gröblichen Pflichtverletzung trifft (BT-Drucks 7/421, 8). Gleichgültig verhält sich ein Elternteil insbesondere dann, wenn ihn das Kind und dessen Schicksal nicht interessieren oder wenn er es **an einer persönlichen Zuwendung völlig fehlen läßt** (BayObLG NJW-RR 1997, 1364, 1365 = FamRZ 1998, 55 = ZfJ 1997, 475, 476; BayObLGZ 1996, 276, 279 = FamRZ 1997, 514, 515 = ZfJ 1997, 144 f; NJW-RR 1994, 903, 904 = FamRZ 1994, 1348, 1349; OLG Karlsruhe FamRZ 1999, 1686, 1687 = ZfJ 1999, 311 = DAVorm 1999, 777, 779; OLG Hamm FamRZ 1991, 1103, 1106 = ZfJ 1991, 427, 429 = Rpfleger 1991, 416, 417). Wer sein Kind in die Obhut Dritter gibt, ist gehalten, einen zumutbaren persönlichen Erziehungsbeitrag zu leisten (Kontakt durch Besuche, gemeinsame Wochenenden oder Ferien, Briefe, Telefongespräche usw), um die persönliche Beziehung zum Kind aufrechtzuerhalten (AG Wunsiedel DAVorm 1982, 100, 101; FINGER DAVorm 1990, 393, 397; FuR 1990, 183, 188; SALGO 383; OBERLOSKAMP ZBlJugR 1980, 581, 589), wobei dem Kontaktbedürfnis des Kindes in der jeweiligen Lebensphase Rechnung zu tragen ist (AG Bad Iburg DAVorm 1983, 62, 64). Gleichgültigkeit zeigen Eltern, die sich nur sporadisch um das Kind kümmern (OLG Köln FamRZ 1987, 203, 204). Hingegen darf nicht auf Gleichgültigkeit geschlossen werden, wenn Besuchskontakte im Interesse des Kindeswohls auf Anraten des Jugendamts eingeschränkt werden oder unterbleiben (BayObLG FamRZ 1984, 417, 419; FINGER DAVorm 1990, 393, 397; FuR 1990, 183, 188) oder wenn es für die Weigerung, das Kind zu sich zu nehmen, vernünftige Gründe gibt (LG Mannheim DAVorm 1985, 723, 725: Krankheit). Ist dem Elternteil der Aufenthaltsort des Kindes unbekannt, so kann auf Gleichgültigkeit geschlossen werden, wenn er kein weiteres Interesse am Schicksal des Kindes zeigt und sich nicht um eine Besuchsregelung bemüht (vgl OLG Hamm OLGZ 1976, 434, 437 = FamRZ 1976, 462, 466), nicht aber, wenn das Bemühen um die Bekanntgabe des Aufenthaltsortes bzw um eine Umgangsregelung dem Elternteil von vornherein aussichtslos erscheinen muß. Mangelndes Interesse am Kind und dessen Schicksal kann sich auch darin zeigen, daß der Elternteil trotz seines grds Einverständnisses mit der Adoption die Erteilung der Einwilligung immer wieder aufschiebt, von unbilligen Bedingungen abhängig macht oder es aus Teilnahmslosigkeit unterläßt, die Einwilligungserklärung beurkunden zu lassen (BT-Drucks 7/421, 8). Gleichgültigkeit kann auch dann vorliegen, wenn der Elternteil zwar äußerlich am Kind festhält, dieser „Besitzanspruch" aber keiner echten gefühlsmäßigen Bindung entspricht, sondern durch Eifersucht, verletzten Stolz, Neid, Rachsucht, Böswilligkeit, schlechtes Gewissen oder die bloße Besorgnis ums eigene Wohl motiviert ist (BayObLG NJW-RR 1997, 1364, 1365 = FamRZ 1998, 55 = ZfJ 1997, 475, 476; FamRZ 1984, 417, 419; ZBlJugR 1983, 234, 238 f; DAVorm 1981, 131, 138; OLG Hamm FamRZ 1991, 1103, 1106 = ZfJ 1991, 427, 429 = Rpfleger 1991, 416, 417).

Bei der Gleichgültigkeit handelt es sich um eine **subjektive Einstellung** zum Kind. Da   **27** sich eine solche Einstellung nur schwer nachprüfen läßt, mißt das Gesetz dem äußeren Verhalten des Elternteils Indizwirkung bei und läßt es genügen, wenn **objektiv feststellbare Tatsachen** nach der Lebenserfahrung den Schluß zulassen, daß dem Elternteil das Kind gleichgültig ist (BT-Drucks 7/421, 8; BayObLG NJW-RR 1997, 1364, 1365 = FamRZ 1998, 55, 56 = ZfJ 1997, 475, 476). Die Gründe oder Motive des Elternteils für sein Verhalten sind daher nicht entscheidend; so ist unerheblich, ob das Lebensschicksal bzw der gesundheitliche Zustand des Elternteils für sein Verhalten mitbestimmend waren (BayObLG NJW-RR 1991, 1219, 1220 = DAVorm 1990, 381, 382 = FamRZ 1990, 799 [LS]; LG Frankfurt FamRZ 1990, 663; Finger FuR 1990, 183, 189).

2. Abgrenzung zur anhaltend gröblichen Pflichtverletzung

28 In der Teilnahmslosigkeit gegenüber dem Kind und dessen Schicksal liegt vielfach zugleich eine anhaltend gröbliche Pflichtverletzung iSv Abs 1 S 1. So trifft Eltern, die ihr Kind gleich nach der Geburt oder auch später in ein Heim oder eine Pflegefamilie abschieben und es fortan an jedweder persönlichen Zuwendung fehlen lassen, nicht nur der Vorwurf der Gleichgültigkeit, sie verletzen auch ihre elterl Pflicht gröblich (vgl oben Rn 16). Die Abgrenzung, wann „nur" Gleichgültigkeit und wann bereits eine gröbliche Pflichtverletzung vorliegt, ist deshalb von Bedeutung, weil im letzteren Fall die Einwilligung ersetzt werden darf, ohne daß es zuvor einer Belehrung und Beratung nach Abs 2 bedarf.

29 **Maßgebendes Kriterium** für die Abgrenzung ist, ob es der Elternteil noch in der Hand hat, durch bloße Änderung seines Verhaltens gegenüber dem Kind eine echte Eltern-Kind-Beziehung (wieder-)herzustellen (dann „nur" Gleichgültigkeit) oder ob bereits unwiderrufliche Nachteile für das Kind eingetreten sind und diese Gefährdung des Kindeswohls nicht mehr allein durch eine Änderung der subjektiven Einstellung, durch die Herstellung oder Wiederherstellung eines verantwortungsbewußten Verhaltens des Elternteils beseitigt werden kann (dann bereits gröbliche Pflichtverletzung; so BayObLG NJW-RR 1994, 903, 904 f = FamRZ 1994, 1348, 1350; FamRZ 1982, 1129, 1130 = ZBlJugR 1982, 230, 233; OLG Köln FamRZ 1987, 203, 204; Finger DAVorm 1990, 393, 394 f; Gawlitta ZfJ 1988, 110; Erman/Holzhauer Rn 15). Inwieweit eine **„wiederbelebungsfähige Restbindung"** noch besteht, ist nach den Verhältnissen des Einzelfalls zu beurteilen. Neben dem konkreten Verhalten des Elternteils kommt dabei insbes dem Alter und Entwicklungsstand des Kindes besonderes Gewicht zu (dazu Gawlitta ZfJ 1988, 110, 111). Nur solange der Elternteil wenigstens als eine latente Bindungsperson angesehen werden kann, ist sein Fehlverhalten noch reparabel und können Beratung und Hilfsangebote des JugA (Abs 2) zugunsten des Kindes noch etwas bewirken (Gawlitta ZfJ 1988, 110, 111).

3. Belehrung und Beratung (Abs 2)

a) Entstehungsgeschichte des Abs 2

30 Liegt nach den genannten Kriterien in der Gleichgültigkeit des Elternteils nicht zugleich eine anhaltende gröbliche Pflichtverletzung, so darf die Einwilligung nach dem Wortlaut des Abs 2 S 1 nur ersetzt werden, wenn der Elternteil vom JugA über die Möglichkeit der Ersetzung belehrt und nach Maßgabe des § 51 Abs 2 SGB VIII beraten worden ist. Während die **Belehrung** durch das JugA Pflicht ist, ist die Beratung nach dem insoweit mißverständlichen Wortlaut von § 1748 Abs 2 S 1 nicht Voraussetzung für die Ersetzung der Einwilligung. Die **Beratung** hat nämlich nur „nach Maßgabe des § 51 Abs 2 SGB VIII" zu erfolgen, und § 51 Abs 2 ist keine Muß- sondern eine Sollvorschrift. § 51 Abs 2 SGB VIII lautet: „Das Jugendamt soll den Elternteil mit der Belehrung nach Abs 1 über Hilfen beraten, die die Erziehung des Kindes in der eigenen Familie ermöglichen können. Einer Beratung bedarf es insbesondere nicht, wenn das Kind seit längerer Zeit bei den Annehmenden in Familienpflege lebt und bei seiner Herausgabe an den Elternteil eine schwere und nachhaltige Schädigung des körperlichen und seelischen Wohlbefindens des Kindes zu erwarten ist. Das Jugendamt hat dem Vormundschaftsgericht mitzuteilen, welche Leistungen erbracht oder angeboten worden sind und aus welchem Grund davon abgesehen wurde." Vor Inkrafttreten des heutigen § 51 Abs 2 SGB VIII durch das KJHG am 1. 1. 1991 hatte die **Vorgängerregelung des § 51 a JWG** eine unbedingte Beratungspflicht des JugA vorgesehen, die in der Praxis aber vor allem dann auf Schwierigkeiten gestoßen war, wenn das Kind bereits seit längerer Zeit in Familienpflege gelebt hatte und seine Rückführung in die Herkunftsfamilie von vornherein nicht mehr in Betracht kam, so daß insoweit eine Beratung durch das JugA leerlief (Näheres dazu STAUDINGER/FRANK[12] § 1748 Rn 34 f). Der bloße Austausch der Verweisung in § 1748 Abs 2 S 1 – früher auf § 51 a JWG, heute auf § 51 Abs 2 SGB VIII – erweckt nunmehr den unzutr Eindruck, nicht nur die Belehrung, sondern auch die Beratung sei Pflicht. In der Sache bestehen indessen keine Zweifel (BayObLGZ 1996, 276 = FamRZ 1997, 514 = ZfJ 1997, 144; OLG Hamm FamRZ 1991, 1103 = ZfJ 1991, 427 = Rpfleger 1991, 416; WIESNER/ OBERLOSKAMP SGB VIII § 51 Rn 26 f; MÜNDER SGB VIII § 51 Rn 3 f). Durch die Ausgestaltung der Beratung als bloße Sollvorschrift wollte der Gesetzgeber vermeiden, daß durch etwaige Fehler bei der Beratung die Ersetzung der Einwilligung in Frage gestellt wird (BT-Drucks 11/5948, 89).

b)　Belehrung

Während eine gröbliche Pflichtverletzung im allgemeinen offensichtlich und für den **31** Elternteil als solche erkennbar ist – mit der Folge, daß er Sanktionen zu gewärtigen hat – ist bei der Alternative „Gleichgültigkeit" nicht klar umrissen, von welcher Art und Dauer das zu beanstandende Verhalten sein muß. Die **Belehrungspflicht** verfolgt den Zweck, die Eltern nicht mit dem Vorwurf der Gleichgültigkeit und der Möglichkeit der Ersetzung der Einwilligung zu überraschen, sondern ihnen Gelegenheit zu geben, ihre Einstellung und ihr Verhalten gegenüber dem Kind zu ändern (WIESNER/ OBERLOSKAMP § 51 SGB VIII Rn 12 f).

Das Gesetz räumt dem Elternteil eine mit der Belehrung beginnende **Frist v 3 Monaten** ein, die Änderung seiner Einstellung und seines Verhaltens gegenüber dem Kind zu beweisen. Auf diese Frist ist der Elternteil bei der Belehrung hinzuweisen (Abs 2 S 1 HS 2; § 51 Abs 1 S 2 SGB VIII). Der Umstand, daß die Frist frühestens 5 Monate nach der Geburt des Kindes abläuft (Abs 2 S 3; § 51 Abs 1 S 4 SGB VIII), bedeutet nicht, daß die Belehrung erst stattfinden darf, wenn das Kind 2 Monate alt ist. Die Elternpflichten beginnen mit der Geburt des Kindes, und das JugA hat aktiv zu werden, sobald es von Umständen Kenntnis erlangt, die auf Gleichgültigkeit der Eltern schließen lassen. Eine möglichst frühzeitige Vornahme der Belehrung ist im Interesse des Kindes sogar geboten, um dem Kind jeden unnötigen Zeitverlust zu ersparen (FINGER DAVorm 1990, 393, 398 f; OBERLOSKAMP ZBlJugR 1980, 581, 590 f; WIESNER/ OBERLOSKAMP, SGB VIII § 51 Rn 14).

Innerhalb v 3 Monaten nach der Belehrung hat der Elternteil die Änderung seines Verhaltens gegenüber dem Kind unter Beweis zu stellen, wobei ihm uU auch der Wechsel seines Wohnortes bzw seines Arbeitsplatzes zuzumuten ist, um das Kind zu sich nehmen oder häufiger besuchen zu können (BT-Drucks 7/421, 10). Zu beachten ist, daß der fruchtlose Ablauf der Frist nur ein zusätzliches Erfordernis für die Ersetzung der Einwilligung darstellt. Bei der Ersetzungsentscheidung hat das Gericht stets gesondert zu prüfen, ob das Verhalten des Elternteils das Merkmal der Gleichgültigkeit auch tatsächlich erfüllt. Der Ersetzung steht es nicht entgegen, wenn der Elternteil nur während eines Teils der Frist sein Verhalten ändert oder nach Fristablauf zur früheren Gleichgültigkeit zurückkehrt (BT-Drucks 7/421, 10).

32 Die **Belehrung** muß – soweit nicht die Voraussetzungen des Abs 2 S 2 erfüllt sind – der Ersetzung der Einwilligung **zwingend** vorausgehen. Es kann hiervon auch nicht ausnahmsweise abgesehen werden (BayObLG FamRZ 1984, 935, 936; FamRZ 1982, 1129, 1130 = ZBlJugR 1983, 230, 232; OLG Hamm FamRZ 1977, 415, 418 = StAZ 1977, 282, 284 f; OLG Köln FamRZ 1987, 203, 204). Allerdings kann die Belehrung auch noch im Ersetzungsverfahren durchgeführt werden (BayObLG NJW-RR 1997, 1364, 1365 = FamRZ 1998, 55, 56 = ZfJ 1997, 475, 476; OLG Köln FamRZ 1987, 203, 205). Verweigert der Elternteil jede Kooperation, so ist eine schriftliche Belehrung durch das JugA als ausreichend anzusehen (BayObLGZ 1996, 276, 283 f = FamRZ 1997, 514, 516 = ZfJ 1997, 144, 146; OBERLOSKAMP ZBlJugR 1980, 581, 591; FINGER DAVorm 1990, 393, 399; FuR 1990, 183, 189; SOERGEL/LIERMANN Rn 36; zu weitgehende Anforderungen stellt OLG Hamm FamRZ 1977, 415, 417 f = StAZ 1977, 282, 285). **Wechselt der Elternteil seinen Aufenthaltsort ohne Hinterlassung seiner neuen Anschrift** und läßt sich sein Aufenthaltsort auch nicht ermitteln, so weist dies idR auf besonders krasse Gleichgültigkeit hin. Da in einem solchen Fall eine Belehrung nach Abs 2 S 1 nicht durchführbar ist, erklärt das Gesetz dieses Ersetzungserfordernis für entbehrlich, wenn der Aufenthaltsort trotz angemessener Nachforschungen des JugA während eines Zeitraums v 3 Monaten nicht ermittelt werden kann (Abs 2 S 2 HS 1; § 51 Abs 1 S 3 SGB VIII). Das JugA hat dabei alle ordnungsbehördlichen Maßnahmen zur Aufenthaltsermittlung auszuschöpfen und allen Hinweisen und Informationen von Gerichten, Behörden etc nachzugehen (BGB-RGRK/DICKESCHEID Rn 18; FINGER DAVorm 1990, 393, 398; vgl OLG Zweibrücken FamRZ 1976, 469, 470 = DAVorm 1976, 340, 343). Die **Dreimonatsfrist beginnt** mit der ersten auf die Belehrung oder auf die Ermittlung des Aufenthalts gerichteten Handlung des JugA (Abs 2 S 2 HS 2; § 51 Abs 1 S 3 HS 2 SGB VIII). Läßt sich der Aufenthaltsort innerhalb v 3 Monaten ermitteln, so ist der Elternteil nunmehr zu belehren, womit eine neue Dreimonatsfrist in Gang gesetzt wird. **Ist die Frist bereits abgelaufen,** wird danach aber der Aufenthaltsort des Elternteils bekannt, erscheint eine Belehrung nach dem Wortlaut des Abs 2 S 2 entbehrlich (so auch MünchKomm/MAURER Rn 9). Angesichts der weitreichenden Folgen der Ersetzung der Einwilligung und unter Berücksichtigung der mit der zwingend vorgeschriebenen Belehrung verfolgten Zwecke wird aber auch in einem solchen Fall die Durchführung einer Belehrung zu fordern sein, solange die Einwilligung noch nicht rechtskräftig ersetzt ist. Daher hat das OLG Köln (FamRZ 1987, 203; zust FINGER FuR 1990, 183, 191) in einem Fall, in dem die Mutter, deren Aufenthalt zunächst nicht zu ermitteln war, dann aber gegen die Ersetzungsentscheidung mit der Beschwerde vorgegangen war, die Vornahme einer Belehrung nach Abs 2 trotz des Ablaufs der Dreimonatsfrist zu Recht als Ersetzungsvoraussetzung angesehen und dem Gesichtspunkt der Verfahrensbeschleunigung keine den Belehrungszweck überwiegende Bedeutung beigemessen. Verfehlt erscheint unter Berücksichtigung des Gesetzeszwecks auch die Annahme, eine Belehrung sei überflüssig, wenn eine Verhaltensänderung überhaupt nicht in Betracht komme (so aber MünchKomm/MAURER Rn 9 unter Hinw in Fn 51 auf OLG Hamm MittLJugA Wf/Lippe Nr 82 S 75, 80; FINGER DAVorm 1990, 393, 400 ff; **aA** BayObLG FamRZ 1984, 935, 936; FamRZ 1982, 1129, 1130 = ZBlJugR 1983, 230, 232; OLG Hamm FamRZ 1977, 415, 418 = StAZ 1977, 282, 284 f; OLG Köln FamRZ 1987, 203, 204; BGB-RGRK/DICKESCHEID Rn 15).

Gem Abs 2 S 3, § 51 Abs 1 S 4 SGB VIII **endet die Frist** in allen Fällen **frühestens** 33 **5 Monate nach der Geburt** des Kindes.

c) Beratung
Die Beratungspflicht des JugA ist nach § 51 Abs 2 SGB VIII, auf den § 1748 Abs 2 34 S 1 verweist, als **Sollvorschrift** ausgestaltet. Für das Verfahren nach § 1748 bedeutet dies, daß die Beratung **kein zwingendes Erfordernis für die Ersetzung** der Einwilligung (mehr) darstellt (Näheres oben Rn 30).

Die Beratung, die im pflichtgemäßen Ermessen des JugA liegt, soll auf die Beseiti- 35 gung der Gleichgültigkeit und damit auf die Erhaltung eines natürlichen Eltern-Kind-Verhältnisses ausgerichtet sein. Eine Beratung, die nicht auf die Beseitigung der Gleichgültigkeit abzielt, sondern nur dazu dient, dem Elternteil die Notwendigkeit einer Adoption klarzumachen, wird den Anforderungen nicht gerecht (so zu § 51 a Abs 1 JWG BayObLG FamRZ 1982, 1129, 1130 f = ZBlJugR 1982, 230, 233; OLG Hamm FamRZ 1977, 415, 417 f = StAZ 1977, 282, 284 f; FINGER DAVorm 1990, 393, 399). Die Beratung umfaßt die fachlich fundierte Information über alle im Einzelfall realistischen Möglichkeiten und Hilfen, die zu einer Erziehung des Kindes in der eigenen Familie führen können. Zu beraten ist deshalb ua über geeignete Leistungen nach dem SGB VIII sowie über andere öffentlichrechtliche Ansprüche und deren eventuelle Durchsetzung (WIESNER/OBERLOSKAMP SGB VIII Rn 22).

d) Abgrenzung zu § 1747 Abs 4 Alt 2
Ist der Aufenthalt des einwilligungsberechtigten Elternteils unbekannt, stellt sich die 36 Frage nach der Abgrenzung zwischen § 1747 Abs 4 Alt 2 und § 1748 Abs 2 S 2. Gem § 1747 Abs 4 Alt 2 ist die Einwilligung entbehrlich, wenn der Aufenthalt des Einwilligungsberechtigten dauernd unbekannt ist. Die Entbehrlichkeit der Einwilligung ist im Adoptionsbeschluß festzustellen (vgl § 56 e S 1 HS 2 FGG und § 1752 Rn 25). Wird sie fälschlich bejaht, so liegt ein Aufhebungsgrund vor (§ 1760 Abs 1). Wird hingegen die Einwilligung ersetzt, ohne daß die Voraussetzungen des § 1748 Abs 2 S 2 im konkreten Fall tatsächlich vorlagen, und erwächst der Ersetzungsbeschluß in Rechtskraft, so ist dies auf den Bestand der Adoption ohne Einfluß. Bei der Anwendung des § 1747 Abs 4 Alt 2 ist daher Vorsicht angebracht und im Zweifel der bestandskräftigen Ersetzung der Vorzug zu geben (OBERLOSKAMP ZBlJugR 1980, 581, 591 f; vgl außerdem § 1747 Rn 48).

VII. Unverhältnismäßiger Nachteil (Abs 1 S 1)

1. Verhältnismäßigkeitsprinzip
Sowohl bei Vorliegen einer anhaltend gröblichen Pflichtverletzung als auch bei fest- 37 gestellter Gleichgültigkeit darf die Einwilligung in die Adoption nur ersetzt werden,

wenn das Unterbleiben der Annahme dem Kind zu unverhältnismäßigem Nachteil gereichen würde (Abs 1 S 1 HS 2). Bei der Frage, ob ein unverhältnismäßiger Nachteil vorliegt, handelt es sich um einen **unbestimmten Rechtsbegriff** (BayObLGZ 1996, 276, 280 = FamRZ 1997, 514, 515 = ZfJ 1997, 144, 145; NJW-RR 1994, 903, 905 = FamRZ 1994, 1348, 1350). Die Ersetzung der Einwilligung ist wegen der Schwere des Eingriffs in das Elternrecht (Art 6 Abs 2 S 1 GG) schon aus verfassungsrechtl Gründen nur unter strikter **Beachtung des Verhältnismäßigkeitsgrundsatzes** möglich (BayObLGZ 1996, 276, 280 = FamRZ 1997, 514, 515 = ZfJ 1997, 144, 145; OLG Karlsruhe FamRZ 1999, 1686, 1687 = ZfJ 1999, 311, 312 = DAVorm 1999, 777). Die Adoption gegen den Willen der leibl Eltern muß erforderlich sein, um die infolge ihres Versagens bereits eingetretene oder drohende Gefahr für eine gesunde Entwicklung des Kindes abzuwenden. Sie darf nur erfolgen, wenn mildere Mittel nicht ausreichen (BVerfGE 24, 119, 146 = NJW 1968, 2233, 2236 = FamRZ 1968, 578, 584). Stets ist daher vorrangig zu prüfen, ob nicht bereits **Maßnahmen nach den §§ 1666 ff** (zB Entziehung der Personensorge, Unterbringung bei Pflegeeltern) zur Wahrung der Kindesinteressen genügen.

38 Die Prüfung der Frage, ob das Unterbleiben der Adoption für das Kind unverhältnismäßig nachteilig wäre, darf nicht auf einen Vergleich der Lage des Kindes mit und ohne Adoption beschränkt werden (vgl dazu OLG Karlsruhe FamRZ 1995, 1012, 1013 = ZfJ 1995, 561, 562). Vielmehr müssen die **Eltern- und Kindesinteressen umfassend gegeneinander abgewogen werden.** Dabei ist der Nachteil, den das Unterbleiben der Adoption bedeutet, in Beziehung zu setzen zur Schwere des Eingriffs in das Elternrecht (BGH FamRZ 1986, 460, 462 = NJW-RR 1986, 802, 803 = ZfJ 1986, 221, 222; BayObLGZ 1996, 276, 280 = FamRZ 1997, 514, 515 = ZfJ 1997, 144, 145; NJW-RR 1994, 903, 905 = FamRZ 1994, 1348, 1350; OLG Karlsruhe FamRZ 1999, 1686, 1687 = ZfJ 1999, 311, 312 = DAVorm 1999, 777, 780). Der Nachteil muß so schwer wiegen, daß der Eingriff in das Elternrecht angesichts des Fehlverhaltens der Eltern hingenommen werden kann (BGB-RGRK/DICKESCHEID Rn 10), oder, positiv formuliert: Durch die Adoption muß sich die Lage des Kindes so verbessern, daß der Vorteil für das Kind außer Verhältnis zum Rechtsverlust des Elternteils steht. Dabei fallen die Elternrechte bei der Abwägung um so weniger ins Gewicht, je schwerer die Pflichtverletzung bzw je nachhaltiger die Gleichgültigkeit ist.

39 Durch die Adoption müssen **die Lebensverhältnisse des Kindes insgesamt entscheidend verbessert werden** (OLG Hamm FamRZ 1976, 462, 464). Ein unverhältnismäßiger Nachteil ist im Zweifel nicht anzunehmen, wenn die Adoption lediglich zu einer Verbesserung der wirtschaftlichen Verhältnisse (BayObLGZ 1977, 148, 153 = Rpfleger 1977, 303, 304; BayObLGZ 1974, 413, 417 = FamRZ 1976, 234, 238; OLG Hamm FamRZ 1976, 462, 464; LG München II DAVorm 1980, 119, 125) oder der Schulverhältnisse, zur Umsiedlung aus der ungesunden Großstadtumgebung in gesündere Kleinstadtverhältnisse oder zur Betreuung durch einen nicht berufstätigen Annehmenden führen würde (SOERGEL/LIERMANN Rn 22; ROTH-STIELOW Rn 11; FINGER FuR 1990, 183, 191) oder dem Kind dadurch günstigere Entwicklungschancen eingeräumt würden als in dem wenig günstigen soziokulturellen Milieu, in das es „schicksalhaft" hineingeboren wurde (OLG Hamm ZfJ 1984, 364, 370).

40 Erfordert die Verhältnismäßigkeitsprüfung eine umfassende Würdigung derjenigen Verhältnisse und Lebensumstände, die die geistige und leibl Entwicklung des Kindes mit und ohne Adoption bestimmen würden, so kommt eine Ersetzung der Einwilli-

gung nur hinsichtlich der Annahme durch einen ganz konkreten, bereits feststehenden Annehmenden in Betracht (LG Saarbrücken ZBlJugR 1983, 239, 240; FINGER FuR 1990,
183, 191). Dabei ist auch die **Ersetzung der Einwilligung in eine Inkognitoadoption** (vgl
§ 1747 Abs 2 S 2) zulässig (BVerfGE 24, 119, 152 ff = NJW 1968, 2233, 2237 f = FamRZ 1968,
578, 586 f); doch bedarf es auch in einem solchen Fall einer eingehenden Ermittlung
der persönlichen, wirtschaftlichen und familiären Verhältnisse der künftigen Adoptiveltern (BayObLGZ 1977, 148, 151; OLG Hamm DAVorm 1978, 364, 376). Ebenso, wie de
lege lata eine Blanko-Einwilligung nicht zulässig ist, kommt eine **„Blanko-Ersetzung"**
nicht in Betracht (krit dazu § 1747 Rn 30). Dies gilt selbst dann, wenn eine Rückkehr des
Kindes zu den leibl Eltern von vornherein auszuschließen ist.

2. Aufwachsen in einer Familie

Durch § 1748 sollte vor allem das Schicksal von verlassenen und im Heim aufwach- **41**
senden Kindern verbessert werden (BT-Drucks 7/421, 5). Ein unverhältnismäßiger
Nachteil droht dem Kind immer dann, **wenn es ohne Adoption nicht in einer Familie
groß werden kann,** also ohne feste Bezugsperson bleiben oder einen Wechsel der
Pflegestelle befürchten müßte, eine Wertung, die auch in Abs 3 zum Ausdruck
kommt. Das Erlebnis einer harmonischen und lebenstüchtigen Familiengemeinschaft
ist für die gesunde körperliche und seelische Entwicklung eines Kindes unerläßlich
(vgl oben Rn 11). Mit längerdauernden Heimaufenthalten und dem Fehlen einer festen
Bezugsperson sind idR irreparable Entwicklungsschäden verbunden.

Ist das Kind in einer guten Pflegestelle untergebracht und würde es diese ohne **42**
Adoption verlieren, so liegt ein unverhältnismäßiger Nachteil iSv Abs 1 S 1 vor
(OLG Düsseldorf DAVorm 1977, 751; LG Ellwangen DAVorm 1976, 160). Sind die Pflegeeltern
bereit, das Kind auch ohne Adoption zu behalten, so ist die Rechtslage nicht ganz so
eindeutig. In der Rspr wurde in solchen Fällen ein unverhältnismäßiger Nachteil
verschiedentlich verneint (OLG Schleswig NJW-RR 1994, 585 = FamRZ 1994, 1351; OLG
Frankfurt FamRZ 1986, 601; OLG Düsseldorf DAVorm 1977, 755, 756; DAVorm 1976, 157, 158;
LG Duisburg DAVorm 1975, 432, 433). In der neueren Rspr hat sich indessen die Auffassung durchgesetzt, daß ein **unverhältnismäßiger Nachteil auch dann** vorliegen kann,
**wenn das Verbleiben des Pflegekindes in der Pflegestelle auch ohne Adoption nicht in
Frage gestellt ist.** Zur Begründung wird darauf verwiesen, daß der Status eines Pflegekindes rechtl ungesichert sei und das Kind Anspruch auf Klarheit und Sicherheit
seiner familiären Beziehungen habe (BGHZ 133, 384, 388 = NJW 1997, 585, 586 = FamRZ
1997, 85; BGH NJW-RR 1986, 802, 803 = FamRZ 1986, 460, 462 = ZfJ 1986, 221, 222; BayObLG
NJW-RR 1994, 903, 905 = FamRZ 1994, 1348, 1350; NJW-RR 1991, 1219, 1220 = DAVorm 1990, 381,
383; FamRZ 1988, 871, 872 = ZfJ 1988, 569, 571; FamRZ 1982, 1129, 1131 = ZBlJugR 1983, 230, 234;
BayObLGZ 1974, 413, 422 = FamRZ 1976, 234, 240; OLG Karlsruhe FamRZ 1999, 1686, 1688 =
DAVorm 1999, 777, 778; FamRZ 1990, 94, 95 f m zust Anm GAWLITTA = DAVorm 1990, 383, 385 ff =
Justiz 1990, 401 f; FamRZ 1983, 1058, 1060; OLG Braunschweig FamRZ 1997, 513, 514; OLG Hamm
ZfJ 1984, 364, 367 f; FamRZ 1977, 415, 420 = StAZ 1977, 282, 287; OLG Frankfurt FamRZ 1986,
1042). In der Tat fehlt Pflegekindverhältnissen im Gegensatz zur Adoption das Merkmal einer auf Dauer angelegten unwiderruflichen Zuordnung. Zwar bietet § 1632
Abs 4 dem Pflegekind Schutz davor, daß es „zur Unzeit" aus der Pflegefamilie her-
ausgerissen wird. Seine Einbindung in die Pflegefamilie ist aber rechtl nur vorläufig
und unvollständig (näher GAWLITTA FamRZ 1988, 807). Die Adoption begründet demgegenüber ein Höchstmaß an Geborgenheit (vgl BVerfGE 79, 51, 65 = NJW 1989, 519, 520 =

FamRZ 1989, 31, 34) und schafft engere Beziehungen als ein stabiles, rechtlich abge-
sichertes Dauerpflegeverhältnis. Die durch die Adoption bewirkte völlige – faktische
wie rechtliche – Integration des Kindes in eine intakte Familie bietet am ehesten die
Gewähr für ein harmonisches, geborgenes und von möglichen Einflüssen der leibl
Eltern ungestörtes Aufwachsen des Kindes. So kann sich für das Kind schon der
Umstand schädigend auswirken, daß es sich in seiner Geborgenheit in der Pflege-
familie verunsichert und gestört fühlt (BayObLG FamRZ 1984, 937, 939; OLG Hamm
FamRZ 1977, 415, 420 = StAZ 1977, 282, 287; LG München II DAVorm 1980, 119, 126; AG Kamen
FamRZ 1995, 1013 = ZfJ 1996, 529; AG Bad Iburg DAVorm 1983, 62, 64). Zu Recht hat daher
auch der BGH (FamRZ 1986, 460, 462 = NJW-RR 1986, 802, 803 = ZfJ 1986, 221, 222) die
Annahme eines unverhältnismäßigen Nachteils nicht daran scheitern lassen, daß die
Pflegeeltern bereit waren, das Kind auch ohne Adoption bei sich zu behalten.

43 Befindet sich das Kind bei väterlichen oder mütterlichen Verwandten in Pflege, so
gelten für die Ersetzung der elterl Einwilligung grds die gleichen Überlegungen
(OBERLOSKAMP ZBlJugR 1980, 581, 586 f; aA MünchKomm/MAURER Rn 13; wohl auch FINGER
FuR 1990, 183, 190). Da die Überlagerung natürlicher durch künstliche Verwandtschaftsverhältnisse jedoch besondere Probleme aufwirft und vor allem dann Bedenken begegnet, **wenn ein Kind durch nahe Verwandte** (insbes Großeltern oder Geschwister) **angenommen werden soll** (vgl § 1741 Rn 22 ff), wird der für die Bestimmung des
unverhältnismäßigen Nachteils erforderliche Abwägungsprozeß eher als im Falle
einer angestrebten Fremdkindadoption zu dem Ergebnis führen, daß die Annahme
nicht erforderlich ist, falls das Kind auch ohne Adoption ungestört in der ihm vertrauten Umgebung aufwachsen kann. Zur Adoption eines Kindes durch seine Großmutter mütterlicherseits nach dem Tod der Mutter und gegen den Willen des Vaters
vgl BayObLGZ 1996, 276 = FamRZ 1997, 514 = ZfJ 1997, 144; zur Adoption eines
Kindes durch seine Großeltern mütterlicherseits mit Einverständnis der Mutter, aber
gegen den Willen des Vaters vgl OLG Frankfurt FamRZ 1971, 322; zu einer Adoption
durch die Schwester des Vaters mit Einverständnis der Mutter, aber gegen den Willen
des Vaters vgl AG Cuxhaven FamRZ 1976, 241; zu einer Adoption des Kindes durch
seine Großtante nach dem Tod der Mutter gegen den Willen des Vaters vgl
BayObLG FamRZ 1984, 937; zu einer Adoption des nichtehel Kindes durch die
Tante seiner Mutter gegen den Willen der Mutter vgl OLG Köln FamRZ 1987, 203.

3. Stiefkindadoption

44 Stiefkindadoptionen gegen den Willen des nichtsorgeberechtigten Elternteils werfen
besondere Probleme auf (ausf dazu FRANK 76 ff). Wie bereits bei § 1741 Rn 42 ausgeführt, liegt eine Stiefkindadoption oft selbst dann nicht im Interesse des Kindes, wenn
der nichtsorgeberechtigte Elternteil mit der Adoption einverstanden ist. Wird die
Einwilligung verweigert, obwohl eine Adoption dem Wohl des Kindes dienen würde,
so scheitert die Ersetzung in aller Regel am Erfordernis der anhaltend gröblichen
Pflichtverletzung, weil dem nichtsorgeberechtigten Elternteil nach der Scheidung im
wesentlichen nur zwei Möglichkeiten der Bewährung verbleiben, nämlich die Zahlung von Unterhalt und die Wahrnehmung des Umgangsrechts, das nach der Neuregelung des KindRG v 1997 nicht nur ein Recht, sondern auch eine Pflicht der
Eltern gegenüber ihrem Kind darstellt (§ 1684 Abs 1). Wird die **Unterhaltspflicht
verletzt,** so liegt eine „gröbliche" Pflichtverletzung oft deshalb nicht vor, weil das
Kind von der sorgeberechtigten Mutter und deren Ehemann wie dessen eigenes

angemessen unterhalten wird (vgl oben Rn 19), und die **Nichtwahrnehmung des Umgangsrechts** findet häufig im Spannungsverhältnis zwischen Mutter, Vater und Stiefelternteil eine Erklärung, die jedenfalls die Annahme einer „gröblichen" Pflichtverletzung oder Gleichgültigkeit ausschließt (vgl BayObLG FamRZ 1998 [LS] = NJWE-FER 1998, 173; OLG Köln FamRZ 1990, 1152, 1153 = DAVorm 1990, 808, 809 f; OLG Stuttgart Justiz 1972, 316; FINGER FuR 1990, 183, 187; außerdem oben Rn 26). Soweit die Judikatur dennoch eine Ersetzung der Einwilligung zuläßt, wird diese im allg mit der summarischen Auflistung verschiedenartiger Pflichtverletzungen begründet, insbes damit, daß der Vater sowohl vor als auch nach der Scheidung keinen Unterhalt bezahlt und sich nicht um das Kind gekümmert habe (OLG Köln DAVorm 1979, 361, 362; LG Kleve DAVorm 1970, 315, 316; AG Kerpen DAVorm 1981, 885; AG Homburg DAVorm 1976, 160; AG Tübingen FamRZ 1973, 321, 322; AG Hamburg DAVorm 1966, 335, 336), sich ins Ausland abgesetzt habe (OLG Köln DAVorm 1979, 361, 362) oder infolge von Strafhaft nicht in der Lage sei, Kontakte zu pflegen bzw die erforderlichen Geldmittel für den Kindesunterhalt aufzubringen (LG Kleve DAVorm 1970, 315, 316; AG Homburg DAVorm 1976, 160 f).

Wird eine gröbliche Pflichtverletzung (oder Gleichgültigkeit) festgestellt, so scheitert **45** eine Ersetzung der Einwilligung im allg daran, daß dem Kind das Unterbleiben der Annahme nicht zu einem **unverhältnismäßigen Nachteil** gereicht; denn an den konkreten Lebensumständen des Kindes ändert eine Adoption nur wenig. Daß das Kind mit dem Stiefelternteil einen **zuverlässigeren Unterhaltsschuldner** erhält, reicht allein zur Annahme eines unverhältnismäßigen Nachteils nicht aus (BayObLG FamRZ 1989, 429, 430 = ZfJ 1989, 210, 212 = MDR 1988, 1058; BayObLGZ 1978, 105, 112 = StAZ 1979, 13, 16; OLG Schleswig NJW-RR 1994, 585 = FamRZ 1994, 1351; KG OLGZ 1969, 235, 237 = FamRZ 1969, 171; aA MünchKomm/MAURER Rn 17; OLG Köln DAVorm 1979, 361, 363), ebensowenig, daß mit der Adoption der **Name des Stiefvaters** (BayObLG FamRZ 1989, 429, 430 = ZfJ 1989, 210, 212 = MDR 1988, 1058; OLG Frankfurt OLGZ 1979, 40, 42; OLG Stuttgart Justiz 1972, 316 f; OLG Braunschweig FamRZ 1964, 323, 324 = DAVorm 1965, 102, 103; LG Tübingen DAVorm 1968, 140, 142; LG Heilbronn DAVorm 1968, 16, 17; AG Tübingen FamRZ 1973, 321, 322) oder dessen **Staatsangehörigkeit** (BayObLGZ 1978, 105, 112 = StAZ 1979, 13, 16; OLG Frankfurt OLGZ 1979, 40, 42) erworben werden soll. Auch die **Erlangung eines gesetzl Erbrechts** nach dem Stiefvater rechtfertigt keinesfalls die Bejahung eines unverhältnismäßigen Nachteils (KG OLGZ 1969, 235, 237 = FamRZ 1969, 171). Im Einzelfall mögen allerdings – jenseits aller konkreten rechtl Vorteile – **geistig-seelische Interessen des Kindes** dessen volle rechtl Eingliederung in die Stieffamilie besonders nahelegen. Insbes fällt auf, daß in fast allen Entscheidungen, in denen die Ersetzung der Einwilligung des nichtsorgeberechtigten Elternteils abgelehnt wurde, stereotyp darauf abgehoben wird, daß das Kind auch ohne Adoption wohlbehütet bei seiner leibl Mutter und dem Stiefvater aufwachsen werde (BayObLG FamRZ 1989, 429, 430 = ZfJ 1989, 210, 212 = MDR 1988, 1058; BayObLGZ 1978, 105, 112 = StAZ 1979, 13, 16; OLG Schleswig NJW-RR 1994, 585, 586 = FamRZ 1994, 1351, 1352; OLG Frankfurt OLGZ 1979, 40, 42; OLG Braunschweig FamRZ 1964, 323, 324 = DAVorm 1965, 102, 103; LG Tübingen DAVorm 1968, 140, 142; LG Heilbronn DAVorm 1968, 16, 17), während in den Entscheidungen, die sich für eine Ersetzung aussprachen, summarisch die positiven rechtl Veränderungen sowie die mehr im psychischen Bereich liegenden günstigen Voraussetzungen für eine gedeihliche Entwicklung des Kindes hervorgehoben werden (BayObLG NJW-RR 1994, 903, 905 = FamRZ 1994, 1348, 1350; OLG Köln DAVorm 1979, 361, 363; LG Kleve DAVorm 1970, 315, 316 f; AG Kerpen DAVorm 1981, 885, 886; AG Homburg DAVorm 1976, 160, 161; AG Tübingen FamRZ 1973, 321, 322; AG Hamburg DAVorm 1966, 335, 337).

Richtigerweise wird man **nur in seltenen Fällen eine Ersetzung** der Einwilligung gutheißen können, wenn nämlich der zur Ermittlung des unverhältnismäßigen Nachteils erforderliche Abwägungsprozeß ergibt, daß einer ungewöhnlich schweren anhaltenden Pflichtverletzung oder einer krassen Gleichgültigkeit auf der einen Seite ein gegenüber dem Fortbestand des bloßen **Stiefkindverhältnisses** ungewöhnlich großer Vorteil infolge der Adoption auf der anderen Seite gegenübersteht (ERMAN/HOLZHAUER Rn 5: „Bei der Stiefkindadoption ist eine Anwendung von § 1748 kaum denkbar."). Diese Auslegung ist geboten, will man der Ansicht des BVerfG gerecht werden, daß nämlich eine Adoption gegen den Willen der leibl Eltern nur zulässig ist, „um die infolge des Versagens der Eltern bereits eingetretene oder drohende Gefahr für eine gesunde Entwicklung des Kindes abzuwenden" (BVerfGE 24, 119, 146 = NJW 1968, 2233, 2236 = FamRZ 1968, 578, 584).

46 Für die Adoption **nichtehel Stiefkinder** gelten die gleichen Überlegungen wie für die Annahme ehel Stiefkinder (vgl FRANK 79 f). Seit dem KindRG v 1997 unterscheidet das Gesetz in der Tat auch nicht mehr zwischen ehel und nichtehel Kindern. Allerdings kann nach der verfassungsrechtl bedenklichen Regelung des § 1748 Abs 4 (Näheres Rn 59) die Einwilligung des Vaters unter erleichterten Voraussetzungen ersetzt werden, falls die Eltern bei der Geburt des Kindes nicht miteinander verheiratet sind und auch keine Sorgeerklärungen abgegeben haben. Bezogen auf die Stiefkindadoption bedeutet diese Regelung, daß beim Vorliegen der Voraussetzungen des Abs 4 die väterliche Einwilligung schon dann ersetzt werden kann, wenn das Unterbleiben der Annahme dem Kind zu unverhältnismäßigem Nachteil gereichen würde. Auf eine gröbliche Pflichtverletzung oder auf Gleichgültigkeit iSv § 1748 Abs 1 kommt es nicht an. Sollte die Regelung des Abs 4 nicht für verfassungswidrig erklärt werden, bleibt nur zu hoffen, daß die Rspr durch restriktive Auslegung die Väter nichtehel Kinder im Falle einer Stiefkindadoption in gleicher Weise schützt wie die Väter ehel Kinder.

4. Lange Verfahrensdauer

47 Besondere Probleme bei der Anwendung des § 1748 wirft in der Praxis die vielfach festgestellte **lange Verfahrensdauer im Instanzenzug** auf (vgl etwa ARNDT/SCHWEITZER ZBlJugR 1974, 201; OBERLOSKAMP ZBlJugR 1980, 581, 597; MünchKomm/MAURER Rn 15; ERMAN/HOLZHAUER Rn 4). Führt das Fehlverhalten der Eltern zur Trennung vom Kind und zu dessen Unterbringung in einer Pflegefamilie, so wächst in dem Maß, in dem sich das Kind in der Pflegefamilie zuhause fühlt, auch der Nachteil, den das Unterbleiben der Adoption und dadurch bedingt der Verlust der Pflegestelle für das Kind bedeutet. Gleichwohl ist in der Praxis die Tendenz zu beobachten, daß die Instanzgerichte (LG, OLG) von der Ersetzungsmöglichkeit restriktiver Gebrauch machen als die Richter der 1. Instanz (OBERLOSKAMP FamRZ 1973, 286, 288 f; ARNDT/SCHWEITZER ZBlJugR 1974, 201, 206; OBERLOSKAMP ZBlJugR 1980, 581, 597).

48 Schwierigkeiten ergeben sich auch, wenn **die Pflichtverletzung des Elternteils schon längere Zeit zurückliegt** und das Adoptionsverfahren erst geraume Zeit später eingeleitet wird oder das Verfahren sich verzögert. Hat die anhaltend gröbliche Pflichtverletzung zur Trennung des Kindes von den Eltern geführt, so ist die Ersetzung jedenfalls zulässig, wenn auf die Periode der gröblichen Pflichtverletzung eine noch andauernde Periode der Gleichgültigkeit folgt (BayObLG FamRZ 1988, 871, 872 = ZfJ

1988, 569, 570 f; ERMAN/HOLZHAUER Rn 8). Problematischer sind die Fälle, in denen den Eltern nach der durch ihr Fehlverhalten ausgelösten Trennung vom Kind kein weiterer Pflichtverstoß zum Vorwurf gemacht werden kann, sei es, daß sie den ihnen verbliebenen Pflichten (Unterhalt, Umgang) nachkommen, sei es, daß eine Pflichtverletzung schon deshalb nicht in Betracht kommt, weil den Eltern – trotz ernsthaften Bemühens – der Aufenthaltsort des Kindes nicht bekanntgegeben wird. Hat das Kind in der Pflegefamilie neue, feste Bindungen entwickelt und jeden Bezug zu den leibl Eltern verloren, so erscheint es kaum angängig, die Adoption allein an der zeitlichen Verzögerung des Verfahrens scheitern zu lassen (so aber offenbar OLG Köln FamRZ 1999, 889; OLG Hamm ZfJ 1984, 364, 370; LG Kiel DAVorm 1978, 384, 385). Abzulehnen ist auch die Ansicht, daß mindestens in den letzten 6 Monaten des von der Tatsacheninstanz zu beurteilenden Zeitraums Pflichtverstöße kontinuierlich vorhanden gewesen sein müssen (so aber SOERGEL/ROTH-STIELOW[11] Rn 9) bzw zwischen der Pflichtverletzung und dem Zeitpunkt des Ersetzungsverfahrens allgemein ein naher zeitlicher Zusammenhang bestehen muß (so aber AG Königstein ZfJ 1989, 212, 215). Ist das Kind infolge der Trennung den leibl Eltern völlig entfremdet und eine Herausnahme aus der vertrauten Umgebung oder ein Verlust der jetzigen Bezugspersonen ohne erhebliche Nachteile für das Kind nicht mehr möglich, so können diese Folgen der anhaltend gröblichen Pflichtverletzung der Eltern nicht mehr rückgängig gemacht werden. Die Ersetzung ist deshalb auch dann als zulässig anzusehen, wenn die Eltern ihr Fehlverhalten nunmehr ernstlich einsehen oder neuerdings in geordneten Verhältnissen leben und auch bereit und in der Lage sind, das Kind bei sich aufzunehmen (BayObLGZ 1974, 413, 420 = FamRZ 1976, 234, 239; FamRZ 1982, 1129, 1131 = ZBlJugR 1983, 230, 234; OLG Braunschweig FamRZ 1997, 513; OLG Hamm OLGZ 1976, 434, 435 = FamRZ 1976, 462, 465; FamRZ 1977, 415, 420 = StAZ 1977, 282, 287; LG Münster FamRZ 1999, 890 mAnm LIERMANN FamRZ 1999, 1685; MünchKomm/MAURER Rn 15).

Fast noch problematischer sind die Fälle, in denen das Fehlverhalten der Eltern zum **49** Sorgerechtsentzug und zur **Unterbringung des Kindes in einer Pflegefamilie** geführt hat, **ohne daß die Voraussetzungen für eine Ersetzung nach § 1748 vorgelegen haben,** wobei allerdings das JugA diese Voraussetzungen falsch beurteilt hat. Kommt der Elternteil den ihm verbliebenen Restpflichten (vgl oben Rn 23) nach und bemüht er sich um Kontakt zu dem Kind oder zeigt er auf andere Weise Interesse an dessen Schicksal, so kann ihn weder der Vorwurf einer gröblichen Pflichtverletzung noch der Gleichgültigkeit treffen. Entwickelt das Kind in der Folgezeit intensive Bindungen zur Pflegefamilie und gehen die leibl Eltern als Bezugspersonen völlig verloren (was insbes bei Unterbringung in einer anonymen Pflegefamilie leicht der Fall sein kann), so bietet § 1632 Abs 4 dem Kind zwar einen weitgehenden Schutz vor einer sein Wohl gefährdenden Herausnahme aus der Pflegefamilie. Ob aber dem Anspruch des Kindes auf rechtl Klarheit und Sicherheit seiner Beziehungen zu den Pflegeeltern (vgl dazu oben Rn 42) auch dann, wenn der Elternteil die erforderliche Einwilligung zu der im Interesse des Kindeswohls gebotenen Adoption verweigert, durch die Ersetzung der Einwilligung Rechnung getragen werden kann, ist fraglich. Verschiedentlich wird die Ansicht vertreten, allein in dem Umstand, daß der Elternteil einsichtslos auf seinen Elternrechten beharre, ohne auf die infolge der längeren Fremdunterbringung erfolgte anderweitige Bindung des Kindes Rücksicht zu nehmen, liege eine gröbliche, die Ersetzung rechtfertigende Pflichtverletzung (AK-BGB/FIESELER Rn 6; ERMAN/HOLZHAUER Rn 10 f; OLG Karlsruhe FamRZ 1983, 1058, 1060; **aA** OLG Köln FamRZ 1990, 1152, 1153 = DAVorm 1990, 808, 809; vgl auch oben Rn 23). Dem ist entgegenzuhalten, daß der Elternteil für die Verwurzelung des Kindes in der Pflegefamilie zwar eine Mitursache gesetzt hat, die Entfremdung des Kindes vom Elternteil aber entscheidend auf das Eingreifen Dritter, insbes des JugA zurückzuführen ist, das den Abbruch der Beziehungen des Elternteils zum Kind forciert hat, möglicherweise sogar mit dem Ziel, die Entscheidung über die Ersetzung der Einwilligung zu präjudizieren (OLG Hamm ZfJ 1984, 364, 367; FamRZ 1976, 462, 467 m krit Anm Bosch; AG Königstein ZfJ 1989, 212 nebst DIV-Gutachten ZfJ 1988, 338). Das BVerfG (FamRZ 1988, 807) verneint in solchen Fällen einen verfassungsrechtl Anspruch des Kindes auf Ersetzung der Einwilligung des Elternteils. Die Lage des betroffenen Kindes ist mißlich. Zwar ist es **durch § 1632 Abs 4 vor der Herausnahme aus der Pflegefamilie** weitgehend **geschützt**, seine Einbindung in die Pflegefamilie aber ist, da es nicht ohne die Einwilligung des Elternteils adoptiert werden kann, nur unvollständig. GAWLITTA (FamRZ 1988, 807, 808) bemängelt die fehlende Abstimmung zwischen § 1632 Abs 4 einerseits und den Ersetzungsgründen des § 1748 andererseits. Die Rechtsordnung respektiere in § 1632 Abs 4 die Verwurzelung des Kindes in der Pflegefamilie und nehme damit in Kauf, daß die Elternrechte ihrer Substanz nach verlorengehen. GAWLITTA schlägt deshalb vor, de lege ferenda einen Ersetzungsgrund zu schaffen, der es erlaubt, die Einwilligung auch dann zu ersetzen, wenn wegen neuer gewachsener Bindungen das Pflegekind nicht mehr an die leibl Eltern herausgegeben werden muß (vgl auch LAKIES ZfJ 1998, 129, 133 f). Dieser Auffassung kann nicht gefolgt werden: § 1632 Abs 4 geht nicht von einer auf Dauer angelegten Trennung des Kindes von seinen Eltern aus („wenn und solange"). Aufgabe der Gerichte und Jugendämter kann deshalb im Falle des § 1632 Abs 4 nur sein, Vorkehrungen zu treffen, damit das Kind möglichst bald wieder seinen Eltern zurückgegeben werden kann.

VIII. Besonders schwere Pflichtverletzung (Abs 1 S 2)

50 Nach Abs 1 S 2 kann die elterl Einwilligung in die Adoption auch ersetzt werden, wenn die Pflichtverletzung zwar nicht anhaltend, aber besonders schwer ist und das Kind voraussichtlich dauernd nicht mehr der Obhut des Elternteils anvertraut werden kann. Die Tatbestandsalternative der „besonders schweren Pflichtverletzung" ist an die Stelle des Ersetzungsgrundes der „Verwirkung der elterlichen Sorge" nach früherem Recht (§ 1676 aF) getreten, der bei der Reform des Adoptionsrechts durch das AdoptRÄndG v 1973 (vgl Rn 4) als zu schematisch empfunden wurde und sich auch als unzureichend erwiesen hatte (vgl BT-Drucks 7/421, 8).

51 Im Verhältnis zum Merkmal der „anhaltenden gröblichen Pflichtverletzung" drückt die „besonders schwere Pflichtverletzung" ein gravierenderes Fehlverhalten aus, wobei eine exakte Abgrenzung schwierig ist. Maßgebend ist, ob das Fehlverhalten von solchem Gewicht ist, daß dem Kind auch ohne die in Abs 1 S 1 vorausgesetzte Dauer des Fehlverhaltens erhebliche Nachteile drohen. Es muß ein besonders schweres vollständiges Versagen des Elternteils in seiner Verantwortung gegenüber dem Kind vorliegen (BayObLG NJW-RR 1990, 776, 777 = ZfJ 1990, 477, 479 = MDR 1990, 631 = FamRZ 1990, 799 [LS]). Unter Abs 1 S 2 fallen vor allem **Straftaten gegen das Kind** (zB Sittlichkeitsdelikte, schwere Körperverletzungen, auch seelische Mißhandlungen) bzw ein Fehlverhalten, das einem kriminellen Vergehen gleichkommt (BayObLG NJW-RR 1990, 776 = ZfJ 1990, 477, 478 = MDR 1990, 631; FamRZ 1984, 417, 419; FamRZ 1984, 937, 939; OLG Köln FamRZ 1982, 1132; OLG Hamm FamRZ 1976, 462, 465). Ob es in der Folge auch tatsächlich zu einer Verurteilung und Bestrafung des Elternteils kommt, ist unerheblich (MünchKomm/MAURER Rn 19).

Wer den andern Elternteil tötet, begeht auch gegenüber dem Kind eine besonders **52** schwere Pflichtverletzung, wenn die Tat konkrete und schwerwiegende Auswirkungen für das Kind hat (BayObLGZ 1978, 105, 109 = StAZ 1979, 13, 15; FamRZ 1984, 937, 939; LG Essen DAVorm 1979, 521, 525; vgl auch BayObLG DAVorm 1981, 131, 137), nicht aber schon, wer den Liebhaber des anderen Elternteils aus Eifersucht tötet und sodann das Kind entführt, ohne das Sorgerecht zu haben (BayObLGZ 1978, 105, 110 f = StAZ 1979, 13, 15). Zur Kindesentziehung durch den nicht sorgeberechtigten Elternteil s oben Rn 21. Allg zur Pflichtverletzung gegenüber dem Kind durch Straftaten des Elternteils gegen Dritte vgl oben Rn 20.

Die Ersetzung der Einwilligung erfordert die **Prognose,** daß das Kind infolge der **53** Verfehlungen des Elternteils **voraussichtlich dauernd nicht mehr dessen Obhut anvertraut werden kann.** Abzustellen ist dabei auf Art und Schwere der Pflichtverletzung, die Persönlichkeit des Elternteils sowie die mögliche Gefahr weiterer Pflichtverletzungen (BT-Drucks 7/421, 8). Die Ersetzung der Einwilligung ist nicht dadurch ausgeschlossen, daß das Kind auf Dauer bei Verwandten untergebracht werden kann. Gerade in Fällen, in denen der Elternteil eine besonders schwere Pflichtverletzung begangen hat, ist oft damit zu rechnen, daß diese weiter auf das Kind einwirkt, solange es in der ihm vertrauten Umgebung verbleibt und die Möglichkeit störender Einflußnahme des Elternteils nicht auszuschließen ist (OBERLOSKAMP ZBlJugR 1980, 581, 593). Im übrigen gelten auch insoweit die oben Rn 43 aufgezeigten Erwägungen.

IX. Besonders schwere psychische Krankheit oder besonders schwere geistige oder seelische Behinderung (Abs 3)

§ 1748 Abs 3 regelt einen Ersetzungsgrund, der nicht an ein dem einwilligungsbe- **54** rechtigten Elternteil zurechenbares Verhalten, sondern an objektive Gründe anknüpft. Ist dem Elternteil kein Vorwurf zu machen, so stellt die Ersetzung der Einwilligung eine besondere, nur in Ausnahmefällen zumutbare Härte dar. Der mit der Ersetzung verbundene Eingriff in das Elternrecht ist nur gerechtfertigt, wenn dem Schutzbedürfnis des Kindes ein höheres Gewicht beizumessen ist als dem Elternrecht (zur verfassungsrechtl Problematik vgl oben Rn 9). Dabei ist zu beachten, daß nach der Wertung des Gesetzes auch ein in der Geschäftsfähigkeit Beschränkter grundsätzlich als erziehungsfähig anzusehen ist (vgl § 1673 Abs 2). Abs 3 stellt strenge, scharf umgrenzte Voraussetzungen für die Ersetzung der Einwilligung auf. Sie ist nur zulässig, wenn der Elternteil infolge besonders schwerer geistig-seelischer Anomalien zur Pflege und Erziehung des Kindes dauernd unfähig ist und das Kind bei Unterbleiben der Annahme nicht in einer Familie aufwachsen könnte und dadurch in seiner Entwicklung schwer gefährdet wäre.

Der **objektive Ersetzungsgrund des Abs 3** wurde als § 1747 a Abs 3 durch das Adopt- **55** RÄndG v 14.8.1973 (BGBl I 1013) geschaffen und durch das AdoptG v 2.7.1976 (BGBl I 1749) als § 1748 Abs 3 übernommen. Durch das BtG v 12.9.1990 (BGBl I 2002) ist lediglich der Begriff des „besonders schweren geistigen Gebrechens" durch die Formulierung „besonders schwere psychische Krankheit oder besonders schwere geistige oder seelische Behinderung" ersetzt worden, ohne daß durch diesen neuen

Wortlaut eine inhaltliche Änderung von Abs 3 bewirkt worden wäre. Der Gesetzgeber wollte mit der neuen Formulierung lediglich dem Wegfall des alten § 1910
Rechnung tragen und eine Anpassung an den Sprachgebrauch des neuen § 1896
bewirken (BT-Drucks 11/4528, 108). Die Rspr zum alten Begriff des „besonders schweren
geistigen Gebrechens" kann deshalb ohne weiteres auf den neuen Begriff der „besonders schweren geistigen oder seelischen Behinderung" entspr angewandt werden.
Als **psychische Krankheiten** sind anzusehen: Körperlich nicht begründbare (endo-
gene) Psychosen; seelische Störungen als Folge von Krankheiten oder Verletzungen
des Gehirns, von Anfallsleiden oder von anderen Krankheiten oder körperlichen
Beeinträchtigungen (körperlich begründbare – exogene – Psychosen); Abhängig-
keitskrankheiten (Alkohol- und Drogenabhängigkeiten); Neurosen und Persönlich-
keitsstörungen (Psychopathien). **Geistige Behinderungen** sind angeborene oder früh-
zeitig erworbene Intelligenzdefekte. Als **seelische Behinderungen** sind bleibende
psychische Beeinträchtigungen anzusehen, die Folge von psychischen Krankheiten
sind (vgl BT-Drucks 11/4528, 116).

56 Der Begriff der besonders schweren psychischen Krankheit bzw der besonders
schweren geistigen oder seelischen Behinderung ist **funktional** zu verstehen, ohne
daß es auf eine sichere diagnostische Einordnung der Krankheit oder Behinderung
ankommt (BayObLG FamRZ 1999, 1688 = DAVorm 1999, 773; FamRZ 1984, 201; OLG Hamm
Jugendwohl 1994, 284; ERMAN/HOLZHAUER Rn 12; SOERGEL/LIERMANN Rn 38; aA AG Melsungen
FamRZ 1996, 53). Sie kann danach in jeder geistigen oder seelischen Anomalie liegen,
die den betroffenen Elternteil zur Pflege und Erziehung seines Kindes, auch mit **Hilfe
Dritter,** dauernd unfähig macht (BayObLG FamRZ 1999, 1688, 1689 = DAVorm 1999, 773, 775;
FamRZ 1984, 201, 202; BayObLGZ 1977, 148, 152 = Rpfleger 1977, 303, 304; StAZ 1977, 254, 257;
OLG Hamm DAVorm 1978, 364, 378). Eine psychische Krankheit oder eine geistige oder
seelische Behinderung ist besonders schwer, wenn der Elternteil hierdurch dauernd
erziehungsunfähig wird und die geistig-seelische Anomalie so erheblich ist, daß der
Elternteil für ein Versagen bei der Ausübung der elterlichen Sorge nicht verantwortlich gemacht werden kann (BayObLG FamRZ 1999, 1688, 1689 = DAVorm 1999, 773,
775; FamRZ 1984, 201, 202). Der Umstand, daß der Elternteil nur einzelnen Betreuungs-
und Erziehungsaufgaben nachkommen kann, hindert nicht die Annahme einer (umfassenden) Erziehungsunfähigkeit (BGB-RGRK/DICKESCHEID Rn 19). Zu berücksichtigen ist aber die mit zunehmendem Lebensalter **gewachsene Selbständigkeit des Kindes** (LG Mannheim DAVorm 1985, 723, 725). Ist der Elternteil infolge Geisteskrankheit
geschäftsunfähig, so bedarf es seiner Einwilligung nicht (§ 1747 Abs 4 Alt 1). Zur
Abgrenzung des Anwendungsbereichs von § 1747 Abs 4 und § 1748 Abs 3 vgl § 1747
Rn 48.

57 Nach dem **Verhältnismäßigkeitsgrundsatz** darf die Einwilligung des Elternteils nur
ersetzt werden, wenn die Adoption erforderlich ist, um eine bereits eingetretene oder
drohende Gefahr für eine gesunde Kindesentwicklung abzuwenden, und mildere
Mittel zu diesem Zweck nicht ausreichen (BVerfGE 24, 119, 146 = NJW 1968, 2233, 2236
= FamRZ 1968, 578, 584). Abs 3 konkretisiert das Verhältnismäßigkeitsprinzip dahin,
daß die Ersetzung bei Erziehungsunfähigkeit nur zulässig ist, wenn das Kind ohne die
Annahme nicht in einer Familie aufwachsen könnte und dadurch in seiner Entwicklung schwer gefährdet wäre. Die Ersetzung der Einwilligung kommt sonach nicht in
Betracht, **wenn das Kind auf Dauer beim anderen Elternteil, bei Verwandten, Stief-
oder Pflegeeltern** („in einer Familie") **aufwachsen kann** (BGHZ 133, 384 = LM Nr 2 mAnm

HOHLOCH = NJW 1997, 585 = FamRZ 1997, 85 mAnm HOHLOCH JuS 1997, 274; BayObLG FamRZ 1999, 1688 = DAVorm 1999, 773; BayObLGZ 1977, 148, 153 = Rpfleger 1977, 303, 304; StAZ 1977, 254, 257; OLG Hamm DAVorm 1978, 364, 373; AG Melsungen FamRZ 1996, 53; FINGER FuR 1990, 183, 191). Vor der Entscheidung über den Ersetzungsantrag sind im Hinblick darauf eingehende Nachforschungen anzustellen (OLG Hamm DAVorm 1978, 364, 374 ff). Die vom OLG Karlsruhe (FamRZ 1990, 94, 95 f m zust Anm GAWLITTA = DAVorm 1990, 383, 385 ff = Justiz 1990, 401 f; auch OLG Hamm Jugendwohl 1994, 284 mAnm HAPPE) vorgenommene Übertragung der Wertung, daß ein unverhältnismäßiger Nachteil iSv Abs 1 S 1 auch dann zu bejahen sein könne, wenn das Kind auch bei Unterbleiben der Annahme keinen Verlust der Pflegestelle zu befürchten habe, auf Abs 3 widerspricht dem eindeutigen Wortlaut der Bestimmung und verkennt die durch das Verhältnismäßigkeitsprinzip gezogenen engen Grenzen bei unverschuldeter Erziehungsunfähigkeit des Elternteils (BGHZ 133, 384 = LM Nr 2 mAnm HOHLOCH = NJW 1997, 585 = FamRZ 1997, 85 mAnm HOHLOCH JuS 1997, 274; OLG Frankfurt FGPrax 1996, 109 [Vorlagebeschluß]; BayObLG FamRZ 1999, 1688 = DAVorm 1999, 773; AG Melsungen FamRZ 1996, 53). Müßte das Kind ohne eine Adoption in einem Heim aufwachsen (zB weil geeignete Pflegeeltern bzw zur Erziehung bereite Verwandte nicht zur Verfügung stehen oder zur Aufnahme des Kindes nur bereit sind, wenn sie es auch adoptieren können, vgl BayObLG StAZ 1977, 254, 257), so ist die Ersetzung zulässig, wenn das Kind durch den Heimaufenthalt „in seiner Entwicklung schwer gefährdet" wäre. Dies wird bei Kleinkindern wegen der Gefahr frühkindlicher Schädigungen durch Hospitalismus stets zu bejahen sein. Anders, wenn es sich um ein älteres, in seiner Entwicklung bereits gefestigtes Kind handelt oder wenn das Kind wegen eigener Gebrechen am besten von Fachkräften in einem Heim betreut wird (BT-Drucks 7/421, 11; BayObLGZ 1977, 148, 153 = Rpfleger 1977, 303, 304).

Besteht eine Gefährdung des Kindeswohls infolge körperlicher oder leichterer geistiger Gebrechen, so kommen nur Schutzmaßnahmen nach den §§ 1666 ff in Betracht.

X. Ersetzung der väterlichen Einwilligung nach Abs 4

Sind die Eltern bei der Geburt des Kindes nicht miteinander verheiratet und haben **58** sie auch keine Sorgeerklärungen nach § 1626 a Abs 1 Nr 1 abgegeben, so kann die Einwilligung des Vaters unter den erleichterten Voraussetzungen des Abs 4 schon dann ersetzt werden, „wenn das Unterbleiben der Annahme dem Kind zu unverhältnismäßigem Nachteil gereichen würde". Dies ist nach OLG Karlsruhe (NJW-RR 2000, 1460 = DAVorm 2000, 804) der Fall, „wenn das Unterbleiben der Adoption für das Kind nachteilig ist und wenn die Abwägung der Interessen des Kindes mit denen des Vaters zu dem Ergebnis führt, daß das Interesse des Kindes an der Adoption überwiegt". Die durch das KindRG v 1997 eingefügte Bestimmung des Abs 4 bezieht sich auf Väter nichtehel Kinder, die nicht Inhaber der elterl Sorge sind und es auch nie waren. Wäre dem Vater die elterl Sorge nach § 1672 Abs 1 oder nach § 1680 Abs 3 iVm Abs 2 S 2 übertragen, später aber wieder auf die Mutter zurückübertragen worden, käme nicht Abs 4, sondern die allg Regelung der Abs 1–3 zur Anwendung. Nach der **amtl Begründung** des Abs 4 soll mit der Regelung verhindert werden, daß ein Vater, der niemals die elterl Sorge und damit die Verantwortung für das Kind getragen hat, die Adoption des Kindes allein durch sein Veto verhindern kann (BT-Drucks 13/4899, 114).

59 Die gesetzl Regelung ist **verfehlt und verfassungsrechtl bedenklich** (FRANK FamRZ 1998, 393, 394 f; OBERLOSKAMP 159; SCHWAB Rn 705; FamRefK/MAURER § 1748 Rn 3 ff; GRESSMANN, Neues Kindschaftsrecht Rn 400 ff; SOERGEL/LIERMANN Rn 40 ff; MünchKomm/MAURER Rn 24 ff). Sie paßt schon nicht in das Gesamtgefüge des § 1748; denn nach Abs 1 ist die Ersetzung der elterl Einwilligung nur im Falle eines schweren schuldhaften Fehlverhaltens möglich und nach Abs 3 kommt selbst bei schweren seelischen und geistigen Anomalien eine Ersetzung nur in Betracht, „wenn das Kind bei Unterbleiben der Annahme nicht in einer Familie aufwachsen könnte", nicht aber schon dann, wenn das Unterbleiben der Annahme dem Kind zu unverhältnismäßigem Nachteil gereichen würde (Näheres dazu Rn 37 ff). **In der Sache differenziert Abs 4 typisierend zwischen ehel und nichtehel Kindern,** obwohl sprachlich diese Differenzierung vermieden wird: § 1626 a Abs 2, auf den Abs 4 verweist, ist eben die Sorgerechtsregelung, die nur und gerade für den Fall nichtehel Geburt vorgesehen ist. Die entscheidende Frage lautet deshalb, ob bei der Ersetzung der väterlichen Einwilligung in die Adoption die vom Gesetz gewählte Differenzierung gerechtfertigt ist. Das ist nicht der Fall. Ob der Vater eines nichtehel geborenen Kindes Inhaber der elterl Sorge wird oder nicht, hängt nicht von seinem Willen allein, sondern auch von dem der Mutter ab. Bemüht sich beispielsweise der Vater vergebens um die elterl Sorge, besucht er sein Kind, soweit es möglich und sinnvoll ist, und zahlt er regelmäßig Unterhalt, so ist nicht einzusehen, warum seine Einwilligung leichter ersetzbar sein soll als die Einwilligung eines Vaters, der sein ehel geborenes Kind nie gesehen und sich auch sonst nie um dieses gekümmert hat. Haben Eltern jahrelang mit ihrem Kind in einer eheähnlichen Gemeinschaft zusammengelebt, aber keine Sorgeerklärungen abgegeben, so muß die erleichterte Ersetzbarkeit der väterlichen Einwilligung nach Abs 4 geradezu als Strafe für das Versäumnis der Abgabe von Sorgeerklärungen erscheinen. Wenn im übrigen in den Gesetzesmaterialien darauf hingewiesen wird, die erleichterte Ersetzbarkeit der Einwilligung des Vaters werde „dadurch aufgefangen, daß dem Vater, der nicht Inhaber der Sorge ist, die Möglichkeit eingeräumt wird, die (Allein-)Sorge für sein Kind nach § 1672 Abs 1 zu erlangen" (BT-Drucks 13/4899, 114), so trifft dieses Argument jedenfalls dann nicht zu, wenn das Kind nicht von Dritten, sondern vom Ehemann der Mutter adoptiert werden soll (Stiefkindadoption). Vor allem aber ist das elterl Einwilligungsrecht gem § 1747 grundsätzlich unabhängig davon, ob der Elternteil Inhaber der elterl Sorge ist oder werden will oder werden kann. Auch im **Verhältnis zur Mutter des Kindes** ist die Zurückstufung des Vaters nach Abs 4 nicht (immer) gerechtfertigt. Wird zB der Mutter eines nichtehel geborenen Kindes das Sorgerecht wegen Vernachlässigung ihres Kindes entzogen (§ 1666), so steht sie dem Kind ferner als der Vater, der zwar nicht Inhaber der elterl Sorge ist, aber mit Verantwortungsbewußtsein und Zuneigung Umgang mit dem Kind pflegt (SOERGEL/LIERMANN Rn 41). Auch wenn die Praxis mit Hilfe einer restriktiven Auslegung des Abs 4 zu brauchbaren Ergebnissen gelangen mag, so ändert das nichts daran, daß diese Bestimmung unter Berücksichtigung des Gesamtkontextes von § 1748 sowohl gegen Art 6 Abs 2 S 1 GG als auch gegen den Gleichheitsgrundsatz verstößt. Die gleichgültigen Väter hätte der Gesetzgeber mit § 1748 Abs 1 S 1 erreichen können, für die anderen aber erscheint eine Eingriffsnorm, die härter reagiert als § 1748 Abs 1–3, unverhältnismäßig (OBERLOSKAMP 159).

60 Abs 4 setzt grds voraus, daß die Vaterschaft durch Anerkennung oder gerichtlich festgestellt ist. Abs 4 findet jedoch auch Anwendung, soweit einem nur **präsumtiven**

Vater gem § 1747 Abs 1 S 2 ein Einwilligungsrecht zusteht (§ 1747 Rn 16 ff; BT-Drucks 13/
4899, 113).

XI. Verfahren

1. Allgemeines

Über die Ersetzung der Einwilligung ist in einem gesonderten Verfahren zu entschei- **61**
den, und zwar entweder isoliert vor Einreichung des Annahmeantrags (wobei die
Annehmenden bereits feststehen müssen, vgl oben Rn 40) oder nach gestelltem Annahmeantrag in einem sog **„Zwischenverfahren"** (BayObLG NJW-RR 1994, 903, 904 =
FamRZ 1994, 1348, 1349; OLG Celle ZfJ 1998, 262). Das Ersetzungsverfahren muß rechtskräftig abgeschlossen sein, ehe das VormG die Annahme als Kind aussprechen kann
(OLG Celle DAVorm 1978, 383).

2. Zuständigkeit

Zuständig ist das VormG am Wohnsitz des Annehmenden oder eines der anneh- **62**
menden Ehegatten. Fehlt es an einem Wohnsitz im Inland, so ist auf den Aufenthalt
abzustellen (§ 43 b Abs 2 FGG). Maßgebend sind dabei die Verhältnisse im Zeitpunkt des Ersetzungsantrags. Die Abgabe des Verfahrens nach § 46 FGG ist möglich
(BayObLGZ 1983, 210 = FamRZ 1984, 203). Funktionell zuständig ist der Richter (§ 14
Nr 3 f RPflG). Näheres zur Zuständigkeit bei § 1752 Rn 9 ff.

3. Antrag

Das Verfahren setzt einen **Antrag des Kindes** voraus (Abs 1 S 1). Für das geschäfts- **63**
unfähige oder noch nicht 14 J alte Kind handelt dessen **gesetzl Vertreter.** Sind bereits
Maßnahmen nach den §§ 1666 ff getroffen, wird dies idR der Vormund oder Pfleger
sein. Ist der Elternteil, dessen Einwilligung ersetzt werden soll, bzw dessen Ehegatte
noch gesetzl Vertreter, liegt idR ein erheblicher **Interessenwiderstreit** vor, der die
Entziehung der Vertretungsmacht des Elternteils in dieser Angelegenheit (§§ 1629
Abs 2 S 3, 1796 Abs 2) und die Übertragung auf einen Ergänzungspfleger (§ 1909)
ermöglicht (OLG Nürnberg NJW-RR 2000, 1678 = DAVorm 2000, 809; OLG Karlsruhe FamRZ
1999, 1686, 1687 = DAVorm 1999, 777, 779). Verfehlt ist die Ansicht, daß der Elternteil
bereits kraft Gesetzes (§§ 1629 Abs 2 S 1, 1795 Abs 2, 181) auch hinsichtlich der
Einleitung des Verfahrens von der Vertretung des Kindes ausgeschlossen ist. Der
gesetzl Ausschluß des Vertretungsrechts betrifft nur die Vertretung im Verfahren
selbst (dazu ausf FRANK FamRZ 1985, 966 mwNachw).

Das **14jährige, nicht geschäftsunfähige Kind** kann den Ersetzungsantrag **analog § 59** **64**
FGG selbst stellen und bedarf hierzu nicht der Zustimmung seines gesetzl Vertreters
(MünchKomm/MAURER Rn 29; BGB-RGRK/DICKESCHEID Rn 23; OLG Düsseldorf FamRZ 1995,
1294, 1295; OLG Hamm FamRZ 1976, 462, 463 = DAVorm 1976, 513, 514; **aA** ERMAN/HOLZHAUER
Rn 32; PALANDT/DIEDERICHSEN Rn 15; GERNHUBER/COESTER-WALTJEN § 68 VI Fn 27 unter Her-
anziehung von § 1746 Abs 1 S 3, der allerdings von einem materiellrechtl Zustimmungserfordernis
ausgeht, während hier eine Verfahrenshandlung zur Diskussion steht; vgl dazu STAUDINGER/ENG-
LER[10/11] § 1747 Rn 51). Dem gesetzl Vertreter bleibt es aber unbenommen, neben dem

Kind für dieses einen Ersetzungsantrag zu stellen (OLG Düsseldorf FamRZ 1995, 1294, 1295; SOERGEL/LIERMANN Rn 46; BGB-RGRK/DICKESCHEID Rn 23).

4. Verfahrensgegenstand

65 Gegenstand des Verfahrens ist die **Ersetzung der Einwilligung in die Adoption schlechthin,** nicht etwa nur, ob ein bestimmter Ersetzungsgrund erfüllt ist. Das Gericht hat daher von Amts wegen zu prüfen, ob einer der Ersetzungsgründe des § 1748 vorliegt, und ist an die Begründung des Antrags nicht gebunden (BayObLG FamRZ 1982, 1129, 1131 = ZBlJugR 1983, 230, 232; FamRZ 1984, 201, 202). Der Ersetzungsantrag bedarf nicht einmal notwendigerweise einer Begründung. Verfahrensgegenstand ist aber stets die Ersetzung der Einwilligung in eine bestimmte Adoption durch einen konkreten, bereits feststehenden Annehmenden (vgl oben Rn 40). Bei einer Inkognitoadoption ist dem durch die Angabe objektiver Unterscheidungsmerkmale (zB der Nummer, unter der die Annehmenden bei der Adoptionsvermittlungsstelle geführt werden) im Tenor des Ersetzungsbeschlusses Rechnung zu tragen (LG München II DAVorm 1980, 119, 127 f).

5. Verfahrensgang

66 Der **Elternteil,** dessen Einwilligung ersetzt werden soll, ist als Verfahrensbeteiligter **persönlich zu hören** (§ 50 a Abs 1 S 1, 2 FGG), selbst wenn ihm das Sorgerecht nicht zusteht (§ 50 a Abs 2 FGG). Die Anhörung dient dabei nicht nur der Gewährung rechtl Gehörs (Art 103 Abs 1 GG), sondern auch der nach § 12 FGG gebotenen umfassenden Sachaufklärung (BayObLG FamRZ 1984, 935, 936; FamRZ 1984, 936, 937; OLG Düsseldorf FamRZ 1995, 1294, 1295). Das persönliche Erscheinen ist notfalls mit den Mitteln des § 33 FGG zu erzwingen (BayObLG FamRZ 1984, 201, 202; FamRZ 1984, 936, 937). Die **Anhörungspflicht** nach den §§ 12, 50 a FGG **erstreckt sich auch auf den anderen Elternteil** (BGB-RGRK/DICKESCHEID Rn 24).

67 Das **Kind** ist **nach Maßgabe der §§ 55 c iVm 50 b Abs 1, Abs 2 S 1, Abs 3 FGG persönlich zu hören** (OLG Düsseldorf FamRZ 1995, 1294, 1295; OLG Karlsruhe FamRZ 1995, 1012 = ZfJ 1995, 561). Das 14jährige, nicht geschäftsunfähige Kind ist danach grds persönlich anzuhören. Ein Absehen von der Anhörung aus schwerwiegenden Gründen (§ 50 b Abs 3 FGG) ist nicht nur dann zulässig, wenn durch die Anhörung das Kind aus seinem seelischen Gleichgewicht gebracht würde und eine Beeinträchtigung seines Gesundheitszustandes zu besorgen wäre, sondern auch dann, wenn das Kind schon aus tatsächlichen Gründen keine Bindung und Neigung zu den Eltern oder einem Elternteil entwickeln konnte (BayObLG FamRZ 1988, 871, 873).

68 Der **gesetzl Vertreter** des Kindes ist **zu hören,** wenn der Antrag des Kindes zurückgewiesen werden soll (BayObLG FamRZ 1984, 201, 202). Das **JugA** ist zunächst insoweit zu beteiligen, als es gem § 51 Abs 2 S 3 SGB VIII dem VormG mitzuteilen hat, welche Maßnahmen es im Rahmen von § 1748 Abs 2 S 1 erbracht oder angeboten hat. Darüberhinaus ist es gem § 49 Abs 1 Nr 2 FGG idF des KindRG v 1997 stets anzuhören. Bei einer angestrebten Inkognitoadoption ist auch im Ersetzungsverfahren das Inkognito zu wahren. Es genügt, wenn die Lebensverhältnisse der bereits feststehenden Annehmenden (vgl § 1747 Rn 34) bekannt sind.

Erachtet das Gericht die Ersetzungsvoraussetzungen für gegeben, so hat es die Ersetzung durch Beschluß auszusprechen. Der Beschluß wird gem § 53 Abs 1 S 2 FGG **mit Eintritt der Rechtskraft wirksam.**

6. Rechtsbehelfe

Wird der Antrag auf Ersetzung **abgelehnt,** steht (nur) dem Kind hiergegen die **ein-** **69** **fache Beschwerde** zu (§§ 19, 20 Abs 2 FGG; BayObLG FamRZ 1984, 935). **Gegen den die Ersetzung aussprechenden Beschluß** kann der Elternteil, dessen Einwilligung ersetzt wurde, mit der **sofortigen Beschwerde** (§§ 53 Abs 1 S 2, 60 Abs 1 Nr 6 FGG) vorgehen, selbst wenn er nicht voll geschäftsfähig ist (BayObLGZ 1977, 148, 150). Eine Aufhebung des Beschlusses nach den §§ 1760 ff kommt daneben nicht in Betracht. Auch **im Beschwerdeverfahren** besteht grds **die Pflicht zur persönlichen Anhörung der Eltern und des Kindes** nach den §§ 50 a, 50 b FGG. Auf eine (nochmalige) Anhörung kann ausnahmsweise nur dann verzichtet werden, wenn gegenüber dem Ausgangsverfahren weder neue Tatsachen vorgetragen sind noch eine Änderung rechtl Gesichtspunkte eingetreten ist (BayObLG FamRZ 1984, 935, 936) noch der eingetretene Zeitablauf eine erneute Anhörung gebietet (vgl BayObLG MDR 1981, 230, 231). Führt die sofortige Beschwerde des Elternteils zur **Aufhebung des Ersetzungsbeschlusses,** steht dem Kind hiergegen die **sofortige weitere Beschwerde** offen (§ 29 Abs 2 FGG).

§ 1749

(1) Zur Annahme eines Kindes durch einen Ehegatten allein ist die Einwilligung des anderen Ehegatten erforderlich. Das Vormundschaftsgericht kann auf Antrag des Annehmenden die Einwilligung ersetzen. Die Einwilligung darf nicht ersetzt werden, wenn berechtigte Interessen des anderen Ehegatten und der Familie der Annahme entgegenstehen.

(2) Zur Annahme eines Verheirateten ist die Einwilligung seines Ehegatten erforderlich.

(3) Die Einwilligung des Ehegatten ist nicht erforderlich, wenn er zur Abgabe der Erklärung dauernd außerstande oder sein Aufenthalt dauernd unbekannt ist.

Materialien: BT-Drucks 7/3061, 38 f; BT-Drucks 7/5087, 13 f. S STAUDINGER/BGB-Synopse (2000) § 1749.

Systematische Übersicht

I. Normzweck und Entstehungsgeschichte

1 § 1746 Abs 1 hatte bereits in seiner ursprüngl Fassung v 1896 vorgesehen, daß ein Verheirateter „nur mit Einwilligung seines Ehegatten an Kindes Statt annehmen oder angenommen werden" kann. Dem Wesen der Ehe als einer umfassenden Lebensgemeinschaft (§ 1353) entspricht es, daß das Gesetz die Adoption durch einen Ehegatten allein von der Einwilligung des anderen abhängig macht (Mot IV 961). Entsprechendes gilt, wenn ein verheirateter Anzunehmender in ein Kindschaftsverhältnis zum Annehmenden treten soll.

Die **Reform v 1976** hat – von sprachlichen Änderungen abgesehen – gegenüber § 1746 aF insofern eine Neuerung gebracht, als Abs 1 S 2 u 3 nunmehr vorsieht, daß die Einwilligung des Ehegatten des Annehmenden ersetzt werden kann.

Die **praktische Bedeutung** v § 1749 ist **gering,** weil § 1741 Abs 2 S 4 die Annahme durch einen Ehegatten allein nur ausnahmsweise gestattet, die Annahme eines Stiefkindes ohnehin die Einwilligung des Ehegatten in seiner Eigenschaft als leibl Elternteil voraussetzt (§ 1747 Abs 1 S 1) und die Annahme eines bereits verheirateten Minderjährigen einen schon fast theoretischen Sonderfall darstellt. § 1749 gilt allerdings auch für die Annahme Volljähriger (§ 1767 Abs 2).

II. Einwilligung des Ehegatten des Annehmenden

1. Anwendungsbereich

2 Nach § 1741 Abs 2 S 3 u 4 kann ein Verheirateter nur in zwei Fällen ein Kind allein annehmen, nämlich,

(1) wenn er das Kind seines Ehegatten annimmt (§ 1741 Abs 2 S 3). Durch eine solche Adoption erlangt das Kind die rechtl Stellung eines gemeinschaftlichen Kindes der Ehegatten (§ 1754 Abs 1). Das Einwilligungserfordernis des § 1749 Abs 1 S 1 hat hier keine selbständige Bedeutung, weil der Ehegatte ohnehin als leibl Elternteil gem § 1747 Abs 1 S 1 (ggf auch noch als gesetzl Vertreter des Kindes gem § 1746, vgl § 1746 Rn 7 ff) einwilligen muß. In der Einwilligung nach § 1747 ist dann die Einwilligung nach § 1749, ggf auch die nach § 1746 mit enthalten (SOERGEL/LIERMANN Rn 1; PALANDT/DIEDERICHSEN Rn 1).

(2) wenn sein Ehegatte ein Kind nicht annehmen kann, weil er geschäftsunfähig ist oder das einundzwanzigste Lebensjahr noch nicht vollendet hat (§ 1741 Abs 2 S 4). Hat er das einundzwanzigste Lebensjahr noch nicht vollendet, so bedarf die Adop-

tion seiner Einwilligung (vgl § 1750 Abs 3 S 2). Ist der nicht adoptierende Ehegatte geschäftsunfähig, so ist seine Einwilligung nach Abs 3 nicht erforderlich.

Wie sich aus diesen Ausführungen ergibt, reduziert sich die praktische Bedeutung des § 1749 Abs 1 heute auf den seltenen und im übrigen höchst problematischen Fall (vgl § 1741 Rn 37 ff), daß ein Ehegatte ein Kind allein adoptieren will, weil sein Ehepartner noch zu jung für eine Mitadoption ist. Vor dem KindRG v 1997 hatte die Regelung des § 1749 Abs 1 noch zusätzliche Bedeutung für den Fall der Adoption des eigenen nichtehel Kindes durch die verheiratete Mutter oder den verheirateten Vater (vgl STAUDINGER/FRANK[12] Rn 2). Nachdem jedoch die Möglichkeit der Adoption des eigenen nichtehel Kindes durch das KindRG v 1997 beseitigt worden ist, **läuft die unverändert fortgeltende Bestimmung des Abs 1 praktisch leer.**

2.   Einwilligung

Soweit § 1749 Abs 1 noch Anwendung findet, ist die Einwilligung des Ehegatten 3 erforderlich, wenn beim Ausspruch der Annahme (§ 1752) die Ehe besteht. Ob die Eheleute vorübergehend oder dauernd getrennt leben, spielt keine Rolle. Für den Fall, daß der Ehegatte zur Abgabe der Erklärung dauernd außerstande oder sein Aufenthalt dauernd unbekannt ist, vgl nachfolgende Rn. Zur Form der Einwilligungserklärung, ihrem Wirksamwerden sowie den Erklärungsadressaten vgl § 1750.

3.   Entbehrlichkeit der Einwilligung (Abs 3)

Ist der Ehegatte des Annehmenden zur Abgabe der Erklärung dauernd außerstande 4 oder ist sein Aufenthalt dauernd unbekannt, so ist seine Einwilligung nach Abs 3 nicht erforderlich. Die Regelung entspricht § 1747 Abs 4 und war fast wörtlich schon in § 1746 Abs 2 idF v 1900 enthalten. Wichtigster Fall dauernder Verhinderung an der Abgabe der Erklärung ist die **Geschäftsunfähigkeit.** Vgl im übrigen die Hinw zu § 1747 Abs 4, die entsprechend gelten.

4.   Ersetzung der Einwilligung

Vor der Reform v 1976 war kritisiert worden, daß § 1746 aF eine Ersetzung der 5 Einwilligung des Ehegatten unter keinen Umständen erlaubte (vgl ENGLER 67 u STAUDINGER/ENGLER[10/11] § 1746 Rn 13). Abs 1 S 2 idF v 1976 sieht nunmehr die Möglichkeit der Ersetzung vor, ohne indessen die Voraussetzungen der Ersetzung zu präzisieren. Abs 1 S 3 bestimmt lediglich, daß die Einwilligung nicht ersetzt werden darf, wenn „berechtigte Interessen des anderen Ehegatten und der Familie" der Annahme entgegenstehen. In den Gesetzesmaterialien (BT-Drucks 7/3061, 39) wird auf die entsprechende Regelung des § 1727 Abs 2 verwiesen, die inzwischen durch das KindRG v 1997 aufgehoben worden ist. In § 1727 Abs 2 aF war für die Ehelicherklärung auf Antrag des Vaters gegen den Willen seiner Ehefrau zusätzlich gefordert worden, daß „die häusliche Gemeinschaft der Ehegatten aufgehoben" ist.

Eine Kommentierung der Ersetzungsvoraussetzungen (vgl dazu STAUDINGER/FRANK[12] 6 Rn 6 ff) erübrigt sich, weil seit dem KindRG v 1997 die Ersetzung der Einwilligung **ohne jeden praktischen Anwendungsbereich** ist: Die Adoption eines Kindes durch einen Ehegatten allein, der mit einem minderjährigen Partner verheiratet ist, dient grundsätzlich dem Wohl des Kindes schon dann nicht, wenn der Minderjährige mit der Annahme einverstanden sein sollte (§ 1741 Rn 39). Ist der Minderjährige nicht mit der Annahme einverstanden, dann ist es schlechterdings nicht mehr vorstellbar, daß die Adoption noch dem Wohl des Kindes dienen könnte. Im übrigen dürfte die Adoption schon deshalb scheitern, weil der minderjährige Ehegatte, dessen Einwilligung ersetzt werden soll, in aller Regel im Laufe des Verfahrens volljährig werden dürfte, wonach eine Adoption wegen § 1741 Abs 2 S 4 ohnehin ausgeschlossen ist. – Theoretisch wäre bei § 1749 Abs 1 S 3 noch an den Fall einer Stiefkindadoption gegen den Willen des Ehepartners zu denken (§ 1741 Abs 2 S 3). Da indessen eine Stiefkindadoption immer dazu führt, daß das Kind die rechtliche Stellung eines gemeinschaftlichen Kindes beider Ehegatten erlangt (§ 1754 Abs 1), kommt auch eine Stiefkindadoption gegen den Willen des Ehegatten, der leiblicher Elternteil des Kindes ist und dessen Einwilligung im übrigen auch noch nach § 1748 ersetzt werden müßte, nicht in Betracht.

III. Einwilligung des Ehegatten des Anzunehmenden

1. Anwendungsbereich und Interessenlage

7 Die Vorschrift des § 1749 Abs 2 hat für die **Minderjährigenadoption** nur geringe praktische Bedeutung. Sie gilt jedoch auch für die **Annahme Volljähriger** (§ 1767 Abs 2), obwohl im Falle der Volljährigenadoption der Ehegatte des Angenommenen nach § 1770 Abs 1 S 2 nicht mit dem Annehmenden verschwägert wird (anders bei der Minderjährigenadoption, § 1754 Abs 2).

8 Dem Grundgedanken der ehel Lebensgemeinschaft entspricht es, daß ein Ehegatte sich nur mit Einwilligung seines Ehepartners von einem Dritten als Kind annehmen läßt. IdR werden Annehmender und Anzunehmender keine häusliche Gemeinschaft begründen, so daß der Ehegatte des Anzunehmenden insoweit nicht oder jedenfalls nicht besonders intensiv durch die Annahme betroffen wird. Auch die (mittelbaren) rechtl Auswirkungen der Adoption auf den Ehegatten halten sich bei der Minderjährigen- und Volljährigenadoption in Grenzen: Denkbar ist, daß sich das gesetzl Erbrecht des Ehegatten verschlechtert, wenn nämlich die Ehe kinderlos ist und vor der Adoption weder Verwandte der 2. Ordnung noch Großeltern vorhanden waren (§ 1931 Abs 1 u 2). Der Unterhaltsanspruch des Ehegatten wird durch die Annahme nicht berührt (§ 1609 Abs 2). Die namensrechtl Wirkungen der Adoption hängen von der Zustimmung des Ehegatten ab: War der ursprüngl Geburtsname des Angenommenen gleichzeitig Ehename, so ändert sich dieser mit Wirkung für den Ehegatten und ggf die gemeinsamen Kinder nur dann, wenn dieser sich der Namensänderung anschließt (§ 1757 Abs 3 iVm § 1617c Abs 2 Nr 1).

2. Einwilligung – Entbehrlichkeit der Einwilligung

9 Für die Einwilligung gilt das oben Rn 3 Gesagte. Die Einwilligung ist nicht erforderlich, wenn der Ehegatte zur Abgabe der Erklärung dauernd außerstande oder sein Aufenthalt unbekannt ist (Abs 3, vgl oben Rn 4).

3.   Keine Ersetzung der Einwilligung

Der RegE (BT-Drucks 7/3061, 5 u 39) hatte ursprüngl die Möglichkeit, die Einwilligung **10**
des Ehegatten des Anzunehmenden zu ersetzen, in gleicher Weise vorgesehen wie
die Ersetzung der Einwilligung des Ehegatten des Annehmenden. Der RAussch (BT-
Drucks 7/5087, 19) sprach sich jedoch mit Erfolg für eine Streichung der Ersetzungsmöglichkeit aus, weil dadurch „der Keim für das Scheitern der Ehe gelegt werden
(könnte)". Obwohl die Annahme eines Verheirateten auf dessen Ehegatten nur
geringe Auswirkungen hat, erscheint die Regelung vertretbar, weil auf der anderen
Seite ein dringendes Bedürfnis für die Annahme des bereits Volljährigen oder fast
Volljährigen idR nicht besteht.

IV.   Mängel der Einwilligung

Fehlt die Einwilligung des Ehegatten, ist sie unwirksam oder mit Willensmängeln **11**
behaftet, oder ist das VormG zu Unrecht von der Entbehrlichkeit der Einwilligung
ausgegangen, so ist die dennoch ausgesprochene Adoption (§ 1752) wirksam. Eine
Aufhebung des Annahmeverhältnisses ist in § 1760 Abs 1 **nicht vorgesehen.** Hinter
dem Interesse des Kindes am Fortbestand der Adoption treten die Interessen des
Ehegatten zurück.

V.   Beteiligung sonstiger Familienangehöriger des Annehmenden

Außer dem Ehegatten sind weitere Familienangehörige des Annehmenden am Zu- **12**
standekommen der Adoption nicht beteiligt. Jedenfalls sieht das Ges keine weiteren
Einwilligungsrechte vor. Aus § 1745 wird man allerdings ein Anhörungsrecht der
Kinder des Annehmenden ableiten müssen (vgl dort Rn 22), das jedoch weiteren Ver-
wandten des Annehmenden nicht zusteht, auch nicht den künftigen Großeltern des
Kindes (vgl auch § 1752 Rn 19).

Vor allem gegen die Nichtbeteiligung der **Adoptivgroßeltern** am Annahmeverfahren **13**
wurden Bedenken geäußert, weil der Grundsatz der Volladoption dazu führt, daß
ihnen unterhalts- und pflichtteilsberechtigte Enkel gegen ihren Willen aufgezwungen
werden (SCHELD DRiZ 1976, 45 u FamRZ 1975, 326; BISCHOF Jur Büro 1976, 1569, 1575; BINSCHUS
ZfF 1976, 193, 200). Es wäre sicher verfehlt, wollte man die Lösung des geltenden
Rechts mit dem oberflächlichen Hinw verteidigen, daß Großeltern sich auch nicht
gegen die Geburt natürlicher Enkelkinder zur Wehr setzen können, und daß Großeltern durch die Adoption nicht nur Pflichten, sondern auch Rechte erwachsen (so
aber BT-Drucks 7/5087, 15). Die Regelung läßt sich nur durch die besonderen Interessen
der Eltern und vor allem des Kindes an einer vollständigen Eingliederung in die neue
Familie auch gegen den Willen einzelner Familienangehöriger rechtfertigen (FRANK
248; GERNHUBER/COESTER-WALTJEN § 68 VII 3). Würde man den Großeltern ein Einwilli-
gungs- oder Anhörungsrecht zuerkennen, so könnten auch andere Verwandte ähnliches fordern, weil auch ihre Rechtsstellung – wenn auch in erheblich geringerem
Maße als die der Großeltern – durch die Adoption tangiert wird (so auch BT-Drucks 7/
5087, 15). Schließlich sollte man nicht übersehen, daß Großeltern auch in anderem
Zusammenhang Enkelkinder akzeptieren müssen, ohne daß blutsverwandtschaftli-
che Beziehungen bestehen (Ehebruchskinder, falsche Vaterschaftsanerkennung, he-

terologe künstliche Insemination, Auseinanderfallen von genetischer und gebärender Mutter im Falle der „Eispende" oder „Leihmutterschaft").

§ 1750

(1) Die Einwilligung nach §§ 1746, 1747 und 1749 ist dem Vormundschaftsgericht gegenüber zu erklären. Die Erklärung bedarf der notariellen Beurkundung. Die Einwilligung wird in dem Zeitpunkt wirksam, in dem sie dem Vormundschaftsgericht zugeht.

(2) Die Einwilligung kann nicht unter einer Bedingung oder einer Zeitbestimmung erteilt werden. Sie ist unwiderruflich; die Vorschrift des § 1746 Abs. 2 bleibt unberührt.

(3) Die Einwilligung kann nicht durch einen Vertreter erteilt werden. Ist der Einwilligende in der Geschäftsfähigkeit beschränkt, so bedarf seine Einwilligung nicht der Zustimmung seines gesetzlichen Vertreters. Die Vorschriften des § 1746 Abs. 1 Satz 2, 3 bleiben unberührt.

(4) Die Einwilligung verliert ihre Kraft, wenn der Antrag zurückgenommen oder die Annahme versagt wird. Die Einwilligung eines Elternteils verliert ferner ihre Kraft, wenn das Kind nicht innerhalb von drei Jahren seit dem Wirksamwerden der Einwilligung angenommen wird.

Materialien: BT-Drucks 7/3061, 39 f; BT-Drucks 7/5087, 14. S STAUDINGER/BGB-Synopse (2000) § 1750.

Systematische Übersicht

I.　Entstehungsgeschichte

1 § 1750 betrifft gleichermaßen die **Einwilligung des Kindes (§ 1746), der Eltern (§ 1747) und des Ehegatten (§ 1749).** Vor der Reform v 1976 bedurfte es keiner besonderen

Einwilligung des Kindes, weil zum Zustandekommen der Adoption ohnehin ein Vertrag zwischen Annehmendem und Kind erforderlich war (§ 1741 aF).

Die Einwilligung der Eltern und des Ehegatten war schon vor 1976 (§ 1748) in ähnl **2** Weise geregelt, wie das heute der Fall ist: Die Einwilligung bedurfte der notariellen Beurkundung (§ 1748 Abs 3 aF); sie konnte nicht durch einen Vertreter erteilt werden (§ 1748 Abs 2 aF); sie war unwiderruflich (§ 1748 Abs 1 HS 2 aF); sie konnte nach allgM nicht unter einer Bedingung oder Zeitbestimmung erteilt werden (vgl STAUDINGER/ENGLER[10/11] § 1748 Rn 2). Erklärungsadressat waren die Vertragschließenden oder das für die Bestätigung des Annahmevertrags zuständige Gericht (§ 1748 Abs 1 HS 1 aF). Seit 1976 ist Erklärungsadressat nur noch das VormG, weil mit dem Wegfall des Annahmevertrags auch die Vertragsparteien als Empfänger ausgeschieden sind. Die Regelung, daß die Einwilligung in dem Zeitpunkt wirksam wird, in dem sie dem VormG zugeht (§ 1750 Abs 1 S 3), stellt gegenüber dem früheren Rechtszustand keine Änderung dar. Sie dient lediglich der Klarstellung, weil die Frage nach altem Recht nicht ganz unstreitig war (RegE BT-Drucks 7/3061, 39; STAUDINGER/ENGLER[10/11] § 1748 Rn 5). Neu, wenn auch ohne große praktische Relevanz, ist die Regelung des Abs 4.

II. Rechtsnatur der Einwilligung

Nach dem Übergang vom Vertrags- zum Dekretsystem wird die Einwilligung nach **3** §§ 1746, 1747, 1749 allg als „eine im materiellen Familienrecht normierte **verfahrensrechtliche Handlung** im Rahmen der freiwilligen Gerichtsbarkeit" qualifiziert (BGH NJW 1980, 1746, 1747 = FamRZ 1980, 675, 676 = LM § 1746 Nr 1 = DAVorm 1980, 474, 475; BayObLG FamRZ 1981, 93, 94; OLG Hamm OLGZ 1987, 129, 133 f = NJW-RR 1987, 260, 261 = Rpfleger 1987, 65; OLGZ 1978, 405, 409 = NJW 1979, 49, 50 = FamRZ 1978, 945, 947; LG Berlin FamRZ 1977, 660, 661; BRÜGGEMANN FamRZ 1977, 656, 658; LÜDERITZ NJW 1976, 1865, 1869 [4 c]; BGB-RGRK/DICKESCHEID Rn 1; MünchKomm/MAURER Rn 1). Eine Mindermeinung sieht in der Einwilligung nach wie vor ein **einseitiges Rechtsgeschäft** des privaten Rechts (GERNHUBER/COESTER-WALTJEN § 68 V 7). Die Streitfrage ist ohne erkennbare praktische Bedeutung. Sie wäre von Belang, wenn die Wirksamkeit, insbes die Anfechtbarkeit der Einwilligung, nicht für die Aufhebung des Annahmeverhältnisses ohnehin spezialgesetzl in § 1760 Abs 2 geregelt wäre (so auch BGB-RGRK/DICKESCHEID Rn 1). Der Wechsel vom Vertrags- zum Dekretsystem stellt jedenfalls keinen überzeugenden Grund dar, um die ehedem als materiellrechtl Willenserklärungen qualifizierten Einwilligungserklärungen nunmehr als reine Verfahrenshandlungen anzusehen (so auch ERMAN/HOLZHAUER Rn 2).

III. Erklärungsadressat (Abs 1 S 1)

Erklärungsadressat ist das **VormG. Örtlich zuständig** ist das VormG, in dessen Bezirk **4** der Annehmende seinen Wohnsitz oder Aufenthalt hat (§ 43 b Abs 2 HS 1 FGG). Die Zuständigkeitsregelung des § 43 b FGG erfaßt nicht nur den Ausspruch der Annahme (§ 1752), sondern alle Verrichtungen im Zusammenhang mit der Annahme eines Kindes und damit insbes auch die Entgegennahme der Einwilligungserklärungen iSv § 1750. Näheres zur Zuständigkeitsregelung des § 43 b FGG bei § 1752 Rn 9. **Maßgebender Zeitpunkt** für die Bestimmung der örtlichen Zuständigkeit ist derjenige, „in dem der Antrag oder eine Erklärung eingereicht wird" (§ 43 b Abs 2 HS 2 FGG). Ist das örtlich zuständige VormG einmal mit einer Adoptionsangelegenheit befaßt, so berührt die spätere Änderung von Wohnsitz oder Aufenthalt die Zuständigkeit des VormG für diese oder weitere Verrichtungen in der gleichen Adoptionsangelegenheit nicht (Grundsatz der **perpetuatio fori;** vgl KEIDEL/KUNTZE/WINKLER § 43 b FGG Rn 16). Zur Frage, ob die **Einwilligungserklärung** auch wirksam wird, wenn sie **einem örtlich unzuständigen Gericht zugeht,** vgl unten Rn 8.

5 § 43 b FGG setzt nicht voraus, daß der Annahmeantrag dem zuständigen VormG vor den Einwilligungserklärungen vorliegt. „Annehmende" iSv § 43 b FGG sind deshalb Adoptionsbewerber auch vor der Stellung des Annahmeantrags, sofern sich die beim VormG eingehende notariell beurkundete Einwilligungserklärung auf sie bezieht (OLG Hamm OLGZ 1987, 129 = NJW-RR 1987, 260 = Rpfleger 1987, 65; KG OLGZ 1982, 129 = FamRZ 1981, 1111; BayObLGZ 1977, 193 = FamRZ 1978, 65). Bei einer angestrebten Inkognito-Adoption genügt es, wenn die Annehmenden mit einer Listennummer der Adoptionsvermittlungsstelle bezeichnet sind. Den Eltern des Kindes muß im Falle einer Inkognitoadoption das zuständige Gericht von der Adoptionsvermittlungsstelle mitgeteilt werden. Zweckmäßiger und in der Praxis üblich ist es indessen, die Einwilligungserklärung über die Adoptionsvermittlungsstelle dem zuständigen VormG zuzuleiten. Da die Einwilligungserklärung erst wirksam wird, wenn sie dem VormG zugeht (Abs 1 S 3), und bis zu diesem Zeitpunkt widerrufen werden kann (§ 130 Abs 1 S 2), erscheint die Praxis mancher Adoptionsvermittlungsstellen, Einwilligungserklärungen erst nach Monaten „bei Bedarf" beim VormG einzureichen, in hohem Maße bedenklich (vgl AG Kamen DAVorm 1980, 45 m krit Anm DICKMEIS; OVG Saarlouis DAVorm 1982, 905). Die Empfehlungen der Bundesarbeitsgemeinschaft der Landesjugendämter zur Adoptionsvermittlung (3. Aufl 1994 unter 8. 311 Abs 5) weisen zutr darauf hin, daß die Adoptionsvermittlungsstelle darauf zu achten hat, „daß die elterliche Einwilligung unverzüglich beim Vormundschaftsgericht eingereicht wird, damit sie verbindlich und unwiderruflich wird".

IV. Wirksamwerden der Einwilligung (Abs 1 S 3)

6 Die Einwilligung wird erst in dem Zeitpunkt wirksam, in dem sie dem VormG zugeht (Abs 1 S 3). Die Regelung dient der Klarstellung, weil mit der Einwilligung das elterl Sorgerecht ruht (§ 1751 Abs 1 S 1) und der Beginn des Ruhens sicher feststellbar sein muß (RegE BT-Drucks 7/3061, 39).

Es genügt, wenn dem VormG anstelle der Urschrift eine **Ausfertigung** der notariellen Einwilligungsurkunde zugeht (§ 47 BeurkG). Nicht ausreichend ist hingegen der Zugang einer **beglaubigten Abschrift** (BayObLGZ 1978, 384 = StAZ 1979, 122; OLG Hamm OLGZ 1982, 161 = NJW 1982, 1002 = Rpfleger 1982, 66; OLGZ 1987, 129, 134 = NJW-RR 1987, 260, 261 = Rpfleger 1987, 65; DIV-Gutachten DAVorm 1986, 500, 502).

7 Obwohl die Einwilligungserklärung allg als Verfahrenshandlung und nicht als Willenserklärung des privaten Rechts verstanden wird (vgl oben Rn 3), werden für Abgabe und Zugang der Erklärung die für Willenserklärungen entwickelten Grundsätze des bürgerlichen Rechts, insbes § 130 angewandt (OLG Hamm NJW-RR 1987, 260, 261 = Rpfleger 1987, 65). Das bedeutet: Die Einwilligungserklärung wird nicht wirksam, wenn dem VormG vorher oder gleichzeitig ein **Widerruf** zugeht (§ 130 Abs 1 S 2). Der Widerruf bedarf nicht der für die Einwilligungserklärung vorgeschriebenen Form (BayObLGZ 1978, 384, 390 = StAZ 1979, 122, 124; OLG Hamm OLGZ 1982, 161, 164 =

NJW 1982, 1002, 1003 = Rpfleger 1982, 66, 67). Wird die notarielle Einwilligungserklärung durch den beurkundenden Notar, das JugA oder eine Adoptionsvermittlungsstelle als Übermittlungsboten **weisungswidrig dem VormG zugeleitet,** so fehlt es bereits an der wirksamen Abgabe der Erklärung (OLG Hamm OLGZ 1987, 129 = NJW-RR 1987, 260 = Rpfleger 1987, 65).

Fraglich ist, ob die Einwilligung auch dann wirksam wird, wenn sie einem **örtlich 8 unzuständigen Gericht zugeht.** Nach § 7 FGG sind „gerichtliche Handlungen" nicht aus dem Grunde unwirksam, weil sie vor einem örtlich unzuständigen Gericht vorgenommen sind. Inwieweit diese Bestimmung für die bloße Entgegennahme von Erklärungen gilt, ist str (Nachw bei KEIDEL/KUNTZE/WINKLER § 7 FGG Rn 3 ff). Einigkeit besteht darüber, daß eine Erklärung unwirksam ist, wenn das Gericht die Entgegennahme ablehnt oder die Erklärung sofort zurückgibt (BASSENGE/HERBST § 7 FGG Rn 1; BUMILLER/WINKLER § 7 FGG Rn 3; KEIDEL/KUNTZE/WINKLER § 7 FGG Rn 4; BGB-RGRK/DIK-KESCHEID Rn 2). Erkennt das Gericht seine Unzuständigkeit nicht, oder erkennt es sie und bleibt es dennoch untätig, so muß die Erklärung als wirksam angesehen werden, weil fehlerhaftes Verhalten des Gerichts nicht zu Lasten der Beteiligten gehen darf (KEIDEL/KUNTZE/WINKLER § 7 FGG Rn 5 u 7 mHinw auch auf abw Ansichten). Gibt das unzuständige Gericht von Amts wegen pflichtgemäß die Erklärung an das zuständige weiter, so ist sie nach hA schon vom Zeitpunkt der Einreichung beim unzuständigen Gericht an wirksam (KEIDEL/KUNTZE/WINKLER § 7 FGG Rn 6), nach der zutr Mindermeinung erst ab Eingang beim zuständigen Gericht (SOERGEL/LIERMANN Rn 10a; offengelassen in KG OLGZ 1982, 129, 131 = FamRZ 1981, 1111).

V.   Notarielle Beurkundung (Abs 1 S 2)

Die Einwilligungserklärung bedarf der notariellen Beurkundung (Abs 1 S 2). Der **9** Erklärende soll von einer neutralen Person über die Tragweite seiner Erklärung belehrt, unüberlegte oder übereilte Erklärungen sollen vermieden werden (vgl RegE BT-Drucks 7/3061, 40; BT-Drucks 13/4899, 170). Das VormG soll sicher sein, daß eine einwandfreie Erklärung vorliegt (§ 17 Abs 1 BeurkG). Daß die entscheidenden vorbereitenden Gespräche von Fachkräften der Adoptionsvermittlungsstelle und nicht vom Notar geführt werden, stellt die Richtigkeit der Regelung, die sich in der Praxis als eine Art zusätzliche Kontrolle auswirkt, nicht in Frage (krit allerdings MünchKomm/MAURER Rn 2). Die einwilligenden Eltern werden überdies durch die Notwendigkeit eines Notartermins besonders nachdrücklich auf die Tragweite ihrer Entscheidung hingewiesen. Zur Beurkundung der Einwilligungserklärung gem § 4 KonsG vgl AG Lahnstein FamRZ 1994, 1350. Keiner notariellen Beurkundung bedarf die Zustimmung des gesetzl Vertreters zur Einwilligung des Kindes nach § 1746 Abs 1 S 3 HS 2. Näheres dazu § 1746 Rn 33.

VI.   Bedingungsfeindlichkeit (Abs 2 S 1)

Die Einwilligung kann nicht unter einer Bedingung oder einer Zeitbestimmung er- **10** teilt werden (Abs 2 S 1). Entsprechend bestimmt § 1752 Abs 2 S 1, daß auch der Antrag des Annehmenden nicht unter einer Bedingung oder Zeitbestimmung gestellt werden kann. Gleiches galt schon vor der Reform v 1976, obwohl es diesbzgl in § 1748 aF an einer ausdrücklichen gesetzl Bestimmung fehlte (vgl STAUDINGER/ENGLER[10/11] § 1748 Rn 2). Allerdings sah § 1742 aF vor, daß „die Annahme an Kindes Statt nicht unter einer Bedingung oder einer Zeitbestimmung erfolgen" kann, während heute § 1752 für den Annahmebeschluß eine entsprechende, weil überflüssige Klarstellung nicht mehr enthält. In der Sache hat jedenfalls die Reform v 1976 keine Änderung gebracht.

11 Keine unzulässige Bedingung, sondern eine **zulässige Beschränkung** liegt vor, wenn die Einwilligung davon abhängig gemacht wird, daß der Annehmende bestimmte objektivierbare Voraussetzungen in einem bestimmten Zeitpunkt (idR dem des Annahmebeschlusses) erfüllt, zB was Religionszugehörigkeit, Nationalität, Beruf angeht. Näheres dazu unter § 1747 Rn 33.

Eventualeinwilligungen, die für den Fall erteilt werden, daß das zunächst vorgesehene Annahmeverhältnis nicht zustande kommt, sind zulässig (Näheres § 1747 Rn 31). Bedenken bestehen gegen **Alternativeinwilligungen,** bei denen der Einwilligungsberechtigte sein Einverständnis mit der Adoption durch mehrere Bewerber erklärt und der Adoptionsvermittlungsstelle die Auswahl überläßt (Näheres § 1747 Rn 32). Zu einem Unterhaltsabfindungsvertrag, wie er nach § 1615 e aF möglich war, im Zusammenhang mit einer angestrebten Adoption durch den Stiefvater vgl DIV-Gutachten ZfJ 1990, 37, 41.

VII. Unwiderruflichkeit (Abs 2 S 2)

12 Die Einwilligung ist unwiderruflich (Abs 2 S 2 HS 1). Diese Regelung gilt gem Abs 1 S 1 nicht nur für die Einwilligungserklärung der Eltern (§ 1747), sondern auch für die Einwilligung des geschäftsunfähigen oder noch nicht 14 Jahre alten Kindes (§ 1746 Abs 1 S 2) und die des Ehegatten (§ 1749). Dagegen kann das Kind, welches das 14. Lebensjahr vollendet hat und nicht geschäftsunfähig ist und deshalb gem § 1746 Abs 1 S 3 nur selbst die Einwilligung erklären kann, die Einwilligung bis zum Wirksamwerden des Ausspruchs der Annahme gegenüber dem VormG widerrufen (Abs 2 S 2 HS 2 iVm § 1746 Abs 2 S 1). Näheres dazu unter § 1746 Rn 28 ff. Der Grundsatz der Unwiderruflichkeit gilt auch nicht für die nach § 1746 Abs 1 S 3 HS 2 erforderliche Zustimmung des gesetzl Vertreters zur Einwilligung des mindestens 14 Jahre alten nicht geschäftsunfähigen Kindes. Näheres dazu unter § 1746 Rn 31 ff.

Die Unwiderruflichkeit setzt voraus, daß die Einwilligung wirksam geworden ist, was erst dann der Fall ist, wenn sie gem Abs 1 S 3 **dem VormG zugegangen** ist. Näheres dazu oben Rn 6–8.

13 **Die Einwilligung kann wegen Geschäftsunfähigkeit nichtig oder wegen Irrtums, arglistiger Täuschung oder Drohung anfechtbar sein** (OLG Düsseldorf FamRZ 1988, 1095, 1096; OLG Hamm OLGZ 1987, 129, 132 = NJW-RR 1987, 260, 261; OLG Frankfurt FamRZ 1981, 206, 207; SOERGEL/LIERMANN Rn 14). Das folgt zwingend aus § 1760 Abs 2 und hat mit der Diskussion um die Rechtsnatur der Einwilligungserklärung nichts zu tun (s oben Rn 3). **Nach dem Ausspruch der Annahme** kann die Unwirksamkeit der Einwilligung allerdings nur nach Maßgabe der §§ 1759 ff, insbes des § 1760 Abs 2 zu einer Aufhebung des Annahmeverhältnisses führen. Fraglich ist, ob die eingeschränkte Berücksichtigung von Willensmängeln im Aufhebungsverfahren (vgl dazu § 1760 Rn 16) auch bedeutet, daß sich die Wirksamkeit der Einwilligung bereits **vor Erlaß des Adoptionsdekrets** nach eben diesen in § 1760 Abs 2 normierten Kriterien beurteilt. Die Frage wurde bislang kaum diskutiert, kann aber durchaus praktische Bedeutung erlangen. So hat etwa das OLG Düsseldorf (FamRZ 1988, 1095, 1096) für einen Fall, in dem die Annahme noch nicht ausgesprochen worden war, die Frage aufgeworfen, ob die Einwilligung der Kindesmutter „wegen inhaltlicher Mängel (§ 138 BGB)" nichtig war, obwohl nach § 1760 Abs 2 derartige Mängel für ein evtl Aufhebungsverfahren irrelevant wären. In ähnlicher Weise könnte man sich fragen, ob der Irrtum über die Unwiderruflichkeit der Einwilligung, der nach § 1760 Abs 2 keinen Aufhebungsgrund darstellt, wegen § 119 Abs 1 geeignet ist, das Zustandekommen einer Adoption zu verhindern. Das BGB unterscheidet deutlich zwischen Voraussetzungen der Adoption einerseits und Aufhebung der Adoption wegen fehlender Voraussetzungen andererseits. Daß die §§ 1769 ff im allg und § 1760 Abs 2 im besonderen die Aufhebung eines Annahmeverhältnisses nur in engen Grenzen zulassen, kann nicht bedeuten, daß ein Adoptionsbeschluß ergehen muß, obwohl eine Einwilligungserklärung mit einem Mangel behaftet ist, der nach allg Grundsätzen des bürgerlichen Rechts rechtserheblich ist (wie hier SOERGEL/LIERMANN Rn 14; GERNHUBER/COESTER-WALTJEN § 68 VI 4; vgl auch BVerfGE 78, 201, 205 = MDR 1988, 831 f = DAVorm 1988, 689, 691; aA HEILMANN DAVorm 1997, 581, 585 ff; MünchKomm/MAURER Rn 3; OLG Frankfurt FamRZ 1981, 206, 207; LG Frankenthal DAVorm 1981, 489, 491). Es ist auch kein Grund einzusehen, warum insoweit die Reform v 1976 den früheren Rechtszustand (vgl dazu STAUDINGER/ENGLER[10/11] § 1755; BayObLG FRES 4 [1980] 119) hätte ändern sollen. Jedenfalls sollte auch die Entscheidung dieser Frage nicht mit der Diskussion um die Rechtsnatur der Einwilligungserklärung (oben Rn 3) belastet werden.

Über die Wirksamkeit der Einwilligung kann vor Erlaß des Adoptionsdekrets entschieden werden, und zwar ohne Rücksicht darauf, ob bereits ein Annahmeantrag gestellt wurde oder nicht (Näheres dazu unter § 1752 Rn 23; vgl auch § 1746 Rn 26).

VIII. Höchstpersönlichkeit (Abs 3)

Die Einwilligungen nach den §§ 1746, 1747, 1749 sind höchstpersönlich; **Stellvertre-** 14 **tung ist ausgeschlossen** (Abs 3 S 1). Nur für das geschäftsunfähige oder noch nicht 14 Jahre alte Kind wird die Einwilligung vom gesetzl Vertreter (Abs 3 S 3 iVm § 1746 Abs 1 S 2), sonst vom Kind selbst mit Zustimmung seines gesetzl Vertreters (Abs 3 S 3 iVm § 1746 Abs 1 S 3) erteilt.

Bei Eltern (§ 1747) oder Ehegatten (§ 1749) ist im Fall beschränkter Geschäftsfähig- 15 keit die Zustimmung des gesetzl Vertreters zur Einwilligungserklärung nicht erforderlich (Abs 3 S 2). Da es seit Inkrafttreten des BtG v 1990 am 1. 1. 1992 keine beschränkt geschäftsfähigen Volljährigen mehr gibt, beschränkt sich der Anwendungsbereich v Abs 3 S 2 auf die minderjährigen Eltern des Kindes und den minderjährigen Ehegatten des Annehmenden bzw des Anzunehmenden. Sind die Eltern oder der Ehegatte zur Abgabe einer Erklärung dauernd außerstande oder ist ihr Aufenthalt unbekannt, so ist die Einwilligung entbehrlich (§ 1747 Abs 4 u § 1749 Abs 3).

Das Vertretungsverbot hindert nicht, daß die Erklärungen durch einen Dritten, insbes den Notar an das VormG weitergeleitet werden (vgl § 1753 Abs 2). Dieser wird dann als Bote tätig (vgl OLG Hamm OLGZ 1987, 129, 135 ff = NJW-RR 1987, 260, 262 f = Rpfleger 1987, 65, 66). Bei der Beurkundung der Einwilligungserklärung sollte der Notar darauf achten, daß der Beteiligte ihn anweist, eine Ausfertigung der Einwilligung dem VormG (Abs 1 S 3 iVm § 130 Abs 3) bzw dem JugA oder der Adoptionsvermittlungsstelle zur sofortigen Weiterleitung an das zuständige VormG zuzuleiten (Bühler BWNotZ 1977, 129).

IX. Erlöschen der Einwilligung (Abs 4)

16 Die Einwilligungen nach §§ 1746, 1747, 1749 werden unwirksam, wenn der **Annahmeantrag zurückgenommen** oder die **Annahme versagt** wird (Abs 4 S 1). Versagt ist die Annahme erst, wenn der Annahmeantrag „endgültig" (BT-Drucks 7/3061, 40) abgelehnt wird, was wegen der Möglichkeit der einfachen (unbefristeten) Beschwerde zu Problemen führt, die der Gesetzgeber nicht gesehen hat (Näheres unter § 1752 Rn 37 f). Ferner verliert die vor der Stellung des Annahmeantrags erklärte Einwilligung der Eltern ihre Kraft, wenn die Pflegeeltern eindeutig und endgültig erklären, einen **Annahmeantrag nicht stellen zu wollen** (BayObLG FamRZ 1983, 761, 762; BGB-RGRK/Dickescheid Rn 14; MünchKomm/Maurer Rn 10; Palandt/Diederichsen Rn 6). Entspr muß gelten, wenn das 14 Jahre alte Kind nach § 1746 Abs 2 seine Einwilligung widerruft (Oberloskamp 133).

17 Die Einwilligung eines Elternteils wird ferner unwirksam, **wenn das Kind nicht innerhalb von 3 Jahren** seit dem Wirksamwerden der Einwilligung **angenommen wird** (Abs 4 S 2). Die Automatik der Dreijahresfrist gilt nur für die elterl Einwilligung, nicht für die Einwilligung gem §§ 1746, 1749. Das Kind soll nicht unangemessen lange in einem Schwebezustand zwischen den leibl Eltern, die ihre Einwilligung zur Annahme schon erteilt haben, und den neuen Eltern belassen werden. Die Frist soll außerdem alle Beteiligten dazu anhalten, das Annahmeverfahren nicht unnötig zu verzögern (BT-Drucks 7/3061, 40 f).

§ 1751

(1) Mit der Einwilligung eines Elternteils in die Annahme ruht die elterliche Sorge dieses Elternteils; die Befugnis zum persönlichen Umgang mit dem Kinde darf nicht ausgeübt werden. Das Jugendamt wird Vormund; dies gilt nicht, wenn der andere Elternteil die elterliche Sorge allein ausübt oder wenn bereits ein Vormund bestellt ist. Eine bestehende Pflegschaft bleibt unberührt. Das Vormundschaftsgericht hat dem Jugendamt unverzüglich eine Bescheinigung über den Eintritt der Vormundschaft zu erteilen; § 1791 ist nicht anzuwenden. Für den Annehmenden gilt während der Zeit der Adoptionspflege § 1688 Abs. 1 und 3 entsprechend. Hat die Mutter in die Annahme eingewilligt, so bedarf ein Antrag des Vaters nach § 1672 Abs. 1 nicht ihrer Zustimmung.

(2) Absatz 1 ist nicht anzuwenden auf einen Ehegatten, dessen Kind vom anderen Ehegatten angenommen wird.

(3) Hat die Einwilligung eines Elternteils ihre Kraft verloren, so hat das Vormundschaftsgericht die elterliche Sorge dem Elternteil zu übertragen, wenn und soweit dies dem Wohl des Kindes nicht widerspricht.

9. Titel. Annahme als Kind.
I. Annahme Minderjähriger.

§ 1751

(4) Der Annehmende ist dem Kind vor den Verwandten des Kindes zur Gewährung des Unterhalts verpflichtet, sobald die Eltern des Kindes die erforderliche Einwilligung erteilt haben und das Kind in die Obhut des Annehmenden mit dem Ziel der Annahme aufgenommen ist. Will ein Ehegatte ein Kind seines Ehegatten annehmen, so sind die Ehegatten dem Kind vor den anderen Verwandten des Kindes zur Gewährung des Unterhalts verpflichtet, sobald die erforderliche Einwilligung der Eltern des Kindes erteilt und das Kind in die Obhut der Ehegatten aufgenommen ist.

Materialien: BT-Drucks 7/3061, 40 f, 73 f; BT-Drucks 7/5087, 14 f; BT-Drucks 13/4899, 113, 156 f, 170; BT-Drucks 13/8511, 21, 76. S STAUDINGER/BGB-Synopse (2000) § 1751.

Systematische Übersicht

Alphabetische Übersicht

Rainer Frank

I.   Normzweck und Entstehungsgeschichte

1 Mit der elterl Einwilligung, die mit dem Zugang beim VormG unwiderruflich wird (§ 1750 Abs 2 S 2 iVm Abs 1 S 3), vollzieht sich ein erster Schritt der Trennung zwischen Eltern und Kind. § 1751 beantwortet die Frage, wie sich die Rechtsbeziehungen zwischen Eltern und Kind mit der unwiderruflich erklärten Einwilligung verändern. Nach Abs 1 S 1 tritt ein **Ruhen der elterl Sorge** ein; die Befugnis zum persönlichen Umgang mit dem Kind darf nicht mehr ausgeübt werden. Das JugA wird Amtsvormund (Abs 1 S 2). Auf die Unterhaltspflicht hat die Einwilligung allein noch keinen Einfluß. Wird das Kind jedoch außerdem in die Obhut des Annehmenden mit dem Ziel der Annahme aufgenommen, was idR vor der Erklärung der Einwilligung der Fall ist, so ist der Annehmende dem Kind vor dessen Verwandten zur Gewährung von **Unterhalt** verpflichtet (Abs 4 S 1).

Dem Adoptionsrecht **vor der Reform v 1976** war eine entsprechende Regelung fremd. **2** Die Einwilligungserklärung blieb ohne Einfluß auf das **elterl Sorgerecht** (STAUDINGER/ ENGLER[10/11] § 1747 Rn 33). Die leibl Eltern konnten deshalb „an sich" die Herausgabe ihres Kindes von den Adoptionsbewerbern fordern; nur der „Notanker" des § 1666 bzw der Einwand des Rechtsmißbrauchs erlaubte es, noch zu vernünftigen Ergebnissen zu gelangen (BGH NJW 1951, 309 = LM § 1707 Nr 1 = ZBlJugR 1951, 194; FRANK 142 f). Selbst im Falle einer angestrebten Inkognitoadoption hielt die Rspr eine Feststellung des Ruhens der elterl Sorge (§ 1674) für nicht gerechtfertigt (BayObLGZ 1976, 1 = NJW 1976, 718; vgl aber LG Braunschweig FamRZ 1971, 599; LG Hannover DAVorm 1974, 400; LG Bochum DAVorm 1974, 627). Über die dringende Reformbedürftigkeit des alten Rechts gerade in diesem Punkt bestand Einmütigkeit (BT-Drucks 7/3061, 40). – Auch **unterhaltsrechtl** hatte die elterl Einwilligung in die Adoption vor 1976 keine Auswirkungen. Im RegE (BT-Drucks 7/3061, 5) war eine § 1751 Abs 4 entsprechende Bestimmung zunächst nicht vorgesehen. Die heutige Regelung geht zurück auf eine Anregung des Bundesrates (BT-Drucks 7/3061, 73), die später vom RAussch aufgegriffen wurde (BT-Drucks 7/ 5087, 14). Es entspricht der Billigkeit, daß Adoptionsbewerber, die ein Kind mit dem Ziel der Annahme bei sich aufgenommen haben, aus eigenen Mitteln den Unterhalt für dieses, „ihr" Kind bestreiten, sobald die Einwilligungserklärung der Eltern unwiderruflich geworden ist (BT-Drucks 7/3061, 63). Der RAussch führte zur Begründung weiter an, daß Adoptionsbewerber während der Pflegezeit erkennen sollen, welche wirtschaftlichen Belastungen die vorgesehene Adoption mit sich bringt (BT-Drucks 7/5078, 14).

§ 1751 stellt eine „**Kompromißlösung**" dar, nachdem im Zuge der Reform v 1976 vor **3** allem von seiten der AGJ angeregt worden war, ein **förmliches Adoptionspflegeverfahren** nach französ oder ital Muster einzuführen (Näheres unter § 1744 Rn 8). Ziel dieser Anregung war es ua, mit Beginn der Adoptionspflege Statusveränderungen des Kindes durch Legitimation, Ehelicherklärung, Vaterschaftsanerkennung, gerichtl Vaterschaftsfeststellung zu verhindern (Näheres dazu STAUDINGER/FRANK[12] unter § 1747 Rn 16 ff). Legitimation und Ehelicherklärung gibt es seit dem KindRG v 1997 nicht mehr. Vaterschaftsanerkennungen und gerichtl Vaterschaftsfeststellungen sind jedoch nach wie vor auch nach der Einwilligung der Mutter und nach Inpflegegabe des Kindes zum Zwecke der Adoption möglich und bewirken, daß dem festgestellten Vater ein Einwilligungsrecht erwächst, mit dem die künftigen Adoptiveltern oft nicht gerechnet haben und auch nicht mehr zu rechnen brauchten (vgl unten Rn 13).

II. Elterliche Einwilligung und Sorgerecht (Abs 1–3)

1. Ruhen der elterlichen Sorge – Nichtausübung des Umgangsrechts (Abs 1 S 1)

Voraussetzung des Abs 1 S 1 ist „die Einwilligung eines Elternteils". Einwilligung in **4** diesem Sinne ist **sowohl die freiwillig erklärte (§ 1747) als auch die durch Entscheidung**

des VormG ersetzte (§ 1748) Einwilligung. Auf die ursprüngl im RegE (BT-Drucks 7/ 3061, 5) vorgesehene besondere Erwähnung der gerichtl ersetzten Einwilligung wurde im späteren Gesetzgebungsverfahren verzichtet, weil diese „ebenfalls eine Einwilligung ist" (BT-Drucks 7/5087, 14; KG OLGZ 1978, 139 = FamRZ 1978, 210). Die Rechtsfolgen des Abs 1 S 1 treten somit entweder dann ein, wenn die Einwilligungserklärung dem VormG zugeht (§ 1750 Abs 1 S 3) oder der Ersetzungsbeschluß rechtskräftig wird (§ 53 Abs 1 S 2 FGG).

5 Fraglich könnte sein, ob eine **wegen Geschäftsunfähigkeit nichtige oder wegen Irrtums, arglistiger Täuschung oder Drohung angefochtene Willenserklärung** die Rechtsfolgen des § 1751 auszulösen vermag. Es wurde bei § 1750 Rn 13 dargelegt, daß sich die Wirksamkeit einer Einwilligung vor Erlaß des Adoptionsdekrets nach allg bürgerlichrechtl Grundsätzen bestimmt, und daß über die Wirksamkeit einer solchen Einwilligung vor dem Annahmebeschluß in einem selbständigen Verfahren entschieden werden kann (§ 1750 Rn 13 u § 1752 Rn 23). Daß aber *nur* eine solche Entscheidung entspr § 1751 Abs 3 mit Wirkung für die Zukunft die Rechtslage soll verändern können (so MünchKomm/MAURER Rn 14), überzeugt nicht: § 1760 Abs 2 schränkt die Berufung der Eltern auf die Unwirksamkeit ihrer Einwilligung nur aus Gründen der Stabilität des bereits entstandenen Annahmeverhältnisses ein. Vor Erlaß des Adoptionsdekrets besteht für eine entsprechende Einschränkung, insbes für eine analoge Anwendung v § 1751 Abs 3, kein Anlaß (wie hier jetzt auch SOERGEL/LIERMANN Rn 14). Dem Familienrecht sind ähnliche Probleme durchaus auch in anderem Zusammenhang bekannt, wenn etwa die Voraussetzungen für den Eintritt einer gesetzl Amtsvormundschaft oder Amtspflegschaft irrig bejaht werden. Die Rspr hat sich zu der hier angesprochenen Problematik noch nicht klar geäußert (offengelassen v OLG Düsseldorf FamRZ 1988, 1095, 1096; vgl auch OLG Frankfurt FamRZ 1981, 206, 207). In einer Entscheidung des BayObLG (FRES 4 [1980] 119, 130) wird – allerdings ohne nähere Begründung – eine wirksame und unanfechtbare Einwilligungserklärung als Voraussetzung für das Ruhen der elterl Sorge nach Abs 1 S 1 genannt.

6 Während Abs 4 S 1 das Entstehen der Unterhaltspflicht der Annehmenden von der elterl Einwilligung *und* der Übernahme der tatsächlichen Pflege abhängig macht, **bewirkt nach Abs 1 S 1 allein die Einwilligung das Ruhen der elterl Sorge.** Es ist also der (mehr theoretische als praktische) Fall denkbar, daß ein Kind sich noch bei seinen leibl Eltern aufhält, deren Sorge bereits ruht. Der in Abs 1 S 1 statuierte Ausschluß des Umgangsrechts würde hier mit den tatsächlichen Verhältnissen nicht mehr übereinstimmen. Der Gesetzgeber entschied sich dennoch wegen des klaren Anknüpfungspunktes, der jede Unsicherheit für die Rechtsanwendung ausschließt, für die Regelung des geltenden Rechts (BT-Drucks 7/5087, 14).

7 Wenn Abs 1 S 2 davon spricht, daß die elterl Sorge ruht, so wird damit gem § 1675 zum Ausdruck gebracht, daß die Rechtsposition als solche erhalten bleibt, aber nicht mehr ausgeübt werden kann. **Ungenau ist die Formulierung** in Abs 3, wonach das VormG die elterl Sorge *zurückübertragen* kann. In Wirklichkeit geht es – entsprechend der üblichen Terminologie – um die Wiederausübung des Sorgerechts. Zumindest **atypisch ist die Regelung** des § 1751 auch insoweit, als zwar der Beginn des Ruhens gem Abs 1 S 1 ex lege erfolgt, nicht aber die Beendigung gem Abs 3 (MünchKomm/MAURER Rn 3; BGB-RGRK/DICKESCHEID Rn 3).

Die Ruhenswirkung nach Abs 1 S 1 kann nicht eintreten, wenn der einwilligende **8**
Elternteil zur Zeit der Einwilligung nicht (mehr) **Inhaber der elterl Sorge** war, wenn
also der mit der Mutter nicht verheiratete Vater nie das Sorgerecht erlangt hat
(§ 1626 a Abs 2) oder wenn der Elternteil das Sorgerecht durch eine gerichtl Entscheidung gem § 1671 oder § 1666 verloren hat. Ist einem Elternteil die elterl Sorge
vor dem Wirksamwerden der Einwilligung ganz oder teilweise entzogen worden, so
kann allerdings die Entziehung des Sorgerechts mit der Beschwerde nach § 19 FGG
angefochten werden (OLG Frankfurt OLGZ 1983, 301 [LS] = FamRZ 1983, 1164, 1165). Wird
der Entziehungsbeschluß nach der Einwilligung wieder aufgehoben, so kann das
Sorgerecht wegen Abs 1 S 1 nur noch als ruhendes Recht an den Elternteil zurück-
fallen.

Abs 1 S 1 bestimmt als weitere Rechtsfolge der Einwilligung, daß auch die **Befugnis** **9**
zum persönlichen Umgang mit dem Kind nicht mehr ausgeübt werden kann. Normalerweise steht einem Elternteil, dessen elterl Sorge ruht oder dem sie entzogen worden ist, gem § 1684 weiterhin das Umgangsrecht zu. § 1751 Abs 1 S 1 weicht von
diesem Grundsatz ab, da mit der Einwilligung in die Adoption das Eltern-Kind-
Verhältnis auf endgültige und vollständige Trennung angelegt ist. Für eine Förderung
weiterer Kontakte besteht kein Bedürfnis mehr. Im Gegenteil: Das Kindeswohl
gebietet den Ausschluß des Umgangsrechts, da das Kind möglichst rasch und unbe-
lastet eine Beziehung zu dem Annehmenden aufbauen soll. Deshalb sollte auch bei
behaupteter Unwirksamkeit der Einwilligung kein Umgangsrecht im Wege einer
einstweiligen Anordnung gewährt werden, solange keine rechtskräftige Entscheidung über die Nichtigkeit ergangen ist (OLG Düsseldorf FamRZ 1988, 1095, 1096). Daß
mit der Einwilligung die Befugnis zum persönlichen Umgang mit dem Kind nicht
mehr ausgeübt werden darf, schließt selbstverständlich nicht aus, daß sich die Beteiligten auf eine andere Lösung verständigen (zB offene Adoption, vgl § 1747 Rn 36).

Obwohl durch das KindRG v 1997 das Umgangsrecht auf Großeltern und Geschwi- **10**
ster ausgedehnt wurde (§ 1685 Abs 1), zu denen die Verwandtschaftsbeziehungen
durch Adoption erlöschen (§ 1755 Abs 1), hat der Gesetzgeber davon abgesehen,
diesen Personen in gleicher Weise wie dem einwilligenden Elternteil den Umgang
mit dem Kind zu verbieten; denn der Verlust des Umgangsrechts ist die unmittelbare
Folge der Einwilligung in die Adoption und trifft nur den Elternteil, der selbst die
Einwilligung erklärt hat, nicht aber den anderen Elternteil und damit auch nicht die
durch diesen mit dem Kind verwandten Geschwister und Großeltern. Außerdem
kann der Umgang von Geschwistern und Großeltern jederzeit zum Wohl des Kindes
durch das FamG ausgeschlossen werden (§§ 1685 Abs 3 iVm 1684 Abs 4).

2. Jugendamt als Amtsvormund (Abs 1 S 2)

Ruht die elterl Sorge nach Abs 1 S 1, so wird das JugA nach Abs 1 S 2 Amtsvormund **11**
(sog **Adoptionsvormundschaft**). Dem Gesetzgeber v 1976 diente die Regelung der
§§ 1709, 1791 c Abs 1 aF als Vorbild (BT-Drucks 7/3061, 40). Auf die Amtsvormundschaft des JugA finden die §§ 55 f SGB VIII Anwendung. **Örtlich zuständig** ist nach
§ 87 c Abs 4 SGB VIII das JugA, „in dessen Bezirk die annehmende Person ihren
gewöhnlichen Aufenthalt hat". Dem Adoptionsvormund obliegen als Sorgerechtsinhaber alle Aufgaben, die es zwischen der Einwilligung (oder der Ersetzung der Einwilligung) der leibl Eltern in die Adoption und dem Zustandekommen der Adoption

zu erledigen gilt. Es handelt sich um eine Interimsvormundschaft (OBERLOSKAMP 146), die sich mit Erreichen ihres Ziels, der Adoption, von selbst erledigt.

12 Für eine Amtsvormundschaft ist kein Raum, **wenn nur ein Elternteil einwilligt und der andere die Sorge allein ausübt** (Abs 1 S 2 HS 2 Alt 1). Die Voraussetzung für Abs 1 S 2 HS 2 Alt 1 ist sowohl dann erfüllt, wenn von zwei sorgeberechtigten Elternteilen nur einer eingewilligt hat, weil dann der andere gem § 1678 Abs 1 bis auf weiteres das Sorgerecht allein ausübt, als auch dann, wenn nur der nichtsorgeberechtigte Elternteil eingewilligt hat, die Einwilligung des Sorgeberechtigten aber noch aussteht. Die Vormundschaft des JugA tritt hingegen ein, wenn zwar nur ein Elternteil in die Annahme einwilligt, dem anderen aber zuvor das Sorgerecht teilweise entzogen und insoweit ein Pfleger bestellt wurde; denn der andere Elternteil übt in diesem Fall die elterl Sorge „nicht allein aus" (AG Kamen FamRZ 1994, 1489 = ZfJ 1994, 293). Sind die Eltern bei der Geburt des Kindes nicht miteinander verheiratet und haben sie keine Sorgeerklärungen abgegeben, so steht der Mutter allein die elterl Sorge zu (§ 1626 a Abs 2). Das JugA wird aber Vormund, falls die Mutter, nicht dagegen, falls der Vater in die Annahme einwilligt. Haben die Eltern Sorgeerklärungen abgegeben, so bewirkt die Einwilligung nur eines Elternteils, daß der andere nach § 1678 Abs 1 allein die elterl Sorge ausübt.

13 Ist das JugA gem Abs 1 S 2 Amtsvormund geworden, so ändert eine **nachfolgende Anerkennung oder gerichtl Feststellung der Vaterschaft** nichts am Fortbestand der Vormundschaft, auch wenn der Vater nunmehr die Übertragung der Sorge nach § 1672 Abs 1 iVm § 1751 Abs 1 S 6 beantragen kann und die Annahme erst ausgesprochen werden darf, nachdem über den Antrag des Vaters entschieden worden ist (§ 1747 Abs 3 Nr 2; Näheres § 1747 Rn 38 ff). **Heiraten** allerdings die Mutter, die bereits in die Annahme eingewilligt hat, und der Vater, so steht ihnen nach § 1626 a Abs 1 Nr 2 die elterl Sorge gemeinsam zu. Da die Mutter diese jedoch nach § 1751 Abs 1 S 1, 1675 nicht ausüben kann, übt sie der Vater nach § 1678 Abs 1 HS 1 allein aus. Das bedeutet, daß die Amtsvormundschaft mit der Heirat der Eltern von Gesetzes wegen endet (§ 1882; DIV-Gutachten DAVorm 1999, 682, 683). Die gleiche Rechtsfolge tritt ein, wenn Mutter und Vater nicht heiraten, aber **Sorgeerklärungen gem § 1626 a Abs 1 Nr 1** abgeben. Daß die elterl Sorge der Mutter aufgrund der Einwilligung in die Annahme ruht, schließt eine Sorgeerklärung durch sie nicht aus (SOERGEL/LIERMANN Rn 2). Fraglich ist, ob der Vater durch Heirat oder Sorgeerklärung die elterl Sorge auch dann erlangen kann, wenn er zuvor nach § 1747 Abs 3 Nr 3 darauf verzichtet hat, die Übertragung der Sorge nach § 1672 Abs 1 zu beantragen. Man wird die Frage bejahen müssen, weil die Verzichtserklärung nur im Hinblick auf § 1672 Abs 1, nicht aber im Hinblick auf Eheschließung oder Sorgeerklärung erfolgt ist. Zu der nicht völlig gleich gelagerten Problematik nach altem Recht, wenn die Eltern heirateten, nachdem die Mutter in die Annahme eingewilligt und der Vater nach § 1747 Abs 2 S 3 aF darauf verzichtet hatte, selbst die Annahme des Kindes oder dessen Ehelicherklärung zu beantragen, vgl STAUDINGER/FRANK[12] § 1747 Rn 18. Wird der Vater infolge von Heirat oder Sorgeerklärungen Inhaber der elterl Sorge, so kann seine Einwilligung in die Adoption nur nach § 1748 Abs 1–3, nicht aber nach § 1748 Abs 4 ersetzt werden (vgl auch DIV-Gutachten DAVorm 1999, 682, 684).

3.   Sonderfall bereits bestehender Vormundschaft (Abs 1 S 2)

Nach Abs 1 S 2 HS 2 Alt 2 macht eine bereits bestellte Vormundschaft (§ 1773) den **14** Eintritt der Adoptionsvormundschaft entbehrlich. Bei wörtlicher Auslegung des Begriffs „bestellt" fiele die in der Praxis nicht seltene **Vormundschaft für Kinder lediger minderjähriger Mütter** aus dem Anwendungsbereich des Abs 1 S 2 heraus, da sie gem § 1791 c kraft Ges entsteht. Es handelt sich hier jedoch nicht um eine beabsichtigte Differenzierung des Gesetzgebers, sondern um eine primäre Lücke, die sich aus der Entstehungsgeschichte der Vorschrift erklärt. Der Gesetzgeber v 1976 hat sich bei der Formulierung des § 1751 an den Wortlaut des § 1791 c angelehnt, da dieser auch inhaltlich Vorbild sein sollte (BT-Drucks 7/3061, 40). § 1791 c Abs 1 S 1 HS 2 und § 1751 Abs 1 S 2 HS 2 Alt 2 bezwecken, dort keine Amtsvormundschaft eintreten zu lassen, wo bereits eine andere Vormundschaft besteht. Die Amtsvormundschaft soll nur dort zum Zuge kommen, wo das Kind andernfalls keinen Sorgeberechtigten hätte (vgl BT-Drucks 7/3061, 40: „Da das Kind … einen gesetzlichen Vertreter hat, besteht für eine Amtsvormundschaft des Jugendamts, die automatisch eintritt, kein Bedürfnis").

Zur Entstehungszeit des § 1791 c konnte der Wortlaut „bestellt" bedenkenlos ge- **15** wählt werden. Die früher sog Nichtehelichenvormundschaft war nämlich die einzige kraft Ges entstehende Vormundschaft. Alle anderen denkbaren Vormundschaften waren bestellte. Das Problem des Verhältnisses zweier gesetzl Amtsvormundschaften zueinander entstand erstmals durch die Einführung des § 1751 und wurde seinerzeit vom Gesetzgeber nicht erkannt. Die bei wörtlicher Auslegung entstehende Doppelvormundschaft wäre unsinnig. Da der „Nichtehelichenvormund" bereits für alle Sorgebereiche zuständig ist, werden durch die Einwilligung der Kindesmutter keine weiteren Sorgebefugnisse mehr frei, die dem neuen Vormund zufallen könnten. Das VormG darf zwar bei einer bestellten Vormundschaft die Sorge in einzelne Funktionsbereiche untergliedern und für jeden Bereich einen eigenen Vormund bestellen (§ 1797 Abs 2). Eine derartige Aufteilung verbietet sich aber bei einer kraft Ges entstandenen und durch das Ges in ihrem Umfang festgelegten Vormundschaft (DIV-Gutachten ZfJ 1985, 79, 81).

Auch die vor dem KindRG v 1997 vertretene Auffassung, die Vormundschaft gem **16** § 1791 c werde durch das Eintreten der Adoptionsvormundschaft kraft Ges auf den Aufgabenbereich eines Nichtehelichenpflegers (§ 1706 aF) reduziert, überzeugte schon früher nicht (so aber BGB-RGRK/DICKESCHEID Rn 6). Nur um die wörtliche Auslegung zu retten und gleichzeitig die sich aus der wörtlichen Auslegung ergebenden unstimmigen Ergebnisse zu vermeiden, sollte man nicht Lösungen anstreben, die das Gesetz nicht vorsieht. Vielmehr ist § 1751 von vornherein dahingehend auszulegen, daß **alle bestehenden Vormundschaften erfaßt** sind (inzwischen völlig hM: OLG Köln NJW-RR 1992, 903 = FamRZ 1992, 352 = DAVorm 1991, 1097; BRÜGGEMANN ZBlJugR 1977, 199, 203; ERMAN/HOLZHAUER Rn 6; SOERGEL/LIERMANN Rn 6; PALANDT/DIEDERICHSEN Rn 2; DIV-Gutachten DAVorm 1991, 934).

4.   Sonderfall bereits bestehender Pflegschaft (Abs 1 S 3)

Eine schon vor der Einwilligung bestehende Pflegschaft bleibt nach Abs 1 S 3 unbe- **17** rührt. Die Befugnisse des Vormunds erstrecken sich deshalb nicht auf diejenigen Bereiche, für die eine Pflegschaft besteht (§ 1794). Obwohl im Familienrecht allg der

Grundsatz gilt, daß eine Vormundschaft eine bestehende Pflegschaft absorbiert (vgl §§ 1918, 1791 c Abs 2), hat sich der Gesetzgeber in § 1751 Abs 1 S 3 für eine andere Lösung entschieden: Soweit aufgrund der Einwilligung in die Adoption die elterl Sorge eines Elternteils ruht, nimmt das JugA als Adoptionsvormund rechtlich die Stelle des einwilligenden Elternteils ein. Darüber hinausgehende rechtliche Veränderungen sieht § 1751 nicht vor (DIV-Gutachten DAVorm 1995, 210). Die Regelung des Abs 1 S 3 hat sich zT bewährt (zB im Fall der §§ 1909 Abs 1 S 2, 1638), begegnet zT allerdings auch Bedenken (zB im Fall einer Pflegerbestellung nach teilweiser Entziehung der elterl Sorge, § 1666). Daß das Gesetz eine Pflegschaft neben der Amtsvormundschaft fortbestehen läßt, schließt indessen nicht aus, daß Vormundschaft und Pflegschaft durch richterliche Entscheidung in einer Hand vereinigt werden (§ 1919). In vielen Fällen sollte dies auch geschehen (OBERLOSKAMP 148). Eine Pflegschaft iSv Abs 1 S 3 hat auch eine Pflegeperson inne, der das FamG gem § 1630 Abs 3 Angelegenheiten der elterl Sorge übertragen hat. Will die bisherige Pflegeperson das Kind adoptieren, behält sie ihre Rechte aus § 1630 Abs 3 auch nach der Einwilligung. Soll das Kind von einer anderen Person adoptiert werden, so enthält die Einwilligungserklärung der Eltern den konkludenten Antrag auf Aufhebung der Pflegschaft nach § 1630 Abs 3, dem das FamG stattgeben muß, weil die Voraussetzungen für die Übertragung von Angelegenheiten der elterl Sorge auf die bisherige Pflegeperson nunmehr entfallen sind. – Vor Inkrafttreten des KindRG v 1997 war einer der Hauptanwendungsfälle des Abs 1 S 3 die Amtspflegschaft für ein nichtehel Kind (§§ 1706, 1709 aF). Vgl hierzu ausführlich STAUDINGER/FRANK[12] Rn 16. Durch die Aufhebung der Amtspflegschaft ist die früher lebhaft diskutierte Problematik des Nebeneinander von Adoptionsvormundschaft und Amtspflegschaft gegenstandslos geworden.

5.   Erteilung einer Bescheinigung (Abs 1 S 4)

18 Da die Vormundschaft kraft Ges entsteht, erhält der Adoptionsvormund keine Bestallungsurkunde gem § 1791, sondern lediglich eine **deklaratorische Bescheinigung** über den Eintritt der Berechtigung. Damit das JugA auch bei den nicht von ihm selbst vermittelten Adoptionspflegeverhältnissen möglichst schnell von der Vormundschaft erfährt, muß das für die Entgegennahme der Einwilligungserklärung nach § 43 b FGG zuständige VormG die Bescheinigung gem Abs 1 S 4 unverzüglich und von Amts wegen erteilen.

19 Für die Bescheinigung ist gem §§ 3 Nr 2 a, 14 Nr 3 f RPflG der Rechtspfleger zuständig. Ihre Erteilung begründet die Befugnis zur Vornahme eines Rechtsgeschäfts im Namen des Mündels mit der Wirkung des § 32 FGG und beeinträchtigt somit das Sorgerecht der Eltern. Diese können daher gem §§ 11 Abs 1 RPflG, 19 Abs 1, 20 Abs 1 FGG **Beschwerde** einlegen (BayObLGZ 1978, 384, 388 = DNotZ 1979, 348, 349 = StAZ 1979, 122, 124). Beschwerdebefugt ist gem § 57 Abs 1 Nr 9 FGG auch das JugA. Im Interesse des Kindes muß gewährleistet werden, daß nur einem materiellrechtl zum Vormund berufenen JugA die Bescheinigung nach Abs 1 S 4 erteilt wird (OLG Stuttgart FamRZ 1978, 207 = DAVorm 1978, 34, 35 f).

6.   Verweisung auf § 1688 Abs 1 und 3 (Abs 1 S 5)

20 Abs 1 S 5 wurde durch das KindRG v 1997 auf Empfehlung des Bundesrates neu in § 1751 eingefügt (BT-Drucks 13/4899, 158, 170). Mit der Verweisung auf § 1688 Abs 1 erhalten Pflegeeltern im Falle der Adoptionspflege die gleichen sorgerechtlichen Befugnisse wie Pflegeeltern im Falle einer Familienpflege (BT-Drucks 13/8511, 76). Sie können also in **Angelegenheiten des täglichen Lebens** für das Kind entscheiden sowie den Inhaber der elterl Sorge in solchen Angelegenheiten vertreten (§ 1688 Abs 1 S 1). Sie sind weiterhin befugt, den Arbeitsverdienst des Kindes zu verwalten sowie Unterhalts-, Versicherungs-, Versorgungs- und sonstige Sozialleistungen für das Kind geltend zu machen und zu verwalten (§ 1688 Abs 1 S 2) und bei Gefahr im Verzug alle Rechtshandlungen vorzunehmen, die zum Wohl des Kindes notwendig sind (zB ärztliche Behandlung, Operation). Allerdings muß in einem solchen Fall nach § 1688 Abs 1 S 3 iVm § 1629 Abs 1 S 4 „der andere Elternteil" unverzüglich unterrichtet werden. „Anderer Elternteil" ist wegen der nur entsprechenden Anwendung von § 1629 Abs 1 S 4 der Adoptionsvormund gem § 1751 Abs 1 S 2 oder, soweit ausnahmsweise die Eltern noch nicht in die Annahme eingewilligt haben, der sorgeberechtigte Elternteil bzw die sorgeberechtigten Eltern. Die entsprechende Anwendung von § 1688 Abs 3 bedeutet, daß das im Adoptionsverfahren zuständige VormG (nicht: FamG) die Befugnisse der (Adoptions-)Pflegeeltern einschränken oder ausschließen kann, wenn dies zum Wohl des Kindes erforderlich ist. Wollen die künftigen Adoptiveltern das Kind taufen lassen, so bedürfen sie dazu nicht nur der Zustimmung des insoweit zuständigen Adoptionsvormunds (§ 3 Abs 2 S 1 Rel-KEG). Erforderlich ist außerdem die Genehmigung des VormG (§ 3 Abs 2 S 2 Rel-KEG), das vor seiner Entscheidung die leibl Eltern anzuhören hat (§ 3 Abs 2 S 3). Die Regelung ist vor allem dann fragwürdig, wenn sich die Eltern bei der Inpflegegabe ihres Kindes zum Zwecke der Adoption mit einer bestimmten religiösen Erziehung einverstanden erklärt oder aber insoweit keinen besonderen Wunsch geäußert haben (Oberloskamp 256).

7.   Erwerb der väterlichen Sorge nach § 1672 Abs 1 (Abs 1 S 6)

Sind die Eltern bei der Geburt des Kindes nicht miteinander verheiratet und haben **21** sie keine Sorgeerklärungen abgegeben, so steht der Mutter die elterliche Sorge allein zu (§ 1626 a Abs 2). Erklärt die Mutter die Einwilligung in die Annahme und leben die Eltern nicht nur vorübergehend getrennt, so kann der Vater nach § 1672 Abs 1 beantragen, daß ihm das FamG die elterl Sorge überträgt. Abs 1 S 6 stellt klar, daß es zur Übertragung der elterl Sorge nicht der Zustimmung der Mutter nach § 1672 Abs 1 bedarf. Die Mutter kann also nicht in die Annahme ihres Kindes durch Dritte einwilligen und gleichzeitig verhindern, daß der Vater des Kindes Inhaber des Sorgerechts wird. Vor der Reform des Kindschaftsrechts v 1997 war gerade dieser Fall problematisch, weil die Mutter es in der Hand hatte, zwar in eine Adoption durch Dritte, nicht aber durch den Vater des Kindes einzuwilligen (Staudinger/Frank[12] § 1747 Rn 52). Die Regelung des Abs 1 S 6 dürfte überflüssig sein: Da die elterl Sorge der Mutter aufgrund ihrer Einwilligung in die Annahme ruht (§ 1751 Abs 1 S 1), hat das FamG die elterl Sorge gem **§ 1678 Abs 2** ohnehin auf den Vater zu übertragen, „wenn dies dem Wohl des Kindes dient". Unter den gleichen Voraussetzungen sieht auch § 1672 Abs 1 iVm § 1751 Abs 1 S 6 die Übertragung der Sorge auf den Vater vor (vgl § 1747 Rn 39). Die Anwendung von § 1678 Abs 2 hat gegenüber § 1672 Abs 1 sogar den Vorteil, daß der Vater das Sorgerecht unabhängig davon erlangen kann, ob er von der Mutter getrennt lebt oder nicht. Vater iSv Abs 1 S 6 ist selbstverständlich nur derjenige, der als Vater nach § 1592 Nr 2 und 3 feststeht, nicht aber der nur präsumtive Vater iSv § 1747 Abs 1 S 2. Zur **Sperrwirkung des Sorgerechtsantrags** im Adoptionsverfahren vgl § 1747 Rn 38 ff; zur Entstehungsgeschichte von Abs 1 S 6 vgl BT-Drucks 13/4899, 113, 156 f, 170 und BT-Drucks 13/8511, 21, 76.

8. Die Ausnahmeregelung des Abs 2

22 Die in Abs 1 aufgeführten Rechtsfolgen treten gem § 1751 Abs 2 nicht ein, wenn das Kind vom Ehegatten des einwilligenden Elternteils angenommen werden soll. In diesem Fall gibt der einwilligende Elternteil seine Elternrechte nicht preis; das Kind soll lediglich den Stiefelternteil als neuen Elternteil hinzugewinnen (vgl § 1754 Abs 1).

9. Zeitliche Begrenzung des Ruhens der elterlichen Sorge (Abs 3)

23 Verliert die Einwilligung eines Elternteils ihre Kraft (vgl dazu § 1750 Rn 16 f), so fällt der Grund für das Ruhen der elterl Sorge weg. Anders als in den übrigen Fällen des Ruhens (vgl § 1674 Abs 2; MünchKomm/MAURER Rn 3; BGB-RGRK/DICKESCHEID Rn 3) lebt die gem § 1751 Abs 1 S 1 ruhende Sorge nicht wieder automatisch auf; denn mit der Einwilligung hat der Elternteil gezeigt, daß er nicht willens oder im Falle des § 1748 nicht fähig ist, elterl Verantwortung wahrzunehmen. Außerdem hat das Kind die Zwischenzeit getrennt von seinem nicht umgangsberechtigten Elternteil verbracht. Es bedarf deshalb einer **vormundschaftsgerichtl** Prüfung und **Entscheidung,** ob die Ausübung der elterl Sorge wieder auf den Elternteil zurückübertragen werden kann. Vor der Entscheidung hat das VormG das JugA zu hören (§ 49 Abs 1 Nr 4 FGG). Zur ungenauen Terminologie in Abs 3 (Übertragung der elterl Sorge anstatt Übertragung der Ausübung der elterl Sorge) vgl oben Rn 7.

24 Stellt sich vor der Adoption heraus, daß die elterl **Einwilligungserklärung wegen Geschäftsunfähigkeit oder Willensmängeln nichtig** war, so kommt eine analoge Anwendung des Abs 3 nicht in Betracht (vgl dazu oben Rn 5). In einem solchen Fall sind die Wirkungen des Abs 1 von vornherein nicht eingetreten. Bestehen Bedenken, das Kind (wieder) seinen leibl Eltern anzuvertrauen, so ist zu prüfen, ob die Voraussetzungen der §§ 1748 oder 1666 erfüllt sind.

Abs 3 setzt voraus, daß das Ruhen der elterl Sorge auf Grund der Einwilligung, also nach Abs 1 S 1, eingetreten ist. War dem Elternteil schon vor der Einwilligung das Sorgerecht in toto entzogen worden, so kommt eine Rückübertragung gem Abs 3 nicht in Betracht. Vielmehr geht es ausschließlich um die Frage, ob die getroffene Maßnahme gem § 1696 Abs 2 wieder aufzuheben ist. War das Sorgerecht nur teilweise gem § 1666 entzogen worden (zB nur das Aufenthaltsbestimmungsrecht), so ist über die Aufhebung dieser Maßnahme nach § 1696 Abs 2 zu entscheiden, während für die Fortdauer des Ruhens der elterl Sorge im übrigen § 1751 Abs 3 maßgebend ist.

25 Die **Rückübertragung** der elterl Sorge muß erfolgen, „**soweit dies dem Wohl des Kindes nicht widerspricht"**. Richtschnur für die Entscheidung ist § 1666: Soweit bei einem Herausgabeverlangen sorgeberechtigter Eltern Maßnahmen gem § 1666 getroffen werden müßten, kommt auch eine Rückübertragung nach § 1751 Abs 3 nicht in Betracht.

26 Wird die Sorge nicht oder teilweise nicht zurückgewährt, und ist auch der andere

Elternteil nicht ausübungsberechtigt, so muß das Gericht einen **Vormund oder Pfleger** bestellen. Der RegE hatte ursprüngl in Abs 3 eine entsprechende Regelung ausdrücklich vorgesehen (BT-Drucks 7/3061, 5 u 41). Sie war dann allerdings auf Anregung des Bundesrates (BT-Drucks 7/3061, 74; BT-Drucks 7/5087, 14) gestrichen worden. Obwohl die Adoptionsvormundschaft nicht kraft Ges erlischt, kann wegen des Wegfalls der gesetzl Voraussetzungen für das Ruhen der elterl Sorge auf Dauer nicht von der Bestellung eines Vormunds abgesehen werden (so aber wohl BT-Drucks 7/3061, 74; aA die hL: DIV-Gutachten DAVorm 1983, 634; BGB-RGRK/DICKESCHEID Rn 14; BAER/GROSS 53; OBERLOSKAMP 150; vgl auch BayObLG FamRZ 1983, 761 = ZBlJugR 1983, 434). Wird ein Vormund bestellt, so endet eine bis dahin noch bestehende Pflegschaft gem § 1918 Abs 1 (DIV-Gutachten DAVorm 1983, 634, 635; SOERGEL/LIERMANN Rn 13).

Abs 3 enthält bezügl des nach Abs 1 S 1 ebenfalls ruhenden **Umgangsrechts** keine 27 ausdrückliche Regelung. Wird dem Elternteil die Ausübung des Sorgerechts zurückübertragen, so schließt diese Entscheidung das Umgangsrecht notwendigerweise ein. Wird allerdings ein Vormund bestellt, so fragt es sich, ob das Umgangsrecht automatisch wiederauflebt (so BGB-RGRK/DICKESCHEID Rn 15). Richtigerweise ist auch hier Abs 3 analog anzuwenden und eine Wiederausübung des Umgangsrechts nur für den Fall zu bejahen, daß eine entsprechende vormundschaftsgerichtl Entscheidung getroffen wird.

III. Elterliche Einwilligung und Unterhaltspflicht (Abs 4)

1. Allgemeines

Zu Normzweck und Entstehungsgeschichte v Abs 4 vgl oben Rn 1 ff. Die elterl Einwilligung allein löst noch keine Unterhaltspflicht des Annehmenden aus; erforderlich ist außerdem, daß das Kind in die Obhut des Annehmenden mit dem Ziel der Annahme aufgenommen ist. Sind die Voraussetzungen des Abs 4 S 1 erfüllt, so ist der Annehmende dem Kind vor dessen Verwandten zur Unterhaltsgewährung verpflichtet. Die **Unterhaltspflicht der leibl Eltern sowie der übrigen Verwandten** erlischt also nicht, sondern tritt nur als **subsidiär** hinter die des Annehmenden zurück. Ist die Unterhaltspflicht des Annehmenden entstanden, so ist der Unterhaltsanspruch des Adoptivpflegekindes gleichrangig mit dem Anspruch der leibl Kinder auf Unterhalt (BGH FamRZ 1984, 378, 379 = DAVorm 1984, 387, 389 = JR 1984, 328, 329).

An der gesetzl **Unterhaltspflicht des Kindes gegenüber seinen leibl Verwandten** ändert 29 Abs 4 nichts. Das Kind erhält nach Abs 4 einen neuen Unterhaltsschuldner, ohne selbst zusätzlichen Unterhaltspflichten ausgesetzt zu werden. Es besteht deshalb kein Anlaß, entgegen dem Gesetzeswortlaut die Unterhaltspflicht des Kindes gegenüber seinen leibl Eltern „ruhen" zu lassen (so aber ROTH-STIELOW Rn 9; aA [wie hier] GERNHUBER/COESTER-WALTJEN § 68 VI Fn 50; BGB-RGRK/DICKESCHEID Rn 22; SOERGEL/LIERMANN Rn 15).

Hat der Anzunehmende bereits ein Kind, so fragt es sich, ob die Annehmenden diesem 30 gem Abs 4 als Großeltern (nach den leibl Eltern) unterhaltspflichtig werden mit der Konsequenz, daß die Unterhaltspflicht der Eltern des Anzunehmenden als subsidiär hinter die der Adoptivgroßeltern zurücktritt. Man wird die vom Gesetzgeber offengelassene Frage (BT-Drucks 7/5087, 15) bejahen müssen, weil es wenig sinnvoll erscheint, die leibl Eltern auf Kosten der Adoptiveltern von der Unterhaltslast gegenüber ihrem Kind, nicht aber gegenüber ihrem Enkel zu befreien, der nach der angestrebten Adoption ebenso wie der Anzunehmende rechtl zur Familie des Annehmenden gehören soll (ebenso BGB-RGRK/Dickescheid Rn 23; teilweise aA Soergel/Liermann Rn 15).

2. Voraussetzungen der Unterhaltspflicht des Annehmenden

a) Einwilligung der Eltern

31 „Erforderlich" iSv Abs 4 S 1 ist die Einwilligung beider Eltern (§ 1747 Abs 1 S 1) oder deren gerichtl Ersetzung (§ 1748). Solange nur ein Elternteil in die Annahme eingewilligt hat, treten die Wirkungen des Abs 4 nicht ein (vgl DIV-Gutachten ZfJ 1988, 546). Verzichtet der mit der Mutter nicht verheiratete Vater darauf, die Übertragung der Sorge nach § 1672 Abs 1 zu beantragen (§ 1747 Abs 3 Nr 3), so hat dieser Verzicht keine Auswirkungen auf die gesetzl Unterhaltspflicht. Ist die Einwilligung der Eltern nicht erforderlich, weil diese bereits verstorben sind oder die Voraussetzungen des § 1747 Abs 4 vorliegen, so treten die Wirkungen des Abs 4 schon dann ein, wenn das Kind mit dem Ziel der Annahme in die Obhut des Annehmenden aufgenommen wird (BT-Drucks 7/5087, 15; DIV-Gutachten ZfJ 1987, 459, 460).

b) Obhut des Annehmenden

32 Mit der Formulierung, daß das Kind „in die Obhut des Annehmenden aufgenommen" sein muß, wollte der Gesetzgeber entsprechend § 1629 Abs 2 klarstellen, „daß das Kind nicht unbedingt in den Haushalt des Annehmenden aufgenommen sein muß. Muß es bspw wegen Krankheit oder körperlicher oder geistiger Behinderung noch einige Zeit in einem Krankenhaus oder in einem Heim bleiben, so tritt die Unterhaltspflicht der künftigen Annehmenden ein, wenn sie **die Verantwortung für das Kind übernehmen"** (BT-Drucks 7/5087, 14).

33 Ist das Kind noch nicht in den Haushalt des Annehmenden aufgenommen, so muß allerdings der für die „Inobhutnahme" erforderliche Wille zur Übernahme der Verantwortung nach außen klar in Erscheinung treten (BGB-RGRK/Dickescheid Rn 18). In der Praxis bereitet die Feststellung des Tatbestandsmerkmals der Inobhutnahme weniger Schwierigkeiten, als man zunächst anzunehmen geneigt ist, weil die Unterhaltspflicht nach Abs 4 S 1 erst entsteht, wenn auch die elterl Einwilligung wirksam erteilt oder gerichtl ersetzt ist, das Kind zu diesem Zeitpunkt aber in aller Regel längst bei seinen künftigen Adoptiveltern lebt. Anlaß zu Zweifeln können Fälle geben, in denen eine elterl Einwilligung nicht erforderlich ist (oben Rn 31).

c) Adoptionsabsicht

34 Das Kind muß in die Obhut des Annehmenden **„mit dem Ziel der Annahme"** aufgenommen sein. Die Feststellung des entscheidenden Zeitpunktes kann schwierig sein, wenn bei einem Pflegeverhältnis der Entschluß zur Adoption erst später gefaßt wird. Allerdings kommt es auf diesen Zeitpunkt im allg nicht an, weil das Entstehen der Unterhaltspflicht nach Abs 4 zusätzlich die elterl Einwilligung in die Adoption erfordert. Wird diese Einwilligung erteilt, dürften spätestens zu dieser Zeit keine Zweifel mehr an der Adoptionsabsicht der Annehmenden bestehen. Ist allerdings die elterl Einwilligung in die Adoption nicht erforderlich (oben Rn 29), so kommt es entscheidend darauf an, wann der Entschluß zur Annahme gefaßt wurde. Ein förm-

licher Adoptionsantrag gem § 1752 braucht jedenfalls nicht gestellt zu sein (hM, zB BSGE 71, 128, 132 = NJW 1993, 1156, 1157 = FamRZ 1993, 1077, 1079; BRÜGGEMANN DAVorm 1978, 44, 46 u ZBlJugR 1982, 538, 549; OBERLOSKAMP 152; BGB-RGRK/DICKESCHEID Rn 19; ERMAN/ HOLZHAUER Rn 12; MünchKomm/MAURER Rn 15; DIV-Gutachten ZfJ 1995, 328, 329 u DAVorm 1991, 846; **aA** VG Münster DAVorm 1978, 40, 42). „Endgültig" braucht die Adoptionsabsicht auch nicht in dem Sinne zu sein, daß sie unabhängig von künftigen Entwicklungen unverrückbar feststeht. Es ist ja gerade der Sinn einer Probezeit (§ 1744), von einem angestrebten Ziel auch wieder Abstand nehmen zu können (BRÜGGEMANN DAVorm 1978, 44, 46; DIV-Gutachten ZfJ 1985, 214, 215 u ZfJ 1987, 74). Erforderlich ist jedoch die **ernsthafte Absicht der Annahme, die nach außen hin klar zum Ausdruck gebracht werden muß,** naheliegenderweise durch Mitteilung gegenüber dem JugA oder dem Vormund des Kindes (BRÜGGEMANN ZBlJugR 1982, 538, 549; OBERLOSKAMP 152, BGB-RGRK/ DICKESCHEID Rn 19; ERMAN/HOLZHAUER Rn 12; DIV-Gutachten DAVorm 1991, 846).

3.   Sonderfall der Stiefkindadoption

Der Fall einer angestrebten Stiefkindadoption ist in Abs 4 S 2 besonders geregelt, **35** weil der mit dem Stiefelternteil verheiratete leibl Elternteil seine Elternrechte nicht preisgeben will (§ 1754 Abs 1), so daß es auch keinen Sinn ergäbe, diesen Elternteil aus seiner primären Unterhaltspflicht zu entlassen. Befindet sich das Kind in der Obhut der Ehegatten und haben beide leibl Elternteile die Einwilligung erklärt, so sind die Ehegatten dem Kind vor den anderen Verwandten des Kindes, insbes vor dem nicht mit dem Stiefelternteil verheirateten leibl Elternteil, zur Gewährung des Unterhalts verpflichtet.

4.   Sozialleistungen und Pflegegeld

a)   Sozialleistungen
Eine ganze Reihe von Sozialleistungen knüpft an bestehende Unterhaltspflichten **36** oder tatsächlich erbrachte Unterhaltsleistungen an. Wie sich § 1751 auf diese Sozialleistungen, insbes auf den Schutz des Kindes in der gesetzl Krankenversicherung auswirkt, war bei der Verabschiedung des AdoptG v 1976 nicht ausdiskutiert worden (vgl BT-Drucks 7/5087, 30). Etwa erforderliche gesetzl Änderungen oder Klarstellungen sollten einem späteren Ges vorbehalten bleiben (vgl BR-Drucks 304/76 u BT-Drucks 8/1495). Am 24. 6. 1985 ist schließlich das Ges zur Anpassung rechtl Vorschriften an das AdoptG (AdoptAnpG) ergangen (BGBl I 1144; Begründung BT-Drucks 10/1746, 11 ff). Kinder, die sich in Adoptionspflege befinden und deren Eltern in die Annahme eingewilligt haben, werden nunmehr hinsichtlich sozialer Leistungen – soweit dies nicht bereits vor Inkrafttreten des Ges der Fall war – **Adoptivkindern gleichgestellt** (Überblick MünchKomm/MAURER Rn 20). Dies gilt zB für Kindergeld (§ 2 Abs 1 Nr 2 BKGG), Wohngeld (§ 4 Abs 1 WoGG), Familienkrankenhilfe (§ 10 Abs 4 S 2 SGB V), Renten (vgl § 48 Abs 3 Nr 1 SGB VI), Versorgungsleistungen (§ 33 b Abs 2 S 2 BVG).

b)   Pflegegeld
Pflegeeltern haben Anspruch auf Pflegegeld gem § 39 SGB VIII, sofern die leibl **37** Eltern nach Erteilung der Pflegeerlaubnis ihrer Unterhaltspflicht nicht nachkommen oder nachkommen können. Da Pflegegeld Unterhalt ist, dauert die Verpflichtung zur Zahlung von Pflegegeld an, solange die Annehmenden noch nicht unterhaltspflichtig

sind. Mit Beginn der **Unterhaltspflicht nach Abs 4** erlischt somit der Anspruch auf Pflegegeld (allgM).

5.   Ende der Unterhaltspflicht des Annehmenden

a)   Beendigungsgründe
aa)   Ausspruch der Annahme als Kind
38   Kommt es zum Ausspruch der Annahme, so endet die durch Abs 4 begründete Unterhaltspflicht. Der Annehmende ist nunmehr als Elternteil gem §§ 1754, 1601 ff unterhaltspflichtig.

bb)   Volljährigkeit des Anzunehmenden
39   § 1751 gilt nicht für die Volljährigenadoption, weil eine der wesentlichen Voraussetzungen des Abs 4 die elterl Einwilligung nach § 1747 ist, auf die es bei der Volljährigenadoption nicht ankommt (§ 1768 Abs 1 S 2). Die Wirkungen des zu einem Minderjährigen begründeten Adoptionspflegeverhältnisses gem § 1751 enden deshalb notwendigerweise mit der Volljährigkeit des Anzunehmenden.

cc)   Wegfall einer der Voraussetzungen des Abs 4
40   Die gesetzl Unterhaltspflicht erlischt, wenn eine der Voraussetzungen des Abs 4 wegfällt. Die Unterhaltspflicht des Abs 4 ist an das kumulative Vorliegen von Einwilligung, Inobhutnahme und Adoptionsabsicht geknüpft (Gernhuber/Coester-Waltjen § 68 VI 10; Brüggemann DAVorm 1978, 44, 46; DIV-Gutachten ZfJ 1987, 74, 75 u ZfJ 1995, 328, 329; aA OLG Frankfurt FamRZ 1984, 312, 313 m insoweit zust Anm Bosch 313 [Wegfall von Einwilligung *und* Obhut]; BGB-RGRK/Dickescheid Rn 24 [Fehlschlagen des Adoptionsvorhabens *und* Aufgabe der Obhut]; MünchKomm/Maurer Rn 16 [Aufgabe der Obhut *und* Rücknahme eines bereits gestellten Adoptionsantrags]).

41   An der gem Abs 4 erforderlichen **Einwilligung** fehlt es, wenn sie gem § 1750 Abs 4 kraftlos wird oder wenn sich noch vor dem Ausspruch der Annahme herausstellt, daß die Einwilligungserklärung unwirksam war (vgl DIV-Gutachten ZfJ 1986, 309). An der erforderlichen Einwilligung des Vaters fehlt es auch, wenn die Vaterschaft erst anerkannt oder gerichtl festgestellt wird, nachdem die Mutter in die Annahme eingewilligt und so die Wirkungen des § 1751 Abs 4 S 1 ausgelöst hat.

42   Die **Obhut** ist beendet, wenn die Betreuungsperson die Pflege und Verantwortung für das Kind aufgibt. Die Ansicht, der Bewerber könne sich nicht allein durch die Aufgabe der Obhut der gesetzl Unterhaltspflicht entziehen (so aber MünchKomm/Maurer Rn 16; BGB-RGRK/Dickescheid Rn 24), findet im Gesetz keine Stütze. Fortbestehen könnte nur eine vertraglich übernommene Unterhaltspflicht.

43   Die Unterhaltspflicht endet auch, wenn die **Adoptionsabsicht** aufgegeben wird (Beispielsfälle: DIV-Gutachten ZfJ 1995, 328; ZfJ 1994, 281; DAVorm 1994, 784). Zweifel an der Richtigkeit des Adoptionsentschlusses stellen allerdings noch keine Aufgabe der Adoptionsabsicht dar (vgl DIV-Gutachten ZfJ 1987, 74). Die Unterhaltspflicht nach Abs 4 besteht ebenfalls weiter, wenn das JugA das Annahmeverfahren für eine bestimmte Zeit aussetzt, weil Zweifel aufgekommen sind, ob eine (Stiefvater-)Adoption dem Wohl des Kindes dient (vgl DIV-Gutachten ZfJ 1987, 75). War bereits ein Adoptionsantrag gestellt worden, so wird man aus Gründen der Klarheit verlangen

müssen, daß der Antrag zurückgenommen wird (vgl DIV-Gutachten ZfJ 1995, 328, 329 u
ZfJ 1987, 74; BGB-RGRK/Dickescheid Rn 24; Soergel/Liermann Rn 21).

b) Regreßansprüche des Annehmenden

Hat ein Adoptionsbewerber Unterhalt geleistet, obwohl eine wirksame elterl Ein- **44**
willigung nicht vorlag, oder leistet er trotz Wegfalls einer der Voraussetzungen des
Abs 4 weiterhin Unterhalt, so steht ihm gegen die gesetzl unterhaltspflichtigen Eltern
ein **Regreßanspruch nach §§ 683, 812** zu. In Betracht kommt für die gleiche Zeit auch
ein Anspruch auf Pflegegeld gem § 39 SGB VIII (vgl DIV-Gutachten ZfJ 1986, 560, 561).

Ein **Ersatzanspruch für den unter den Voraussetzungen des Abs 4 geleisteten Unterhalt** **45**
kommt indessen selbst dann nicht in Betracht, wenn die Annahme gegen den Willen
des Adoptionsbewerbers scheitert. Eine condictio sine causa (§ 812 Abs 1 S 1) scheidet aus, weil Unterhalt aufgrund einer bestehenden gesetzl Verpflichtung geleistet
wurde. Eine condictio ob rem (§ 812 Abs 1 S 1 Alt 2) würde voraussetzen, daß das
Zustandekommen der Adoption Zweck der Leistung war. Das ist nicht der Fall. Der
Ausspruch der Annahme wurde zwar erwartet, war jedoch unsicher. Darüber waren
sich die Pflegeeltern auch im klaren. Die gesetzl Unterhaltspflicht des Abs 4 findet
ihre Rechtfertigung in der tatsächlichen Lebensgemeinschaft, nicht in einer späteren
Adoption (heute allgM; vgl MünchKomm/Maurer Rn 16; BGB-RGRK/Dickescheid Rn 25;
Soergel/Liermann Rn 23; Ruthe FamRZ 1977, 30, 31 Fn 16; OLG Frankfurt FamRZ 1984, 312,
313; **aA** Roth-Stielow Rn 9).

§ 1752

**(1) Die Annahme als Kind wird auf Antrag des Annehmenden vom Vormund-
schaftsgericht ausgesprochen.**

**(2) Der Antrag kann nicht unter einer Bedingung oder einer Zeitbestimmung oder
durch einen Vertreter gestellt werden. Er bedarf der notariellen Beurkundung.**

Materialien: BT-Drucks 7/3061, 41 f, 74, 85; BT-
Drucks 7/5087, 15. S Staudinger/BGB-Synopse
(2000) § 1752.

Systematische Übersicht

Alphabetische Übersicht

9. Titel. Annahme als Kind.
I. Annahme Minderjähriger.

§ 1752

1

I. Dekretsystem

Die Vorschrift setzt an die Stelle des **Vertrags-** das sog **Dekretsystem.** Vor der Reform **1** v 1976 kam die Adoption durch Vertrag zwischen Annehmendem und Anzunehmendem zustande, wobei allerdings der Vertrag nicht nur der vormundschaftsgerichtl Genehmigung bedurfte (§ 1751 aF), sondern auch gerichtl bestätigt werden mußte (§ 1741 S 2 aF). Näheres zum alten Recht vgl STAUDINGER/ENGLER[10/11] § 1741 Rn 18 ff. Das nunmehr geltende Recht sieht in der Adoption einen staatlichen Hoheitsakt. Die alten auf einen Vertrag gerichteten Willenserklärungen von Annehmendem und Kind werden heute rechtl als Antrag des Annehmenden auf Ausspruch der Adoption (§ 1752) und Einwilligung des Kindes in die Annahme (§ 1746) qualifiziert. Das Vertragssystem widerspricht dem Verständnis der Adoption als eines Mittels der Fürsorge für hilfsbedürftige Kinder (aM BOSCH FamRZ 1984, 829, 838; GERNHUBER/ COESTER-WALTJEN § 68 II 1). Kritik war insoweit schon in den Motiven zum BGB (Mot IV 1001) angeklungen, hatte sich vor und nach dem 2. Weltkrieg verstärkt (vgl STAUDINGER/ENGLER[10/11] § 1755 Rn 30 ff) und hat inzwischen weltweit zu einer Verdrängung des Vertrags- durch das Dekretsystem geführt (Nachw BT-Drucks 7/3061, 24; BEGHÈ LORETI, L'adozione dei minori nelle legislazioni europee [Milano 1986] 3, 35 f; BOSCH FamRZ 1984, 829, 838).

2 Man sollte allerdings Dekret- und Vertragssystem nicht als unvereinbare Gegensätze verstehen. In allen Rechtsordnungen erfordert die Adoption neben der Zustimmung der Beteiligten auch die Mitwirkung staatlicher Stellen. Ob der entscheidende Akt des Zustandekommens der Adoption mehr im Vertragsrecht (verbunden mit einer staatlichen Kontrolle) oder in einem staatlichen Hoheitsakt (aber eben doch beruhend auf den Einwilligungserklärungen der Beteiligten) zu suchen ist, ist eine Frage der Gewichtung (vgl BOSCH FamRZ 1984, 829, 837 f; GERNHUBER/COESTER-WALTJEN § 68 II). Sie hat indessen praktische Bedeutung; denn die Anerkennung ausländischer Dekretadoptionen richtet sich nach § 16 a FGG idF d Ges zur Neuregelung des internationalen Privatrechts v 25. 7. 1986, während sich die Gültigkeit von Vertragsadoptionen nach Art 22 EGBGB (ebenfalls idF d Ges zur Neuregelung des internationalen Privatrechts v 25. 7. 1986) beurteilt. Das **EuAdoptÜbEink** hat sich wohl zu Recht weder auf das Vertrags- noch auf das Dekretsystem festgelegt (JANSEN MittAGJJ 1967, 50, 52). Etwas anderes kann auch nicht aus Art 8, 9 herausgelesen werden, wo es heißt, daß die zuständige Behörde eine Annahme nur „aussprechen" darf, wenn bestimmte Voraussetzungen erfüllt sind (vgl BT-Drucks 7/3061, 24).

3 Negativ hat sich früher das Vertragsdenken vor allem auf die **Bestandskraft fehlerhafter Adoptionen** ausgewirkt. So konnte der Annahmevertrag mit ex-tunc-Wirkung nichtig oder anfechtbar sein (§ 1755 aF); er konnte durch contrarius actus aufgehoben werden (§ 1768 aF), wobei allerdings der Aufhebungsvertrag vormundschaftsgerichtl genehmigt und gerichtl bestätigt werden mußte (§ 1770 aF). Allerdings hatte schon das alte Recht manche Härten des Vertragssystems durch Sonderregelungen gemildert (vgl §§ 1756, 1770 b Abs 1 S 2 aF). Insg hat das oft und mit Recht kritisierte Vertragssystem der Praxis jedoch weniger Kopfzerbrechen bereitet, als heute gemeinhin mit der wachsenden Distanz zur Gesetzesänderung v 1976 angenommen wird.

II. Der Antrag

1. Rechtsnatur

4 Der Antrag ist nach dem Übergang vom Vertrags- zum Dekretsystem **Verfahrenshandlung.** Das darf nicht darüber hinwegtäuschen, daß er ebenso wie früher das „Vertragsangebot" des Annehmenden eine materiellrechtl Erklärung beinhaltet, die sich qualitativ nicht von den Einwilligungserklärungen des Kindes, der Eltern und des Ehegatten in die Adoption (§§ 1746, 1747, 1749) unterscheidet. Es erleichtert deshalb durchaus das Verständnis, wenn dem Antrag rechtl eine Art Doppelnatur (Verfahrensantrag und materiellrechtl Willenserklärung) zuerkannt wird. „Weil der

Antrag auch die materiellrechtl Einwilligung zur Begründung des neuen Eltern-Kindverhältnisses enthält" (so BT-Drucks 7/3061, 41 f), behandelt deshalb auch das AdoptG v 1976 den Antrag nach § 1752 und die Einwilligungen nach §§ 1746, 1747, 1749 rechtl weitgehend gleich:

(1) Der Antrag bedarf nach Abs 2 S 2 wie die Einwilligungserklärungen des Kindes, der Eltern und des Ehegatten nach § 1750 Abs 1 S 2 der **notariellen Beurkundung** (vgl auch BayObLG FamRZ 1983, 532; KEMPER DAVorm 1977, 153). Wegen dieser Gleichbehandlung und der entsprechenden Parallelregelung bei der früheren Ehelicherklärung (§ 1730 vor dem KindRG v 1997) erscheint eine Kritik am Erfordernis der notariellen Beurkundung verfehlt (so aber MünchKomm/LÜDERITZ³ Rn 2 m Hinw u MünchKomm/MAURER⁴ Rn 2 in Fn 11; aA BGB-RGRK/DICKESCHEID Rn 3). Nachdem der Gesetzgeber entschieden hat, sollte man die fruchtlose Diskussion darüber, ob eine öffentliche Beurkundung durch das JugA die bessere Lösung wäre, einstellen.

(2) Der Antrag nach § 1752 ist ebenso **bedingungs- und zeitbestimmungsfeindlich** wie die Einwilligung des Kindes, der Eltern und des Ehegatten (§ 1752 Abs 2 S 1; § 1750 Abs 2 S 1).

(3) Beim Adoptionsantrag ist **Stellvertretung** ebensowenig zulässig wie bei der Einwilligung des Kindes, der Eltern und des Ehegatten (§ 1752 Abs 2 S 1; § 1750 Abs 3 S 1). Aus § 1753 Abs 2 folgt, daß sich das Vertretungsverbot nur auf die Erklärung des Antrags bezieht. Eingereicht werden kann der Antrag beim VormG durchaus durch einen Dritten, insb den Notar.

2. Wirksamwerden

Der Antrag wird mit der Einreichung beim VormG wirksam (BVerwGE 108, 216 = NJW **5** 1999, 1347 = StAZ 1999, 176; MünchKomm/MAURER Rn 2). Die **Umdeutung** eines Antrags auf Minderjährigenadoption in einen solchen auf Volljährigenadoption ist ausgeschlossen. Wird jedoch der Minderjährige im Laufe des Verfahrens volljährig, so ist den Beteiligten – im (Rechts-)Beschwerdeverfahren durch Zurückweisung an das Amtsgericht – Gelegenheit zur Stellung eines Antrags auf Volljährigenadoption zu geben (OLG Karlsruhe FamRZ 2000, 768; vgl auch OLG Hamm JAmt 2001, 96).

3. Rücknahme

Der Antrag kann nach allgemeinen fG-Grundsätzen **in jedem Stadium des Verfahrens** **6** bis zum Wirksamwerden der Annahme, dh bis zur Zustellung des Annahmebeschlusses (§ 56 e S 2 FGG), zurückgenommen werden (vgl KEIDEL/KUNTZE/WINKLER § 56 e FGG Rn 3; OLG Düsseldorf FamRZ 1997, 117 = StAZ 1996, 366). § 1750 Abs 4 S 1 setzt die Möglichkeit der Zurücknahme ausdrücklich voraus. Einer gesetzl Klarstellung dahingehend, daß der Antrag nicht nur bis zum Ausspruch der Annahme, sondern bis zu dessen Wirksamwerden zurückgenommen werden kann, bedurfte es nicht (vgl BT-Drucks 7/3061, 74 und 85; BT-Drucks 7/5087, 15).

Daß der Antrag des Annehmenden zurückgenommen und die Einwilligung des **7** wenigstens 14 Jahre alten Kindes widerrufen werden kann (§ 1746 Abs 2), steht nicht im Widerspruch zur Regelung des § 1750 Abs 2, wonach die Einwilligungen der

Eltern und des Ehegatten unwiderruflich sind; denn die Herstellung eines künstlichen Kindschaftsverhältnisses ist nicht zu verantworten, wenn die Annehmenden oder das einwilligungsberechtigte Kind dies nicht (mehr) wünschen, während es durchaus sinnvoll erscheint, die Durchführung eines in die Wege geleiteten Adoptionsverfahrens nicht daran scheitern zu lassen, daß zustimmungsberechtigte Dritte ihre Meinung ändern.

8 Eine besondere **Form** für die Zurücknahme des Annahmeantrags ist nicht vorgesehen (vgl BayObLGZ 1982, 318, 321 f; GERNHUBER/COESTER-WALTJEN § 68 IV 5 in Fn 8; Münch-Komm/MAURER Rn 3; SOERGEL/LIERMANN Rn 3). Eine Analogie zu § 1746 Abs 2 S 2 erscheint nicht geboten (so aber ERMAN/HOLZHAUER Rn 4; BGB-RGRK/DICKESCHEID Rn 4): Wenn der Gesetzgeber für den Widerruf der Einwilligung eines 14 Jahre alten Kindes in die Annahme aus Gründen der Rechtsklarheit (BT-Drucks 7/3061, 35) und, um eine Beratung des Kindes zu gewährleisten (BT-Drucks 7/5087, 10), eine öffentliche Beurkundung vorschreibt, braucht Gleiches nicht für die Rücknahme des Antrags des (der) Annehmenden zu gelten. **Wirksam** wird die Zurücknahme des Antrags mit Zugang bei Gericht (SOERGEL/LIERMANN Rn 3). **Stellvertretung** ist für die Zurücknahme des Antrags in gleicher Weise ausgeschlossen wie für die Antragstellung (DIV-Gutachten ZfJ 1993, 364 u ZfJ 1995, 77). Als höchstpersönliches Recht geht das Recht, den Antrag zurückzunehmen, auch nicht auf die **Erben des Antragstellers** über, so daß die Adoption nach dessen Tod gegen den Willen der Erben gem § 1753 Abs 2 ausgesprochen werden kann (BayObLGZ 1995, 245 = NJW-RR 1996, 1092 = FamRZ 1995, 1604).

III. Die Zuständigkeit des Vormundschaftsgerichts

1. Internationale Zuständigkeit

9 Die internationale Zuständigkeit deutscher Gerichte in Adoptionsangelegenheiten ist in § 43 b Abs 1 FGG geregelt. Abs 1 dieser Bestimmung ist durch Art 5 Nr 6 d Ges zur Neuregelung des internationalen Privatrechts v 25. 7. 1986 erstmals in § 43 b FGG eingefügt worden (Näheres RegE BT-Drucks 10/504, 94 f und KEIDEL/KUNTZE/WINKLER § 43 b FGG Rn 3 ff). Abs 1 regelt nunmehr die internationale Zuständigkeit selbständig neben der örtlichen und stellt vor allem klar, daß die in Abs 2–4 normierte örtliche Zuständigkeit **keine ausschließliche** internationale Zuständigkeit bewirkt, was bei der Anerkennung von Auslandsadoptionen nach § 16 a Nr 1 FGG zu unerträglichen Ergebnissen führen würde. Die internationale Zuständigkeit deutscher Gerichte ist nach § 43 b Abs 1 FGG immer gegeben, wenn der Annehmende, einer der annehmenden Ehegatten oder das Kind entweder Deutscher ist oder seinen gewöhnlichen Aufenthalt im Inland hat.

2. Sachliche Zuständigkeit

10 Die sachliche Zuständigkeit beurteilt sich nach § 35 FGG.

3. Örtliche Zuständigkeit

11 Die örtliche Zuständigkeit richtet sich gem § 43 b Abs 2 FGG in erster Linie nach dem **Wohnsitz, hilfsweise dem Aufenthalt des Annehmenden,** nicht des Kindes. Der Gesetzgeber v 1976 hat sich, einer Anregung von BEITZKE (FamRZ 1976, 74, 75) folgend, gegen den RegE (BT-Drucks 7/3061, 58) ausgesprochen, der noch auf den Wohnsitz bzw Aufenthalt des Kindes abgestellt hatte. Das AG, in dessen Bezirk der Annehmende wohnt oder sich aufhält, kann wegen seiner Sachnähe besser über die Voraussetzungen einer Adoption entscheiden als das AG am Kindeswohnsitz, weil letzterer sich nach dem des Sorgerechtsinhabers bestimmt (§ 11 BGB) und vom Wohnsitz der Annehmenden, bei denen sich das Kind im allg bereits in Pflege befindet, verschieden sein kann (BT-Drucks 7/5087, 23; BEITZKE FamRZ 1976, 507 f; BISCHOF Jur Büro 1976, 1569, 1594 f).

Im einzelnen gilt: Maßgebend ist nach § 43 b Abs 2 FGG der **Wohnsitz, hilfsweise der** **12** **Aufenthalt des Annehmenden.** Hat der Annehmende einen Doppelwohnsitz, so besteht eine Wahlmöglichkeit nach Maßgabe von § 4 FGG. Nehmen Ehegatten mit verschiedenem Wohnsitz ein Kind an, so besteht ebenfalls nach dem klaren Gesetzeswortlaut („oder einer der Ehegatten") eine konkurrierende Zuständigkeit. Fehlt es an einem inländischen Wohnsitz oder Aufenthalt, so führt die **deutsche Staatsangehörigkeit** wenigstens **eines der Annehmenden** zur Zuständigkeit des AG Schöneberg in Berlin-Schöneberg (§ 43 b Abs 3 S 1 FGG).

Hat der Annehmende oder einer der annehmenden Ehegatten im Inland weder Wohnsitz noch Aufenthalt, so ist das Gericht zuständig, in dessen Bezirk das **Kind seinen Wohnsitz, hilfsweise seinen Aufenthalt** hat (§ 43 b Abs 4 S 1 FGG). Ist das **Kind Deutscher,** und hat es im Inland weder Wohnsitz noch Aufenthalt, so ist das AG Schöneberg in Berlin-Schöneberg zuständig (§ 43 b Abs 4 S 2 FGG).

Unklar ist die örtliche Zuständigkeit, **wenn ein deutsches Ehepaar ohne Wohnsitz und** **13** **Aufenthalt im Inland ein Kind mit Wohnsitz oder Aufenthalt im Inland annehmen will.** Der Wortlaut von § 43 b Abs 4 S 1 iVm Abs 3 FGG deutet auf eine konkurrierende Zuständigkeit des AG Schöneberg in Berlin-Schöneberg und des AG am Kindeswohnsitz hin (so MünchKomm/MAURER Rn 6 u ERMAN/HOLZHAUER Rn 6). KEIDEL/ENGELHARDT (§ 43 b FGG Rn 9) meint, daß nur das AG Schöneberg in Berlin-Schöneberg nach Abs 3 zuständig sei, während DICKESCHEID (in BGB-RGRK Rn 8; wohl auch BEITZKE FamRZ 1976, 507, 509) wegen der grds Subsidiarität von Abs 3 nur auf den Kindeswohnsitz nach Abs 4 abstellt. Da der Gesetzeswortlaut eine flexible Lösung erlaubt, sollte man der erstgenannten Auffassung den Vorzug geben. Ist das AG Schöneberg in Berlin-Schöneberg tätig geworden, so kann es die Sache aus wichtigen Gründen an ein anderes Gericht gem § 43 b Abs 3 S 2 FGG abgeben.

Eine Änderung von Wohnsitz oder Aufenthalt berührt nach der Stellung des Adoptionsantrags die einmal begründete Zuständigkeit des VormG nicht (Grundsatz der **perpetuatio fori).** Allerdings kann das Annahmeverfahren nach Maßgabe von § 46 FGG an ein anderes VormG abgegeben werden (BayObLGZ 1983, 210 = FamRZ 1984, 203).

4. Funktionelle Zuständigkeit

Über die „Bestätigung des Adoptionsvertrags" hatte vor der Reform v 1976 der **14** Rechtspfleger zu entscheiden (§ 3 Nr 2 lit b RPflG aF). Eine entsprechende Regelung sah der RegE auch für den Erlaß des Adoptionsdekrets iS des heutigen § 1752 vor (BT-Drucks 7/3061, 41, 60). Der Gesetzgeber v 1976 folgte aber einer Empfehlung des Bundesrats (BT-Drucks 7/3061, 79 f) und normierte in § 14 Nr 3 lit f RPflG einen

Richtervorbehalt – zu Recht: Der Erlaß des Adoptionsdekrets nach § 1752 ist einer der schwerwiegendsten gerichtl Eingriffe, die auf dem Gebiet des Familienrechts überhaupt denkbar sind, und der Adoptionsbeschluß ist darüber hinaus nach § 56 e S 3 FGG unanfechtbar. Eine Regelung, die anstelle der Zuständigkeit des Richters die des Rechtspflegers vorsehen würde, wäre erheblichen verfassungsrechtl Bedenken ausgesetzt (BT-Drucks 7/3061, 79 f; BT-Drucks 7/5087, 25; ENGLER FamRZ 1975, 125, 133; LÜDERITZ NJW 1976, 1865, 1869 f; **aA** MEYER-STOLTE Rpfleger 1975, 204 unter Hinw darauf, daß bis zur Reform v 1976 das gesamte Adoptionsverfahren unbeanstandet eine „Domäne des Rechtspflegers" gewesen sei).

IV. Die Ermittlungen

15 Gegenstand der Ermittlungen sind die gesetzl **Voraussetzungen für den Erlaß des Adoptionsdekrets.** Dazu gehört (vgl das von BISCHOF Jur Büro 1976, 1569, 1598 f aufgestellte „Prüfungsschema") insbesondere:

(1) daß die erforderlichen Einwilligungen von Kind (§ 1746), Eltern (§ 1747 Abs 1 S 1) u Ehegatten (§ 1749) vorliegen oder gerichtl ersetzt wurden (§§ 1746 Abs 3, 1748, 1749 Abs 1 S 2);

(2) daß den Alterserfordernissen des § 1743 genügt ist;

(3) daß die Interessen bereits vorhandener Kinder des Annehmenden oder des Anzunehmenden einer Adoption nicht entgegenstehen (§ 1745);

(4) daß die Annahme dem Wohl des Kindes dient und zu erwarten ist, daß zwischen dem Annehmenden und dem Kind ein Eltern-Kind-Verhältnis entsteht (§ 1741 Abs 1 S 1).

16 Vor allem zwecks Klärung dieser letztgenannten zentralen Adoptionsvoraussetzung des § 1741 Abs 1 S 1 hat das Gericht nach § 56 d S 1 FGG eine **gutachtliche Äußerung der Adoptionsvermittlungsstelle** darüber einzuholen, ob das Kind und die Familie des Annehmenden für die Annahme geeignet sind. Ist keine Adoptionsvermittlungsstelle tätig geworden, so ist eine **gutachtliche Äußerung des JugA** oder irgendeiner Adoptionsvermittlungsstelle einzuholen (§ 56 d S 2 FGG). Soweit das JugA sich nicht bereits nach § 56 d FGG geäußert hat, ist es nach § 49 Abs 1 Nr 1 FGG zu hören. In Fällen mit Auslandsberührung (§ 11 Abs 1 Nr 2 und 3 AdoptVermG) ist außerdem die zentrale Adoptionsstelle oder das LandesjugA nach § 49 Abs 2 FGG zu hören. Die Berichte der genannten Stellen werden sich weitgehend am Verlauf der **Adoptionspflege** (§ 1744) orientieren, ggf müssen sie Aufschluß darüber geben, warum eine Probezeit für entbehrlich gehalten wurde.

17 Ferner ist nach § 55 c iVm § 50 b FGG das mindestens 14 Jahre alte **Kind zu hören,** wenn nicht schwerwiegende Gründe (§ 50 b Abs 3 S 1 FGG) entgegenstehen. Gleiches gilt nach § 50 b Abs 1 FGG für jüngere Kinder, wenn die Neigungen, Bindungen oder der Wille des Kindes für die Entscheidung von Bedeutung sind oder der unmittelbare Eindruck von dem Kind zur Feststellung des Sachverhalts angezeigt ist (BayObLG FamRZ 1993, 1480 zur Nichtanhörung eines elfjährigen Mädchens). Ist der Ausspruch der Annahme eines sechzehnjährigen Kindes beantragt worden, ohne daß der An-

tragsteller die erforderliche Einwilligung des Kindes in die Annahme vorlegt, so ist eine persönliche Anhörung des Kindes durch das erkennende Gericht jedenfalls dann nicht geboten, wenn das Kind bei seiner Anhörung vor dem ersuchten Richter ausdrücklich eine Einwilligung in die Annahme verweigert (BayObLG FamRZ 1997, 576 = FuR 1997, 29 = StAZ 1997, 35).

Schließlich bestimmt § 50 c S 1 FGG, daß das Gericht, wenn ein Kind seit längerer **18** Zeit in Familienpflege lebt, in allen die Person des Kindes betreffenden Angelegenheiten (also auch bei der Kindesannahme) die **Pflegeperson** anhört. Schon aus diesem Grund (also nicht nur wegen des Amtsermittlungsgrundsatzes, § 12 FGG) muß das Gericht die Annehmenden anhören. Wie das im einzelnen geschieht (Hausbesuch, Vorladung), bleibt dem Gericht überlassen (OBERLOSKAMP 261).

Weitere **förmliche Anhörungsrechte** kennt das deutsche Recht nicht. So zurückhal- **19** tend das materielle Recht mit der Gewährung von Einwilligungsrechten für die Verwandten von Annehmendem und Anzunehmendem (insb Großeltern, Geschwister) ist, so restriktiv reagiert – konsequenterweise – auch das Verfahrensrecht bei der Zuerkennung von Anhörungsrechten. Das schließt allerdings nicht aus, daß auch ohne ausdrückliche gesetzl Regelung Anhörungsrechte aus materiellrechtl Bestimmungen entwickelt werden, soweit diese den Schutz bestimmter Personen bezwecken (zum Anhörungsrecht der Kinder des Annehmenden und des Anzunehmenden vgl § 1745 Rn 22 ff). Das mit Blick auf die aus Eltern und Kindern bestehende Kleinfamilie konzipierte deutsche Adoptionsrecht steht mit der eingeschränkten Anerkennung von Einwilligungs- und Anhörungsrechten in einem auffallenden Gegensatz zu den romanischen Rechten, wo die Interessen der Verwandten des Annehmenden und Anzunehmenden sowohl materiell- als auch verfahrensrechtl stärker abgesichert sind (*Belgien* Art 348 Cc, *Portugal* Art 1981 Abs 1 d Cc, *Frankreich* Art 348–2 Cc).

Das Fehlen besonderer Anhörungsrechte ändert allerdings nichts daran, daß das **20** VormG im Rahmen des **Amtsermittlungsgrundsatzes** (§ 12 FGG) nach pflichtgemäßem Ermessen berechtigt und verpflichtet ist, auch Angehörige des Annehmenden zu hören, mit denen das Kind in häuslicher Gemeinschaft leben wird oder deren besondere Milieukenntnis für die Beurteilung des Kindeswohls wichtig ist. Das Gericht kann im Einzelfall auch ein familienpsychologisches Gutachten einholen, um die Stabilität eines zukünftigen Eltern-Kind-Verhältnisses besser beurteilen zu können (OBERLOSKAMP 262; BayObLGZ 1998, 351 = NJW-RR 1998, 1294 = FamRZ 1998, 1456, insbes zur Leistungsentschädigung des Sachverständigen) – wobei dann allerdings diese Anordnung nicht selbständig mit der Beschwerde angefochten werden kann (LG Hannover DAVorm 1977, 759).

Bleiben trotz Ausschöpfung aller Erkenntnismöglichkeiten **Zweifel, ob die Annahme** **21** **dem Wohl des Kindes dient,** oder ob zu erwarten ist, daß zwischen dem Annehmenden und dem Kind ein Eltern-Kind-Verhältnis entsteht, so hat die Adoption zu unterbleiben. Vor der Reform v 1976 war die Rechtslage insofern anders, als § 1754 aF nicht positiv die Erwartung verlangte, daß ein Eltern-Kind-Verhältnis entsteht, sondern negativ eine Bestätigung des Adoptionsvertrags nicht gestattete, wenn begründete Zweifel daran bestanden, daß durch die Annahme ein dem Eltern-Kind-Verhältnis entsprechendes Familienband hergestellt würde. Die Standardformel der früheren Rspr (BGH FamRZ 1957, 126 = NJW 1957, 673; BayObLGZ 1952, 17; wNachw STAU-

DINGER/ENGLER[10/11] § 1754 Rn 34), daß begründete Zweifel auch dann bestehen, „wenn die für und gegen eine derartige Absicht der Beteiligten sprechenden Umstände gleich schwer wiegen", führt zwar nach neuem Recht gerade noch zum richtigen Ergebnis, wird aber der veränderten Gesetzeslage vom Ansatz her nicht mehr gerecht.

V.   Zwischenentscheidungen

22 Zwischenverfügungen, die in Rechte Dritter eingreifen (Zwischenentscheidungen), sind im Rahmen einer Entscheidung nach § 1752 wie in anderen fG-Verfahren auch (vgl KEIDEL/KUNTZE/WINKLER § 19 FGG Rn 9) selbständig mit der Beschwerde angreifbar. Eine solche Zwischenverfügung liegt zB vor, wenn die Annahme eines Kindes bis zur Feststellung der Vaterschaft ausgesetzt wird (LG Stuttgart FamRZ 1978, 147; zur Problematik näher bei § 1747 Rn 14), oder wenn die Annahme eines außerehel geborenen Kindes durch seinen Stiefvater davon abhängig gemacht wird, daß dieser dem Gericht den ihm über die Mutter bekannten Erzeugernamen nennt (KG OLGZ 1978, 257 = DAVorm 1978, 788 gegen die Vorinstanz LG Berlin FamRZ 1978, 148). Die Aufforderung des VormG an den Antragsteller, Adoptionseignungsatteste (zB einen HTLV III-Antikörpertest) oder Einkommensnachweise zu liefern oder den Erzeuger des Kindes namhaft zu machen, stellt allerdings dann keine anfechtbare Zwischenverfügung dar, wenn sie lediglich der Beweiserhebung (§ 12 FGG) dient, ohne mit der Ankündigung verbunden zu sein, daß bei Untätigbleiben des Antragstellers der Antrag abgelehnt werde (so zutr KG OLGZ 1978, 257 = DAVorm 1978, 788; OLGZ 1991, 406 = FamRZ 1991, 1101 = DAVorm 1991, 490). Keine anfechtbaren Zwischenverfügungen sind auch alle sonstigen Maßnahmen der Sachaufklärung, sei es im Wege des Freibeweises oder des Strengbeweises (§ 12 FGG), insbes die Anordnung der Anhörung von Verfahrensbeteiligten (SOERGEL/LIERMANN Rn 7).

23 Um eine Zwischenentscheidung handelt es sich auch, wenn ein VormG nach der Stellung eines Annahmeantrags vorab über die **Wirksamkeit einer erforderlichen Einwilligung** in die Adoption entscheidet (ein solches Verfahren wurde abgelehnt von LG Duisburg DAVorm 1980, 227 m krit Anm SCHULTZ 230 ff). Hier stellt sich zunächst die Frage, ob über die Unwirksamkeit oder Anfechtbarkeit einer solchen Einwilligungserklärung überhaupt selbständig, ggf auch vor der Einleitung des Adoptionsverfahrens entschieden werden kann. Mit der wohl überw Ansicht in Rspr u Lit ist diese Frage zu bejahen (OLG Düsseldorf FamRZ 1988, 1095; OLG Hamm OLGZ 1987, 129 = NJW-RR 1987, 260 = Rpfleger 1987, 65; OLG Frankfurt FamRZ 1981, 206; LG Frankenthal DAVorm 1981, 489; vgl auch BVerfGE 78, 201, 202 = MDR 1988, 831 = DAVorm 1988, 689, 690; HEILMANN DAVorm 1997, 671 ff; SCHULTZ DAVorm 1980, 230 ff; MünchKomm/MAURER § 1750 Rn 13; SOERGEL/LIERMANN § 1750 Rn 14; **aA** LG Duisburg DAVorm 1980, 227): Wenn eine Kindesmutter *nach* erfolgter Adoption deren Aufhebung gem § 1760 verlangen kann, muß ihr auch *vor* Erlaß des Adoptionsdekrets Rechtsschutz zuteil werden. *Nach* der Stellung eines Annahmeantrags besteht allerdings für das VormG die grds Pflicht, bei Entscheidungsreife über den Annahmeantrag und damit inzidenter auch über die Wirksamkeit der Einwilligungserklärung zu entscheiden. Es fragt sich jedoch, ob hier nicht vor dem Ausspruch der Annahme wegen deren weitreichender Folgen eine Vorabentscheidung über die Wirksamkeit der Einwilligungserklärung deshalb sinnvoll erscheint, weil der Kindesmutter so eine selbständige Beschwerdemöglichkeit verschafft und nicht in Anbetracht der Unanfechtbarkeit des Annahmebeschlusses ein späteres Aufhebungsverfahren nach § 1760 provoziert wird. Die Interessenlage ähnelt der bei Erlaß eines Vorbescheides in Erbscheinssachen. Dort läßt die Rspr bekanntlich sog Vorbescheide (selbständig anfechtbare „Ankündigungsentscheidungen") wegen der gefährlichen Folgen einer Erbscheinserteilung zu, falls die Erbfolge umstritten und die Rechtslage zweifelhaft ist (vgl BGHZ 20, 255; KEIDEL/KUNTZE/WINKLER § 19 Rn 15 mNachw). Trotz der grds abl Haltung der Rspr gegenüber Vorbescheiden in vormundschaftsgerichtl Verfahren (BayObLGZ 1958, 171 = JZ 1958, 542 m Anm BAUR; BayObLG FamRZ 1983, 92) erscheint eine Vorabentscheidung über die Wirksamkeit der Einwilligung entgegen LG Duisburg (DAVorm 1980, 227) nicht nur zweckmäßig (vgl auch § 1750 Rn 13), sondern auch notwendig.

Um eine selbständig anfechtbare Zwischenentscheidung handelt es sich auch, wenn **24** die elterl **Einwilligung** gem § 1748, die Einwilligung oder Zustimmung des Pflegers oder Vormundes gem § 1746 Abs 3 oder die Einwilligung des Ehegatten gem § 1749 Abs 1 S 2 **gerichtl ersetzt** wird. Da solche Entscheidungen erst mit der Rechtskraft wirksam werden (§ 53 Abs 1 S 2 FGG), ist die Anfechtbarkeit mit der sofortigen Beschwerde (§ 60 Abs 1 Nr 6 FGG) gegeben. Bis zur rechtskräftigen Entscheidung fehlt eine wesentliche Adoptionsvoraussetzung, so daß die Annahme nicht vor Rechtskraft ausgesprochen werden kann (vgl OLG Celle DAVorm 1978, 383; BISCHOF Jur Büro 1976, 1569, 1593). Für die selbständige Anfechtbarkeit des Ersetzungsbeschlusses spielt es (selbstverständlich) keine Rolle, ob das Annahmeverfahren durch Antragstellung bereits eingeleitet ist oder nicht (OLG Celle ZfJ 1998, 262).

VI. Der Annahmebeschluß

1.   Inhalt

Liegen die Voraussetzungen für die Kindesannahme vor, so hat das VormG die **25** Annahme auszusprechen. Der Tenor des Beschlusses lautet dann etwa: „Der am … in … geborene A wird von den Eheleuten B, wohnhaft in … als Kind angenommen." (Wiedergabe eines vollständigen Annahmebeschlusses bei FIRSCHING/DODEGGE, Handbuch der Rechtspraxis – Band 5 b: Familienrecht, 2. Halbband [Vormundschafts- und Betreuungsrecht sowie andere Rechtsgebiete der fG], 6. Aufl 1999, Rn 246 und OBERLOSKAMP 331). Wegen seiner einschneidenden Folgen bedarf der Beschluß einer **Begründung,** die den entscheidenden Sachverhalt sowie zusammengefaßt wiedergeben sollte, weshalb die Annahme dem Wohl des Kindes dient und zu erwarten ist, daß zwischen dem Annehmenden und dem Kind ein Eltern-Kind-Verhältnis entsteht (KEIDEL/KUNTZE/WINKLER § 56 e FGG Rn 11; zum Begründungszwang bei Entscheidungen der fG vgl KEIDEL/KUNTZE/WINKLER Vorbem §§ 8–18 FGG Rn 19 a). Außerdem verlangt § 56 e S 1 HS 1 FGG die Angabe, „auf welche Gesetzesvorschriften sich die Annahme gründet". Weiter ist in dem Beschluß anzugeben, wenn die Einwilligung eines Elternteils nach § 1747 Abs 4 nicht für erforderlich gehalten wurde (§ 56 e S 1 HS 2 FGG). Die Angaben gem § 56 e S 1 FGG können in den Tenor oder in die Begründung des Beschlusses aufgenommen werden (vgl BT-Drucks 7/3061, 79).

Die Regelung des § 56 e S 1 HS 1 FGG, nach der im Annahmebeschluß die **Gesetzes-** **26** **vorschriften** anzugeben sind, **auf die sich die Annahme gründet,** ist vom Reformgesetzgeber für notwendig erachtet worden, weil die Wirkungen der Annahme verschieden sind, je nachdem, ob es sich um eine Minderjährigenvolladoption (§ 1754), eine Stiefkind- oder Verwandtenadoption iSd § 1756, eine Erwachsenenadoption mit den allgemeinen Wirkungen des § 1770 oder mit den besonderen Wirkungen einer Minderjährigenadoption nach § 1772 handelt. Allerdings ist auch bei ungenauen oder unzutreffenden Gesetzesangaben eine Feststellung der konkreten Adoptionswirkungen jederzeit möglich; denn bei der Minderjährigenadoption stehen die Wirkungen der Kindesannahme immer fest: Sie ist entweder Volladoption oder unter den Voraussetzungen des § 1756 einfache Adoption mit gesetzl vorgegebenen Wirkungen. Eine Wahlmöglichkeit zwischen mehreren Adoptionstypen ist dem deutschen Recht (anders die romanischen Rechtsordnungen nach dem Vorbild Frankreichs) fremd. Die Wirkungen einer Erwachsenenadoption ergeben sich grds aus § 1770, es sei denn, das VormG hat auf Antrag ausdrücklich gem § 1772 bestimmt, daß die Adoptionswirkungen der §§ 1754–1756 maßgebend sind.

27 Obwohl sich die Wirkungen einer Minderjährigenadoption grds aus dem Ges selbst und nicht aus den nach Maßgabe des § 56 e FGG im Beschluß (möglicherweise unzutreffend) zitierten Bestimmungen ergeben, hat das BayObLG (BayObLGZ 1986, 155, 159 f = StAZ 1986, 318, 319) in einem Sonderfall, in dem ein Minderjähriger rechtsirrtümlich als Erwachsener nach §§ 1767 ff adoptiert worden war (ein 18jähriger Grieche war nach seinem Heimatrecht noch nicht volljährig), entschieden, daß die (objektiv vorliegende) Minderjährigenadoption nur die Wirkungen einer Erwachsenenadoption nach § 1770 haben könne. Lägen allerdings die Voraussetzungen einer Minderjährigenadoption (zB Einwilligung der Eltern) nicht vor, so komme eine Aufhebung des Annahmeverhältnisses nach § 1760 in Betracht. Ob andernfalls die Möglichkeit besteht, nachträglich die Wirkungen einer Minderjährigenadoption iS einer Volladoption herbeizuführen, läßt die Entscheidung offen. LÜDERITZ (Münch-Komm/LÜDERITZ [2. Aufl 1987] Rn 12) hält eine „Nachadoption analog § 1772" für zulässig, ein wünschenswerter, aber nicht unbedenklicher Korrekturversuch, weil § 1772 (für die Erwachsenenadoption) eine nachträgliche Änderung der Adoptionswirkungen gerade nicht gestattet. Allerdings spricht § 1772 Abs 1 Buchst d idF des KindRG v 1997 doch wohl eher für den Vorschlag von LÜDERITZ. Wurde umgekehrt ein Volljähriger nach den Vorschriften über die Minderjährigenadoption angenommen, so bleibt die Adoption als Minderjährigenadoption wirksam und ist als solche vom Standesbeamten beizuschreiben (BayObLGZ 1996, 77 = FamRZ 1996, 1034 mAnm LIERMANN FamRZ 1997, 112; AG Kempten StAZ 1990, 108).

28 Die Diskussion über die Frage, welche gesetzl Bestimmungen gem § 56 e S 1 HS 1 FGG anzuführen sind (vgl MERGENTHALER StAZ 1977, 292), hat praktische Bedeutung vor allem für die Arbeit des Standesbeamten, der entsprechend der Regelung des § 56 e FGG bei der **Beischreibung zum Geburtseintrag** im Randvermerk anzugeben hat, auf welche Gesetzesvorschrift sich die Annahme gründet (vgl § 30 Abs 1 S 1 PStG iVm §§ 300–302 der Dienstanweisung für die Standesbeamten und ihre Aufsichtsbehörden). Die diesbezügl Angaben sind dem Annahmebeschluß zu entnehmen, wobei dem Standesbeamten kein eigenes Prüfungsrecht zusteht (BayObLGZ 1996, 77 = FamRZ 1996, 1034 mAnm LIERMANN FamRZ 1997, 112; BayObLGZ 1993, 179 = NJW-RR 1993, 1417 = FamRZ 1994, 775; MünchKomm/MAURER Rn 20 Fn 84 mHinw). OLG Karlsruhe (DAVorm 1978, 787, 788 = StAZ 1979, 71, 72 m Anm KOLLNIG) läßt offen, ob es im Falle der Adoption eines familienfremden Minderjährigen durch ein Ehepaar notwendig ist, die §§ 1754 Abs 1 u 1755 Abs 1 beizuschreiben, scheint aber mit dem Hinw auf den „beschränkten Platz am Rande des Geburtseintrags" diese Frage tendenziell eher zu verneinen (so auch

ausdrücklich AG Bielefeld StAZ 1978, 331, 332). Notwendig dürfte der Hinw auf die §§ 1754, 1755 bei einer Minderjährigenadoption und auf § 1770 bei einer Volljährigenadoption nicht sein, wohl aber zweckmäßig. Nach Ansicht des BayObLG (BayObLGZ 1985, 251 = StAZ 1985, 334; ebenso schon früher LOBENSTEINER StAZ 1980, 256) ist ein Randvermerk nicht einmal dann unvollständig (und daher zu berichtigen), wenn überhaupt keine Gesetzesvorschriften angeführt werden, sich die für die Personenstandsänderung des Angenommenen wesentlichen Umstände aber aus dem Wortlaut des Randvermerks ergeben. Folgt man dieser Meinung, dann ist im Hinblick auf die Adoptionswirkungen ein Hinw auf gesetzl Vorschriften nur noch dann zwingend erforderlich, wenn das VormG bei der Erwachsenenadoption eine Bestimmung nach § 1772 getroffen hat oder wenn bei einer Minderjährigenadoption die Rechtsfolgen des § 1756 Abs 2 eintreten; denn der Eintritt der Rechtsfolgen des § 1756 Abs 2 hängt seit dem KindRG v 1997 davon ab, ob der verstorbene Elternteil „die elterl Sorge hatte".

Was die Notwendigkeit anbelangt, nach § 56 e S 1 HS 2 FGG im Annahmebeschluß **29** anzugeben, ob die Einwilligung eines Elternteils nach § 1747 Abs 4 nicht für erforderlich erachtet wurde, so heißt es in der Begründung der vom BR vorgeschlagenen Ergänzung des RegE (BT-Drucks 7/3061, 79):

> „Ob die Voraussetzungen des § 1747 Abs 4 vorliegen, (ist) von großer Tragweite, weil auf eine falsche Beurteilung dieser Frage eine Aufhebung des Annahmeverhältnisses nicht gestützt werden kann (§ 1760 Abs 4 S 1 BGB idF d E). Um bei einem etwaigen Aufhebungsantrag zweifelsfrei feststellen zu können, ob die Einwilligung eines Elternteils deshalb nicht eingeholt wurde, weil die Voraussetzungen des § 1747 Abs 4 BGB für gegeben erachtet wurden, ist es erforderlich, dies im Adoptionsbeschluß festzuhalten."

Obwohl im später Ges gewordenen § 1760 Abs 5 dann doch – wenn auch mit Einschränkungen – die Möglichkeit einer Aufhebung des Annahmeverhältnisses im Falle einer unzutr Bejahung der Voraussetzungen des § 1747 Abs 4 vorgesehen wurde (BT-Drucks 7/5087, 19 f), ist die ursprüngl vorgesehene Fassung des § 56 e S 1 HS 2 FGG nicht mehr geändert worden.

2. Wirksamwerden und Bekanntmachung

a) Wirksamwerden

§ 56 e S 2 FGG idF d AdoptG 1976 übernimmt bzgl des Wirksamwerdens des Be- **30** schlusses die frühere Regelung des § 67 Abs 1 für den Beschluß über die Bestätigung des Annahmevertrags, ergänzt diese jedoch in der Weise, daß die Wirksamkeit nur bei Bekanntmachung durch **Zustellung** eines schriftlich abgefaßten Beschlusses (§ 16 Abs 2 S 1 FGG) an den Annehmenden eintritt (vgl BT-Drucks 7/ 3061, 59). Zum Fall einer Ersatzzustellung vgl BayObLGZ 1998, 279 = NJW-RR 1999, 1379 = FamRZ 1999, 1667. Eine bloße Bekanntmachung nach § 16 Abs 2 S 2 oder Abs 3 FGG genügt also nicht. Bei der Annahme durch ein Ehepaar tritt die Wirksamkeit erst ein, wenn der Beschluß beiden Eheleuten zugestellt ist. Nimmt ein Ehegatte das Kind des anderen an, so kommt es auf die Zustellung an den Annehmenden an. Für den Eintritt der Wirksamkeit ist es ohne Bedeutung, ob der Beschluß gem § 16 Abs 2 S 2 oder Abs 3 FGG anderen Beteiligten bekanntgemacht wird oder nicht.

b) Bekanntmachung

31 Nach allg Grundsätzen der fG ist der Beschluß **den unmittelbar Betroffenen** nach § 16 Abs 2 S 2 oder Abs 3 FGG **bekanntzumachen.** Unmittelbar betroffen sind alle Beteiligten, denen das Ges wegen der durch die Adoption angestrebten Änderung des Statusverhältnisses ein Einwilligungs- oder Zustimmungsrecht zuerkennt (§§ 1746, 1747, 1749). Formlos bekanntzumachen ist der Beschluß auch dem Jugendamt und Landesjugendamt nach Maßgabe des § 49 Abs 3 FGG. Das **Inkognito** braucht durch die Bekanntmachung des Annahmebeschlusses nicht gefährdet zu werden. So genügt es, wenn der den weiteren Beteiligten mitgeteilte Tenor folgendermaßen lautet: „Der am ... in ... geborene A wird von den in der Adoptionsliste des Stadtjugendamtes M unter Nr ... geführten Eheleuten als Kind angenommen." Auch die Gründe können von vornherein so abgefaßt werden, daß sie unverändert auch den leibl Eltern mitgeteilt werden können (Beispiel eines solchen Beschlusses bei FIRSCHING/DODEGGE, Handbuch der Rechtspraxis – Band 5 b: Familienrecht, 2. Halbband [Vormundschafts- und Betreuungsrecht sowie andere Rechtsgebiete der fG] [6. Aufl 1999] Rn 246; vgl auch BGB-RGRK/DICKESCHEID Rn 21). Wird im Falle einer Inkognitoadoption mit dem Ausspruch der Annahme der Vorname des Kindes geändert (oder eine sonstige Namensänderung iS d § 1757 Abs 4 vorgenommen), so ist dieser Teil des Beschlusses den Beteiligten, denen gegenüber das Inkognito gewahrt werden soll, nicht mitzuteilen.

3. Unanfechtbarkeit und Unabänderlichkeit

a) Unanfechtbarkeit

32 Der Beschluß, durch den das Gericht die Annahme als Kind ausspricht, ist nach § 56 e S 3 HS 1 FGG unanfechtbar. Damit wird die in Statussachen für alle Beteiligten notwendige Klarheit geschaffen. Verfahrens- oder materiellrechtl Fehlern kann grds nur noch unter den engen Voraussetzungen der §§ 1759 ff (**Aufhebung des Annahmeverhältnisses**) Rechnung getragen werden. Zu den Versuchen, diese klare Wertung des Gesetzgebers durch den Rekurs auf andere verfahrensrechtl Instrumentarien (Verfassungsbeschwerde; Beschwerde wegen „greifbarer Gesetzwidrigkeit"; Gegenvorstellung; Wiederaufnahme) zu unterlaufen, vgl § 1759 Rn 9 ff. Voraussetzung des § 56 e S 3 FGG ist selbstverständlich, daß der **Annahmebeschluß** nicht etwa **nichtig** ist (vgl dazu § 1759 Rn 5 ff). § 56 e S 3 HS 1 FGG entspricht der früheren Regelung des § 67 Abs 3 FGG, wonach der Beschluß, durch den das Gericht einen Annahmevertrag bestätigte, ebenfalls unanfechtbar war (vgl dazu STAUDINGER/ENGLER[10/11] § 1754 Rn 69 ff).

33 Aus § 56 e S 3 HS 1 FGG folgt, daß auch ein Beschluß des Beschwerdegerichts, der die Versagung der Annahme aufhebt und die Annahme ausspricht, nicht mit der weiteren Beschwerde angefochten werden kann. Dagegen bestehen erhebliche Bedenken gegen die allg vertretene Ansicht, unanfechtbar sei auch ein Beschluß des VormG, durch den festgestellt werde, daß der Annahme ein bestimmtes Hindernis nicht entgegenstehe (KEIDEL/KUNTZE/WINKLER § 56 e FGG Rn 24 m Hinw auf KG FamRZ 1957, 184; vgl auch STAUDINGER/ENGLER[10/11] § 1754 Rn 71 m Nachw zum alten Recht) bzw ein Beschluß des Beschwerdegerichts, durch den ein abl Beschluß des VormG aufgehoben und dieses angewiesen werde, den Ausspruch der Annahme nicht aus dem von ihm angegebenen Grund zu versagen (KEIDEL/KUNTZE/WINKLER § 56 e FGG Rn 24; BUMILLER/WINKLER § 56 e FGG Rn 9; 11. Aufl § 1754 Rn 71; OLG Celle NdsRpfl 1953, 221; OLG Köln ZBlJugR 1962, 298; OLG Hamm OLGZ 1965, 365 – alle Entscheidungen zum alten Recht); denn durch die Unanfechtbarkeit von Annahmebeschlüssen soll nicht das Annahmeverfahren beschleunigt und dadurch der Rechtsschutz von Beteiligten verkürzt, sondern vielmehr erreicht werden, daß einer einmal ausgesprochenen Adoption im Interesse der Beteiligten, vor allem des Kindes und seiner neuen Eltern, der notwendige Bestandsschutz zuteil wird. Weiter steht § 56 e S 3 HS 1 FGG nicht der Anfechtbarkeit von Annahmebeschlüssen im Wege, soweit in diesen ein Antrag auf **Änderung des Kindesnamens** (§ 1757 Abs 4) oder auf **Bestimmung von Adoptionswirkungen** nach Maßgabe des § 1772 abgelehnt wurde (vgl dazu § 1757 Rn 28, 54 und § 1772 Rn 11). – Da das geltende Recht bei **Auslandsadoptionen** anders als bei Auslandsscheidungen kein förmliches Anerkennungsverfahren mit Wirkung erga omnes kennt, kann eine dessen ungeachtet ausgesprochene Anerkennung nicht „analog § 56 e FGG" unanfechtbar sein (so aber LG Ravensburg StAZ 1984, 39 mAnm EICHERT).

b)   Unabänderlichkeit
Nach § 56 e S 3 HS 2 FGG ist der Annahmebeschluß abweichend vom Grundsatz des   **34**
§ 18 Abs 1 FGG unabänderlich, und zwar sowohl für das Gericht, das ihn erlassen hat, als auch für die Beschwerdeinstanz. Die Unabänderlichkeit tritt schon **mit dem Erlaß,** nicht erst mit der Zustellung (§ 56 e S 2 FGG) ein. Die Entscheidung ist erlassen, wenn sie nach der Unterzeichnung durch den Richter mit dessen Willen aus der Verfügungsgewalt des Gerichts gelangt und zur Zustellung an den Annehmenden hinausgegeben wird (BayObLGZ 1998, 279, 283 = NJW-RR 1999, 1379, 1380 = FamRZ 1999, 1667, 1669).

Der Grundsatz der Unabänderlichkeit steht der **Korrektur offenbarer Unrichtigkeiten**   **35**
nach allg Grundsätzen (§ 319 ZPO analog) nicht im Wege. Er hindert auch nicht, daß die nach § 56 e S 1 FGG im Annahmebeschluß erforderlichen Angaben, die zunächst unterblieben sind, später nachgeholt werden (vgl BayObLGZ 1986, 57, 59 = FamRZ 1986, 719, 720; KEIDEL/KUNTZE/WINKLER § 56 e FGG Rn 27). Darüber hinaus ist die Änderung angeführter gesetzl Bestimmungen unzulässig; das gilt insbes dann, wenn in einem Annahmebeschluß lediglich Bestimmungen des deutschen Adoptionsrechts zitiert wurden, obwohl (kumulativ) wegen der ausländischen Staatsangehörigkeit eines Adoptivelternteils auch ausländische Bestimmungen hätten angeführt werden müssen (vgl LG Stuttgart StAZ 1984, 247). Der Unabänderlichkeit steht es außerdem nicht entgegen, wenn Entscheidungen, die im Falle eines rechtzeitig gestellten Antrags nach § 1757 Abs 4 im Adoptionsbeschluß hätten getroffen werden müssen, später in einem Ergänzungsbeschluß nachgeholt werden (Näheres dazu § 1757 Rn 29, 55). Zur selbständigen Anfechtbarkeit namensrechtl Entscheidungen gem § 1757 vgl § 1757 Rn 28, 54.

VII.   Die Ablehnung der Annahme

Der Beschluß, durch den die Annahme als Kind abgelehnt wird, wird gem § 16 Abs 1   **36**
FGG **mit der Bekanntmachung an den Annehmenden,** im Falle des § 1753 Abs 2 mit derjenigen an das Kind und im Falle des § 1768 Abs 1 mit der Bekanntmachung an den Annehmenden und den Anzunehmenden **wirksam.** Eine förmliche Zustellung ist nicht vorgeschrieben und nach § 16 Abs 2 S 1 FGG auch nicht geboten, weil mit der Bekanntmachung nicht der Lauf einer Frist beginnt. Wie der Annahmebeschluß ist auch die Ablehnung der Annahme den weiteren Beteiligten bekanntzumachen (vgl

dazu Rn 31). Diese Bekanntmachung hat indessen auf das Wirksamwerden der Entscheidung keinen Einfluß.

37 Der Beschluß, durch den die Annahme abgelehnt wird, ist nach der allg Regel des § 19 FGG mit der **einfachen Beschwerde** anfechtbar. Beschwerdeberechtigt ist nach § 20 Abs 2 FGG nur der Antragsteller, im Falle des § 1752 Abs 1 also nur der Annehmende oder die Annehmenden und im Falle des § 1768 Abs 1 der Annehmende und der Anzunehmende. Das Beschwerderecht des Kindes ist durch die Reform v 1976 entfallen (vgl BT-Drucks 7/3061, 59), eine vernünftige Lösung, weil ein selbständiges Beschwerderecht des Kindes diesem in der Sache nichts nützt, wenn die Annehmenden nicht gewillt sind, von ihrem Beschwerderecht Gebrauch zu machen. Daß das fehlende Beschwerderecht des Kindes im Rahmen des § 1753 zu Schwierigkeiten führt, ist eine andere Frage (vgl dazu § 1753 Rn 5). – Bestimmt sich die Adoption nach ausl Recht (Art 22 EGBGB), so ist dennoch für die verfahrensrechtl zu qualifizierende Antragsbefugnis, von der die Beschwerdeberechtigung gem § 20 Abs 2 FGG abhängt, die inländische lex fori maßgebend (BayObLGZ 1997, 85 = NJW-RR 1997, 644 = FamRZ 1997, 841).

38 Nach altem Recht (§ 68 FGG) konnte der Beschluß, durch den das Gericht die Bestätigung eines Annahmevertrags versagte, nur mit der *sofortigen* Beschwerde angefochten werden. Als Grund für diese (alte) Regelung wurde angeführt, daß der „vertragliche Schwebezustand", der durch die anfechtbare Bestätigung gegeben war, alsbald beseitigt werden sollte (vgl BT-Drucks 7/3061, 59). Die Auffassung des Reformgesetzgebers, daß mit der Abschaffung des Vertragssystems die Notwendigkeit einer § 68 FGG entsprechenden Vorschrift entfallen sei (BT-Drucks 7/3061, 59), trifft indessen nicht ganz zu; denn nach § 1750 Abs 4 S 1 verlieren die dort genannten Einwilligungserklärungen ihre Kraft, „wenn die Annahme versagt wird". Um hinsichtlich des Kraftloswerdens der Einwilligungserklärungen alsbald Klarheit zu gewinnen, hätte die Beibehaltung der sofortigen Beschwerde wohl doch nahegelegen (so Bassenge JR 1976, 187; BGB-RGRK/Dickescheid Rn 23). Nachdem der Gesetzgeber jedoch entschieden hat, kann ein **Kraftloswerden der Einwilligungserklärungen** (§ 1750 Abs 4 S 1) nicht schon dann bejaht werden, „wenn die (einfache) Beschwerde nicht binnen der für die sofortige Beschwerde geltenden Frist von zwei Wochen eingelegt wird" (so aber Erman/Holzhauer Rn 18; aA BGB-RGRK/Dickescheid Rn 23, Soergel/Liermann Rn 12, MünchKomm/Maurer Rn 17; offengelassen v LG Köln FamRZ 1985, 108). Eine solche Auffassung würde zum einen de facto die vom Gesetzgeber nicht gewollte sofortige Beschwerde wieder einführen, sie erscheint zum anderen aber auch sachlich nicht geboten, denn nach § 1750 Abs 4 S 2 verlieren die Einwilligungserklärungen ohnehin spätestens nach 3 Jahren ihre Kraft. Wenn es in BT-Drucks 7/3061, 40 außerdem heißt, daß die Einwilligung ihre Kraft erst verliert, wenn der Annahmevertrag „endgültig" abgelehnt wird, so ist das ebenfalls ein Indiz dafür, daß an eine Fristverkürzung nicht gedacht war.

§ 1753

(1) Der Ausspruch der Annahme kann nicht nach dem Tod des Kindes erfolgen.

(2) Nach dem Tod des Annehmenden ist der Ausspruch nur zulässig, wenn der Annehmende den Antrag beim Vormundschaftsgericht eingereicht oder bei oder nach der notariellen Beurkundung des Antrags den Notar damit betraut hat, den Antrag einzureichen.

(3) Wird die Annahme nach dem Tod des Annehmenden ausgesprochen, so hat sie die gleiche Wirkung, wie wenn sie vor dem Tod erfolgt wäre.

Materialien: BT-Drucks 7/3061, 42; BT-Drucks 7/5087, 15. S STAUDINGER/BGB-Synopse (2000) § 1753.

Systematische Übersicht

I. Normzweck und Entstehungsgeschichte

Der heutige § 1753 idF des AdoptG v 1976 entspricht inhaltlich der Regelung, wie sie **1** bereits vom Inkrafttreten des BGB an gegolten hatte. Die durch das AdoptG v 1976 bewirkten Änderungen stellen lediglich eine notwendige Anpassung an das veränderte Zustandekommen der Adoption (Dekret- statt Vertragssystem) dar. Während es früher um die Frage ging, ob ein Annahmevertrag auch dann gerichtl bestätigt werden konnte, wenn der Annehmende oder Anzunehmende nach dem Abschluß des Annahmevertrags, aber vor dessen Bestätigung verstorben war, geht es heute darum, ob der Ausspruch der Annahme (§ 1752) auch möglich ist, wenn Annehmender oder Anzunehmender versterben, nachdem der Antrag beim VormG eingereicht oder der beurkundende Notar mit dessen Einreichung betraut worden ist.

§ 1753 Abs 1 läßt eine Adoption nach dem Tod des *Kindes* nicht zu, während § 1753 **2** Abs 2 eine Adoption nach dem Tod des *Annehmenden* jedenfalls grds gestattet, wenn der Annehmende den Antrag beim VormG eingereicht oder bei oder nach der notariellen Beurkundung des Antrags den Notar damit betraut hat, den Antrag einzureichen. Die Differenzierung ist gerechtfertigt aufgrund der Tatsache, daß die Adoption nur zulässig ist, wenn sie dem Kindeswohl dient (§ 1741 Abs 1). Dies ist nicht mehr möglich, wenn das Kind vor der Annahme gestorben ist. Demgegenüber sind Fälle denkbar, in denen die Annahme dem Kindeswohl dient, obwohl der Annehmende vor ihrem Ausspruch gestorben ist.

II. Tod des Kindes

3 Nach dem Tod des Kindes kann die Annahme nicht mehr ausgesprochen werden (Abs 1). Ausgesprochen ist die Annahme mit der Zustellung des Annahmebeschlusses an den Annehmenden (§ 56 e S 2 FGG). Eine Annahme ist deshalb auch dann nicht möglich, wenn der Tod des Kindes zwischen dem Absetzen des Beschlusses und der Zustellung eintritt (SOERGEL/LIERMANN Rn 1). Erfolgt die Annahme in Unkenntnis des Todes des Kindes, so entfaltet der Beschluß keine Rechtswirkungen (BayObLGZ 1996, 77, 80 = FamRZ 1996, 1034, 1035; MünchKomm/MAURER Rn 2; BGB-RGRK/DICKESCHEID Rn 2; SOERGEL/LIERMANN Rn 2; DITTMANN Rpfleger 1978, 277, 281; aA SOERGEL/ROTH-STIELOW [11. Aufl] Rn 2; ROTH-STIELOW Rn 5). Dies sollte, um jeden Zweifel auszuschließen, von Amts wegen durch einen zweiten Beschluß klargestellt werden. Eine solche Verfügung, die lediglich die Wirkungslosigkeit des Annahmebeschlusses bestätigt, stellt keine unzulässige Änderung des Annahmebeschlusses iS v § 56 e S 3 HS 2 FGG dar (MünchKomm/MAURER Rn 2; BGB-RGRK/DICKESCHEID Rn 2; ERMAN/HOLZHAUER Rn 4; SOERGEL/LIERMANN Rn 2; KEIDEL/KUNTZE/WINKLER § 56 e FGG Rn 26).

III. Tod des Annehmenden

1. Grundsätzliche Zulässigkeit der Annahme

4 Der Ausspruch der Annahme nach dem Tod des Annehmenden ist nach Abs 2 nur zulässig, wenn der Annehmende den Antrag beim VormG eingereicht oder den beurkundenden Notar – bei oder nach der Beurkundung – mit der Einreichung beauftragt hat (vgl zum alten Recht BGHZ 2, 62 = NJW 1951, 706 = LM § 1744 Nr 1 = DNotZ 1951, 363; OLG Hamm NJW 1966, 1821 = StAZ 1967, 99). Liegen die Voraussetzungen des Abs 2 vor, so können die Erben des Annehmenden den Adoptionsantrag nicht zurücknehmen; denn dieser ist als höchstpersönliches Recht nicht vererblich (BayObLGZ 1995, 245 = NJW-RR 1996, 1092 = FamRZ 1995, 1604). Stirbt der Annehmende, bevor die Voraussetzungen des Abs 2 erfüllt sind, so ist die Annahme ausgeschlossen. Wurde der Antrag bei einem örtlich unzuständigen VormG eingereicht, so schließt dies die Möglichkeit einer postmortalen Adoption nicht aus (MünchKomm/MAURER Rn 5; BGB-RGRK/DICKESCHEID Rn 4; ERMAN/HOLZHAUER Rn 5); denn entscheidend kommt es auf die ernsthafte Adoptionsabsicht an, die im Antrag zum Ausdruck kommt, ähnlich wie auch die Verjährung einer Forderung durch Klageerhebung vor einem örtlich unzuständigen Gericht unterbrochen wird (vgl § 212). Diese Interpretation von § 1753 war schon vor dem AdoptG v 1976 herrschend, obwohl Abs 2 aF noch ausdrücklich die Einreichung des Antrags „bei dem zuständigen Gericht" gefordert hatte (vgl STAUDINGER/ENGLER[10/11] Rn 10). Sind die (formalen) Voraussetzungen des Abs 2 erfüllt, so ist dennoch der Ausspruch der Annahme unzulässig, wenn die Beteiligten von vornherein nur eine postmortale Adoption angestrebt haben, wenn also der beurkundende Notar angewiesen wurde, den Adoptionsantrag erst nach dem Tod des Annehmenden beim VormG einzureichen (AG Ratzeburg SchlHA 1999, 214 = NJWE-FER 2000, 7).

Verstirbt der Annehmende während der Anhängigkeit des Verfahrens in der Rechts- **5** beschwerdeinstanz, so wirkt seine **Beschwerdeberechtigung** bis zur Entscheidung über das von ihm noch zu Lebzeiten eingelegte Rechtsmittel in entsprechender Anwendung des Abs 2 fort (OLG Braunschweig DAVorm 1978, 784). War der abl Beschluß vom inzwischen verstorbenen Annehmenden nicht mehr angefochten worden, so sollte dem Annehmenden praeter legem die Möglichkeit einer Beschwerde zuerkannt werden, weil der Gesetzgeber bei der Aufhebung des Beschwerderechts des Kindes gegen abl Beschlüsse (vgl § 1752 Rn 37) übersehen hat, daß im Falle des Abs 2 wegen des fehlenden Beschwerderechts des Annehmenden der Beschluß unanfechtbar wäre, was der ratio des Abs 2 widerspräche. Die in der 12. Auflage vorgeschlagene Analogie zu § 56 a FGG ist indessen nach Aufhebung dieser Bestimmung durch das KindRG v 1997 nicht mehr möglich (wie hier SOERGEL/LIERMANN Rn 4; aA KEIDEL/KUNTZE/WINKLER § 56 e FGG Rn 30).

2. Fallgruppen

Abs 2 findet sowohl im Falle einer angestrebten Einzeladoption als auch im Falle **6** einer Adoption durch ein Ehepaar Anwendung.

a) Angestrebte Einzeladoption

Die Möglichkeit einer postmortalen Adoption im Falle einer angestrebten Einzeladoption ist nicht nur gegeben, wenn es um die Annahme eines familienfremden Kindes geht, sondern auch dann, wenn ein Stiefelternteil das Kind seines Ehegatten annehmen will, um diesem die Rechtsstellung eines gemeinschaftlichen Kindes zu verschaffen (§ 1741 Abs 2 S 3 iVm § 1754 Abs 1).

b) Angestrebte Annahme durch ein Ehepaar

Versterben beide Ehegatten (vgl OLG Hamm NJW 1966, 1821 = StAZ 1967, 99), so macht es **7** für die Anwendbarkeit des Abs 2 keinen Unterschied, ob sie gleichzeitig oder nacheinander sterben.

Verstirbt nur ein Ehegatte, so ist nach dem klaren Wortlaut des Abs 2 weiterhin eine gemeinschaftliche Annahme möglich (allgM, vgl BGB-RGRK/DICKESCHEID Rn 5; ERMAN/HOLZHAUER Rn 9; MünchKomm/MAURER Rn 4; SOERGEL/LIERMANN Rn 5). Fraglich könnte nur sein, ob der **Antrag des Überlebenden** wirksam bleibt oder neu gestellt werden muß. HOLZHAUER (ERMAN/HOLZHAUER Rn 9) meint, der Annahmeantrag des Überlebenden werde wirkungslos, da trotz der in Abs 3 angeordneten Adoptionswirkungen „faktisch eine Einzeladoption" begehrt werde. Eine ohne Neuantrag ausgesprochene Adoption müsse deshalb unter den Voraussetzungen des § 1760 aufgehoben werden. § 1753 Abs 2 geht davon aus, daß ein einmal gestellter Antrag wirksam bleibt. Das gilt mit Sicherheit für den Antrag des Verstorbenen, der mit der Möglichkeit seines Todes ebensowenig gerechnet hat wie sein Ehegatte und dennoch an seinem Antrag festgehalten wird; das gleiche sollte auch für den Antrag des Überlebenden gelten (ebenso BGB-RGRK/DICKESCHEID Rn 7). Dieser kann seinen Antrag ohnehin jederzeit zurücknehmen (vgl § 1752 Rn 6). Tut er dies, so verbietet sich eine Einzeladoption durch den Verstorbenen, weil dessen Antrag nur auf eine gemeinschaftliche Adoption gerichtet war (ERMAN/HOLZHAUER Rn 10; BGB-RGRK/DICKESCHEID Rn 5; SOERGEL/LIERMANN Rn 5; aA MünchKomm/MAURER Rn 4; PALANDT/DIEDERICHSEN Rn 2). Es versteht sich von selbst, daß das VormG den Überlebenden befragen muß, ob er die Annahme noch wünscht, aber nicht, weil es sonst am erforderlichen Antrag fehlt, sondern weil geklärt werden muß, ob die (partiell) postmortale Adoption noch dem Wohl des Kindes dient.

3. Erforderliche Einwilligungserklärungen

8 Abs 2 setzt nur voraus, daß der Annehmende den Antrag beim VormG eingereicht oder bei oder nach der notariellen Beurkundung des Antrags den Notar damit betraut hat, den Antrag einzureichen. Nicht erforderlich ist, daß die Eltern (§ 1747), das Kind (§ 1746) und ggf der Ehegatte (§ 1749) bereits ihre Einwilligung erklärt haben. Soweit die **Einwilligungen** erteilt sind, **bleiben** sie nach Maßgabe des § 1750 Abs 2 S 2 **unwiderruflich.** Nur das 14 Jahre alte, nicht geschäftsunfähige Kind kann seine Einwilligung bis zum Wirksamwerden des Ausspruchs der Annahme gegenüber dem VormG widerrufen (§ 1746 Abs 2 S 1 u § 1750 Abs 2 S 2 HS 2). Die Auffassung von Holzhauer (Erman/Holzhauer Rn 6), bereits erteilte Einwilligungen würden mit dem Tod des Annehmenden unwirksam und müßten erneuert werden, weil sie nicht auf den Todesfall bezogen gewesen seien, dürfte mit der ratio des § 1753 nicht vereinbar sein. Schon unter der Herrschaft des alten Rechts war unstreitig, daß Einwilligungserklärungen fortwirken (Staudinger/Engler[10/11] Rn 15). Die Frage war während der Reform nicht neu diskutiert worden. Ob der Annehmende erst nach dem Ausspruch der Annahme oder kurze Zeit zuvor verstirbt, hängt von Zufälligkeiten ab, denen der Gesetzgeber insoweit keine entscheidende Bedeutung beimißt, als er explizit eine postmortale Adoption gestattet. Den Bedenken Holzhauers kann nur (teilweise) im Rahmen der Prüfung, ob die Annahme dem Kindeswohl dient, Rechnung getragen werden (so auch die hM, vgl MünchKomm/Maurer Rn 3; BGB-RGRK/Dickescheid Rn 7).

4. Förderung des Kindeswohls

9 Wenn § 1753 eine Adoption nach dem Tod des Annehmenden gestattet, kann es auf die Herstellung eines Eltern-Kind-Verhältnisses gem § 1741 Abs 1 S 1 nicht mehr ankommen. Dagegen setzt auch eine postmortale Adoption voraus, daß sie dem Wohl des Kindes dient (§ 1741 Abs 1 S 1). Durch die Annahme können sowohl persönliche als auch vermögenswerte Interessen betroffen sein. Die im Vordergrund jeder Adoption stehende persönliche Fürsorge durch den Annehmenden entfällt mit dessen Tod. Gleichwohl können **persönliche Interessen des Kindes** für eine Annahme durch den Verstorbenen sprechen. In aller Regel wird das Kind im Falle des § 1753 Abs 2 seine Bindung an die Ursprungsfamilie bereits verloren haben. Es wird – auch im Falle des Unterbleibens der Adoption – dort nicht mehr Fuß fassen können. Umgekehrt wird das Kind in seiner neuen Familie oft faktisch bereits eingegliedert sein. Durch eine postmortale Adoption können diese Bande insbes zu Geschwistern und Großeltern auch rechtl verfestigt werden. Entspricht es dem Wohl des Kindes, daß es in seiner neuen Umgebung verbleibt, was vor allem der Fall sein wird, wenn bei einer angestrebten Adoption durch Eheleute nur ein Ehegatte verstorben ist, dann wird auch eine postmortale Adoption grds in seinem Interesse liegen. Als problematisch können sich **Stiefkindadoptionen** erweisen, weil hier das Kind ohnehin dem sorgeberechtigten leibl Elternteil zugeordnet ist und bleibt und eine Veränderung der tatsächlichen Lebensumstände des Kindes von vornherein nicht zur Diskussion steht. Entscheidend wird es darauf ankommen, ob der andere leibl Elternteil

des Kindes noch lebt, und wie sich die Beziehungen des Kindes zu ihm darstellen. Im allg dürfte sich der ohnehin problematische „Austausch" von leibl Vater gegen Stiefvater bzw leibl Mutter gegen Stiefmutter (vgl dazu § 1741 Rn 42 ff) verbieten, wenn der Stiefelternteil verstorben ist, weil mit dem Tod des Stiefelternteils auch das Spannungsverhältnis zwischen Stiefvater und leibl Vater bzw Stiefmutter und leibl Mutter nicht mehr besteht und im übrigen das Kind mit der Adoption ersatzlos einen Unterhaltsschuldner verlieren würde.

Vermögensinteressen können allein oder neben anderen Gründen eine postmortale **10** Adoption rechtfertigen. Erforderlich ist immer ein Abwägungsprozeß, in den alle Argumente für und wider einzubeziehen sind. Vermögensvorteile für das Kind resultieren vor allem aus dem entstehenden Erbrecht, aus Ansprüchen auf Waisengeld oder auf Unterhaltsersatz gem § 844 Abs 2.

5. Wirksamwerden des Annahmebeschlusses

Nach dem Tod des Annehmenden wird der Annahmebeschluß mit der **Zustellung an 11 das Kind** bzw dessen gesetzl Vertreter, wenn es geschäftsunfähig oder in der Geschäftsfähigkeit beschränkt ist, wirksam (§ 56 e S 2 FGG). Den Erben des verstorbenen Annehmenden ist der Beschluß in der Form des § 16 Abs 2 S 2 oder Abs 3 FGG bekanntzumachen (KEIDEL/KUNTZE/WINKLER § 56 e FGG Rn 19). **War eine gemeinschaftliche Annahme beabsichtigt,** so soll nach wohl hM eine Zustellung an den überlebenden Ehegatten genügen (so SOERGEL/LIERMANN Rn 7; BGB-RGRK/DICKESCHEID Rn 9; MünchKomm/MAURER Rn 6), während KEIDEL/KUNTZE/WINKLER (§ 56 e FGG Rn 19 u 21) auch hier eine Zustellung an das Kind für erforderlich und genügend hält. Eine Doppelzustellung an den Überlebenden und an das Kind entsprechend dem Wortlaut des § 56 e S 2 FGG erscheint sinnvoll, weil auf diese Weise gewährleistet ist, daß eine Annahme, die in Unkenntnis des Todes eines Ehegatten ausgesprochen wurde, nicht wirksam wird. Andernfalls könnte das Annahmeverhältnis nur unter den engen Voraussetzungen des § 1763 wieder aufgehoben werden.

6. Wirkung der Annahme

Wird die Annahme nach dem Tod des Annehmenden ausgesprochen, so hat sie nach **12** Abs 3 die gleiche Wirkung, wie wenn sie vor dem Tod erfolgt wäre. Das Kind wird also ebenso Erbe des Annehmenden wie ein zur Zeit des Erbfalls noch nicht geborenes, aber schon gezeugtes Kind (§ 1923 Abs 2). Außerdem stehen dem Kind unter den Voraussetzungen des § 844 Abs 2 Ansprüche auf Unterhaltsersatz sowie nach sozialversicherungs- oder beamtenrechtl Vorschriften Versorgungsansprüche zu. – Hat der Erblasser letztwillig verfügt und das Kind übergangen, so kann dieses die Verfügung nach Maßgabe des § 2079 anfechten. – Solange nach dem Tod des Annehmenden über den Adoptionsantrag nicht entschieden ist, darf eine Erbauseinandersetzung wegen der Unbestimmtheit der Erbteile nicht erfolgen (§ 2043 Abs 2).

§ 1754

(1) Nimmt ein Ehepaar ein Kind an oder nimmt ein Ehegatte ein Kind des anderen Ehegatten an, so erlangt das Kind die rechtliche Stellung eines gemeinschaftlichen Kindes der Ehegatten.

(2) In den anderen Fällen erlangt das Kind die rechtliche Stellung eines Kindes des Annehmenden.

(3) Die elterliche Sorge steht in den Fällen des Absatzes 1 den Ehegatten gemeinsam, in den Fällen des Absatzes 2 dem Annehmenden zu.

Materialien: BT-Drucks 7/3061, 19 f, 42 f; BT-Drucks 7/5087, 7, 15 f; BT-Drucks 13/4899, 114. S Staudinger/BGB-Synopse (2000) § 1754.

Systematische Übersicht

I. Normzweck und Entstehungsgeschichte

1 § 1754 ist im Zusammenhang mit den §§ 1755 und 1756 zu sehen. Während § 1754 klarstellt, daß ein Adoptivkind die rechtl Stellung eines leibl Kindes des oder der Annehmenden erlangt, also voll in die neue Familie integriert wird, bestimmt § 1755, daß die Rechtsbeziehungen des Kindes zur Ursprungsfamilie vollständig erlöschen. Die §§ 1754 und 1755 normieren somit die **Volladoption,** deren Einführung das zentrale **Reformanliegen des AdoptG v 1976** war (vgl BT-Drucks 7/3061, 19 f, BT-Drucks 7/5087, 7; früher schon BT-Drucks 7/421, 3 u 7/716, 4 iVm 7/328, 1). § 1756 korrigiert den Grundsatz der Volladoption geringfügig bezügl zweier Fallgruppen: Bei der Annahme naher Familienangehöriger (zB des Enkelkindes durch seine Großeltern) soll das Kind zwar neue Eltern erhalten, nicht aber seine bisherige Verwandtschaft verlieren (§ 1756 Abs 1). Bei der Adoption eines Stiefkindes, das bereits einen – früher sorgeberechtigten – Elternteil durch Tod verloren hat, sollen dem Kind die Rechtsbeziehungen zur Verwandtschaft des verstorbenen Elternteils erhalten bleiben (§ 1756 Abs 2).

Das **KindRG v 1997** hat an der Regelung des § 1754 inhaltlich nichts geändert. Lediglich sprachlich wurde in den Absätzen 1 und 2 der Hinweis darauf, daß das angenommene Kind die rechtliche Stellung eines *ehel* Kindes erlange, gestrichen, weil das KindRG die Unterscheidung zwischen ehel und nichtehel Kindern nicht mehr kennt (vgl BT-Drucks 13/4899, 114). Der neu angefügte Abs 3 hat lediglich klarstellende Funktion (PALANDT/DIEDERICHSEN Rn 3; MünchKomm/MAURER §§ 1754, 1755 Rn 6): Daß die elterl Sorge den Ehegatten gemeinsam oder, im Falle einer Einzeladoption, dem Annehmenden allein zusteht, ist an sich eine Selbstverständlichkeit, die sich aus den Abs 1 und 2 ohne weiteres ergibt. Früher war eine dem Abs 3 entsprechende Regelung ohne Zweifel überflüssig, weil das Kind durch die Adoption die Rechtsstellung eines *ehel* Kindes erlangte. Nachdem der Gesetzgeber nunmehr zwar die Unterscheidung zwischen ehel und nichtehel Kindern aufgegeben hat, in Sorgerechtsfragen aber weiterhin danach differenziert, ob Eltern miteinander verheiratet sind oder nicht (§§ 1626, 1626 a), sollte mit Hilfe des Abs 3 eventuellen Mißverständnissen vorgebeugt werden (SOERGEL/LIERMANN Rn 1).

Mit der Einführung der Volladoption wollte der Gesetzgeber v 1976 die günstigsten Voraussetzungen für eine ungestörte Entwicklung des Kindes schaffen. Das **alte Recht** hatte zu Unzuträglichkeiten geführt (vgl ENGLER 27 ff, 51 ff; LÜDERITZ 67 ff; BT-Drucks 7/5087, 6). Der Grundsatz, daß das Kind mit der Adoption die rechtl Stellung eines ehel erlangte (§ 1755 aF), war in mancher Hinsicht eingeschränkt. Die Annahmewirkungen erstreckten sich nicht auf die Verwandten des Annehmenden (§ 1763 aF). Für den Annehmenden wurde kein Erbrecht nach dem Kind begründet (§ 1759 aF). Vor allem aber bestanden die Rechtsbeziehungen zwischen Kind und Ursprungsfamilie fort, soweit nicht das Ges etwas anderes vorschrieb (§ 1764 aF). Das Kind wurde insbes kraft Ges von seinen leibl Eltern beerbt. Solange es nicht testieren konnte, drohte deshalb immer die Gefahr, daß von den Adoptiveltern ererbtes Vermögen an die leibl Eltern gelangte, die ihr Kind möglicherweise nie gesehen hatten. Kam das Kind in der neuen Familie zu Wohlstand, so war es denkbar, daß es später seinen leibl Eltern Unterhalt leisten mußte. Es wurde von Fällen berichtet, in denen die Sozialhilfebehörden die Anschrift des früher inkognito adoptierten Kindes ausfindig machten, um Regreßforderungen wegen Unterhaltsleistungen an die leibl Eltern durchsetzen zu können.

Die Einführung der Volladoption durch das AdoptG v 1976 entspricht der **interna-** 2 **tionalen Rechtsentwicklung.** Länder, die das Institut der Adoption erst im 20. Jh in ihre Rechtsordnungen aufnahmen, wie zB *Großbritannien* (Adoption of Children Act v 1926, nunmehr Adoption Act v 1976) und die *Niederlande* (Ges v 26. 1. 1956 Stb 42, nunmehr Ges v 24. 12. 1997 Stb 772), verstanden diese von vornherein als Instrument der Sozialpolitik und erkannten nur die Volladoption an. Aber auch diejenigen Länder, in denen die Adoption als sog einfache Adoption historisch gewachsen war und ursprüngl vornehmlich der Tradierung von Familiennamen und Familiengut gedient hatte, bekannten sich im Laufe der letzten Jahrzehnte mehr und mehr zur Volladoption, so zahlreiche Einzelstaaten *Nordamerikas* (Überblick bei FRANK 86 Fn 21; PÜTTER, Adoption in den USA [1972] 159 ff; KRAUSE, Family Law [3. Aufl 1995] 206 f), die Mehrheit der ehedem *sozialistischen* Rechtsordnungen (vgl SADIKOV, Soviet Civil Law [1988] 480 ff; GRALLA StAZ 1996, 24 ff), die *Schweiz* (Art 267 ZGB, vgl HEGNAUER, Berner Kommentar. Familienrecht – Adoption [1975] Einl 20 f Rn 18 ff), *Spanien* (Art 178 u Art 108 Abs 2 Cc, vgl BRAND Rev int dr comp 1985, 595 ff), *Italien* (Art 27 Ges Nr 184 v 4. 5. 1983 zur Regelung der Adoption u der Pflegekindschaft Minderjähriger, vgl BRAND Rev int dr comp 1985, 631 ff) und seit dem 1. 1. 1988 auch *Japan* (Ges Nr 101 v 1987, vgl KAMITANI FamRZ 1988, 803; MEYER, Wandel und Kontinuität im japanischen Adoptionsrecht [1996] 119 ff, 167 f).

3 Einen originellen Weg ging das *französ* Recht: Es behielt die historisch gewachsene einfache Adoption im wesentlichen unverändert bei, führte daneben aber als zweiten Adoptionstyp die Volladoption ein (Ges Nr 66–500 v 11. 7. 1966, Art 343 ff u 360 ff Cc). Wann welcher Adoptionstyp Anwendung finden sollte, wurde gesetzl nicht abschließend geregelt. Entscheidend sollten der Wille der Beteiligten und das Kindeswohl unter Berücksichtigung der konkreten Umstände des Einzelfalles sein (HUET/WEILLER Rev int dr comp 1985, 611 ff). Für das *deutsche* Recht hatte vor allem ENGLER (43 ff u FamRZ 1975, 125) eine ähnl Lösung empfohlen (ebenso JAYME FamRZ 1969, 527, 530; 1973, 14, 17 f; 1974, 115, 116; KRAUSE 114 f; Akademikerverbände FamRZ 1974, 170; KRAUT FamRZ 1974, 295). Der Gesetzgeber hat sich dann aber dafür entschieden, die Volladoption als Regeltyp einzuführen, gleichzeitig allerdings für die Verwandten- und Stiefkindadoption (§ 1756) sowie die Volljährigenadoption (§§ 1770, 1772) Ausnahmen zuzulassen (vgl BT-Drucks 7/3061, 21 ff). Der entscheidende Unterschied zum *französ* Recht besteht darin, daß der *deutsche* Gesetzgeber diejenigen Fälle, bei denen modifizierte Adoptionswirkungen eintreten sollen, konkret bezeichnet hat, während das *französ* Recht angesichts der Vielfalt denkbarer Lebenssachverhalte auf die Bildung von Fallgruppen von vornherein verzichtete. Ob das *französ* Recht letztlich flexibler ist, muß bezweifelt werden. Es stellt zwar zwei Adoptionstypen wahlweise zur Verfügung, regelt diese aber detailliert und damit starr sowohl hinsichtl der Voraussetzungen als auch hinsichtl der Wirkungen. Es drängt sich deshalb die Frage auf, ob mit 2 inhaltlich vorgegebenen Adoptionstypen (warum nicht 3 oder 4?) der Lebensvielfalt besser Rechnung getragen werden kann als durch die Bildung von Fallgruppen mit speziell auf sie zugeschnittenen Sonderregelungen. *Spanien* (Ges 21/ 1987 v 11. 11. 1987, vgl ARCE Y FLOREZ/VALDES Rev Gen Leg Jur 1987, 741, 780) und *Italien* (Ges Nr 184 v 4. 5. 1983, vgl BRAND Rev int dr comp 1985, 631 ff), die dem *französ* Vorbild zunächst gefolgt waren, haben deshalb auch die grds freie Wahl zwischen 2 Adoptionstypen aufgegeben, die Volladoption zum Regeltyp erhoben und die einfache Adoption auf gesetzl präzisierte Fallgruppen beschränkt.

II. Erwerb der rechtlichen Stellung eines gemeinschaftlichen Kindes der Ehegatten (Abs 1)

4 § 1754 Abs 1 regelt zwei Fälle, nämlich einmal die Adoption eines fremden Kindes durch ein Ehepaar und zum andern die Stiefkindadoption, bei der ein Ehegatte das Kind des anderen annimmt. In beiden Fällen erlangt das Kind die rechtl Stellung eines gemeinschaftlichen Kindes beider Ehegatten. Da es seit dem KindRG v 1997 keine ehel und nichtehel Kinder mehr gibt, ist der früher in Abs 1 enthaltene Hinweis, daß das Kind die rechtl Stellung eines gemeinschaftlichen *ehelichen* Kindes erlange, ersatzlos gestrichen worden. Sachlich hat sich allerdings dadurch gegenüber der früheren Rechtslage nichts geändert.

5 Bei der **Stiefkindadoption** liegt die Besonderheit darin, daß das Kind gemeinschaftliches Kind beider Ehegatten wird, obwohl es nur vom Stiefelternteil angenommen wird. Der Umstand, daß die Annahme durch den Stiefelternteil auch die Rechtsstellung seines Ehegatten gegenüber dem Kind berührt (vgl § 1741 Rn 48), ändert nichts daran, daß eine Mitadoption durch den Ehegatten unzulässig ist. Schließlich besteht zwischen diesem und dem Kind bereits ein vollwertiges natürliches Eltern-Kind-Verhältnis. Das war vor dem KindRG v 1997 nicht anders, soweit es sich um die Annahme eines *ehel* Stiefkindes handelte. Bei nichtehel Kindern war hingegen eine gemeinschaftliche Adoption durchaus möglich, weil nach § 1741 Abs 3 S 2 aF sowohl der Vater als auch die Mutter eines nichtehel Kindes dieses adoptieren konnten, so daß auch gegen eine gemeinschaftliche Adoption durch den Stiefelternteil und den mit ihm verheirateten leibl Elternteil nichts einzuwenden war. Allerdings genügte nach § 1754 Abs 1 aF auch die Annahme durch den Stiefelternteil allein, um dem nichtehel geborenen Kind die rechtl Stellung eines gemeinschaftlichen ehel Kindes zu verschaffen. Bei der Adoption eines nichehel Kindes konnten die Ehegatten also zwischen einer gemeinschaftlichen Adoption und einer Adoption durch den Stiefelternteil allein wählen, ohne daß sich daraus unterschiedliche Rechtsfolgen ergeben hätten (Näheres STAUDINGER/FRANK[12] Rn 7 f m Hinw). Seit dem KindRG v 1997 ist die Rechtslage indessen eindeutig: Eine gemeinschaftliche Adoption ist nunmehr ausnahmslos unzulässig. Sollte dennoch einmal eine gemeinschaftliche Annahme durch Stiefelternteil und leibl Elternteil ausgesprochen werden, so wäre diese insoweit nichtig, als sie sich auf das Verhältnis zum leibl Elternteil bezieht (§ 139). Im übrigen aber wäre sie wirksam, so daß der Gesetzesverstoß letztlich ohne Folgen bliebe (STAUDINGER/FRANK[12] Rn 7; MÜNSTERMANN StAZ 1985, 258, 259).

Wird ein Stiefkind **vom Stiefelternteil erst nach dem Tod des Ehegatten angenommen,** 6 so können die Wirkungen des § 1754 Abs 1 nicht mehr eintreten. § 1754 Abs 1 Alt 2 setzt voraus, daß der Ehegatte des adoptierenden Stiefelternteils beim Ausspruch der Annahme noch lebt (BGB-RGRK/DICKESCHEID Rn 2; MünchKomm/MAURER §§ 1754, 1755 Rn 4; SOERGEL/LIERMANN Rn 2; PALANDT/DIEDERICHSEN Rn 4; **aA** HELLERMANN FamRZ 1983, 659; ERMAN/HOLZHAUER Rn 3). Eine ganz andere Frage ist es, ob § 1756 Abs 2 analog mit der Folge angewandt werden kann, daß dem Kind die Rechtsbeziehungen zu den Verwandten des verstorbenen Elternteils erhalten bleiben (vgl dazu § 1756 Rn 30). Eine darüber hinausgehende, eher bildhafte Vorstellung, daß das Kind infolge der Adoption gemeinschaftliches ehel Kind geworden sei, würde an dessen Rechtsstellung nicht nur nichts ändern, sie wäre auch verfehlt; denn die Wirkungserstreckung des § 1754 Abs 1 rechtfertigt sich nur durch die nach § 1749 erforderliche Einverständniserklärung des Ehegatten. Diese kann zwar bei der Stiefkindadoption in aller Regel vermutet, keineswegs aber unterstellt werden. Denkbar sind auch Fälle, in denen der leibl Elternteil zu Lebzeiten mit der Adoption durch seinen Ehegatten nicht einverstanden war, weil er zB von diesem getrennt lebte, so daß auch nach seinem Tod das Bild eines gemeinschaftlichen Eltern-Kind-Verhältnisses verfehlt wäre.

III. Erwerb der rechtlichen Stellung eines Kindes des Annehmenden (Abs 2)

Während Abs 1 die Adoption durch ein Ehepaar und die Stiefkindadoption zu Leb- 7 zeiten des Ehegatten (= leibl Elternteils) regelt, behandelt Abs 2 die „anderen Fälle", also Adoptionen durch eine Einzelperson (vgl § 1741 Abs 2 S 1). Ist der Annehmende verheiratet, so gilt ebenfalls Abs 2, sofern es sich nicht um eine Stiefkindadoption handelt und der Annehmende allein adoptiert, was § 1741 Abs 2 S 4 in Ausnahmefällen gestattet.

IV. Wirkungen der erlangten Rechtsstellung im einzelnen

Da das Kind die rechtl Stellung eines eigenen Kindes erlangt, wird es vollkommen in 8 die Familie des (der) Annehmenden integriert, erhält also Geschwister, Großeltern, Onkel, Tante usw. Außerdem erstreckt sich die Annahme auf bereits vorhandene (ebenso wie auf später hinzukommende) Abkömmlinge des Kindes, ohne daß dies in § 1754 besonders erwähnt wäre (anders § 1755 Abs 1 S 1 bzgl des Erlöschens bisheriger Verwandtschaftsverhältnisse). Zur Problematik, daß auch verwandtschaftl Beziehungen zu Personen begründet werden, die dies nicht wünschen, vgl § 1749 Rn 13.

1. Zivilrechtliche Wirkungen

9 Mit dem Wirksamwerden des Annahmebeschlusses wird das Kind zivilrechtl behandelt, als sei es ein eigenes Kind des (der) Annehmenden (adoptio imitatur naturam). Es gelten insbes die Vorschriften über den Wohnsitz (§ 11), den Unterhalt (§§ 1601 ff), das Rechtsverhältnis zwischen Eltern und Kind (§§ 1619 ff), das Erbrecht (§§ 1924 ff) und das Pflichtteilsrecht (§§ 2303 ff). Was die elterl Sorge anbelangt (§§ 1626 ff), so glaubte der Gesetzgeber, in § 1754 Abs 3 idF des KindRG v 1997 expressis verbis klarstellen zu müssen, daß diese in den Fällen einer gemeinschaftlichen Adoption und einer Stiefkindadoption den Ehegatten gemeinsam, im Falle einer Einzeladoption dem Annehmenden allein zusteht (vgl oben Rn 1). In der neuen Familie entsteht auch gem § 1308 ein Eheverbot, das dem unter Blutsverwandten (§ 1307) nachgebildet ist. Wird die Ehe der Annehmenden geschieden oder leben die Annehmenden getrennt, so ist für die Verteilung des Sorgerechts § 1671 maßgebend. Das gilt auch im Falle einer Stiefkindadoption, wo der leibl Elternteil sein natürliches Prae mit der Adoption durch den Stiefelternteil verloren hat.

10 Rechtsgeschäftlich, insbes in **Verfügungen von Todes wegen** und **Gesellschaftsverträgen,** können leibl und Adoptivkinder ebenso unterschiedlich behandelt werden, wie das zwischen mehreren leibl Kindern rechtl möglich ist. Fehlt es an einer klaren sprachlichen Differenzierung, ist zB allg von „Kindern" oder „Abkömmlingen" die Rede, so muß durch Auslegung (§§ 133, 157) ermittelt werden, ob die Erklärung auch ein Adoptivkind erfaßt. Grds bezieht der **Begriff „Abkömmling" oder „Kind"** ein Adoptivkind mit ein (BayObLG NJW-RR 1992, 839; OLG Hamm FamRZ 1999, 1390, 1392 = Rpfleger 1999, 278, 279; OLG Düsseldorf FamRZ 1998, 1206; OLG Brandenburg FamRZ 1999, 55, 58). Die abweichende Entscheidung des BayObLG (BayObLGZ 1961, 132 = NJW 1961, 1678) zu § 2069 war unter dem alten Adoptionsrecht, nach dem der Adoptierte nur mit dem Annehmenden verwandt wurde, folgerichtig, ist jedoch durch die Reform des Adoptionsrechts v 1976 überholt. Allerdings kann sich aus den Umständen etwas anderes ergeben (OLG Hamm FamRZ 1999, 1390, 1392 = Rpfleger 1999, 278, 279; OLG Düsseldorf FamRZ 1998, 1206; OLG Brandenburg FamRZ 1999, 55, 58; LG Stuttgart FamRZ 1990, 214; auch BayObLGZ 1984, 246 = FamRZ 1985, 426 = MDR 1985, 235 betr Erwachsenenadoption). Haben die Beteiligten nicht an die Möglichkeit einer Adoption gedacht, so können im Einzelfall erhebliche Bedenken bestehen, wenn Stiefkinder, Kinder aus der Verwandtschaft, ältere Kinder oder gar Erwachsene durch Adoption in den Genuß von Vereinbarungen oder letztwilligen Verfügungen gebracht werden sollen (zur Erwachsenenadoption vgl OLG Stuttgart FamRZ 1981, 818 m Anm BAUSCH; LG München FamRZ 2000, 569). Der erkennbar angestrebte punktuelle wirtschaftliche Vorteil steht allerdings weder dem Zustandekommen noch der Anerkennung einer Adoption im Wege, ähnlich wie die Rspr es hingenommen hat, wenn eine Adoption nur dazu dient, lästig gewordene Bindungen an ein gemeinschaftliches Testament oder einen Erbvertrag durch Anfechtung (§§ 2281, 2079) abzustreifen (BGH NJW 1970, 279 = FamRZ 1970, 79; dazu FRANK 198).

2. Öffentlichrechtliche Wirkungen

Nach § 6 StAG erwirbt das angenommene Kind eines Deutschen, das im Zeitpunkt **11**
des Annahmeantrags das 18. Lebensjahr noch nicht vollendet hatte, die deutsche
Staatsangehörigkeit. Es genügt, wenn bei der Annahme durch ein Ehepaar einer der
Annehmenden die deutsche Staatsangehörigkeit besitzt (BayVGH StAZ 1989, 287).
Eine Erwachsenenadoption führt auch dann nicht zum Erwerb der deutschen Staatsangehörigkeit, wenn sie gem § 1772 die Wirkungen einer Volladoption hat (BVerwGE
108, 216 = NJW 1999, 1347 = StAZ 1999, 176). – Rechtsvgl zum Erwerb der Staatsange-
rigkeit durch Adoption HECKER StAZ 1985, 153.

Die Gleichstellung von leibl Kindern und Adoptivkindern im öffentlichen Recht, **12**
insbes im **Steuerrecht, Sozial-, Beamten- und Tarifrecht,** ist heute lückenlos verwirk-
licht (Überblick bei OBERLOSKAMP 200 ff). Letzte Unebenheiten wurden durch das Ges
zur Anpassung rechtl Vorschriften an das AdoptG (AdoptAnpG) v 24. 6. 1985 (BGBl I
1144) beseitigt. Soweit früher in sozialrechtl Bestimmungen Adoptivkinder neben
ehel, für ehel erklärten und nichtehel Kindern besonders erwähnt wurden, wurde
diese Unterscheidung aufgegeben. Adoptivkinder werden heute in öffentlichrechtl
Bestimmungen ebenso wie andernorts allg mit dem Begriff „Kinder" erfaßt. Werden
Leistungen auch Pflegekindern oder Stiefkindern zuerkannt, so wird das redaktionell
durch die Formulierung „als Kinder gelten auch" zum Ausdruck gebracht (vgl die
Begründung des AdoptAnpG BT-Drucks 10/1746, 14). Auch in **Verwaltungsvorschriften**
(Paß-, Ausweis-, Meldewesen), in den Einkommensteuer- und Lohnsteuerrichtlinien
sowie in den Richtlinien zu den Prämiengesetzen werden Adoptivkinder heute nicht
mehr als eine besondere Gruppe von Kindern genannt (vgl Bericht über Maßnahmen der
Bundesregierung zur rechtl Gleichstellung von ehel Kindern und Adoptivkindern sowie von leibl
Eltern und Adoptiveltern, BT-Drucks 8/1495, 12 f). Schließlich ist die **Formularpraxis** vor
allem wegen § 1758 dazu übergegangen, niemanden unnötigerweise zur Offenlegung
zu zwingen, ob es sich bei einem Kind um ein leibl oder adoptiertes handelt (BT-
Drucks 8/1495, 13).

Soweit in öffentlichrechtl Bestimmungen ausnahmsweise weiterhin zwischen leibl **13**
und Adoptivkindern differenziert wird, hat die Unterscheidung ihren Grund darin,
daß Adoption und Geburt nicht immer gleichgesetzt werden können. So werden
Mutterschutz und **Mutterschaftsgeld** wegen der besonderen physischen und psychischen Belastung der Mutter im Zusammenhang mit Schwangerschaft und Geburt
gewährt, so daß Adoptivmüttern entsprechende Vergünstigungen nicht zuteil werden
(BAG NJW 1984, 630 = MDR 1984, 172 = FamRZ 1983, 1221; BSG NJW 1981, 2719 = FamRZ 1983,
162; OVG Koblenz NJW 1982, 1012; OVG Münster FamRZ 1980, 981; krit AK-BGB/FIESELER
§§ 1754–1756 Rn 4; LEHMANN/JESSEN FamRZ 1974, 636). Auch im **Beihilferecht** kann die
Annahme zwar nicht als ein Geburtsfall angesehen werden (vgl BVerwG FamRZ 1972,
456); die Beihilfevorschriften der Länder sehen jedoch vor, daß der Beihilfeberech-
tigte eine Beihilfe zur Säuglings- und Kleinkinderausstattung erhält, wenn er ein
Kind unter 2 Jahren annimmt (zB § 11 Abs 2 S 2 BVO BaWü; § 9 Abs 1 S 3 BVO
NRW; § 12 Abs 1 S 4 BVO Saarl). Bedenklich sind Regelungen, die einem Adoptivkind Vergünstigungen vorenthalten, um auf diese Weise von vornherein möglichen
Mißbräuchen der Adoption zu begegnen. So erhalten nach § 23 Abs 2 **BeamtVG** die
angenommenen Kinder eines verstorbenen Ruhestandsbeamten kein Waisengeld,
wenn dieser im Zeitpunkt der Annahme bereits im Ruhestand war und das 65. Le-

bensjahr vollendet hatte (vgl BT-Drucks 10/1746, 22). Auch wenn § 20 Abs 2 BeamtVG bestimmt, daß die Versorgungsbezüge einer mehr als 20 Jahre jüngeren Witwe nicht gekürzt werden können, wenn „aus der Ehe ein Kind hervorgegangen" ist, dann erscheint es fragwürdig, wenn das BVerwG (JZ 1988, 38 = FamRZ 1988, 717 [LS]) meint, Adoptivkinder seien keine Kinder iS dieser Bestimmung. Das deutsche Recht geht traditionell davon aus, daß ein wirksam begründeter Status auch volle Rechtswirkungen entfaltet. Das gilt zB im **Erbschaftsteuerrecht** selbst dann, wenn eine Erwachsenenadoption erkennbar zu dem Zweck vorgenommen wurde, dem Erben die günstige Erbschaftsteuerklasse I zuteil werden zu lassen (Nachw § 1767 Rn 22). Ähnliches gilt für die **Ausländerbehörden,** die an den gerichtl Ausspruch der Annahme gebunden sind (Nachw § 1767 Rn 27).

14 Auch im **Strafrecht** werden angenommene und leibl Kinder nach der Begriffsdefinition des „Angehörigen" in § 11 Abs 1 Nr 1 a StGB gleichgestellt. In § 174 Abs 1 Nr 3 StGB werden angenommene Kinder aus Klarstellungsgründen neben den leibl Kindern sogar ausdrücklich erwähnt; anders der Straftatbestand des Beischlafs zwischen Verwandten (§ 173 StGB), der sich nur auf Blutsverwandte bezieht.

15 Im **Verfahrensrecht** gelten ebenfalls alle Vorschriften, in denen von „Verwandten" die Rede ist, auch für Personen, deren Verwandtschaft durch Adoption begründet wurde, so zB §§ 383 Abs 1 Nr 3 ZPO, 52 Abs 1 Nr 3 StPO für das Zeugnisverweigerungsrecht u §§ 41 Nr 3 ZPO, 22 Nr 3 StPO für die Ausschließung von der Ausübung des Richteramts.

§ 1755

(1) Mit der Annahme erlöschen das Verwandtschaftsverhältnis des Kindes und seiner Abkömmlinge zu den bisherigen Verwandten und die sich aus ihm ergebenden Rechte und Pflichten. Ansprüche des Kindes, die bis zur Annahme entstanden sind, insbesondere auf Renten, Waisengeld und andere entsprechende wiederkehrende Leistungen, werden durch die Annahme nicht berührt; dies gilt nicht für Unterhaltsansprüche.

(2) Nimmt ein Ehegatte das Kind seines Ehegatten an, so tritt das Erlöschen nur im Verhältnis zu dem anderen Elternteil und dessen Verwandten ein.

Materialien: BT-Drucks 7/3061, 43, 74 f, 85; BT-Drucks 7/5087, 16 f; BT-Drucks 13/4899, 114 f. S Staudinger/BGB-Synopse (2000) § 1755.

Systematische Übersicht

I. Normzweck und Entstehungsgeschichte

§ 1755 normiert im Zusammenhang mit § 1754 den Grundsatz der **Volladoption**. **1** Näheres zu Normzweck und Entstehungsgeschichte bei § 1754 Rn 1. Zu den verfassungsrechtl Grundlagen der Volladoption vgl § 1748 Rn 7 f.

II. Erlöschen der Verwandtschaft

Nach Abs 1 S 1 erlischt das Verwandtschaftsverhältnis des Kindes zu den bisherigen **2** Verwandten. „**Bisherige Verwandte**" sind idR leibl Verwandte. Im Falle einer zulässigen Zweitadoption (§ 1742) kann die erlöschende Verwandtschaft auch durch Adoption vermittelt sein, so zB, wenn nach dem Tod der Adoptiveltern das Kind erneut adoptiert wird.

Nach Abs 1 S 1 erlischt auch das Verwandtschaftsverhältnis eines bereits vorhande- **3** nen **Abkömmlings des Kindes** zu den bisherigen Verwandten. Die Formulierung ist mißverständlich. Gemeint ist, daß sich das Erlöschen der Beziehungen zwischen Adoptivkind und leibl Verwandtschaft auch auf den Abkömmling erstreckt. Wird eine (minderjährige) Mutter mit Kind angenommen, so erlöschen die Rechtsbeziehungen des Kindes (= Abkömmling) zu den Großeltern mütterlicherseits sowie zu Onkel und Tante (mütterlicherseits). Dagegen ändert sich nichts an den Beziehungen des Kindes zu seinem Vater und dessen Verwandten, und natürlich auch nichts an denen zur Mutter selbst und zu bereits vorhandenen Geschwistern.

Für den Fall der **Stiefkindadoption** enthält Abs 2 eine überflüssige Klarstellung. Wird **4** ein Kind des Ehegatten adoptiert, so erlöschen nur die Rechtsbeziehungen des Kindes zu dem Elternteil, der nicht mit dem adoptierenden Stiefelternteil verheiratet ist, und zu dessen Verwandten. Überflüssig ist die Regelung deshalb, weil schon § 1754 Abs 1 bestimmt, daß das Kind durch eine solche Adoption die rechtl Stellung eines gemeinschaftlichen Kindes beider Ehegatten erlangt.

Vor dem KindRG v 1997 galt Abs 2 nur für die Annahme eines *nichtehel* Kindes des **5** Ehegatten. Die Regelung des alten Rechts war somit nicht nur überflüssig, sondern auch noch mißverständlich, weil bei der Annahme eines *ehel* Kindes selbstverständlich nichts anderes gelten konnte (vgl STAUDINGER/FRANK[12] Rn 4). Streitig war unter der Herrschaft des alten Rechts bei der Annahme eines ehel Kindes des Ehegatten nur, ob sich das Erlöschen der Rechtsbeziehung zu dem außerhalb der Stiefehe lebenden leibl Elternteil aus einem Analogieschluß zu § 1755 Abs 2 oder aber aus einer direkten Anwendung von § 1754 Abs 1 iVm § 1755 Abs 1 ergab (STAUDINGER/FRANK[12] Rn 4). Die Neuregelung des § 1755 Abs 2, die sich nicht auf nichtehel Kinder, sondern auf Kinder des Ehegatten schlechthin bezieht, setzt dieser fruchtlosen Diskussion ein Ende (vgl BT-Drucks 13/4899, 114 f), ändert aber nichts daran, daß die Regelung als solche entbehrlich wäre.

6 Ein Erlöschen der Rechtsbeziehungen zu dem außerhalb der Stiefehe lebenden leibl Elternteil tritt nicht ein, soweit die Voraussetzungen des § 1756 Abs 2 gegeben sind.

III. Wirkungen des Erlöschens

7 Das Erlöschen der Verwandtschaftsbeziehungen hat zur Folge, daß mit **ex-nunc-Wirkung** alle Rechte und Pflichten, die nach dem Gesetz auf Verwandtschaft beruhen, erlöschen.

Zivilrechtlich verlieren die leibl Eltern insbes das Sorge- und Umgangsrecht. Unterhaltsansprüche zwischen dem Kind und seinen leibl Verwandten erlöschen (nicht aber Ansprüche auf rückständigen Unterhalt, vgl Rn 8). Für das gesetzl Erb- und Pflichtteilsrecht scheidet das Kind aus dem Verband der Ursprungsfamilie aus.

Für den Bereich des **öffentlichen Rechts** entfallen alle Vergünstigungen, die den Eltern für das Kind zustanden, wie zB Kindergeld, Kinderzuschuß, erhöhter Ortszuschlag, beamtenrechtl Beihilfe, steuerrechtl Vergünstigungen usw, wie überhaupt im Sozial-, Beamten-, Tarif- und Steuerrecht das Adoptivkind entspr § 1755 nicht mehr als Kind seiner leibl Eltern berücksichtigt wird. Das Kind verliert nach § 27 StAG auch die dt **Staatsangehörigkeit,** wenn es infolge der Annahme durch ausländische Adoptierende deren Staatsangehörigkeit erwirbt.

IV. Bestehenbleibende Rechte und Pflichten

1. Ansprüche auf einmalige Leistung

8 Da die Annahme ex nunc wirkt, bleiben Ansprüche auf einmalige Leistung, die vor der Adoption entstanden sind, erhalten. Abs 1 S 2 bringt diesen Grundsatz noch einmal klarstellend mit den Worten zum Ausdruck, daß Ansprüche, die bis zur Annahme entstanden sind, durch die Annahme nicht berührt werden. Das bedeutet, daß zB Erb- oder Pflichtteilsansprüche des Angenommenen aus einem vor der Adoption eingetretenen Erbfall erhalten bleiben. Für Ansprüche auf rückständigen Unterhalt gilt Entsprechendes (vgl Rn 7). Unterhaltsvereinbarungen zwischen leibl Vater und adoptierendem Stiefvater, die für den Fall der Adoption getroffen wurden, sind nicht (notwendigerweise) sittenwidrig (OLG Hamm FamRZ 1979, 1079; vgl auch DIV-Gutachten DAVorm 1990, 37).

9 Hat ein nichtehel Kind nach § 1934 d aF, also vor Inkrafttreten des ErbGleichG v 1997, einen **vorzeitigen Erbausgleich** verlangt und erhalten, so stellt sich die Frage, wie sich eine spätere Adoption des Kindes durch Dritte auf diesen Erbausgleich auswirkt. Da ein vorzeitiger Erbausgleich von einem nichtehel Kind erst nach Vollendung des 21. Lebensjahres verlangt werden konnte (§ 1934 d Abs 1), kann diese spätere Adoption nur eine Erwachsenenadoption sein. Eine Erwachsenenadoption ändert indessen grds nichts an den Rechtsbeziehungen zwischen dem Kind und seinem Vater (§ 1770 Abs 2), so daß der vorzeitige Erbausgleich nach wie vor seinen ursprüngl Zweck erfüllt (vgl Übergangsvorschrift des Art 227 Abs 1 Nr 2 EGBGB). Etwas anderes gilt nur, wenn die spätere Adoption ausnahmsweise eine Volladoption ist, welche die Rechtsbeziehungen zwischen Kind und Vater zum Erlöschen bringt (§ 1772). In diesem Fall können die ursprüngl angestrebten Wirkungen des

§ 1934 e nicht mehr eintreten, so daß dem Vater wegen des Geleisteten eine condictio ob causam finitam (§ 812 Abs 1 S 2 Alt 1) zusteht. Die Rechtslage ist dann die gleiche, wie wenn der Vater eines nichtehel Kindes dieses nach Gewährung des vorzeitigen Erbausgleichs selbst adoptiert hätte, was nach § 1741 Abs 3 S 2 idF vor dem KindRG v 1997 möglich war. Vgl zu dieser speziellen Problematik ausf STAU-DINGER/FRANK[12] Rn 9.

2. Ansprüche auf wiederkehrende Leistungen

Bei Ansprüchen auf wiederkehrende Leistungen besteht nach Abs 1 S 2 die Beson- **10** derheit, daß dem Kind nicht nur die bis zur Adoption aufgelaufenen Beträge, sondern auch die danach fällig werdenden Teilleistungen erhalten bleiben. Insofern handelt es sich um eine echte **Ausnahme vom Grundsatz der Volladoption.** Ursprüngl hatte der BR bei den Vorarbeiten zum AdoptG v 1976 vorgeschlagen, Ansprüche auf wieder-kehrende Leistungen erlöschen zu lassen und als Ausgleich eine Abfindungssumme zu zahlen (BT-Drucks 7/3061, 74 f). Auf Vorschlag des RAussch wurde dann aber doch der später Ges gewordenen Regelung der Vorzug gegeben. Zur Begründung wurde ua angeführt, daß ansonsten Dauerpflegeverhältnisse einer Adoption vorgezogen werden könnten, besonders pflegebedürftige und kostenintensive Kinder (behin-derte Kinder) möglicherweise nicht zu vermitteln wären, und für Kinder, die mit Renten ausgestattet sind, auch ärmere Adoptiveltern in Betracht kommen sollten (BT-Drucks 7/ 5087, 16 f).

§ 1755 Abs 1 S 2 findet keine Anwendung auf Annahmeverhältnisse, die vor der Wiedervereinigung nach dem Recht der ehemaligen DDR begründet wurden (Art 234 § 13 Abs 1 S 1 EGBGB; DIV-Gutachten ZfJ 1992, 568).

Abs 1 S 2 enthält keine abschließende Aufzählung der Renten und anderer wieder- **11** kehrender Leistungen, die von der Adoption unberührt bleiben, weil eine solche Aufzählung angesichts der großen Zahl der nach privatem und öffentlichem Recht denkbaren Ansprüche nicht zweckmäßig erschien (BT-Drucks 7/5087, 16). **Waisenrenten** können sich insbes aus der gesetzl Renten- oder Unfallversicherung ergeben (§ 48 SGB VI, § 67 SGB VII), aber auch aus anderen Altersversorgungssystemen außer-halb der sozialen Rentenversicherung, zB aus § 23 BeamtenVG oder aus § 15 Ges über die Alterssicherung der Landwirte (GAL). Renten iSv Abs 1 S 2 sind auch **Ansprüche aus §§ 844 Abs 2 BGB, 10 Abs 2 StVG.** Für diese Ansprüche hatte der BGH schon vor dem AdoptG v 1976 entschieden, daß der Gedanke der Vorteils-ausgleichung nicht dazu nötigt, sie im Falle einer späteren Adoption in Frage zu stellen (BGHZ 54, 269 = NJW 1970, 2061 m Anm SCHULTZE-BLEY NJW 1971, 1137 = FamRZ 1970, 587 = JZ 1971, 657 m Anm ROTHER). Abs 1 S 2 schließt nunmehr insoweit alle Zweifel aus.

Eine Ausnahme von der Ausnahme enthält Abs 1 S 2 HS 2: Danach erlischt der **12** **Unterhaltsanspruch** des Kindes gegen seine leibl Verwandten mit der Adoption. Die Bestimmung ist unglücklich gefaßt, weil sie nicht eindeutig klärt, ob sich das Erlöschen nur auf Unterhaltsansprüche bezieht, die nach der Adoption fällig werden, oder auch auf **rückständigen Unterhalt** aus der Zeit vor der Adoption. Die Frage war nach Inkrafttreten des AdoptG v 1976 str, dürfte heute aber, vor allem nach der Entscheidung des BGH v 8. 7. 1981 (NJW 1981, 2298 = MDR 1982, 127 = FamRZ 1981, 949 =

JR 1982, 62 m Anm FINGER) dahingehend geklärt sein, daß Unterhaltsansprüche aus der Zeit bis zur Adoption nicht erlöschen (ebenso KG FamRZ 1984, 1131; OLG Celle FamRZ 1981, 604 u DAVorm 1980, 940; OLG Düsseldorf FamRZ 1980, 496; OLG Hamburg FamRZ 1979, 180; DIV-Gutachten DAVorm 1993, 419; OBERLOSKAMP 172 f; PALANDT/DIEDERICHSEN Rn 5). In der Tat erscheint nur diese Interpretation sinnvoll: Die Adoption wirkt nicht zurück und kann deshalb grds auch bereits entstandene Ansprüche nicht mehr in Frage stellen. Andernfalls würden säumige Zahler prämiiert und ein Anreiz für die leibl Eltern geschaffen, keinen Unterhalt zu leisten, sobald eine Adoption des Kindes in Betracht kommt. Haben Dritte Unterhalt geleistet, so würde übergegangenen Ansprüchen mit der Adoption der Boden entzogen. Wertungswidersprüche würden sich auch ergeben, wenn einem Kind Zahlungen aufgrund einer Abfindungsvereinbarung nach § 1615 e idF vor Inkrafttreten des KindRG v 1997 (BGBl I 666) erhalten blieben (so BT-Drucks 7/5087, 16), während aufgelaufene gesetzl Unterhaltsansprüche erlöschen würden.

13 Da Unterhaltsansprüche bis zur Adoption nicht erlöschen und eine Vaterschaftsfeststellung auch nach der Adoption zulässig ist (Rn 15), haben die Annehmenden es auch nach Jahren in der Hand, den Vater des Kindes feststellen zu lassen und auf Zahlung von Unterhalt zu verklagen (vgl § 1613 Abs 2 Nr 2 a). Selbst wenn ein Säugling von seinen künftigen Adoptiveltern sofort aus der Klinik abgeholt wurde, konnte deren primäre gesetzl Unterhaltspflicht nach § 1751 Abs 4 S 1 frühestens 8 Wochen nach der Geburt entstehen, nachdem die Mutter die erforderliche Einwilligung erteilt hatte (§ 1747 Abs 2 S 1). Zumindest für diese Zeitspanne kommt also immer ein Anspruch des Kindes auf rückständigen Unterhalt in Betracht. Ob allerdings eine gesetzl Regelung sinnvoll ist, die den Unterhaltsregreß nach der Adoption auch dann in das Belieben der Annehmenden stellt, wenn die Beteiligten, insbes die künftigen Adoptiveltern, es vor der Adoption für richtig hielten, von einer Vaterschaftsfeststellung Abstand zu nehmen (vgl § 1747 Rn 14), ist eine andere Frage.

3. Fortwirken der natürlichen Verwandtschaft

14 Trotz des Erlöschens der Verwandtschaftsbeziehungen gibt es einige Rechtsbereiche, in denen das natürliche Verwandtschaftsverhältnis fortwirkt. So besteht weiterhin das **Eheverbot** der leibl Verwandtschaft (§ 1307 S 2). Die natürliche Abstammung muß daher bei der Eheschließung durch Vorlage einer Abstammungsurkunde nachgewiesen werden (§ 5 Abs 1 PStG). Im **Strafrecht** behält die leibl Verwandtschaft auch nach der Annahme ihre teils privilegierende, teils strafbegründende Bedeutung (§§ 11 Abs 1 Nr 1 a, 173 Abs 1, 174 Abs 1 Nr 3 StGB). Im **gerichtl Verfahren** und im **Verwaltungsverfahren** ist der leibl Verwandte eines Verfahrensbeteiligten auch nach der Annahme (ebenso wie nach einer früheren Ehe) von bestimmten Tätigkeiten ausgeschlossen, zB als Richter (§§ 41 Nr 3 ZPO, 22 Nr 3 StPO, 54 Abs 1 VwGO), Notar (§ 16 Abs 1 BNotO iVm § 3 Abs 1 S.1 Nr 3 BeurkG; § 26 Abs 1 Nr 4 BeurkG), Verwaltungsbeamter (§ 20 Abs 1 Nr 4 iVm Abs 5 S 2 Nr 2 VwVfG). Das **Zeugnisverweigerungsrecht** bleibt auch nach der Annahme bestehen (§§ 383 Abs 1 Nr 3 ZPO, 52 Abs 1 Nr 3 StPO, 98 VwGO). Nicht recht überzeugen will die durch Ges v 18.8.1980 (BGBl I 1537) eingeführte Regelung des § 15 Abs 1 a **ErbStG,** der die nach BGB erloschene Verwandtschaft für die Steuerklassen I und II Nr 1–3 bestehen läßt.

V. Abstammungsfeststellung nach der Adoption

Nach allgM ist eine Vaterschaftsfeststellung auch nach erfolgter Adoption zulässig **15**
(OLG Celle DAVorm 1980, 940; OLG Braunschweig OLGZ 1979, 344 = DAVorm 1978, 639 =
NdsRpfl 1979, 39; BT-Drucks 7/5087, 16; BAER/GROSS 67 f; OBERLOSKAMP 167 f; BGB-RGRK/DIK-
KESCHEID Rn 11; SOERGEL/LIERMANN Rn 9; MünchKomm/MAURER §§ 1754, 1755 Rn 17; ROTH-
STIELOW Rn 5; ERMAN/HOLZHAUER Rn 7; DIV-Gutachten DAVorm 1999, 369; DAVorm 1998,
387, 388; ZfJ 1995, 130). Begründen läßt sich diese Ansicht mit den rechtl Nachwirkun-
gen des Altstatus (vgl Rn 14). Diese Nachwirkungen sind, sofern es nicht gerade um
Ansprüche auf rückständigen Unterhalt geht (vgl OLG Celle DAVorm 1980, 940), nur in
seltenen Fällen von besonderem aktuellen Interesse. Wichtiger ist das vom BVerfG
(vor allem BVerfGE 79, 256 = NJW 1989, 891 = FamRZ 1989, 255) so stark betonte Recht auf
Kenntnis der eigenen Abstammung, das allerdings allein eine Klage kaum rechtfertigen dürfte (aA GERNHUBER/COESTER-WALTJEN § 68 IX 3). Dem dt Recht ist jedenfalls
traditionell eine Klage auf Feststellung bloßer blutsmäßiger Beziehungen abseits
aller Rechtswirkungen fremd (vgl FRANK FamRZ 1988, 113, 117 f; ausf ders, Gedanken zu
einer isolierten Abstammungsfeststellungsklage, in: GedSchr Peter Arens [1993] 65 ff). Auch das
Recht auf Kenntnis der Herkunft verpflichtet den Staat nicht, zwecks Klärung bloßer
Abstammungsfragen Gerichtshilfe zu leisten. Andere Rechtsordnungen verbieten
zT, wie bspw *Frankreich* (Art 352 Cc) und die *Schweiz* (HEGNAUER, Grundriß des Kindesrechts und des übrigen Verwandtschaftsrechts [5. Aufl 1999] 94), Vaterschaftsfeststellungen
nach erfolgter Adoption. Für das dt Recht wird man dennoch wegen der zwar un-
wahrscheinlichen, aber doch möglichen späteren Relevanz einer festgestellten Vaterschaft eine entsprechende Klage zulassen müssen.

Das **Inkognito** braucht durch ein solches Verfahren nicht gefährdet zu werden. Für **16**
die Adoptiveltern kann ein **Ergänzungspfleger** (§ 1909 Abs 1 S 1) bestellt werden
(OLG Braunschweig OLGZ 1979, 324, 325 = DAVorm 1978, 639, 640 = NdsRpfl 1979, 39; OLG
Karlsruhe FamRZ 1975, 507, 508 u FamRZ 1966, 268 f; BT-Drucks 7/5087, 16; BARTH ZfJ 1984, 68,
69 f; OBERLOSKAMP 167 f; BGB-RGRK/DICKESCHEID Rn 11), und für die Bezeichnung einer
Partei genügt es, wenn deren Identität eindeutig bestimmt ist, was etwa durch die
Formulierung „das am ... geborene und im Geburtsregister unter dem Namen ...
eingetragene Kind" möglich ist (vgl OLG Braunschweig OLGZ 1979, 324, 325 = DAVorm 1978,
639, 640 = NdRpfl 1979, 39; OLG Karlsruhe 1975, 507, 508 u FamRZ 1966, 268; BARTH ZfJ 1984, 68,
70).

War die **Vaterschaftsfeststellungsklage** vom gesetzl Vertreter des Kindes bereits **vor 17**
der Adoption erhoben worden (vgl dazu § 1747 Rn 14), so ist es nach der Adoption Sache
der Annehmenden, zu entscheiden, ob sie den Rechtsstreit fortführen wollen (OLG
Braunschweig OLGZ 1979, 324 = DAVorm 1978, 639 = NdsRpfl 1979, 39; BARTH ZfJ 1984, 68, 69;
OBERLOSKAMP 168; BAER/GROSS 69 f). Gegen ihren Willen kann jedenfalls kein Ergänzungspfleger bestellt werden (OLG Braunschweig OLGZ 1979, 324 = DAVorm 1978, 639 =
NdsRpfl 1979, 39).

Wer sich für eine Vaterschaftsfeststellung nach erfolgter Adoption ausspricht, muß **18**
jedenfalls grds auch eine **Vaterschaftsanfechtung** durch das Kind, den Ehemann der
leibl Mutter oder die leibl Mutter selbst nach der Adoption zulassen (BGB-RGRK/
DICKESCHEID Rn 11; ERMAN/HOLZHAUER Rn 7; MünchKomm/MAURER §§ 1754, 1755 Rn 17; SOER-
GEL/LIERMANN Rn 9; zur Wahrung des Inkognitos vgl OLG Karlsruhe FamRZ 1966, 268 und als

Vorinstanz LG Mannheim NJW 1966, 357). Allerdings fällt es schwer, ein schützenswertes *rechtl* Interesse der Beteiligten, insbes von Vater und Mutter, an der Anfechtung zu finden.

§ 1756

(1) Sind die Annehmenden mit dem Kind im zweiten oder dritten Grad verwandt oder verschwägert, so erlöschen nur das Verwandtschaftsverhältnis des Kindes und seiner Abkömmlinge zu den Eltern des Kindes und die sich aus ihm ergebenden Rechte und Pflichten.

(2) Nimmt ein Ehegatte das Kind seines Ehegatten an, so erlischt das Verwandtschaftsverhältnis nicht im Verhältnis zu den Verwandten des anderen Elternteils, wenn dieser die elterliche Sorge hatte und verstorben ist.

Materialien: BT-Drucks 7/3061, 21 f, 44 f, 75 f, 85; BT-Drucks 7/5087, 7, 17 f, 30 f; BT-Drucks 13/4899, 115. S Staudinger/BGB-Synopse (2000) § 1756.

Systematische Übersicht

Alphabetische Übersicht

I.   Normzweck und Entstehungsgeschichte

1.   Die Regelung des Abs 1

Die Regelung des Abs 1 geht zurück auf das AdoptG v 1976 und ist danach nicht **1**
mehr geändert worden. Bei den Vorarbeiten zum AdoptG v 1976 bestand Einmütigkeit darüber, daß die Volladoption als Adoptionstyp nicht paßt, wenn Kinder
angenommen werden, die mit dem Annehmenden bereits eng verwandt sind. Das
Kind brauche in einem solchen Fall zwar neue Eltern, aber keine neuen Verwandten.
Die Anregung, neben der Volladoption einen zweiten Adoptionstyp wahlweise einzuführen, der mit Blick auf die Annahme nicht fürsorgebedürftiger Kinder eine
Kompromißlösung zwischen alter und neuer Familie darstellen sollte, ist vom Gesetzgeber nicht aufgegriffen worden (Näheres § 1754 Rn 3). Er hat es statt dessen vorgezogen, für den besonderen Fall der **Annahme durch Verwandte oder Verschwägerte
2. oder 3. Grades** eine **Sonderregelung** einzuführen. § 1756 Abs 1 geht letztlich auf
einen Vorschlag von LÜDERITZ (Adoption [1972] 78 ff) zurück, von dem jedoch inhaltlich wenig übriggeblieben ist. LÜDERITZ hatte für eine Lösung plädiert, nach der mit
der Adoption die Eltern ausgetauscht werden, die Verwandtschaft im übrigen aber
unverändert beibehalten wird. Nach der Ges gewordenen Regelung des § 1756 Abs 1,
die in den wesentlichen Grundzügen schon im RegE (BT-Drucks 7/3061, 21 f, 44) enthalten war, erlöschen zwar die Rechtsbeziehungen zwischen Kind und leibl Eltern,
dem Kind wird auch die alte Verwandtschaft belassen, aber es erwirbt nach § 1754
wie ein volladoptiertes Kind neue Verwandte hinzu. Beispielhaft verdeutlicht: Bei
einer Adoption durch den Onkel und dessen Ehefrau behält das Kind seine leibl
Großeltern und erhält darüber hinaus nach der mitadoptierenden Ehefrau des Onkels
ein 3. Großelternpaar. Zu Komplikationen führt die Vorstellung des Gesetzgebers, daß
bereits vorhandene Verwandtschaft einerseits unverändert erhalten bleiben (§ 1756
Abs 1), andererseits aber auch iSd Volladoption nach dem annehmenden Verwandten

neu berechnet werden soll (§ 1754). Der adoptierende Onkel wird so gesehen Vater, ohne seine Stellung als leibl Onkel zu verlieren (Näheres dazu unten Rn 13 f).

2 Insg muß die Regelung des Abs 1 als **mißglückt** bezeichnet werden. Sie ist „ein unübersichtliches rechtl Flickwerk ohne klare Konzeption" (FRANK 182; vgl auch ENGLER FamRZ 1975, 125, 127; ROTH 211 ff; MünchKomm/MAURER Rn 1). Zunächst will nicht überzeugen, daß eine Sonderregelung für die ohnehin problematischen und seltenen Fälle der Adoption durch Großeltern, Geschwister, Onkel, Tante und deren Ehegatten notwendig sein soll. International ist keine Rechtsordnung bekannt, die für eine ähnlich eng umgrenzte Fallgruppe einen besonderen Adoptionstyp eingeführt hätte. Selbst das italienische Recht, das insoweit noch am ehesten mit dem deutschen vergleichbar ist, läßt die sog einfache Adoption für Verwandte bis zum 6. Grade zu, beschränkt sie aber nicht etwa auf Verwandte, sondern bezieht andere gesetzl näher umschriebene Fallgruppen nicht fürsorgebedürftiger Minderjähriger mit ein (Artt 44, 55 Ges Nr 184 v 4. 5. 1983). Auch das Recht der ehemaligen DDR ließ im Falle einer Verwandtenadoption keine Ausnahme vom Grundsatz der Volladoption zu. Nach der Überleitungsvorschrift des Art 234 § 13 Abs 1 EGBGB bleibt auch in Zukunft für Verwandtenadoptionen aus der Zeit vor der Wiedervereinigung das FGB der DDR maßgebend.

3 Gegen die Verwandtenadoption wird allg zu Recht ins Feld geführt, daß sie zu einer **Verwirrung natürlicher Verwandtschaftsverhältnisse** führe (vgl § 1741 Rn 23). Gerade dieses Problem, das LÜDERITZ mit seinem Vorschlag lösen wollte, ist durch die §§ 1754–1756 nicht nur nicht gelöst, sondern so kompliziert worden, daß eine „normale" Volladoption – bei allen verständlichen Bedenken – für die Beteiligten einfacher auszurechnen und zu verstehen wäre als das in den §§ 1754–1756 konzipierte Mischgebilde aus einfacher Adoption und Volladoption.

4 Eine **Fülle von Ungereimtheiten,** an die der Gesetzgeber nicht gedacht, die er aber durch seine Regelung heraufbeschworen hat, verstärken den negativen Gesamteindruck. Auf Einzeladoptionen durch *Verschwägerte* 2. oder 3. Grades paßt die Sonderregelung des Abs 1 nur mit Vorbehalten (vgl Rn 11 f). Das vom Gesetzgeber nicht durchdachte, aber normierte Prinzip mehrfacher Verwandtschaft gibt wertungsmäßig manches Rätsel auf (vgl Rn 15 ff). Im Erbrecht, wo die Verwandtschaftsverhältnisse in erster Linie relevant werden, bleibt einiges unklar (vgl Rn 19 ff).

2. Die Regelung des Abs 2

5 Die Regelung des Abs 2 geht auf das **KindRG v 1997** zurück. Sie bezieht sich allerdings nicht auf **Stiefkindadoptionen** schlechthin, sondern nur auf solche, bei denen der mit dem Stiefelternteil nicht verheiratete Elternteil **bereits verstorben** ist und außerdem zur Zeit seines Todes **Allein- oder Mitinhaber der elterl Sorge** war.

Beispiel: Die Ehe zwischen A und B wird durch Tod aufgelöst. Die elterl Sorge für das gemeinsame Kind stand bis dahin A und B gemeinsam zu. Nach dem Tod des A heiratet die B den C, der das Kind adoptiert.

Nach Abs 2 erlischt das Verwandtschaftsverhältnis nicht im Verhältnis zu den Verwandten des verstorbenen Elternteils. Das Kind erhält also einen neuen Verwandtenstamm nach dem adoptierenden Stiefelternteil (§ 1754 Abs 1), ohne daß sich an den Rechtsbeziehungen des Kindes zu seiner Mutter und deren Verwandten (§ 1754 Abs 1 iVm § 1755 Abs 2) bzw zu den Verwandten des verstorbenen Vaters etwas ändert. Das Kind erwirbt bzw behält somit 3 Verwandtenstämme, hat also 3 Großelternpaare. Die Regelung des Abs 2 ist nicht anwendbar, falls der mit dem Stiefelternteil nicht verheiratete Elternteil noch lebt; denn der noch lebende Elternteil kann durch die Verweigerung seiner Einwilligung in die Adoption selbst darüber entscheiden, ob er die Rechtsbeziehungen zu seinem Kind aufrechterhalten will. Problematisch ist allerdings, daß im Falle des Abs 2 die Aufrechterhaltung der Rechtsbeziehungen zwischen dem Kind und den Verwandten des verstorbenen Elternteils davon abhängig gemacht wird, daß der verstorbene Elternteil (Mit-)Inhaber der elterl Sorge war; denn über die Qualität einer Eltern-Kind-Beziehung sagt die Inhaberschaft der elterl Sorge nicht allzuviel aus (Näheres Rn 26 f).

Eine Sonderregelung für Stiefkindadoptionen wurde erstmals bei den **Vorarbeiten** 6 **zum AdoptG v 1976** erwogen. Nachdem sich bei der Reformdiskussion der Vorschlag, zwei Adoptionstypen wahlweise zur Verfügung zu stellen, nicht hatte durchsetzen können (vgl § 1754 Rn 3), wurden im Gesetzgebungsverfahren unterschiedliche Lösungen erwogen. Der RefE eines Ges zur Neuordnung des Adoptionsrechts v 1973 (DAVorm 1973, 522) sah zunächst eine recht pauschale Sonderbehandlung der Stiefkindadoption vor: Nach den §§ 1756, 1755 Abs 1 S 1, 1752 E sollte einem Stiefkind die Verwandtschaft des durch die Adoption verdrängten Elternteils ausnahmslos erhalten bleiben, ohne Unterschied, ob die Ehe der Eltern durch Tod oder Scheidung aufgelöst wurde oder ob es sich um ein ehel oder nichtehel Kind handelt. Darüber hinaus sollte das Kind voll in die Familie des annehmenden Stiefelternteils integriert werden (§ 1753 E).

Abweichend vom RefE differenzierte der RegE (BT-Drucks 7/3061, 22, 44) zwischen 7 ehel und nichtehel Kindern: Bei der Annahme eines nichtehel Stiefkindes sollten die Rechtswirkungen der Volladoption ohne Rücksicht darauf eintreten, ob die Ehe durch Tod oder Scheidung aufgelöst wurde. Bei der Annahme ehel Stiefkinder sollten dagegen die Rechtsbeziehungen des Kindes zu den Verwandten des verstorbenen oder geschiedenen Elternteils erhalten bleiben (§§ 1755 Abs 2, 1756 Abs 2 E).

Das **AdoptG v 1976** folgte schließlich einer Empfehlung des RAussch (BT-Drucks 7/ 8 5087, 17) und wich vom Prinzip der Volladoption nur zugunsten von Stiefkindern ab, die aus einer durch Tod aufgelösten Ehe stammten. Nur ehel Kinder behielten also im Falle einer Adoption durch den Stiefvater den durch den verstorbenen Vater vermittelten Verwandtenstamm und dies auch nur, wenn die Ehe der Eltern durch Tod aufgelöst wurde, nicht aber, wenn die Ehe geschieden wurde, der Vater später starb und danach erst die Stiefkindadoption erfolgte. Die Neuregelung des Abs 2 durch das KindRG v 1997 hat mit der Vorgängerregelung nur noch gemein, daß sie sich auf Stiefkindadoptionen nach dem Tod eines leibl Elternteils bezieht. Anders als Abs 2 aF gilt jedoch Abs 2 nF nicht nur für ehel, sondern auch für nichtehel Kinder. Es spielt also keine Rolle, ob die Eltern jemals verheiratet waren bzw ob ihre Ehe durch Tod oder Scheidung aufgelöst wurde. Auf der anderen Seite wird der Anwendungsbereich von Abs 1 nF dadurch eingeengt, daß vorausgesetzt wird, daß der verstorbene Elternteil wenigstens Mitinhaber der elterl Sorge war (BT-Drucks 13/4899, 115). Zur Kritik der Neuregelung vgl unten Rn 26 f.

II.   Die Regelung des Abs 1

1.   Voraussetzungen

9 Abs 1 findet Anwendung, wenn die Annehmenden mit dem Kind im 2. oder 3. Grad verwandt oder verschwägert sind (vgl §§ 1589, 1590). Erfaßt werden somit die Annahme durch **Großeltern, Urgroßeltern, Geschwister, Onkel und Tante und deren Ehegatten.** Da gegen die Annahme durch Urgroßeltern, Großeltern und Geschwister unter dem Aspekt des Kindeswohls erhebliche Bedenken bestehen (vgl § 1741 Rn 22 ff), Urgroßeltern als Annehmende außerdem kaum in Betracht kommen, geht es bei Abs 1 im wesentlichen um die Annahme durch Onkel oder Tante und deren Ehepartner.

10 Abs 1 spricht systemwidrig von Annehmenden im Plural. Grds wird der Singular auch dann gebraucht, wenn Eheleute ein Kind adoptieren. Es kann indessen keinem Zweifel unterliegen, daß Abs 1 auch **Einzeladoptionen** durch Personen erfaßt, die mit dem Kind im 2. oder 3.Grad entweder verwandt oder verschwägert sind (Dieckmann ZBlJugR 1980, 567, 574 ff; Erman/Holzhauer Rn 3; BGB-RGRK/Dickescheid Rn 4).

11 Die Konsequenzen einer **Einzeladoption durch Verschwägerte 2. oder 3. Grades** hat der Gesetzgeber allerdings nicht bedacht. Er war wohl der irrigen Ansicht, daß Abs 1 nur Einzeladoptionen durch Verwandte 2. oder 3. Grades oder gemeinsame Adoptionen durch dieselben Verwandten mit ihrem Ehepartner erfasse. Da jedoch die Schwägerschaft die Ehe, durch die sie begründet wurde, überdauert (§ 1590 Abs 2), fallen unter Abs 1 auch Adoptionen durch frühere Ehepartner von Onkel, Tante, Großvater, Großmutter, Bruder, Schwester. Ob es hier sinnvoll ist, dem Kind die mütterliche und väterliche Verwandtschaft zu belassen, obwohl es durch die Adoption einen neuen Verwandtenstamm erhält, erscheint fraglich. Verständlich mag die Lösung des Ges noch sein, wenn die Ehe des Annehmenden durch Tod aufgelöst wurde. Wurde die Ehe jedoch geschieden, so ist nicht recht einzusehen, warum dem Kind die alte Verwandtschaft erhalten bleiben soll (Frank 183 f; aA Dieckmann ZBlJugR 1980, 567, 574 f; Erman/Holzhauer Rn 3).

12 Fraglich ist, ob Abs 1 auch den Fall erfaßt, daß **der im 2. oder 3. Grad Verschwägerte das Kind zusammen mit seinem neuen Ehegatten annimmt,** der mit dem Kind weder verwandt noch verschwägert ist. Beispiel: Die geschiedene Ehefrau des Onkels adoptiert das Kind zusammen mit ihrem neuen Ehemann. Man wird die Frage verneinen müssen (Dieckmann ZBlJugR 1980, 567, 579 f; aA Erman/Holzhauer Rn 3; BGB-RGRK/Dikkescheid Rn 4). Formal könnte argumentiert werden, Abs 1 setze voraus, daß jeder Ehegatte mit dem Kind entweder im 2. oder 3. Grad verwandt oder verschwägert ist. Überzeugender ist die Überlegung, daß bei einer „Zweistufen-Adoption", zunächst durch die geschiedene Ehefrau des Onkels und später – nach der Wiederverheiratung – durch den Ehemann, die Beziehungen des Kindes zur Ursprungsfamilie erlöschen würden. Warum das Ergebnis anders sein soll, wenn die Eheleute das Kind sofort gemeinsam annehmen, ist in der Tat nicht einzusehen. Bei einer „Zweistufen-Adoption" würde zwar die Erstadoption dem Kind nach Abs 1 die bisherige Verwandtschaft erhalten. Bei der zweiten Adoption würde jedoch das Kind gemeinschaftliches ehel Kind der Ehegatten (§ 1754 Abs 1) werden; weder § 1756 Abs 1 noch § 1756 Abs 2 würden dem Kind die alte leibl Verwandtschaft „retten".

2. Wirkungen

a) Das Grundmuster der gesetzlichen Regelung

§ 1756 Abs 1 ist im **Zusammenhang mit §§ 1754, 1755** zu sehen.   **13**

An § 1754 ändert § 1756 Abs 1 nichts. Das Kind wird also vollständig in die Familie des oder der Annehmenden integriert. Bei einer Adoption durch den Onkel väterlicherseits wird der Onkel zum Vater; seine Kinder werden zu Geschwistern des Stiefkindes; die Großeltern väterlicherseits bleiben allerdings Großeltern, weil die Adoption die bereits bestehende verwandtschaftl Beziehung nicht verändern kann. Nimmt der Onkel das Kind zusammen mit seiner Ehefrau an, so wird diese Adoptivmutter; ihre Verwandten werden auch Verwandte des Kindes. Da das Kind nach § 1756 Abs 1 die durch seine leibl Eltern vermittelten Verwandten behält, erwirbt es somit über seine Adoptivmutter einen 3. Verwandtenstamm, hat also zB drei Großelternpaare.

§ 1756 Abs 1 schränkt den Anwendungsbereich v § 1755 Abs 1 ein, spielt also bei Aus- **14** gliederungs-, nicht bei Eingliederungsfragen eine Rolle. Mit der Annahme erlischt nach § 1756 Abs 1 nur das Verwandtschaftsverhältnis des Kindes und seiner Abkömmlinge zu den leibl Eltern. Alle anderen Verwandtschaftsverhältnisse bleiben bestehen. Für das Beispiel einer Adoption durch den Onkel väterlicherseits und seine Ehefrau bedeutet das: Das Kind behält seine Verwandten mütterlicherseits. Aus dem Verwandtschaftsverband scheidet lediglich die leibl Mutter selbst aus. Was die Verwandten väterlicherseits anbelangt, so bleiben auch diese dem Kind erhalten; es erlischt nur die Vater-Kind-Beziehung. **Verständnisschwierigkeiten** entstehen dadurch, daß § 1754 den adoptierenden Onkel väterlicherseits zum Vater macht und die Verwandtschaft der Vaterlinie nach den Grundsätzen der Volladoption neu ordnet, während § 1756 Abs 1 in scheinbarem Widerspruch dazu bestimmt, daß die Verwandtschaftsverhältnisse väterlicherseits (außer der Vater-Kind-Beziehung) unverändert fortbestehen sollen. Will man dem Gesetzestext gerecht werden, so muß man den adoptierenden Onkel rechtl in einer Doppelrolle sehen: Er ist Adoptivvater und leibl Onkel zugleich. Entsprechend sind die Kinder des Onkels sowohl Adoptivgeschwister als auch leibl Vettern und Cousinen. Eine Adoption durch die Großeltern mütterlicherseits rückt die gesamte Aszendenz mütterlicherseits um einen Grad näher an das Kind heran (§ 1754), während § 1756 Abs 1 dem gleichen Personenkreis die alte verwandtschaftliche Stellung beläßt. Bei einer Adoption durch Geschwister bleiben die Großeltern was sie waren und werden zusätzlich zu „Adoptiv"-Urgroßeltern. Zur Frage, ob die aus dem Verwandtschaftsverband ausscheidenden leibl Eltern mit dem Kind grad- und linienverschoben adoptivverwandt werden, vgl Rn 25.

b) Mehrfache Verwandtschaft

Der Gesetzgeber v 1976 hat die besondere Problematik der mehrfachen Verwandt- **15** schaft nicht, allenfalls andeutungsweise gesehen (Überblick bei DIECKMANN ZBlJugR 1980, 567, 570 ff). Im RegE (BT-Drucks 7/3061, 44) heißt es lapidar: „Ungerechtfertigt wäre es, wenn das Verwandtschaftsverhältnis des Kindes zu den bisherigen Verwandten des Kindes erlöschen würde. Diese Konsequenz wäre ohne Folgen im Verhältnis zu den Verwandten, zu denen durch die Annahme über die neuen Eltern die Verwandtschaft neu begründet würde. Erlöschen würde jedoch das Verwandtschaftsverhältnis zum Stamm des Elternteils, mit dem die neuen Eltern nicht verwandt sind." Diskutiert wurde allerdings, ob die leibl Geschwister des Adoptivkindes entsprechend ihrer Geschwistereigenschaft Erben der 2. Ordnung bleiben sollen oder nicht. Diese Diskussion führte schließlich zur Sonderregelung des § 1925 Abs 4 (dazu unten Rn 19 ff). Im übrigen kann wegen des klaren (wenn auch unbefriedigenden) Gesetzeswortlauts das durch § 1754 einerseits und § 1756 Abs 1 andererseits bedingte **Prinzip mehrfacher Verwandtschaft** kaum in Zweifel gezogen werden.

16   Die mehrfache Verwandtschaft führt iE allerdings nicht zu so großen Komplikationen, wie man auf den ersten Blick annehmen möchte; denn eine Mehrfachberufung nach § 1927 setzt die Zugehörigkeit zu verschiedenen Stämmen *in derselben Ordnung* voraus. Ansonsten gilt § 1930. Stirbt das Kind, so wird es in der 2. Ordnung von seinen Adoptiveltern beerbt. Daß der adoptierende Onkel rechtl auch Onkel geblieben ist, interessiert nicht. Umgekehrt beerbt das Kind seine Adoptiveltern in der 1. Ordnung, wobei es ebenfalls ohne Belang ist, ob der Adoptivvater gleichzeitig leibl Onkel des Kindes ist oder nicht. Mehrfachberufungen nach § 1927 sind indessen durchaus denkbar.

1. Beispiel: Kind K wird vom Großvater G väterlicherseits adoptiert. G verstirbt und hinterläßt außer seinem Adoptivkind K einen leibl Sohn S. Der leibl Vater V des K, ebenfalls ein Sohn des G, ist vorverstorben, ohne (außer dem von G adoptierten K) Kinder zu hinterlassen.

K wird gesetzl Erbe zu 2/3, S zu 1/3. Durch die Adoption wurde neben den Stämmen V und S ein 3.Stamm K begründet. K erbt als Adoptivkind (§ 1754) 1/3 und als Enkelkind (§ 1756 Abs 1) im Stamme V ebenfalls 1/3.

2. Beispiel: Kind K wird von seinem Onkel O väterlicherseits adoptiert. Der Großvater väterlicherseits verstirbt und hinterläßt als nächste Angehörige sein Enkelkind K und einen Sohn S. O und der leibl Vater V des K, beide ebenfalls Söhne des G, sind vorverstorben.

Auch hier wird K Erbe zu 2/3. Er repräsentiert sowohl den Stamm des O als Adoptivkind als auch des V, da er ja leibl Enkel des G geblieben ist (§ 1756 Abs 1). S ist Erbe zu 1/3.

17   In beiden Fällen mag man über Sinn oder Unsinn der gesetzl Regelung diskutieren. An Mehrfachverwandtschaften hat der Gesetzgeber nicht gedacht, sie aber normiert. Man sollte deshalb nicht versuchen, ein gesetzl vorgezeichnetes Ergebnis wieder in Frage zu stellen (ROTH 189 u 193; MünchKomm/LEIPOLD § 1927 Rn 3; STAUDINGER/WERNER [2000] § 1927 Rn 6; BGB-RGRK/DICKESCHEID Rn 9; SOERGEL/LIERMANN Rn 7). Nachbesserungen sind Aufgabe des Gesetzgebers. Insbes geht es angesichts des klaren Wortlauts in § 1754 und § 1756 Abs 1 nicht an, bei konkurrierender Verwandtschaft die leibl Verwandtschaft als durch die Adoptivverwandtschaft aufgezehrt anzusehen (aA DIECKMANN ZBlJugR 1980, 567, 573 Fn 24; GERNHUBER/COESTER-WALTJEN § 68 X 2 Fn 2; ERMAN/HOLZHAUER Rn 7; MünchKomm/MAURER Rn 10). Das würde sachlich bedeuten, daß nach § 1756 Abs 1 nicht nur das Verwandtschaftsverhältnis des Kindes und seiner Abkömmlinge zu den Eltern des Kindes erlöschen würde, sondern auch zu den Verwandten, mit denen das Kind gem § 1754 verwandt wird. So aber lautet § 1756 Abs 1 gerade nicht (vgl DIECKMANN ZBlJugR 1980, 567, 573 f).

18   Die mehrfache Verwandtschaft kann allerdings nicht dazu führen, daß leibl Großeltern, die zugleich Adoptivgroßeltern sind, ihr Enkelkind entspr § 1927 mit einem doppelten Erbteil beerben (so aber ROTH 193; **aA** [wie hier] GERNHUBER/COESTER-WALTJEN § 68 X 2 Fn 2; BGB-RGRK/DICKESCHEID Rn 9; SOERGEL/LIERMANN Rn 7). Die Erbfolge nach Stämmen gilt nur für Deszendenten.

c) Rechtsbeziehungen zwischen Kind und leiblichen Geschwistern
Da nach Abs 1 nur das Verwandtschaftsverhältnis des Kindes und seiner Abkömm- **19** linge zu den Eltern erlischt, bleibt das **Adoptivkind mit seinen leibl Geschwistern nach wie vor im 2. Grad verwandt.** **§ 1925 Abs 4** kann so gesehen nur als eine auf das Erbrecht bezogene **Ausnahmeregelung** von § 1756 Abs 1 verstanden werden.

Diese Interpretation war bei den Vorarbeiten zum AdoptG v 1976 nicht unstreitig. **20** Die Bundesregierung hatte aus der fehlenden Verwandtschaft des Adoptivkindes mit seinen leibl Eltern den Schluß gezogen, daß diese nicht mehr in der Lage seien, die Verwandtschaft zu den leibl Geschwistern weiter zu vermitteln. Auch ohne jede erbrechtl Sonderregelung würde deshalb das Adoptivkind in der 2. Ordnung von seinen Adoptivgeschwistern, nicht aber von seinen leibl Geschwistern beerbt (BT-Drucks 7/3061, 44 u 85). Die leibl Geschwister könnten allerdings nach dem angenommenen Kind (und umgekehrt) über die gemeinsamen Großeltern Erben der 3. Ordnung sein, wenn Erben der 2. Ordnung (Adoptiveltern, Adoptivgeschwister) nicht vorhanden seien (so der RAussch BT-Drucks 7/5087, 17). Dieser Interpretation hatte der Bundesrat in seiner Stellungnahme zum RegE widersprochen (BT-Drucks 7/3061, 75), weil der Gesetzeswortlaut die Rechtsbeziehungen zwischen Adoptivkind und leibl Geschwistern gerade nicht in Frage stelle. Durch die Regelung des § 1925 Abs 4 ist nunmehr die Kontroverse in der Sache ausgestanden: Das angenommene Kind und die Abkömmlinge der leibl Eltern sind nach Abs 4 nicht Erben der 2. Ordnung. Sie sind im Verhältnis zueinander von Abkömmlingen der Eltern zu Abkömmlingen der Großeltern „degradiert" und der 3. Ordnung zugewiesen. Daß eine Erbberechtigung 2. Ordnung schlechterdings nicht vorstellbar sei, stimmt allerdings nicht, weil die Geschwister durch die neubegründete Adoptivverwandtschaft (§ 1754) durchaus in die 2. Ordnung „befördert" worden sein können, aus der sie als leibl Geschwister gerade verbannt wurden.

Beispiel: Wird K von seinem Großvater adoptiert, so kann der leibl Bruder des K diesen in der 2. Ordnung beerben.

§ 1925 Abs 4 ist deshalb um die Worte ergänzt zu denken: „soweit nicht durch die Annahme als Kind ein Verwandtschaftsverhältnis neu begründet worden ist, das ein Erbrecht in der 2. Ordnung verleiht" (SCHMITT-KAMMLER FamRZ 1978, 570, 571).

Offen bleibt weiterhin, ob **§ 1925 Abs 4** nur klarstellende (so ROTH 172 f, insbes 175; **21** DIECKMANN ZBlJugR 1980, 567, 569 f, 572; SCHMITT-KAMMLER FamRZ 1978, 570, 571, der allerdings meint, daß – von § 1925 Abs 4 abgesehen – ein fortdauerndes Verwandtschaftsverhältnis 2. Grades nicht verneint zu werden brauche; KRAISS BWNotZ 1977, 1, 5; DITTMANN Rpfleger 1978, 277, 279; PALANDT/EDENHOFER § 1925 Rn 8; MünchKomm/LEIPOLD § 1925 Rn 11) oder als Ausnahme von § 1756 Abs 1 **konstitutive Bedeutung** (so FRANK 182 Fn 333; GERNHUBER/COESTER-WALTJEN § 68 X 2; NÄGELE BWNotZ 1978, 79; BGB-RGRK/DICKESCHEID Rn 5 u 11; ERMAN/HOLZHAUER Rn 4) hat. Richtig dürfte die letztgenannte Ansicht sein. Nach § 1756 Abs 1 „erlöschen nur das Verwandtschaftsverhältnis des Kindes … zu den Eltern des Kindes", alle anderen verwandtschaftl Beziehungen sollen offenbar „bleiben, wie sie sind". Die Herauslösung der Eltern aus dem Verwandtschaftsverband nach § 1756 Abs 1 ist eine „seinswidrige Fiktion" (ERMAN/HOLZHAUER Rn 4), die nicht durch eine an der natürlichen Verwandtschaft orientierte Logik wieder ad absurdum geführt werden darf. Ohne leibl Eltern gäbe es überhaupt keine leibl Verwandten. Daß dem Kind seine leibl Großeltern als solche erhalten bleiben, wird von niemandem bestritten.

22 Wenn § 1925 Abs 4 wirklich konstitutive Bedeutung hat, dann muß es für diese Sonderregelung auch einen sachlichen Grund geben, der weiterträgt als das vordergründige Argument, Geschwister seien ohne gemeinsame Eltern nicht denkbar. Schon der RegE (BT-Drucks 7/3061, 44) hatte diesen Grund in der Überlegung gesehen, daß Vermögen aus der Adoptivfamilie nicht auf kurzem Weg über das Adoptivkind in die alte Familie abfließen soll. Diese Überlegung hat einiges für sich, obwohl auch der umgekehrte Weg bedacht werden muß, daß von den leibl Eltern erworbenes Vermögen über das Adoptivkind an die Adoptivgeschwister unter Ausschluß der leibl Geschwister gelangt.

23 Die praktische Bedeutung der Feststellung, daß – von § 1925 Abs 4 abgesehen – leibl Geschwister wegen § 1756 Abs 1 auch nach der Adoption Geschwister des Angenommenen bleiben, ist gering: Im Erbschaftsteuerrecht wird Verwandtschaft, die infolge einer Adoption erloschen ist, fortbestehender oder neubegründeter Verwandtschaft ausdrücklich gleichgestellt (§ 15 Abs 1 a ErbStG). Auch das Eheverbot des § 1307 gilt ohne Rücksicht darauf, ob die Verwandtschaft durch Adoption erloschen ist oder nicht. Lediglich für die Ausschließung von Amtshandlungen als Richter (§§ 41 Nr 3 ZPO, 22 Nr 3 StPO, 54 Abs 1 VwGO), Notar (§ 16 Abs 1 BNotO iVm § 3 Abs 1 S 1 Nr 3 BeurkG), Verwaltungsbeamter (§ 20 Abs 1 Nr 4 iVm Abs 5 S 2 Nr 2 VwVfG) und für das Zeugnisverweigerungsrecht (§§ 383 Abs 1 Nr 3 ZPO, 52 Abs 1 Nr 3 StPO, 98 VwGO) kann die fortbestehende Geschwistereigenschaft insoweit eine Rolle spielen, als bei der Eheschließung eines Geschwisters nach der Adoption dessen Ehegatte mit den übrigen Geschwistern und dem Angenommenen im 2. Grad verschwägert wird.

d)   Rechtsbeziehungen zwischen Kind und leiblichen Eltern

24 Nach § 1756 Abs 1 iVm § 1755 Abs 1 erlischt das Verwandtschaftsverhältnis des Kindes und seiner Abkömmlinge zu seinen leibl Eltern. **Im Verhältnis Kind-leibl Eltern scheiden die Eltern vollständig aus dem Verwandtschaftsverband aus.** Sie sind iSd Erbrechts als nicht vorhanden zu betrachten. Das Kind kann weder seine leibl Eltern beerben noch umgekehrt. Nach dem Tod des von seinem Onkel väterlicherseits angenommenen Kindes können deshalb die leibl Eltern das Kind in der 3. Ordnung selbst dann nicht beerben, wenn die Großeltern des Kindes vorverstorben sind, so daß an sich ein Eintrittsrecht der leibl Eltern als Abkömmlinge dieser Großeltern zur Diskussion stünde (ROTH 179 f; DIECKMANN FamRZ 1979, 389, 395 Fn 36 u ZBlJugR 1980, 567, 573 Fn 22; MünchKomm/LEIPOLD § 1925 Rn 12; BGB-RGRK/DICKESCHEID Rn 5 u 6. **AA** SCHMITT-KAMMLER FamRZ 1978, 572 f; ERMAN/HOLZHAUER Rn 5).

25 Eine ganz andere Frage ist es, ob ein **leibl Elternteil,** der als solcher aus dem Verwandtschaftsverband ausscheidet (§ 1756 Abs 1), mit dem Kind infolge Adoption grad- und ggf linienverschoben **adoptivverwandt** bleibt (§ 1754). Die Frage wird zu

Recht allg bejaht (ROTH 191, 194; SCHMITT-KAMMLER FamRZ 1978, 570, 573; DIECKMANN ZBlJugR 1980, 567, 573; ERMAN/HOLZHAUER Rn 5; BGB-RGRK/DICKESCHEID Rn 7; Münch-Komm/LEIPOLD §1925 Rn 13). Wird das Kind von seinem Onkel väterlicherseits angenommen, so wird der leibl Vater zum Adoptivonkel. Wird es von einer älteren Schwester adoptiert, so werden die leibl Eltern zu Adoptivgroßeltern. Im Falle einer Adoption durch die väterlichen Großeltern wird der leibl Vater zum Adoptivbruder. In der Eigenschaft als Adoptivverwandte können Vater und Mutter durchaus ihr Kind beerben und umgekehrt. Für das oben gewählte Beispiel einer Adoption des Kindes durch seinen Onkel väterlicherseits bedeutet das: Nach dem Tod des Kindes kann der leibl Vater in seiner Eigenschaft als Adoptivonkel das Kind in der 3. Ordnung beerben, falls die väterlichen Großeltern vorverstorben sind. Dagegen scheidet die Mutter als Erbin aus, weil zu ihr keine Adoptivverwandtschaft begründet wurde und Rechtsbeziehungen aufgrund leibl Verwandtschaft nicht fortbestehen.

III. Die Regelung des Abs 2

1. Voraussetzungen und Wirkungen

Abs 2 idF des KindRG v 1997 setzt voraus, daß der mit dem Stiefelternteil nicht **26** verheiratete leibl Elternteil verstorben ist. Ob die Eltern des Kindes früher einmal verheiratet waren oder nicht, spielt anders als nach früherem Recht keine Rolle (vgl Rn 8). Die unter der Herrschaft des alten Rechts kritisierte Differenzierung zwischen ehel und nichtehel Kindern (vgl STAUDINGER/FRANK[12] Rn 9) war der entscheidende Grund für die Neuregelung des Abs 2 durch das KindRG v 1997 (BT-Drucks 13/4899, 115). Die Neuregelung ist allerdings nicht unproblematisch, weil nach Abs 2 das Verwandtschaftsverhältnis des Kindes zu den Verwandten des verstorbenen Elternteils nur dann fortbesteht, wenn der verstorbene Elternteil im Zeitpunkt seines Todes Allein- oder Mitinhaber der elterl Sorge war. Diese neu in Abs 2 aufgenommene Voraussetzung geht typisierend von der Überlegung aus, daß erhaltenswerte verwandtschaftliche Beziehungen nur dann bestehen, wenn der verstorbene Elternteil Sorgerechtsinhaber war, nicht aber dann, wenn der verstorbene Elternteil von der elterl Sorge ausgeschlossen war. Diese Überlegung ist zwar nicht grds falsch, aber doch so vergröbernd, daß sie für eine Differenzierung nicht taugt. Zunächst einmal geht es bei den Wirkungen des Abs 2 nicht um die guten oder schlechten Beziehungen des Kindes zu dem verstorbenen Elternteil selbst, sondern um die Beziehungen des Kindes zu den noch lebenden Verwandten des Verstorbenen. Vor allem aber besagt der Umstand, daß der verstorbene Elternteil nicht Sorgerechtsinhaber war, nur wenig bzgl der Qualität der tatsächlich gelebten Vater-Kind- bzw Mutter-Kind-Beziehung. Dazu folgende Beispiele:

1. Beispiel: Eine Ehe wird nach zehnjähriger Dauer geschieden. Da die Eltern sich auf eine gemein- **27** same Sorge nicht verständigen können, wird die elterl Sorge für das achtjährige Kind gem §1671 durch das Familiengericht auf die Mutter übertragen, die alsbald wieder heiratet. Der Vater verstirbt.

Abs 2 führt im Falle einer Stiefkindadoption zum Erlöschen der Rechtsbeziehungen zwischen Kind und Ursprungsfamilie ohne Rücksicht darauf, wie intensiv die Vater-Kind-Beziehungen waren. Der Umstand, daß das Familiengericht die elterl Sorge auf die Mutter übertragen hat, besagt wenig.

2. Beispiel: Mutter und Vater eines nichtehel Kindes leben lange Jahre zusammen, bevor der Vater, der sich liebevoll um sein Kind gekümmert hat, stirbt. Zu Sorgeerklärungen gem § 1626 a Abs 1 war es nicht gekommen, weil die Mutter die alleinige elterl Sorge nicht preisgeben wollte.

Auch hier erlöschen im Falle einer Stiefkindadoption die Rechtsbeziehungen des Kindes zur väterlichen Familie, obwohl der Vater ein sehr gutes Verhältnis zu seinem Kind hatte. Da die Mutter bis zur Grenze des § 1666 Alleininhaberin des Sorgerechts bleibt, hatte der Vater nie eine Chance, Mitinhaber der elterl Sorge zu werden.

3. Beispiel: Der mit der Mutter verheiratete Vater stirbt wenige Tage vor der Geburt des Kindes. Die Mutter heiratet wieder. Ihr Ehemann adoptiert später das Kind.

Nach § 1756 Abs 2 aF blieben die Rechtsbeziehungen des Kindes zu den Verwandten des Vaters erhalten, weil das Kind aus einer „früheren durch Tod aufgelösten Ehe" stammte. Nach § 1756 Abs 2 nF dürften hingegen die Rechtsbeziehungen zu den Verwandten des Vaters erlöschen, weil dieser vor der Geburt des Kindes verstorben ist und somit nicht Mitinhaber der elterl Sorge werden konnte. Ob man hier § 1756 Abs 2 nF analog anwenden kann, weil der verstorbene Vater „Sorgerechtsanwärter" war und es kaum einen Unterschied machen kann, ob der Vater zwei Tage vor oder nach der Geburt verstirbt, mag dahinstehen. Das Beispiel zeigt jedenfalls, daß das Anknüpfen an das Sorgerecht höchst fragwürdig ist. Die gleiche Problematik würde sich im übrigen ergeben, wenn der mit der Mutter nicht verheiratete Vater schon vor der Geburt des Kindes zusammen mit der Mutter eine Sorgeerklärung gem § 1626 b Abs 2 abgegeben hätte und danach verstorben wäre.

4. Beispiel: Die Mutter eines nichtehel Kindes sorgt jahrelang als alleinige Inhaberin der elterl Sorge (§ 1626 a Abs 2) für ihr Kind. Nach einem Verkehrsunfall, der zu schweren Gehirnschädigungen der Mutter führt, kümmern sich zunächst ihre Eltern um das Kind, bis die Sorge gem § 1678 Abs 2 iVm § 1673 Abs 1 auf den Vater übertragen wird. Die Mutter verstirbt. Später adoptiert die Ehefrau des Vaters das Kind.

Da die Mutter zur Zeit ihres Todes nicht Inhaberin der elterl Sorge war, erlöschen die Rechtsbeziehungen des Kindes zur mütterlichen Familie und damit auch zu den Großeltern, die es bis zur Übertragung der elterl Sorge auf den Vater versorgt hatten.

Jede typisierende Regelung führt unvermeidbar zu Härtefällen. Die elterl Sorge ist jedoch kein brauchbares Kriterium, um über Fortbestand oder Erlöschen von Rechtsbeziehungen nach dem Tod eines Elternteils zu entscheiden (Frank FamRZ 1998, 393, 398; Soergel/Liermann Rn 12). Der Grund liegt darin, daß schützenswerte und weniger schützenswerte familiäre Beziehungen sich nicht danach beurteilen lassen, ob der verstorbene Elternteil Mitinhaber der elterl Sorge war oder nicht. Besser wäre es gewesen, die Rechtsbeziehungen des Kindes zur Ursprungsfamilie generell dann fortbestehen zu lassen, wenn das Kind nach dem Tod seines Vaters (seiner Mutter) vom Stiefvater (von der Stiefmutter) adoptiert wird (so schon Staudinger/Frank[12] Rn 9). Zu rechtfertigen wäre diese Lösung mit dem Argument, daß mit dem Tod eines Elternteils auch dessen Möglichkeit entfällt, sich gegen eine Adoption zur Wehr zu setzen und die Interessen seiner Familie wahrzunehmen. Ein zwingender Grund, hier verwandtschaftliche Beziehungen künstlich zu beenden, ist nicht zu erkennen.

Stiefkinder können mehrmals, jeweils nach dem Tod eines Elternteils und Heirat **28** (Wiederheirat) des anderen, **adoptiert werden.**

Beispiel: Mutter A heiratet nach dem Tod des (mit-) sorgeberechtigten Vaters den B. Ehemann B nimmt das Kind der A an. Nach dem Tod der A heiratet B die C, die das Kind ebenfalls adoptiert. Nach dem Tod des B heiratet C den D usw.

In einem solchen Fall erhält das Kind entgegen ENGLER (FamRZ 1976, 584, 586) niemals mehr als drei Großelternpaare. § 1756 Abs 2 garantiert dem Kind nicht die bisherige Verwandtschaft schlechthin, sondern nur die des verstorbenen Elternteils. Die 2. Adoption durch C beläßt also dem Kind seine Verwandten mütterlicherseits, nimmt ihm aber die väterlicherseits (§ 1755), welche ihm nach der 1. Adoption gem § 1756 Abs 2 noch verblieben waren (DIECKMANN ZBlJugR 1980, 567, 578).

Leibl **Geschwister des Adoptivkindes** bleiben im Falle des Abs 2 Geschwister, obwohl **29** **§ 1925 Abs 4** hinsichtl der erbrechtl Wirkungen der Stiefkindadoption eine Ausnahmeregelung zu § 1756 Abs 2 enthält und bestimmt, daß das angenommene Kind und seine leibl Geschwister im Verhältnis zueinander nicht Erben der 2., sondern der 3. Ordnung sind. Wie bei der Verwandtenadoption (oben Rn 22) soll verhindert werden, daß über das adoptierte Stiefkind Vermögen des Stiefelternteils auf kurzem Wege an die einseitigen Verwandten des verstorbenen leibl Elternteils gelangt. Verfehlt ist die Regelung des § 1925 Abs 4 allerdings insoweit, als sie nicht nur den einseitigen Abkömmlingen des verstorbenen Elternteils, sondern den leibl Geschwistern des Stiefkindes schlechthin die Eigenschaft als Erben der 2. Ordnung abspricht. Man wird jedoch entgegen dem mißglückten Wortlaut **§ 1925 Abs 4 nur auf einseitige Abkömmlinge** des verstorbenen Elternteils beziehen dürfen (so die hA, vgl FRANK 98; NÄGELE BWNotZ 1978, 79; SCHMITT-KAMMLER FamRZ 1978, 570, 574; DIECKMANN FamRZ 1979, 389, 395 Fn 42 u ZBlJugR 1980, 567, 574 Fn 25; ROTH 223 f; SOERGEL/LIERMANN Rn 18; GERNHUBER/ COESTER-WALTJEN § 68 X 3; **aA** BGB-RGRK/DICKESCHEID Rn 13, der § 1925 Abs 4 entgegen seinem Wortlaut überhaupt nicht auf § 1756 Abs 2 beziehen will).

Beispiel: Kind K stammt aus der durch Tod aufgelösten Ehe V – M und wurde nach Wiederheirat der M von seinem Stiefvater (Stv) adoptiert. K hat noch einen nicht mitadoptierten älteren leibl Bruder B und eine Adoptivschwester S (= halbbürtige leibl Schwester), die aus der Ehe Stv – M stammt.

Stirbt K, so kommen als Erben, falls V, M und Stv vorverstorben sind, der leibl Bruder B und die Adoptivschwester S in Betracht. Wegen der Regelung des § 1925 Abs 4 sind Erben 2. Ordnung nur die Adoptiveltern des K und deren Abkömmlinge. An die Stelle des vorverstorbenen Stv tritt allein die S, an die Stelle der verstorbenen M treten B und S. S wird also Erbin zu 3/4, B Erbe zu 1/4.

2.   Annahme eines Kindes des verstorbenen Ehegatten

Wird ein Stiefkind erst nach dem Tod des Ehegatten (= leibl Elternteils) angenom- **30** men, so kann es nicht mehr nach § 1754 Abs 1 die rechtl Stellung eines gemeinschaftlichen ehel Kindes erlangen (vgl § 1754 Rn 6). An sich müßten deshalb gem § 1755 die Rechtsbeziehungen des Kindes zu seiner bisherigen Verwandtschaft erlöschen. Hier sollte jedoch **§ 1756 Abs 2 analog** angewendet werden, so daß dem Kind die Verwandtschaft des verstorbenen leibl Elternteils erhalten bleibt (so auch BGB-RGRK/

DICKESCHEID § 1754 Rn 2 u § 1756 Rn 15; MünchKomm/MAURER Rn 4; SOERGEL/LIERMANN § 1741 Rn 39. Zum gleichen Ergebnis gelangen auch HELLERMANN FamRZ 1983, 659 u ERMAN/HOLZHAUER Rn 3, vgl dazu § 1754 Rn 6). Ist der andere Elternteil des Kindes bereits vorverstorben und war er zur Zeit seines Todes (Mit-)Inhaber der elterl Sorge, so müssen wegen § 1756 Abs 2 konsequenterweise auch die Rechtsbeziehungen des Kindes zu den Verwandten des zuerst verstorbenen Elternteils aufrechterhalten werden (SOERGEL/ LIERMANN Rn 14). Adoptiert der Stiefelternteil das Kind allerdings erst, nachdem er wieder geheiratet hat, zusammen mit seinem neuen Ehegatten, so erlöschen die Rechtsbeziehungen des Kindes zur Ursprungsfamilie (§ 1755).

3. Stiefkindadoption nach Verwandten- oder Verschwägertenadoption

31 Stiefkindadoptionen, die sich als Zweitadoptionen an eine Verwandten- oder Verschwägertenadoption iSv Abs 1 anschließen, werfen besondere Probleme auf:

1. Beispiel: Das Kind wird von seinem Onkel väterlicherseits und dessen Ehefrau angenommen. Nach dem Tod des Onkels adoptiert der neue Ehemann der Adoptivmutter das Kind.

Dem Kind waren nach der 1. Adoption die Verwandten väterlicher- und mütterlicherseits gem § 1756 Abs 1 erhalten geblieben. Das Kind hatte außerdem nach der adoptierenden Ehefrau des Onkels einen 3. Verwandtenstamm hinzuerworben (§ 1754 Abs 1). Durch die 2. Adoption gewinnt das Kind über seinen 2. Adoptivvater einen weiteren Verwandtenstamm (§ 1754 Abs 1). An der adoptivmütterlichen Verwandtschaft ändert sich nichts, da die Adoptivmutter weiterhin Mutter des Kindes bleibt. Die väterliche Verwandtschaft besteht gem § 1756 Abs 2 über den 1. Adoptivvater fort. Es erlöschen indessen die Rechtsbeziehungen zu den Verwandten der leibl Mutter (§ 1755), die der 1. Adoption noch standgehalten hatten; denn § 1756 Abs 2 erhält dem Kind nur die Verwandten des *verstorbenen Elternteils* (= 1. Adoptivvaters).

32 *2. Beispiel:* Das Kind wird von seinem Onkel väterlicherseits und dessen Ehefrau angenommen. Nach dem Tod der Ehefrau adoptiert die neue Ehefrau das Kind.

Auch hier gewinnt das Kind über seine 2. Adoptivmutter einen neuen Verwandtenstamm hinzu. Die Verwandten des Adoptivvaters verbleiben dem Kind, ebenso die der 1. Adoptivmutter wegen § 1756 Abs 2. Fraglich ist jedoch, ob das Kind auch hier die Verwandtschaft seiner leibl Mutter verliert; denn die 2. Ehefrau des Onkels war mit dem Kind im Zeitpunkt der Adoption im 3. Grad verschwägert, weil der Onkel trotz der 1. Adoption Onkel geblieben war (vgl oben Rn 14), so daß seine 2. Ehefrau nicht nur als Stiefmutter, sondern auch als „angeheiratete Tante" des Kindes gesehen werden muß. Über § 1756 Abs 1 bleibt deshalb hier dem Kind die Verwandtschaft seiner leibl Mutter erhalten (DIECKMANN ZBlJugR 1980, 567, 579 oben). Das wenig befriedigende Ergebnis hat seinen Grund darin, daß der Gesetzgeber bei der Verschwägertenadoption nur an den Fall einer 1. Adoption durch einen Verwandten 2. oder 3. Grades zusammen mit dessen Ehepartner gedacht hat (oben Rn 10 ff). Es besteht jedenfalls kein Anlaß, im vorliegenden Fall § 1756 Abs 1 als durch § 1756 Abs 2 verdrängt anzusehen.

33 *3. Beispiel:* Das Kind wird von seinem Onkel väterlicherseits allein adoptiert. Nach dessen Heirat adoptiert seine Ehefrau das Kind.

Hätten Onkel und Ehefrau das Kind zusammen adoptiert, so würde es sich um eine typische Fallgestaltung des Abs 1 handeln. Dem Kind wären 3 Verwandtenstämme zuzuordnen; es hätte insbes 3 Großelternpaare nach seinen leibl Eltern und seiner Adoptivmutter. Im vorliegenden Fall scheint das Kind die Verwandten nach seiner leibl Mutter zu verlieren; denn die adoptierende Ehefrau ist als Stiefmutter mit dem Kind nur im 1. Grad verschwägert, und § 1756 Abs 2 greift bei der hier gewählten Fallgestaltung von vornherein nicht ein. Da jedoch der Onkel auch nach der Adoption Onkel geblieben ist, ist seine Ehefrau mit dem Kind als angeheiratete Tante auch im 3. Grad verschwägert, so daß aus diesem Grunde dem Kind nach Abs 1 seine alte Verwandtschaft belassen wird. IE spielt es also keine Rolle, ob Onkel und Ehefrau das Kind gemeinsam oder sukzessive adoptieren (DIECKMANN ZBlJugR 1980, 567, 576 f).

4. Beispiel: Das Kind wird nach dem Tod des Onkels väterlicherseits von dessen Ehefrau allein **34**
adoptiert. Nach ihrer Wiederheirat adoptiert ihr Ehemann das Kind.

Die Erstadoption ist ein Fall des Abs 1. Das Kind behält seine leibl Verwandten väterlicher- und mütterlicherseits und erwirbt über die Adoptivmutter einen 3. Verwandtenstamm hinzu. Der später adoptierende Ehemann ist – anders als im 3. Beispiel – mit dem Kind nicht im 3., sondern nur im 1. Grad verschwägert. Das Kind verliert also die Verwandtschaft seiner leibl Eltern (§ 1755), ist allerdings in die Familie seiner Adoptiveltern voll eingegliedert (§ 1754 Abs 1).

§ 1757

(1) Das Kind erhält als Geburtsnamen den Familiennamen des Annehmenden. Als Familienname gilt nicht der nach § 1355 Abs. 4 dem Ehenamen hinzugefügte Name.

(2) Nimmt ein Ehepaar ein Kind an oder nimmt ein Ehegatte ein Kind des anderen Ehegatten an und führen die Ehegatten keinen Ehenamen, so bestimmen sie den Geburtsnamen des Kindes vor dem Ausspruch der Annahme durch Erklärung gegenüber dem Vormundschaftsgericht; § 1617 Abs. 1 gilt entsprechend. Hat das Kind das fünfte Lebensjahr vollendet, so ist die Bestimmung nur wirksam, wenn es sich der Bestimmung vor dem Ausspruch der Annahme durch Erklärung gegenüber dem Vormundschaftsgericht anschließt; § 1617 c Abs. 1 Satz 2 gilt entsprechend.

(3) Die Änderung des Geburtsnamens erstreckt sich auf den Ehenamen des Kindes nur dann, wenn sich auch der Ehegatte der Namensänderung vor dem Ausspruch der Annahme durch Erklärung gegenüber dem Vormundschaftsgericht anschließt; die Erklärung muß öffentlich beglaubigt werden.

(4) Das Vormundschaftsgericht kann auf Antrag des Annehmenden mit Einwilligung des Kindes mit dem Ausspruch der Annahme
1. Vornamen des Kindes ändern oder ihm einen oder mehrere neue Vornamen beigeben, wenn dies dem Wohl des Kindes entspricht;
2. dem neuen Familiennamen des Kindes den bisherigen Familiennamen voranstellen oder anfügen, wenn dies aus schwerwiegenden Gründen zum Wohl des Kindes erforderlich ist.
§ 1746 Abs. 1 Satz 2, 3, Abs. 3 erster Halbsatz ist entsprechend anzuwenden.

Materialien: BT-Drucks 7/3061, 44–46, 76, 85 f; BT-Drucks 7/5087, 18; BT-Drucks 7/5125, 1 f; BT-Drucks 12/2506, 5 f, 8 f; BT-Drucks 12/3163, 5, 18 f, 24 f; BT-Drucks 13/4899, 12, 115. S STAUDINGER/BGB-Synopse (2000) § 1757.

Systematische Übersicht

Alphabetische Übersicht

9. Titel. Annahme als Kind.
I. Annahme Minderjähriger.

§ 1757

1, 2

I. Normzweck und Entstehungsgeschichte

Die Vorschrift bezweckt auch namensrechtl in Übereinstimmung mit dem Prinzip der **1** Volladoption eine umfassende Eingliederung des Angenommenen in die Adoptivfamilie. Das Kind erhält als Geburtsnamen den **Familiennamen** des Annehmenden (Abs 1 S 1). Dieselbe Regelung hatte allerdings § 1758 Abs 1 S 1 schon in seiner ursprüngl Fassung enthalten, als dem BGB die Volladoption noch fremd war.

Probleme ergeben sich, wenn ein Kind von einem Ehepaar angenommen wird, das **2** keinen Ehenamen führt, oder wenn ein Ehegatte das Kind des anderen Ehegatten annimmt, ohne daß die Ehegatten einen Ehenamen führen. Das FamNamRG v 16.12.1993 (BGBl I 2054) hat das Problem in Anlehnung an den heutigen § 1617 Abs 1 durch ein **Namensbestimmungsrecht der Adoptiveltern** bzw der Ehegatten im Falle einer Stiefkindadoption gelöst (Abs 2 S 1). Ist das Adoptivkind bereits 5 Jahre

Rainer Frank

alt, so setzt eine wirksame Namensbestimmung allerdings dessen Zustimmung voraus (Abs 2 S 2).

3 Die Bestimmung, daß das VormG mit dem Ausspruch der Annahme auch den **Vornamen** des Kindes ändern kann (heute Abs 4 S 1 Nr 1), geht auf das AdoptG v 1976 zurück. Vor 1976 war eine Vornamensänderung nur im Verwaltungsweg nach den Vorschriften des NÄG möglich. Das ursprüngl Ziel, die schon früher in der Adoptionspraxis übliche Änderung des Vornamens von Kleinkindern zu erleichtern (BT-Drucks 7/3061, 45), wurde allerdings mit dem AdoptG v 1976 nicht erreicht, weil dieses verlangte (Abs 2 S 1 aF), daß die Vornamensänderung „aus schwerwiegenden Gründen zum Wohl des Kindes erforderlich ist". Die heutige Regelung, nach der es genügt, daß die Vornamensänderung „dem Wohl des Kindes entspricht" (Abs 4 S 1 Nr 1), geht zurück auf das AdoptRÄndG v 4. 12. 1992 (BGBl I 1974).

4 Nach Abs 4 S 1 Nr 2 idF des AdoptRÄndG v 1992 kann das VormG auf Antrag des Annehmenden mit Einwilligung des Kindes dem neuen Familiennamen des Kindes den bisherigen Familiennamen voranstellen oder anfügen, „wenn dies aus schwerwiegenden Gründen zum Wohl des Kindes erforderlich ist". Die Möglichkeit, den bisherigen Familiennamen dem neuen „hinzuzufügen", bestand schon nach der ursprüngl Fassung des BGB (§ 1758 Abs 2 aF). Allerdings gab das alte Recht dem Angenommenen ein Wahlrecht, sofern nicht im Annahmevertrag etwas anderes bestimmt war, während heute das VormG auf Antrag eine solche Entscheidung nur treffen darf, „wenn dies aus schwerwiegenden Gründen zum Wohl des Kindes erforderlich ist". Die Streitfrage, ob „hinzufügen" nach früherem Recht lediglich „nachstellen" oder auch „voranstellen" bedeutet, hat das AdoptRÄndG im letztgenannten Sinn durch eine Änderung des Gesetzeswortlauts entschieden (vgl STAUDINGER/FRANK[12] Rn 28; BT-Drucks 12/2506, 9).

5 Die Anwendung v § 1757 bereitet bei **Minderjährigenadoptionen** kaum Schwierigkeiten. Die eigentlichen Probleme ergeben sich bei der Annahme Volljähriger insbes dann, wenn diese bereits verheiratet sind. § 1757 steht zwar systematisch im Abschnitt über die Minderjährigenadoption. Die Bestimmung gilt indessen gem § 1767 Abs 2 auch für die **Annahme Volljähriger.**

II. Der Familienname des Angenommenen

1. Annahme durch eine Einzelperson (Abs 1)

6 Nach Abs 1 S 1 erhält das Kind als Geburtsnamen (Begriff: § 1355 Abs 6) den Familiennamen des Annehmenden. Dabei spielt es keine Rolle, wie der Annehmende selbst den Familiennamen, den er an das Adoptivkind als Geburtsnamen weitergibt, erworben hat: Ist der **Annehmende ledig,** so entspricht sein Familienname seinem Geburtsnamen. Ist er **geschieden oder verwitwet,** kann sein Familienname auch der Ehename aus der nicht mehr bestehenden Ehe sein, der sich nach dem Geburtsnamen des früheren Ehegatten bestimmt (§ 1355 Abs 2). Der geschiedene frühere Ehegatte kann in einem solchen Fall dem Übergang seines Namens auf das Adoptivkind nicht widersprechen (SOERGEL/LIERMANN Rn 3).

7 Ist der **Annehmende verheiratet,** so kommt eine Einzeladoption nur ausnahmsweise in Betracht (§ 1741 Abs 2 S 4). Auch hier gilt dann aber Abs 1 S 1 ohne jede Einschränkung. Namensrechtl Interessen des anderen Ehegatten trägt das Gesetz nur mittelbar dadurch Rechnung, daß es die Annahme von seiner Einwilligung abhängig macht (§ 1749 Abs 1 S 1). Ist die Einwilligung erteilt worden, so schließt sie als umfassende Einverständniserklärung die namensrechtl Folgen der Adoption mit ein. War die Einwilligung nach § 1749 Abs 3 nicht erforderlich, oder wurde sie nach § 1749 Abs 1 S 2 ersetzt, so wird das Interesse des Kindes an der Namensgleichheit mit dem Annehmenden höher bewertet als das Namensinteresse des Ehegatten (BGB-RGRK/DICKESCHEID Rn 6; ERMAN/HOLZHAUER Rn 2).

Führt der Annehmende einen Ehenamen, dem gem § 1355 Abs 4 sein Geburtsname **8** oder sein früherer Ehename vorangestellt oder angefügt ist (sog **Begleitname**), so gilt dieser Name nicht als Familienname (Abs 1 S 2), der vom Adoptivkind als Geburtsname erworben werden könnte. Gleiches gilt für den Begleitnamen iSv § 1355 Abs 5 S 2, obwohl ein entsprechender Hinweis in § 1757 Abs 1 S 2 fehlt (SOERGEL/LIERMANN Rn 14). – Führt der **Annehmende einen adligen Namen,** so gilt Abs 1 S 1 grds ohne Einschränkung; denn nach Art 109 Abs 3 S 2 WeimRV, der gem Art 123 GG als einfache Norm des Bundesrechts fortgilt (BayObLG StAZ 1981, 186, 187 mNw), sind Adelsbezeichnungen, die bei Inkrafttreten der WeimRV geführt wurden, nunmehr Teil des bürgerlichen Namens. Ein Adelsprädikat, das lediglich als persönlicher Adel verliehen war, kann allerdings nicht durch Adoption übertragen werden (BayObLG StAZ 1981, 186; vgl auch BayObLGZ 1984, 147, 153 f = StAZ 1984, 339, 340).

Ist der **Angenommene ledig,** so ist sein Geburtsname auch sein Familienname. Die **9** Adoption bewirkt also, daß er fortan den Familiennamen des Annehmenden trägt. Ist eine frühere Ehe des Angenommenen im Zeitpunkt der Adoption aufgelöst, ist der Angenommene also insbes **geschieden oder verwitwet,** so findet § 1757, der für die Minderjährigen- und die Volljährigenadoption gilt (§ 1767 Abs 2), ebenfalls uneingeschränkt Anwendung. Es ist zu unterscheiden: Führt der Angenommene seinen Geburtsnamen als Ehenamen, so tritt an die Stelle dieses Namens der Familienname des Annehmenden. Auf den Namen des geschiedenen Ehegatten wirkt sich der Namenswechsel nicht aus (BGB-RGRK/DICKESCHEID Rn 5; SOERGEL/LIERMANN Rn 15). Führt der Angenommene den Geburtsnamen seines früheren Ehegatten als Ehenamen, so bleibt der Ehename von der Adoption unberührt. Nach Abs 1 S 1 ändert sich nämlich durch die Adoption nur der Geburtsname des Angenommenen. Der Angenommene hat jedoch die Möglichkeit, den durch die Adoption erworbenen Geburtsnamen (nicht den früheren Geburtsnamen) gem § 1355 Abs 4 seinem Ehenamen voranzustellen oder anzufügen (BayObLGZ 1985, 184, 188 = StAZ 1985, 202, 203; SCHULTHEIS StAZ 1982, 255; BGB-RGRK/DICKESCHEID Rn 5). Zur Rechtslage, wenn der Angenommene zur Zeit der Adoption bereits seinen Geburtsnamen als Begleitnamen zum Ehenamen führt, vgl unten Rn 37 f. Zur Problematik, wenn der Angenommene verheiratet ist, vgl Rn 32 ff.

Der neue Geburtsname des Angenommenen **folgt unmittelbar aus dem Gesetz.** § 1757 **10** Abs 1 ist auch im Hinblick auf Volljährigenadoptionen verfassungsrechtl nicht zu beanstanden (OLG Celle FamRZ 1997, 103 = StAZ 1997, 103). Aus Gründen der Klarstellung wird im Adoptionsbeschluß oft der neue Geburtsname des Angenommenen ausdrücklich festgelegt. Problematisch ist die Wirkung eines solchen Beschlusses allerdings dann, wenn er inhaltlich mit der Regelung des Abs 1 nicht in Einklang steht. Durch eine **fehlerhafte Namensbestimmung** wird indessen die Gültigkeit des Adoptionsdekrets selbst auf keinen Fall tangiert. Fraglich kann nur sein, ob und unter welchen Voraussetzungen die Namensbestimmung nichtig ist. Nach der zutreffenden Ansicht des OLG Karlsruhe (NJW-RR 1999, 1089 = FamRZ 2000, 115 = MDR 1999, 485 = DAVorm 1999, 248 m Anm LIERMANN FamRZ 2000, 722; StAZ 1999, 372 = Justiz 2000, 138) ist ein Adoptionsdekret, das entgegen § 1757 Abs 1 ausdrücklich bestimmt, daß der Angenommene seinen bisherigen Geburtsnamen als Geburtsnamen beibehält, insoweit **nichtig.** Der Standesbeamte hat in einem solchen Fall im Geburtenbuch den Familiennamen des Annehmenden als Geburtsnamen zu vermerken. Etwas anderes gilt jedoch dann, wenn bei einer Adoption mit Auslandsbezug die Namensführung gem § 1757 Abs 1 kollisionsrechtlich abschließend geregelt wird (OLG Karlsruhe FamRZ 1999, 252 = StAZ 1997, 278 = IPRax 1998, 110 m Anm HENRICH IPRax 1998, 96) oder wenn mit Hilfe der Namensbestimmung Unklarheiten bezgl des Familiennamens des Annehmenden beseitigt werden (vgl dazu BayObLGZ 1993, 179 = NJW-RR 1993, 1417 = FamRZ 1994, 775). Ist die Namensbestimmung durch das VormG zwar nicht nichtig, aber inhaltlich falsch, so kann sie **selbständig angefochten** werden. Die Unanfechtbarkeit des Annahmebeschlusses (§ 56 e S 3 FGG) steht dem nicht entgegen (LG Braunschweig FamRZ 2000, 114 = StAZ 1999, 336 = DAVorm 1999, 253 mNachw; vgl auch unten Rn 28).

2. Annahme durch ein Ehepaar

a) mit gemeinsamem Familiennamen (Ehenamen)

11 Führen die Annehmenden einen gemeinsamen Familiennamen (Ehenamen), so gilt Abs 1 S 1 ohne Einschränkung: Das Kind erhält als Geburtsnamen den gemeinsamen Familiennamen der Annehmenden. Anders als im Fall des Abs 2 tritt der Namenswechsel kraft Gesetzes und altersunabhängig ein. Zur Nichtigkeit bzw Anfechtbarkeit einer mit Abs 1 S 1 nicht in Einklang stehenden Namensbestimmung im Adoptionsbeschluß vgl oben Rn 10.

b) ohne gemeinsamen Familiennamen (Ehenamen)
aa) Kind jünger als 5 Jahre

12 Führen die Annehmenden keinen Ehenamen, so bestimmen sie nach Abs 2 S 1 den Geburtsnamen des Kindes einvernehmlich vor dem Ausspruch der Annahme durch Erklärung gegenüber dem VormG. Für diese Bestimmung sind den Ehegatten, wie sich aus der Verweisung auf § 1617 Abs 1 ergibt, dieselben Gestaltungsmöglichkeiten eröffnet, die namensverschiedenen Eltern für die Bestimmung des Geburtsnamens eines gemeinsamen leibl Kindes zur Verfügung stehen. Das bedeutet insbes, daß die Namensbestimmung auch für später geborene oder adoptierte Kinder der Annehmenden bindend ist, ebenso wie umgekehrt eine frühere Namensbestimmung maßgebend ist, falls aus der Ehe bereits ein Kind hervorgegangen oder von den Eheleuten adoptiert worden ist (§ 1617 Abs 1 S 3; vgl OLG Hamm JAmt 2001, 96, 97 f). Stirbt vor dem Ausspruch der Adoption ein Ehegatte (vgl § 1753 Rn 7), so steht das Namensbestimmungsrecht dem anderen Ehegatten als künftigem Alleininhaber der elterl Sorge (vgl § 1617 Abs 1 S 1) zu, falls über den Geburtsnamen des Kindes nicht bereits im Adoptionsantrag eine Bestimmung getroffen wurde (SOERGEL/LIERMANN Rn 6 a).

13 **Kommt eine Einigung der Eltern nicht zustande,** hat der Ausspruch der Annahme zu unterbleiben. Von der Möglichkeit einer gerichtl Entscheidung, wie sie in § 1617 Abs 2 vorgesehen ist, hat der Gesetzgeber ausdrücklich Abstand genommen. In der Begründung des FamNamRG v 1993 heißt es (BT-Drucks 12/3136, 19): „Mit der Annahme als Kind soll das angenommene Kind voll in seine Familie integriert werden. Diesem Ziel liefe es zuwider, wenn das Kind seinen früheren Namen weiterführen könnte und so die Beziehungen zur bisherigen Familie aufrechterhalten blieben. Läßt sich kein Konsens über den künftigen Geburtsnamen des Anzunehmenden erzielen, dürfte eine gedeihliche Entwicklung des Annahmeverhältnisses ohnehin von Anfang an gefährdet erscheinen."

Die Namensbestimmung muß vor dem Ausspruch der Annahme **dem zuständigen** **14** **VormG gegenüber** (§ 1752, §§ 43 b, 56 e FGG) erklärt werden, ist somit eine amtsempfangsbedürftige Willenserklärung (§ 130 Abs 3). In aller Regel wird die Namensbestimmung bereits in dem notariell zu beurkundenden Annahmeantrag (§ 1752 Abs 2 S 2) enthalten sein. Bei antragsunabhängiger Namensbestimmung schreibt Abs 2 S 1 iVm § 1617 Abs 1 S 2 die **öffentl Beglaubigung** vor. Die Erklärung der Annehmenden gegenüber dem VormG ist **unwiderruflich** (BT-Drucks 12/3163, 18; PALANDT/DIEDERICHSEN Rn 3; SOERGEL/LIERMANN Rn 6 a, **aA** MünchKomm/MAURER Rn 3).

Mit dem Annahmebeschluß erlangt die Namensbestimmung, die bereits vorher für **15** die Annehmenden unwiderruflich geworden ist (Rn 14), rechtliche Wirksamkeit. Wird entgegen der gesetzlichen Regelung die **Annahme ausgesprochen, obwohl eine Namensbestimmung fehlt,** so behält das Kind seinen bis zur Annahme geführten Geburtsnamen auch nach der Annahme bei (HENRICH/WAGENITZ/BORNHOFEN, Deutsches Namensrecht-Kommentar [Stand: März 2000] § 1757 Rn 8; SOERGEL/LIERMANN Rn 9). Nach der Annahme ist eine Namensbestimmung gem Abs 2 S 1 nicht mehr möglich. In Betracht kommt nur noch eine Namensänderung im Verwaltungsweg nach dem NÄG. Ist die **Namenswahl fehlerhaft,** weil ein rechtlich nicht zulässiger Name von den Annehmenden bestimmt wurde, so gilt nichts anderes; denn der Annahmebeschluß enthält keine Entscheidung über den Geburtsnamen, die der fehlerhaften Namensbestimmung Wirksamkeit verleihen könnte (**aA** SOERGEL/LIERMANN Rn 9). Die Rechtslage ist die gleiche, wie wenn die Eltern im Fall des § 1617 Abs 1 S 1 eine unzulässige Namenswahl durch Erklärung gegenüber dem Standesbeamten getroffen hätten (vgl dazu HENRICH/WAGENITZ/BORNHOFEN § 1617 Rn 95).

bb) Kind älter als 5 Jahre
Ist das Kind älter als 5 Jahre, so gelten zunächst die Ausführungen unter Rn 12–15 **16** über die Namensbestimmung durch die Annehmenden ohne Einschränkung. In Ergänzung zu Abs 1 S 1 bestimmt Abs 2 S 2 lediglich, daß die Namenswahl nur wirksam wird, wenn sich das Kind, welches das 5. Lebensjahr bereits vollendet hat, vor dem Ausspruch der Annahme der Namensbestimmung durch Erklärung gegenüber dem VormG anschließt. Die Regelung des Abs 2 S 2 gilt wegen § 1767 Abs 2 auch für den Fall, daß der Anzunehmende volljährig ist.

Stimmt das 5 Jahre alte Kind der Namensbestimmung nicht zu, hat der Ausspruch der **17** Annahme zu unterbleiben (BT-Drucks 12/3163, 19; WAGENITZ/BORNHOFEN, FamNamRG Rn 7; PALANDT/DIEDERICHSEN Rn 4; SOERGEL/LIERMANN Rn 12; **aA** ERMAN/HOLZHAUER Rn 6). Die Regelung ist nicht unproblematisch, weil die Ablehnung des von den Adoptiveltern bestimmten Namens durch das Kind nicht notwendigerweise signalisiert, daß die Annahme nicht dem Wohl des Kindes dient oder nicht zu erwarten ist, daß zwischen den Annehmenden und dem Kind ein Eltern-Kind-Verhältnis entsteht (SOERGEL/LIER-

MANN Rn 12 m Nachw). Wird die Annahme ausgesprochen, obwohl sich das Kind nicht wirksam der Namensbestimmung angeschlossen hat, so behält das Kind seinen bis zur Annahme geführten Geburtsnamen auch nach der Annahme bei. Die Ausführungen oben Rn 15 gelten entsprechend.

18 Die Anschließungserklärung des 5 Jahre alten Kindes, die sprachlich korrekt „Zustimmung" heißen müßte (DIEDERICHSEN NJW 1994, 1095 Fn 106), muß vor dem Ausspruch der Annahme **gegenüber dem zuständigen VormG** abgegeben werden. Sie ist als Voraussetzung für den Ausspruch der Annahme in gleicher Weise **unwiderruflich** wie die Namensbestimmung durch die Annehmenden. Hat das Kind das 14. Lebensjahr vollendet, so kann es die Erklärung nur selbst und mit Zustimmung seines gesetzl Vertreters abgeben (Abs 2 S 2 iVm § 1617 c Abs 1 S 2). Die Anschließungserklärung bedarf der **öffentlichen Beglaubigung,** obwohl in Abs 2 S 2 insoweit eine Verweisung auf § 1617 c Abs 1 S 3 fehlt. Allerdings handelt es sich dabei um ein Redaktionsversehen: In der ursprüngl Fassung des FamNamRG v 1993 war eine entsprechende Verweisung auf § 1616 a Abs 1 S 4 HS 2 aF noch enthalten. Das KindRG v 1997, das die in § 1757 ausgesprochenen Verweisungen lediglich an die neue Paragraphenfolge anpassen wollte (BT-Drucks 13/4899, 12, 115; 13/8511, 22, 76), hat erkennbar die notwendige Verweisung auf § 1617 c Abs 1 S 3 HS 2 übersehen (ausf FamRefK/MAURER § 1757 Rn 6; auch PALANDT/DIEDERICHSEN Rn 5; ERMAN/HOLZHAUER Rn 6; SOERGEL/LIERMANN Rn 11).

3.   Stiefkindadoption

19 Nimmt ein Ehegatte ein Kind des anderen Ehegatten an, so erlangt das Kind die rechtliche Stellung eines gemeinschaftl Kindes der Ehegatten (§ 1754 Abs 1). Führen die Ehegatten im Falle einer Stiefkindadoption keinen Ehenamen, so ist die Rechtslage im Hinblick auf den Namen des Anzunehmenden nicht anders, als wenn die Ehegatten gemeinsam ein familienfremdes Kind adoptieren würden (vgl OLG Hamm JAmt 2001, 96, 97 f). Es bedarf hier einer Namensbestimmung durch den Stiefelternteil und den mit ihm verheirateten leibl Elternteil gem Abs 2 S 1. Hat das Kind das 5. Lebensjahr vollendet, muß es sich gem Abs 2 S 2 durch Erklärung gegenüber dem VormG der Namensbestimmung anschließen. Die Ausführungen unter Rn 16–18 gelten entsprechend.

4.   Voranstellen oder Anfügen des bisherigen Familiennamens (Abs 4 S 1 Nr 2)

a)   „Schwerwiegende Gründe" für das Voranstellen oder Anfügen
20 Nach Abs 4 S 1 Nr 3 kann das VormG auf Antrag des Annehmenden mit Einwilligung des Kindes mit dem Ausspruch der Annahme dem bisherigen Familiennamen des Kindes den neuen Familiennamen voranstellen oder anfügen, „wenn dies aus schwerwiegenden Gründen zum Wohl des Kindes erforderlich ist". Die Regelung geht zurück auf das AdoptG v 1976, wurde allerdings später durch das AdoptRÄndG von 1992 insoweit neu gefaßt, als das Wort „hinzufügen" aus Klarstellungsgründen (BT-Drucks 12/2506, 9) durch die Wörter „voranstellen oder anfügen" ersetzt wurde (näheres dazu Rn 24). Nach der ursprüngl Regelung des BGB (§ 1758 Abs 2 aF) konnte das Kind noch frei darüber entscheiden, ob es seinem neuen Namen den bisherigen Familiennamen hinzufügen wollte, sofern im Annahmevertrag nichts anderes bestimmt war. Der RegE zum AdoptG v 1976 wollte ursprüngl das Hinzufügen des bisherigen Familiennamens bereits dann gestatten, „wenn dies dem Wohl des Kindes

entspricht" (BT-Drucks 7/3061, 6, 45). Die später Gesetz gewordene Regelung fiel dann aber deutlich restriktiver aus. Die Hinzufügung des bisherigen Familiennamens muß nunmehr „aus schwerwiegenden Gründen zum Wohl des Kindes erforderlich" sein und soll nur dann in Betracht gezogen werden, wenn das Kind sich mit dem bisherigen Familiennamen bereits identifiziert hat und der Namenswechsel sich störend auf die Eingliederung in die neue Familie auswirken kann (BT-Drucks 7/5087, 18).

Ob mit der Ges gewordenen restriktiven Formulierung eine nennenswerte sachliche **21** Änderung bewirkt worden ist, muß bezweifelt werden. In der Rspr ist anerkannt, daß das Tatbestandsmerkmal „aus schwerwiegenden Gründen" schon dann erfüllt ist, „wenn dem Wohl des Kindes mit der geänderten Namensführung erheblich besser gedient ist" (LG Köln FamRZ 1998, 506; LG Bonn FamRZ 1985, 109). Während bei kleineren Kindern eine Hinzufügung des bisherigen Familiennamens kaum in Betracht kommt, dürfte sie bei älteren Kindern schon eher in deren Interesse liegen und bei volljährigen Adoptierten sogar regelmäßig zu bejahen sein, wenn diese unter ihrem bisherigen Familiennamen bekannt geworden sind und bekannt bleiben wollen (OLG Celle FamRZ 1997, 115, 116 = StAZ 1997, 103, 104; LG Bonn FamRZ 1985, 109; AG Solingen FamRZ 1988, 105; BGB-RGRK/Dickescheid Rn 12; MünchKomm/Maurer Rn 8; Soergel/Liermann Rn 31; aA Gernhuber/Coester-Waltjen § 68 IX 4). Auf ein *besonderes* wirtschaftliches oder gesellschaftliches Interesse sollte man ebensowenig abstellen wie darauf, ob der Angenommene unter seinem bisherigen Namen „in der Fachliteratur bekannt geworden" ist (AG Erlangen StAZ 1979, 323) oder sich als Sportler oder Künstler einen Namen gemacht hat (vgl AG Solingen FamRZ 1988, 105). Aus der Rspr sind bislang keine Fälle bekannt geworden, in denen bei einer Erwachsenenadoption einem Antrag auf Hinzufügung des bisherigen Familiennamens nicht stattgegeben worden wäre.

b) Antrag des Annehmenden, Einwilligung des Kindes
aa) Antrag des Annehmenden
Der nach Abs 4 S 1 erforderliche Antrag des Annehmenden bedarf der **notariellen** **22** **Beurkundung.** Es gelten die gleichen Erwägungen wie für den Antrag des Annehmenden auf Vornamensänderung des Kindes (vgl dazu Rn 51). Für den Antrag auf Hinzufügung des bisherigen Familiennamens hat das BayObLG (BayObLGZ 1979, 346, 347 f = StAZ 1980, 65, 66) in diesem Sinne entschieden (aA BGB-RGRK/Dickescheid Rn 12).

bb) Einwilligung des Kindes
Abs 4 S 1 verlangt die Einwilligung des Kindes. Diese erteilt der gesetzl Vertreter **23** (Abs 4 S 2 iVm § 1746 Abs 1 S 2), wenn das Kind geschäftsunfähig oder noch nicht 14 Jahre alt ist. Im übrigen kann das Kind die Einwilligung nur selbst erteilen; es bedarf hierzu der Zustimmung seines gesetzl Vertreters (Abs 4 S 2 iVm § 1746 Abs 1 S 3). Die vom gesetzl Vertreter verweigerte Einwilligung oder Zustimmung kann das VormG ersetzen, falls es an einem triftigen Grund für die Verweigerung fehlt (Abs 4 S iVm § 1746 Abs 3 HS 1). Die früher fehlende Verweisung auf den heutigen § 1746 Abs 3 HS 1 ist durch das AdoptRÄndG v 1992 eingefügt worden (vgl BT-Drucks 12/2506, 9). Für den Widerruf der Einwilligung gelten die Ausführungen zur Vornamensänderung entsprechend (vgl Rn 53).

c) Der neu gebildete Name
Nach Abs 4 S 1 Nr 2 kann das VormG dem neuen Familiennamen des Kindes den **24**

bisherigen Familiennamen **„voranstellen oder anfügen".** Bis zum Inkrafttreten des AdoptRÄndG v 1992 konnte nach dem Gesetzeswortlaut der bisherige Familienname dem neuen nur „hinzugefügt" werden. Unter der Herrschaft des alten Rechts war es zunächst unstreitig gewesen, daß „Hinzufügen" nur „Nachstellen" bedeuten konnte. Später wurde indessen die Frage kontrovers diskutiert (Nachw STAUDINGER/ FRANK[12] Rn 28). Der Gesetzgeber beendete schließlich diese Diskussion, indem er im AdoptRÄndG v 1992 das Wort „hinzufügen" durch die Wörter „voranstellen oder anfügen" ersetzte (BT-Drucks 12/2506, 9).

25 Der neu erworbene Name ist ein echter **Doppelname,** kein bloßer Begleitname iSv § 1355 Abs 4 u 5. Das bedeutet: Heiratet der Angenommene und wählen die Ehegatten den Geburtsnamen des Angenommenen zum Ehenamen, so ist der Ehename ein Doppelname, was nicht der Fall wäre, wenn der vorangestellte oder angefügte Name lediglich Begleitname wäre. Entsprechendes gilt, wenn der Angenommene später selbst ein Kind adoptiert und diesem seinen Familiennamen als Geburtsnamen weitergibt. Der Umstand, daß der Gesetzgeber in Abs 4 S 1 Nr 2 den gleichen Wortlaut gewählt hat wie in § 1355 Abs 4 u 5 („voranstellen oder anfügen") ist – vor allem auch mit Rücksicht auf die Entstehungsgeschichte – ohne Belang (WAGENITZ/BORN-HOFEN, FamNamRG § 1757 Rn 27; ERMAN/HOLZHAUER Rn 13; PALANDT/DIEDERICHSEN Rn 11; LG Köln FamRZ 1998, 506; LG Lübeck StAZ 1998, 290; **aA** LIERMANN FamRZ 1993, 1263, 1264 u SOERGEL/LIERMANN Rn 30).

26 Fügt das VormG dem neuen Familiennamen den bisherigen hinzu, so ändert sich beim **verheirateten Angenommenen** nicht der Ehename, sondern nur der Name, den der Angenommene nach Abs 1 S 1 „als Geburtsnamen" erhält (BayObLGZ 1985, 184 = MDR 1985, 766 = StAZ 1985, 202; LG Köln FamRZ 1998, 506). Die Namensänderung erstreckt sich nur dann auf den Ehenamen, wenn der (frühere) Geburtsname des Angenommenen Ehename geworden ist und der Ehegatte gem Abs 3 der Namensänderung zustimmt (OLG Hamm OLGZ 1983, 423, 427 = StAZ 1983, 200, 202 = Rpfleger 1983, 353, 354). Wird A, der mit B verheiratet ist, von C adoptiert, so ist zu unterscheiden: Ist der Geburtsname von A zum Ehenamen geworden, so erstreckt sich die Änderung des Geburtsnamens (nunmehr A-C oder C-A) nur bei Zustimmung durch B auf den Ehenamen. Ist der Geburtsname von B zum Ehenamen geworden, so kann sich der Ehename nicht ändern. Es ändert sich lediglich der (latente) Geburtsname des A in A-C oder C-A.

27 Besonderheiten treten im Zusammenhang mit **§ 1355 Abs 4** auf. Wird A, der mit B verheiratet ist, von C angenommen und war sein früherer Geburtsname (A) zum Ehenamen geworden, so kann der Angenommene, wenn die Zustimmung seines Ehegatten zur Erstreckung der Namensänderung nicht erteilt wird, seinen neuen Geburtsnamen (A-C oder C-A) dem Ehenamen voranstellen oder anfügen. Es entstünde also ein dreigliedriger Name (**aA** offenbar LG Gießen StAZ 1984, 100; dagegen zutr DÖRR StAZ 1984, 100 f). War der Geburtsname des Ehegatten B zum Ehenamen geworden, so könnte A dem Ehenamen B in entsprechender Weise seinen neuen Geburtsnamen (A-C oder C-A) voranstellen oder anfügen (LG Köln FamRZ 1998, 506). Namensrechtl Absonderlichkeiten kann in der Praxis freilich dadurch begegnet werden, daß das Vorliegen „schwerwiegender Gründe" iSd Abs 4 S 1 Nr 2 verneint wird (so auch MünchKomm/MAURER Rn 9). Der Gesetzgeber hat jedenfalls bewußt davon abgesehen, durch eine Sonderregelung entsprechend § 1355 Abs 4 S 2 **Namensketten**

entgegenzuwirken (WAGENITZ/BORNHOFEN, FamNamRG § 1757 Rn 12). Die Problematik war im Gesetzgebungsverfahren zunächst angesprochen (BT-Drucks 12/3163, 24), später aber nicht mehr aufgegriffen worden.

d) Verfahrensfragen

Wird im Annahmebeschluß ein **Antrag** auf Hinzufügung des bisherigen Familienna- **28** mens zum neuen Familiennamen **abgelehnt,** so ist die abl Entscheidung mit der einfachen Beschwerde (§ 19 FGG) anfechtbar. Die Unanfechtbarkeit von Annahmebeschlüssen (§ 56 e S 3 FGG) steht hier ebensowenig entgegen wie bei der Ablehnung von Anträgen auf Änderung des Vornamens des Adoptierten (vgl Rn 54 und die dort zit Rspr, außerdem ERMAN/HOLZHAUER Rn 20; MünchKomm/MAURER Rn 11; aA BGB-RGRK/DIKKESCHEID Rn 15).

Wird im Adoptionsbeschluß über einen Antrag versehentlich nicht entschieden, so **29** kann das Gericht analog § 321 ZPO in einem **Ergänzungsbeschluß** die Entscheidung nachholen (OLG Hamm OLGZ 1983, 423 = StAZ 1983, 200 = Rpfleger 1983, 353; LG Köln FamRZ 1998, 506; vgl auch BayObLGZ 1979, 346, 349 f = StAZ 1980, 65, 67). Auch hier gilt Entsprechendes wie bei einer versäumten Entscheidung über die Änderung des Vornamens (vgl Rn 55). Wurde vor dem Wirksamwerden des Annahmebeschlusses (§ 56 e S 2 FGG) kein Antrag auf Hinzufügung des bisherigen Familiennamens zum neuen Familiennamen gestellt, so ist (bei nachgeholtem Antrag) ein Ergänzungsbeschluß unzulässig, weil das VormG nicht mehr für eine Namensänderung zuständig ist. Nichtig dürfte indessen ein dennoch ergehender Ergänzungsbeschluß nicht sein (so aber BayObLGZ 1979, 346 = StAZ 1980, 65 m abl Anm vBAR 67 f; wie hier ERMAN/HOLZHAUER Rn 20; SOERGEL/LIERMANN Rn 33; vgl auch OLG Hamm OLGZ 1983, 423 = StAZ 1983, 200 = Rpfleger 1983, 353).

Wurde **antragsgemäß entschieden,** so ist damit der Name mit verbindlicher Wirkung **30** festgelegt, auch wenn er den gesetzl Voraussetzungen nicht genügt. Er kann auch im Verfahren nach § 45 Abs 2 PStG nicht mehr geändert werden (BayObLGZ 1978, 372 = StAZ 1979, 121; BayObLGZ 1979, 346 = StAZ 1980, 65 m Anm vBAR; BayObLGZ 1985, 184 = StAZ 1985, 202; OLG Hamm OLGZ 1983, 423, 424 = StAZ 1983, 200, 201 = Rpfleger 1983, 353; OLG Celle StAZ 1979, 323; OLG Stuttgart StAZ 1979, 242; LG Heilbronn StAZ 1979, 70; ERMAN/HOLZHAUER Rn 20; MünchKomm/MAURER Rn 11). Die Entscheidung des LG Lübeck (StAZ 1998, 289) steht der hier vertretenen Ansicht nicht entgegen, weil dort das VormG irrig bestimmt hatte, daß der nach Abs 4 S 1 Nr 2 richtig gebildete Doppelname zwar neuer Familienname, nicht aber neuer Geburtsname wird. Daß der Doppelname Geburtsname wird, ergibt sich jedoch aus dem Gesetz, so daß eine Anfechtung wegen der oben Rn 10 angestellten Erwägungen möglich ist, wenn nicht gar insoweit Nichtigkeit anzunehmen ist.

Eine **Vorabentscheidung** über den Antrag auf Hinzufügung des bisherigen Familien- **31** namens ist unzulässig. Es gelten die gleichen Erwägungen wie im Falle einer beantragten Vornamensänderung (vgl dazu Rn 56; aA LG Bonn FamRZ 1985, 109, wo – allerdings ohne Erörterung der Problematik – über den Antrag auf Hinzufügung des bisherigen Familiennamens vorab entschieden wurde).

5. Verheirateter Angenommener (Abs 3)

a) Ehename ist der Geburtsname des Angenommenen

32 Ist der Angenommene verheiratet, so wird er nur selten minderjährig sein. § 1757 gilt jedoch sowohl für die Minderjährigen- als auch für die Volljährigenadoption (§ 1767 Abs 2). Ist der Angenommene verheiratet und sein früherer Geburtsname zum gemeinsamen Familiennamen geworden, würde eine aufgrund des neuen Geburtsnamens automatisch eintretende Änderung des gemeinsamen Familiennamens mit dem **Namensbestimmungsrecht** beider Ehegatten kollidieren. Aus diesem Grunde bestimmt Abs 3, daß sich die Namensänderung nur dann auf den Ehenamen erstreckt, wenn sich auch der Ehegatte der Namensänderung vor dem Ausspruch der Annahme durch Erklärung gegenüber dem VormG anschließt (vgl die Grundregel in § 1617 c Abs 3). Schließt er sich nicht an, so ändert sich der gemeinsame Familienname trotz der Adoption nicht. Auf diese Weise wird sichergestellt, daß die Annahme eines Verheirateten nicht am Namensinteresse seines Ehegatten scheitern muß. Ändert sich der gemeinsame Familienname (Ehename) trotz der Adoption nicht, fehlt aber ein entsprechender Hinweis im Adoptionsbeschluß, so kann in einem späteren Ergänzungsbeschluß klargestellt werden, daß sich der bisherige Ehename nicht geändert hat (OLG Frankfurt StAZ 1992, 378).

33 Durch das FamNamRG v 1993 wurde Abs 3 in Anpassung an die Vorschrift des § 1616 a Abs 3 aF (heute: § 1617 c Abs 3) in seinem Wortlaut geringfügig geändert. Während es früher hieß, daß sich die Namensänderung auf den Ehenamen nur dann erstreckt, „wenn der Ehegatte der Namensänderung ... zugestimmt hat", heißt es nunmehr, daß das nur der Fall ist, „wenn sich *auch* der Ehegatte der Namensänderung anschließt". Daraus wird man trotz des keineswegs eindeutigen Wortlauts schließen müssen, daß seit dem Inkrafttreten des FamNamRG v 1993 **beide Ehegatten mit der Änderung des Ehenamens einverstanden** sein müssen (näheres dazu WAGENITZ/BORNHOFEN, FamNamRG § 1757 Rn 9 u § 1616 a Rn 35). Allerdings heißt es in Abs 3 HS 2, daß „die Erklärung" – und damit kann nur die Anschließungserklärung gemeint sein – öffentlich beglaubigt werden muß. Man wird deshalb Abs 3 in dem Sinne interpretieren müssen, daß sich die Einverständniserklärung des Anzunehmenden mit der Änderung seines Ehenamens konkludent und formlos aus seiner Einwilligung in die Adoption (§ 1746) ergibt, während sich im übrigen Abs 3 nur auf die erforderliche Anschließungserklärung des Ehegatten bezieht.

34 Die Anschließungserklärung muß vor dem Ausspruch der Annahme abgegeben werden. Eine **spätere Anschließungserklärung** ist wirkungslos (BayObLGZ 1985, 264, 269 = NJW-RR 1986, 498, 499 = FamRZ 1985, 1182, 1183 f = StAZ 1986, 7, 8). Im Einzelfall kann allerdings in der Einwilligung des Ehegatten in die Adoption (§ 1749 Abs 2) konkludent eine Zustimmung zur Namensänderung gesehen werden (AG Hamburg StAZ 1990, 21). Zum Sonderfall der Annahme eines Ehepaares vgl PRANG StAZ 1982, 111 u Fachausschuß des Bundesverbandes der Standesbeamten StAZ 1983, 106 u StAZ 1984, 110. Wird die Anschließungserklärung vom Ehegatten nicht oder nicht rechtzeitig abgegeben, kann der Angenommene immerhin seinen neuen Geburtsnamen dem (unveränderten) Ehenamen nach § 1355 Abs 4 S 1 voranstellen oder anfügen (LG Gießen StAZ 1984, 100 aE; DIEDERICHSEN NJW 1976, 1169, 1176; MünchKomm/MAURER Rn 6). Allerdings kommt nur eine entsprechende Anwendung des § 1355 Abs 4 S 1 in Betracht, da der Ehename nach wie vor vom – wenn auch nur früheren – Geburtsnamen des Angenommenen abgeleitet wird. Das die entsprechende Anwendung der Vorschrift rechtfertigende namensrechtl Interesse des Angenommenen folgt aus dem anerkennenswerten Wunsch, die Adoption auch nach außen hin zu manifestieren.

Die früher umstrittene Frage, ob die Zustimmung des Ehegatten der notariellen **35** Beurkundung bedarf (STAUDINGER/FRANK[12] Rn 12), ist durch das FamNamRG v 1993 in Abs 3 HS 2 dahingehend beantwortet worden, daß die Erklärung nur der **öffentlichen Beglaubigung bedarf.** Eine Beglaubigungs- oder Beurkundungszuständigkeit des Standesbeamten besteht für die Anschließungserklärung nicht (WAGENITZ/BORNHOFEN, FamNamRG, § 1757 Rn 9).

b)   Ehename ist der Geburtsname des Ehegatten des Angenommenen
Führen der Angenommene und sein Ehegatte dessen Geburtsnamen als Ehenamen, **36** so bewirkt die Adoption in keinem Fall eine Änderung des gemeinsamen Familiennamens. Es ändert sich lediglich der (nicht als Familienname geführte) Geburtsname des Angenommenen. Zum Familiennamen des Annehmenden, den der Angenommene als Geburtsnamen erwirbt, vgl oben Rn 6.

Umstr ist, welche **Auswirkungen** die Annahme **auf den vom Angenommenen** zZ der **37** Adoption bereits **geführten Begleitnamen** hat: zT wird die Ansicht vertreten, der Adoptierte könne seinen früheren Geburtsnamen als Begleitnamen beibehalten, da § 1355 Abs 4 S 1 auch gestatte, „den zur Zeit der Erklärung über die Bestimmung des Ehenamens geführten Namen", und das sei ja gerade der frühere Geburtsname, dem Ehenamen voranzustellen oder anzufügen. Der Adoptierte könne aber auch den neuen Geburtsnamen als Begleitnamen gegen den alten austauschen, habe also ein **Wahlrecht** (so BayObLGZ 1999, 367 = StAZ 2000, 107; BGB-RGRK/DICKESCHEID Rn 4; SOERGEL/LIERMANN Rn 18; HEPTING/GAAZ, PStG, III-703; DIEDERICHSEN NJW 1976, 1169, 1176). Nach einer anderen Meinung führt die Adoption dazu, daß der alte Geburtsname als Begleitname **automatisch** gegen den neuen **ausgetauscht** wird (so LG Berlin StAZ 1986, 290; HENRICH, Der Erwerb und die Änderung des Familiennamens [1983] 15; MünchKomm/MAURER Rn 6; ERMAN/HOLZHAUER Rn 7). Nach einer dritten Ansicht **fällt der alte Geburtsname** mit der Adoption als Begleitname zwar **automatisch weg;** dem Betroffenen steht es aber frei, durch **erneute Erklärung** gegenüber dem Standesbeamten den neuen Geburtsnamen dem Ehenamen voranzustellen (so KG OLGZ 1988, 257 = FamRZ 1988, 1053 = StAZ 1988, 170 als Rechtsbeschwerdeinstanz gegen LG Berlin StAZ 1986, 290).

Die letztgenannte Ansicht dürfte die richtige sein. Gegen die erste spricht, daß unter **38** dem zZ der Ehenamensbestimmung geführten Namen nicht der Geburtsname verstanden werden kann, der in Abs 4 S 1 besonders genannt ist. Außerdem kann der alte Geburtsname, der mit der Adoption automatisch wegfällt, auch als Begleitname keinen Bestand mehr haben. Die zweite Ansicht läßt unberücksichtigt, daß der Ehegatte bei einem automatischen Austausch des alten Geburtsnamens durch den neuen letztlich sein Bestimmungsrecht verlöre, ob er einen Begleitnamen führen will. So können zB namensästhetische Gründe für den alten, aber gegen den neuen Geburtsnamen als Begleitnamen sprechen. Andererseits kann im Einzelfall durchaus ein schützenswertes Interesse bestehen, die Tatsache der Adoption nach außen durch den Gebrauch des neuen Geburtsnamens sichtbar zu machen. Die Möglichkeit einer erneuten Erklärung gegenüber dem Standesbeamten dürfte deshalb dem Interesse des Adoptierten am besten gerecht werden (ausführlich KG OLGZ 1988, 257 = FamRZ 1988, 1053 = StAZ 1988, 170).

39 Selbstverständlich kann der Angenommene seinen **neuen Geburtsnamen auch erstmals als Begleitnamen** dem Ehenamen voranstellen oder anfügen; denn die Erklärung nach § 1355 Abs 4 S 1 ist an keine Frist gebunden und kann deshalb im Zusammenhang mit der Annahme, aber auch später abgegeben werden.

6.   Wirkungen der Annahme auf den Namen eines Kindes des Angenommenen

40 Die Wirkungen der Annahme auf den Namen eines Kindes des Angenommenen ergeben sich seit dem KindRG v 1997 aus der allgemeinen Vorschrift des **§ 1617 c Abs 2.** Einer besonderen Verweisung auf diese Bestimmung in § 1757 bedurfte es nicht. Zur Vorgeschichte der heutigen Regelung vgl Staudinger/Frank[12] Rn 20–23 und Soergel/Liermann Rn 20.

41 § 1617 c Abs 2 regelt in allgemeiner Form, wie sich eine Namensänderung auf Seiten eines Elternteils (hier: auf Seiten des Adoptivkindes) auf das Kind auswirkt. Dabei betrifft Nr 1 den Fall verheirateter Eltern, die einen Ehenamen führen, Nr 2 den Fall verheirateter Eltern, die keinen Ehenamen führen oder nicht miteinander verheiratet sind. Die Rechtsfolge ist wegen der Verweisung in § 1617 c Abs 2 auf Abs 1 in allen Fällen die gleiche: Soweit die Änderung eines Elternnamens (hier: des Adoptivkindes) den Geburtsnamen des Kindes (hier: des Adoptivenkels) erfaßt, tritt die Namensänderung automatisch ein, wenn das Kind das 5. Lebensjahr noch nicht vollendet hat. Nach Vollendung des 5. Lebensjahres erstreckt sich die Namensänderung auf den Geburtsnamen des Kindes nur dann, wenn es sich der Namensänderung anschließt.

42 Im einzelnen gilt: Ist das **Adoptivkind verheiratet** und wurde der ursprüngl Geburtsname des Adoptivkindes zum Ehenamen gewählt, so erstreckt sich die adoptionsbedingte Änderung des Geburtsnamens des Adoptivkindes auf das Kind nur dann, wenn sich der Ehegatte der Änderung des Ehenamens anschließt (§§ 1617 c Abs 2 Nr 1, 1757 Abs 3). Fehlt es an der Bestimmung eines Ehenamens und wurde als Geburtsname des Kindes der Name des Ehegatten des Adoptivkindes gewählt, so wirkt sich die Änderung des Geburtsnamens des Adoptivkindes nicht auf den Geburtsnamen des Kindes aus (§ 1617 c Abs 2 Nr 2). Wurde hingegen in einer ehenamenlosen Ehe der Name des Adoptivkindes zum Geburtsnamen des Kindes bestimmt, so erstreckt sich die adoptionsbedingte Änderung des Geburtsnamens des Adoptivkindes auf das Kind (§ 1617 c Abs 2 Nr 2).

43 Ist das **Adoptivkind nicht verheiratet** und steht ihm die elterliche Sorge gemeinsam mit dem anderen Elternteil zu (§ 1626 a Abs 1 Nr 1), so gilt das gleiche wie im Falle verheirateter Eltern, die in einer ehenamenlosen Ehe leben (§ 1617 c Abs 2 Nr 2 iVm § 1617 Abs 1). Steht dem Adoptivkind allein die elterliche Sorge zu und führt das Kind den Namen des Adoptivkindes als seinen Geburtsnamen (§ 1617 a Abs 1), so erstreckt sich die Änderung des Geburtsnamens des Adoptivkindes gem § 1617 c Abs 2 Nr 2 auf das Kind. Zu den weiteren nach § 1617 c Abs 2 Nr 2 zu beachtenden namensrechtl Gestaltungsmöglichkeiten, wenn die Eltern nicht verheiratet sind und nur ein Elternteil Inhaber der elterlichen Sorge ist, vgl §§ 1617 a, 1617 b.

7. Wirkungen einer späteren Namensänderung des Annehmenden auf den Namen des Angenommenen

Bis zum FamNamRG v 1993 war die Wirkung einer späteren Namensänderung des **44** Annehmenden auf den Namen des Angenommenen in § 1757 Abs 1 S 4 HS 2 aF durch eine Verweisung auf § 1617 Abs 2–4 aF geregelt. Mit Inkrafttreten des Fam-NamRG wurde eine Sonderregelung in § 1757 überflüssig. Maßgebend ist heute die **allg Vorschrift des § 1617 c Abs 2.** Zur Rechtslage vor Inkrafttreten des FamNamRG v 1993 vgl Staudinger/Frank[12] Rn 17–19 und Soergel/Liermann Rn 24 f.

Soweit sich nach § 1617 c Abs 2 überhaupt eine Namensänderung des (der) Anneh- **45** menden auf den Geburtsnamen des Kindes auswirkt, ist § 1617 c Abs 1 zu beachten: die Namenserstreckung erfolgt kraft Gesetzes nur bei Kindern unter 5 Jahren. Ab Vollendung des 5. Lebensjahres muß sich das Kind der Namensänderung anschlie-ßen.

Die Namensänderung des Annehmenden wirkt sich auf den Angenommenen aus, **46** **wenn sich der Ehename, der Geburtsname des Kindes geworden ist, ändert** (§ 1617 c Abs 2 Nr 1). Ändern muß sich also der Ehename als gemeinsamer Familienname (§ 1355 Abs 1 S 1). Es genügt deshalb nicht, wenn ein Ehegatte nach Auflösung der Ehe seinen Geburtsnamen wieder annimmt. Der Ehename kann sich insbes ändern, wenn sich der Geburtsname eines Ehegatten, der zum Ehenamen geworden ist, ändert (zB durch Adoption) und der andere Ehegatte sich der Ehenamensänderung anschließt (vgl § 1757 Abs 3) (Weitere Beispiele bei Henrich/Wagenitz/Bornhofen, Deut-sches Namensrecht-Kommentar, Stand: März 2000, § 1617 c Rn 37 ff).

Die Namensänderung wirkt sich weiter auf den Angenommenen aus, **wenn sich der** **47** **Familienname des (einseitig) namengebenden Elternteils, der Geburtsname des Kindes geworden ist, ändert** (§ 1617 c Abs 2 Nr 2). Eine Änderung des Familiennamens des namengebenden Adoptivkindes kann sich insbes aus einer nachträglichen Änderung seines Geburtsnamens (zB durch Adoption) ergeben (Weitere Beispiele bei Henrich/ Wagenitz/Bornhofen § 1617 c Rn 58 f). Wird der **Name des Annehmenden im Verwal-tungsweg geändert** (§ 3 NÄG), so erstreckt sich die Namensänderung nach § 4 NÄG „auf Kinder der Person, deren Name geändert wird, sofern die Kinder bislang den Namen dieser Person getragen haben und für die Kinder die elterliche Sorge dieser Person besteht". Dies gilt allerdings nur, „soweit nicht bei der Entscheidung etwas anderes bestimmt ist" (Näheres BayObLGZ 1984, 147 = StAZ 1984, 339 = FamRZ 1984, 1268 [LS]). § 4 NÄG ordnet als spezialgesetzliche Regelung gegenüber § 1617 c grundsätz-lich eine automatische Erstreckung der Namensänderung auf Kinder unter 18 Jahren an. Gegen eine Anwendung von § 1617 c auf volljährige Kinder bestehen keine Bedenken (so auch Henrich/Wagenitz/Bornhofen § 1617 c Rn 58 in Fn 13). – **Ändert sich** **der Familienname** des einseitig namengebenden Elternteils **durch Eheschließung,** so erstreckt sich die Namensänderung nach der ausdrücklichen Regelung des § 1617 c Abs 2 Nr 2 nicht auf das Adoptivkind. Namensänderungen, die als Folge einer Ehe-schließung aus der Bestimmung eines Ehenamens resultieren, bleiben also – wie schon nach altem Recht (vgl Staudinger/Frank[12] Rn 17) – ausgespart. Für diese Fall-konstellation hat der Gesetzgeber in § 1618 (Einbenennung) eine spezielle Regelung getroffen.

III. Der Vorname des Angenommenen

1. Entwicklungsgeschichte

48 Die Vornamensänderung bei Adoptivkindern hat eine wechselvolle Geschichte. Vor Inkrafttreten des AdoptG v 1976 konnte der Vorname nur im öffentlichrechtl Namensänderungsverfahren gem §§ 11, 3 NÄG kostenpflichtig geändert werden. Es entsprach indessen schon damals allg Rechtspraxis, Vornamensänderungen bei einem adoptierten Kleinkind zuzulassen. Eine Ablehnung von Anträgen kam „praktisch kaum in Betracht" (Loos, Komm z NÄG [1970] § 11 II 3 c dd). Bei den Vorarbeiten zum AdoptG v 1976 sah der RegE zunächst noch recht großzügig eine Vornamensänderung unter der Voraussetzung vor, daß diese „dem Wohl des Kindes dient" (BT-Drucks 7/3061, 6, 45). Wegen der entwicklungspsychologischen Bedeutung des Vornamens für Kleinkinder zwischen 1 u 7 Jahren (BT-Drucks 7/5087, 18) wurde dann aber die Vorschrift erheblich enger gefaßt. § 1757 Abs 2 S 1 idF des AdoptG v 1976 erlaubte eine Vornamensänderung nur, „wenn dies aus schwerwiegenden Gründen zum Wohl des Kindes erforderlich ist". Die Vorschrift des § 1757 Abs 2 S 1 aF wurde in der Folgezeit als zu eng empfunden und in der Lit lebhaft kritisiert (vgl STAUDINGER/FRANK[12] Rn 37). Die Rspr milderte die Härte der gesetzl Regelung mit Hilfe einer großzügigen Standardformel, daß die Voraussetzungen für eine Vornamensänderung erfüllt seien, „wenn dem Wohl des Kindes bei der geänderten Namensführung erheblich besser gedient ist" (KG OLGZ 1978, 135, 137 = FamRZ 1978, 208, 209 = StAZ 1978, 182, 183; OLG Düsseldorf StAZ 1983, 314; LG Stuttgart DAVorm 1978, 793, 794; LG Freiburg FamRZ 1980, 1068 = StAZ 1981, 146; LG Aachen DAVorm 1984, 910, 912; auch BVerwG NJW 1988, 85, 87 = FamRZ 1987, 807, 810 = StAZ 1987, 251, 254). Das AdoptRÄndG v 1992 trug schließlich der allg Kritik Rechnung und ermöglicht nunmehr eine Vornamensänderung schon dann, „wenn dies dem Wohl des Kindes entspricht" (zur Neuregelung vgl LIERMANN FamRZ 1993, 1263, 1264; LÜDERITZ NJW 1993, 1050; WAGENITZ ZBlJugR 1991, 241, 243 f).

2. Voraussetzung der Vornamensänderung

49 Nach Abs 4 S 1 Nr 1 kann das VormG auf Antrag des Annehmenden mit Einwilligung des Kindes mit dem Ausspruch der Annahme den Vornamen des Kindes ändern oder ihm einen oder mehrere Vornamen beigeben, **wenn dies dem Wohl des Kindes entspricht.** Mit der Erleichterung der Vornamensänderung (bzw Hinzufügung mehrerer Vornamen) wollte der Gesetzgeber die ohnehin großzügige Handhabung der Namensänderung in der Praxis „auf eine sichere Grundlage stellen" und der Bedeutung des Namens als eines „Sympathieträgers" Rechnung tragen (BT-Drucks 12/2506, 6): Durch die Auswahl des Namens werde eine enge Verbindung zwischen dem Namensgeber und dem Namensträger geschaffen. Eine erzwungene Beibehaltung des von den leibl Eltern ausgewählten Namens könne die Entwicklung einer engen Eltern-Kind-Verbindung hemmen. Dies gelte namentlich dort, wo die Adoptiveltern zu dem ihnen vorgegebenen Vornamen des Kindes kein Verhältnis finden könnten. Die Praxis zeige, daß Adoptiveltern kleinen Kindern häufig einen neuen Vornamen geben, sobald sie diese in Adoptionspflege nehmen (BT-Drucks 12/2506, 5). Das AdoptRÄndG v 1992 sah davon ab, die Anforderungen an die Zulässigkeit einer Namensänderung nach Altersgruppen zu staffeln. Es versteht sich jedoch von selbst, daß bei Kindern, die sich altersbedingt mit ihrem amtlichen Vornamen bereits identifiziert haben, eine Vornamensänderung nur ausnahmsweise in Betracht kommt (GERNHUBER/

COESTER-WALTJEN § 68 IX 5; SOERGEL/LIERMANN Rn 80; ZÖLLER StAZ 1975, 614 u 1978, 201). Allerdings – so heißt es in der Begründung – soll auch in diesen Fällen ein Vornamenswechsel nicht verwehrt werden, „wenn er im Einzelfall Gefahren nicht besorgen, wohl aber eine menschliche Verdichtung des Eltern-Kind-Verhältnisses erhoffen läßt" (BT-Drucks 12/2506, 6). – Seit der Gesetzesänderung v 1992 wurden zum heutigen Abs 4 S 1 Nr 3 keine Entscheidungen mehr veröffentlicht, was darauf hindeutet, daß die Meinungsverschiedenheiten, die unter der Herrschaft des alten Rechts zu einer umfangreichen Rechtsprechung geführt hatten (vgl STAUDINGER/FRANK[12] Rn 37), nunmehr ausgeräumt sind.

Haben die Annehmenden im Annahmeverfahren keinen Antrag auf Änderung des **50** Vornamens gestellt, so ist eine **Vornamensänderung im Verwaltungsweg gem §§ 11, 3 NÄG** möglich (HENRICH/WAGENITZ/BORNHOFEN C 294; ERMAN/HOLZHAUER Rn 39; BGB-RGRK/DICKESCHEID Rn 14; AG Karlsruhe StAZ 1990, 264, 265). Die allg Verwaltungsvorschrift zum Ges über die Änderung von Familiennamen und Vornamen v 11. 8. 1980 (StAZ 1980, 291, 299) sieht unter Nr 27 Abs 1 lediglich vor, daß die Verwaltungsbehörde vorrangig zu prüfen hat, ob das erstrebte Ziel nicht durch eine namensgestaltende Erklärung nach bürgerlichem Recht oder eine Verfügung des VormG erreicht werden kann. Scheidet jedoch eine Namensänderung nach Abs 4 S 1 aus, weil die Annahme inzwischen ausgesprochen wurde, so fehlt es an der Subsidiarität des öffentlichrechtl Namensänderungsverfahrens (aA BRÜGGEMANN ZfJ 1988, 101, 109).

3. Antrag des Annehmenden auf Vornamensänderung

Der nach Abs 4 S 1 erforderliche Antrag des Annehmenden bedarf entsprechend **51** § 1752 Abs 2 S 2 der **notariellen Beurkundung.** Obwohl Abs 4 die Formfrage nicht anspricht, wird man wegen der Einheitlichkeit der Entscheidung über Annahme und Vornamensänderung den Adoptions- und Namensänderungsantrag der gleichen Form, nämlich der des § 1752 Abs 2 S 2, unterwerfen müssen (BRÜGGEMANN ZfJ 1988, 101, 102 f; ERMAN/HOLZHAUER Rn 16).

Der Antrag ist im übrigen nach allgemeinen fG-Grundsätzen jederzeit rücknehmbar. Die Zurücknahme bedarf ebensowenig einer besonderen Form wie die Zurücknahme des Annahmeantrags (vgl dazu § 1752 Rn 6 ff).

4. Einwilligung des Kindes in die Vornamensänderung

Die nach Abs 4 S 1 erforderliche Einwilligung erteilt nach Abs 4 S 2 iVm § **1746 52 Abs 1 S 2** der gesetzl Vertreter, wenn das Kind geschäftsunfähig oder noch nicht 14 Jahre alt ist. Im übrigen kann das Kind die Einwilligung nur selbst erteilen; es bedarf hierzu der Zustimmung seines gesetzl Vertreters (Abs 4 S 2 iVm § **1746 Abs 1 S 3**). Die Anregung des Bundesrates, dem Kind wegen der Bedeutung der Namensänderung schon ab Vollendung des 7. Lebensjahres ein Einwilligungsrecht zu gewähren (BT-Drucks 7/3061, 76), ist im AdoptG v 1976 nicht aufgegriffen worden (BT-Drucks 7/5087, 18). Die vom gesetzl Vertreter verweigerte Einwilligung oder Zustimmung kann das VormG ersetzen, falls es an einem triftigen Grund für die Verweigerung fehlt. Die früher fehlende Verweisung in Abs 4 S 2 auf den heutigen § **1746 Abs 3 HS 1** ist durch das AdoptRÄndG v 1992 eingefügt worden (vgl BT-Drucks 12/2506, 9; zur früheren Rechtslage vgl STAUDINGER/FRANK[12] Rn 43).

53 Obwohl in § 1757 Abs 4 S 2 nicht auf § 1746 Abs 2 verwiesen wird, sollte auch diese Bestimmung analog angewandt werden. Das 14 Jahre alte nicht geschäftsunfähige Kind sollte keine Vornamensänderung hinnehmen müssen, die es nicht (mehr) wünscht (BRÜGGEMANN ZfJ 1988, 101, 103). Ob über § 1746 Abs 2 hinaus auch die vom gesetzl Vertreter erklärte **Einwilligung widerrufen** werden kann, mag zweifelhaft sein, weil jedenfalls die für das Kind erklärte Einwilligung in die Adoption gem § 1750 Abs 2 S 2 unwiderruflich ist. Es besteht indessen kein überzeugender Grund, das Vertrauen in die Bestandskraft einer erteilten Einwilligung in eine Namensänderung mit gleicher Intensität zu schützen wie das Vertrauen in die Bestandskraft einer erteilten Einwilligung in eine Statusänderung durch Adoption (BRÜGGEMANN ZfJ 1988, 101, 103; ERMAN/HOLZHAUER Rn 17).

5. Verfahrensfragen

54 Wird im Adoptionsbeschluß der **Antrag auf Vornamensänderung abgelehnt,** so ist die abl Entscheidung mit der **einfachen Beschwerde** (§ 19 FGG) anfechtbar (allgM, vgl OLG Köln StAZ 1982, 278; OLG Düsseldorf StAZ 1983, 314; LG Koblenz StAZ 1983, 205; LG Aachen DAVorm 1984, 910; LG Berlin FamRZ 1979, 79; LG Stuttgart DAVorm 1978, 793; LG Berlin DAVorm 1978, 118). Die Unanfechtbarkeit von Annahmebeschlüssen (§ 56 e S 3 FGG) steht hier ebensowenig entgegen wie bei der Ablehnung von Anträgen auf Hinzufügung des bisherigen Familiennamens zum neuen Familiennamen (vgl Rn 28).

55 Wird im Adoptionsbeschluß über einen Antrag auf Vornamensänderung versehentlich nicht entschieden, so kann das Gericht in einem **Ergänzungsbeschluß** analog § 321 ZPO die Vornamensänderung nachholen (OLG Düsseldorf DAVorm 1983, 87; AG Köln StAZ 1982, 178; AG Aachen StAZ 1982, 179; BRÜGGEMANN ZfJ 1988, 101, 107). Auch hier gilt Entsprechendes wie im Falle einer versäumten Entscheidung über eine beantragte Änderung des Familiennamens (vgl Rn 29).

Wurde vor dem Wirksamwerden des Annahmebeschlusses (§ 56 e S 2 FGG) kein Antrag auf Vornamensänderung gestellt, so kann diese nur noch im Verwaltungsverfahren nach §§ 11, 3 NÄG erfolgen (vgl Rn 50). Vgl zur parallelen Problematik bezgl der Änderung des Familiennamens Rn 29.

56 Eine **Vorabentscheidung** über die beantragte Vornamensänderung vor Erlaß des Annahmebeschlusses ist unzulässig (KG OLGZ 1978, 135 = FamRZ 1978, 208 = StAZ 1978, 182 gegen LG Berlin DAVorm 1977, 669 als Vorinstanz und LG Berlin FamRZ 1978, 149 = DAVorm 1978, 116; BGB-RGRK/DICKESCHEID Rn 15; MünchKomm/MAURER Rn 11; SOERGEL/LIERMANN Rn 33; **aA** BRÜGGEMANN ZfJ 1988, 101, 106 f; ERMAN/HOLZHAUER Rn 19). Daß die Vornamensänderung „mit dem Ausspruch der Annahme" zu erfolgen hat, schließt eine Vorabentscheidung iS einer Ankündigungsentscheidung zwar nicht a limine aus. In Erbscheinssachen hat die Rspr zB sog Vorbescheide zugelassen (vgl auch § 1752 Rn 23 zur Vorabentscheidung über die Wirksamkeit einer erforderlichen Einwilligung in die Adoption). Zu bedenken ist jedoch, daß sog Vorbescheide bislang nur in seltenen Ausnahmefällen – praktisch nur im Erbscheinsverfahren (vgl KIEFNER, Der Vorbescheid im Erbscheinserteilungsverfahren – ein Produkt prozessualen Gewohnheitsrechts?, in: FS Lukes [1989] 701; PAWLOWSKI/SMID, Freiwillige Gerichtsbarkeit [1993] Rn 567 f) – anerkannt wurden, weil sie dem verfahrensrechtl Grundsatz widersprechen, daß bei Entscheidungsreife in der Sache selbst zu befinden ist. Daß es für die Beteiligten notwendig sein soll, über die Namensfrage endgültige Klarheit zu schaffen, bevor über die Annahme entschieden wird, will indessen nicht einleuchten.

§ 1758

(1) Tatsachen, die geeignet sind, die Annahme und ihre Umstände aufzudecken, dürfen ohne Zustimmung des Annehmenden und des Kindes nicht offenbart oder ausgeforscht werden, es sei denn, daß besondere Gründe des öffentlichen Interesses dies erfordern.

(2) Absatz 1 gilt sinngemäß, wenn die nach § 1747 erforderliche Einwilligung erteilt ist. Das Vormundschaftsgericht kann anordnen, daß die Wirkungen des Absatzes 1 eintreten, wenn ein Antrag auf Ersetzung der Einwilligung eines Elternteils gestellt worden ist.

Materialien: BT-Drucks 7/3061, 6, 46; BT-Drucks 7/5087, 18 f. S STAUDINGER/BGB-Synopse (2000) § 1758.

Systematische Übersicht

I. Normzweck und Entstehungsgeschichte

Vor der Reform v 1976 war dem BGB eine § 1758 entsprechende Bestimmung fremd. **1** Allerdings ermöglichte bereits das alte Recht **Inkognitoadoptionen** (vgl § 1747 Rn 5) und sicherte diese verfahrensrechtl so ab, daß bei Beachtung der einschlägigen Vorschriften eine Kontaktaufnahme der leibl Eltern mit dem Kind ausgeschlossen war (vgl § 1747 Rn 37). § 1758 zielt zwar in erster Linie auf Inkognitoadoptionen und erweitert deren Schutz über das Adoptionsverfahren hinaus, ist jedoch keineswegs auf sie beschränkt. § 1758 gilt sogar für „offene Adoptionen" (vgl § 1747 Rn 36).

2 Der Gesetzgeber wollte mit der Regelung des § 1758 nicht irgendwelchen aktuellen Mißständen begegnen, sondern „den Schutz der Beteiligten davor, daß das Annahmeverhältnis grundlos aufgedeckt wird, allgemein verstärken" (BT-Drucks 7/3061, 46) und gleichzeitig **Art 20 EuAdoptÜbEink** Rechnung tragen, der detaillierte Richtlinien enthält, die dem Geheimhaltungsinteresse von Adoptiveltern und Adoptivkind dienen.

3 Auch ohne spezialgesetzl Regelung könnte der durch § 1758 intendierte Schutz weitgehend aus dem **allg Persönlichkeitsrecht** abgeleitet und fortentwickelt werden (so auch GERNHUBER/COESTER-WALTJEN § 68 IX 7). § 1758 erfüllt so gesehen vor allem eine Aufgabe der Klarstellung und Konkretisierung. Auch wenn das Kind selber bereits über seine Herkunft unterrichtet ist, soll diese Herkunft nicht von Außenstehenden ausgeforscht oder ihnen gegenüber offenbart werden. Die Besonderheit der verwandtschaftl Beziehung zwischen dem Kind und seiner neuen Familie darf nicht Gegenstand der Neugier und Indiskretion von Nachbarn oder anderen sein.

Allerdings steht nicht nur das allg Persönlichkeitsrecht, sondern auch die **elterl Sorge** auf dem Spiel. Wie und wann das Kind über seine Herkunft aufgeklärt wird, ist allein Sache der Eltern (Näheres dazu unten Rn 23).

4 Das **Interesse der leibl Eltern** an der Geheimhaltung der Adoption ihres Kindes wird durch § 1758 nicht geschützt. § 1758 steht insoweit in Einklang mit der traditionellen Auffassung des deutschen Rechts, daß das Inkognito bei einer Adoption einseitig angelegt ist: Die leibl Eltern kennen die Adoptiveltern nicht, während den Adoptiveltern Name und Adresse der leibl Eltern mitgeteilt wird (vgl § 1747 Rn 35). Es stellt deshalb auch keinen Widerspruch zu § 1758 dar, wenn im Familienbuch der leibl Eltern die Tatsache der Adoption vermerkt ist, ohne daß Beschränkungen der Auskunft und Einsichtnahme entsprechend § 61 Abs 2 PStG bestehen (MünchKomm/MAURER Rn 1; aA ZINKE StAZ 1978, 136). Vor Nachforschungen Unbefugter schützt allerdings § 61 Abs 1 PStG, wenn auch nicht mit der gleichen Intensität wie § 61 Abs 2 PStG. De lege ferenda dürfte jedoch ein verstärkter Schutz auch der leibl Eltern durchaus erwägenswert sein.

5 Die Regelung des § 1758 Abs 1 war schon wortgleich im RegE enthalten (BT-Drucks 7/3061, 6, 46). Die **Regelung des Abs 2** geht auf einen Antrag des RAussch zurück (BT-Drucks 7/5087, 18 f) und soll den Schutz des Abs 1 auf die Zeit der Adoptionspflege vorverlagern, wenn die elterl Einwilligung erteilt oder ein Antrag auf Ersetzung gestellt worden ist. Auf die Bestimmung des Abs 2 hätte man verzichten können. Sie spielt in der Praxis kaum eine Rolle, weil schon vor der Reform v 1976 im Adoptionsverfahren selbst keine Schwierigkeiten bestanden, das angestrebte Inkognito zu wahren.

II. Offenbarungsverbot

1. Adressatenkreis

Tatsachen, die geeignet sind, die Annahme und ihre Umstände aufzudecken, dürfen **6** ohne Zustimmung des Annehmenden und des Kindes nicht offenbart werden (Abs 1). Das Offenbarungsverbot richtet sich an jeden, der amtlich oder privat Kenntnis von Tatsachen hat, deren Mitteilung zur Aufdeckung einer Adoption beitragen kann, auch an die leibl Eltern, die Annehmenden und das Kind selbst; denn nach Abs 1 besteht das Offenbarungsverbot nur dann nicht, wenn Annehmender *und* Kind der Aufdeckung des Annahmeverhältnisses zugestimmt haben.

Der **Kreis der vom Offenbarungsverbot Betroffenen** ist somit erheblich weiter als der **7** Kreis der Personen, die sich nach § 203 StGB strafbar machen, wenn sie „ein zum persönlichen Lebensbereich gehörendes Geheimnis" offenbaren. Auch insoweit, als das Offenbarungsverbot nicht strafbewehrt ist und eine zivilrechtl Unterlassungsklage (vgl Rn 21) nur bescheidenen Schutz gewährt, kommt § 1758 Abs 1 eine erzieherische und bewußtseinsschärfende Funktion zu, – erlangen doch von einer Adoption nicht nur die am Verfahren selbst Beteiligten Kenntnis, sondern auch Bekannte, Nachbarn und vor allem eine ganze Reihe von Behörden (Standesämter, Meldebehörden, Religionsgemeinschaften, Finanzbehörden, Gesundheitsämter, Schulbehörden, Krankenkasse, Kindergeldkasse, Erziehungsgeldkasse, Rentenversicherung ua mehr). So wird heute mit Blick auf § 1758 zu Recht die Ansicht vertreten, daß der Standesbeamte bei der Aufgebotsverhandlung die Tatsache der Adoption eines Verlobten dem anderen nicht offenbaren darf (NIED StAZ 1982, 257), und daß bei Buchbinderarbeiten für das Standesamt die Buchbinder auf die Beachtung des § 1758 hinzuweisen seien (SACHSE StAZ 1985, 25). Zur Ausstellung einer Abstammungsurkunde für ein adoptiertes Kind an die leibl Eltern vgl FRITSCHE StAZ 1986, 221.

2. Ergänzende Schutzvorschriften

Da sich das Offenbarungsverbot an jedermann richtet, bedarf es im Geburten- und **8** Familienbuch keines besonderen Sperrvermerks mehr, wie er zum Schutz des Inkognitos vor der Reform v 1976 auf Antrag möglich und in der Praxis üblich war (§ 61 Abs 2 u 3 PStG aF). Nach § 61 Abs 2 PStG nF darf nur Behörden, den Annehmenden, deren Eltern, dem gesetzl Vertreter des Kindes und dem über 16 Jahre alten Kind selbst **Einsicht in das Geburten- und Familienbuch** gewährt bzw eine entsprechende Personenstandsurkunde erteilt werden. Die im Behördenverkehr oft benötigte **Geburtsurkunde** des Kindes weist (wie bereits vor der Reform v 1976) als Eltern nur die Annehmenden aus (§ 62 Abs 2 PStG). – Erstreckt sich der durch Adoption erworbene Geburtsname eines verheirateten Angenommenen auf seinen Ehenamen (§ 1757 Abs 3) und ändert sich infolgedessen auch der Geburtsname eines Kindes des Angenommenen (§ 1617 c Abs 2 Nr 1), so sind in die Geburtsurkunde des Kindes auch die Eltern mit dem neuen Ehenamen aufzunehmen. Eine Geburtsurkunde des Kindes, die dieses mit dem neuen Familiennamen, die Eltern aber mit dem zZ der Geburt des Kindes geführten Namen ausweist, würde nach BayObLGZ 1980, 246, 256 = StAZ 1981, 54, 57 = DAVorm 1981, 384, 390 gegen § 1758 Abs 1 verstoßen, weil sie Anlaß dafür sein könnte, die Tatsache der Adoption selbst dort aufzudecken, wo besondere Gründe des öffentlichen Interesses dies nicht erfordern. – Anders als

die Geburtsurkunde weist die **Abstammungsurkunde** (§ 62 Abs 1 PStG), die der Angenommene wegen § 1307 spätestens bei der Eheschließung vorlegen muß, auch die
leibl Eltern aus, was zu schweren Konflikten führen kann, wenn die Adoptiveltern es
versäumt haben, den Angenommenen rechtzeitig über die Tatsache der Adoption
aufzuklären. Auch im **polizeilichen Meldeverfahren** sind bei den Einwohnermeldeämtern wegen § 1758 Abs 1 an sich besondere Sperrvermerke nicht mehr erforderlich,
aber üblich (Empfehlungen der Bundesarbeitsgemeinschaft der Landesjugendämter zur Adoptionsvermittlung [3. Aufl Köln 1994] Rn 11.4), um die Feststellbarkeit der neuen Adresse des Anzunehmenden bei dessen Ummeldung mit Sicherheit auszuschließen (vgl auch
§ 1747 Rn 37). Auch § **34 Abs 2 FGG** ergänzt und konkretisiert § 1758 Abs 1. Nach
dieser Bestimmung kann die Einsicht in Akten und die Erteilung von Abschriften
beschränkt oder versagt werden, falls die betr Unterlagen geeignet sind, die Annahme oder ihre Umstände aufzudecken. Die Vorschriften über die **Übermittlung
von Sozialdaten in §§ 67 ff SGB X,** die gem § 37 S 2 iVm § 35 Abs 2 SGB I für alle
Sozialleistungsbereiche gelten und allg den Schutz des Sozialgeheimnisses bezwek-
ken, werden für den Bereich der Adoption durch § 1758 ergänzt (ähnl SOERGEL/LIER-
MANN Rn 1; **aA** KUNKEL, Lehr- und Praxiskommentar LPG-SGB VIII [1998] § 61 Rn 10, der allerdings über die Anwendung des Verhältnismäßigkeitsgrundsatzes zu praktisch ähnlichen Ergebnissen
gelangen will). Dies bedeutet, daß die Voraussetzungen des § 1758 für eine Weitergabe
von Sozialdaten kumulativ erfüllt sein müssen.

III. Ausforschungsverbot

9 Das **Ausforschungsverbot gilt** wie das Offenbarungsverbot **für jedermann.** Nach Einführung der Volladoption besteht kein Anlaß mehr für Behörden, Arbeitgeber,
Vermieter usw, in Formularen getrennt danach zu fragen, ob ein Kind ein leibl
oder ein angenommenes ist (vgl BT-Drucks 7/3061, 46). Nachdem bei der Verabschiedung des AdoptG v 1976 aus Zeitgründen eine umfassende Anpassung sämtlicher
Rechts- und Verwaltungsvorschriften nicht erfolgen konnte, wurde diese durch das
AdoptAnpG v 24.6.1985 (BGBl I 1144; Begründung BT-Drucks 10/1746, 11 f) weitgehend
nachgeholt. Auch die **Formularpraxis** hat sich auf die neue Rechtslage eingestellt und
differenziert nicht mehr zwischen leiblichen und angenommenen Kindern. Soweit
dies dennoch der Fall ist, brauchen entsprechende Angaben nicht gemacht zu werden. Das Kind könnte sogar wahrheitswidrig als „leiblich" bezeichnet werden.
Schließlich sind auch Kinder, die in eine Ehe hineingeboren werden, nicht notwendigerweise leibliche Kinder des Ehemannes (vgl GERNHUBER/COESTER-WALTJEN § 68 IX
Fn 13; MünchKomm/MAURER Rn 7; SOERGEL/LIERMANN Rn 4 Fn 18; **aA** noch STAUDINGER/
FRANK[12]).

10 Das Ausforschungsverbot bezieht sich auch auf die Ermittlung von Daten und Fak-
ten, die **zeitlich vor der Annahme liegen,** aber geeignet sind, das Annahmeverhältnis
aufzudecken (BGB-RGRK/DICKESCHEID Rn 5; **aA** MünchKomm/MAURER Rn 7). Wer nach-
forscht, ob ein ehel Kind von einer anderen Frau geboren wurde, deckt notwendigerweise auch die Tatsache der späteren Adoption auf. Soweit ausnahmsweise die natürliche Verwandtschaft Rechtswirkungen äußert, welche die Adoption überdauern
(vgl § 1755 Rn 8–14), sind Nachforschungen möglich, aber nicht, weil es sich um Umstände handelt, die zeitlich vor der Adoption liegen, sondern weil hier besondere
Gründe des öffentlichen Interesses einer Geheimhaltung entgegenstehen (vgl dazu
unten Rn 13).

IV. Zustimmung der Betroffenen – besondere Gründe des öffentlichen Interesses gem Abs 1

Das Offenbarungs- und Ausforschungsverbot besteht nicht, wenn Annehmender und **11** Kind der Aufdeckung des Annahmeverhältnisses zugestimmt haben oder besondere Gründe des öffentlichen Interesses die Offenbarung oder Ausforschung erfordern.

1. Zustimmung der Betroffenen

Notwendig ist **sowohl die Zustimmung des Annehmenden als auch die des Kindes** (arg „und"). Ist das **Kind minderjährig,** so stellt sich die Frage, von welchem Alter an das Kind **persönlich** die Zustimmung zu erklären vermag. In Betracht kommt eine analoge Anwendung von § 1746 Abs 1, der auf die Vollendung des 14. Lebensjahres abstellt (so GERNHUBER/COESTER-WALTJEN § 68 IX 7; SOERGEL/LIERMANN Rn 6 a), oder von § 61 Abs 2 PStG, wonach es auf die Vollendung des 16. Lebensjahres ankommt (so ERMAN/HOLZHAUER Rn 8; BGB-RGRK/DICKESCHEID Rn 9), oder aber eine Kombination beider Vorschriften (so MünchKomm/MAURER Rn 3) mit der Konsequenz, daß das 16 Jahre alte Kind allein entscheidet (§ 61 Abs 2 PStG), während das 14 Jahre alte Kind noch der Zustimmung seines gesetzl Vertreters bedarf (§ 1746 Abs 1). Naheliegend dürfte eine entsprechende Anwendung von § 1746 Abs 1 sein. § 61 Abs 2 PStG besagt nur, daß ein 16 Jahre altes Kind sich selbst Kenntnis von den Eintragungen im Geburten- und Familienbuch verschaffen kann, nicht aber, ob es eigenverantwortlich zu entscheiden hat, ob Ausforschungen oder Offenbarungen von dritter Seite ihm zum Nutzen oder Schaden gereichen. Die entsprechende Anwendung von § 1746 Abs 1 stellt außerdem sicher, daß in Übereinstimmung mit zahlreichen anderen Bestimmungen, die dem 14 Jahre alten Kind ein erhöhtes Maß an Selbstbestimmung einräumen (vgl § 1746 Rn 2), das 14 Jahre alte Kind es nicht hinnehmen muß, daß die Tatsache der Adoption gegen seinen Willen aufgedeckt, zB seine Lebensgeschichte von den Adoptiveltern vermarktet wird.

Gibt der Annehmende die Tatsache der Adoption ohne Bitte um Verschwiegenheit bekannt, entfallen insoweit Offenbarungs- und Ausforschungsverbot. Dies gilt allerdings nicht für weiterhin geheimgehaltene Einzelinformationen, wie zB die Identität der leibl Eltern. Gegen den Willen der Adoptiveltern dürfen auch dem 16 Jahre alten minderjährigen Adoptivkind von dritter Seite insbes über die Adoptionsvermittlungsstelle keine Information gegeben werden, die über die Angaben im Familien- und Geburtenbuch hinausgehen (vgl DIV-Gutachten DAVorm 1983, 273).

Ist das **Kind volljährig,** so bleibt § 1758 grundsätzlich anwendbar. Gegen die Anwendbarkeit von § 1758 können vernünftigerweise keine Bedenken bestehen, solange es um Informationswünsche Dritter geht (vgl BayObLG FamRZ 1996, 1436). Zweifel können sich allerdings ergeben, wenn das volljährige Kind selbst Akteneinsicht begehrt, ohne daß die Annehmenden hierzu ihre Zustimmung erteilen. Das Kind hat ein berechtigtes Interesse daran, aus den Adoptionsakten des Gerichts oder der Adoptionsvermittlungsstelle Auskünfte über die Identität seiner leibl Eltern oder sonstiger Verwandter zu erlangen. In der Praxis bestehen jedoch Unsicherheiten, ob hier eine Zustimmung der Adoptiveltern erforderlich ist oder nicht (HELMS, Die Feststellung der biologischen Abstammung [Diss Freiburg i Br 1998] 174 mit Nachw). In der Literatur wird vorgeschlagen, in entsprechender Anwendung des § 61 Abs 2 S 1 PStG das 16jährige

Kind allein entscheiden zu lassen (MünchKomm/Maurer Rn 3). Gegen eine solche Analogie spricht, daß § 61 Abs 2 S 1 PStG dem Kind nur beschränkte Auskünfte über
seine leibl Eltern verschafft, während bei einer Einsicht in die Adoptionsakten eine
Vielzahl persönlicher Informationen über die Adoptiveltern auf dem Spiele steht.
Soweit § 1758 den Annehmenden ein Zustimmungsrecht einräumt, ist dieses sowohl
Ausfluß ihres elterl Sorge- als auch ihres eigenen Persönlichkeitsrechts. Will man
diesem Rechnung tragen, ohne die Interessen des Kindes zu vernachlässigen, wird
man im Wege einer teleologischen Reduktion des § 1758 nach der Art der Information differenzieren müssen: Informationen, welche die Persönlichkeitssphäre der
Eltern betreffen (zB Angaben über ihre erzieherische Eignung) dürfen auch dem
volljährigen Kind nicht gegen den Willen der Annehmenden zugänglich gemacht
werden. Bezüglich darüber hinausgehender Informationen ist hingegen eine Zustimmung der Annehmenden nicht vonnöten (Helms, Die Feststellung der biologischen Abstammung [Diss Freiburg i Br 1998] 172 f; aA DIV-Gutachten DAVorm 1999, 513, 514). Einer
umfassenden Akteneinsicht des volljährigen Adoptivkindes kann allerdings auch das
Persönlichkeitsrecht Dritter, insbesondere der leibl Eltern, entgegenstehen.

2. Besondere Gründe des öffentlichen Interesses

12 Die Aufdeckung des Annahmeverhältnisses ist zulässig, wenn besondere Gründe des
öffentlichen Interesses dies erfordern. Die Aufdeckung des Annahmeverhältnisses
muß also notwendig sein, um den im öffentlichen Interesse liegenden Zweck zu
erreichen. Es darf kein anderes das Geheimhaltungsinteresse der Betroffenen weniger tangierendes Mittel zur Verfügung stehen, und es dürfen nur diejenigen Umstände offenbart und ausgeforscht werden, auf deren Aufdeckung es entscheidend
ankommt. Außerdem muß es sich um „besondere" Gründe des öffentlichen Interesses handeln; es muß also immer eine **Abwägung** zwischen dem Geheimhaltungsinteresse einerseits und dem mit der Aufdeckung angestrebten Zweck vorgenommen
werden. Auch nach einer Aufdeckung der Annahme wegen besonderer Gründe des
öffentlichen Interesses bleiben die ermittelnden Personen und Behörden an § 1758
Abs 1 gebunden. Sie dürfen die gewonnenen Informationen nur zweckbestimmt
verwerten.

13 **Besondere Gründe des öffentlichen Interesses** können sich vor allem aus dem Fortwirken der natürlichen Verwandtschaft ergeben (Näheres § 1755 Rn 14). So erlaubt das
Eheverbot der leibl Verwandtschaft (§ 1307) entsprechende Nachforschungen, weshalb dem Standesbeamten bei der Eheschließung eine Abstammungsurkunde vorgelegt werden muß (vgl §§ 5 Abs 1, 62 Abs 1 PStG). Ermittlungen, welche eine
Annahme aufdecken, können erforderlich werden, soweit die leibl Verwandtschaft
im Strafrecht ihre teils privilegierende, teils strafbegründende Bedeutung behält
(§§ 173 Abs 1, 174 Abs 1 Nr 3 StGB). Entsprechendes gilt im gerichtl und Verwaltungsverfahren, wo leibl Verwandte eines Verfahrensbeteiligten von bestimmten
Tätigkeiten, zB als Richter, Notar, Verwaltungsbeamter, ausgeschlossen bleiben
(vgl § 1755 Rn 14). Bezügl des aus der Zugehörigkeit zur Ursprungsfamilie abgeleiteten
Zeugnisverweigerungsrechts (vgl § 1755 Rn 14) wird zT die Ansicht vertreten, daß hier
das Geheimhaltungsinteresse nur ausnahmsweise, etwa bei der Aufklärung schwerer
Delikte, zurückstehen müsse (Soergel/Liermann Rn 7; Roth-Stielow Rn 8). Da jedoch
das Offenbarungsverbot, vom konkreten Verfahren abgesehen, nicht aufgehoben ist,
wird man ein besonderes öffentliches Interesse generell bejahen müssen (Münch-

Komm/Maurer Rn 7). Die Bestimmung des § 15 Abs 1 Nr 3 PStG, wonach ein angenommenes Kind in das Familienbuch der Annehmenden einzutragen ist, dient dem
öffentlichen Interesse an der Vollständigkeit und Richtigkeit des Personenstandsbu-
ches und steht deshalb im Einklang mit § 1758 Abs 1 (OLG Hamm StAZ 1980, 241).

Private Interessen Dritter werden vom Ges nicht erwähnt. Fälle, in denen schützens- **14**
werte Drittinteressen auf dem Spiele stehen, ohne daß gleichzeitig besondere
Gründe des öffentlichen Interesses tangiert wären, dürften indessen selten sein (vgl
Gernhuber/Coester-Waltjen § 68 IX 7). Das OVG Münster (NJW 1985, 1107 = FamRZ 1985,
204; auch VG Würzburg FamRZ 1994, 1201) hat entschieden, daß nach einer Inkognitoadoption die Benennung des zuständigen VormG sowie des Aktenzeichens zwecks
Durchführung eines Adoptionsaufhebungsverfahrens jedenfalls dann nicht im öffentlichen Interesse liegt, wenn das Aufhebungsverfahren offensichtlich aussichtslos
ist. Selbst wenn das angestrebte Aufhebungsverfahren nicht aussichtslos gewesen
wäre, hätten nicht „besondere Gründe des öffentlichen Interesses", sondern nur
das durch §§ 1759 f geschützte eigene Interesse der Kindesmutter eine Lüftung des
Inkognitos gerechtfertigt. Trotz des Wortlauts von § 1758 Abs 1 sollte man deshalb
den Weg zu der für den Persönlichkeitsschutz ohnehin typischen Güterabwägung
nicht versperren (so auch Gernhuber/Coester-Waltjen § 68 IX 7; MünchKomm/Maurer
Rn 4; Erman/Holzhauer Rn 7; vgl auch BGB-RGRK/Dickescheid Rn 10). Auskunft darf
freilich nur insoweit erteilt werden, als sie für eine zweckentsprechende Rechtsver-
folgung im Aufhebungsverfahren unbedingt erforderlich ist (OLG Karlsruhe DAVorm
1996, 390, 391). Dies gilt auch dann, wenn im Falle paralleler Adoptionsverfahren rechtl
Gehör auf andere Weise nicht effektiv gewährt werden kann (BayObLG FamRZ 1991,
224, 226 = ZfJ 1991, 81, 82).

V. Vorwirkung des Offenbarungs- und Ausforschungsverbots

1. Die Regelung des Abs 2

Gem § 1758 Abs 2 S 1 setzt das Offenbarungs- und Ausforschungsverbot bereits ein, **15**
sobald die leibl Eltern die Einwilligung in die Adoption erteilt haben. Darüber hinaus
kann das VormG (auch durch einstweilige Anordnung) bestimmen, daß die Wirkung
des Abs 1 schon eintreten soll, wenn das Verfahren auf Ersetzung der elterl Einwilligung eingeleitet worden ist (§ 1758 Abs 2 S 2). Die Mitteilung der Geburt durch
den Standesbeamten an die Meldebehörde am Wohnsitz der leibl Eltern unterbleibt,
wenn dem Standesbeamten durch eine Adoptionsvermittlungsstelle mitgeteilt wurde,
daß das Kind unmittelbar nach der Geburt in Adoptionspflege gegeben worden ist
(§ 98 Abs 1 S 2 der Dienstanweisung für die Standesbeamten v 27.7.2000). Auf diese
Weise soll bereits das Adoptionspflegeverhältnis gegen Störungsversuche der leibl
Eltern geschützt werden.

Die erst auf Antrag des RAussch (BT-Drucks 7/5087, 18 f) eingefügte Bestimmung des **16**
Abs 2 ist **ohne große praktische Bedeutung** geblieben, was auch ihre spärliche Reso-
nanz in Rspr u Schrifttum beweist. Der Schutz des Adoptionspflegeverhältnisses wird
durch §§ 1632 Abs 4, 1688 Abs 1 zufriedenstellend gewährleistet. Ein förmlicher
Auskunftsanspruch der leibl Eltern, deren Sorge- und Umgangsrecht nach § 1751
Abs 1 S 1 ruht, und den es abzuwehren gälte, besteht nach Aufhebung von § 1634
Abs 3 S 1 aF durch des KindRG v 1997 auch nicht mehr.

17 Das Offenbarungs- und Ausforschungsverbot nach Abs 2 gilt wie das nach Abs 1 für jedermann und schützt das Geheimhaltungsinteresse der künftigen Adoptiveltern nicht nur gegenüber den leibl Eltern, sondern **auch gegenüber Pflegeeltern,** die eine Herausgabe des Pflegekindes an die Adoptionsbewerber zu verhindern suchen (vgl BVerfGE 79, 51, 68 = NJW 1989, 519, 521 = FamRZ 1989, 31, 35).

18 Eine **über Abs 2 hinausgehende Vorverlagerung** des Offenbarungs- und Ausforschungsverbots auf Fälle, bei denen eine Adoption lediglich erwogen wird, ist rechtl nicht zulässig (MünchKomm/MAURER Rn 5; **aA** AG Birkenfels DAVorm 1989, 1034; ERMAN/ HOLZHAUER Rn 10; LG Berlin DAVorm 1980, 936, 939).

19 Eine vormundschaftsgerichtl Anordnung nach Abs 2 S 2 ist möglich, sobald ein Antrag auf Ersetzung gestellt ist. Wird der **Antrag auf Ersetzung abgelehnt,** so kann die Anordnung im Hinblick auf eine eventuelle (einfache) Beschwerde weiterhin getroffen werden (AG Königstein ZfJ 1989, 212, wo allerdings nach Ablehnung der Ersetzung die Auskunftssperre nur im Wege einer einstweiligen Anordnung erging; DIV-Gutachten ZfJ 1988, 338 zu demselben Verfahren).

2. Möglichkeiten der Wahrung des Inkognitos im Adoptionsverfahren und bei späteren Prozessen zwischen Kind und leiblichen Eltern

20 Da leibl Eltern und Adoptiveltern am Adoptionsverfahren beteiligt sind, stellt sich die Frage, wie das Inkognito gewahrt werden kann, während des gesamten Verfahrens. Zur Einwilligungserklärung des Kindes, das durch seine Eltern vertreten wird, vgl § 1746 Rn 7 ff; zur Einwilligung der Eltern in eine Inkognitoadoption vgl § 1747 Rn 34; zur Ersetzung der elterl Einwilligung in eine Inkognitoadoption vgl § 1748 Rn 13; zur Wahrung des Inkognitos bei der Bekanntmachung des Adoptionsbeschlusses an die leibl Eltern vgl § 1752 Rn 31; zur Vaterschaftsfeststellung während und nach der Adoption vgl § 1755 Rn 15 f und § 1747 Rn 14. Auch bei anderen Prozessen zwischen Kind und leibl Eltern, insbes bei der Geltendmachung von Unterhaltsrückständen (vgl LG Hof ZBlJugR 1966, 270; ZARBOCK ZBlJugR 1967, 140, 150) gelten die zur Wahrung des Inkognitos bei der Vaterschaftsfeststellung gemachten Ausführungen (vgl auch STAUDINGER/ENGLER[10/11] § 1747 Rn 23 a).

VI. Sanktionen bei Verstößen gegen das Offenbarungs- und Ausforschungsverbot

21 Der Gesetzgeber hat bewußt davon abgesehen, besondere Sanktionen für den Verstoß gegen § 1758 vorzusehen (RegE BT-Drucks 7/3061, 46). Dem Adoptivkind und dem Annehmenden steht aber das allg Instrumentarium zivil- und öffentlichrechtl Sanktionen zur Verfügung.

1. Zivilrechtliche Sanktionen

§ 1758 ist ein Schutzgesetz iSv § 823 Abs 2, stellt eine spezialgesetzl Regelung des allg Persönlichkeitsrechts dar und berechtigt deshalb nicht nur zum Ersatz des materiellen, sondern unter den von der Rspr entwickelten Grundsätzen auch zum Ersatz des immateriellen Schadens (GERNHUBER/COESTER-WALTJEN § 68 IX 7; BGB-RGRK/DICKESCHEID Rn 8). Aus § 1758 können sich außerdem in entsprechender Anwendung von § 1004 Unterlassungs- und Beseitigungsansprüche ergeben (BGB-RGRK/DICKESCHEID

Rn 7; ERMAN/HOLZHAUER Rn 11). Aktiv legitimiert sind sowohl das Kind als auch der Annehmende.

2. Öffentlichrechtliche Sanktionen

Gegenüber Amtsträgern können Kind und Annehmender die Wahrung des Adop- **22** tionsgeheimnisses durch Dienstaufsichtsbeschwerde und verwaltungsgerichtl Leistungsklage in Form der Unterlassungsklage erzwingen. Bei bereits erfolgter Verletzung stehen ihnen Ersatzansprüche nach Art 34 GG iVm § 839 zu.

VII. Aufklärung des Adoptivkindes

Daß dem Adoptivkind wie jedem Kind ein Recht auf Kenntnis seiner genetischen **23** Herkunft zusteht (BVerfGE 79, 256 = NJW 1989, 891 = FamRZ 1989, 255), besagt nichts darüber, wie und von welchem Alter an das Kind über seine Herkunft aufzuklären ist. Die Aufklärung des minderjährigen Kindes ist allein **Aufgabe der personensorgeberechtigten Adoptiveltern,** nicht der früher mit der Adoptionsvermittlung befaßten Stelle (vgl DIV-Gutachten DAVorm 1983, 273). Daran ändert auch der Umstand nichts, daß das Kind selber ab 16 Jahren Einsicht in den Geburtseintrag fordern und sich auf diese Weise die notwendigen Kenntnisse verschaffen darf (§ 61 Abs 2 PStG).

Von den mit der Adoptionsvermittlung befaßten Fachkräften wird in weitgehender Übereinstimmung mit der Literatur* der Standpunkt vertreten, daß Adoptivkinder **früh und kindgerecht** mit der Tatsache der Adoption vertraut gemacht werden sollen. „Notlügen" sollen ebenso wie ausweichende Antworten vermieden werden. Am besten sei es, wenn das Kind nicht im eigentlichen Sinn des Wortes „aufgeklärt", sondern von Anbeginn an kindgerecht mit den Umständen der Adoption vertraut gemacht werde und so mit dem Eindruck aufwachse, als habe es immer schon von seiner Adoption gewußt (aA WIEDER, in: HARMS/STREHLOW 34 ff, 41: „Je länger die Mitteilung hinausgeschoben werden kann, desto besser scheint es zu sein."). Kinder, die ihre leibl Eltern nie bewußt erfahren haben, leiden unter solchen Informationen nicht, sondern nehmen sie als selbstverständlich hin. Entscheidend ist, daß sie sich bei ihren Adoptiveltern geborgen fühlen. Eine zu späte, ungeschickte oder Dritten überlassene Aufklärung kann zu schweren psychischen Störungen führen. Darauf ist bei der Adoptionsvermittlung hinzuweisen (Richtlinien für die Adoptionsvermittlung v 1963 unter 2. 43). In den Empfehlungen der Bundesarbeitsgemeinschaft der Landesjugendämter zur Adoptionsvermittlung (3. Aufl Köln 1994) heißt es unter Rn 5. 2:

„Im Gespräch mit den Adoptiveltern und dem Kind wirkt die Fachkraft darauf hin, daß das Kind altersgemäß mit der Tatsache seiner Adoption vertraut gemacht wird. Die Fachkraft kann keine festen Konzepte, sondern nur Hilfen anbieten, wie dies geleistet werden kann. Hierbei berücksichtigt sie, daß sich viele Adoptiveltern immer noch scheuen, das Kind über seine Herkunft aufzuklären, weil sie wünschen, es sei ihr leibliches Kind. Eine solche unrealistische Einstellung kann, wenn vom Kind

---

* Näheres bei BOHMANN 162 f; EBERTZ 94 ff; HOFFMANN-RIEM 221 ff; HOKSBERGEN, in: PAULITZ (Hrsg), Adoption-Positionen, Impulse, Perspektiven (2000) 271 f; JUNGMANN 91 ff; ders Z f Kinder- u Jugendpsychiatrie 1980, 184, 208 f; LIFTON 254 ff; NAPP-PETERS 125 ff; OBERLOSKAMP 203 f; SOROSKY/BARAN/PANNOR 76 ff; SWIENTEK, Was Adoptivkinder wissen sollten und wie man es ihnen sagen kann 11 ff; WOLLEK UJ 1999, 147, 148.

die Tatsache seiner Adoption entdeckt wird, dessen Vertrauen erschüttern und zu schweren Störungen in den gegenseitigen Beziehungen führen."

Im übrigen wäre es ein Irrtum, zu glauben, man könne einem Adoptivkind auf Dauer seine Herkunft verheimlichen. Spätestens bei der Eheschließung muß der Adoptierte eine sog Abstammungsurkunde (§ 62 Abs 1 PStG) vorlegen, aus der sowohl die Tatsache der Adoption als auch die leibl Eltern hervorgehen (vgl oben Rn 8).

§ 1759

Das Annahmeverhältnis kann nur in den Fällen der §§ 1760, 1763 aufgehoben werden.

Materialien: BT-Drucks 7/3061, 24 ff, 46; BT-Drucks 7/5087, 7 ff, 19. S STAUDINGER/BGB-Synopse (2000) § 1759.

Systematische Übersicht

I.   Normzweck und Entstehungsgeschichte

1   Unter der **Geltung des Vertragssystems,** also vor Inkrafttreten des AdoptG v 1976, war die Bestandskraft des Annahmeverhältnisses nur unzureichend gewährleistet. Das Annahmeverhältnis war nicht nur nach Maßgabe der §§ 1770 a, 1770 b aF aufhebbar, sondern teilte wegen seiner vertragsrechtl Natur auch die allg Bestandsrisiken schuldrechtl Verträge. Es galten die allg Nichtigkeits- und Anfechtungsgründe (Verstoß gegen die guten Sitten, Irrtum, Täuschung, Drohung; zur Kritik vgl STAUDINGER/ ENGLER[10/11] § 1755 Rn 30 ff mNachw). Darüber hinaus konnte das Annahmeverhältnis durch Vertrag jederzeit wieder aufgehoben werden (§ 1768 aF), wobei allerdings der Aufhebungsvertrag vormundschaftsgerichtl genehmigt und gerichtl bestätigt werden mußte (§§ 1770, 1751, 1754 aF).

2   Ein wesentliches Anliegen der **Adoptionsrechtsreform** v 1976 war es, dem Annah-

meverhältnis **verstärkten Bestandsschutz** zu verleihen (BT-Drucks 7/3061, 25–27; BT-Drucks 7/5087, 7 f; BOSCH, Gutachten für den 44. DJT [1962], Verh Bd I 1 B, 118; ENGLER 86 ff; LÜDERITZ 84; vgl auch STAUDINGER/ENGLER10/11 § 1755 Rn 30 ff) und so dem Prinzip der Volladoption Rechnung zu tragen. Dem entspricht es, daß § 56 e S 3 FGG den Annahmebeschluß für unanfechtbar und nicht abänderbar erklärt und das Ges in den §§ 1759 ff die Aufhebung des Annahmeverhältnisses an eng begrenzte Voraussetzungen knüpft. Eine Aufhebung kraft Ges ist nur für den Sonderfall des § 1766 vorgesehen. Mängel, die dem Adoptionsdekret anhaften, berechtigen – soweit sie in § 1760 für beachtlich erklärt sind – lediglich zur Aufhebung durch richterl Beschluß. Die Berufung auf allg rechtsgeschäftliche Unwirksamkeits- bzw Anfechtungsgründe ist ausgeschlossen, eine Konsequenz, die sich zwingend aus dem Übergang zum Dekretsystem ergibt.

Der Gesetzgeber hat bewußt davon abgesehen, das Annahmeverhältnis gänzlich **3** unauflöslich auszugestalten. Ähnlich wie bei der Eheschließung (Aufhebbarkeit gem §§ 1313 ff; vor dem EheschlRG v 1998 außerdem Nichtigkeitsklage gem §§ 16 ff EheG) konnte der Gesetzgeber auch bei der Adoption nicht über gravierende Mängel bei der Begründung des Statusverhältnisses einfach hinweggehen. Die Nichtbeachtung von Mitwirkungsrechten der leibl Eltern, des Kindes oder der Annehmenden führt nach Maßgabe der §§ 1760, 1761 zur **Aufhebbarkeit des Annahmeverhältnisses.** Eine Aufhebung zum Wohl des Kindes trotz fehlerfrei zustandegekommener Adoption sieht § 1763 vor. Von einer gravierenden Ungleichbehandlung leibl und angenommener Kinder kann indessen nicht die Rede sein; denn § 1763 Abs 1 iVm Abs 3 lit b ist das notwendige Korrelat des (nicht unproblematischen) § 1742, der eine Zweitadoption von der vorherigen Aufhebung der Erstadoption abhängig macht. So gesehen bewirkt § 1763 sogar die Gleichstellung leibl und angenommener Kinder, sieht man einmal von § 1763 Abs 2 iVm Abs 3 lit a ab, der bei der Adoption durch ein Ehepaar die Aufhebung des Annahmeverhältnisses zwischen dem Kind und nur einem Ehegatten auch ohne Zweitadoption erlaubt. Soweit § 1763 Abs 3 lit a eine Aufhebung des Annahmeverhältnisses auch gestattet, „wenn ein *leiblicher* Elternteil bereit ist, die Pflege und Erziehung des Kindes zu übernehmen, und wenn die Ausübung der elterlichen Sorge durch ihn dem Wohl des Kindes nicht widersprechen würde", handelt es sich in Wirklichkeit um eine „Rückadoption" des Kindes durch seine leibl Eltern (oder einen Elternteil), die aber das Ges nicht vorsieht, weil mit der Aufhebung der Adoption das natürliche Verwandtschaftsverhältnis kraft Ges (§ 1764 Abs 3) wiederauflebt und nur die Rückübertragung des Sorgerechts von einer vormundschaftsgerichtl Entscheidung abhängt (§ 1764 Abs 4).

Die rechtliche Stabilität von Annahmeverhältnissen wird durch die **Angaben des 4 Statistischen Bundesamtes** (Fachserie 13: Sozialleistungen, Reihe 6.1: Erzieherische Hilfen und Aufwand für die Jugendhilfe) unterstrichen. Im Jahre 1985 wurden nach §§ 1760, 1763 insges nur 18 Adoptionen aufgehoben, 1988: 13 und 1990: 14 (statistische Angaben nach 1990 sind nicht verfügbar). Andererseits beweist die Statistik, daß die Reform des Adoptionsrechts im Jahre 1976 die Lebenswirklichkeit nur in bescheidenem Maße beeinflußt hat. Auch vor der Reform lagen die Aufhebungen nur bei ca 30–35 im Jahresdurchschnitt (Zusammenstellung MünchKomm/MAURER Rn 2); allerdings waren die Fälle der früheren Nichtigkeit (s oben Rn 1) statistisch nicht miterfaßt.

II. Unwirksamkeit und Aufhebbarkeit

1. Allgemeines

5 Die Aufhebung des Annahmeverhältnisses setzt dessen Wirksamkeit voraus. Auslandsadoptionen, die nach Maßgabe des § 16 a FGG anzuerkennen sind, können im Inland aufgehoben werden. Zur Frage, welches Recht für die Aufhebung maßgebend ist, vgl STAUDINGER/KROPHOLLER Art 22 EGBGB Rn 41. Ist ein Kind zunächst wirksam nach ausl Recht adoptiert worden und wurde die Adoption in Deutschland nach deutschem Recht „sicherheitshalber" wiederholt, so kann die Auslandsadoption anschließend nicht allein deshalb aufgehoben werden, weil Zweifel am Sinn eines Nebeneinanders zweier Adoptionen bestehen (OLG Köln FamRZ 1997, 638 m Anm HENRICH IPRax 1997, 128).

Der Gesetzgeber hat – unter Hinweis auf die geringe praktische Relevanz – von einer Regelung der Fälle, in denen **Nichtigkeit** des Annahmedekrets anzunehmen ist, abgesehen (BT-Drucks 7/3061, 46). Die in § 1760 normierten Aufhebungsgründe machen deutlich, daß das Ges selbst an schwerste Verstöße gegen materielles Recht nicht die Sanktion der Nichtigkeit, sondern grds die der Aufhebbarkeit knüpft. Gleichwohl sind Fälle, in denen der Annahmebeschluß mit so schwerwiegenden Fehlern behaftet ist, daß ihm jegliche Rechtswirkungen abzusprechen sind, nicht gänzlich auszuschließen.

2. Unwirksamkeit aus materiellen Gründen

6 Ein Adoptionsbeschluß kann im Einzelfall keinerlei Rechtswirkungen erzeugen, wenn die durch ihn ausgesprochene Adoption mit grundlegenden Wertungen des Ges schlechthin unvereinbar ist. So ist die **gemeinschaftliche Annahme eines Kindes durch Personen, die nicht miteinander verheiratet sind** (zB Partner einer gleich- oder verschiedengeschlechtl Lebensgemeinschaft oder Geschwister), als nichtig anzusehen (ebenso KRÖMER StAZ 1999, 379; SOERGEL/LIERMANN Rn 3; BGB-RGRK/DICKESCHEID Rn 3; ERMAN/HOLZHAUER Rn 3; BayObLGZ 1996, 77, 80 = FamRZ 1996, 1034, 1035; LG Bad Kreuznach StAZ 1985, 167). Daran sollte auch der Umstand nichts ändern, daß es inzwischen Rechtsordnungen gibt, welche die gemeinschaftl Annahme durch gleichgeschlechtl Paare (zB Kanada, USA) oder durch nichtverheiratete verschiedengeschlechtl Paare (zB Niederlande, Spanien) zulassen. Der Vorschlag von MAURER (MünchKomm/MAURER Rn 16; auch OBERLOSKAMP 217), derartige Adoptionen nicht als nichtig, wohl aber als aufhebbar anzusehen, zwingt zur Konstruktion eines im Ges nicht vorgesehenen Aufhebungsgrundes, widerspricht dem erkennbar abschließenden Charakter der §§ 1760, 1763 und ist deshalb abzulehnen. Allerdings kann in Fällen, in denen Nichtverheiratete verschiedenen Geschlechts, die ein Kind angenommen haben, später miteinander die Ehe eingehen, eine Heilung des Mangels angenommen werden.

Eine entgegen § 1742 vorgenommene **Zweitadoption** ist nicht nichtig, sondern lediglich unter den Voraussetzungen der §§ 1760, 1763 aufhebbar (Näheres § 1742 Rn 16).

Rechtl wirkungslos ist die **Annahme des eigenen ehel Kindes** durch einen Elternteil (vgl § 1741 Rn 54), ebenso die **Annahme des eigenen nichtehel Kindes,** die bis zum KindRG v 1997 noch möglich war (§ 1741 Abs 3 S 2 aF). Nimmt allerdings ein Elternteil das eigene Kind (unzulässigerweise) gemeinschaftlich mit seinem Ehegatten an, so bleibt die Adoption durch den Ehegatten wirksam (vgl § 1754 Rn 5).

Keine Rechtswirkungen entfaltet ein Adoptionsdekret, bei dessen Wirksamwerden das **Kind bereits verstorben** ist (vgl § 1753 Rn 3).

Wird ein Volljähriger nach den Vorschriften über die Minderjährigenadoption angenommen, so ist der Adoptionsbeschluß wirksam; der Standesbeamte hat die Adoption als Minderjährigenadoption beizuschreiben (BayObLGZ 1996, 77, 80 = FamRZ 1996, 1034, 1035 m Anm LIERMANN FamRZ 1997, 112; AG Kempten StAZ 1990, 108). Entsprechendes gilt, wenn die Annahme eines Minderjährigen irrig nach den Vorschriften über die Volljährigenadoption verfügt wird (Näheres bei § 1741 Rn 12 u § 1752 Rn 27).

3.   Unwirksamkeit aus formellen Gründen

Besonders schwere Verfahrensverstöße können zur Nichtigkeit des Adoptionsdekrets **7** führen. Nichtigkeit ist anzunehmen, wenn ein Gericht oder eine Behörde außerhalb der fG den Annahmebeschluß erlassen hat (BGB-RGRK/DICKESCHEID Rn 4; ERMAN/ HOLZHAUER Rn 3; MünchKomm/MAURER Rn 18; **aA** BÄRMANN, Freiwillige Gerichtsbarkeit und Notarrecht [1968] § 6 II 4; wohl auch BISCHOF JurBüro 1976, 1569, 1592; differenzierend KEIDEL/ KUNTZE/WINKLER § 7 FGG Rn 24 a). Die Nichtbeachtung der örtlichen Zuständigkeit des Gerichts oder die Mitwirkung eines kraft Ges ausgeschlossenen Richters führen hingegen nicht zur Unwirksamkeit (§ 7 FGG). Hat der funktionell unzuständige Rechtspfleger (vgl § 14 Abs 1 Nr 3 lit f RPflG) die Annahme ausgesprochen, ist der Beschluß unwirksam (§ 8 Abs 4 S 1 RPflG) – eine nicht ganz unbedenkliche Regelung, weil bis zur Reform v 1976 der Rechtspfleger über die Bestätigung des Adoptionsvertrages zu entscheiden hatte (vgl § 1752 Rn 1). Das Fehlen eines Antrags als Verfahrensvoraussetzung führt nach § 1760 Abs 1 ebenso wie die Rücknahme des Antrags lediglich zur Aufhebbarkeit (OLG Düsseldorf FamRZ 1997, 117 = StAZ 1996, 366).

4.   Geltendmachung der Unwirksamkeit

Ein besonderes Verfahren zur Feststellung der Unwirksamkeit eines Adoptionsbe- **8** schlusses ist im Ges nicht vorgesehen. Die Wirksamkeit der Adoption kann allerdings zum Gegenstand einer **Feststellungsklage** (Statusklage iSv § 640 Abs 2 Nr 1 ZPO) gemacht werden (OLG Düsseldorf FamRZ 1997, 117 = StAZ 1996, 366; vgl auch BayObLGZ 1996, 77, 80 = FamRZ 1996, 1034). Obwohl der nichtige Beschluß keinerlei Rechtswirkungen erzeugt und dies jederzeit geltend gemacht werden kann, ist es zum Zwecke der Klarstellung und zur Vermeidung von Mißbräuchen des unwirksamen Adoptionsdekrets geboten, die Beseitigung des durch den Beschluß erzeugten Rechtsscheins durch **formelle Aufhebung** zuzulassen, und zwar entweder im Aufhebungsverfahren (so SOERGEL/ROTH-STIELOW[11] Rn 11) oder aber – trotz „Unanfechtbarkeit" – durch die Beschwerdeinstanz (vgl auch BayObLGZ 1968, 228, 229 = NJW 1969, 195; KEIDEL/ KUNTZE/WINKLER § 7 FGG Rn 28).

III. Verhältnis des Aufhebungsverfahrens zu anderen Verfahren

1. Verfassungsbeschwerde

9 Die Volladoption berührt – weil sie die familiäre Zuordnung des Angenommenen zu seiner natürlichen Familie beseitigt und die volle rechtl Integration in die Adoptivfamilie bewirkt – in hohem Maße **verfassungsrechtl geschützte Rechte der Beteiligten** (Art 6 GG). Das Ges schützt die in ihren Grundrechtspositionen am stärksten betroffenen Beteiligten dadurch, daß es die Adoption grds nicht gegen ihren Willen zuläßt (vgl §§ 1752 Abs 1, 1746 Abs 1, 1747 Abs 1 S 1, 1749 Abs 1 u 2). Durch die Antrags- bzw Einwilligungserfordernisse wird gleichzeitig auch die Wahrung ihres **Anspruchs auf rechtl Gehör (Art 103 Abs 1 GG)** im Adoptionsverfahren sichergestellt. Die Zustimmungserfordernisse, die ein Recht auf Anhörung einschließen, konkretisieren die Grundrechte aus Artt 6 u 103 Abs 1 GG im einfachen Recht. Der Umstand, daß das Ges das Annahmeverhältnis nicht gänzlich unauflösbar konzipiert hat, soll gerade auch diesen Grundrechten Rechnung tragen.

10 Steht die Aufhebung des Annahmeverhältnisses zur Diskussion, so ist zu beachten, daß auch die durch den Adoptionsbeschluß begründete **Adoptivfamilie durch Art 6 GG geschützt** wird. Das Kind, dessen Grundrecht auf Entfaltung seiner Persönlichkeit (vgl BVerfGE 24, 119, 144 = NJW 1968, 2233, 2235 = FamRZ 1968, 578, 584) durch die volle persönliche und rechtl Integration in die Adoptivfamilie Rechnung getragen werden soll, kann durch jede Störung der Kontinuität von Pflege und Erziehung, durch jede Verunsicherung in der familiären Geborgenheit in seinen Grundrechten aus Artt 1 Abs 1, 2 Abs 1 GG beeinträchtigt werden. Die in den §§ 1759 ff normierten Einschränkungen der Aufhebbarkeit finden also ihre Rechtfertigung in den von der Verfassung geschützten Rechten der Adoptivfamilie und insbes des Adoptivkindes. Sie sind das Ergebnis einer Abwägung, bei der dem Wohl des Adoptivkindes prinzipieller Vorrang eingeräumt wird (vgl BVerfG DAVorm 1988, 689, 691). Für die Annahme der „Verfassungswidrigkeit" eines Adoptionsbeschlusses, die unabhängig von den Voraussetzungen der §§ 1759 ff zur Unwirksamkeit des Adoptionsdekrets führt (so Roth-Stielow Rn 5; Soergel/Roth-Stielow[11] Rn 5), ist daher grds kein Raum (ebenso MünchKomm/Maurer Rn 18). Beteiligte, die sich durch das Adoptionsdekret in ihren Grundrechten verletzt sehen, sind – schon wegen des in § 90 Abs 2 BVerfGG normierten Gebots der Rechtswegerschöpfung – auf das Aufhebungsverfahren zu verweisen.

11 Besondere Probleme ergeben sich allerdings daraus, daß der Kreis der zur Beantragung der Aufhebung Berechtigten in § 1762 Abs 1 eng umgrenzt wird. Weder das Fehlen einer nach § 1749 erforderlichen Einwilligung noch der nach § 1746 Abs 1 S 3 erforderlichen Zustimmung des gesetzl Vertreters berechtigen zur Aufhebung. Außerdem geht der Kreis der materiell Beteiligten und daher im Adoptionsverfahren Anhörungsberechtigten über den Kreis der Zustimmungsberechtigten hinaus (zB Kinder des Annehmenden; ausf dazu Frank/Wassermann FamRZ 1988, 1248, 1249 sowie §§ 1745 Rn 22, 1752 Rn 16 ff). Weit überw wird die Auffassung vertreten, daß die in ihrem Grundrecht aus Art 103 Abs 1 GG verletzten materiell Beteiligten das Adoptionsdekret mittels **Verfassungsbeschwerde** angreifen können (BVerfG NJW 1988, 1963 = FamRZ 1988, 1247; BVerfGE 89, 381 = NJW 1994, 1053 = FamRZ 1994, 493; BVerfG NJW 1995, 316 = FamRZ 1994, 687; MünchKomm/Maurer Rn 19; Soergel/Liermann Rn 13; Bosch FamRZ

1986, 721, 722 f). Dies hätte aber die eigentümliche Konsequenz, daß die Verletzung des Anspruchs auf rechtl Gehör eines (lediglich) materiell Beteiligten mit strengeren Rechtsfolgen verbunden wäre als die nicht ordnungsgemäße Beteiligung eines Zustimmungsberechtigten, dessen fehlende Zustimmung nach dem Ges nur in sehr eingeschränktem Maße zur Aufhebung des Annahmeverhältnisses berechtigen soll (vgl insbes den Ausschluß der Aufhebbarkeit bei Kindeswohlgefährdung, § 1761 Abs 2, und die absolute Ausschlußfrist von 3 Jahren, § 1762 Abs 2 S 1).

Rechtsstaatliche Gesichtspunkte verbieten es, diesen Wertungswiderspruch unter **12** Hinw auf den abschließenden Charakter der gesetzl normierten Aufhebungsgründe aufzulösen und der Verletzung von Verfahrensrechten übergangener materiell Beteiligter jegliche Relevanz abzusprechen (für die generelle Unzulässigkeit einer Verfassungsbeschwerde aber offenbar BGB-RGRK/DICKESCHEID Rn 10). Die zT erwogene Lösung, § 56 e S 3 FGG im Wege verfassungskonformer Auslegung einzuschränken und dem Gericht die Befugnis zuzubilligen, auf eine „außerordentl Beschwerde" des übergangenen Beteiligten hin das rechtl Gehör nachträglich zu gewähren und – soweit erforderlich – den Adoptionsbeschluß entgegen dem Wortlaut dieser Bestimmung abzuändern (so LG Koblenz FamRZ 2000, 1095; ERMAN/HOLZHAUER § 1752 Rn 15; BOSCH FamRZ 1986, 721, 723; dagegen zutr SOERGEL/LIERMANN § 1752 Rn 15), vermag nicht zu überzeugen, da sie der unmißverständlichen Wertung des Ges widerspricht und den Einschränkungen der Aufhebbarkeit, die das Ges zum Wohle des Kindes normiert, nicht hinreichend Rechnung trägt. Vielmehr ist zu fordern, daß im Verfahren der Verfassungsbeschwerde die **gegenläufigen verfassungsrechtl geschützten Interessen** des Angenommenen und eines in seinen Verfahrensgrundrechten Verletzten einer umfassenden Abwägung unterzogen werden. Bei einer **Minderjährigenadoption** werden dabei die Bestandsinteressen des Angenommenen tendenziell überwiegen, ein Gesichtspunkt, dem einfachrechtl durch die §§ 1761 Abs 2, 1762 Abs 2 S 1 Rechnung getragen wird. Bei einer **Volljährigenadoption** hingegen besteht idR keine vergleichbare Schutzwürdigkeit des Angenommenen, so daß insoweit der Verstoß gegen Art 103 Abs 1 GG eher zur Aufhebung des Adoptionsdekrets führen wird (ausf zur Problematik der Verfassungsbeschwerde gegen einen Adoptionsbeschluß FRANK/WASSERMANN FamRZ 1988, 1248).

Nachdem das BVerfG zunächst im Falle einer Volljährigenadoption die Ansicht **13** vertreten hatte, daß bei einer Verletzung des Anspruchs auf rechtl Gehör der Annahmebeschluß gem § 95 Abs 2 BVerfGG aufzuheben und die Sache zurückzuverweisen sei (NJW 1988, 1963 = FamRZ 1988, 1247 m Anm FRANK/WASSERMANN), hat es später – ebenfalls im Falle einer Volljährigenadoption – seine Meinung dahingehend präzisiert, daß entgegen dem Wortlaut des § 95 Abs 2 BVerfGG „nur die **Beseitigung der Rechtskraft** auszusprechen (sei), damit das Fachgericht das rechtl Gehör nachholen und anschließend darüber entscheiden kann, ob der Adoptionsbeschluß **rückwirkend aufzuheben** oder aufrechtzuerhalten ist" (BVerfGE 89, 381, 393 = NJW 1994, 1053, 1055 m Anm LUTHER NJW 1995, 306 = FamRZ 1994, 493, 496 = FuR 1994, 98, 100 m Anm NIEMEYER; bestätigt durch BVerfG NJW 1995, 316 = FamRZ 1994, 687). Nach BVerfGE 92, 158, 188 f = NJW 1995, 2155, 2159 = FamRZ 1995, 789, 795 sollen diese Grundsätze auch für die Minderjährigenadoption gelten, allerdings mit der Einschränkung, daß hier die Adoption nur **für die Zukunft aufgehoben** werden kann, weil bei einer Minderjährigenadoption das Interesse der Beteiligten daran, daß die Folgen der Aufhebung auf die Zukunft beschränkt werden, überwiege. Die Rspr des BVerfG überzeugt nicht, weil sie bei einem Verstoß gegen Art 103 Abs 1 GG eine Aufhebung des Annahmeverhältnisses uU nach Jahren ausnahmslos befürwortet, wenn bei Beachtung des Grundsatzes des rechtl Gehörs die Adoption nicht hätte ausgesprochen werden dürfen. Dabei wird nicht genügend beachtet, daß das fehlerhaft zustande gekommene Annahmeverhältnis auch unter dem Schutz des Art 6 Abs 1 GG steht und dem Zeitfaktor gerade bei gelebten Familienbeziehungen besondere Bedeutung beigemessen werden muß.

2. Wiederaufnahme des Verfahrens

14 In Anbetracht der speziellen gesetzl Regelung, die im Interesse des Kindeswohls die Aufhebbarkeit des Annahmeverhältnisses an eng umgrenzte Voraussetzungen knüpft, ist eine Wiederaufnahme des Verfahrens analog §§ 578 ff ZPO **ausgeschlossen** (MünchKomm/MAURER Rn 20).

IV. Aufhebung und Beteiligteninteressen

15 Der Gesetzgeber hat 1976 mit dem Übergang zum Dekretsystem – abweichend vom früheren Recht, nach dem allerdings auch eine vormundschaftsgerichtl Genehmigung des Aufhebungsvertrags erforderlich war (§§ 1768, 1770, 1751 aF) – den Fortbestand des Annahmeverhältnisses **der Disposition der Beteiligten entzogen,** und zwar auch für die Zeit nach Eintritt der Volljährigkeit des Angenommenen (zu der besonderen Problematik, daß Adoptionen, die zu einem Minderjährigen begründet wurden, nach Erreichung der Volljährigkeit weder nach § 1763 noch nach § 1771 aufgehoben werden können, vgl § 1742 Rn 8 u § 1771 Rn 5). Dabei handelt es sich weniger um eine zwingende Konsequenz des Dekretsystems (so aber offenbar BT-Drucks 7/3061, 25; BAER/GROSS 105) als vielmehr um eine rechtspolitische Entscheidung des Gesetzgebers (MünchKomm/MAURER Rn 4), das Annahmeverhältnis in einer dem genetischen Eltern-Kind-Verhältnis vergleichbaren Weise auszugestalten (GERNHUBER/COESTER-WALTJEN § 68 XI 2).

16 Das Ges sieht die Aufhebbarkeit des Annahmeverhältnisses nur in den Fällen der §§ 1760 und 1763 vor. Eine **Aufhebung allein im Interesse des Annehmenden ist nicht vorgesehen.** Rechtspolitisch ist diese Entscheidung des Gesetzgebers auf Widerspruch gestoßen. So wurde eingewandt, daß eine dem Wohl des Kindes dienende Adoption stets auch eine persönliche Akzeptanz und innere Bejahung erfordere, die ein nur vom Ges erzwungener Zusammenhalt nicht gewährleisten könne (ROTH-STIELOW Rn 7; vgl auch ZUR NIEDEN FamRZ 1956, 68, 69; für die Zulassung der Aufhebung im Interesse der Adoptiveltern in extremen Situationen STÖCKER FamRZ 1974, 568, 569). Zudem sei eine Aushöhlung des § 1763 zu befürchten, weil Adoptiveltern, die die Aufhebung des Annahmeverhältnisses erstrebten, sich verantwortungslos verhalten müßten, um so die Voraussetzungen für eine Aufhebung im Interesse des Kindes nach § 1763 zu schaffen (MünchKomm/MAURER Rn 4 bei Fn 15).

17 Daß der Fortbestand des Annahmeverhältnisses mitunter zu unerträglichen Belastungen für die Adoptiveltern führen kann (so zB bei schwer kriminellem Verhalten des Angenommenen gegenüber den Adoptiveltern), hat der Gesetzgeber nicht verkannt (vgl BT-Drucks 7/3061, 26 f), sondern bewußt in Kauf genommen. Die rechtspolitische Entscheidung für die Unaufhebbarkeit in solchen Fällen ist auf der Grundlage des Prinzips der Volladoption konsequent. Ebensowenig, wie leibl Eltern auf-

grund unvorhergesehener schicksalhafter Entwicklungen die Bindung zu ihrem Kind lösen können, sollen sich Adoptiveltern der übernommenen Verantwortung entledigen können. **Die Entscheidung für das Kind ist stets eine bedingungslose.** Auftretenden Erziehungsschwierigkeiten läßt sich nur mit den Mitteln begegnen, wie sie auch im Hinblick auf leibl Kinder bestehen (für die generelle Beschränkung auf die allg Mittel des Kindschaftsrechts und auch gegen eine Aufhebbarkeit im Interesse des Kindes die AGJ-Stellungnahme MittAGJ 70 [1974] Beilage 6; Akademikerverbände FamRZ 1974, 170, 171). **Allerdings** ist nicht auszuschließen, daß im Einzelfall die Aufhebung einer Adoption, die für die Adoptiveltern zu einer schwerwiegenden Belastung geworden ist, gleichzeitig zum Wohl des Kindes erforderlich ist.

Das Ges sieht keine Möglichkeit zur Aufhebung im **Interesse der leibl Eltern** vor, die **18** den Entschluß zur Adoption bereuen und ihre Elternrechte und -pflichten weiter wahrnehmen wollen. Das Adoptionsverfahren bietet hinreichende Sicherungen gegen vorschnelle und unüberlegte Entschlüsse.

V. Aufhebungsverfahren

1. Zuständigkeit

Die **örtliche Zuständigkeit** für das Aufhebungsverfahren bestimmt sich nach § 43 b **19** Abs 2 FGG. Zu den „Angelegenheiten, welche die Annahme des Kindes betreffen" (vgl § 43 b Abs 1 FGG), gehört nach zutr Ansicht auch die Aufhebung der Annahme (KG FamRZ 1995, 440 m Anm Bosch = Rpfleger 1995, 252 = ZfJ 1995, 287; LG Augsburg FamRZ 1995, 1017; Keidel/Kuntze/Winkler § 43 b FGG Rn 2 mNachw). Zuständig ist somit das VormG, in dessen Bezirk der Annehmende oder einer der annehmenden Ehegatten seinen Wohnsitz hat. Haben bei einer gemeinschaftl Annahme die Ehegatten getrennte Wohnsitze im Bezirk zweier VormG, so sind beide VormG örtlich zuständig. Das gilt auch, wenn nur die Aufhebung des Annahmeverhältnisses zwischen einem der Ehegatten und dem Kind in Frage steht (KG FamRZ 1995, 440 = Rpfleger 1995, 252 = ZfJ 1995, 287). Bei einer solchen doppelten Zuständigkeit gebührt nach § 4 FGG dem Gericht der Vorzug, das zuerst in der Sache tätig geworden ist. Ist noch keines der Gerichte tätig geworden, ist im Zuständigkeitsbestimmungsverfahren nach § 5 FGG das zuständige VormG nach Zweckmäßigkeitsgesichtspunkten zu bestimmen (KG FamRZ 1995, 440 = Rpfleger 1995, 252 = ZfJ 1995, 287). **Funktionell zuständig** ist der Richter (§ 14 Nr 3 lit f RPflG). Zur **internationalen Zuständigkeit** s § 1752 Rn 9.

2. Gang des Verfahrens

a)   Soll das Annahmeverhältnis **nach § 1760** aufgehoben werden, so bedarf es zur **20** Einleitung des Verfahrens des Antrags eines nach § 1762 Antragsberechtigten. Der **Antrag** kann nur innerhalb eines Jahres von den in § 1762 Abs 2 S 2 lit a–e genannten Zeitpunkten an gestellt werden, wenn seit der Annahme noch keine 3 Jahre verstrichen sind (§ 1762 Abs 2 S 1). Der Antrag bedarf der notariellen Beurkundung (§ 1762 Abs 3). Die Aufhebung **nach § 1763** erfolgt von Amts wegen. Die Einleitung des Verfahrens kann von jedermann angeregt werden (BayObLGZ 1979, 386, 388 = FamRZ 1980, 498, 499).

b)   **Verfahrensbeteiligte** sind das Kind, der Annehmende sowie – im Falle des **21**

§ 1760 – der Antragsteller. Dem Kind, dessen gesetzl Vertreter der Annehmende ist, hat das VormG für das Aufhebungsverfahren einen Pfleger zu bestellen (§ 56 f Abs 2 FGG). Materiell Beteiligte sind darüber hinaus wegen § 1764 Abs 3 die leibl Eltern des Kindes (BayObLG FamRZ 2000, 768, 769), sofern nicht das Annahmeverhältnis nur zu einem Ehegatten aufgehoben wird (s unten). Das JugA wird im Verfahren lediglich zu Auskunfts- und Gutachtenzwecken herangezogen (§ 49 Abs 1 Nr 3 FGG); es wird dadurch nicht zum Verfahrensbeteiligten im materiellen Sinn (KEIDEL/KUNTZE/WINKLER § 56 f FGG Rn 15; BASSENGE/HERBST § 56 f FGG Rn 4; aA BGB-RGRK/DICKESCHEID Rn 7). Über den Kreis der sonstigen Verfahrensbeteiligten besteht nur wenig Klarheit (vgl die zT unterschiedlichen Auffassungen von BASSENGE/HERBST § 56 f FGG Rn 2, KEIDEL/KUNTZE/WINKLER § 56 f FGG Rn 13, BGB-RGRK/DICKESCHEID Rn 7, ERMAN/HOLZHAUER Rn 8). Da die Aufhebung des Annahmeverhältnisses als contrarius actus der Annahme die rechtl Zuordnung des Kindes ändert, sollten ähnliche Grundsätze gelten wie im Falle der Adoption selbst (vgl § 1752 Rn 15 ff). Insbes geht es wie bei der Adoption nicht an, allen Personen die Beteiligteneigenschaft zuzuerkennen, zu denen Verwandtschaft zerschnitten oder neubegründet wird. So sind zB die alten und neuen Großeltern grds nicht Beteiligte, weil ihre unterhalts-, erbrechtl oder sonstigen Interessen durch das AdoptG v 1976 erkennbar nicht geschützt werden (vgl §§ 1749 Rn 12 f u 1745 Rn 22). **Im einzelnen wird man differenzieren müssen:**

(1) Wird infolge der Aufhebung des Annahmeverhältnisses das Kind wieder rechtl seiner Ursprungsfamilie zugeordnet (§ 1764 Abs 3 u 4), so sind materiell beteiligt alle Personen, denen beim Zustandekommen der Adoption ein Einwilligungsrecht zustand. Das sind neben Annehmendem, Kind und Eltern des Kindes auch der Ehegatte des Annehmenden und des Anzunehmenden (§ 1749). Außerdem wird man denjenigen leibl Verwandten die Beteiligteneigenschaft zuerkennen müssen, die durch die Aufhebung unmittelbar in ihren Rechten betroffen werden, ggf auch den Großeltern, die zB nach dem Tod der leibl Eltern nunmehr die volle Unterhaltslast zu tragen hätten. Hier ist die Rechtslage im Falle einer Aufhebung der Adoption eben doch eine andere als im Falle der Adoption selbst.

(2) Erfolgt die Aufhebung der Erstadoption nur, um eine Zweitadoption zu ermöglichen (§§ 1742, 1763 Abs 3 lit b), so sind zwar die leibl Eltern des Kindes schon deshalb materiell beteiligt, weil sie nach Aufhebung der Erstadoption wegen § 1764 Abs 3 in die Zweitadoption einwilligen müssen (vgl § 1742 Rn 10). Es besteht indessen kein Anlaß, weitere Personen aus der Ursprungsfamilie am Verfahren zu beteiligen, wenn die Aufhebung nur erfolgt, um eine erneute Annahme des Kindes durch Dritte zu ermöglichen.

(3) Wird bei der Annahme durch ein Ehepaar das Annahmeverhältnis nur zu einem Ehegatten aufgehoben, so werden Mitglieder der Ursprungsfamilie in ihren Rechten nicht betroffen (§ 1764 Abs 5); sie brauchen deshalb auch am Verfahren nicht beteiligt zu werden.

22 c)   Die erforderlichen **Ermittlungen** hat das VormG **von Amts wegen** vorzunehmen (§ 12 FGG). Aus der Amtsermittlungspflicht kann sich im Einzelfall auch die Verpflichtung ergeben, materiell nicht Beteiligte (zB Adoptivverwandte) zu hören. Darüber hinaus bestimmt § 56 f Abs 1 FGG, daß das Gericht die Sache in einem Termin erörtern soll, zu dem der Antragsteller, der Annehmende, das Kind und das JugA zu

9. Titel. Annahme als Kind.
I. Annahme Minderjähriger.

§ 1759
23–25

laden sind. Das gilt auch für die Beschwerdeinstanz (BayObLG FamRZ 1995, 1210, 1211). Das Kind ist nach Maßgabe der §§ 55 c, 50 b Abs 1 FGG persönlich anzuhören. Die Ladung weiterer materiell Beteiligter ist nicht vorgeschrieben, doch sind diese – zur Wahrung ihres Anspruchs auf rechtl Gehör (Art 103 Abs 1 GG) – vom Verlauf des Termins zu unterrichten (KEIDEL/KUNTZE/WINKLER § 56 f FGG Rn 15). Ist ein leibl Elternteil Antragsteller, so ist auch im Aufhebungsverfahren das Inkognito zu wahren. Antragsteller und Annehmender sind dann entgegen § 56 f Abs 1 FGG nicht im selben Termin zu hören. Der **Zweck des Erörterungstermins** erschöpft sich nicht in einer umfassenden Sachaufklärung.

Vielmehr sollen darüber hinaus Mißverständnisse zwischen den Beteiligten beseitigt und Gegensätze gemildert sowie insbes die Möglichkeit erörtert werden, inwieweit Mängel bei der Begründung des Annahmeverhältnisses geheilt werden können (BT-Drucks 7/3061, 59; 7/5087, 24).

3. Entscheidung und Rechtsmittel

Das Verfahren endet durch **Beschluß**. Wird die Aufhebung der Annahme ausgespro- **23** chen, so wird der Beschluß erst mit der Rechtskraft wirksam (§ 56 f Abs 3 FGG). Gegen den Aufhebungsbeschluß ist das Rechtsmittel der **sofortigen Beschwerde** gegeben (§ 60 Abs 1 Nr 6 FGG). **Beschwerdeberechtigt** sind – soweit nicht Antragsteller – alle materiell Beteiligten (§ 20 Abs 1 FGG), auch der (frühere) Ehegatte des Annehmenden, wenn im Falle gemeinschaftlicher Annahme das Annahmeverhältnis nur zu einem der Annehmenden aufgehoben wurde (§ 1763 Abs 2; KEIDEL/KUNTZE/WINKLER § 56 f FGG Rn 22; BayObLGZ 1968, 142, 143 = NJW 1968, 1528, 1529 = FamRZ 1968, 485; KG FamRZ 1993, 1359 = ZfJ 1993, 507; OLG Düsseldorf FamRZ 1998, 1196 = ZfJ 1998, 39). Der Aufhebungsbeschluß ist – da mit der Bekanntmachung die Beschwerdefrist zu laufen beginnt – allen materiell Beteiligten nach § 16 Abs 2 S 1 FGG zuzustellen (krit zur fehlenden Abgrenzung des Kreises der Beschwerdeberechtigten im Ges und der damit verbundenen Gefahr, daß der Beschluß mangels Zustellung an einen Beschwerdeberechtigten nicht rechtskräftig wird, BASSENGE JR 1976, 187 f). Das Kind kann, wenn es das 14. Lebensjahr vollendet hat und nicht geschäftsunfähig ist, das Beschwerderecht nach § 59 Abs 1, 3 FGG selbst ausüben. Im übrigen übt der nach § 56 f Abs 2 FGG bestellte Vertreter oder, falls nicht der Annehmende der gesetzl Vertreter des Kindes ist, letzterer für das Kind das Beschwerderecht aus.

Gegen die Zurückweisung des Antrags auf Aufhebung nach § 1760 steht dem An- **24** tragsteller die **einfache Beschwerde** offen (§§ 19, 20 Abs 2 FGG). Wird auf die Beschwerde hin vom Landgericht die Aufhebung des Annahmeverhältnisses ausgesprochen, so findet gegen diesen Beschluß die sofortige weitere Beschwerde statt (§ 29 Abs 2 FGG).

Lehnt das Gericht im Verfahren nach § 1763 die Aufhebung des Annahmeverhält- **25** nisses ab, so ist das Kind nach § 20 Abs 1 FGG beschwerdeberechtigt, im übrigen nach § 57 Abs 1 Nr 9 FGG jeder, der ein berechtigtes Interesse an der Wahrnehmung der (Sorge-) Angelegenheit hat, insbes auch der Annehmende, dem die elterl Sorge zusteht (BayObLG FamRZ 2000, 768, 769; OLG Zweibrücken FamRZ 1997, 577).

§ 1760

(1) Das Annahmeverhältnis kann auf Antrag vom Vormundschaftsgericht aufgehoben werden, wenn es ohne Antrag des Annehmenden, ohne die Einwilligung des Kindes oder ohne die erforderliche Einwilligung eines Elternteils begründet worden ist.

(2) Der Antrag oder eine Einwilligung ist nur dann unwirksam, wenn der Erklärende
a) zur Zeit der Erklärung sich im Zustand der Bewußtlosigkeit oder vorübergehenden Störung der Geistestätigkeit befand, wenn der Antragsteller geschäftsunfähig war oder das geschäftsunfähige oder noch nicht vierzehn Jahre alte Kind die Einwilligung selbst erteilt hat,
b) nicht gewußt hat, daß es sich um eine Annahme als Kind handelt, oder wenn er dies zwar gewußt hat, aber einen Annahmeantrag nicht hat stellen oder eine Einwilligung zur Annahme nicht hat abgeben wollen oder wenn sich der Annehmende in der Person des anzunehmenden Kindes oder wenn sich das anzunehmende Kind in der Person des Annehmenden geirrt hat,
c) durch arglistige Täuschung über wesentliche Umstände zur Erklärung bestimmt worden ist,
d) widerrechtlich durch Drohung zur Erklärung bestimmt worden ist,
e) die Einwilligung vor Ablauf der in § 1747 Abs. 2 Satz 1 bestimmten Frist erteilt hat.

(3) Die Aufhebung ist ausgeschlossen, wenn der Erklärende nach Wegfall der Geschäftsunfähigkeit, der Bewußtlosigkeit, der Störung der Geistestätigkeit, der durch die Drohung bestimmten Zwangslage, nach der Entdeckung des Irrtums oder nach Ablauf der in § 1747 Abs. 2 Satz 1 bestimmten Frist den Antrag oder die Einwilligung nachgeholt oder sonst zu erkennen gegeben hat, daß das Annahmeverhältnis aufrechterhalten werden soll. Die Vorschriften des § 1746 Abs. 1 Satz 2, 3 und des § 1750 Abs. 3 Satz 1, 2 sind entsprechend anzuwenden.

(4) Die Aufhebung wegen arglistiger Täuschung über wesentliche Umstände ist ferner ausgeschlossen, wenn über Vermögensverhältnisse des Annehmenden oder des Kindes getäuscht worden ist oder wenn die Täuschung ohne Wissen eines Antrags- oder Einwilligungsberechtigten von jemand verübt worden ist, der weder antrags- noch einwilligungsberechtigt noch zur Vermittlung der Annahme befugt war.

(5) Ist beim Ausspruch der Annahme zu Unrecht angenommen worden, daß ein Elternteil zur Abgabe der Erklärung dauernd außerstande oder sein Aufenthalt dauernd unbekannt sei, so ist die Aufhebung ausgeschlossen, wenn der Elternteil die Einwilligung nachgeholt oder sonst zu erkennen gegeben hat, daß das Annahmeverhältnis aufrechterhalten werden soll. Die Vorschriften des § 1750 Abs. 3 Satz 1, 2 sind entsprechend anzuwenden.

Materialien: BT-Drucks 7/3061, 24–27, 46–49, 76 f; BT-Drucks 7/5087, 7 f, 19–21. S STAUDINGER/BGB-Synopse (2000) § 1760.

9. Titel. Annahme als Kind.
I. Annahme Minderjähriger.

§ 1760

Systematische Übersicht

Alphabetische Übersicht

I.   Normzweck und Entstehungsgeschichte

1.   Regelungsgegenstand

1 § 1760 sieht die Aufhebung eines Annahmeverhältnisses bei gravierenden Begründungsmängeln vor. **Gravierende Begründungsmängel** iSv § 1760 liegen vor, wenn beim Zustandekommen der Adoption die Mitwirkungsrechte des Annehmenden (Antrag gem § 1752), des Anzunehmenden (Einwilligung nach § 1746) oder der Eltern des Kindes (Einwilligung nach § 1747) nicht beachtet wurden. Trotz Vorliegens der Voraussetzungen des § 1760 wird die Aufhebbarkeit des Annahmeverhältnisses durch die §§ 1761, 1762 erheblich eingeschränkt.

2. Rechtslage vor der Reform v 1976

Eine dem heutigen § 1760 entsprechende Regelung war dem BGB vor dem AdoptG **2** v 1976 fremd. Das bis dahin geltende **Vertragssystem** verlangte für das wirksame Zustandekommen eines Adoptionsvertrags nicht nur die vertraglichen Erklärungen von Annehmendem und Anzunehmendem (§ 1741 S 1 aF), sondern auch die Einwilligung der Eltern des ehel bzw der Mutter des nichtehel Kindes (§ 1747 aF) sowie die Einwilligung des Ehegatten des Annehmenden und des Anzunehmenden (§ 1746 aF). Fehlte eine dieser Erklärungen von vornherein oder wurde sie später nach allg rechtsgeschäftlichen Grundsätzen wegen Irrtums, arglistiger Täuschung oder Drohung angefochten, so war der **Adoptionsvertrag nichtig** (STAUDINGER/ENGLER[10/11] § 1754 Rn 15–29 iVm § 1756 Rn 1, § 1755 Rn 22, 23). Die nachfolgende gerichtl Bestätigung (§ 1741 S 2 aF) änderte an dieser Nichtigkeit nichts (STAUDINGER/ENGLER[10/11] § 1756 Rn 11). Auf die Nichtigkeit konnte sich jedermann in jedem Verfahren berufen (STAUDINGER/ENGLER[10/11] § 1755 Rn 26). Nur für einige wenige leichtere Mängel sah § 1756 aF eine Heilung des Adoptionsvertrags durch nachfolgende gerichtl Bestätigung vor (STAUDINGER/ENGLER[10/11] Rn 11 f). Auf Mängel dieser Art bezog sich auch der besondere Aufhebungstatbestand des § 1770 b aF, der wegen seines engen Anwendungsbereichs „nur geringe praktische Bedeutung hatte" (STAUDINGER/ENGLER[10/11] Rn 1).

3. Reformziel

Ein wesentliches Anliegen der Adoptionsrechtsreform war es, **dem Annahmeverhält-** **3** **nis verstärkten Bestandsschutz** zu verleihen (Nachw § 1759 Rn 2). Nach dem Übergang vom Vertrags- zum Dekretsystem führen selbst gravierende Begründungsmängel wie die Nichtbeachtung von Mitwirkungsrechten der leibl Eltern, des Kindes oder des Annehmenden nicht mehr zur Nichtigkeit, sondern nur zur Aufhebbarkeit des Annahmeverhältnisses mit Wirkung für die Zukunft (§§ 1760, 1764). Außerdem wurde die Möglichkeit, ein fehlerhaft zustande gekommenes Annahmeverhältnis aufzuheben, im Vergleich zu den Nichtigkeits- und Aufhebungsgründen vor der Reform erheblich eingeschränkt. So wirkt sich nach § 1760 Abs 1 weder das Fehlen der Einwilligung des Ehegatten (§ 1749) noch das Fehlen der Zustimmung des gesetzl Vertreters (§ 1746 Abs 1 S 3 HS 2) auf den Fortbestand der Adoption aus. Soweit die Adoption wegen der Verletzung von Mitwirkungsrechten überhaupt aufgehoben werden kann, regelt § 1760 Abs 2 detailliert, unter welchen Voraussetzungen die erforderlichen Erklärungen als unwirksam anzusehen sind. Dabei bleiben manche Mängel, die vor der Reform noch zur Nichtigkeit der Adoption geführt hatten (zB Anfechtung wegen Eigenschaftsirrtums), folgenlos. Sind die Voraussetzungen für die Aufhebung des Annahmeverhältnisses an sich gegeben, so schränken §§ 1760 Abs 3– 5, 1761 die Aufhebungsmöglichkeit wieder erheblich ein, und § 1761 Abs 2 räumt im Spannungsverhältnis zwischen den Aufhebungsinteressen des übergangenen Mitwirkungsberechtigten und den Interessen des Kindes an der Aufrechterhaltung der

Adoption den letzteren den Vorrang ein. Schließlich trägt auch § 1762 mit der Einschränkung des Antragsrechts und den kurzen Aufhebungsfristen dazu bei, die Stabilität fehlerhaft zustande gekommener Adoptionen zu fördern.

II. Fehlen von Antrag oder Einwilligung

1. Grundregel

4 § 1760 nennt zwei Aufhebungstatbestände, das **Fehlen** der in Abs 1 genannten Erklärungen und deren **Unwirksamkeit** (Abs 2). Da diese beiden Aufhebungstatbestände vom Ges abschließend normiert sind, führt das Fehlen (oder die Unwirksamkeit) von Einwilligungserklärungen sonstiger Beteiligter nicht zur Aufhebbarkeit des Annahmeverhältnisses. Die fehlende Einwilligung des Ehegatten des Annehmenden oder des Anzunehmenden (§ 1749) stellt deshalb den Fortbestand der Adoption ebensowenig in Frage wie die fehlende Zustimmung des gesetzl Vertreters des Kindes nach § 1746 Abs 1 S 3 HS 2.

5 Eine Erklärung iSv Abs 1 fehlt, wenn sie überhaupt **nicht abgegeben** wurde oder **den Adressaten nicht erreicht** hat (vgl aber § 1750 Rn 6 ff). Ein Antrag fehlt auch dann, wenn er (formlos) vor der Zustellung des Annahmebeschlusses **zurückgenommen** wurde (vgl § 1752 Rn 6 ff; OLG Düsseldorf FamRZ 1997, 117 = StAZ 1996, 366). Entsprechendes gilt, wenn das über 14 Jahre alte Kind die Einwilligung gem § 1746 Abs 2 **widerrufen** hat. Die erforderliche Einwilligung eines Elternteils fehlt, wenn **zu Unrecht angenommen** wurde, **daß dieser zur Abgabe einer Erklärung außerstande oder sein Aufenthalt dauernd unbekannt ist** (§ 1747 Abs 4). Daß auch dieser Fall von Abs 1 erfaßt sein soll, ergibt sich aus Abs 5. Außerdem hatte schon das alte Recht vor 1976 insoweit die Möglichkeit einer Aufhebung des Annahmeverhältnisses vorgesehen (§§ 1770 b iVm § 1756 Abs 2 aF). Abs 1 greift auch ein, wenn sich bei einer Inkognitoadoption die Einwilligung auf die unter einer bestimmten Nummer bei der Adoptionsvermittlungsstelle geführten Adoptiveltern bezogen hatte (vgl § 1747 Rn 34), später aber die **Namen der Adoptionsbewerber ausgetauscht** wurden; denn wegen des Verbots der Blankoeinwilligung (§ 1747 Abs 2 S 2) kann sich die Einwilligung nur auf bereits feststehende Adoptionsbewerber beziehen. Allerdings hat im Falle einer **Inkognitoadoption** im Verfahren nach § 1760 Abs 1 ein Elternteil, der nicht wirksam in die Annahme eingewilligt hat, keinen Anspruch auf Bekanntgabe von Name und Anschrift der Adoptiveltern (OLG Karlsruhe DAVorm 1996, 390; § 1758 Rn 14).

6 Seit Inkrafttreten des KindRG am 1. 7. 1998 steht auch dem **Vater eines nichtehel Kindes** nach § 1747 Abs 1 S 1 ein Einwilligungsrecht zu. Dabei ist allerdings zu beachten, daß dieses Einwilligungsrecht erst entsteht, wenn die Vaterschaft rechtswirksam anerkannt (§§ 1594 ff) oder gerichtl festgestellt ist (§ 1600 d). Das Annahmeverhältnis ist also nur dann iSd § 1760 Abs 1 ohne die erforderl Einwilligung des Vaters begründet worden, wenn die Vaterschaft im Zeitpunkt der Zustellung des Annahmebeschlusses (§ 56 e S 2 FGG) rechtl feststand. Eine Ausnahme macht § 1747 Abs 1 S 2 für den Vaterschaftsprätendenten (vgl § 1747 Rn 16 ff), der nur glaubhaft macht, daß er der Mutter während der gesetzl Empfängniszeit beigewohnt hat (§ 1600 d Abs 2 S 1). Wenn § 1747 Abs 1 S 2 bestimmt, daß auch der Vaterschaftsprätendent als Vater iSd § 1747 Abs 1 S 1 anzusehen ist, dann wird man diesen auch als einwilligungsberechtigten „Elternteil" iSv § 1760 Abs 1 ansehen müssen (HELMS

JAmt [DAVorm] 2001, 57, 62). Voraussetzung ist aber, daß der Vaterschaftsprätendent seine Vaterschaft auch tatsächlich glaubhaft gemacht hat. Es genügt nicht, wenn bei fehlender Glaubhaftmachung die Vaterschaft nach Wirksamwerden des Annahmebeschlusses festgestellt wird (MünchKomm/MAURER §1747 Rn 6). Wird die Annahme trotz Glaubhaftmachung der Vaterschaft ohne Einwilligung des Vaterschaftsprätendenten ausgesprochen, so dürfte eine Aufhebung des Annahmeverhältnisses allerdings nur dann in Betracht kommen, wenn die zunächst nur glaubhaft gemachte Vaterschaft auch tatsächlich feststeht. Im übrigen bietet §1761 ausreichenden Schutz vor einer Aufhebung, die das Wohl des Kindes gefährden würde.

2. Problemfälle

Der Anwendungsbereich des Abs 1 ist teilweise umstr, weil es zweifelhaft sein kann, **7** ob eine der dort genannten Erklärungen völlig fehlt oder lediglich mit Mängeln behaftet ist, die nur unter den Voraussetzungen des Abs 2 zur Unwirksamkeitserklärung führen. So bedürfen Antrag und Einwilligung der notariellen Beurkundung (§§1752 Abs 2 S 2, 1750 Abs 1 S 2). Wurde die Form nicht beachtet, so fragt es sich, ob die Erklärung iSv Abs 1 völlig fehlt, oder ob sie vorliegt, ohne daß sich der Mangel wegen der abschließenden Regelung der Unwirksamkeitsgründe in Abs 2 auf die Bestandskraft des Annahmeverhältnisses auswirkt. Ähnliche Fragen stellen sich, wenn die Erklärung unter Mißachtung des Vertretungsverbots (§§1750 Abs 3 S 1, 1752 Abs 2 S 1) oder unter einer unzulässigen Bedingung oder Zeitbestimmung erfolgte (§§1750 Abs 2 S 1, 1752 Abs 2 S 1). Die Entstehungsgeschichte gibt hinsichtlich dieser Problematik keinen Aufschluß. Naheliegend dürfte eine Interpretation v Abs 1 dahingehend sein, daß diese Bestimmung eine Erklärung voraussetzt, die den spezifischen adoptionsrechtl Anforderungen der §§1750, 1752 genügt, während Abs 2 regelt, welche allg Mängel rechtsgeschäftlicher Erklärungen (Geschäftsfähigkeit, Anfechtbarkeit usw) geeignet sind, den Fortbestand des Annahmeverhältnisses in Frage zu stellen. Gegen diese Interpretation spricht allerdings, daß in Abs 2 lit e bestimmt ist, daß eine vor Ablauf der 8-Wochen-Frist (§1747 Abs 2 S 1) erklärte Einwilligung unwirksam ist, obwohl nach der hier vertretenen Ansicht das gleiche Ergebnis bereits zwingend aus Abs 1 abzuleiten wäre. Dabei ist jedoch zu beachten, daß der RegE (BT-Drucks 7/3061, 7, 48) noch von einer Unwirksamkeit dieser Erklärung nach Abs 1 ausgegangen war, wie sich aus dem Wortlaut des ursprüngl vorgesehenen Abs 4 S 1 ergibt. Abs 2 lit e wurde erst auf Antrag des RAussch (BT-Drucks 7/5087, 19, 38 f) – überflüssigerweise – in den Gesetzestext aufgenommen.

Im einzelnen gilt: **8**

Eine Einwilligungserklärung iSv Abs 1 liegt nur vor, wenn sie unter **Beachtung der Form des §1750 Abs 1 S 2** wirksam wurde (so auch BGB-RGRK/DICKESCHEID Rn 2; SOERGEL/LIERMANN Rn 6; ERMAN/HOLZHAUER Rn 3; aA LÜDERITZ Rn 1050; MünchKomm/MAURER §1750 Rn 12). Gleiches muß entgegen BGB-RGRK/DICKESCHEID Rn 2 u SOERGEL/LIERMANN Rn 6 auch für den Antrag nach §1752 gelten, da auch dieser eine materiellrechtl Erklärung mitbeinhaltet, die sich qualitativ nicht von der Einwilligungserklärung des Kindes und der Eltern unterscheidet (Näheres §1752 Rn 4; wie hier ERMAN/HOLZHAUER Rn 3). Daß die Möglichkeit der Heilung des Formmangels im Gesetz nicht vorgesehen ist, spricht nicht gegen die hier vertretene Lösung, weil die *Nachholung* fehlender Erklärungen iSv Abs 1 von der hM generell befürwortet wird, ohne daß der

Gesetzestext diese Möglichkeit ausdrücklich nennt (s unten Rn 31). Allerdings waren nach altem Recht (§ 1756 Abs 1 aF) Formmängel durch die gerichtl Bestätigung des Adoptionsvertrags *geheilt* worden. Dieser überraschende Unterschied dürfte jedoch in Anbetracht der Heilungsmöglichkeit nach Abs 5 und der Schutzbestimmungen der §§ 1761, 1762 praktisch kaum ins Gewicht fallen. Im übrigen ist die Aufhebung von Annahmeverhältnissen durch die Reform v 1976 nicht nur erschwert, sondern im Falle von Abs 2 lit e auch erleichtert worden (vgl unten Rn 24).

9   **Einwilligungen unter einer Bedingung oder Zeitbestimmung** (§ 1750 Abs 2 S 1) sind keine Einwilligungen iSv Abs 1 (SOERGEL/LIERMANN Rn 6; ERMAN/HOLZHAUER Rn 23; aA MünchKomm/MAURER § 1750 Rn 12). Entsprechendes gilt für einen entgegen § 1752 Abs 2 S 1 gestellten Antrag (aA BGB-RGRK/DICKESCHEID Rn 2; SOERGEL/LIERMANN Rn 6). Bei richtiger Unterscheidung zwischen unzulässigen Bedingungen und zulässigen Beschränkungen der Einwilligung (§ 1750 Rn 10 f) dürften sich jedoch kaum Probleme für die Praxis ergeben.

10   Wurde die Erklärung von einem **Vertreter ohne Vertretungsmacht** abgegeben, so fehlt es an der erforderlichen Erklärung iSv Abs 1 (allgM; SOERGEL/LIERMANN Rn 5 u 6; BGB-RGRK/DICKESCHEID Rn 2). Denkbar sind insbes Fälle, in denen für das Kind nicht der richtige gesetzl Vertreter handelte. Eine Erklärung iSv Abs 1 fehlt auch dann, wenn die Einwilligung entgegen § 1750 Abs 3 S 1 von einem **gewillkürten Stellvertreter** erklärt wurde (BGB-RGRK/DICKESCHEID Rn 2; SOERGEL/LIERMANN Rn 5 u 6; aA ERMAN/HOLZHAUER Rn 3; MünchKomm/MAURER § 1750 Rn 12). Entsprechendes gilt für den Antrag gem § 1752 Abs 2 S 1 (aA SOERGEL/LIERMANN Rn 6). Fälle dieser Art dürften in der Praxis selten sein, möglicherweise aber dann vorkommen, wenn auf eine Adoption mit Auslandsberührung entgegen Art 22 EGBGB fälschlich ausländisches Recht angewandt wurde.

III. Unwirksamkeit von Antrag oder Einwilligung

1. Allgemeines

11   Außer dem Fehlen der in Abs 1 genannten Erklärungen stellt auch deren Unwirksamkeit einen Aufhebungsgrund dar. Abs 2 schränkt allerdings in Anlehnung an die Regelungen über die Aufhebbarkeit einer Ehe (früher: §§ 30 ff EheG, heute: § 1314) die Relevanz der allg Vorschriften über Willensmängel ein (BT-Drucks 7/3061, 26).

12   Die **Unwirksamkeitsgründe** werden **in Abs 2 abschließend** aufgeführt (vgl zur Entstehungsgeschichte BT-Drucks 7/3061, 26, 47; BT-Drucks 7/5087, 7 f). Insbes können die Erklärungen der in Abs 1 genannten Personen nicht an den §§ 134, 138 gemessen werden. Abs 2 darf auch nicht dahingehend interpretiert werden, daß diese Bestimmung nur die Anfechtung von Willensmängeln habe ausschließen wollen, ohne die Anwendbarkeit des § 138 in Frage zu stellen (so aber OLG Köln NJW 1980, 63 m Anm LÜDERITZ NJW 1980, 1087; aA BGHZ 103, 12, 17 = NJW 1988, 1139, 1140 = FamRZ 1988, 390, 391 f; KG [Vorlagebeschluß] NJW-RR 1987, 777, 778 f = FamRZ 1987, 635, 637 mwNw; LÜDERITZ Rn 1053; GERNHUBER/COESTER-WALTJEN § 68 XII 1; BGB-RGRK/DICKESCHEID Rn 3; ERMAN/HOLZHAUER Rn 4). Die Absicht, nur Steuervorteile oder eine Arbeits- oder Aufenthaltserlaubnis zu erlangen, ohne ein Eltern-Kind-Verhältnis zu begründen, tangiert deshalb unter dem besonderen Aspekt des § 1760 nicht die Bestandskraft einer dennoch zustande

gekommenen Minderjährigen- oder Volljährigenadoption (vgl § 1771 S 2). In Betracht kommt nur eine Aufhebung nach § 1763 bzw § 1771 S 1.

Der Umstand, daß in Abs 2 die Relevanz von Willensmängeln im Hinblick auf die   **13**
Aufhebung eines Annahmeverhältnisses eingeschränkt wird, nötigt nicht zu dem
Schluß, daß auch die **Wirksamkeit einer (bindend gewordenen) Einwilligungserklärung
vor der Adoption** an § 1760 Abs 2 gemessen wird. Vielmehr ist in einem solchen Fall
die Wirksamkeit der Erklärung uneingeschränkt nach den allg Grundsätzen des
bürgerlichen Rechts zu beurteilen (näher dazu § 1750 Rn 13). Über die Wirksamkeit
der Erklärung kann vorab in einem selbständigen Verfahren entschieden werden
(§ 1752 Rn 23).

2. Geschäftsunfähigkeit (Abs 2 lit a)

Var 1 von lit a **(Erklärender befindet sich im Zustand der Bewußtlosigkeit oder vor-**   **14**
übergehenden Störung der Geistestätigkeit) ist dem früheren § 18 EheG (heute § 1314
Abs 2 Nr 1) nachgebildet (BT-Drucks 7/3061, 47) und entspricht § 105 Abs 2 BGB. Auf
die dortigen Erläuterungen wird verwiesen. Die Unwirksamkeit der Erklärung nach
dieser Bestimmung wurde geltend gemacht in LG Duisburg DAVorm 1980, 227 u AG
Hamburg ZfJ 1985, 422.

Var 2 von lit a **(Antragsteller ist geschäftsunfähig)** entspricht § 105 Abs 1 iVm § 104.
Der Fall der Geschäftsunfähigkeit eines Elternteils brauchte wegen § 1747 Abs 4
nicht geregelt zu werden.

Var 3 **(geschäftsunfähiges oder noch nicht 14 Jahre altes Kind erklärt die Einwilligung**   **15**
selbst) wurde auf Vorschlag des BR (BT-Drucks 7/3061, 76 Nr 13) in das Ges aufgenommen. Dem fehlenden gesetzl Vertreter ist der Geschäftsunfähige gleichzustellen
(BGB-RGRK/DICKESCHEID Rn 5; ERMAN/HOLZHAUER Rn 7; MünchKomm/MAURER Rn 7).
Wenn im RegE (BT-Drucks 7/3061, 47 Nr 3; ebenso PALANDT/DIEDERICHSEN Rn 4; SOERGEL/
LIERMANN Rn 8) die Auffassung vertreten wird, daß die Geschäftsunfähigkeit des gesetzl Vertreters keinen Aufhebungsgrund darstelle, so überzeugt die Argumentation
nicht, weil zwischen fehlender Vertretung und Vertretung durch einen Geschäftsunfähigen schwerlich differenziert werden kann.

3. Irrtum (Abs 2 lit b)

Abs 2 lit b ist dem früheren § 31 Abs 1 EheG nachgebildet (BT-Drucks 7/3061, 47) und   **16**
stellt, was die Beachtlichkeit von Irrtümern anbelangt, eine Sonderregelung gegenüber § 119 dar. Var 1 betrifft den Fall, daß der Erklärende nicht gewußt hat, daß es
sich um eine Annahme als Kind handelt **(= Inhaltsirrtum);** vgl dazu AG Hamburg ZfJ
1985, 422, eine Entscheidung, in der der annehmende Stiefvater vorgab, er habe die
Adoption für einen bloßen Akt der Namensgebung gehalten. Var 2 regelt den Fall,
daß der Annehmende zwar wußte, daß es sich um eine Annahme handelte, aber einen
Annahmeantrag nicht stellen oder eine Einwilligung zur Annahme nicht abgeben
wollte **(= Erklärungsirrtum).** Var 3 schließlich regelt den **Identitätsirrtum** sowohl des
Annehmenden über die Person des Anzunehmenden als auch umgekehrt des Anzunehmenden (bzw des gesetzl Vertreters, vgl BGB-RGRK/DICKESCHEID Rn 6) über die Person
des Annehmenden. Fälle dieser Art sind selbst bei einer Inkognitoadoption kaum

vorstellbar. Adoptiert ein Mann sein vermeintlich nichtehel Kind und stellt sich später heraus, daß er nicht der Vater ist, so liegt kein Identitätsirrtum, sondern ein unbeachtlicher Eigenschaftsirrtum vor. Entsprechendes gilt, wenn eine Ehefrau das Kind ihres Mannes annimmt, obwohl dieses nicht von diesem abstammt (SOERGEL/ LIERMANN Rn 9). Die eigentliche Bedeutung v Abs 2 lit b liegt darin, daß ein **Eigenschaftsirrtum** (zB über angeborenen Schwachsinn, auf frühkindlicher Hirnschädigung beruhende Psychopathie usw) entgegen der Rechtslage vor der Reform v 1976 (STAU- DINGER/ENGLER[10/11] § 1755 Rn 5 ff) nunmehr unbeachtlich ist (vgl BT-Drucks 7/3061, 26 unter 6 d, 47 zu Abs 2 unter Nr 4).

4. Arglistige Täuschung (Abs 2 lit c iVm Abs 4)

a) Allgemeines

17 Abs 2 lit c ist der Regelung des früheren § 33 EheG (heute § 1314 Abs 2 Nr 3) nachgebildet (BT-Drucks 7/3061, 47). Der Begriff der arglistigen Täuschung entspricht dem in § 123. In Abs 4 wird die Aufhebbarkeit des Annahmeverhältnisses wegen arglistiger Täuschung eingeschränkt und präzisiert. Abs 4 wäre besser in unmittelbarem Zusammenhang mit Abs 2 lit c geregelt worden, wie es noch im RegE (BT-Drucks 7/3061, 7 f, 47) vorgesehen war.

b) Täuschung über Vermögensverhältnisse

18 Abs 4 schränkt den Anwendungsbereich v Abs 2 lit c von vornherein dadurch ein, daß arglistige **Täuschungen über Vermögensverhältnisse** des Annehmenden oder des Anzunehmenden für unbeachtlich erklärt werden. Auf diese auch im früheren § 33 Abs 3 EheG und heutigen § 1314 Abs 2 Nr 3 enthaltene Regelung hätte man verzichten können, weil Abs 2 lit c ohnehin nur Täuschungen über *wesentliche* Umstände (s dazu Rn 19 f) für beachtlich erklärt. Die Frage, ob in Einzelfällen die Täuschung über Vermögensverhältnisse nicht doch Beachtung verdient (zB bei der Volljährigenadoption oder bei der Minderjährigenadoption, wenn der Annehmende kaum in der Lage ist, für den Unterhalt des Kindes aufzukommen), hätte man besser der Klärung durch die Rspr überlassen (krit auch ERMAN/HOLZHAUER Rn 10).

c) Täuschung über wesentliche Umstände

19 Die entscheidende Frage bei Abs 2 lit c ist, wann eine **Täuschung über wesentliche Umstände** vorliegt. Ob ein Umstand wesentlich ist oder nicht, kann nicht subjektiv nach den Vorstellungen des Erklärenden bestimmt werden (so aber BGB-RGRK/DIK- KESCHEID Rn 7). Ansonsten hätte der Gesetzgeber – wie in § 123 Abs 1 – auf dieses zusätzliche Tatbestandsmerkmal verzichten können. Auch in der Gesetzesbegründung (BT-Drucks 7/3061, 47 zu Abs 2 unter Nr 5) heißt es deutlich: „Unbeachtlich sollen Umstände sein, die für die Annahme" (nicht für den Annehmenden!) „nicht wesentlich sind". Der Umstand, daß die Adoption – ebenso wie die Eheschließung – Rechtsbeziehungen im personalen Bereich schafft, gebietet es indessen, bei Umständen, über deren Wesentlichkeit Zweifel möglich sind, auf die Vorstellungen des Erklärenden verstärkt Rücksicht zu nehmen.

20 Wird bei der Vermittlung den Adoptionsbewerbern verschwiegen, daß die **Kindesmutter eine Prostituierte** ist, so liegt ein Aufhebungsgrund vor, wenn dieser Umstand trotz entsprechender Nachfrage nicht mitgeteilt wird, um das Zustandekommen der Annahme nicht zu gefährden. „Wesentlich" ist hier der Umstand wegen des erhöhten

Gesundheitsrisikos auf seiten des Kindes. Ähnlich ist die Rechtslage, wenn **wahrheitswidrige Angaben über die Person des Vaters** gemacht werden, obwohl die Adoptionsbewerber aus gesundheitlichen Gründen auf diese Information entscheidenden Wert legen und nur ein Kind adoptieren wollen, dessen Vater bekannt (wenn auch nicht notwendigerweise gerichtl festgestellt) ist. Insges wird man als wesentlich alle diejenigen Umstände ansehen müssen, die hinreichend deutlichen Aufschluß über Gesundheit und geistigen Entwicklungszustand des Kindes geben. Die Abstammung kann insofern erheblich sein, als eine **erbliche Belastung** in Betracht kommt. **Täuschungen über das soziale Umfeld des Kindes** sind unwesentlich. – Abs 2 lit c greift auch dann ein, wenn nicht die Annehmenden, sondern die leibl Eltern oder das Kind über wesentliche Umstände getäuscht werden. Als derartige Umstände kommen auf seiten des Annehmenden ua **Alkoholismus, abnormes sexuelles Verhalten, Krankheiten,** die eine Unfähigkeit zur Erziehung und Betreuung des Kindes zur Folge haben, in Betracht. Eine Täuschung der leibl Eltern liegt auch vor, wenn ihr Anliegen, daß die Annehmenden nur **einer bestimmten Glaubensgemeinschaft angehören** dürfen, von der Adoptionsvermittlungsstelle mißachtet wird (Oberloskamp 213; BGB-RGRK/ Dickescheid Rn 7; MünchKomm/Maurer Rn 9). War die notariell beurkundete Einwilligung entsprechend beschränkt worden (vgl § 1747 Rn 33), so liegt bereits nach Abs 1 die erforderliche Erklärung nicht vor. – Fehlt es bei einer Volljährigenadoption an der **Absicht, ein echtes Eltern-Kind-Verhältnis herzustellen,** so kommt eine Aufhebung nach § 1771 S 2 iVm § 1760 Abs 2 lit c nicht in Betracht, solange nur Dritte (nicht einer der Erklärenden) getäuscht werden (vgl BGHZ 103, 12, 16 f = NJW 1988, 1139, 1140 = FamRZ 1988, 390, 391; KG [Vorlagebeschluß] NJW-RR 1987, 777, 778 = FamRZ 1987, 635). Hatte es jedoch der Angenommene gegenüber dem Annehmenden nur darauf angelegt, ein gesetzl Erbrecht oder eine Aufenthaltsgenehmigung zu erlangen, ohne ein Eltern-Kind-Verhältnis herstellen zu wollen, so liegt ein Aufhebungsgrund nach Abs 2 lit c vor (OLG Frankfurt OLGZ 1982, 421, 422 = FamRZ 1982, 1241, 1242; LG Augsburg FamRZ 1995, 1017 m Anm Bosch; vgl auch BayObLG ZfJ 1992, 442).

d)   Der Täuschende

Abs 2 lit c iVm Abs 1 schützt den Annehmenden, das Kind und die leibl Eltern vor **21** einer arglistigen Täuschung. **Relevant ist die Täuschung** nach Abs 4 aber **nur,** wenn sie entweder von einem Antrags- oder Einwilligungsberechtigten oder zur Vermittlung der Annahme Befugten ausgeht, oder wenn sie zwar von einem Dritten ausgeht, aber mit Wissen eines Antrags- oder Einwilligungsberechtigten erfolgt. Relevant ist die Täuschung durch jede einwilligungsberechtigte Person, also auch durch den einwilligungsberechtigten Ehegatten des Annehmenden oder des Kindes (§ 1749), obwohl diese nicht zu den aufhebungsberechtigten Personen nach Abs 1 gehören (BGB-RGRK/Dickescheid Rn 8; Erman/Holzhauer Rn 9). Entsprechend schadet auch ihre Mitwisserschaft im Falle einer Täuschung durch einen Dritten. Nicht zum Kreis der einwilligungsberechtigen Personen zählt der gesetzl Vertreter des über 14 Jahre alten, nicht geschäftsunfähigen Kindes; er ist nur zustimmungsberechtigt. Handelt für das noch nicht 14 Jahre alte Kind sein gesetzl Vertreter, so ist die durch ihn erfolgte Täuschung ebenso rechtserheblich wie seine Mitwisserschaft.

Zur Vermittlung der Annahme befugt sind die im AdoptVermG in den §§ 2, 3, 5 **22** ausgewiesenen Stellen. Die Erheblichkeit von Täuschungen durch Personen, die zur Vermittlung befugt sind, wurde erst auf Anregung des RAussch (BT-Drucks 7/ 5087, 19) in das Ges aufgenommen. Wer sich hingegen auf die Erklärung von Personen verläßt, die zur Adoptionsvermittlung nicht befugt sind, verdient keinen Schutz (BT-Drucks 7/5087, 19). Gerechtfertigt erscheint es jedoch, über den Wortlaut des Abs 4 hinaus auch das Wissen der mit der Adoption betrauten Stelle um die Täuschung durch einen Dritten für erheblich zu erachten (so auch BGB-RGRK/Dickescheid Rn 8; Erman/Holzhauer Rn 9).

5. Drohung (Abs 2 lit d)

23 Abs 2 lit d lehnt sich an den früheren § 34 Abs 1 EheG (heute § 1314 Abs 2 Nr 4) an. Zum Begriff der widerrechtl Drohung vgl § 123 Abs 1. Für die Anwendbarkeit des Abs 2 lit d ist unwesentlich, wer den Erklärenden bedroht hat. Es genügt die widerrechtl Drohung durch eine Person, die in keinerlei rechtl Beziehung zum Annahmevorgang steht.

Zur Drohung des Ehemannes, „es passiere etwas", wenn ein nicht von ihm gezeugtes Kind der Ehefrau nicht aus der Familie entfernt werde, vgl OLG Frankfurt FamRZ 1981, 206, 207. Nach BGHZ 2, 287, 295 ff = NJW 1951, 643, 644 f = LM § 1747 Nr 1 ist die Drohung der Eltern gegenüber der erwachsenen Tochter, sie aus der Familiengemeinschaft auszuschließen, wenn sie das zu erwartende nichtehel Kind nicht zur Adoption freigibt, nicht widerrechtlich. Da die Eltern zum Unterhalt nur durch Entrichtung einer Geldrente verpflichtet sind (§ 1612 Abs 1), ist die Entscheidung auch heute noch richtig. Verweigerte Hilfe ist keine widerrechtl Drohung.

6. Nichtbeachtung der 8-Wochen-Frist (Abs 2 lit e)

24 Nach Abs 2 lit e ist die Einwilligung eines Elternteils unwirksam, wenn sie vor Ablauf der 8-Wochen-Frist des § 1747 Abs 2 S 1 erteilt wurde. Nach altem Recht (vor 1976) hatte ein Verstoß gegen die damals noch geltende 3-Monats-Frist (§ 1747 Abs 2 aF) keinen Aufhebungsgrund dargestellt (§ 1756 Abs 1 aF). Den gleichen Standpunkt nahm zunächst auch der RegE in § 1760 Abs 4 ein (BT-Drucks 7/3061, 7), bis die nunmehr geltende Regelung auf Antrag des RAussch (BT-Drucks 7/5087, 19) Gesetz wurde. Abs 2 lit e hat nur klarstellende Funktion, weil eine den speziellen adoptionsrechtl Vorschriften zuwider erfolgte Erklärung keine Erklärung iSv Abs 1 darstellt (s oben Rn 7).

IV. Nachholung fehlender oder unwirksamer Erklärungen

25 Abs 3 u 5 enthalten Ausschlußgründe für eine nach Abs 1 u 2 an sich mögliche Aufhebung des Annahmeverhältnisses. Der Gesetzgeber ging bei diesen Regelungen davon aus, daß die Entstehungsmängel nach Abs 1 u 2 geheilt werden, wenn die fehlenden oder unwirksamen Erklärungen nachgeholt werden oder der Betroffene sonst zu erkennen gibt, daß das Annahmeverhältnis aufrecht erhalten werden soll (vgl BT-Drucks 7/3061, 47 u BT-Drucks 7/5087, 19 f).

1. Die Regelung des Abs 3

26 Abs 3 bezieht sich auf die in Abs 2 lit a–e genannten Mängel, auch auf den nicht besonders hervorgehobenen Fall der arglistigen Täuschung, weil diese zu einem Irrtum geführt hat, der in Abs 3 genannt wird. Die Regelung des Abs 3 lehnt sich

an die entsprechenden früheren Regelungen in den §§ 18 Abs 2, 30 Abs 2, 31 Abs 2, 32 Abs 2, 33 Abs 2, 34 Abs 2 EheG (heute § 1315 Abs 1 Nr 2–4) an.

Die **Nachholung der Erklärung** setzt voraus, daß diese in der vorgeschriebenen Form **27** (§§ 1750 Abs 1 S 2, 1752 Abs 2 S 2) dem richtigen Erklärungsadressaten, dh dem zuständigen VormG (§§ 1750 Abs 1 S 3, 1752), zugeht. Fehlt es an diesen Voraussetzungen, so kann die Erklärung als Bestätigung des Annahmeverhältnisses durch sonstiges Verhalten (Abs 3 S 1 aE) verstanden werden (vgl ERMAN/HOLZHAUER Rn 13).

Bei der Annahme einer **Bestätigung durch sonstiges (schlüssiges) Verhalten** ist Zu- **28** rückhaltung geboten, will man die einjährige Antrags-(Überlegungs-)Frist nach § 1762 Abs 2 nicht voreilig in Frage stellen. Das Verhalten muß deshalb eindeutig sein und jeden Zweifel ausschließen. Äußerungen, die in einem Stadium der Unsicherheit oder Überlegung erfolgen, genügen nicht. Insbes ist es nicht ausreichend, wenn die Betreuung des Kindes nach Wegfall des Unwirksamkeitsgrundes fortgesetzt wird oder eine sofortige Antragstellung unterbleibt (ERMAN/HOLZHAUER Rn 13; BGB-RGRK/DICKESCHEID Rn 12). Aus Gründen der Rechtsklarheit sollte die Erklärung möglichst formgerecht nachgeholt werden (DIV-Gutachten ZfJ 1988, 220).

Abs 3 S 2 verweist auf die entsprechend anzuwendenden Bestimmungen der §§ **1746 29 Abs 1 S 2, 3 u 1750 Abs 3 S 1, 2.** Das bedeutet: Ist die elterl Einwilligung unwirksam, so ist für die Nachholung der Erklärung oder sonstiges bestätigendes Verhalten **Vertretung** auch dann ausgeschlossen, wenn der betroffene Elternteil in der Geschäftsfähigkeit beschränkt war (§ 1750 Abs 3 S 1 u 2). Ist das Kind noch nicht 14 Jahre alt oder geschäftsunfähig, so kommt es auf die Person des gesetzl Vertreters an (§ 1746 Abs 1 S 2). Ist das Kind 14 Jahre alt und nicht geschäftsunfähig, so ist seine Erklärung bzw sein Verhalten maßgebend; das Kind bedarf jedoch der Zustimmung seines gesetzl Vertreters (§ 1746 Abs 1 S 3). Ist der Antrag des Annehmenden unwirksam, so ist für die Nachholung oder bestätigendes Verhalten Vertretung ebenfalls ausgeschlossen (§ 1752 Abs 2 S 1). Einer besonderen Verweisung auf diese Bestimmung bedurfte es nicht.

2. Die Regelung des Abs 5

Ist beim Ausspruch der Annahme zu Unrecht angenommen worden, daß ein Eltern- **30** teil zur Abgabe der Erklärung dauernd außerstande oder sein Aufenthalt dauernd unbekannt sei (§ 1747 Abs 4), so ist die Aufhebung ausgeschlossen, wenn der Elternteil die Einwilligung nachgeholt oder sonst zu erkennen gegeben hat, daß das Annahmeverhältnis aufrecht erhalten werden soll. Es gelten insoweit die Anm zu Abs 3 (Rn 25 ff). Bezügl des Verbots der Stellvertretung wird in S 2 auf die entsprechende Anwendung v § 1750 Abs 3 S 1 u 2 verwiesen.

3. Nachholung fehlender Erklärungen

Eine Nachholung fehlender Erklärungen wird in Abs 5 nur für den Sonderfall des **31** § 1747 Abs 4 angesprochen. Es wäre jedoch verfehlt, daraus zu folgern, daß eine Nachholung in den übrigen Fällen des Abs 1 ausgeschlossen sein soll. Nachdem der RegE in § 1760 Abs 4 lit e noch die Aufhebbarkeit des Annahmeverhältnisses verneint hatte, wenn die elterl Einwilligung zu Unrecht für entbehrlich gehalten worden

war (BT-Drucks 7/3061, 47 f), empfahl der RAussch später, die Aufhebung doch zuzu-
lassen, allerdings die Möglichkeit der Bestätigung vorzusehen (BT-Drucks 7/5087, 19 f).
Redaktionell wäre es konsequent gewesen, auf Abs 5 gänzlich zu verzichten und die
Möglichkeit der Nachholung fehlender oder unwirksamer Erklärungen bzw deren
Bestätigung durch schlüssiges Verhalten in Abs 3 zu regeln. Offenbar wollte der Ge-
setzgeber jedoch aus Gründen der Klarstellung den Sonderfall des § 1747 Abs 4 aus-
drücklich hervorheben, wie das auch unter der Herrschaft des alten Rechts vor der
Reform v 1976 der Fall war (§§ 1770 b iVm 1756 Abs 2 aF). Da es keinen rechten Sinn
ergibt, bei fehlenden Erklärungen iSv Abs 1 die Aufhebbarkeit des Annahmeverhält-
nisses bis zum Ablauf der Frist des § 1762 in der Schwebe zu lassen, sollte man die
Regelung der Abs 3 u 5 auf alle Fälle fehlender oder unwirksamer Erklärungen iSv
Abs 1 beziehen (so auch ERMAN/HOLZHAUER Rn 15; BGB-RGRK/DICKESCHEID Rn 14; Münch-
Komm/MAURER Rn 14; SOERGEL/LIERMANN Rn 18; aA GERNHUBER/COESTER-WALTJEN § 68 XII 2).

V. Aufhebung nach dem Tod eines Beteiligten

32 Zur Frage, ob bei fehlenden oder unwirksamen Erklärungen eine Aufhebung auch
nach dem Tod von leibl Eltern, Kind oder Annehmendem möglich ist, vgl § 1764
Rn 6.

VI. Verfahren

33 Zum Aufhebungsverfahren vgl § 1759 Rn 19 ff.

§ 1761

**(1) Das Annahmeverhältnis kann nicht aufgehoben werden, weil eine erforderliche
Einwilligung nicht eingeholt worden oder nach § 1760 Abs. 2 unwirksam ist, wenn die
Voraussetzungen für die Ersetzung der Einwilligung beim Ausspruch der Annahme
vorgelegen haben oder wenn sie zum Zeitpunkt der Entscheidung über den Aufhebungsantrag vorliegen; dabei ist es unschädlich, wenn eine Belehrung oder Beratung
nach § 1748 Abs. 2 nicht erfolgt ist.**

**(2) Das Annahmeverhältnis darf nicht aufgehoben werden, wenn dadurch das Wohl
des Kindes erheblich gefährdet würde, es sei denn, daß überwiegende Interessen des
Annehmenden die Aufhebung erfordern.**

Materialien: BT-Drucks 7/3061, 26, 48 Nr 10 u
11, 76 f Nr 13 b; BT-Drucks 7/5087, 20. S
STAUDINGER/BGB-Synopse (2000) § 1761.

I. Normzweck und Entstehungsgeschichte

1 § 1761 schränkt die Aufhebbarkeit des Annahmeverhältnisses im **Fall des § 1760** ein
und ist Ausdruck des gesetzgeberischen Bestrebens, dem Annahmeverhältnis größt-
möglichen **Bestandsschutz** zuteil werden zu lassen.

Nach **Abs 1** sollen fehlende oder unwirksame Einwilligungen der Eltern (§ 1760   **2**
Abs 1 u 2 iVm § 1747) oder des Kindes (§ 1760 Abs 1 u 2 iVm § 1746) den Fortbestand des Annahmeverhältnisses nicht tangieren, wenn die Erklärungen bei dessen
Begründung hätten ersetzt werden können, oder wenn im Zeitpunkt der Entscheidung über den Aufhebungsantrag Gründe für die Ersetzung der Einwilligung vor-
liegen. Es soll vermieden werden, daß die Aufhebung nur erfolgt, um sogleich wieder
ein neues Annahmeverhältnis zu begründen (BT-Drucks 7/3061, 48 Nr 10). Eine ähnliche
Bestimmung hatte schon vor der Reform v 1976 § 1770 b Abs 2 S 2 HS 2 aF enthalten
(„Wer sein Kind im Stich gelassen hat, kann den [Aufhebungs-]Antrag nicht stellen"). Die Regelung des heutigen § 1761 Abs 1 stand im RegE noch in § 1760 Abs 4
S 2 (BT-Drucks 7/3061, 7 u 48) und wurde später mit geringfügigen Änderungen (vgl BT-
Drucks 7/3061, 76 f; BT-Drucks 7/5087, 20) aus redaktionellen Gründen (BT-Drucks 7/5087, 20)
in § 1761 übernommen.

Abs 2 schützt das Interesse des Kindes am Fortbestand des Annahmeverhältnisses   **3**
trotz fehlender oder unwirksamer Erklärungen. § 1770 b Abs 1 S 2 aF hatte für den
allerdings sehr engen Anwendungsbereich dieser Bestimmung (vgl dazu § 1760 Rn 2)
bereits eine ähnliche Regelung enthalten. Der heutige § 1761 Abs 2 war im RegE
noch als § 1760 Abs 5 vorgesehen (BT-Drucks 7/3061, 7, 26). Das dort ebenfalls mit-
geregelte generelle Aufhebungsverbot für Adoptionen, die bereits 5 Jahre Bestand
haben, wurde im Laufe des Gesetzgebungsverfahrens dahingehend modifiziert, daß
eine Aufhebung schon nach Ablauf von 3 Jahren nicht mehr zulässig ist (BT-Drucks 7/
5087, 20). Diese Regelung steht heute in § 1762 Abs 2 S 1 und schränkt im Zusam-
menwirken mit § 1761 Abs 2 die Aufhebbarkeit von Annahmeverhältnissen wegen
ursprüngl Mängel weitgehend ein.

II.   Die Regelung von Abs 1

1.   Anwendungsbereich

Da Abs 1 sich auf § 1760 bezieht, kommt als eine „**erforderliche Einwilligung**" nur die   **4**
der Eltern oder des Kindes (§ 1760 Abs 1) in Betracht. Die Einwilligung des Ehegatten (§ 1749) ist zwar für das Zustandekommen der Adoption erforderlich; ihr
Fehlen stellt aber keinen Aufhebungsgrund dar (vgl § 1760 Rn 4).

Abs 1 greift außerdem nur ein, soweit die **Einwilligung ersetzbar** ist. Die Einwilligung   **5**
der Eltern kann nach § 1748 ersetzt werden. Die Einwilligung des Kindes hingegen
kann nicht ersetzt werden, falls das nicht geschäftsunfähige Kind das 14. Lebensjahr
vollendet hat und deshalb die Einwilligung selbst erteilen muß (§ 1746 Abs 1 S 3). Ist
das Kind geschäftsunfähig oder noch nicht 14 Jahre alt, so kann die Einwilligung
ersetzt werden, wenn der Vormund oder Pfleger des Kindes diese ohne triftigen
Grund verweigert (§ 1746 Abs 3). Wird das Kind nicht von einem Vormund oder
Pfleger, sondern von seinen Eltern vertreten, so ist seit der Neuregelung des § 1746
Abs 3 HS 2 durch das KindRG v 1997 eine Einwilligung des Kindes nicht mehr
erforderlich, falls die Eltern nach den §§ 1747, 1750 bindend in die Annahme eingewilligt haben oder ihre Einwilligung nach § 1748 vormundschaftsgerichtl ersetzt
wurde (vgl § 1746 Rn 22). Der vor dem KindRG v 1997 diskutierte Problemfall, daß
Eltern sich in ihrer Eigenschaft als Vertreter des Kindes weigern, nach § 1746 in die
Annahme einzuwilligen, obwohl sie bereits in ihrer Eigenschaft als Eltern nach

§ 1747 bindend in die Annahme eingewilligt haben (oder ihre Einwilligung nach § 1748 ersetzt worden ist), ist somit seit dem KindRG v 1997 nicht mehr denkbar (zur Rechtslage vor 1997 vgl STAUDINGER/FRANK[12] Rn 6). Schwierigkeiten könnte allenfalls noch die Fallkonstellation bereiten, daß ein Kind sowohl ohne Einwilligung seiner vertretungsbefugten Eltern nach § 1746 als auch ohne deren Einwilligung nach § 1747 adoptiert wurde. In diesem Fall wäre nämlich im Aufhebungsverfahren nach § 1761 Abs 1 zwar die elterl Einwilligung nach § 1747 ersetzbar (§ 1748), nicht aber die Einwilligung, welche die Eltern als Vertreter des Kindes abzugeben hatten. Da die Voraussetzungen des § 1746 Abs 3 HS 2 beim Ausspruch der Adoption nicht vorlagen, war zu diesem Zeitpunkt auch die Einwilligung des Kindes, vertreten durch seine Eltern, erforderlich und konnte stricto sensu auch nicht ersetzt werden, weil § 1746 Abs 3 eine Ersetzung nur vorsieht, falls das Kind von einem Vormund oder Pfleger vertreten wird. Richtigerweise wird man aber § 1746 Abs 3 HS 2 so verstehen müssen, daß eine Einwilligung des Kindes, vertreten durch seine Eltern, im Rahmen eines Aufhebungsverfahrens nach § 1761 Abs 1 auch dann nicht erforderlich ist, wenn die Voraussetzungen für die Ersetzung der elterl Einwilligung nach § 1747 entweder beim Ausspruch der Annahme vorgelegen haben oder zum Zeitpunkt der Entscheidung über den Aufhebungsantrag vorliegen.

6 Wenn Abs 1 davon spricht, daß eine **Einwilligung „nicht eingeholt"** worden ist, so ist auch der Fall erfaßt, daß um die Erteilung der Einwilligung zwar nachgesucht, diese aber versagt worden ist (BGB-RGRK/DICKESCHEID Rn 8; ERMAN/HOLZHAUER Rn 2; **aA** PALANDT/DIEDERICHSEN Rn 3; SOERGEL/LIERMANN Rn 4). **War die Ersetzung der Einwilligung vom VormG abgelehnt worden,** so bleibt diese Entscheidung für das Aufhebungsverfahren maßgebend. Spätere Umstände, die vor oder nach der Begründung des Annahmeverhältnisses liegen können, sind indessen bis zum Zeitpunkt der Entscheidung über den Aufhebungsantrag zu berücksichtigen (BGB-RGRK/DICKESCHEID Rn 8; ERMAN/HOLZHAUER Rn 2; **aA** PALANDT/DIEDERICHSEN Rn 3; SOERGEL/LIERMANN Rn 5).

2.　Tatbestandliche Voraussetzungen

7 Unter zwei alternativen Voraussetzungen schließt Abs 1 die Aufhebung aus: Die Ersetzung der Einwilligung muß entweder beim Ausspruch der Annahme möglich gewesen sein (Alt 1), oder ihre Voraussetzungen müssen zum Zeitpunkt der Entscheidung über den Aufhebungsantrag vorliegen (Alt 2). Welche Voraussetzungen im einzelnen für die Ersetzung der Einwilligung erforderlich sind, richtet sich nach dem jeweiligen Ersetzungstatbestand (§§ 1748 Abs 1, 3 u 4, 1746 Abs 3). Nach Abs 1 HS 2 ist es unschädlich, wenn eine Belehrung oder Beratung nach § 1748 Abs 2 nicht erfolgt ist. Ist ein Ersetzungsverfahren nicht durchgeführt worden, so fehlt es auch an der für den Fall des § 1748 Abs 2 vorgesehenen Belehrung oder Beratung. Um das bereits begründete Annahmeverhältnis im Interesse des Kindes nicht zu gefährden, erleichtert Abs 1 HS 2 die (hypothetischen) Ersetzungsvoraussetzungen des § 1748 Abs 2 (BT-Drucks 7/3061, 48 Nr 10).

8 Das Tatbestandsmerkmal „unverhältnismäßiger Nachteil bei Unterbleiben der Annahme" in § 1748 Abs 1 u 3 soll nach überwiegender Auffassung (BGB-RGRK/DICKESCHEID Rn 4; MünchKomm/MAURER Rn 3; SOERGEL/LIERMANN Rn 7; ERMAN/HOLZHAUER Rn 4) im Rahmen der Prüfung von § 1761 **Abs 1 Alt 1** so interpretiert werden, daß dieser Nachteil bei *Vornahme* der Aufhebung entstehen müßte. Es sei eine Betrachtung geboten, die das zwischenzeitliche Geschehen mitberücksichtige. Eine solche Auslegung ist nicht geboten. Wie der RegE zeigt, geht es bei der 1. Alt von Abs 1 nur um eine rückblickende Beurteilung der damaligen Rechtslage (BT-Drucks 7/3061, 48 Nr 10). Zwischenzeitliche Entwicklungen sind lediglich im Rahmen der 2. Alt des Abs 1 oder des Abs 2 zu berücksichtigen.

Was die **Alt 2** anbelangt, so verengt sich der Anwendungsbereich von § 1748 erheblich, weil nach Begründung des Annahmeverhältnisses keine speziellen elterl Pflichten gegenüber dem Kind mehr bestehen. Neben § 1748 Abs 3 kommt deshalb praktisch nur der Ersetzungsgrund der **Gleichgültigkeit** in Betracht, wenn die Eltern, deren Einwilligung völlig fehlte, nicht nach dem Verbleib des Kindes geforscht haben, oder wenn sie sich bei Kenntnis der Unwirksamkeit der Einwilligung innerhalb der Jahresfrist des § 1762 Abs 2 nicht in angemessener Weise um eine Aufhebung bemüht haben. Außer Gleichgültigkeit setzt allerdings § 1748 Abs 1 weiter voraus, daß „das Unterbleiben der Annahme dem Kind zu unverhältnismäßigem Nachteil gereichen würde". Daran wird eine hypothetische Ersetzung nach Abs 1 Alt 2 möglicherweise scheitern, was indessen nicht ausschließt, die Aufhebung wegen Gefährdung des Kindeswohls (Abs 2) abzulehnen (so auch ERMAN/HOLZHAUER Rn 3 entgegen MünchKomm/MAURER Rn 3 u BGB-RGRK/DICKESCHEID Rn 5).

Für den **Ersetzungsgrund des § 1748 Abs 3** gilt Entsprechendes. Es ist allein auf den   **9** Zeitpunkt der Annahme bzw Aufhebung bezogen zu prüfen, ob die Voraussetzungen des § 1748 Abs 3 vorliegen (BGB-RGRK/DICKESCHEID Rn 7; **aA** MünchKomm/MAURER Rn 3).

III. Die Regelung von Abs 2

Abs 2 schränkt im Interesse einer kontinuierlichen Entwicklung des Kindes die   **10** Aufhebbarkeit des Annahmeverhältnisses ein, obwohl die Aufhebungsvoraussetzungen des § 1760 vorliegen. Abs 2 verbietet grds die Aufhebung, wenn dadurch das Wohl des Kindes erheblich gefährdet würde. Trotz erheblicher Gefährdung des Kindeswohls soll indessen die Aufhebung zulässig sein, wenn überwiegende Interessen des *Annehmenden* die Aufhebung erfordern.

Abs 2 verlangt eine „**erhebliche Gefährdung**". Eine schlichte Gefährdung, die mit   **11** jedem Milieuwechsel verbunden ist (Komplizierung der Lebensumstände, Trennungsschmerz), genügt nicht. Für die Frage, ob durch die Aufhebung des Annahmeverhältnisses das Wohl des Kindes erheblich gefährdet würde, ist sowohl maßgebend, in welchen Verhältnissen das Kind jetzt lebt, als auch, in welchen Verhältnissen es leben würde, wenn es infolge der Aufhebung wieder seiner Ursprungsfamilie zugeordnet würde. Dazu kommt freilich die weitere und entscheidende Prüfung, wie das Kind den Wechsel von einer Familie zur anderen verkraften würde. Hierbei ist insbes auf die Intensität der entstandenen Bindungen, das Alter des Kindes, die Dauer der Beziehung, besondere Eigenschaften des Kindes abzuheben. Nicht jede Aufhebung der Adoption führt allerdings auch zu einem Milieuwechsel. Wird zB eine Adoption durch den Stiefvater aufgehoben, weil der leibl Vater nicht eingewilligt hatte, so ändert sich an den tatsächlichen Lebensumständen des Kindes, das weiterhin bei seiner leibl Mutter und seinem Stiefvater lebt, nichts. Steht fest, daß durch die Aufhebung des Annahmeverhältnisses das Kindeswohl erheblich gefährdet würde, kommt auch eine Aufhebung mit der Maßgabe, daß das Kind „als Zwischenlösung" in seiner bisherigen Umgebung zu belassen ist, nicht in Betracht (OLG Karlsruhe DA-Vorm 1996, 390).

12 Obwohl Abs 2 keine **Abwägung zwischen den grundrechtl geschützten Positionen der leibl Eltern einerseits (Art 6 Abs 2 S 1 GG) und der Adoptivfamilie andererseits (Art 6 Abs 1 GG) vorsieht,** sondern ausschließlich auf die Gefährdung des Kindes abhebt, wird man Abs 2 richtigerweise auch als das gesetzl normierte Ergebnis einer solchen Abwägung verstehen müssen (vgl BGB-RGRK/DICKESCHEID Rn 12; MünchKomm/MAURER Rn 6): Je besser die leibl Eltern, ohne deren Einwilligung die Adoption zustande kam, ihre Elternverantwortung wahrgenommen haben, desto weniger wird in Anbetracht der ohnehin kurzen Fristen des § 1762 eine Aufhebung des Annahmeverhältnisses das Kindeswohl erheblich gefährden. Verfassungsrechtl Bedenken gegen Abs 2 bestehen jedoch insoweit nicht, als der Gesetzgeber im Spannungsverhältnis zwischen zwei Elternrechten dem Kindeswohl die entscheidende Priorität einräumt (vgl GERNHUBER/COESTER-WALTJEN § 68 XII 3; krit BGB-RGRK/DICKESCHEID Rn 12; MünchKomm/MAURER Rn 6).

13 Trotz erheblicher Gefährdung des Kindeswohls soll es nach Abs 2 bei der Aufhebbarkeit des Annahmeverhältnisses bleiben, wenn **„überwiegende Interessen des Annehmenden"** die Aufhebung erfordern. Gedacht ist an den (allerdings kaum praktisch werdenden) Fall, daß der Annahmeantrag unwirksam war (BT-Drucks 7/3061, 48 Nr 11). Hier sollen das Kindeswohl, das durch die Aufhebung gefährdet würde, und das Interesse derjenigen, denen das Kind ohne ihren Antrag zugeordnet wurde, gegeneinander abgewogen werden. Im Fall einer Minderjährigenadoption wird es in aller Regel schon an einer durch die Aufhebung bedingten erheblichen Gefährdung des Kindeswohles fehlen (MünchKomm/MAURER Rn 7; ROTH-STIELOW Rn 8), wenn die Annehmenden alles daransetzen, das Annahmeverhältnis aufzuheben. Zwangselternschaft kann nicht im wohlverstandenen Interesse des Kindes liegen. Bei größeren Kindern und bei Volljährigen (§ 1771 S 2) können indessen vermögensrechtl Interessen sowohl des Kindes als auch der Annehmenden im Gesamtabwägungsprozeß eine entscheidende Rolle spielen (GERNHUBER/COESTER-WALTJEN § 68 XII 3).

§ 1762

(1) Antragsberechtigt ist nur derjenige, ohne dessen Antrag oder Einwilligung das Kind angenommen worden ist. Für ein Kind, das geschäftsunfähig oder noch nicht vierzehn Jahre alt ist, und für den Annehmenden, der geschäftsunfähig ist, können die gesetzlichen Vertreter den Antrag stellen. Im übrigen kann der Antrag nicht durch einen Vertreter gestellt werden. Ist der Antragsberechtigte in der Geschäftsfähigkeit beschränkt, so ist die Zustimmung des gesetzlichen Vertreters nicht erforderlich.

(2) Der Antrag kann nur innerhalb eines Jahres gestellt werden, wenn seit der Annahme noch keine drei Jahre verstrichen sind. Die Frist beginnt
a) in den Fällen des § 1760 Abs. 2 Buchstabe a mit dem Zeitpunkt, in dem der Erklärende zumindest die beschränkte Geschäftsfähigkeit erlangt hat oder in dem dem gesetzlichen Vertreter des geschäftsunfähigen Annehmenden oder des

noch nicht vierzehn Jahre alten oder geschäftsunfähigen Kindes die Erklärung bekannt wird;

b) in den Fällen des § 1760 Abs. 2 Buchstaben b, c mit dem Zeitpunkt, in dem der Erklärende den Irrtum oder die Täuschung entdeckt;

c) in dem Fall des § 1760 Abs. 2 Buchstabe d mit dem Zeitpunkt, in dem die Zwangslage aufhört;

d) in dem Fall des § 1760 Abs. 2 Buchstabe e nach Ablauf der in § 1747 Abs. 2 Satz 1 bestimmten Frist;

e) in den Fällen des § 1760 Abs. 5 mit dem Zeitpunkt, in dem dem Elternteil bekannt wird, daß die Annahme ohne seine Einwilligung erfolgt ist. Die für die Verjährung geltenden Vorschriften der §§ 203, 206 sind entsprechend anzuwenden.

(3) Der Antrag bedarf der notariellen Beurkundung.

Materialien: BT-Drucks 7/3061, 20, 48 f; BT-Drucks 7/5087, 20. S STAUDINGER/BGB-Synopse (2000) § 1762.

Systematische Übersicht

I. Normzweck und Entstehungsgeschichte

§ 1762 gehört in den Regelungszusammenhang der §§ 1760, 1761 und bestimmt, wer **1** bei Begründungsmängeln der Adoption iSv § 1760 den Aufhebungsantrag stellen darf (Abs 1), welche Form erforderlich ist (Abs 3) und innerhalb welcher Frist der Aufhebungsantrag gestellt werden muß (Abs 2). Dabei sieht Abs 2 eine **doppelte Befristung** vor: Der Aufhebungsantrag kann nur **binnen Jahresfrist** gestellt werden, wobei die Frist mit Kenntnis des Aufhebungsgrundes oder Wegfall des Hindernisses beginnt (Näheres Abs 2 S 2 lit a–e). Nach Ablauf einer **Frist v 3 Jahren** seit dem Wirksamwerden der Annahme ist ein Aufhebungsantrag selbst dann unzulässig, wenn die Einjahresfrist noch nicht abgelaufen sein sollte: „Ein Kind ist ... voll in die Adoptivfamilie integriert, wenn es mehr als 3 Jahre in ihr gelebt hat. Bei dieser Sachlage erscheint es im Interesse des Kindeswohls auch unter Berücksichtigung der Tatsache, daß die Aufhebung nur bei besonders schweren Mängeln der Adoption zulässig ist, und vor allem der Bedeutung des Elternrechts nicht mehr vertretbar, ein

Annahmeverhältnis aufzuheben" (BT-Drucks 7/5087, 20). Die Frist v 3 Jahren ist erst auf Antrag des RAussch Gesetz geworden (BT-Drucks 7/5087, 20), nachdem der RegE in § 1760 Abs 5 S 2 noch eine Frist v 5 Jahren vorgesehen hatte (BT-Drucks 7/3061, 7, 26, 48 Nr 12).

2 Vor der Reform v 1976 war ein Adoptionsvertrag nichtig, wenn die zum wirksamen Zustandekommen der Annahme erforderlichen Erklärungen fehlten oder unwirksam waren (Näheres § 1760 Rn 2). Auf die Nichtigkeit konnte sich jedermann zu jeder Zeit berufen. War der Annahmevertrag oder eine erforderliche Einwilligungserklärung anfechtbar (§ 1755 aF), so galt für die Anfechtungsfrist die Regelung der §§ 121, 124. Ein Adoptionsvertrag konnte somit noch bis zu 30 Jahre nach Abgabe der Erklärung durch Anfechtung vernichtet werden (§§ 121 Abs 2, 124 Abs 3). Durch § 1762 Abs 2 wird dem **Reformanliegen,** Annahmeverhältnissen verstärkten Bestandsschutz zu verleihen (vgl § 1759 Rn 2), Rechnung getragen. Für den Sonderfall des § 1760 Abs 5 (unzutr Annahme, ein Elternteil sei zur Abgabe der Einwilligungserklärung dauernd außerstande oder sein Aufenthalt dauernd unbekannt) hatte allerdings § 1770 b Abs 2 u 3 aF bereits eine dem heutigen § 1762 Abs 2 S 2 lit e ähnl Regelung enthalten.

II. Aufhebungsantrag

1. Antragsberechtigte Personen

3 Antragsberechtigt ist nicht, wie der Wortlaut des Abs 1 S 1 vermuten lassen könnte, jeder, ohne dessen Antrag oder Einwilligung die Annahme erfolgte. § 1762 Abs 1 S 1 knüpft vielmehr an die Bestimmung des § 1760 Abs 1 u 2 an, die abschließend regelt, welche fehlenden oder unwirksamen Erklärungen einen Aufhebungsgrund darstellen. Nicht antragsberechtigt sind deshalb der Ehegatte des Annehmenden oder Anzunehmenden, ohne dessen Einwilligung (§ 1749) die Adoption zustande kam (allgM; **aA** PALANDT/DIEDERICHSEN Rn 1 u § 1771 Rn 3), der gesetzl Vertreter, dessen Zustimmung nach § 1746 Abs 1 S 3 HS 2 fehlte, und Personen, die im Annahmeverfahren hätten gehört werden müssen (BayObLGZ 1986, 57, 59 = FamRZ 1986, 719, 720 = NJW-RR 1986, 872, 873, betr Volljährigenadoption).

4 Antragsberechtigt sind nach § 1760 Abs 1 allein der Annehmende, das Kind sowie jeder Elternteil, im Falle des § 1747 Abs 1 S 2 auch der Vaterschaftsprätendent (vgl § 1760 Rn 6). Jeder Antragsberechtigte kann nur die **Verletzung eigener Rechte** geltend machen, sich also nur auf das Fehlen oder die Unwirksamkeit der eigenen Erklärung berufen (BayObLG FamRZ 2000, 768, 770; BayObLGZ 1995, 245, 248 = NJW-RR 1996, 1092, 1093 = FamRZ 1995, 1604, 1605). Nach der Begründung des RegE (BT-Drucks 7/3061, 49 zu § 1761 Abs 1) zieht § 1762 Abs 1 S 1 die Schlußfolgerung aus § 1760 Abs 3, der die Nachholung fehlender oder unwirksamer Erklärungen vorsieht.

2. Antrag nur eines Ehegatten

5 Fehlt es bei einer gemeinschaftlichen Annahme durch ein Ehepaar am wirksamen Annahmeantrag nur eines Ehegatten, so kann nur dieser den Aufhebungsantrag stellen und das Annahmeverhältnis auch nur ihm gegenüber aufgehoben werden. § 1764 Abs 5 sieht die Möglichkeit einer **Teilaufhebung** ausdrücklich vor. Allerdings

erweckt § 1763 Abs 2 den Eindruck, als käme eine Teilaufhebung nur im Falle des
§ 1763 Abs 1 in Betracht. Die Entstehungsgeschichte macht jedoch deutlich, daß die
Möglichkeit der Teilaufhebung nicht auf den Fall des § 1763 Abs 1 beschränkt ist: Die
Regelung des heutigen § 1763 Abs 2 stand im RegE noch in § 1763 Abs 1 (BT-Drucks 7/
3061, 7) und bezog sich auf den Fall des § 1760. Sie wurde später lediglich „des engen
Sachzusammenhangs wegen", ohne daß eine inhaltliche Änderung bezweckt war, an
anderer Stelle plaziert (BT-Drucks 7/5087, 20). Zwar war der wirksame Annahmeantrag
des anderen Ehegatten auf eine gemeinsame Adoption, nicht auf eine Einzeladoption gerichtet (vgl zu einer ähnl Problemlage § 1753 Rn 7). Eine gemeinsame Adoption hat
aber stattgefunden, und der Irrtum über den Fortbestand der gemeinsamen Adoption
berechtigt nicht zur Aufhebung (GERNHUBER/COESTER-WALTJEN § 68 XII Fn 8; MünchKomm/
MAURER Rn 4). Zu prüfen bleibt allerdings, ob das Annahmeverhältnis zum anderen
Ehegatten nicht nach § 1763 Abs 1 aufzuheben ist.

3. Vertretung

Der Aufhebungsantrag kann grds nicht durch einen Vertreter gestellt werden (Abs 1 **6**
S 3; ebenso schon vor der Reform § 1770 b Abs 4). Als **höchstpersönliches Recht** ist
das Antragsrecht auch nicht vererblich (BayObLGZ 1986, 57, 59 f = FamRZ 1986, 719, 720 =
NJW-RR 1986, 872, 873).

Ein **geschäftsunfähiger Elternteil** kann deshalb auch nicht durch seinen gesetzl Ver- **7**
treter einen Aufhebungsantrag stellen. War der Elternteil schon bei der Annahme
geschäftsunfähig, so war seine Einwilligung nach § 1747 Abs 4 nicht erforderlich, so
daß schon aus diesem Grund eine Aufhebung nicht in Betracht kommt. Trat die
Geschäftsunfähigkeit erst später ein, so verbietet sich eine Aufhebung wegen des
vorhandenen Begründungsmangels, weil nunmehr eine Adoption auch ohne Einwilligung des geschäftsunfähig gewordenen Elternteils möglich wäre (so RegE BT-
Drucks 7/3061, 49 zu § 1761 Abs 1; BGB-RGRK/DICKESCHEID Rn 4). Gegen eine Aufhebung
spricht auch, daß das Kindeswohl gefährdet wäre, wenn nach der Automatik des
§ 1764 Abs 3 an die Stelle der Adoptiveltern wieder der geschäftsunfähige leibl Elternteil träte (vgl STAUDINGER/ENGLER[10/11] § 1770 b Rn 18). – Ein **beschränkt geschäftsfä-
higer Elternteil** ist gem Abs 1 S 4 ohne Zustimmung des gesetzl Vertreters antrags-
befugt (vgl § 1750 Abs 3 S 2).

Für den **geschäftsunfähigen Annehmenden** kann nach Abs 1 S 2 der gesetzl Vertreter **8**
den Aufhebungsantrag stellen. Obwohl bei der Stellung des Annahmeantrags Stellvertretung verboten ist (§ 1752 Abs 2 S 1), ist die Regelung des Abs 1 S 2 gerechtfertigt und notwendig, weil ansonsten der Grund, der zur Unwirksamkeit des Antrags
geführt hat, die Möglichkeit eines Aufhebungsantrags ausschließen würde und der
Annehmende ohne seinen Willen mit den Rechtsfolgen einer Adoption belastet
bliebe (RegE BT-Drucks 7/3061, 49 zu § 1761 Abs 1).

Entsprechend der Regelung des § 1746 Abs 1 S 2 kann der Aufhebungsantrag für ein **9**
Kind, das geschäftsunfähig oder noch nicht 14 Jahre alt ist, nur von seinem gesetzl
Vertreter gestellt werden (Abs 1 S 2). Ist gesetzl Vertreter (wie meist) der Anneh-
mende, so muß zur Vermeidung von Interessenkollisionen (§ 1761 Abs 2!) für das
Kind ein Verfahrenspfleger bestellt werden (§ 56 f Abs 2 FGG). – Hat das Kind das
14. Lebensjahr vollendet, so kann und muß es den Antrag selbst stellen (Abs 1 S 4

entspricht § 1746 Abs 1 S 3). Einer Zustimmung des gesetzl Vertreters bedarf es – anders als im Falle des § 1746 Abs 1 S 3 – nicht (Abs 1 S 4).

4. Tod des Antragstellers

10 Daß ein Annahmeverhältnis nach dem Tod des Annehmenden oder des Kindes auf deren jeweiligen Antrag hin aufgehoben werden kann, ergibt sich aus § 1764 Abs 1 S 2. Näheres zur Aufhebbarkeit des Annahmeverhältnisses nach dem Tod des Antragstellers bei § 1764 Rn 6.

5. Form des Antrags

11 Der Aufhebungsantrag bedarf der **notariellen Beurkundung** (Abs 3). Die gleiche Form ist für den Annahmeantrag (§ 1752 Abs 2 S 2) und die nach den §§ 1746, 1747, 1749 erforderlichen Einwilligungserklärungen (§ 1750 Abs 1 S 2) vorgeschrieben. Die Regelung ist einerseits sinnvoll, weil der Antragsteller über die Tragweite seiner Erklärung belehrt wird, andererseits aber wegen der ohnehin kurzen Fristen des Abs 2 nicht unproblematisch (krit MünchKomm/MAURER Rn 5). Der Aufhebungsantrag muß beim zuständigen VormG (vgl § 1759 Rn 19) gestellt werden. Zur Fristwahrung genügt ein Antrag beim örtlich unzuständigen VormG (vgl zu einer ähnl gelagerten Problematik die Ausführungen bei § 1753 Rn 4). Im Falle einer Inkognitoadoption hätten sonst die leibl Eltern Schwierigkeiten, den Aufhebungsantrag innerhalb der Fristen des Abs 2 zu stellen. Zur Frage, wann im Falle einer Inkognitoadoption der Kindesmutter das den Annahmebeschluß erlassende VormG und das Aktenzeichen des Annahmeverfahrens zwecks Durchführung eines Aufhebungsverfahrens benannt werden muß, vgl OVG Münster NJW 1985, 1107 = FamRZ 1985, 204; VG Würzburg FamRZ 1994, 1201 u § 1758 Rn 14.

III. Antragsfristen (Abs 2)

1. Allgemeines

12 Das Antragsrecht ist nach Abs 2 S 1 **doppelt befristet:** Nach Ablauf einer **Frist von 3 Jahren** seit Wirksamwerden des Annahmebeschlusses kann ein Aufhebungsantrag nicht mehr gestellt werden, weil nach dem Willen des Gesetzgebers die Geltendmachung von Begründungsmängeln im Interesse des Kindes, das nach 3 Jahren in die Adoptivfamilie voll integriert ist, ausgeschlossen sein soll (s oben Rn 1). Auch wenn die Dreijahresfrist noch nicht abgelaufen sein sollte, ist ein Aufhebungsantrag unzulässig, falls der Antragsteller diesen nicht binnen einer **Frist von 1 Jahr** ab Aufdeckung des Mangels, Beendigung der Zwangslage oder Wegfall des Hindernisses gestellt hat. Den Fristbeginn im einzelnen regelt Abs 2 S 2 lit a–e.

2. Die Dreijahresfrist

13 Die Dreijahresfrist beginnt mit der Zustellung des Adoptionsbeschlusses an den Annehmenden (§ 56 e S 2 FGG). Für die **Berechnung** der Frist gelten die §§ 187 ff. Da die Dreijahresfrist eine **Ausschlußfrist** ist, kommt eine Wiedereinsetzung in den vorigen Stand nicht in Betracht (OVG Münster NJW 1985, 1107, 1108 = FamRZ 1985, 204, 205).

3.   Die Einjahresfrist

a)   Die Regelung v Abs 2 S 2 lit a

War der **Annehmende geschäftsunfähig,** so beginnt die Frist, wenn dem gesetzl Ver-   **14**
treter der unwirksame Antrag bekannt wird. Hat der gesetzl Vertreter Kenntnis
erlangt, und wird der Annehmende vor Fristablauf geschäftsfähig, so beginnt die
Einjahresfrist erneut zu laufen (BGB-RGRK/Dickescheid Rn 7).

Hat das **geschäftsunfähige oder noch nicht 14 Jahre alte Kind** die Einwilligung selbst
erteilt, so beginnt die Jahresfrist ebenfalls mit Kenntniserlangung des gesetzl Vertreters. Läuft die Jahresfrist, und vollendet das Kind vor Ablauf der Frist das 14. Lebensjahr (vgl Abs 1 S 4), so wird man zu dessen Gunsten einen neuen Fristbeginn annehmen müssen.

Nicht erfaßt ist v Abs 2 S 2 lit a die 1. Alt des § 1760 Abs 2 lit a, daß nämlich der
Annehmende, das Kind oder ein Elternteil die Erklärung im Zustand der Bewußtlosigkeit oder vorübergehenden Störung der Geistestätigkeit abgegeben haben. Hier
wird man entsprechend der Regelung v Abs 2 S 2 lit e auf den Zeitpunkt abstellen
müssen, in dem dem Betroffenen bekannt wird, daß die Annahme ohne seine erforderliche Erklärung erfolgt ist (BGB-RGRK/Dickescheid Rn 7).

b)   Die Regelung v Abs 2 S 2 lit b

Hat sich der Erklärende in einem Irrtum gem § 1760 Abs 2 lit b befunden, oder war er   **15**
durch arglistige Täuschung zur Erklärung bestimmt worden (§ 1760 Abs 2 lit c), so
läuft die Frist ab Entdeckung des Irrtums oder der Täuschung (vgl BayObLG ZfJ 1992,
442).

c)   Die Regelung v Abs 2 S 2 lit c

Ist die Erklärung durch widerrechtl Drohung (§ 1760 Abs 2 lit d) herbeigeführt wor-   **16**
den, so ist für den Fristbeginn die Beendigung der Zwangslage der maßgebliche
Zeitpunkt.

d)   Die Regelung v Abs 2 S 2 lit d

Wurde die elterl Einwilligung vor Ablauf der Achtwochenfrist erteilt (§ 1760 Abs 2   **17**
lit e iVm § 1747 Abs 2 S 1), so beginnt die Jahresfrist in dem Zeitpunkt, in dem das
Kind 8 Wochen alt wird.

e)   Die Regelung v Abs 2 S 2 lit e

Wurde bei der Adoption zu Unrecht angenommen, daß die elterl Einwilligung gem   **18**
§ 1747 Abs 4 entbehrlich sei (§ 1760 Abs 5), so beginnt die Frist, sobald dem betroffenen Elternteil bekannt wird, daß die Annahme ohne seine Einwilligung erfolgt
ist.

Nicht geregelt ist der allg Fall des § 1760 Abs 1, daß nämlich die Einwilligung der
Eltern fehlt, ohne daß zu Unrecht die Voraussetzungen des § 1747 Abs 4 bejaht
wurden; ungeregelt ist ferner der Fall, daß die Annahme ohne Einwilligung des
Kindes oder ohne den Antrag des Annehmenden erfolgte. Die Lücke ist durch
analoge Anwendung v Abs 2 S 2 lit e zu schließen (BGB-RGRK/Dickescheid Rn 8;
Erman/Holzhauer Rn 5). Fehlt die Einwilligung des Kindes, so ist bei dem noch nicht

14 Jahre alten Kind auf die Kenntnis des gesetzl Vertreters abzustellen; hat das Kind das 14. Lebensjahr vollendet, so ist seine Kenntnis maßgebend (vgl Abs 2 S 2 lit a iVm Abs 1 S 2 u 4). Wird das Kind 14 Jahre alt, während die Jahresfrist wegen Vertreterkenntnis läuft, so wird man zugunsten des Kindes einen neuen Fristbeginn annehmen müssen (s oben Rn 14).

4. Hemmung der Fristen

19 Abs 2 S 3 erklärt die für die Verjährung geltenden Vorschriften der §§ 203, 206 für entsprechend anwendbar (Hemmung wegen Stillstands der Rechtspflege, höherer Gewalt, Fehlens eines gesetzl Vertreters). Die **Verweisung bezieht sich** nicht nur auf den Fall des Abs 2 S 2 lit e, sondern **auf alle Fälle des Abs 2 S 2.** Richtigerweise hätte für S 3 eine neue Zeile in Abs 2 begonnen werden müssen (BGB-RGRK/DICKESCHEID Rn 9). Im RegE (BT-Drucks 7/3061, 7) war der heutige Abs 2 S 3 noch in § 1761 Abs 2 S 3 enthalten. Dort waren die einzelnen Fälle des heutigen Abs 2 S 3 noch nicht nach Buchstaben einzeln aufgeführt, sondern in einem längeren S 2 zusammengefaßt, so daß sich die Regelung v S 3 zweifelsfrei auf alle Fälle v S 2 bezog. Mit der späteren Übernahme der Bestimmung in § 1762 und der sprachlichen Korrektur war eine inhaltliche Änderung nicht beabsichtigt (BT-Drucks 7/5087, 20).

20 **Auf die Dreijahresfrist des Abs 2 S 1 bezieht sich** hingegen **Abs 2 S 3 nicht** (BGB-RGRK/ DICKESCHEID Rn 10; SOERGEL/LIERMANN Rn 14; MünchKomm/MAURER Rn 11; **aA** ROTH-STIELOW Rn 6). Dies ergibt sich eindeutig aus der Entstehungsgeschichte. Schon in § 1770 b Abs 3 S 2 aF, der dem heutigen § 1762 Abs 2 S 3 als Vorbild diente, hatte sich die entsprechende Anwendung der §§ 203, 206 nur auf die Einjahresfrist bezogen. Im RegE stand die ursprüngl vorgesehene Ausschlußfrist v 5 Jahren noch in § 1760 Abs 5 S 2 ohne Hinweis auf die §§ 203, 206. Auf Anregung des RAussch wurde später zwar die Frist auf 3 Jahre verkürzt; im übrigen sollte sich aber durch die Übernahme der Regelung der Ausschlußfrist in § 1762 Abs 2 S 1 inhaltlich nichts ändern (BT-Drucks 7/ 5087, 20).

§ 1763

(1) Während der Minderjährigkeit des Kindes kann das Vormundschaftsgericht das Annahmeverhältnis von Amts wegen aufheben, wenn dies aus schwerwiegenden Gründen zum Wohl des Kindes erforderlich ist.

(2) Ist das Kind von einem Ehepaar angenommen, so kann auch das zwischen dem Kind und einem Ehegatten bestehende Annahmeverhältnis aufgehoben werden.

(3) Das Annahmeverhältnis darf nur aufgehoben werden,
a) wenn in dem Fall des Absatzes 2 der andere Ehegatte oder wenn ein leiblicher Elternteil bereit ist, die Pflege und Erziehung des Kindes zu übernehmen, und wenn die Ausübung der elterlichen Sorge durch ihn dem Wohl des Kindes nicht widersprechen würde oder
b) wenn die Aufhebung eine erneute Annahme des Kindes ermöglichen soll.

Materialien: BT-Drucks 7/3061, 26, 49 f; BT-
Drucks 7/5087, 20. S Staudinger/BGB-
Synopse (2000) § 1763.

Systematische Übersicht

I.   Normzweck

Ein Annahmeverhältnis kann nicht nur wegen Fehlern bei der Begründung **1**
(§§ 1760–1762), sondern auch wegen späteren Scheiterns aufgehoben werden,
wenn dies aus schwerwiegenden Gründen zum Wohl des Kindes erforderlich ist
(§ 1763 Abs 1). Der **Grundsatz der Volladoption** hätte es eigentlich nahegelegt, auf
eine Bestimmung wie die des § 1763 zu verzichten, weil natürliche Eltern-Kind-Verhältnisse nicht durch Aufhebung beendet werden können. Da jedoch nach § 1742
Zweitadoptionen verboten sind, „solange das Annahmeverhältnis besteht" (krit dazu
§ 1742 Rn 3 ff), mußte der Gesetzgeber in § 1763 eine Aufhebungsmöglichkeit vorsehen, wollte er Zweitadoptionen nicht gänzlich unterbinden. § 1763 ist deshalb in
erster Linie im **Zusammenhang mit § 1742** zu sehen, wie die Regelung des Abs 3
auch deutlich zeigt: Nach Abs 3 ist eine Aufhebung des Annahmeverhältnisses in
drei Fällen möglich: zunächst gem Abs 3 lit b, wenn die Aufhebung eine erneute
Annahme ermöglichen soll. Auch Abs 3 lit a Alt 2 betrifft in der Sache den Fall einer
Zweitadoption. Soweit nämlich diese Bestimmung eine Aufhebung des Annahmeverhältnisses gestattet, „wenn ein leibl Elternteil bereit ist, die Pflege und Erziehung
des Kindes zu übernehmen, und wenn die Ausübung der elterl Sorge durch ihn dem
Wohl des Kindes nicht widersprechen würde", handelt es sich letztlich um die „Rückadoption" des Kindes durch seine leibl Eltern (oder einen Elternteil), die aber das
Ges nicht vorsieht, weil mit der Aufhebung jeder Adoption das natürliche Verwandtschaftsverhältnis kraft Ges (§ 1764 Abs 3) wiederauflebt und nur die Rückübertragung des Sorgerechts von einer vormundschaftsgerichtl Entscheidung abhängt
(§ 1764 Abs 4). Lediglich der 3. Fall (Abs 3 lit a Alt 1) hat mit der Ermöglichung
einer Zweitadoption nichts zu tun. Diese Vorschrift erlaubt im Zusammenhang mit
Abs 2 bei der gemeinschaftlichen Annahme eines Kindes durch ein Ehepaar die
Aufhebung des Annahmeverhältnisses zu nur einem Ehegatten, falls der andere
bereit ist, die Pflege und Erziehung des Kindes zu übernehmen. Auf diese Bestimmung hätte man verzichten können, weil es auch bei leibl Kindern keine Adoption

des eigenen Kindes zwecks Ausgrenzung des anderen Elternteils gibt und das Ges genügend Möglichkeiten bietet, Adoptivkinder bei einseitigem elterl Versagen zu schützen (§§ 1666, 1667). Es wäre deshalb konsequenter gewesen, **Zweitadoptionen** auch ohne vorherige Aufhebung der ersten **zuzulassen** (dazu § 1742 Rn 3 ff) **und § 1763 ersatzlos zu streichen.** In diese Richtung waren vor 1976 auch Reformvorschläge gegangen (Stellungnahme der AGJ zum RegE, MittAGJ 70 [1974] Beil S 6; Akademikerverbände FamRZ 1974, 170, 171; Lüderitz 84; ders MittAGJ 70 [1974] 46). Falsch wäre es jedenfalls, aus § 1763 voreilig folgern zu wollen, die künstliche, durch Adoption begründete Verwandtschaftsbeziehung sei weniger geschützt als die natürliche (vgl BT-Drucks 7/3061, 26, 49 f).

II. Entstehungsgeschichte

2 Vor der Reform v 1976 stand die vertragliche Aufhebung des Annahmeverhältnisses im Vordergrund (§ 1770 aF). Allerdings sah schon **§ 1770 a S 1 aF** mit dem gleichen Wortlaut wie § 1763 Abs 1 eine Aufhebung von Amts wegen vor, so daß zur Auslegung der Begriffe „schwerwiegende Gründe" und „Wohl des Kindes" in § 1763 Abs 1 auch die zu § 1770 a aF ergangene Rspr herangezogen werden kann (BayObLGZ 1979, 386, 390 f = FamRZ 1980, 498, 499 f = DAVorm 1980, 39, 42; BGB-RGRK/Dikkescheid Rn 4). Näheres zur Entstehungsgeschichte des § 1770 a aF bei Staudinger/Engler[10/11]. § 1763 unterscheidet sich von § 1770 a aF vor allem durch die Regelung des **Abs 3,** der in § 1770 a aF fehlte und heute die **Möglichkeit der Aufhebung erheblich einschränkt** (vgl BT-Drucks 7/3061, 26 unter d). Dagegen enthielt § 1770 a aF in S 2 bereits wie § 1763 Abs 2 die Bestimmung, daß das Annahmeverhältnis zu nur einem Adoptivelternteil aufgehoben werden kann, was zT erklärt, weshalb diese fragwürdige Regelung (s oben Rn 1) Eingang in das AdoptG v 1976 gefunden hat (vgl BT-Drucks 7/3061, 50 zu § 1763 Abs 1).

III. Voraussetzungen der Aufhebung

1. Allgemeines

3 Da eine Aufhebung des Annahmeverhältnisses nach § 1763 grds eine Zweitadoption ermöglichen (s oben Rn 1) und im Falle des Abs 3 lit a Alt 1 wenigstens eine Veränderung der statusmäßigen Zuordnung bewirken soll, fragt es sich, ob die in Abs 1 normierten Aufhebungsvoraussetzungen nicht an § 1748 zu messen sind. In den Gesetzesmaterialien wird diese Frage ebensowenig wie in Rspr u Lit mit der erforderlichen Klarheit angesprochen. Vor der Reform v 1976 war die Aufhebung in § 1770 a S 1 aF unter leichteren Voraussetzungen möglich als die Ersetzung der elterl Einwilligung nach § 1747 Abs 3 idF d FamRÄndG v 1961 und später nach § 1747 a idF d Vorabnovelle v 1973 (zur Entstehungsgeschichte dieser Bestimmung vgl § 1748 Rn 3). Damals war indessen eine Differenzierung auch verständlich, weil in § 1770 a S 1 aF eine dem heutigen § 1763 Abs 3 entsprechende Regelung fehlte. Seit der Reform v 1976 ist jedoch kein überzeugender Grund zu finden, weshalb die Aufhebungsvoraussetzungen in § 1763 andere sein sollten als die Ersetzungsvoraussetzungen in § 1748. Zwar läßt sich der unterschiedliche Wortlaut v § 1763 Abs 1 und § 1748 nicht einfach hinweginterpretieren. Insbes enthält § 1763 Abs 1 keine dem § 1748 Abs 2 entsprechende Fristenregelung. Aber die Generalklausel des § 1763 Abs 1 ermöglicht weitgehend eine **Anpassung der Wertungen an die Parallelwertung**

des § 1748 (vgl auch ERMAN/HOLZHAUER Rn 4 u SOERGEL/LIERMANN Rn 2). – Gegen die hier vertretene Auffassung könnte man anführen, daß eine Parallelwertung zwischen § 1763 Abs 1 einerseits und § 1748 andererseits sich deshalb verbiete, weil eine Aufhebung nach § 1763 nicht notwendigerweise gegen den Willen der Adoptiveltern erfolgen muß. Wünschen jedoch die Adoptiveltern eine Beendigung des Annahmeverhältnisses, und sind neue geeignete Adoptiveltern bereit, die Verantwortung für das Kind zu übernehmen, so wird idR eine Aufhebung des Annahmeverhältnisses aus schwerwiegenden Gründen zum Wohl des Kindes auch erforderlich sein, so daß sich in diesem Falle die Parallele v § 1763 Abs 1 zwar nicht zu § 1748, wohl aber zu § 1747 ziehen läßt.

2. Aufhebungsvoraussetzungen nach Abs 1

a) Minderjährigkeit des Kindes
Der schwerwiegende Eingriff in das Annahmeverhältnis läßt sich nur solange recht- **4** fertigen, als das angenommene Kind in erhöhtem Maße schutzbedürftig ist. Deshalb ist die Aufhebung des Annahmeverhältnisses nach dem klaren Wortlaut des Abs 1 nur **während der Minderjährigkeit** des Kindes möglich (krit LIERMANN FuR 1997, 266, 269). **Nach Eintritt der Volljährigkeit** kann das zu einem Minderjährigen begründete Annahmeverhältnis auch nicht nach § 1771 S 1 aufgehoben werden, weil es nicht „zu einem Volljährigen begründet worden ist" (Näheres unter § 1771 Rn 5). Allerdings kann nach § 1768 Abs 1 S 2 idF des AdoptRÄndG v 4. 12. 1992 (BGBl I 1974) das volljährig gewordene Adoptivkind durchaus ohne vorhergehende Aufhebung der Erstadoption ein zweites oder drittes Mal weiteradoptiert werden, weil das Verbot der Zweitadoption (§ 1742) nach der ausdrücklichen Regelung des § 1768 Abs 1 S 2 nicht für den Fall der Volljährigenadoption gilt.

Maßgeblicher Zeitpunkt für die Minderjährigkeit iSv Abs 1 ist entgegen einer früher **5** verbreiteten Ansicht (Nachw STAUDINGER/ENGLER[10/11] § 1770 a aF Rn 6) nach heute allgM nicht das Wirksamwerden des Aufhebungsbeschlusses mit Eintritt der Rechtskraft gem § 56 f Abs 3 FGG, sondern der Erlaß der Entscheidung in der letzten Tatsacheninstanz (OLG Zweibrücken FamRZ 1997, 577; OLG Karlsruhe FamRZ 1996, 434 = StAZ 1996, 18; OLG Hamm NJW 1981, 2762, 2763 = FamRZ 1981, 498, 500; MünchKomm/MAURER Rn 8; BGB-RGRK/DICKESCHEID Rn 3; SOERGEL/LIERMANN Rn 3). Krit zum Fehlen einer gesetzl Regelung, falls das Kind während des Aufhebungsverfahrens volljährig wird, SOERGEL/LIERMANN Rn 3 m Hinw.

b) Schwerwiegende Gründe
„Schwerwiegende Gründe" sind insbes **Verhaltensweisen der Eltern iSv § 1748,** die im **6** Interesse des Kindes eine Beendigung des Annahmeverhältnisses erforderlich machen. Auf ein **Verschulden** der Adoptiveltern kommt es (wie im Falle des § 1748) nicht an (BGB-RGRK/DICKESCHEID Rn 5; SOERGEL/LIERMANN Rn 5).

Enttäuschte Erwartungen der Adoptiveltern bezügl der Entwicklung des Eltern-Kind- **7** Verhältnisses (Erziehungsschwierigkeiten, Entwicklungsrückstand oder schwere geistige Erkrankung des Kindes) stellen keinen Aufhebungsgrund dar. Das Ges kennt keine Aufhebung des Annahmeverhältnisses im Interesse der Eltern (BT-Drucks 7/3061, 26 f; vgl auch schon KG FamRZ 1961, 85). Der nachhaltige Wunsch der Adoptiveltern, das Annahmeverhältnis zu beenden, und die fehlende Bereitschaft, sich des Kindes in der erforderlichen Weise anzunehmen, können jedoch iVm dem Vorhandensein einer Surrogatbeziehung iSv Abs 3 durchaus eine Aufhebung im Interesse des Kindes rechtfertigen (BGB-RGRK/DICKESCHEID Rn 5). Entgegen AG Arnsberg (FamRZ 1987, 1194) stellt auch die Tötung eines Adoptivelternteils per se keinen schwerwiegenden Grund dar, der die Aufhebung des Annahmeverhältnisses *zum Wohl des Kindes* erforderlich macht. Der schwerwiegende Grund ist vielmehr die (verständlicherweise) fehlende Bereitschaft des überlebenden Adoptivelternteils, die Erziehung des Kindes unter den genannten Voraussetzungen fortzuführen, wobei auch hier eine Aufhebung nur möglich ist, wenn nach Abs 3 Ersatzeltern bereit sind, sich des Kindes anzunehmen.

8 **Die Scheidung der Ehe der Adoptiveltern** bildet für sich allein keinen schwerwiegenden Grund, das Annahmeverhältnis zu einem der Ehegatten aufzuheben (OLG Düsseldorf FamRZ 1998, 1196 = ZfJ 1998, 39; BayObLGZ 1979, 386 = FamRZ 1980, 498 = DAVorm 1980, 39; BayObLGZ 1968, 142 = NJW 1968, 1528 = FamRZ 1968, 485). Entsprechendes gilt im Falle des Getrenntlebens. Das Familiengericht hat vielmehr auf Antrag eines Elternteils die nach § 1671 erforderlichen Regelungen zu treffen. Die gewünschte Gleichstellung des Adoptivkindes mit dem leibl Kind erfordert es, daß die Adoptiveltern – wie die leibl Eltern – dem Kind auch nach dem Scheitern der Ehe die notwendige Sorge angedeihen lassen und sich nicht aus der einmal übernommenen Verantwortung lösen (BayObLGZ 1979, 386, 393 = FamRZ 1980, 498, 500 = DAVorm 1980, 39, 44). Gegen die an sich mögliche Aufhebung des Annahmeverhältnisses zu nur einem Adoptivelternteil (Abs 2 iVm Abs 3 lit a Alt 1) spricht vor allem auch der drohende Verlust von Unterhalts- und Erb- bzw Pflichtteilsansprüchen (vgl § 1764 Abs 5).

9 **Wirtschaftliche Gründe** können eine Aufhebung niemals rechtfertigen (BGB-RGRK/DICKESCHEID Rn 6; MünchKomm/MAURER Rn 3 ; BayObLGZ 1979, 386, 394 = FamRZ 1980, 498, 501 = DAVorm 1980, 39, 45). Dies gilt entgegen LG Mannheim (DAVorm 1972, 291 = MDR 1973, 227) auch dann, wenn die Mutter ihr eigenes nichtehel Kind nach § 1741 Abs 3 S 2 aF (vor Inkrafttreten des KindRG v 1997) zunächst adoptiert hat und durch eine Aufhebung dem Kind wieder zu Unterhaltsansprüchen gegen den leibl Vater verhelfen will. Da es sich hier de facto um eine Rückadoption des Kindes durch seinen Vater handelt (s oben Rn 1), kommt eine Aufhebung nur in Betracht, wenn Mutter und Vater dies wünschen, oder wenn im Falle eines nachhaltigen erzieherischen Versagens der Mutter (§ 1748) der Vater nach § 1763 Abs 3 lit a Alt 2 bereit ist, die Pflege und Erziehung des Kindes zu übernehmen.

10 **Scheinadoptionen** (aus steuer-, namens-, ausländerrechtl oder ähnl Gründen) unterliegen der Aufhebung nach § 1763, wenn die Herstellung des Eltern-Kind-Verhältnisses weiterhin nicht beabsichtigt ist (BGB-RGRK/DICKESCHEID Rn 6; MünchKomm/MAURER Rn 7; vgl auch OLG Frankfurt FamRZ 1982, 848). Eine Aufhebung setzt allerdings auch hier die Existenz einer Surrogatbeziehung nach Abs 3 voraus. Hat der Angenommene nach der Annahme das Volljährigkeitsalter erreicht, so kann das Annahmeverhältnis nicht mehr aufgehoben werden (vgl § 1771 Rn 5).

c) **Wohl des Kindes**
11 Oberste Richtschnur einer Entscheidung nach § 1763 ist das Wohl des Kindes. Die Existenz schwerwiegender Gründe – mögen diese isoliert betrachtet noch so gravierend sein – vermag deshalb eine Aufhebung des Annahmeverhältnisses allein nicht

9. Titel. Annahme als Kind.
I. Annahme Minderjähriger.

§ 1763
12–14

zu rechtfertigen. Eine Gesamtwürdigung der Umstände kann ergeben, daß der Fortbestand des Annahmeverhältnisses für das Kind immer noch die relativ beste Lösung ist (vgl BayObLG FamRZ 2000, 768, 770). So können unterhalts- und erbrechtl Überlegungen im Einzelfall durchaus für die Aufrechterhaltung der Adoption sprechen (so OLG Frankfurt FamRZ 1982, 848 für einen Fall, in dem Mutter und Tochter von der gleichen Person jeweils als Kind angenommen worden waren und später gegen den Willen der leibl Eltern das Annahmeverhältnis zur Tochter gelöst werden sollte).

Obwohl die Surrogatbeziehungen in Abs 3 selbständig neben den Aufhebungsvoraussetzungen des Abs 1 angesprochen sind, kann die Frage, ob eine Aufhebung dem Wohl des Kindes dient, nur beantwortet werden, wenn in einem Abwägungsprozeß geklärt wird, welche Entwicklungschancen das Kind in der Familie oder Teilfamilie haben wird, der es infolge der Aufhebung zugeordnet wird oder im Falle einer Zweitadoption (Abs 3 lit b) zugeordnet werden soll.

d) Erforderlichkeit

Erforderlich ist die Aufhebung des Annahmeverhältnisses nur dann, wenn andere **12** Mittel nicht genügen, um das bedrohte Kindeswohl zu schützen (vgl AG Hechingen DAVorm 1992, 1360 in einem Fall schweren sexuellen Mißbrauchs). *Gegen den Willen* der Annehmenden kommt deshalb eine **Aufhebung nur als ultima ratio** in Betracht (BT-Drucks 7/3061, 26; BGB-RGRK/DICKESCHEID Rn 7; SOERGEL/LIERMANN Rn 7; ERMAN/HOLZHAUER Rn 4). Maßnahmen nach §§ 1666, 1667 haben Vorrang. *Wünschen* die Adoptiveltern eine Beendigung des Annahmeverhältnisses, und sind geeignete Adoptiveltern bereit, die Verantwortung zu übernehmen (Abs 3), so dürfte jedenfalls bei kleineren Kindern eine Aufhebung in aller Regel deren wohlverstandenem Interesse dienen. Zweitadoptionen lassen sich eben entgegen der Vorstellung des Gesetzgebers (§ 1742) nicht verhindern, wenn das Wohl des Kindes wirklich oberstes Gebot ist. Wer die elterl Einwilligung in die Adoption (§ 1747) weniger als ein „Verfügen" denn als ein Indiz für die Schutzbedürftigkeit des Kindes sieht (vgl dazu FRANK 156), sollte keine Schwierigkeiten haben, eine Aufhebung von Amts wegen in diesem Falle zu befürworten.

3. Aufhebungsvoraussetzungen nach Abs 3

a) Allgemeines

Die Regelung des Abs 3 soll verhindern, daß das Kind zu einem „Niemandskind" **13** wird. Die Aufhebung kann dem Kindesinteresse nicht entsprechen, wenn sie lediglich dazu führt, das Kind aus der durch Annahme begründeten Familienbeziehung zu lösen. Daher ist die Aufhebung nur zulässig, wenn die vorhandene Familienbeziehung mindestens teilweise bestehenbleibt, die leibl Familienbeziehung wiederhergestellt oder eine neue Adoptivbeziehung geschaffen wird (BT-Drucks 7/3061, 26). Krit zum Normzweck des § 1763 oben Rn 1.

Abs 3 enthält eine **abschließende Regelung.** Eine Aufhebung des Annahmeverhält- **14** nisses kommt deshalb nicht in Betracht, **wenn eine Surrogatbeziehung** iS dieser Bestimmung **fehlt** (BGB-RGRK/DICKESCHEID Rn 13; SOERGEL/LIERMANN Rn 9; PALANDT/DIEDERICHSEN Rn 1). Die gegenteilige Ansicht von ROTH-STIELOW (Rn 7 u 8) widerspricht nicht nur dem klaren Gesetzeswortlaut, sondern auch der Grundwertung, die das geltende Familienrecht mit der Unaufhebbarkeit leibl Eltern-Kind-Verhältnisse ge-

Rainer Frank

schaffen hat. Der Fall, daß einem Kind durch die Fortsetzung des Annahmeverhält-nisses ein schwerer Schaden droht, dem durch Maßnahmen nach § 1666 nicht begeg-net werden könnte, bleibt theoretischer Natur. Kommt bei leibl Kindern eine Adop-tion nicht in Betracht, so besteht das Eltern-Kind-Verhältnis ebenfalls fort, ohne daß bislang die Notwendigkeit einer ersatzlosen Aufhebung dieser Beziehung dargetan worden wäre. – Sollten Annehmender und Angenommener die **Eheschließung** an-streben, was nach § 1308 Abs 1 S 1 erst nach Auflösung des Annahmeverhältnisses möglich wäre (vgl auch § 1766), so gilt nichts anderes. Eine Aufhebung des Annah-meverhältnisses mit dem Ziel, dem minderjährigen (!) Angenommenen die Ehe-schließung mit dem Annehmenden zu ermöglichen, kann seinem Wohl nicht dienen (so zutr MünchKomm/MAURER Rn 6).

b) Die Regelung des Abs 3 lit a Alt 1

15 Abs 3 lit a Alt 1 bezieht sich auf die in Abs 2 vorgesehene Möglichkeit, das Annah-meverhältnis nur gegenüber einem der annehmenden Ehegatten aufzuheben. Nähe-res zu Abs 2 unten Rn 23 f. Abs 3 lit a Alt 1 erlaubt eine Teilaufhebung nur dann, wenn der **andere Ehegatte bereit** ist, die **Pflege und Erziehung des Kindes zu über-nehmen.** Die Regelung ist entbehrlich, weil selbstverständlich. Wäre auch der andere Ehegatte nicht willens oder in der Lage, die Pflege und Erziehung zu übernehmen, so müßte das Annahmeverhältnis in toto aufgehoben werden. Eine persönliche Pflege und Erziehung sieht Abs 3 a Alt 1 nicht vor. Der Gesetzgeber wollte mit der Re-gelung des Abs 3 lit a Alt 1 klarstellen, daß eine Aufhebung nur möglich ist, wenn die Zuordnung des Kindes zu wenigstens einem Elternteil gewährleistet ist, der bereit ist, Verantwortung zu tragen (BT-Drucks 7/3061, 49 f).

16 Ob sich die zusätzliche Voraussetzung des Abs 3 lit a („und wenn die Ausübung der elterl Sorge durch ihn dem Wohl des Kindes nicht widersprechen würde") auch auf die 1. Alt v Abs 3 lit a bezieht, mag zweifelhaft sein. Aus der Entstehungsgeschichte ergeben sich keine Hinweise. Die Regelung ist wegen § 1764 Abs 4 sicher in erster Linie auf die 2.Alt v Abs 3 lit a bezogen. Hinsichtlich der 1.Alt dürfte der Gesetz-geber davon ausgegangen sein, daß eine entsprechende Prüfung entweder bereits im Rahmen von § 1671 stattgefunden hat oder jedenfalls kein Anlaß besteht, an der Befähigung des anderen Ehegatten zur Ausübung des Sorgerechts zu zweifeln. In-dessen ändert sich am Ergebnis nichts, wenn der Nachsatz auch auf Abs 3 lit a Alt 1 bezogen wird.

c) Die Regelung des Abs 3 lit a Alt 2

17 Abs 3 lit a Alt 2 ist die korrespondierende Regelung zu § 1764 Abs 3 u 4; denn mit jeder Aufhebung eines Annahmeverhältnisses geht das Wiederaufleben der ur-sprüngl Verwandtschaftsbeziehungen einher, und das (vorübergehend) selbst dann, wenn die Aufhebung nur eine neue Adoption durch Dritte ermöglichen soll. Eine Aufhebung, um das Kind auf Dauer wieder seiner leibl Verwandtschaft zuzuordnen, kommt nach Abs 3 lit a Alt 2 iVm § 1764 Abs 4 nur in Betracht, wenn wenigstens ein leibl Elternteil bereit ist, die Pflege und Erziehung des Kindes zu übernehmen, und wenn die Ausübung der elterl Sorge durch ihn dem Wohl des Kindes nicht wider-sprechen würde. Mit dem Wortlaut von Abs 3 lit a Alt 2 nicht vereinbar ist deshalb die Entscheidung des AG Hechingen (DAVorm 1992, 1360), wo die Adoption eines nichtehel geborenen Kindes durch den späteren Ehemann der Mutter aufgehoben wurde, obwohl die Mutter bereits verstorben war und das Kind weiterhin von seiner

9. Titel. Annahme als Kind.
I. Annahme Minderjähriger.

§ **1763**
18–21

Großmutter mütterlicherseits als Vormund betreut werden sollte (vgl auch OBERLOS-
KAMP 209 f).

Fraglich könnte sein, ob ein Fall des Abs 3 lit a Alt 2 auch dann vorliegt, wenn eine **18**
Stiefkindadoption nach dem Scheitern der Ehe zwischen Stiefelternteil und leibl Elternteil aufgehoben werden soll. Wird bei Wiederheirat des leibl Elternteils eine
erneute Stiefkindadoption angestrebt, so liegt ohne Zweifel ein Fall des Abs 3 lit b
vor (OLG Celle FamRZ 1982, 197). Auch ohne angestrebte Zweitadoption wird man
jedoch der ratio des Abs 3 entsprechend die Möglichkeit einer Aufhebung bejahen
müssen; denn „ein leiblicher Elternteil" ist ja bereit, Pflege und Erziehung des Kindes
zu übernehmen, auch wenn es der Elternteil ist, der schon bisher (Mit-)Inhaber des
Sorgerechts war. Entscheidend dürfte sein, daß der Gesetzgeber im Falle einer gemeinsamen Adoption durch ein Ehepaar die Aufhebung des Annahmeverhältnisses
zu nur einem Ehegatten in Abs 3 lit a Alt 1 gestattet (vgl BayObLGZ 1979, 386 = FamRZ
1980, 498 = DAVorm 1980, 39, wo die Möglichkeit einer Teilaufhebung als unproblematisch angesehen wurde, weil die leibl Mutter ihr Kind zusammen mit dem Stiefvater adoptiert hatte). Dann
sollte auch die Aufhebung der (gesamten) Stiefkindadoption möglich sein, wenn der
leibl Elternteil bereit ist, die Pflege und Erziehung des Kindes allein zu übernehmen
(so auch BayObLG FamRZ 2000, 768; FamRZ 1995, 1210; OLG Düsseldorf FamRZ 1998, 1196 = ZfJ
1998, 39; vgl außerdem § 1741 Rn 44). Fast unerträglich aber bleibt die Konsequenz, daß
mit der Aufhebung der Stiefkindadoption die Rechtsbeziehungen des Kindes zum
anderen leibl Elternteil, die aufgrund der Stiefkindadoption erloschen waren, nach
§ 1764 Abs 3 (vgl dort Rn 12) ohne dessen Zutun wiederaufleben. Da es sich wegen der
Wiederzuordnung des Kindes zum anderen leibl Elternteil zwar nicht de iure, wohl
aber de facto um eine Art Rückadoption handelt, sollte man ohne Einverständnis des
anderen leibl Elternteils eine Aufhebung der Stiefkindadoption grds nicht befürworten.

Unter Abs 3 lit a Alt 2 fällt auch die **Aufhebung der Adoption des eigenen nichtehel** **19**
Kindes durch seine Mutter, die bis zum Inkrafttreten des KindRG v 1997 möglich war
(§ 1741 Abs 3 S 2 aF), sofern mit der Aufhebung die natürlichen Verwandtschaftsverhältnisse wiederhergestellt werden sollen. Eine Aufhebung, die nur dazu dienen
soll, dem Kind wieder zu Unterhaltsansprüchen gegen den Vater zu verhelfen, die mit
der Adoption verlorengegangen waren, sollte jedoch gegen den Willen des Vaters
unterbleiben (s oben Rn 9).

d) Die Regelung des Abs 3 lit b
Abs 3 lit b ist die korrespondierende Vorschrift zu § 1742 und betrifft die Fälle, in **20**
denen bei einer gemeinschaftlichen Adoption das Annahmeverhältnis zu beiden
Ehegatten oder bei einer Einzeladoption (auch Stiefkindadoption) zum alleinanneh-
menden Ehegatten aufgehoben wird. Zur Aufhebung des Annahmeverhältnisses
gegenüber nur einem Ehegatten bei Vorversterben des anderen vgl § 1764 Rn 15.

Es genügt nicht, daß nach der Aufhebung des Annahmeverhältnisses eine erneute **21**
Adoption nur möglich wäre. **Die neue Adoption muß vielmehr so vorbereitet sein, daß**
an ihrem Zustandekommen ernstlich nicht gezweifelt werden kann (vgl BT-Drucks 7/3061,
50; BayObLG FamRZ 2000, 768, 770; ERMAN/HOLZHAUER Rn 6; zu weitgehend BGB-RGRK/DIK-
KESCHEID Rn 12). Allerdings braucht das Kind von den neuen Adoptiveltern noch nicht
in Pflege genommen worden zu sein. Die erneute Annahme ist erst zulässig, wenn der

Rainer Frank

Aufhebungsbeschluß in Rechtskraft erwachsen, dh die Frist für die sofortige Beschwerde verstrichen ist (§§ 56 f Abs 3 iVm 60 Abs 1 Nr 6, 22 Abs 1 FGG). Trotzdem können Aufhebungs- und neuer Adoptionsbeschluß in einer Entscheidung ergehen, wenn im konkreten Fall eine Beschwerdemöglichkeit ausscheidet, weil alle Beteiligten einer **Verbindung von Aufhebung und Zweitadoption** zugestimmt haben (AG Arnsberg FamRZ 1987, 1194, 1195).

22 Da die Aufhebung des Annahmeverhältnisses nach § 1764 Abs 3 das natürliche Verwandtschaftsverhältnis – wenn auch nur für kurze Zeit – wiederaufleben läßt, müssen die leibl Eltern gem § 1747 in die Zweitadoption einwilligen (Näheres § 1742 Rn 7).

IV. Teilaufhebung (Abs 2)

23 Abs 2 ermöglicht die Teilaufhebung des Annahmeverhältnisses gegenüber nur einem Ehegatten nach gemeinschaftlicher Adoption. Abs 2 erfaßt auch Altfälle vor Inkrafttreten des KindRG v 1997 (vgl § 1754 Rn 5), in denen die **Mutter ihr eigenes nichtehel Kind zusammen mit ihrem Ehemann adoptieren konnte** (vgl BayObLGZ 1979, 396 = FamRZ 1980, 498 = DAVorm, 1980, 39). Zu den Wirkungen der Teilaufhebung vgl § 1764 Rn 14 ff.

24 Die Regelung des Abs 2 hat mehr als nur klarstellende Funktion (so aber BGB-RGRK/ DICKESCHEID Rn 9); denn bei leibl Kindern kennt das Ges eine entsprechende Regelung nicht, weil hier die einseitige Ausgrenzung eines Elternteils durch den anderen ausgeschlossen ist (s oben Rn 1). Wenn aber bei leibl Kindern eine dem Abs 2 entsprechende Regelung vom Gesetzgeber nicht für notwendig erachtet wurde, erscheint es fraglich, ob es überhaupt Fälle gibt, in denen zum Schutze von Adoptivkindern eine **Teilaufhebung „erforderlich"** iSv Abs 1 ist. IdR müßten Maßnahmen nach §§ 1666, 1667 wie bei leibl Kindern ausreichen. Das gilt jedenfalls für den Normalfall der gemeinschaftlichen Adoption eines familienfremden Kindes, weil hier die Teilaufhebung nur zum Erlöschen von Rechtsbeziehungen zu einem Elternteil und dessen Verwandten (§ 1764 Abs 5), nicht aber zum Wiederaufleben natürlicher Verwandtschaftsbeziehungen führt. Anders ist die Rechtslage, wenn die Mutter vor Inkrafttreten des KindRG v 1997 (vgl § 1754 Rn 5) ihr nichtehel Kind zusammen mit ihrem Ehemann adoptiert hat und nach dem Scheitern der Ehe eine Teilaufhebung zwischen dem Kind und seinem Stiefvater betrieben wird. Hier würden nämlich mit der Teilaufhebung die Rechtsbeziehungen zwischen dem leibl Vater und dessen Verwandten einerseits und dem Kind andererseits wieder erstehen (vgl § 1764 Rn 17). Da die Teilaufhebung in diesem Sonderfall eine Art Rückadoption durch den Vater bewirkt, kann sie durchaus sinnvoll sein, wenn der Vater mit der Teilaufhebung einverstanden ist.

V. Verfahren

25 Zum Verfahren s § 1759 Rn 19 ff.

§ 1764

(1) Die Aufhebung wirkt nur für die Zukunft. Hebt das Vormundschaftsgericht das Annahmeverhältnis nach dem Tod des Annehmenden auf dessen Antrag oder nach dem Tod des Kindes auf dessen Antrag auf, so hat dies die gleiche Wirkung, wie wenn das Annahmeverhältnis vor dem Tod aufgehoben worden wäre.

(2) Mit der Aufhebung der Annahme als Kind erlöschen das durch die Annahme begründete Verwandtschaftsverhältnis des Kindes und seiner Abkömmlinge zu den bisherigen Verwandten und die sich aus ihm ergebenden Rechte und Pflichten.

(3) Gleichzeitig leben das Verwandtschaftsverhältnis des Kindes und seiner Abkömmlinge zu den leiblichen Verwandten des Kindes und die sich aus ihm ergebenden Rechte und Pflichten, mit Ausnahme der elterlichen Sorge, wieder auf.

(4) Das Vormundschaftsgericht hat den leiblichen Eltern die elterliche Sorge zurückzuübertragen, wenn und soweit dies dem Wohl des Kindes nicht widerspricht; andernfalls bestellt es einen Vormund oder Pfleger.

(5) Besteht das Annahmeverhältnis zu einem Ehepaar und erfolgt die Aufhebung nur im Verhältnis zu einem Ehegatten, so treten die Wirkungen des Absatzes 2 nur zwischen dem Kind und seinen Abkömmlingen und diesem Ehegatten und dessen Verwandten ein; die Wirkungen des Absatzes 3 treten nicht ein.

Materialien: BT-Drucks 7/3061, 50 f, 77, 86; BT-Drucks 7/5087, 20 f. S STAUDINGER/BGB-Synopse (2000) § 1764.

Systematische Übersicht

I.   Normzweck und Entstehungsgeschichte

Das AdoptG v 1976 hat zwar die Möglichkeit, ein Annahmeverhältnis aufzuheben, **1** erheblich eingeschränkt (vgl § 1759 Rn 2 f), die Wirkungen der Aufhebung sind aber im wesentlichen gleich geblieben: Auch nach altem Recht wirkte die Aufhebung ex nunc; die durch die Adoption neu begründeten Rechtsbeziehungen erloschen; das Kind wurde, soweit die Adoption überhaupt zu einem Abbruch der Rechtsbeziehungen geführt hatte, wieder der Ursprungsfamilie zugeordnet (vgl STAUDINGER/ENG-LER[10/11] § 1772 Rn 1 ff). Mängel beim Zustandekommen der Adoption führten indessen anders als bei § 1760 nF unter der Herrschaft des Vertragssystems nicht zur Aufhebbarkeit, sondern zur Nichtigkeit oder Anfechtbarkeit des Annahmevertrags (vgl § 1760 Rn 2), beseitigten also das Annahmeverhältnis mit Rückwirkung.

2   § 1764 gilt in gleicher Weise für eine **Aufhebung** nach § 1760 **bei anfänglichem Mangel** wie nach § 1763 **bei nachträglichem Scheitern.** Bei einer Aufhebung wegen eines anfänglichen Mangels ist es verständlich, wenn der Gesetzgeber das Wiederaufleben der ursprüngl Verwandtschaft in Abs 3 anordnet, während bei nachträglichem Scheitern diese Lösung eher überrascht. Daß auch hier das Kind durch eine Aufhebung des Annahmeverhältnisses wieder – wenn auch in Fällen einer angestrebten Zweitadoption (§ 1763 Abs 3 lit b) nur vorübergehend – in seine Ursprungsfamilie eingegliedert wird, hat seinen Grund in dem traditionellen Bestreben des deutschen Rechts, das Entstehen familienloser „Niemandskinder" zu verhindern (BT-Drucks 7/3061, 50) – ein Bestreben, das andere Rechtsordnungen nicht in gleicher Weise kennen, weil eine familiäre Zuordnung, die von Eltern und sonstigen Verwandten nicht gewünscht wird, für das Kind im allg nur von bescheidenem (finanziellem) Interesse ist.

3   Für den **Familiennamen** des Kindes nach Aufhebung enthält § 1765 eine eigene Regelung.

§ 1764 gilt wegen der Verweisung in § 1767 Abs 2 auch für die Aufhebung einer **Erwachsenenadoption** (§ 1771). Allerdings kann eine zu einem Minderjährigen begründete Adoption nach Erreichung des Volljährigkeitsalters nicht mehr aufgehoben werden (vgl dazu § 1771 Rn 5).

II.   Ex-nunc-Wirkung der Aufhebung

1.   Regelfall (Abs 1 S 1)

4   Nach Abs 1 S 1 wirkt die Aufhebung nur für die Zukunft (ex nunc). Selbst gravierende Mängel beim Zustandekommen der Adoption (§ 1760) ändern nichts daran, daß das neu begründete Statusverhältnis bis zu seiner Aufhebung Bestand hat. Aufgehoben ist die Adoption mit der **Rechtskraft des Aufhebungsbeschlusses** (§ 56 f Abs 3 FGG).

Wird auf die **Verfassungsbeschwerde** eines Betroffenen hin der Annahmebeschluß wegen der Verletzung rechtl Gehörs (Art 103 Abs 1 GG) aufgehoben, so wirkt nach der Rspr des BVerfG auch diese Entscheidung entgegen § 95 Abs 2 BVerfGG jedenfalls bei der Minderjährigenadoption nur ex nunc (vgl § 1759 Rn 13).

2.   Ausnahme (Abs 1 S 2)

5   Eine Ausnahme vom Grundsatz des Abs 1 S 1 enthält Abs 1 S 2. Der Aufhebungsbeschluß wirkt auf die Zeit vor dem Tod des Annehmenden zurück, wenn dieser die Aufhebung beantragt, also zu erkennen gegeben hat, daß er an dem Annahmeverhältnis nicht mehr festhalten will. Nach dem Vorbild des § 1933 wird das Erbrecht des Kindes rückwirkend beseitigt (zu den erbrechtl Folgen im einzelnen ROTH 256 f). Entspre-

chendes gilt, wenn das Kind verstirbt, nachdem es den Aufhebungsantrag gestellt hat. Das Datum, auf das die Aufhebung zurückbezogen wird, ist im Gerichtsbeschluß anzugeben (Brüggemann DAVorm 1987, 563, 565). Für die Antragstellung vor dem Tod gilt § 1753 Abs 2 entsprechend (BGB-RGRK/Dickescheid Rn 9; Soergel/Liermann Rn 5).

Abs 1 S 2 regelt nur, wann ausnahmsweise die Aufhebung einer Adoption ex tunc **6** wirkt, sagt aber nichts darüber aus, unter welchen Voraussetzungen überhaupt nach dem Tod eines Beteiligten eine Aufhebung mit ex-nunc- oder ex-tunc-Wirkung möglich ist (BT-Drucks 7/3061, 50). **Ist das Kind verstorben,** so kann die Aufhebung des Annahmeverhältnisses *seinem* Wohl nicht mehr dienen. Eine Aufhebung nach § 1763 scheidet deshalb aus. Dagegen kommt ausnahmsweise eine Aufhebung bei anfänglichem Mangel der Annahme (§ 1760) in Betracht, wenn der Angenommene Abkömmlinge hinterläßt (vgl MünchKomm/Maurer § 1760 Rn 16; BT-Drucks 7/ 3061, 50; auch Erman/Holzhauer Rn 4; aA BGB-RGRK/Dickescheid Rn 9). **Ist der Annehmende verstorben,** so kann das Annahmeverhältnis sowohl auf Antrag des Kindes als auch auf Antrag eines leibl Elternteils aufgehoben werden, weil auf diese Weise das Kind gem § 1764 Abs 3 wieder in seine Ursprungsfamilie eingegliedert wird (Oberloskamp 218; MünchKomm/Maurer § 1760 Rn 16; BT-Drucks 7/3061, 50; aA BGB-RGRK/Dickescheid Rn 9 f; Erman/Holzhauer Rn 4). Aus dem gleichen Grund ist in Ausnahmefällen sogar eine Aufhebung nach § 1763 denkbar, wenn zB ein Aufhebungsverfahren mit dem Ziel der Wiedereingliederung des Kindes in seine leibl Familie (§ 1763 Abs 3 lit a) beim Tode des Annehmenden schon eingeleitet war. **Ist ein leibl Elternteil verstorben,** so bleibt sein Antrag entsprechend § 1753 Abs 2 iVm § 130 wirksam; eine Erledigung des Verfahrens tritt nicht ein (Palandt/Diederichsen Rn 1; BT-Drucks 7/3061, 50; aA BGB-RGRK/Dickescheid Rn 9). Auch auf späteren Antrag des Annehmenden oder Angenommenen kann das Annahmeverhältnis aufgehoben werden (§ 1750); ebenso ist eine Aufhebung nach § 1763 möglich.

III. Erlöschen der Adoptivverwandtschaft

Nach Abs 2 erlöschen mit der Aufhebung des Annahmeverhältnisses die Rechts- **7** beziehungen zwischen dem Kind und seinen Abkömmlingen einerseits und den Adoptiveltern und deren Verwandten andererseits. Abs 2 ist das Gegenstück zu § 1755 Abs 1 S 1, der mit der Adoption die Rechtsbeziehungen des Kindes und seiner Abkömmlinge zur Ursprungsfamilie erlöschen läßt. Eine § 1755 Abs 1 S 2 entsprechende Regelung fehlt in § 1764 Abs 2. Die Gefahr, daß ein Kind durch die Aufhebung der Annahme Ansprüche auf Renten, Waisengeld ua wiederkehrende Leistungen einbüßt, ist indessen gering. Sind beide Adoptiveltern verstorben, so kommt eine Aufhebung mit ex-nunc-Wirkung nur in Ausnahmefällen in Betracht (s oben Rn 5 f); ist nur ein Adoptivelternteil verstorben, so läßt die Aufhebung des Annahmeverhältnisses gegenüber dem Überlebenden die Rechtsbeziehungen zum Verstorbenen und dessen Verwandten unberührt (s unten Rn 14).

Da die Aufhebung ex nunc wirkt, entfällt für früher erbrachte Leistungen, insbes **8** Unterhaltsleistungen, nicht der Rechtsgrund. Bei erheblichen Zuwendungen der Adoptiveltern kann im Einzelfall eine Korrektur nach den Grundsätzen über den Wegfall der Geschäftsgrundlage, bei Zuwendungen, die als Erbabfindung gedacht waren, eine Kondiktion wegen Zweckverfehlung (§ 812 Abs 1 S 2 Alt 2) in Betracht kommen. Bei letztwilligen Verfügungen von Adoptiveltern oder Adoptivverwandten zugunsten des Kindes ist unter den Voraussetzungen des § 2078 Abs 2 eine Anfechtung möglich. Eine entsprechende Anwendung des § 2077 scheidet indessen aus (Flik BWNotZ 1980, 132; Oberloskamp 218 f; aA Erman/Holzhauer Rn 9).

9 Das Erlöschen der Adoptivverwandtschaft schließt nicht aus, daß die Adoption in einzelnen Beziehungen über die Aufhebung hinaus fortwirkt. So bleiben frühere Adoptivverwandte eines Verfahrensbeteiligten weiterhin von der Ausübung des Richteramts ausgeschlossen (§§ 41 Nr 3 ZPO, 22 Nr 3 StPO, 54 Abs 1 VwGO), und auch das Zeugnisverweigerungsrecht überdauert die Aufhebung des Annahmeverhältnisses (§§ 383 Abs 1 Nr 3 ZPO, 52 Abs 1 Nr 3 StPO, 98 VwGO). Das Kind behält die durch Adoption erworbene deutsche Staatsangehörigkeit (§§ 6, 17 StAG).

IV. Wiederaufleben der leiblichen Verwandtschaft

10 Mit der Aufhebung des Annahmeverhältnisses leben nach Abs 3 die rechtl Beziehungen des Kindes und seiner Abkömmlinge zur Ursprungsfamilie wieder auf. Für die elterl Sorge gilt allerdings nicht Abs 3, sondern Abs 4.

11 Die **Regelung** des Abs 3 ist **problematisch,** falls das Annahmeverhältnis nur aufgehoben wird, um eine Zweitadoption zu ermöglichen (§ 1763 Abs 3 lit b). Werden Aufhebung und Zweitadoption in einer Entscheidung zusammengefaßt (vgl AG Arnsberg FamRZ 1987, 1194), so beschränkt sich das Wiederaufleben der natürlichen Verwandtschaft auf eine „logische Sekunde". Der Gesetzgeber wollte mit der Regelung des Abs 3 um jeden Preis verhindern, daß ein Kind durch die Aufhebung zum „Niemandskind" wird (s oben Rn 2). Für den Fall einer angestrebten Zweitadoption hat indessen Abs 3 die mißliche, aber unausweichliche Konsequenz, daß die Eltern des Kindes erneut nach § 1747 in die Adoption einwilligen müssen und bei verweigerter Einwilligung eine Ersetzung nach § 1748 die Zweitadoption erheblich verzögern kann (vgl § 1742 Rn 7).

12 Der Wortlaut des Abs 3 stellt klar, daß bei der Aufhebung einer Zweitadoption nicht die Rechtsbeziehungen zu früheren Adoptivverwandten, sondern immer nur die zu den leibl Verwandten wiederaufleben (Näheres BT-Drucks 7/5087, 20 f). Zum Wiederaufleben der verwandtschaftl Beziehungen zur Ursprungsfamilie im Falle einer **Stiefkindadoption** vgl unten Rn 16.

Ein Vertrag, durch den ein nichtehel Kind vor Inkrafttreten des KindRG v 1997 von seinem Vater im Hinblick auf die bevorstehende Adoption mit einer verhältnismäßig geringen Summe unterhaltsrechtl abgefunden wurde (§ 1615 e aF), kann nach den Grundsätzen über den Wegfall der Geschäftsgrundlage keinen Bestand haben, wenn das Annahmeverhältnis später wieder aufgehoben wird (LG Köln DAVorm 1977, 134).

Letztwillige Verfügungen der leibl Eltern (oder Großeltern), in denen das durch die Aufhebung der Adoption wieder pflichtteilsberechtigte Kind (Enkelkind) übergangen wurde, sind nach Maßgabe des § 2079 anfechtbar (Flik BWNotZ 1980, 132, 133).

V. Elterliche Sorge

13 Abs 3 gliedert das Kind zwar mit der Aufhebung rechtl wieder in seine Ursprungs-

familie ein, kann aber vernünftigerweise keinen automatischen Rückfall des Sorgerechts an die Eltern oder den Elternteil anordnen, der vor Erlaß des Adoptionsbeschlusses Inhaber der elterl Sorge war. Dafür sind die Voraussetzungen der Aufhebung, veränderte Lebensumstände, Zeitablauf usw zu vielgestaltig. Möglicherweise war sogar die elterl Einwilligung in die Adoption gerichtl ersetzt worden (§ 1748). Nach Abs 4 hat deshalb das VormG (Richtervorbehalt gem § 14 Nr 3 lit f RPflG) den leibl Eltern das Sorgerecht nur zurückzuübertragen, soweit dies dem Wohl des Kindes nicht widerspricht.

Das Wort „zurückübertragen" in Abs 4 ist mißverständlich; denn es kommt entscheidend nicht auf den Zeitpunkt vor Erlaß des Adoptionsbeschlusses, sondern auf den der Entscheidung des VormG nach Abs 4 an. Haben beispielsweise die Eltern eines nichtehel geborenen Kindes nach der Adoption geheiratet, so ist die elterl Sorge nicht auf die Mutter allein (§ 1626 a Abs 2), sondern auf beide Eltern gemeinsam (§ 1626 a Abs 1 Nr 2) zu übertragen. War einem Elternteil die elterl Sorge entzogen worden (§ 1666) oder seine Einwilligung in die Adoption gar ersetzt worden (§ 1748), so kommt bei veränderten Umständen eine Übertragung des Sorgerechts auf diesen Elternteil durchaus in Betracht. Stand vor Erlaß des Annahmebeschlusses die Sorge beiden Eltern gemeinsam zu, leben diese aber nunmehr getrennt, so ist für die Entscheidung des VormG § 1671 maßgebend, so daß die Sorge durchaus auch auf nur einen Elternteil übertragen werden kann.

Kann das Sorgerecht nicht auf die Eltern oder einen Elternteil zurückübertragen werden, so ist ein Vormund zu bestellen (§ 1773). Bei teilweiser Rückübertragung der Personen- oder Vermögenssorge ist eine Ergänzungspflegschaft erforderlich (§ 1909). Erfolgt die Aufhebung einer Adoption nur, um eine Weiteradoption zu ermöglichen (§ 1763 Abs 3 lit b), so erübrigt sich eine Prüfung nach Abs 4, weil die Ermöglichung der Zweitadoption bereits Aufhebungsvoraussetzung war. Die Entscheidung nach Abs 4 hat zugleich mit dem Aufhebungsbeschluß zu erfolgen, weil sonst die personale Zuordnung des Kindes in der Schwebe bliebe.

VI. Aufhebung des Annahmeverhältnisses zu einem Elternteil

Eine Aufhebung des Annahmeverhältnisses zu nur einem Elternteil (Abs 5) kommt **14** vor allem dann in Betracht, wenn nach der Scheidung der Ehe der Adoptiveltern der neue Ehepartner des sorgeberechtigten Adoptivelternteils das Kind annehmen will (§ 1763 Abs 2 iVm Abs 3 lit b; vgl DIV-Gutachten ZfJ 1984, 241). Denkbar ist auch, daß ohne angestrebte Zweitadoption lediglich das Annahmeverhältnis zu nur einem Elternteil unter den Voraussetzungen des § 1763 Abs 2 iVm Abs 3 lit a Alt 1 aufgehoben wird. Schließlich kommt auch der (seltene) Fall in Betracht, daß bei fehlendem oder fehlerhaftem Antrag nur eines Adoptivelternteils das Annahmeverhältnis nur diesem gegenüber aufgehoben wird (vgl § 1762 Rn 5).

Nach Abs 5 HS 1 erlischt in einem solchen Fall das Verwandtschaftsverhältnis des Kindes und seiner Abkömmlinge gegenüber einem Elternteil und dessen Verwandten, während es gegenüber dem anderen Elternteil und dessen Verwandten erhalten bleibt. Verwandtschaftl Beziehungen zur Ursprungsfamilie leben nicht wieder auf (Abs 5 HS 2).

15 **Ist ein Adoptivelternteil bereits verstorben,** so ist Abs 5 HS 1 auch dann anzuwenden, wenn das Annahmeverhältnis zum überlebenden Adoptivelternteil aufgehoben wird (BGB-RGRK/DICKESCHEID Rn 10; DIV-Gutachten ZfJ 1989, 283, 284). Das Kind behält also die Verwandtschaft nach dem verstorbenen Adoptivelternteil; Rechtsbeziehungen zu den leibl Verwandten leben nicht wieder auf. Für das Kind muß nach der Aufhebung ein Vormund bestellt werden. Eine Aufhebung der Adoption im Verhältnis zum überlebenden Adoptivelternteil kommt nach § 1763 nur in Betracht, wenn durch die Aufhebung ein erneute Annahme des Kindes ermöglicht werden soll. Wortlaut und Zweck des § 1742 erlauben eine solche Zweitadoption ohne zusätzliche Aufhebung der Adoption im Verhältnis zum verstorbenen Adoptivelternteil, wofür im übrigen auch die Voraussetzungen des § 1763 Abs 1 fehlen würden (BGB-RGRK/DIK-KESCHEID Rn 10; SOERGEL/LIERMANN Rn 14; inzidenter AG Kelheim ZfJ 1990, 280 f; vgl auch § 1742 Rn 11; **aA** DIV-Gutachten ZfJ 1989, 283, 284 u ZfJ 1989, 462, 463).

16 Abs 5 betrifft nur den Fall, daß ein Kind gemeinschaftlich von einem Ehepaar adoptiert wurde. Wurde das Kind vom Ehegatten eines leibl Elternteils allein angenommen **(Stiefkindadoption),** und wird das Annahmeverhältnis später aufgehoben, so lebt mit der Aufhebung das Verwandtschaftsverhältnis zum anderen leibl Elternteil und dessen Verwandten nach Abs 3 wieder auf (allgM, vgl OLG Celle FamRZ 1982, 197; BT-Drucks 7/3061, 86; ROTH 261; LÜDERITZ Rn 1057; MünchKomm/MAURER Rn 4; BGB-RGRK/DIK-KESCHEID Rn 7; SOERGEL/LIERMANN Rn 13). Eine analoge Anwendung von Abs 5 verbietet sich schon deshalb, weil der Gesetzgeber erkennbar eine solche Lösung nicht gewollt hat (BT-Drucks 7/3061, 86). Das Wiederaufleben der ursprüngl Verwandtschaft läßt sich rechtfertigen, weil der Stiefelternteil, der mit der Adoption einen leibl Elternteil ersetzt hat, durch die Aufhebung als Ersatzelternteil wieder ausgeschieden ist. Für den Sonderfall des § 1756 Abs 2 gilt, daß das durch die Adoption drei Verwandtschaftskreisen zugeordnete Kind mit der Aufhebung aus einem Verwandtschaftskreis ausscheidet, im übrigen aber seine Verwandtschaft behält, so daß hier ein Wiederaufleben von Verwandtschaftsverhältnissen nach Abs 3 nicht in Betracht kommt. Erfolgt die Aufhebung der Stiefkindadoption, um nach Scheidung und Wiederheirat eine zweite Stiefkindadoption zu ermöglichen (§ 1763 Abs 3 lit b), so stehen dem leibl Elternteil, zu dem das Verwandtschaftsverhältnis wieder auflebt, die Rechte aus § 1747 zu.

17 Haben die nichtehel Mutter und ihr Ehegatte das Kind gemeinschaftl angenommen, was bis zum KindRG v 1997 möglich war (vgl § 1754 Rn 5), so scheint nach dem Gesetzeswortlaut ein Fall des Abs 5 vorzuliegen, wenn das Annahmeverhältnis nur zwischen Kind und Stiefvater aufgehoben wird. Auch hier sollte indessen dem Zweck des § 1764 entsprechend mit der Aufhebung die Verwandtschaft zwischen Kind und leibl Vater wieder aufleben (so inzidenter, wenn auch ohne Begründung, BayObLGZ 1979, 386, 390, 392, 394 = FamRZ 1980, 498, 499, 500, 501 = DAVorm 1980, 39, 41, 43, 45; **aA** MünchKomm/LÜDERITZ[3] Rn 5; BGB-RGRK/DICKESCHEID Rn 7): Ob ein Stiefvater das Kind allein oder zusammen mit seiner Ehefrau annimmt, macht rechtl keinen Unterschied, da das Kind in jedem Fall die Stellung eines gemeinschaftlichen ehel Kindes erlangt (§ 1754 Abs 1). Wird aber die Rechtsstellung des Kindes gegenüber seiner Mutter durch deren Mitadoption nicht tangiert, dann sollte man dieser Mitadoption auch keine entscheidende Bedeutung beimessen, wenn das Annahmeverhältnis zwischen Kind und Stiefvater aufgehoben wird. Der Vorschlag von LÜDERITZ (MünchKomm[3] Rn 5), das Annahmeverhältnis insgesamt, also auch im Verhältnis zur Mutter, aufzuheben, würde zwar in scheinbarer Gesetzestreue direkt zur Anwendung des Abs 3 führen. Indessen kann das Annahmeverhältnis gegenüber der Mutter nicht aufgehoben werden, weil es insoweit offensichtlich an einem Aufhebungsgrund fehlt.

§ 1765

(1) Mit der Aufhebung der Annahme als Kind verliert das Kind das Recht, den Familiennamen des Annehmenden als Geburtsnamen zu führen. Satz 1 ist in den Fällen des § 1754 Abs. 1 nicht anzuwenden, wenn das Kind einen Geburtsnamen nach § 1757 Abs. 1 führt und das Annahmeverhältnis zu einem Ehegatten allein aufgehoben wird. Ist der Geburtsname zum Ehenamen des Kindes geworden, so bleibt dieser unberührt.

(2) Auf Antrag des Kindes kann das Vormundschaftsgericht mit der Aufhebung anordnen, daß das Kind den Familiennamen behält, den es durch die Annahme erworben hat, wenn das Kind ein berechtigtes Interesse an der Führung dieses Namens hat. § 1746 Abs. 1 Satz 2, 3 ist entsprechend anzuwenden.

(3) Ist der durch die Annahme erworbene Name zum Ehenamen geworden, so hat das Vormundschaftsgericht auf gemeinsamen Antrag der Ehegatten mit der Aufhebung anzuordnen, daß die Ehegatten als Ehenamen den Geburtsnamen führen, den das Kind vor der Annahme geführt hat.

Materialien: BT-Drucks 7/3061, 51; BT-Drucks 7/5087, 21; BT-Drucks 7/5125, 1 f; BT-Drucks 12/3163, 5, 19. S STAUDINGER/BGB-Synopse (2000) § 1765.

Systematische Übersicht

I. Normzweck und Entstehungsgeschichte

1 Nach § 1764 erlöschen mit der Aufhebung des Annahmeverhältnisses die Rechts-
beziehungen des Kindes zur Adoptivfamilie; das Kind wird rechtl wieder seiner
Ursprungsfamilie zugeordnet. § 1765 zieht aus dieser Regelung die namensrechtl
Konsequenzen und konkretisiert sie. § 1765 gilt wegen der Verweisung in § 1767
Abs 2 auch für die Aufhebung einer Volljährigenadoption (§ 1771).

2 Das in Abs 1 S 1 normierte **Grundprinzip,** demzufolge das Kind das Recht verliert,
den Familiennamen des Annehmenden als Geburtsnamen zu führen, galt schon vor
Inkrafttreten des AdoptG v 2. 7. 1976 (§ 1772 S 1 aF). Auch die Ausnahmeregelung
des Abs 1 S 2 war bereits in § 1772 S 2 aF enthalten. Die durch das FamNamRG v
1993 vorgenommene Änderung des heutigen Abs 1 S 2 trägt lediglich dem Umstand
Rechnung, daß adoptierende Ehegatten nicht mehr notwendigerweise einen gemeinsamen Familiennamen tragen. Abs 1 S 3, ebenfalls eine Ausnahmeregelung von
Abs 1 S 1, wurde durch das AdoptG v 1976 neu eingefügt.

3 Die **Vorschriften der Abs 2 u 3** wurden durch das AdoptG v 1976 neu in das BGB
eingefügt. Abs 2 mildert die Härte des grds Verlustes des Adoptivnamens nach Abs 1
S 1, indem dem VormG die Möglichkeit eröffnet wird, auf Antrag anzuordnen, daß
das Kind bei berechtigtem Interesse den alten Namen weiterführen darf. Abs 3
schwächt die Grundregel des Abs 1 S 3, daß nämlich die Aufhebung des Annahmeverhältnisses den Ehenamen des verheirateten Adoptivkindes nicht tangiert, dadurch ab, daß die Eheleute auf besonderen Antrag erreichen können, anstelle des
Adoptivnamens den früheren Geburtsnamen des Adoptierten als Ehenamen zu
führen.

4 Ursprüngl hatte der RegE v 7. 1. 1975 (BT-Drucks 7/3061, 8, 51) auch die Möglichkeit
einer **Vornamensänderung** des Adoptivkindes bei Aufhebung des Annahmeverhältnisses vorgesehen. Außerdem sollte dem Kind die Möglichkeit eröffnet werden, den
Adoptivnamen seinem neuen Namen hinzuzufügen. Auf Anregung des RAussch
wurden diese Bestimmungen des Entwurfs jedoch nicht Gesetz („entbehrlich" bzw
„kein Bedürfnis", vgl BT-Drucks 7/5087, 21).

II. Verlust des Adoptivnamens

5 Nach der Grundnorm des Abs 1 S 1 verliert das Kind mit der Aufhebung das Recht,
den Familiennamen des Annehmenden als **Geburtsnamen** zu führen.

Die in Abs 1 S 1 angeordnete Rechtsfolge erstreckt sich allerdings nicht auf den
Ehenamen des Kindes. Das ist selbstverständlich, falls der Geburtsname des Ehegatten zum Ehenamen geworden ist. Gleiches gilt indessen nach Abs 1 S 3 auch,
wenn der durch die Annahme erworbene Geburtsname des Adoptivkindes zum
gemeinsamen Ehenamen geworden ist. Hat das Kind den Namen seines Ehepartners
angenommen, und wird die Ehe nach Aufhebung des Annahmeverhältnisses durch
Tod oder Scheidung aufgelöst, so kann das Kind wegen Abs 1 S 1 nicht wieder seinen
früheren Adoptivnamen, sondern nur noch den Geburtsnamen annehmen, den es vor
der Annahme geführt hat (§ 1355 Abs 5 S 2; vgl Soergel/Liermann Rn 7; Erman/Holz-
hauer Rn 4). Den Adoptivnamen kann das Kind auch nicht als den „bis zur Bestim-

9. Titel. Annahme als Kind.
I. Annahme Minderjähriger.

§ 1765
6–9

mung des Ehenamens geführten Namen" (§ 1355 Abs 5 S 2) wieder annehmen, weil als solcher nur ein durch Eheschließung erworbener Name in Betracht kommt (WAGENITZ/BORNHOFEN, FamNamRG § 1355 Rn 115 ff; ERMAN/HOLZHAUER Rn 4).

III. Der neue Familienname

1. Grundsatz

Welcher Name an die Stelle des nach Abs 1 S 1 durch die Aufhebung verlorenge- **6** henden Geburtsnamens tritt, sagt das Ges nicht ausdrücklich. Aus Abs 3 läßt sich jedoch ableiten, daß das Kind den **Geburtsnamen** zurückgewinnt, **den es vor der Annahme geführt hat** (so schon die Rechtslage vor dem AdoptG v 1976, vgl STAU-DINGER/ENGLER[10/11] § 1772 Rn 6). Waren die leibl **Eltern des Kindes verheiratet** und führten sie einen Ehenamen, so ist dieser Ehename auch der Geburtsname (§ 1616), den das Kind bei Aufhebung des Annahmeverhältnisses wiedererlangt. Führte hingegen jeder Elternteil trotz Eheschließung seinen bisherigen Namen weiter, so ist ursprüngl Geburtsname des Kindes der Name, den die Eltern als solchen bestimmt haben (§ 1617). Waren die leibl **Eltern des Kindes nicht verheiratet,** so bestimmt sich der Geburtsname des Kindes vor der Adoption nach § 1617 a. War die Mutter im Zeitpunkt der Geburt alleinige Inhaberin des Sorgerechts (§ 1626 a Abs 2), so ist derjenige Name ursprüngl Geburtsname des Kindes, den die Mutter im Zeitpunkt der Geburt des Kindes geführt hat (§ 1617 a Abs 1).

Die Regelung des Abs 3, die schon aus sprachlichen Gründen nur vom Normalfall **7** ausgeht, schließt nicht aus, daß Namensänderungen der Eltern, die sich ohne Adoption auf das Kind ausgewirkt hätten, wegen der Adoption aber nicht auswirken konnten, im Falle einer Aufhebung der Adoption zu berücksichtigen sind (Näheres Rn 8–10).

2. Besonderheiten

a) Leibliche Eltern führen Ehenamen
Führen die Eltern einen Ehenamen, so ist dieser nach § 1616 Geburtsname des **8** Kindes. Diesen Namen erhält also das Kind im Falle einer Aufhebung des Annahmeverhältnisses. In den seltenen Fällen, in denen sich der Ehename, der Geburtsname des Kindes geworden ist, später vor oder nach der Adoption ändert (vgl dazu HENRICH/WAGENITZ/BORNHOFEN, Deutsches Namensrecht – Kommentar [Stand: März 2000] § 1617 c Rn 37 ff) wirkt sich diese Änderung nach Maßgabe des § 1617 c Abs 2 Nr 1 iVm Abs 1 auf den Geburtsnamen des Kindes aus. Es kommt also darauf an, ob das Kind im Zeitpunkt der Ehenamensänderung (nicht etwa: der Aufhebung des Annahmeverhältnisses; vgl MünchKomm/MAURER Rn 6) das 5. Lebensjahr vollendet hat oder nicht. Für die Anschließungserklärung des 5 Jahre alten oder älteren Kindes sieht das Gesetz keine Frist vor, so daß das inzwischen möglicherweise volljährige Kind die Erklärung auch nach Aufhebung des Annahmeverhältnisses abgeben kann.

b) Leibliche Eltern führen keinen Ehenamen
Sind die **Eltern nicht miteinander verheiratet,** so bestimmt sich der Geburtsname des **9** Kindes nach §§ 1617, 1617 a. Namengebender Elternteil ist im Regelfall des § 1617 a Abs 1 iVm § 1626 a Abs 2 die Mutter. Schließen die Eltern vor oder nach der Adop-

tion des Kindes miteinander die Ehe, so wirkt sich eine etwaige Ehenamensbestimmung nach Maßgabe des § 1617 c Abs 1 auf den Geburtsnamen des Kindes aus. Schließen die Eltern nicht miteinander die Ehe, ändert sich aber der Familienname des namengebenden Elternteils (zB durch Adoption), so wirkt sich auch diese Namensänderung nach Maßgabe des § 1617 c Abs 2 Nr 2 iVm Abs 1 auf den Geburtsnamen des Kindes aus (zu den Möglichkeiten einer Änderung des Familiennamens des namengebenden Elternteils vgl Henrich/Wagenitz/Bornhofen, Deutsches Namensrecht – Kommentar [Stand: März 2000] § 1617 c Rn 58 ff).

Sind die **Eltern miteinander verheiratet,** ohne einen Ehenamen zu führen, so erhält das Kind nach § 1617 Abs 1 entweder den Namen der Mutter oder den des Vaters als Geburtsnamen. Dieser Geburtsname kann sich gem § 1617 c Abs 1 ändern, wenn die Eltern nachträglich – vor oder nach der Adoption – einen Ehenamen bestimmen (§ 1355 Abs 3). Bei Aufhebung des Annahmeverhältnisses erhält das Kind also möglicherweise – wie in den unter Rn 8 u 9 geschilderten Fällen – einen Geburtsnamen, der sich während des Annahmeverhältnisses geändert hat.

c) Namensänderung der leiblichen Eltern nach dem NÄG

10 Wird der Ehename der leibl Eltern oder der Familienname des namengebenden Elternteils geändert, so erstreckt sich die Namensänderung nur auf die der elterl Sorge (beider Eltern oder des namengebenden Elternteils) unterstehenden Kinder (**§ 4 NÄG**). Vom Wortlaut der Regelung her dürfte deshalb an sich eine Namensänderung während der Adoption den Geburtsnamen des Kindes nicht erfassen, weil das Adoptivkind nicht mehr der elterl Sorge seiner leibl Eltern untersteht. Eine solche Interpretation berücksichtigt indessen nicht genügend, daß das Regelungsziel des § 1765 Abs 1 S 1 nur darin bestehen kann, dem Kind nach Aufhebung des Annahmeverhältnisses den Namen zu verleihen, den es haben würde, wenn die Annahme nicht erfolgt wäre. Im Falle des § 4 NÄG hätte sich aber die Namensänderung auf das Kind erstreckt. Schließlich kann man dem Kind schwerlich einerseits den Adoptivnamen nehmen, ihm aber andererseits den Namen versagen, den die leibl Eltern (bzw der maßgebende leibl Elternteil) nach der Rückgliederung des Kindes in seine Ursprungsfamilie tragen (die in der 12. Aufl Rn 10 vertretene Auffassung wird aufgegeben; überzeugend Soergel/Liermann Rn 4).

IV. Ausnahmsweise Weiterführung des Adoptivnamens

1. Anordnung des Vormundschaftsgerichts

11 Nach Abs 2 S 1 kann das VormG mit der Aufhebung anordnen, daß das Kind den Familiennamen behält, den es durch die Annahme erworben hat, wenn das Kind ein berechtigtes Interesse an der Führung dieses Namens hat.

a) Berechtigtes Interesse

Für die Feststellung des Kindesinteresses an der Weiterführung des Adoptivnamens kommt es vor allem darauf an, wie lange das Kind den Adoptivnamen geführt hat, wie alt es im Zeitpunkt der Aufhebung ist und welche Gründe zur Aufhebung geführt haben. **Gegeninteressen** der Adoptiveltern sind zu berücksichtigen, spielen aber eine untergeordnete Rolle. Eine Weiterführung des Adoptivnamens kommt vor allem dann in Betracht, wenn die Aufhebung nur dazu dient, eine **Zweitadoption** zu ermöglichen (§§ 1763, 1742). Hier sollte das Kind für die Zeit zwischen Aufhebung der Erst- und Begründung der Zweitadoption nicht auf seinen früheren Geburtsnamen verwiesen werden (BT-Drucks 7/3061, 51). Scheidet bei einem minderjährigen Kind eine Rückübertragung des Sorgerechts auf die leibl Eltern aus (§ 1764 Abs 4), wird auch ein Namenswechsel nur ausnahmsweise im Interesse des Kindes liegen (BT-Drucks 7/3061, 51). Im übrigen kommt bei Kindern, die in Ausbildung oder Beruf stehen, generell deren Interesse an der **Namenskontinuität** besonderes Gewicht zu (BT-Drucks 7/3061, 51).

Ist das **Adoptivkind verheiratet** und führt es einen Ehenamen, so ist dennoch eine Entscheidung nach Abs 2 möglich, da durch die Aufhebung des Annahmeverhältnisses zwar nicht der Ehename (Abs 1 S 3), wohl aber der Geburtsname tangiert wird (Näheres unten Rn 14). Allerdings ist das Interesse des Adoptivkindes an der Beibehaltung des durch Adoption erworbenen Geburtsnamens geringer zu bewerten, wenn es einen Ehenamen führt, der durch die Aufhebung ohnehin nicht berührt wird.

b)   Antrag
Der nach Abs 2 S 1 erforderliche Antrag kann im Aufhebungsverfahren **bis zur** 12 **Rechtskraft des Aufhebungsbeschlusses** (vgl § 56 f Abs 3 FGG) gestellt werden. Nach Abs 2 S 2 iVm § 1746 Abs 1 S 2 muß der Antrag für das geschäftsunfähige oder noch nicht 14 Jahre alte Kind vom **gesetzl Vertreter** gestellt werden. Im übrigen ist der Antrag vom Minderjährigen persönlich zu stellen; er bedarf hierzu der Zustimmung seines gesetzl Vertreters (Abs 2 S 2 iVm § 1746 Abs 1 S 3). Gesetzl Vertreter ist der unter den Voraussetzungen des § 56 f Abs 2 FGG für das Aufhebungsverfahren zu bestellende Pfleger.

2.   Aufhebung des Annahmeverhältnisses zu einem Elternteil

Wird das Annahmeverhältnis **nur zu einem Ehegatten aufgehoben** oder im Falle einer 13 **Stiefkindadoption** zum Stiefelternteil, so behält das Kind seinen durch Adoption erworbenen Geburtsnamen (Abs 1 S 2). Mit der Verweisung auf § 1757 Abs 1 stellt Abs 1 S 2 allerdings klar, daß das nur der Fall ist, wenn die Adoptiveltern einen Ehenamen führen, der Geburtsname des Kindes geworden ist, oder wenn der Adoptivelternteil und der leibl Elternteil einen vom Namen des Adoptivelternteils abgeleiteten Ehenamen führen, der Geburtsname des Kindes geworden ist. Die Regelung galt schon vor dem AdoptG v 1976 (§ 1772 S 2 iVm § 1757 Abs 2 aF) und zieht die namensrechtl Konsequenz aus der allgemeinen Bestimmung des § 1764 Abs 5. Sie bezieht sich aber anders als diese Bestimmung nicht nur auf den Fall einer gemeinschaftlichen Adoption durch ein Ehepaar, sondern auch auf den der Stiefkindadoption. Die Regelung des Abs 1 S 2 gilt auch dann, wenn der Elternteil, zu dem das Eltern-Kind-Verhältnis fortbesteht, nach der Ehescheidung gem § 1355 Abs 5 S 2 wieder seinen Geburtsnamen oder den Namen annimmt, den er bis zur Bestimmung des Ehenamens geführt hat.

3.   Aufhebung des Annahmeverhältnisses zu einem verheirateten Adoptivkind

Ist das Kind zZ der Aufhebung des Annahmeverhältnisses verheiratet und sein durch 14 die Annahme erworbener Geburtsname zum Ehenamen geworden, so ändert sich mit der Aufhebung zwar der Geburtsname des Kindes nach Abs 1 S 1 (SCHULTHEIS

StAZ 1983, 83; BGB-RGRK/Dickescheid Rn 2; Soergel/Liermann Rn 10; MünchKomm/Maurer Rn 4), der Ehename aber bleibt ihm nach **Abs 1 S 3** erhalten. Der Ehename bleibt nach dem klaren Wortlaut des Ges auch dann erhalten, wenn die Ehe des Angenommenen vor der Aufhebung der Adoption durch Tod oder Scheidung aufgelöst wurde.

15 Ist der durch die Annahme erworbene Geburtsname zum Ehenamen geworden, so hat allerdings das **VormG auf gemeinsamen Antrag** der Ehegatten mit der Aufhebung anzuordnen, daß die Ehegatten als Ehenamen den Geburtsnamen führen, den das Kind vor der Annahme geführt hat **(Abs 3 S 1)**. Der Antrag kann im Aufhebungsverfahren bis zur Rechtskraft des Aufhebungsbeschlusses (vgl § 56 f Abs 3 FGG) gestellt werden.

16 Ist der **Angenommene geschieden oder verwitwet,** so kommt eine Änderung des Ehenamens nach Abs 3 S 1 nicht mehr in Betracht; der Angenommene hat aber die Möglichkeit, seinen früheren Geburtsnamen durch Erklärung gegenüber dem Standesbeamten anzunehmen. § 1765 regelt diesen Fall allerdings nicht; das Ges enthält insoweit eine Lücke (Erman/Holzhauer Rn 6). § 1355 Abs 5 greift nicht ein, weil diese Bestimmung voraussetzt, daß der Name des Ehepartners zum Ehenamen geworden ist. Ebenso wie das Ges jedoch gewährleistet, daß ein geschiedener oder verwitweter Anzunehmender durch die Adoption seinen Ehenamen gegen den Familiennamen des Annehmenden eintauscht (vgl § 1757 Rn 9), muß umgekehrt auch gewährleistet sein, daß der geschiedene oder verwitwete Angenommene bei Aufhebung des Annahmeverhältnisses wieder in den Genuß seines früheren Geburtsnamens kommt.

17 Hat das Kind den durch Annahme erworbenen Namen dem Ehenamen gem § 1355 Abs 4 als **Begleitnamen** beigefügt, so verliert es das Recht, diesen Begleitnamen weiterzuführen (Abs 1 S 1). Es kann jedoch einen Antrag nach Abs 2 stellen, da diese Regelung auch für verheiratete Kinder gilt (BGB-RGRK/Dickescheid Rn 6; Erman/Holzhauer Rn 7; MünchKomm/Maurer Rn 4; Soergel/Liermann Rn 9; **aA** Roth-Stielow Rn 7). Kommt eine vormundschaftsgerichtl Anordnung nach Abs 2 nicht in Betracht, so fällt zunächst der Begleitname ersatzlos fort. An dessen Stelle tritt nicht automatisch der vor der Annahme geführte Geburtsname, weil sich die Erklärung nach § 1355 Abs 4 nicht auf diesen Namen bezogen hat (so zutr BGB-RGRK/Dickescheid Rn 6; **aA** MünchKomm/Maurer Rn 4; Palandt/Diederichsen Rn 4). Das Kind kann aber, ohne an eine Frist gebunden zu sein, erneut eine Erklärung gem § 1355 Abs 4 abgeben (BGB-RGRK/Dickescheid Rn 6). Vgl insoweit die parallele Problematik, wenn sich der als Begleitname geführte Geburtsname eines Verheirateten durch Adoption ändert, unter § 1757 Rn 34.

V. Vorname

18 Im Falle einer Aufhebung des Annahmeverhältnisses behält das Kind seinen Vornamen. Dies gilt auch dann, wenn dieser gem § 1757 Abs 4 S 1 Nr 1 mit dem Ausspruch der Annahme geändert worden war. Die im RegE v 7. 1. 1975 (BT-Drucks 7/3061, 8, 51) vorgesehene Möglichkeit, den Vornamen des Kindes mit dem Ausspruch der Aufhebung zu ändern (s oben Rn 4), ist nicht Gesetz geworden. In Betracht kommt allerdings eine Vornamensänderung aus wichtigem Grund nach §§ 11, 3 NÄG.

VI. Name von Abkömmlingen

Die namensrechtl Wirkungen der Aufhebung des Annahmeverhältnisses auf Ab- **19** kömmlinge des Adoptivkindes waren bis zum FamNamRG v 1993 in §1765 Abs 1 S 2 u Abs 3 S 2 aF durch Verweisung auf §1617 Abs 2 u 4 aF geregelt. Maßgebend ist heute §1617 c Abs 2 Nr 1 u 2, ohne daß es einer Verweisung in §1765 bedarf.

Trägt ein Abkömmling des Adoptivkindes dessen Adoptivnamen als Geburtsnamen, so ändert sich mit der Aufhebung des Annahmeverhältnisses nach Abs 1 S 1 der Geburtsname dieses Abkömmlings nach Maßgabe von §1617 c Abs 2 Nr 2. Der Name eines Kindes des Adoptierten ändert sich hingegen nicht, wenn der Name des Adoptierten zum Ehenamen geworden ist. Da sich der Ehename des Adoptierten nach Abs 1 S 3 bei Aufhebung des Annahmeverhältnisses nicht ändert, kann sich auch der aus dem Ehenamen abgeleitete Geburtsname des Adoptivenkels nicht ändern. Wird allerdings nach Abs 3 durch Entscheidung des VormG der frühere Geburtsname des Adoptierten neuer Ehename, so erstreckt sich diese Änderung auf Abkömmlinge des Adoptivkindes nach Maßgabe des §1617 c Abs 2 Nr 1.

§1766

Schließt ein Annehmender mit dem Angenommenen oder einem seiner Abkömmlinge den eherechtlichen Vorschriften zuwider die Ehe, so wird mit der Eheschließung das durch die Annahme zwischen ihnen begründete Rechtsverhältnis aufgehoben. §§1764, 1765 sind nicht anzuwenden.

Materialien: BT-Drucks 7/3061, 51 f; BT-Drucks 7/5087, 21; BT-Drucks 13/4898, 23. S STAUDINGER/BGB-Synopse (2000) §1766.

I. Normzweck und Entstehungsgeschichte

Vom **Eheverbot der Adoptivverwandtschaft** (§1308) kann keine Befreiung erteilt **1** werden, wenn der Annehmende den Angenommenen oder einen seiner Abkömmlinge heiraten will (vgl §1308 Abs 2). Gelingt es dem Annehmenden dennoch, den Angenommenen oder einen seiner Abkömmlinge – etwa im Ausland – zu heiraten, so ist die **Ehe voll wirksam,** weil dem Eheverbot des §1308 kein Aufhebungsgrund entspricht. Bei dem daraus resultierenden **Konflikt zwischen Adoptivverwandtschaft einerseits und Ehe andererseits** hat sich der Gesetzgeber zugunsten der Ehe entschieden, weil diese zukunftsbezogen ist, das durch die Adoption begründete Verwandtschaftsverhältnis grds aufhebbar (§§1760, 1763, 1771) und zudem durch die unzulässige Eheschließung schwer gestört ist (BT-Drucks 7/3061, 51 f).

Die **praktische Bedeutung** der Vorschrift ist **gering,** weil im Inland eine Eheschließung **2** entgegen dem Verbot des §1308 kaum vorkommen dürfte. §1308 Abs 1 erlaubt die Eheschließung nur, wenn zuvor das Annahmeverhältnis aufgelöst worden ist. Bei einer Minderjährigenadoption kommt eine Aufhebung vor allem nach §1763, bei einer Volljährigenadoption nach § 1771 in Betracht. Eine während der Minderjährigkeit des Kindes zustandegekommene Adoption kann allerdings nach Erreichen des Volljährigkeitsalters nicht mehr aufgehoben werden, auch nicht zum Zwecke der Eheschließung (vgl § 1771 Rn 5). Im letztgenannten Fall sind deshalb Versuche, § 1308 durch eine Eheschließung im Ausland zu umgehen, denkbar.

3 Schon vor Inkrafttreten des AdoptG v 1976 hatte § 1771 Abs 1 aF die Aufhebung des Annahmeverhältnisses vorgesehen, wenn Personen, „die durch die Annahme an Kindes Statt verbunden" waren (= Annehmender im Verhältnis zum Angenommenen und dessen Abkömmlingen), den eherechtl Vorschriften zuwider die Ehe schlossen.

Die durch das AdoptG v 1976 neu eingefügte Bestimmung, daß das Annahmeverhältnis auch dann aufgehoben wird, wenn die Ehe später (mit Rückwirkung) für nichtig erklärt wird (Näheres STAUDINGER/FRANK[12] Rn 3), ist durch das EheschlRG v 1998 wieder gestrichen worden, weil mit diesem Gesetz die Ehenichtigkeitsklage ersatzlos abgeschafft wurde (Näheres BT-Drucks 13/4898, 23).

Die Regelung des heutigen S 2 wurde durch das AdoptG v 1976 eingeführt und stellt klar, daß mit der Heirat nur das Annahmeverhältnis zwischen den Eheleuten aufgehoben wird, die durch die Adoption begründeten Rechtsbeziehungen zu den übrigen Mitgliedern der neuen Familie aber erhalten bleiben und alte Verwandtschaftsbeziehungen zur Ursprungsfamilie nicht wieder aufleben (vgl BT-Drucks 7/3061, 52). Dem alten Recht (vor 1976) war eine solche Regelung schon deshalb fremd, weil es die Volladoption nicht kannte.

II. Anwendungsbereich

4 § 1766 greift ausschließlich bei einer **Eheschließung zwischen dem Annehmenden einerseits und dem Angenommenen oder einem seiner Abkömmlinge andererseits** ein. Andere Verstöße gegen § 1308 (zB Heirat zwischen Adoptivgroßvater und Kind oder zwischen Adoptivgeschwistern ohne Befreiung nach § 1308 Abs 2) tangieren das Annahmeverhältnis nicht. Für die Fälle der Verwandtschaft in der Seitenlinie und der Schwägerschaft ist die Regelung gerechtfertigt, weil § 1308 Abs 2 eine Befreiungsmöglichkeit vorsieht. § 1766 greift allerdings auch dann nicht ein, wenn diese Befreiung nicht erteilt wurde. Die Fälle der Eheschließung zwischen dem Angenommenen und einem Elternteil des Annehmenden, in denen § 1308 Abs 2 keine Befreiungsmöglichkeit vorsieht, hat der Gesetzgeber dagegen in § 1766 entgegen seiner erklärten Absicht (BT-Drucks 7/3061, 51 f) nicht erfaßt.

5 Das Annahmeverhältnis wird mit der Eheschließung auch dann aufgehoben, wenn die **Ehe aufhebbar** sein sollte (§ 1314): Die Eheaufhebung wirkt nur für die Zukunft, so daß § 1766 S 1 für diesen Fall direkt anwendbar bleibt. Für die **nichtige Ehe** hatte § 1766 S 2 aF wegen deren Rückwirkung eine Sonderregelung enthalten, die mit der Abschaffung der Ehenichtigkeit durch das EheschlRG v 1998 gegenstandslos geworden ist und deshalb gestrichen wurde (BT-Drucks 13/4898, 23). Eine **Nichtehe** kann die Wirkungen des S 1 nicht auslösen. Einer Störung des Eltern-Kind-Verhältnisses kann jedoch durch eine Entscheidung nach § 1763 Rechnung getragen werden, solange das Kind minderjährig ist.

9. Titel. Annahme als Kind.   § 1766, 6, 7

II. Annahme Volljähriger.   § 1767

III. Rechtsfolgen

Als Folge der Eheschließung wird nicht das gesamte Annahmeverhältnis aufgeho- **6** ben. **Gelöst wird nur das durch die Adoption zwischen den Ehepartnern begründete Rechtsverhältnis.** Dritte, die an der Eheschließung nicht beteiligt sind, sollen durch sie keine Rechtsnachteile erleiden (MünchKomm/Maurer Rn 3; BGB-RGRK/Dickescheid Rn 4). Im übrigen besteht auch kein Grund, dem Kind die gesamte Adoptivverwandt-schaft zu nehmen. Die Regelung des § 1766 kann zu bizarren Verwandtschafts- und Schwägerschaftskonstellationen führen. Der Gesetzgeber hat sie bewußt in Kauf genommen, da sich daraus keine unüberwindbaren Schwierigkeiten ergeben (vgl BT-Drucks 7/3061, 52). Ist zB ein Kind von einem Ehepaar gemeinschaftlich angenom-men worden, und heiratet nach der Scheidung ein Ehegatte den Angenommenen, so wird der andere Ehegatte Schwiegerelternteil seines früheren Gatten, die Adoptiv-großeltern des Angenommenen sind nun gleichzeitig die Schwiegereltern (weitere Beispiele bei MünchKomm/Maurer Rn 3, 4, BGB-RGRK/Dickescheid Rn 5, Soergel/Liermann Rn 8).

Die Aufhebung tritt **ex lege** ein. Eine Entscheidung des VormG verlangt § 1766 nicht. Sie wäre auch überflüssig, weil die Eheschließung ein statusändernder Akt „von unbezweifelbarer Transparenz" ist (Gernhuber/Coester-Waltjen § 68 XI 2), so daß die Rechtsklarheit nicht gefährdet wird.

Die Anwendung der §§ 1764, 1765 ist ausdrücklich ausgeschlossen. Die verwandt- **7** schaftl Beziehungen zu den leibl Verwandten leben also nicht wieder auf. Heiratet derjenige, der ein Kind allein angenommen hat, den Angenommenen, so verliert dieser seinen einzigen (Adoptiv-)Elternteil, ohne aber seine leibl Eltern zurückzuge-winnen. Er wird elternlos. Auch namensrechtl Folgen zieht die Aufhebung des An-nahmeverhältnisses zwischen den Ehegatten nicht nach sich (Soergel/Liermann Rn 9).

II. Annahme Volljähriger

§ 1767

(1) Ein Volljähriger kann als Kind angenommen werden, wenn die Annahme sittlich gerechtfertigt ist; dies ist insbesondere anzunehmen, wenn zwischen dem Anneh-menden und dem Anzunehmenden ein Eltern-Kind-Verhältnis bereits entstanden ist.

(2) Für die Annahme Volljähriger gelten die Vorschriften über die Annahme Min-derjähriger sinngemäß, soweit sich aus den folgenden Vorschriften nichts anderes ergibt.

Materialien: BT-Drucks 7/3061, 22 f, 52 f; BT-Drucks 7/5087, 8, 21. S Staudinger/BGB-Synopse (2000) § 1767.

Systematische Übersicht

Alphabetische Übersicht

9. Titel. Annahme als Kind.
II. Annahme Volljähriger.

§ 1767
1, 2

I. Geschichtliches

Die Volljährigenadoption ist ein **in der deutschen Rechtstradition tief verwurzeltes** 1 **Institut** (Krause 5–45; Bickler 8–39; Knur DNotZ 1959, 284 ff; Bosch FamRZ 1964, 401 ff; Staudinger/Engler[10/11] Vorbem 1–46 zu § 1741, § 1744 Rn 1–3, 7, § 1745 c Rn 1). Für den Gesetzgeber des BGB standen Minderjährigen- und Volljährigenadoption gleichwertig nebeneinander. So heißt es in den Mot (IV 952) einerseits, daß „gerade die Annahme Minderjähriger an Kindes Statt in sozialer und moralischer Hinsicht den größten Wert hat, sie vorzugsweise als Bedürfnis empfunden wird und im praktischen Leben am meisten vorkommt", andererseits wurde sie aber auch als ein Mittel angesehen, um vor allem unverheirateten Personen den „berechtigten Wunsch" zu erfüllen, „das Andenken an ihren Namen und ihre Familie fortzusetzen". Erst das FamRÄndG v 1961 (BGBl I 1221) machte die Adoption Volljähriger zu einem Ausnahmetatbestand, indem in § 1744 S 3 aF das Erfordernis der Minderjährigkeit des Anzunehmenden aufgenommen und in § 1745 c aF eine gerichtl Befreiung von diesem Erfordernis nur zugelassen wurde, wenn die Herstellung eines Annahmeverhältnisses „sittlich gerechtfertigt" war (Näheres zur Entstehungsgeschichte Staudinger/Engler[10/11] § 1744 Rn 1–3, 7 u § 1745 c Rn 1).

Bei den **Reformarbeiten v 1976** wurde zu keiner Zeit ernsthaft ein Verbot der Voll- 2 jährigenadoption erwogen (Engler 37; Frank 193). Im RegE (BT-Drucks 7/3061, 22) heißt es:

„Der Entwurf entscheidet sich für die Zulässigkeit der Annahme Volljähriger. Zwar wird vereinzelt die Adoption Volljähriger wegen der Mißbrauchsgefahr als unerwünscht angesehen. Es ist jedoch nicht gerechtfertigt, ein Rechtsinstitut nur deshalb aufzugeben, weil es auch mißbraucht werden kann. Besteht ein Bedürfnis für ein solches Rechtsinstitut, dann muß die Lösung darin liegen, den Mißbrauch zu verhindern. Der Entwurf bejaht ein solches Bedürfnis."

Verglichen mit den einschneidenden Änderungen, denen die Minderjährigenadoption ausgesetzt war, hat sich durch das AdoptG v 1976 an der Volljährigenadoption wenig geändert. Auch nach § 1767 Abs 1 HS 1 nF darf ein Volljähriger als Kind nur angenommen werden, wenn die Annahme **„sittlich gerechtfertigt"** ist. § 1767 Abs 1 HS 2 nF enthält allerdings gegenüber §§ 1745 c, 1754 Abs 2 Nr 2 aF insofern eine wichtige Klarstellung, als die Annahme eines Volljährigen schon immer dann als sittlich gerechtfertigt anzusehen ist, wenn ein Eltern-Kind-Verhältnis bereits entstanden ist. Da nach altem Recht die „sittliche Rechtfertigung" (§ 1745 c aF) der Adoption einerseits und das allg adoptionsrechtl Erfordernis der Herstellung eines dem Eltern-Kind-Verhältnis entsprechenden Familienbandes (§ 1754 Abs 2 Nr 2 aF) andererseits ohne klare Beziehung zueinander an verschiedenen Stellen des Gesetzes geregelt waren, hatten Rspr u Lehre keine Einigkeit darüber erzielen können, ob trotz Bestehens eines Eltern-Kind-Verhältnisses die sittliche Rechtfertigung einer Erwachsenenadoption im Einzelfall verneint werden kann (BGHZ 35, 75 = NJW 1961, 1461 = FamRZ 1961, 306; LG Düsseldorf FamRZ 1968, 537, 538; STAUDINGER/FRANK[12] § 1745 c Rn 3 m Hinw; außerdem DÖLLE II § 112 III 1; GERNHUBER [2. Aufl 1971] § 62 I 2; KNUR DNotZ 1959, 284 u 1962, 571, 576).

3 Während die Reform v 1976 an den Voraussetzungen der Volljährigenadoption nur wenig geändert hat, fallen die Neuregelungen hinsichtl des Zustandekommens der Adoption (**Dekret- statt Vertragssystem,** vgl § 1768 Rn 1) und deren **Wirkungen** (§§ 1770–1772, vgl insbes § 1770 Rn 2) stärker ins Gewicht.

II. Statistisches

4 Bundesweite statistische Angaben fehlen. Aufgrund einer Hochrechnung regional begrenzter Einzeluntersuchungen dürfte der Anteil der Erwachsenenadoptionen an der Gesamtzahl aller Adoptionen jedoch bei **etwa 20%** liegen (KRAUSE 53 f; FRANK 193 mwNachw, auch rechtsvergleichenden statistischen Angaben; vgl auch ENGLER 38 f). Im RegE (BT-Drucks 7/3061, 23) wurde die Gesamtzahl der Volljährigenadoptionen pro Jahr auf 1500 geschätzt. Besonders hoch dürfte der Anteil der Verwandten- und Stiefkindadoptionen sein: Unter den v KRAUSE (50) ausgewerteten 1064 Erwachsenenadoptionen der Jahre 1960–1970 waren 652 Verwandten- oder Stiefkindadoptionen. Nach einer etwa den gleichen Zeitraum umfassenden Untersuchung v BICKLER (74–94) waren v 724 Erwachsenenadoptionen 286 Verwandten- oder Stiefkindadoptionen. Es ist anzunehmen, daß die scheidungsbedingte erhebliche Zunahme von Stiefkindern in jüngerer Zeit (vgl Vorbem 28 zu §§ 1741 ff) den ohnehin hohen Anteil der Stiefkindadoptionen bei den Erwachsenenadoptionen noch weiter verstärkt hat.

III. Für und Wider der Volljährigenadoption

5 Im Gegensatz zur Minderjährigenadoption bewirkt die Volljährigenadoption im personalen Bereich keine Veränderungen; sie begründet insbes keinen Wechsel in der

Erziehungszuständigkeit. Die rechtl Auswirkungen der Volljährigenadoption liegen deshalb im wesentlichen auf vermögensrechtl Gebiet (insbes Erbrecht, Unterhaltsrecht). Gerade hier können aber die Beteiligten mit Hilfe der ihnen eingeräumten Vertrags- und Testierfreiheit ihre Wunschvorstellungen weitgehend auch ohne Adoption verwirklichen. Rechtl interessant wird die Volljährigenadoption in erster Linie dort, wo sie Wirkungen entfaltet, welche die Beteiligten ohne Adoption nicht zu erreichen vermögen. So wird etwa der Angenommene gem § 15 Abs 1 ErbStG in die günstige **Erbschaftsteuerklasse I** befördert, während er ohne Adoption als Familienfremder der Erbschaftsteuerklasse III angehören würde; er erwirbt den (wohlklingenden) **Namen** des Annehmenden, den er im Wege eines öffentlichrechtl Namensänderungsverfahrens (§ 3 Abs 1 NÄG) nicht erhalten würde. In jüngerer Zeit werden immer wieder Versuche unternommen, mit Hilfe einer Adoption durch deutsche Wahleltern die **aufenthaltsrechtl** Situation des anzunehmenden Ausländers zu verbessern. Zu diesen und weiteren Motiven s unten Rn 24 ff. Die entscheidende Frage lautet deshalb, ob und ggf unter welchen Voraussetzungen es zulässig ist, mit Hilfe einer Volljährigenadoption Rechtsvorteile zu gewähren, die der Gesetzgeber nur „Kindern" zuerkennt.

Ist zwischen dem Annehmenden und Anzunehmenden bereits ein **Eltern-Kind-Ver-** 6 **hältnis entstanden,** so ist nach § 1767 Abs 1 die Annahme sittlich gerechtfertigt. Die Adoption besiegelt hier gewissermaßen rechtl einen Zustand, der de facto bereits eingetreten ist.

Problematisch sind die Fälle, in denen ein Eltern-Kind-Verhältnis noch nicht besteht. 7 § 1767 Abs 2 iVm § 1741 Abs 1 verlangt hier die **Erwartung, daß zwischen dem Annehmenden und dem Kind ein Eltern-Kind-Verhältnis entsteht.** Darüber hinaus muß die Annahme nach § 1767 Abs 1 sittlich gerechtfertigt sein. Da ein tatsächliches Zusammenleben von Eltern und erwachsenen Kindern und damit auch von Adoptiveltern und Adoptivkindern nicht mehr Wesensmerkmal des Eltern-Kind-Verhältnisses sein kann, fehlt es weitgehend an nachprüfbaren sachlichen Kriterien, um zu ergründen, ob die Voraussetzung des § 1741 Abs 1 S 1 erfüllt ist (Näheres unten Rn 14 ff). Innere Beziehungen, die sich nicht zwangsläufig in der Außenwelt manifestieren, sind für den rechtl Bereich schwer faßbar. Bei dem zusätzlichen Erfordernis der „sittlichen Rechtfertigung" stellt sich das weitere Problem, welche **Motive** der Beteiligten Anerkennung verdienen und welche nicht. Wenn wirklich ein echtes Eltern-Kind-Verhältnis hergestellt werden soll, kommt es dann noch darauf an, welcher konkrete, punktuelle, mit der Adoption zwangsläufig verbundene Einzelvorteil für den Annehmenden oder den Anzunehmenden besonders wichtig ist? Die Tatsache, daß nach hL u Rspr (s unten Rn 22) der erstrebte Einzelvorteil Neben-, aber nicht Hauptzweck der Adoption sein darf, deutet zwar eine Interpretationsrichtung an, erlaubt der Praxis aber kaum, klare Grenzen zu ziehen.

Wer die Volljährigenadoption befürwortet, sollte deshalb offen einräumen, daß **Miß-** 8 **bräuche** zwar bekämpft, aber nicht verhindert werden können. Da der Annahmebeschluß unanfechtbar ist (§ 56 e S 3 FGG), fehlt es leider nicht nur an jedweder richterl Kontrolle in einer 2. Instanz, sondern großenteils auch an richtungweisenden höchstrichterlichen Entscheidungen. Die Praxis scheint bei der Zulassung von Volljährigenadoptionen jedenfalls recht großzügig zu verfahren. Nach einer Untersuchung v KRAUSE (50) wurden v 1064 Annahmeverträgen, die in den Jahren 1960–1970 abgeschlossen wurden, nur 6 gerichtl nicht bestätigt; bei der Untersuchung v BICKLER (58) waren es v 724 Annahmeverträgen 4. Wird die Annahme nach § 1768 ausgesprochen, so entfaltet sie volle Rechtswirkungen für und gegen jedermann auch dann, wenn sich später herausstellt, daß ein echtes Eltern-Kind-Verhältnis nie hergestellt werden sollte. Auch eine Aufhebung von Amts wegen kommt nicht in Betracht (§ 1771).

9 **Ausländische Rechtsordnungen** versuchen, Mißbräuche zT dadurch auszuschließen, daß sie die Wirkungen der Volljährigenadoption verkürzen. Nach französ Recht (Art 786 Code général des impôts) kommt zB ein adoptierter Volljähriger nur dann in den Genuß erbschaftsteuerlicher Vorteile, wenn er mind 5 Jahre während seiner Minder- oder 10 Jahre während seiner Volljährigkeit ununterbrochen vom Adoptierenden versorgt worden ist. Ähnliches gilt für die USA, denen im übrigen das dem deutschen Recht eigene Statusdenken völlig fremd ist; denn im Gegensatz zum kontinental-europäischen Recht impliziert der Erlaß eines Adoptionsdekrets keineswegs, daß die Beteiligten nunmehr auch alle Rechtswirkungen der Adoption uneingeschränkt in Anspruch nehmen können (Einzelheiten bei FRANK 209 ff, 213).

10 Trotzdem wird man de lege ferenda vor allem mit Blick auf diejenigen Fälle, in denen ein Eltern-Kind-Verhältnis bereits entstanden ist, ein **Verbot der Volljährigenadoption** schwerlich fordern können (so aber wohl tendenziell HEINZ ZRP 1995, 171). Zu überlegen wäre allerdings, ob die Volljährigenadoption nicht dadurch weitgehend entbehrlich gemacht werden könnte, daß der Gesetzgeber faktische Eltern-Kind-Verhältnisse auch ohne (Volljährigen-)Adoption stärker schützt, als das bisher der Fall ist (so FRANK 221 ff). Erbschaftsteuerliche Vorteile könnten zB auch Personen zuerkannt werden, die mit dem Erblasser längere Zeit in einer engen Gemeinschaft gelebt haben (zB Pflegekindern, dem Lebensgefährten).

11 Die **internationale Entwicklung** zeigt, daß die Volljährigenadoption sich überall dort, wo sie auf eine längere Geschichte zurückblicken kann, allen Widerständen zum Trotz im wesentlichen hat behaupten können. Sie ist nach wie vor möglich in der *Schweiz,* auch wenn ihre Voraussetzungen durch das Reformgesetz v 30. 6. 1972 erheblich erschwert worden sind (Art 266 Abs 1 ZGB; vgl HEGNAUER, Grundriß des Kindesrechts und des übrigen Verwandtschaftsrechts [5. Aufl 1999] 91 ff Rn 11.29–11.37), in *Österreich* (§ 180 a Abs 1 S 3 ABGB; vgl SCHWIMANN FamRZ 1973, 345, 348 f), *Frankreich* (Art 360 Abs 1 Cc; vgl Brunaud, L'adoption [1999] 107 ff), *Italien* (Art 291 ff Cc; vgl BRAND Rev int dr comp 1985, 631, 634 ff) u *Spanien,* wo sie allerdings durch das Reformgesetz Nr 21 v 11. 11. 1987 auf seltene Ausnahmefälle beschränkt wurde (Art 175 Abs 2 S 2; vgl ARCE Y FLOREZ/VALDES Rev Gen Leg Jur 1987, 741 769). Auch in den *USA* ist die Erwachsenenadoption in fast allen Einzelstaaten anerkannt (vgl Art 5 Uniform Adoption Act 1994; FRANK 192 f mNachw). Unbekannt ist die Volljährigenadoption ua in den ehedem *sozialistischen* Ländern (FRANK 192 mNachw; Art 65 Abs 2 FGB Tschechische Republik v 1998; Art 101. 1 Ehe- und Familienkodex der Ukraine v 1996; Art 114 § 1 Familien- und Vormundschaftsgesetzbuch Polen v 1998), *Großbritannien* (LOWE/DOUGLAS, Bromley's Family Law [9. Aufl 1998] 627) u den *Niederlanden* (Art 228 Abs 1 lit a BW).

IV. Voraussetzungen

1. Fähigkeit, anzunehmen und angenommen zu werden

§ 1767 Abs 2 verweist auf die allg Adoptionsvoraussetzungen. Das bedeutet ua, daß **12** auch ein Volljähriger von einer Einzelperson oder einem Ehepaar angenommen werden kann (§ 1741 Abs 2) und daß die Annahme durch einen Ehegatten allein – vom Sonderfall des § 1741 Abs 2 S 4 abgesehen – selbst dann nicht möglich ist, wenn der andere Ehegatte zustimmt (OLG Hamm FamRZ 2000, 257 = NJW-RR 1999, 1377 = MDR 1999, 1001). Ist der Anzunehmende verheiratet, schließt dies die Annahme nicht aus (vgl § 1770 Abs 1 S 2). Nicht einmal die gemeinsame Annahme von Ehemann und Ehefrau ist ausdrücklich untersagt (vgl aber Rn 17). Der Anzunehmende kann familienfremd oder mit dem Annehmenden verwandt sein. Möglich und in der Praxis häufig vorkommend (s oben Rn 4) ist die Stiefkindadoption (§ 1741 Abs 2 S 3). Wer als Minderjähriger adoptiert worden ist, kann allerdings entgegen der Grundregel des § 1742 als Volljähriger ein zweites Mal als Kind angenommen werden, weil § 1768 Abs 1 S 2 idF des AdoptRÄndG v 4. 12. 1992 (BGBl I 1974) ausdrücklich bestimmt, daß § 1742 auf die Annahme eines Volljährigen nicht anzuwenden ist (Näheres § 1742 Rn 8). Der Anzunehmende braucht nicht geschäftsfähig zu sein (§ 1768 Abs 2), während für den Annehmenden Geschäftsfähigkeit erforderlich ist (§ 1768 Abs 1; vgl auch § 1743 Rn 5). Die in § 1743 für den Annehmenden normierten Alterserfordernisse gelten wegen der Verweisung in § 1767 Abs 2 grds zwar auch für die Erwachsenenadoption, laufen hier aber naturgemäß praktisch leer. Wird ein Ausländer als Kind angenommen, so beurteilt sich dessen Volljährigkeit nach Art 7 Abs 1 EGBGB (§ 1741 Rn 13).

2. Wohl des Kindes

Nach § 1767 Abs 2 iVm § 1741 Abs 1 S 1 muß die Adoption dem Wohl des Anzu- **13** nehmenden dienen. Dem Gesetzgeber (RegE BT-Drucks 7/3061, 56, Nr 6 zu § 1767) erschien dieses selbständige Erfordernis bei der Erwachsenenadoption im wesentlichen nur sinnvoll, falls der Anzunehmende geschäftsunfähig oder in der Geschäftsfähigkeit beschränkt ist. Beschränkt geschäftsfähige Volljährige gibt es allerdings seit Inkrafttreten des BetreuungsG v 12. 9. 1990 (BGBl I 2002) am 1. 1. 1992 nicht mehr. Ist der Anzunehmende geschäftsfähig, so trifft er mit dem Annahmeantrag grds selbst die Entscheidung darüber, ob die Adoption seinem Wohl dient, so daß sich insoweit eine besondere vormundschaftsgerichtl Prüfung erübrigt (BayObLG DAVorm 1980, 503, 505; FamRZ 1982, 644, 645; OLG Köln OLGZ 1982, 408, 409 = FamRZ 1982, 844; FamRZ 1990, 800; LG Frankenthal FamRZ 1998, 505; BGB-RGRK/Dickescheid Rn 6; Erman/Holzhauer Rn 4).

3. Eltern-Kind-Verhältnis

§ 1767 Abs 2 iVm § 1741 Abs 1 S 1 verlangt, daß „zu erwarten ist, daß zwischen dem **14** Annehmenden und dem Kind ein Eltern-Kind-Verhältnis entsteht". Ist ein Eltern-Kind-Verhältnis bereits entstanden, so ist die Annahme ohne weitere Prüfung als sittlich gerechtfertigt anzusehen (s unten Rn 20).

a) Bereits entstandenes Eltern-Kind-Verhältnis

15 Läßt sich die Frage nach der Herstellung eines echten Eltern-Kind-Verhältnisses bei kleinen Kindern im allg leicht beantworten, so wirft die Adoption Volljähriger insoweit erheblich schwierigere Probleme auf. So vertreten Lit u Rspr zu Recht die Ansicht, daß ein tatsächliches Zusammenleben von Eltern und erwachsenen Kindern und damit auch von Adoptiveltern und Adoptivkindern nicht mehr **Wesensmerkmal des Eltern-Kind-Verhältnisses** sei (RGZ 147, 220, 224 = JW 1935, 2132, 2133; BGHZ 35, 75, 84 = NJW 1961, 1461, 1462 f = FamRZ 1961, 306, 308; OLG Köln FamRZ 1990, 800; BRANDIS JW 1934, I 4; BOSCH FamRZ 1964, 401, 408; STAUDINGER/ENGLER[10/11] § 1754 Rn 33; BGB-RGRK/DICKESCHEID Rn 5). Erforderlich sei aber „eine auf Dauer angelegte Bereitschaft zu gegenseitigem Beistand, wie ihn sich leibliche Eltern und Kinder typischerweise leisten" (BayObLG FamRZ 1982, 644, 645; DAVorm 1980, 503, 506; FamRZ 1980, 1158, 1159; FRES 11, 266, 271 f; NJW 1985, 2094, 2095 = StAZ 1985, 203, 204; NJW-RR 1995, 1287, 1288 = FamRZ 1996, 183, 184; OLG Zweibrücken FamRZ 1983, 533, 534; OLG Düsseldorf FamRZ 1985, 832 = StAZ 1985, 163, 164), „eine dauernde innere (seelisch-geistige) Verbundenheit, wie sie zwischen Eltern und Kind auch nach dessen Volljährigkeit geprägt bleibt" (BayObLG FRES 11, 266, 271; NJW-RR 1995, 1287, 1288 = FamRZ 1996, 183, 184; StAZ 2000, 172, 173; KG FamRZ 1982, 641; OLG Köln OLGZ 1982, 408; OLG Zweibrücken FamRZ 1989, 537, 538; LG Mannheim Justiz 1977, 134 = FamRZ 1979, 80 [LS] = DAVorm 1977, 325 [LS]; LG Berlin FamRZ 1982, 845 [LS]), „ein soziales Familienband, das seinem ganzen Inhalt nach dem durch die natürliche Abstammung geschaffenen ähnelt" (BayObLG NJW 1985, 2094 = StAZ 1985, 203, 204; FG Düsseldorf UVR 2000, 395, 396 mwN). „Wöchentliche Besuche zur Unterstützung eines betagten Annehmenden, gemeinsame Interessen und ein Vertrauensverhältnis" sollen nicht ausreichen (BayObLG NJW 1985, 2094 = StAZ 1985, 203), ebensowenig „freundschaftliche oder kollegiale Beziehungen" (KG FamRZ 1982, 641; vgl auch BayObLG NJWE-FER 1998, 29 = MDR 1997, 747 und FamRZ 1996, 435 [LS]).

16 Mangels jedweder faßbarer Kriterien, ob ein enger persönlicher Kontakt zwischen erwachsenen Menschen die Voraussetzungen eines Eltern-Kind-Verhältnisses erfüllt, begnügt sich die Rspr mit **Indizien.** So soll der **Altersabstand** zwischen Annehmendem und Anzunehmendem dem zwischen Eltern und leibl Kindern in etwa entsprechen (Adoption abgelehnt bei Altersunterschied von 4¼ Jahren durch OLG Karlsruhe NJW-RR 1991, 713 = FamRZ 1991, 226, 227 = DAVorm 1990, 940, 943, von 3 bzw 12 Jahren durch OLG Köln FamRZ 1982, 642, 643, von 7 Jahren durch OLG Köln OLGZ 1982, 408, 410 = FamRZ 1982, 844, 845, von 12 Jahren durch BayObLG FamRZ 1998, 505, [LS] und FGPrax 2000, 25, von 14 Jahren durch BayObLG DAVorm 1980, 503, 507 und NJWE-FER 1998, 29 = MDR 1997, 747; Adoption bejaht bei Altersunterschied von 6 Jahren durch LG Frankenthal FamRZ 1998, 505, von 11 Jahren durch LG Mannheim Justiz 1977, 134 = FamRZ 1979, 18 [LS] = DAVorm 1977, 325 [LS]). Zu Recht abgelehnt wurde die Adoption eines 5 Jahre *älteren* Adoptivkindes in FG Düsseldorf EFG 2000, 1345 [LS] = UVR 2000, 395. Problematisch bleibt eine Entscheidung des AG Bielefeld (FamRZ 1982, 961), in der die Annahme eines 11 Jahre älteren Erwachsenen ausgesprochen wurde, der aufgrund seines geistigen Entwicklungsstandes einem 10–12jährigen gleichzustellen war. Auch das RG hatte in einer Entscheidung v 25. 3. 1935 ausgeführt, daß ein Altersunterschied von nicht einmal 8 Jahren „für sich allein nicht ausreicht", die Herstellung eines Eltern-Kind-Verhältnisses zu verneinen (RGZ 147, 220, 226 = JW 1935, 2132, 2134). Das **Vorhandensein einer eigenen intakten Familie** mit Kindern spricht tendenziell gegen das Bestehen oder Entstehen eines echten Eltern-Kind-Verhältnisses zwischen Erwachsenen (BayObLG FamRZ 1982, 644, 646; OLG Düsseldorf FamRZ 1981, 94; KG FamRZ 1982, 641, 642). Entscheidend kann letztlich nur aus dem

äußeren Erscheinungsbild der Beziehungen geschlossen werden, ob ein Eltern-Kind-Verhältnis besteht, wobei das Gericht sich weitgehend an den (glaubwürdigen) Angaben der Beteiligten wird orientieren müssen (KG FamRZ 1982, 641; OLG Zweibrücken NJWE-FER 1999, 295 = FamRZ 1999, 1690 [LS]). Problemlos bleiben nur die Fälle **nachgeholter Minderjährigenadoptionen,** wenn langjährige **Pflege- oder Stiefkinder** erst nach Erreichen des Volljährigkeitsalters adoptiert werden. Für diese Fallgruppe sieht § 1772 Abs 1 lit b sogar die Möglichkeit der Volladoption vor. Bei der ohnehin problematischen **Verwandtenadoption** (§ 1741 Rn 22 ff) verlangt die Rspr eine stärkere Intensivierung der bereits vorhandenen familiären Beziehungen (BGHZ 35, 75, 83 f = NJW 1961, 1461, 1462 = FamRZ 1961, 306, 308; FamRZ 1957, 126, 128 = StAZ 1957, 223, 226; OLG Hamm OLGZ 1968, 370 = FamRZ 1968, 481; AG Deggendorf FamRZ 1984, 1267).

Unzulässig sind Erwachsenenadoptionen, die im natürlichen Verwandtschaftsverhält- **17** nis keine Entsprechung finden: Ehemann und Ehefrau sollten ebensowenig gemeinsam adoptiert werden (vgl aber AG Backnang FamRZ 2000, 770; Prang StAZ 1982, 111 u Bundesverband der Standesbeamten StAZ 1983, 106 u StAZ 1984, 110) wie Mutter und Tochter (vgl aber OLG Frankfurt FamRZ 1982, 848). Geschlechtliche Beziehungen zwischen den Beteiligten stehen der Bejahung eines Eltern-Kind-Verhältnisses ebenfalls entgegen (OLG Frankfurt StAZ 1954, 251 = FamRZ 1955, 55 [LS]; OLG Schleswig SchlHA 1960, 23; AG Bensheim ZfJ 1995, 81; Roth 137 ff).

b)   Angestrebtes Eltern-Kind-Verhältnis

Ist es schon schwierig, zu klären, ob zwischen erwachsenen Personen ein Eltern- **18** Kind-Verhältnis besteht, so scheint eine zuverlässige Beantwortung der Frage, ob „zu erwarten ist, daß zwischen dem Annehmenden und dem Kind ein Eltern-Kind-Verhältnis entsteht" (§ 1767 Abs 2 S 1 iVm § 1741 Abs 1 S 1), nahezu unmöglich. Obwohl es nach § 1741 Abs 1 S 1 (anders als nach § 1754 Abs 2 Nr 2 aF) nicht auf die Absicht ankommt, ein Eltern-Kind-Verhältnis herzustellen, sondern auf die **objektive Erwartung,** ein solches Verhältnis werde entstehen, fehlt es für eine Prognose an brauchbaren Kriterien. Die Rspr verlangt deshalb zu Recht, daß sich die objektive Erwartung, ein Eltern-Kind-Verhältnis werde entstehen, „auf **vergangene und gegenwärtige Umstände**" stützt (KG FamRZ 1982, 641; OLG Zweibrücken NJWE-FER 1998, 295 = FamRZ 1999, 1690 [LS]; auch BayObLG DAVorm 1980, 503, 505; FamRZ 1980, 1158, 1159; FRES 11, 266, 269; NJW 1985, 2094 = StAZ 1985, 203, 204; OLG Frankfurt OLGZ 1980, 104, 105 = FamRZ 1980, 503). In der Sache reduziert sich damit der Anwendungsbereich des § 1767 Abs 2 iVm § 1741 Abs 1 S 1 auf diejenigen Fälle, in denen das Bestehen eines Eltern-Kind-Verhältnisses zwar noch nicht zur Überzeugung des Gerichts feststeht, aber aufgrund der Gesamtumstände kein Zweifel besteht, daß sich die Beziehungen der Beteiligten – nicht zuletzt aufgrund der Adoption – in der erforderlichen Weise intensivieren werden.

Bleiben Zweifel, ob zu erwarten ist, daß zwischen dem Annehmenden und dem **19** Anzunehmenden ein Eltern-Kind-Verhältnis entsteht, so gehen diese zu Lasten des Antragstellers. Die in der Rspr immer wiederkehrende stereotype Formel, daß „begründete" Zweifel erforderlich seien (so allerdings § 1754 Abs 2 Nr 2 aF), ist zwar nicht falsch, aber mißverständlich (vgl etwa BayObLG NJWE-FER 1998, 29 = MDR 1997, 747; FamRZ 1997, 638, 639; NJW-RR 1995, 1287, 1288 = FamRZ 1996, 183, 184; FamRZ 1982, 644, 645; DAVorm 1980, 503, 506 f; FamRZ 1980, 1158, 1159; FRES 11, 266, 270; OLG Karlsruhe NJW-RR 1991, 713 = FamRZ 1991, 226, 227 = DAVorm 1990, 940, 942; OLG Köln FamRZ 1982, 642, 644;

AG Bensheim ZfJ 1995, 81). Insbes führen Zweifel nicht erst dann zur Ablehnung des Annahmeantrags, „wenn die für und gegen eine Adoption sprechenden Gründe gleichwertig sind" (so aber OLG Frankfurt OLGZ 1980, 104, 106 = FamRZ 1980, 503). Die Annahme darf vielmehr immer nur dann ausgesprochen werden, wenn positiv zur Überzeugung des Gerichts feststeht, daß ein Eltern-Kind-Verhältnis entstehen wird (so richtig OLG Düsseldorf FamRZ 1985, 832 = StAZ 1985, 163; ebenso OLG Zweibrücken FamRZ 1983, 533; KG FamRZ 1982, 641; BayObLG NJW 1985, 2094 = StAZ 1985, 203, 204). – Vgl auch § 1752 Rn 21.

4. Sittliche Rechtfertigung

20 Die Annahme eines Volljährigen ist sittlich gerechtfertigt, wenn zwischen dem Annehmenden und dem Anzunehmenden ein **Eltern-Kind-Verhältnis bereits entstanden** ist (Abs 1 HS 2). Welcher konkrete Einzelzweck mit der Adoption verfolgt wird, ist unwesentlich. Der Annahmevertrag darf selbst dann nicht abgelehnt werden, wenn die Beteiligten eine rechtl Verfestigung ihrer Beziehungen durch Adoption nur wünschen, um Erbschaftsteuern zu sparen oder eine drohende Ausweisung zu verhindern. Annehmender und Anzunehmender haben sich nach der gesetzl Wertung v Abs 1 HS 2 die Adoption „verdient". Dies gilt auch dann, wenn das Eltern-Kind-Verhältnis erst zu einem bereits Volljährigen begründet worden ist (aA BGB-RGRK/ DICKESCHEID Rn 11).

21 Große Schwierigkeiten bereitet der Praxis die Frage, unter welchen Voraussetzungen eine Annahme sittlich gerechtfertigt ist, falls nach der Überzeugung des Gerichts lediglich **„zu erwarten ist, daß zwischen dem Annehmenden und dem Kind ein Eltern-Kind-Verhältnis entsteht"** (§ 1767 Abs 2 iVm § 1741 Abs 1 S 1). Da die sittliche Rechtfertigung in Abs 1 HS 1 eine selbständige und zusätzliche Adoptionsvoraussetzung ist, kann diese jedenfalls nicht schon dann bejaht werden, „wenn bei objektiver Betrachtung bestehender Bindungen und ihrer Entwicklungsmöglichkeiten anzunehmen ist, daß sich eine dem Alter der Beteiligten entsprechende Eltern-Kind-Beziehung noch ausbilden wird" (so aber OLG Celle FamRZ 1995, 829 = StAZ 1995, 172; BayObLG DAVorm 1980, 503, 505; FamRZ 1980, 1158, 1159; FamRZ 1982, 644, 645; NJW 1985, 2094 = StAZ 1985, 203, 204; NJW-RR 1993, 456 = FamRZ 1993, 236). Die Rspr bejaht die sittliche Rechtfertigung immer dann, wenn ein **„familienbezogenes Motiv"** entscheidender Anlaß für die Annahme ist (BayObLG FamRZ 2001, 118, 119 = StAZ 2000, 172, 173; NJW-RR 1993, 456 = FamRZ 1993, 236; NJW 1985, 2094 = StAZ 1985, 203, 204; FamRZ 1982, 644; FRES 11, 266, 269 f; FamRZ 1980, 1158, 1159; DAVorm 1980, 503, 505; OLG Karlsruhe NJW-RR 1991, 713 = FamRZ 1991, 226, 227 = DAVorm 1990, 940, 942; OLG Köln FamRZ 1990, 800; OLG Düsseldorf FamRZ 1985, 832 = StAZ 1985, 163, 164; OLG Zweibrücken FamRZ 1983, 533, 534; KG FamRZ 1982, 641; OLG Frankfurt OLGZ 1980, 104, 106 = FamRZ 1980, 503). Als solches wird insbes der Wunsch der Annehmenden anerkannt, „einen Erben zur **Fortführung des Lebenswerkes** (Hof, Betrieb, Praxis) oder eine **Betreuung und Unterstützung bei Krankheit im Alter** zu haben" (so BayObLG NJW 1985, 2094 = StAZ 1985, 203 u KG FamRZ 1982, 641; auch OLG Zweibrücken FamRZ 1983, 533, 535; OLG Köln OLGZ 1982, 408, 411 = FamRZ 1982, 844, 845; KG FamRZ 1982, 641; OLG Düsseldorf FamRZ 1981, 94). Auch die **Bereitschaft, „sich unbedingt und auf Dauer in allen Lebenslagen beizustehen",** soll die Annahme eines Volljährigen sittlich rechtfertigen (OLG Düsseldorf FamRZ 1985, 832 = StAZ 1985, 163, 164; OLG Zweibrücken FamRZ 1983, 533, 534), obwohl diese Bereitschaft sich von dem selbständigen Erfordernis der Herstellung eines Eltern-Kind-Verhältnisses (§ 1767 Abs 2 iVm § 1741 Abs 1 S 1) allenfalls durch die Intensität der Voraussetzungen unterscheidet. Dagegen wird die Volljährigenadoption als sittlich nicht gerechtfertigt angesehen, wenn mit dem Annahmeverhältnis vornehmlich die **drohende Ausweisung** des ausländischen Anzunehmenden verhindert werden soll (BayObLG NJWE-FER 2001, 12; FGPrax 2000, 25; FamRZ 2001, 118 = StAZ 2000, 172; NJW-RR 1995, 1287 = FamRZ 1996, 183; NJW 1985, 2094 = StAZ 1985, 203; FamRZ 1982, 644; FRES 11, 266; FamRZ 1980, 1158; DAVorm 1980, 503; OLG Zweibrücken NJWE-FER 1999, 295 = FamRZ 1999, 1690 [LS]; FamRZ 1989, 537; OLG Celle FamRZ 1995, 829 = StAZ 1995, 172; OLG Karlsruhe NJW-RR 1991, 713 = FamRZ 1991, 226, 227 = DAVorm 1990, 940, 943; vgl auch FRANK, in: FS Radwanski [Poznan 1990] 567, 577 ff; STURM, in: FS Firsching [1985] 309; RENNER ZAR 1981, 128) oder **wirtschaftliche Zwecke** verfolgt werden (BayObLG FamRZ 1980, 1158; FamRZ 1982, 644; FRES 11, 266, 269; NJW 1985, 2094 = StAZ 1985, 203, 204; FG Düsseldorf EFG 2000, 1345 [LS] = UVR 2000, 395). Spielen bei der Adoption mehrere Motive eine Rolle, dann muß nach der Rspr das familienbezogene das **Hauptmotiv** sein. Andere Motive sollen nicht schaden, solange sie **Nebenmotive** bleiben (BayObLG FamRZ 2001, 118, 119 = StAZ 2000, 172, 173; FamRZ 1997, 638, 639; NJW-RR 1993, 456 = FamRZ 1993, 236; NJW 1985, 2094 = StAZ 1985, 203, 204; FamRZ 1982, 644; OLG Düsseldorf FamRZ 1985, 832 = StAZ 1985, 163, 164; OLG Köln FamRZ 1990, 800; OLG Zweibrücken FamRZ 1983, 533, 534; ebenso BGB-RGRK/DICKESCHEID Rn 10; SOERGEL/LIERMANN Rn 12). Ob „mitbestimmende" (wohl gemeint iSv „gleichwertige") familienfremde Motive schädlich sind, ist str (dafür: BayObLG DAVorm 1980, 503, 507; FamRZ 1980, 1158, 1159; dagegen: OLG Düsseldorf FamRZ 1981, 94; offengelassen: KG FamRZ 1982, 641, 642). Nach OLG Düsseldorf FamRZ 1981, 94 ist selbst die Absicht, jemanden vor der Ausweisung zu bewahren, unschädlich, wenn nur im übrigen eine sittliche Rechtfertigung festzustellen ist (ähnl insoweit BayObLG NJW 1985, 2094 = StAZ 1985, 203, 204).

Die Unterscheidung zwischen Haupt- und Nebenmotiven ist verfehlt, zumindest **22** irreführend. Ist zu erwarten, daß zwischen dem Annehmenden und Anzunehmenden ein echtes Eltern-Kind-Verhältnis entstehen wird, und soll der Anzunehmende das Lebenswerk des Annehmenden fortsetzen, so ist die Adoption auch dann sittlich gerechtfertigt, wenn sie in erster Linie der **Ersparung von Erbschaftsteuer** wegen erfolgt (so schon BGH FamRZ 1957, 126, 128; auch OLG Düsseldorf FamRZ 1981, 94; STAUDINGER/ENGLER[10/11] § 1756 Rn 10 mNachw). Die sittliche Rechtfertigung kann nicht, jedenfalls nicht nur danach beurteilt werden, in welcher Reihenfolge die Motive aus der Sicht der Beteiligten zu gewichten sind; erforderlich ist eine **objektive Würdigung der gesamten Umstände des Falles** (vgl auch Rn 24 ff).

Zweifel an der sittlichen Rechtfertigung gehen zu Lasten der Antragsteller (OLG **23** Düsseldorf FamRZ 1985, 832 = StAZ 1985, 163, 164; OLG Köln FamRZ 1982, 642, 644; OLG Düsseldorf FamRZ 1981, 94, 95; OLG Frankfurt OLGZ 1980, 104, 106 = FamRZ 1980, 503; LG Hanau DAVorm 1976, 526, 528).

V. Mißbräuche

Eine Adoption ist immer sittlich gerechtfertigt, wenn zwischen dem Annehmenden **24** und dem Anzunehmenden ein Eltern-Kind-Verhältnis bereits entstanden ist (§ 1767 Abs 1). Ob die Annahme in concreto aus steuerlichen, namensrechtlichen, ausländerrechtlichen, wirtschaftlichen Gründen erfolgt, ist unwesentlich (oben Rn 20). Ist ein Eltern-Kind-Verhältnis noch nicht entstanden, aber anzunehmen, daß es entstehen wird, und ergibt eine objektive Würdigung der gesamten Umstände des Falles, daß die Annahme sittlich gerechtfertigt ist, so kann das mit der Adoption konkret verfolgte Ziel die Zulässigkeit der Adoption auch dann nicht in Frage stellen, wenn dieses Ziel nicht „familienbezogen" ist (oben Rn 22). Es ist deshalb ungenau, mit Blick auf die Motivation der Beteiligten Namens-, Steueradoptionen etc schlechthin als mißbräuchlich zu brandmarken. Beispielhaft seien hervorgehoben:

1.   Namensadoption

25 Namens- oder Adelsadoptionen beschäftigten in der ersten Hälfte des Jhs des öfteren die Gerichte (Nachw bei KRAUSE 30–33, 72–74; vgl auch STAUDINGER/ENGLER[10/11] § 1754 Rn 37 f), spielen aber heutzutage allenfalls am Rande eine Rolle (BayObLG NJW-RR 1993, 456 = FamRZ 1993, 236; BICKLER 69 ff; KRAUSE 20 ff, 119 f). Vor der Reform v 1976 waren Annahmeverträge nichtig, falls die Absicht fehlte, ein echtes Eltern-Kind-Verhältnis herzustellen, und der Anzunehmende (gegen Entgelt) nur den Wunsch hatte, den (meist adligen) Namen des Annehmenden zu erlangen. Nach dem Übergang vom Vertrags- zum Dekretsystem (§ 1768) sind derartige Adoptionen heute jedoch voll gültig und können auch von Amts wegen nicht aufgehoben werden (vgl § 1771).

2.   Steueradoption

26 Adoptionen mit dem Ziel, durch das Aufrücken in die Steuerklasse I (§ 15 ErbStG) Erbschaft- oder Schenkungsteuer zu sparen, dürften nach wie vor häufig vorkommen (ROTH 121 ff; KRAUSE 62 ff, 117 ff; BICKLER 94 ff). Gerade weil die Rspr die Fortführung des Lebenswerkes (Hof, Betrieb, Praxis) immer wieder geradezu als ein Paradebeispiel sittlicher Rechtfertigung der Erwachsenenadoption nennt (oben Rn 21), ist kaum eine Ablehnung von Adoptionsanträgen zu erwarten, wenn der Hof- oder Betriebsnachfolger angenommen werden soll, falls nur die (schwer nachprüfbare) weitere Voraussetzung des § 1767 Abs 2 iVm § 1741 Abs 1 S 1 gegeben ist. Sollte sich nach dem Erlaß des Adoptionsbeschlusses herausstellen, daß die Herstellung eines Eltern-Kind-Verhältnisses nicht beabsichtigt war, bleibt die Adoption dennoch wirksam und muß vor allem steuerlich anerkannt werden (OSWALD FamRZ 1978, 99; SÖFFING/ VÖLKERS/WEINMANN, Erbschaft- und Schenkungsteuerrecht [1999] 37 f).

3.   Adoption zur Verbesserung der aufenthaltsrechtlichen Lage

27 Adoptionen, bei denen diese Zielsetzung erkennbar ist, können nur in seltenen Ausnahmefällen sittlich gerechtfertigt sein (oben Rn 21, bezügl eines möglichen Ausnahmefalls vgl OLG Düsseldorf FamRZ 1981, 94). Wird eine Adoption ausgesprochen, ohne daß die gesetzl Voraussetzungen vorliegen, so sind die Verwaltungsbehörden und -gerichte an die Entscheidung gebunden. Allerdings bietet der durch Art 6 Abs 1 GG gewährleistete Schutz der Familie dem adoptierten Ausländer in aller Regel kein Aufenthaltsrecht (BVerfG NJW 1990, 895 = FamRZ 1990, 363; BVerfGE 80, 81 = NJW 1989, 2195 = FamRZ 1989, 715; BVerwGE 69, 359 = NJW 1984, 2780 = FamRZ 1984, 1011; VGH Baden-Württemberg FamRZ 1986, 494 = InfAuslR 1986, 36; OVG Lüneburg InfAuslR 1986, 38; OVG Hamburg FamRZ 1984, 46; BayVGH NVwZ 1982, 387 = InfAuslR 1982, 130 = FamRZ 1983, 1058 [LS]; OVG Münster FamRZ 1981, 1111; vgl außerdem HAILBRONNER JZ 1983, 574, 579 f; HAILBRONNER/RÜBSAAMEN JZ 1986, 1038, 1046 f; RENNER ZAR 1981, 128; ders ZAR 1989, 132; FRANK, in: FS

9. Titel. Annahme als Kind.
II. Annahme Volljähriger.

§ 1767
28–30

Radwanski [Poznan 1990] 567, 577 ff; Sturm, in: FS Firsching [1985] 309; Lüderitz, in: FS Oehler [1985] 487, 495). „Eine Erwachsenenadoption begründet eine Familie, die in ihrem verfassungsrechtlichen Kern nicht eine Lebens- oder Haushaltsgemeinschaft darstellt, sondern in aller Regel auf eine Begegnungsgemeinschaft angelegt ist und deshalb durch wiederholte Besuche, durch Brief- und Telefonkontakte sowie durch Zuwendungen aufrechterhalten werden kann. Die Versagung der Aufenthaltserlaubnis aus einwanderungspolitischen Gründen ist hier im Hinblick auf Art 6 Abs 1 GG jedenfalls dann unbedenklich, wenn keine Lebensverhältnisse bestehen, die einen über die Aufrechterhaltung der Begegnungsgemeinschaft hinausgehenden familienrechtlichen Schutz angezeigt erscheinen ließen" (BVerfG NJW 1990, 895 = FamRZ 1990, 363; BVerfGE 80, 81, 90 f = NJW 1989, 2195, 2196 = FamRZ 1989, 715, 717; bestätigt durch BVerfG FamRZ 1996, 154 = DVBl 1996, 195). Liegen jedoch Lebensverhältnisse vor, die eine Betreuung des Adoptierenden oder des Adoptierten erforderlich machen, so geht die aufenthaltsrechtl Schutzfunktion des Art 6 Abs 1 GG auch dann nicht verloren, wenn die Betreuung durch Dritte gewährleistet werden kann (BVerfG NJW 1990, 895, 896 = FamRZ 1990, 363, 364; BVerfG FamRZ 1996, 154 = DVBl 1996, 195).

4. Adoption zur Umgehung erbrechtlicher Bestimmungen

Die Adoption eines Volljährigen durch einen kinderlosen Erblasser läßt **Pflichtteils-** **28** **ansprüche** der leibl Eltern hinfällig werden. Hinterläßt der Erblasser leibl Abkömmlinge, so wird deren Pflichtteil durch das Hinzutreten eines weiteren gesetzl Erben verkürzt. Auch hier gilt grds, daß beim Vorliegen der Adoptionsvoraussetzungen des § 1767 die Annahme nicht in Frage gestellt ist, auch dann nicht, wenn dem Erblasser die genannten pflichtteilsrechtl Konsequenzen willkommen sind. Etwas anderes kann sich im Einzelfall aus § 1769 ergeben. § 1769 garantiert den Kindern des Annehmenden jedoch keineswegs den wirtschaftlichen status quo. Die Annahme eines langjährigen Pflege- oder Stiefkindes, das den Erblasser im Alter aufopferungsvoll pflegt, kann zB sittlich gerechtfertigt sein, obwohl es dem Erblasser auf eine Verkürzung des Pflichtteilsanspruchs eines leibl Kindes durchaus ankommt, weil dieses sich schwere Verfehlungen gegenüber dem Erblasser hat zuschulden kommen lassen, ohne daß ein Pflichtteilsentziehungsgrund vorläge (so zutr Krause 66).

Sind in einer letztwilligen Verfügung **„Abkömmlinge" oder „Kinder"** bedacht, so **29** entscheidet der Erblasserwille, ob auch ein adoptierter Erwachsener in den Genuß der Bestimmung kommen soll (Näheres mit RsprNachw § 1754 Rn 10 u § 1770 Rn 19). Eine ohne die Voraussetzungen des § 1767 zustande gekommene Erwachsenenadoption wäre zwar voll gültig, würde aber ihr Ziel entgegen dem Erblasserwillen nicht erreichen können (OLG Stuttgart FamRZ 1981, 818 m Anm Bausch).

In einer Entscheidung v 3. 11. 1969 (NJW 1970, 279 = FamRZ 1970, 79) hatte sich der BGH **30** mit der Frage auseinanderzusetzen, ob es mit Hilfe einer Adoption möglich ist, lästig gewordene **Bindungen an ein gemeinschaftliches Testament oder einen Erbvertrag** durch Anfechtung (§§ 2281, 2079) abzustreifen. Der BGH bejahte die Frage in einem Fall, in dem der Erblasser seine teils minderjährigen, teils volljährigen Stiefkinder erkennbar nur deshalb adoptiert hatte, weil er seine Verfügungsfreiheit wiedererlangen wollte. Die Entscheidung wäre auch auf dem Boden des geltenden Rechts zutreffend. Da die Adoption erwachsener Stiefkinder in aller Regel sittlich gerechtfertigt erscheint, kann es keine Rolle spielen, auf welchen konkreten mit der Adoption notwendigerweise verbundenen Rechtsvorteil es den Beteiligten ankommt (Näheres FRANK 198).

VI. Sinngemäße Anwendung der Vorschriften über die Annahme Minderjähriger (Abs 2)

31 Sinngemäß anzuwenden sind die §§ 1741 u 1743 (oben Rn 12). Nicht anzuwenden sind die §§ 1742, 1744, 1745, 1746 Abs 1 u 2, 1747 (§ 1768 Abs 1 S 2), ebenso § 1748, da eine elterl Einwilligung bei der Volljährigenadoption nicht erforderlich ist. § 1749 gilt auch für die Erwachsenenadoption, ebenso § 1750, soweit es dort um die Einwilligung des Ehegatten geht. § 1751 paßt nicht für die Erwachsenenadoption. § 1752 Abs 2 gilt auch für den Annahmeantrag nach § 1768 (s dort Rn 2 ff). Sinngemäß anwendbar sind weiter § 1753, die §§ 1754–1756 im Rahmen des § 1772 sowie § 1757. Dagegen ergibt das besondere Offenbarungs- und Ausforschungsverbot des § 1758 für die Volljährigenadoption keinen rechten Sinn. Die Aufhebung des Annahmeverhältnisses (§§ 1759–1763) wird in § 1771 besonders geregelt (Näheres dort Rn 1), während für die Wirkungen der Aufhebung wiederum die §§ 1764–1766 maßgebend sind.

§ 1768

(1) Die Annahme eines Volljährigen wird auf Antrag des Annehmenden und des Anzunehmenden vom Vormundschaftsgericht ausgesprochen. §§ 1742, 1744, 1745, 1746 Abs. 1, 2, § 1747 sind nicht anzuwenden.

(2) Für einen Anzunehmenden, der geschäftsunfähig ist, kann der Antrag nur von seinem gesetzlichen Vertreter gestellt werden.

Materialien: BT-Drucks 7/3061, 53, 77; BT-Drucks 7/5087, 21; BT-Drucks 11/4528, 108. S STAUDINGER/BGB-Synopse (2000) § 1768.

Systematische Übersicht

I. Normzweck und Entstehungsgeschichte

1 Wie bei der Minderjährigenadoption kommt bei der Volljährigenadoption die Annahme seit der Reform v 1976 nicht mehr durch Vertrag, sondern durch Beschluß des

9. Titel. Annahme als Kind.
II. Annahme Volljähriger.

§ 1768

2–4

VormG auf Antrag des Annehmenden und des Anzunehmenden zustande (**Dekret-statt Vertragssystem**). Bei den Reformarbeiten war zT vorgeschlagen worden, das Vertragssystem für die Volljährigenadoption beizubehalten (Engler 107). Vertrags- und Dekretsystem sind keine unvereinbaren Gegensätze. Ob der entscheidende Akt des Zustandekommens der Adoption mehr im Vertragsrecht (verbunden mit staatlicher Kontrolle durch ein bestätigendes Gericht) oder in einem staatlichen Hoheitsakt (auf der Grundlage eines übereinstimmenden Antrags von Annehmendem und Anzunehmendem) zu sehen ist, ist eine Frage der Gewichtung (Näheres § 1752 Rn 2). Im Interesse einer möglichst einheitlichen Regelung von Minderjährigen- und Volljährigenadoption dürfte die Entscheidung des Gesetzgebers v 1976 jedoch richtig gewesen sein (zur Begründung vgl BT-Drucks 7/3061, 53).

Abs 2 S 2 idF d AdoptG v 1976 hatte bestimmt, daß der in der Geschäftsfähigkeit beschränkte Anzunehmende den Annahmeantrag selbst stellt, dazu aber der Zustimmung seines gesetzl Vertreters bedarf. Durch das Betreuungsgesetz (BtG) v 12. 9. 1990 (BGBl I 2002) ist Abs 2 S 2 ersatzlos aufgehoben worden, weil es mit Inkrafttreten dieses Gesetzes am 1. 1. 1992 wegen des Wegfalls der Entmündigung keine beschränkt geschäftsfähigen Volljährigen mehr gibt (BT-Drucks 11/4528, 108).

II. Anträge

Während bei der Minderjährigenadoption der Annehmende den Antrag stellt **2** (§ 1752 Abs 1) und der Anzunehmende nach § 1746 in die Adoption einwilligt, setzt die Volljährigenadoption einen **Antrag des Annehmenden und des Anzunehmenden** voraus (Abs 1 S 1). Die Anträge sind „ein Akt formellen Rechts, notwendige **Verfahrenshandlung** und Voraussetzung für eine gerichtliche Entscheidung" (BayObLGZ 1982, 318, 321), auch wenn sie gleichzeitig eine materiellrechtl Erklärung beinhalten (Näheres § 1752 Rn 4). Ein Antrag auf Ausspruch einer Minderjährigenadoption kann, wenn der Minderjährige inzwischen volljährig geworden ist, nicht in einen Antrag auf Ausspruch einer Volljährigenadoption umgedeutet werden (OLG Karlsruhe NJWE-FER 2000, 52 = FamRZ 2000, 768). Ist auf eine Erwachsenenadoption ausländisches materielles Recht anzuwenden (Art 22 EGBGB), und folgt dieses dem Vertragssystem, so ist dennoch ein übereinstimmender Antrag des Annehmenden und des Anzunehmenden Voraussetzung dafür, daß ein deutsches VormG tätig wird (BayObLG ZBlJugR 1981, 537, 539 = FRES 10 [1982] 358, 363 = IPRax 1981, 220 [LS] m Anm Jayme).

Die Anträge können nacheinander oder gleichzeitig gestellt werden. Sie bedürfen **3** nach § 1767 Abs 2 iVm § 1752 Abs 2 der **notariellen Beurkundung** und sind bedingungs- und zeitbestimmungsfeindlich. Ein Antrag auf Erwachsenenadoption ist abzulehnen, wenn die Annehmenden ihn unter der unzulässigen Verfahrensbedingung gestellt haben, ihre ehel Kinder nicht anzuhören (BayObLGZ 2000, 46 = EzFamRaktuell 2000, 127 [LS]).

Stellvertretung ist unzulässig (§ 1767 Abs 2 iVm § 1752 Abs 2 S 1). Näheres § 1752 **4** Rn 4. Dies gilt ohne Ausnahme für den Annehmenden, der außerdem unbeschränkt geschäftsfähig sein muß (vgl § 1743 Rn 5). Für den **Anzunehmenden, der geschäftsunfähig** ist, macht § 1768 Abs 2 S 1 eine Ausnahme. Der Antrag kann nur von seinem gesetzl Vertreter gestellt werden. Die Sonderregelung des Abs 2 S 2 für den beschränkt geschäftsfähigen Anzunehmenden ist durch das BtG v 12. 9. 1990 aufgeho-

Rainer Frank

ben worden (oben Rn 1). Will der gesetzl Vertreter den von ihm Vertretenen selbst annehmen, so muß entsprechend §§ 1795 Abs 2, 181 ein Ergänzungspfleger (§ 1909) bestellt werden (vgl die Fälle OLG Hamm FamRZ 1979, 1082 m Anm d Red = StAZ 1980, 68 u AG Bielefeld FamRZ 1982, 961 m Anm d Red). Verweigert der gesetzl Vertreter des Anzunehmenden ohne triftigen Grund die Stellung des Antrags, so kann dieser gem § 1746 Abs 3 vormundschaftsgerichtl ersetzt werden (vgl Rᴏᴛʜ-Sᴛɪᴇʟᴏw Rn 4–6). Die Anwendbarkeit v § 1746 Abs 3 wird durch § 1768 Abs 1 S 2 klargestellt.

5 Die **Anträge** können nach allg fG-Grundsätzen in jedem Stadium des Verfahrens bis zum Wirksamwerden der Annahme, dh bis zur Zustellung des Annahmebeschlusses (§ 56 e S 2 FGG), **zurückgenommen** werden (BayObLGZ 1982, 318, 321; BayObLG ZBlJugR 1981, 537, 539 = FRES 10 [1982] 358, 363 = FamRZ 1982, 198 [LS]; Näheres § 1752 Rn 5). Eine Rücknahme des Antrags durch die Erben des Annehmenden ist allerdings nach dessen Tod ausgeschlossen (§ 1752 Rn 8). Die Rücknahme bedarf keiner besonderen Form (§ 1752 Rn 8). Rücknahme vor dem Wirksamwerden des Annahmebeschlusses bewirkt Erledigung in der Hauptsache; eine zuvor eingelegte Beschwerde wird unzulässig (BayObLGZ 1982, 318, 320 f).

III. Annahmeverfahren

1. Zuständigkeit

6 Für die internationale, sachliche, örtliche und funktionelle Zuständigkeit gelten die gleichen Bestimmungen, die auch für die Minderjährigenadoption maßgebend sind (vgl § 1752 Rn 9 ff).

2. Ermittlungen

7 Wie bei der Minderjährigenadoption gilt der **Amtsermittlungsgrundsatz** (§ 12 FGG). Das VormG prüft die **Voraussetzungen der Annahme:** ordnungsgemäße Anträge, Einwilligung der Ehegatten bzw deren Ersetzung (§§ 1767 Abs 2, 1749), sittliche Rechtfertigung der Annahme (§ 1767 Abs 1), Erwartung, daß ein Eltern-Kind-Verhältnis entstehen wird (§§ 1767 Abs 2, 1741 Abs 1 S 1), Wohl des Anzunehmenden (§§ 1767 Abs 2, 1741 Abs 1 S 1), Interessen der Kinder des Annehmenden und des Anzunehmenden (§ 1769). Die Einwilligung der Eltern ist nicht Voraussetzung der Erwachsenenadoption (unten Rn 14). Das JugA wirkt bei der Volljährigenadoption nicht mit. Sämtliche Voraussetzungen müssen beim Erlaß des Adoptionsbeschlusses vorliegen. Wird ein minderjähriger Anzunehmender vor Erlaß des Adoptionsbeschlusses volljährig, so sind auf die Adoption die Vorschriften über die Annahme Volljähriger anzuwenden (§ 1741 Rn 12, vgl aber § 1772 Abs 1 lit d).

8 Die Antragsteller sind idR persönlich zu hören (BayObLG FamRZ 1982, 644 m Nachw; auch OLG Köln FamRZ 1982, 642, 643), weil nur so geklärt werden kann, ob die Annahme sittlich gerechtfertigt (§ 1767 Abs 1) bzw ob zu erwarten ist, daß zwischen dem Annehmenden und dem Anzunehmenden ein Eltern-Kind-Verhältnis entstehen wird (§ 1767 Abs 2 iVm § 1741 Abs 1 S 1). Ein **Anhörungsrecht** (Art 103 Abs 1 GG) steht den Kindern des Annehmenden und des Anzunehmenden zu (§ 1769 Rn 12). Weiter wird man den Eltern des Anzunehmenden einen Anspruch auf rechtl Gehör zubilligen müssen. Dies gilt insbes dann, wenn die Erwachsenenadoption eine Voll-

adoption ist (§ 1772), welche die Verwandtschaftsbeziehungen des Kindes zu seinen Eltern beendet (BayObLG NJWE-FER 2001, 13 = FamRZ 2001, 122; OLG Zweibrücken FamRZ 1984, 204; Frank/Wassermann FamRZ 1988, 1248, 1249; MünchKomm/Maurer Rn 8), richtigerweise aber auch dann, wenn nur die Wirkungen des § 1770 eintreten. Auch die einfache Adoption berührt das natürliche Elternrecht, gefährdet durch das Hinzutreten neuer Unterhaltsgläubiger die Unterhaltsansprüche der leibl Eltern und schmälert ihre Erbansprüche (§ 1770 Rn 11 ff). Außerdem müssen die leibl Eltern sich auf die adoptionsbedingten Veränderungen rechtzeitig einstellen können. Den Eltern des Annehmenden steht dagegen – wie auch bei der Minderjährigenadoption – kein Anhörungsrecht zu (vgl § 1745 Rn 22, § 1749 Rn 12 f). Zur Verfassungsbeschwerde bei der Verletzung von Anhörungsrechten vgl § 1771 Rn 4 u § 1759 Rn 9 ff.

3. Beschluß

Für den Annahmebeschluß (§ 56 e FGG) gelten die Ausführungen zur Minderjähri-   **9** genadoption (§ 1752 Rn 25 ff). Ein Ausspruch der Annahme nach dem Tod des Annehmenden ist auch bei der Volljährigenadoption unter den Voraussetzungen des § 1753 Abs 2 möglich.

Der Beschluß, durch den das Gericht die Annahme ausspricht, ist nach § 56 e S 3   **10** FGG **unanfechtbar** und **unabänderbar.** Um Unklarheiten über die Wirkungen der Annahme zu vermeiden, ist im Annahmebeschluß anzugeben, auf welcher gesetzl Grundlage (§ 1770 oder § 1772) er beruht (§ 56 e S 1 FGG). Näheres § 1752 Rn 26.

Aus § 56 e S 3 FGG folgt insbes, daß eine Adoption, welche die gesetzl Wirkungen   **11** des § 1770 entfaltet, nicht nachträglich auf Antrag in eine Volladoption nach § 1772 umgewandelt werden darf (AG Kaiserslautern StAZ 1983, 17; MünchKomm/Maurer § 1772 Rn 6). War jedoch der Antrag gem § 1772 rechtzeitig gestellt worden, so kann über diesen in einem späteren Ergänzungsbeschluß entschieden werden (Keidel/Kuntze/ Winkler § 56 e FGG Rn 27 mNachw). Wird Hauptantrag auf Volladoption (§ 1772) und Hilfsantrag auf Adoption mit schwachen Wirkungen (§ 1770) gestellt, so entscheidet das Gericht zweckmäßigerweise vorab über den Hauptantrag (OLG Hamm FamRZ 1979, 1082, 1084). Wird der Hauptantrag zurückgewiesen und gleichzeitig dem Hilfsantrag stattgegeben, so ist der Annahmebeschluß mit den (Mindest-)Wirkungen des § 1770 nach § 56 e S 3 FGG unanfechtbar. Hat später die einfache Beschwerde gegen die Zurückweisung des Hauptantrags Erfolg, so wird das Dekret um den Zusatz des § 1772 erweitert (BGB-RGRK/Dickescheid § 1772 Rn 5; zT **aA** Erman/Holzhauer § 1772 Rn 10). Im einzelnen liegen die Probleme im Falle eines Antrags nach § 1772 ähnlich wie bei einem Antrag auf Namensänderung nach § 1757 Abs 4 (ausf dazu § 1757 Rn 28 ff, 54 ff).

Gegen die Ablehnung des Annahmeantrags ist die **einfache Beschwerde** (§ 19 FGG)   **12** gegeben (Näheres § 1752 Rn 37). Beschwerdeberechtigt ist jeder der beiden Antragsteller (§ 20 Abs 2 FGG; vgl BayObLG FamRZ 2001, 118 = StAZ 2000, 172; NJWE-FER 1997, 248 = FamRZ 1997, 638; BayObLGZ 1982, 318; OLG Hamm FamRZ 1979, 1082, 1083).

IV. Eingeschränkte Anwendbarkeit der Vorschriften über die Annahme Minderjähriger

13 Abs 1 S 2 nennt einige Bestimmungen, die entgegen der allg Verweisung in § 1767 Abs 2 auf die Volljährigenadoption nicht anzuwenden sind. Die aufgeführten Bestimmungen sind indessen nicht die einzigen nicht anwendbaren Bestimmungen. § 1768 betrifft nur das Zustandekommen der Adoption, und demgemäß sind auch nur die diesbzgl nicht anwendbaren Vorschriften über die Annahme Minderjähriger genannt. Bzgl weiterer nicht anwendbarer Bestimmungen vgl § 1767 Rn 31.

14 Nach Abs 1 S 2 idF des AdoptRÄndG v 1992 (BGBl I 1974) gilt das Verbot der Zweitadoption (§ 1742) nicht für die Erwachsenenadoption (Näheres § 1742 Rn 8; zur Rechtslage vor Inkrafttreten des AdoptRÄndG v 1992 vgl STAUDINGER/FRANK[12] § 1742 Rn 11). Weiter ist für die Erwachsenenadoption weder eine Probezeit (§ 1744) noch tatsächliches Zusammenleben zwecks Herstellung eines Eltern-Kind-Verhältnisses erforderlich. § 1745 (Berücksichtigung von Kindesinteressen) wird durch die speziell auf die Erwachsenenadoption zugeschnittene Regelung des § 1769 ersetzt. An die Stelle der Einwilligung des Kindes (§ 1746 Abs 1 u 2) tritt bei der Volljährigenadoption der Antrag des Anzunehmenden (§ 1768 Abs 1 S 1). Eine Einwilligung der Eltern des Anzunehmenden (§ 1747) ist nicht erforderlich. Diese Regelung ist nicht selbstverständlich. Das Erfordernis der elterl Einwilligung ist Ausfluß des natürlichen Elternrechts und nicht denknotwendig davon abhängig, ob der Anzunehmende minderjährig oder volljährig ist. Die Entwürfe zum BGB hatten zB noch das 25. Lebensjahr als Grenze bezeichnet (vgl STAUDINGER/ENGLER[10/11] § 1747 Rn 3 u 4; auch ENGLER 104 f). Trotzdem bestehen gegen die Regelung des geltenden Rechts keine verfassungsrechtl Bedenken (OLG Düsseldorf FamRZ 1984, 204), sofern den Eltern ein Anhörungsrecht zugestanden wird (oben Rn 8).

§ 1769

Die Annahme eines Volljährigen darf nicht ausgesprochen werden, wenn ihr überwiegende Interessen der Kinder des Annehmenden oder des Anzunehmenden entgegenstehen.

Materialien: BT-Drucks 7/3061, 53 f, 77; BT-Drucks 7/5087, 21. S STAUDINGER/BGB-Synopse (2000) § 1769.

Systematische Übersicht

I.   Entstehungsgeschichte und Normzweck

Da das BGB vor der Reform v 1976 grds keinen Unterschied zwischen Minderjäh- **1** rigen- und Volljährigenadoptionen machte, gelten die Ausführungen zur Entstehungsgeschichte v § 1745 auch für § 1769.

§ 1769 trägt für den Bereich der Volljährigenadoption dem Umstand Rechnung, daß **2** eine Annahme als Kind infolge der Abschaffung des Erfordernisses der Kinderlosigkeit beim Annehmenden (vgl § 1745 Rn 4) zu **Interessenkonflikten zwischen dem Annehmenden und dem Angenommenen** einerseits **und den Kindern des Annehmenden** andererseits führen kann. Zugleich führt sie die **Belange der Kinder des Anzunehmenden** in den Entscheidungsprozeß ein, was hier (etwas) größere Bedeutung hat als bei § 1745. Anders als nach altem Recht (§ 1762 aF) ist allerdings eine förmliche Mitwirkung der Kinder des Anzunehmenden am Zustandekommen der Adoption nicht erforderlich (RegE BT-Drucks 7/3061, 53 f), weil ihre Interessen und die des Anzunehmenden hinsichtlich der Adoption typischerweise korrelieren. Daß die Interessen des Anzunehmenden in § 1769 anders als in § 1745 nicht erwähnt werden, hat seinen Grund darin, daß der Anzunehmende die Annahme ohnehin beantragen muß (§ 1768 Abs 1 S 1) und damit selbst seine Interessen wahrt (vgl auch § 1767 Rn 13 zur grds Irrelevanz des Kindeswohls). Die Vorschrift des § 1769 hat also im wesentlichen dieselbe Funktion wie § 1745 bei der Entscheidung über die Adoption Minderjähriger. Allerdings wird der Konflikt der widerstreitenden Interessen hier entsprechend der zurückhaltenden Bewertung der Volljährigenadoption insg (vgl § 1767 Rn 5 ff) eher zugunsten der jeweiligen Kinder entschieden als im Fall des § 1745 (ähnlich BGB-RGRK/ DICKESCHEID Rn 1). Insbes können anders als dort auch vermögensrechtl Interessen ausschlaggebend sein.

An der **Daseinsberechtigung des § 1769** bestehen – stärker noch als an der des § 1745 **3** (vgl § 1745 Rn 7) – Zweifel. Die Vorschrift kann nämlich nur erheblich werden, wenn der Vormundschaftsrichter die sittliche Rechtfertigung der Annahme geprüft und bejaht hat (§ 1767 Abs 1). Da diese Prüfung in einer umfassenden Würdigung der Belange für und wider die Annahme besteht, wird der Antrag bei Vorliegen überwiegender Gegeninteressen der Kinder des Annehmenden oder des Anzunehmenden notwendig schon an der Hürde der sittlichen Rechtfertigung scheitern. § 1769 kann deshalb nur als ein zwar nicht notwendiger, aber zweckmäßiger Appell an den Richter verstanden werden, bei der Feststellung der sittlichen Rechtfertigung den Interessen der Kinder des Annehmenden und des Anzunehmenden gebührend Rechnung zu tragen.

II.   Entgegenstehende Interessen der Kinder des Annehmenden

Ebenso wie bei § 1745 ist auch bei § 1769 eine **Interessenabwägung** vorzunehmen, die **4** in folgenden gedanklichen Schritten zu erfolgen hat: Zunächst sind die Interessen des Annehmenden und des Anzunehmenden an der Adoption sowie der Grad ihrer sittlichen Rechtfertigung nach den in § 1767 Rn 14 ff dargestellten Kriterien festzustellen. Sodann sind die der Adoption evtl entgegenstehenden Interessen der Kinder des Annehmenden zu ermitteln. Diese Belange sind einander gegenüberzustellen.

1. „Kinder" des Annehmenden

5 Zur Frage, wer „Kind" iS des § 1769 ist, vgl § 1745 Rn 11 ff. Im Bereich des § 1769 ist das Vorhandensein **entfernterer Abkömmlinge** eher denkbar als bei § 1745. Weil im Bereich des § 1769 vermögensrechtl Interessen ausschlaggebend sein dürfen, ist auch eher vorstellbar, daß sich der Annahme entgegenstehende Interessen solcher Abkömmlinge finden lassen. Auf die entfernteren Abkömmlinge des Annehmenden, insbes seine Enkel, ist deshalb die Vorschrift des **§ 1769 analog** anzuwenden. Der Gesetzgeber beabsichtigte, die in der Vorgängervorschrift (§ 1745 a aF) getroffene Regelung („Abkömmlinge") inhaltlich in § 1745 bzw § 1769 zu übernehmen (vgl auch die synonyme Verwendung der Begriffe „Abkömmlinge" und „Kinder" durch den RegE BT-Drucks 7/3061, 33 unter 3); den Begriff des „Abkömmlings" hat er offenbar ohne die Intention einer sachlichen Abweichung aufgegeben (allgM; Nachw § 1745 Rn 12).

2. Entgegenstehende Interessen

6 Bzgl der Frage, welche Interessen der Kinder einer Annahme entgegenstehen können, gilt grds das zu § 1745 Gesagte (§ 1745 Rn 10 ff). Zu beachten ist, daß angesichts des idR vorgerückten Alters aller Beteiligten eine Beeinträchtigung der **Nichtvermögensinteressen** der leibl Kinder im allg weniger zu befürchten steht als bei der Minderjährigenadoption (MünchKomm/MAURER Rn 2; BGB-RGRK/DICKESCHEID Rn 2; ERMAN/ HOLZHAUER Rn 3; SOERGEL/LIERMANN Rn 3). Wichtig ist, daß für die Ablehnung einer Volljährigenadoption auch **Vermögensinteressen** der Kinder des Annehmenden ausschlaggebend sein dürfen; denn eine dem § 1745 S 2 entsprechende Regelung wurde in § 1769 bewußt nicht aufgenommen (RegE BT-Drucks 7/3061, 53; GRZIWOTZ FamRZ 1991, 1399, 1400). Durch die Annahme gefährdete Vermögensinteressen sind insbes das Erb- und das Pflichtteilsrecht sowie (potentielle) Unterhaltsansprüche (vgl § 1745 Rn 15 ff).

3. Abwägung

7 Die widerstreitenden Interessen sind gegeneinander abzuwägen. **Entgegenstehende Kindesinteressen** führen auch dann, wenn sie erheblich sind, nicht notwendigerweise zur Ablehnung der Adoption; sie müssen nach dem Gesetzeswortlaut **„überwiegen"** (vgl AG Deggendorf FamRZ 1984, 1265 f und 1267 f).

Zu bedenken ist allerdings, daß den für eine Annahme sprechenden Belangen bei Volljährigkeit des Anzunehmenden oft nur geringes Gewicht zukommt, weil insbes der Gesichtspunkt persönlicher Fürsorge nur ausnahmsweise von Bedeutung ist. Entsprechend wird mit dem Vorliegen schutzwürdiger Gegeninteressen häufig auch deren Überwiegen anzunehmen sein, ohne daß man dies jedoch als „Regel" ansehen sollte (so aber BayObLGZ 1984, 25, 28 = FamRZ 1984, 419, 420 = DNotZ 1984, 577, 579; MünchKomm/MAURER Rn 2; ähnl BGB-RGRK/DICKESCHEID Rn 3; wie hier GRZIWOTZ FamRZ 1991, 1399; AG Deggendorf FamRZ 1984, 1265 u 1267 und [zum früheren Recht] OLG Hamm OLGZ 1968, 370 = FamRZ 1968, 481).

Ist zwischen dem Annehmenden und dem Anzunehmenden bereits ein Eltern-Kind-Verhältnis entstanden, so müssen die entgegenstehenden Kindesinteressen schon von besonderem Gewicht sein, um die Ablehnung einer Adoption rechtfertigen zu können (vgl insoweit die Fälle AG Deggendorf FamRZ 1984, 1265 u 1267).

Vermögensinteressen genießen grds ebenso hohen Rang wie sonstige Belange der **8** Beteiligten. Dies führt allerdings nicht dazu, daß schon die Beeinträchtigung erbrechtl Ansprüche oder eine mögliche Schmälerung von Unterhaltsansprüchen die Annahme ausschließen. Würden schon diese Belange die für die Adoption sprechenden Gesichtspunkte regelmäßig überwiegen, so würde das Erfordernis der Kinderlosigkeit im Bereich der Volljährigenadoption praktisch fortgelten (iE daher zutr AG Deggendorf FamRZ 1984, 1265 u 1267). Daher müssen Umstände hinzutreten, die den jeweiligen Nachteil als schwerwiegend erscheinen lassen (vgl auch BayObLGZ 1984, 25, 27 = FamRZ 1984, 419, 420 = DNotZ 1984, 577, 579, nach dem es auf eine „unangemessene" Beeinträchtigung ankommt; vgl auch GRZIWOTZ FamRZ 1991, 1399, 1400). So ist die Annahme dann zu versagen, wenn die Schmälerung oder nicht gehörige Erfüllung von Unterhaltsansprüchen konkret zu besorgen ist. Zur **Gefährdung von Unterhaltsansprüchen** eigener Abkömmlinge vgl auch § 1745 Rn 17. Bei einer Volljährigenadoption fallen allerdings die Unterhaltsinteressen vorhandener Abkömmlinge allg stärker ins Gewicht als bei einer Minderjährigenadoption. Die **Beeinträchtigung erbrechtl Ansprüche** ist erheblich, wenn diesen in concreto besonderes Gewicht zukommt. Das ist zB dann der Fall, wenn sich die Adoption infolge ihrer erbrechtl Konsequenzen auf das berufl Fortkommen des Kindes nachteilig auswirkt (MünchKomm/MAURER Rn 2), oder wenn das Kind den elterl Betrieb fortführen soll und das Pflichtteilsrecht des Anzunehmenden dessen Fortbestehen in Frage stellt (BayObLGZ 1984, 25, 28 = FamRZ 1984, 419, 421 = DNotZ 1984, 577, 580; ERMAN/HOLZHAUER Rn 3). Im Einzelfall können aber auch andere Umstände die Adoption verbieten. So steht die Tatsache, daß der Annehmende in der Vergangenheit Unterhaltsansprüche seines Kindes nicht erfüllt oder sonst seinen elterl Pflichten in erheblicher Weise zuwidergehandelt hat, einer erbrechtl Beeinträchtigung der Kindesinteressen infolge einer Volljährigenadoption regelmäßig entgegen (vgl BVerfG NJW 1988, 1963 = FamRZ 1988, 1247, 1248; AG Hamburg DAVorm 1969, 71). Umgekehrt ist bei früherem Fehlverhalten des Kindes, etwa bei grundloser Verweigerung von Hilfeleistungen in der Bewirtschaftung des elterl Betriebes (OLG Celle ZBlJugR 1960, 305, 306) oder bei fehlender Unterstützung des Annehmenden im Alter (vgl AG Deggendorf FamRZ 1984, 1267), ebenso wie bei fehlendem persönlichen Kontakt zwischen Kind und leibl Eltern (AG Backnang FamRZ 2000, 770) eine Minderung der erbrechtl Aussichten eher gerechtfertigt. Ein relevantes Fehlverhalten kann aber nicht schon in der Wahl eines Berufs gegen den Willen des Annehmenden gesehen werden.

III. Entgegenstehende Interessen der Kinder des Anzunehmenden

1. Allgemeines

Obwohl das Ges auch bei der Minderjährigenadoption die Interessen bereits vor- **9** handener Kinder des Anzunehmenden schützt (§ 1745, vgl dort Rn 19), spielt dieser Schutz praktisch doch nur bei der Volljährigenadoption im Rahmen des § 1769 eine Rolle.

Vor Inkrafttreten des AdoptG v 1976 wurden die Interessen der Kinder des Anzunehmenden zT dadurch gewahrt, daß sie dem Annahmevertrag beitreten mußten, um in dessen Wirkungen einbezogen zu werden (§ 1762 S 2 aF). Soweit ihre Interessen unabhängig von diesen Wirkungen beeinträchtigt waren, fanden sie sich ohne Schutz.

10 Durch das **AdoptG v 1976** ist die Rechtsstellung der Kinder des Anzunehmenden insofern geschwächt worden, als die Adoption unabhängig von ihrer Zustimmung Verwandtschaftsbeziehungen zum Annehmenden begründet (nicht zu dessen Verwandten, § 1770 Abs 2). Bei der Volladoption nach § 1772 iVm § 1754 werden die Kinder des Anzunehmenden sogar nolens volens in die weitere Verwandtschaft des Annehmenden mit einbezogen und verlieren entsprechend Verwandte in der Ursprungsfamilie (§ 1755). Andererseits müssen heute *alle* entgegenstehenden Interessen der Kinder des Anzunehmenden im Annahmeverfahren geprüft und den für eine Adoption sprechenden Belangen gegenübergestellt werden. Eine Abwägung entscheidet darüber, welchen Interessen der Vorrang zu geben ist. Bzgl der Art der beeinträchtigten Interessen und ihrer Bedeutung im Rahmen der Abwägung gilt grds das oben Rn 6 ff Gesagte.

2.　Entgegenstehende Interessen

11 Gegen eine Annahme sprechende Interessen von Kindern des Anzunehmenden sind allerdings kaum ersichtlich (vgl § 1745 Rn 19): Eine Beeinträchtigung der **Pflege und Erziehung** ist aufgrund der Adoption von Vater oder Mutter in aller Regel nicht zu erwarten. Durch § 1617 c Abs 2 ist ausgeschlossen, daß sich der **Geburtsname** von Kindern ab Vollendung des 5. Lebensjahres gegen ihren Willen ändert (Näheres § 1757 Rn 40 ff). Wünscht das mindestens 5 Jahre alte Kind eine Namensänderung nicht, so sind Störungen aufgrund der Namensverschiedenheit zwischen dem Angenommenen und seinem Kind im allg nicht zu erwarten (vgl BGB-RGRK/Dickescheid Rn 5). Bemessen sich die Wirkungen der Volljährigenadoption nach § 1770, so behalten die Kinder des Anzunehmenden ihre sämtlichen Verwandten. Ihre **unterhalts- und erbrechtl Ansprüche** bleiben also insoweit unverändert. Durch das Hinzutreten neuer Großeltern (oder zumindest eines Großelternteils) verbessert sich sogar ihre Situation (vgl § 1770 Abs 3). Allerdings mehren sich auch die potentiellen Unterhaltspflichten dieser Kinder. Das allein wiederum kann einer Annahme nicht entgegenstehen. Daß Kinder des Anzunehmenden Gefahr laufen, zu Unterhaltsleistungen gegenüber dem Annehmenden herangezogen zu werden, ist höchst unwahrscheinlich: Es müßte schon der Annehmende ohne Einkommen und unvermögend und der Anzunehmende zugleich nicht hinreichend leistungsfähig sein – alles zu einem Zeitpunkt, zu dem das Kind (Enkel des Annehmenden) zu Unterhaltsleistungen in der Lage ist (§§ 1602 Abs 1, 1603 Abs 1, 1606 Abs 2). Eher denkbar ist der Fall, daß der Anzunehmende im Verhältnis gegenüber dem Annehmenden unterhaltspflichtig wird und seine Kinder hieraus faktische (vgl § 1609) Beeinträchtigungen erfahren.

Bei der Volladoption nach § 1772 werden dem Kind seine leibl Großeltern genommen. Hierdurch kann es im Einzelfall zu einer Beeinträchtigung seiner materiellen oder auch immateriellen Interessen kommen (Verlust von Erb- und Pflichtteilsansprüchen; Beeinträchtigung persönlicher Beziehungen). Indessen wird der Annehmende bei Erwartung solcher, ihn selbst elementar treffender Schwierigkeiten im eigenen Interesse von der Stellung des Antrags nach § 1768 Abs 1 Abstand nehmen.

IV.　Verfahren und Beweislast

12 Die Kinder des Annehmenden und des Anzunehmenden haben ein **Anhörungsrecht** (§ 1745 Rn 22 ff). Wird dieses verletzt, so ist der Annahmebeschluß zwar nicht mit ordentlichen Rechtsmitteln anfechtbar (§ 56 e S 3 FGG); er kann auch nicht wegen des Verfahrensfehlers nach § 1771 aufgehoben werden. Dem Betroffenen steht aber die Verfassungsbeschwerde offen. Vgl dazu im einzelnen § 1759 Rn 9 ff, auch § 1771 Rn 4 u § 1745 Rn 25.

Zur **Beweislast,** falls unklar bleibt, ob überwiegende Interessen der Kinder des Annehmenden oder des Anzunehmenden der Adoption entgegenstehen, vgl § 1745 Rn 26.

§ 1770

(1) Die Wirkungen der Annahme eines Volljährigen erstrecken sich nicht auf die Verwandten des Annehmenden. Der Ehegatte des Annehmenden wird nicht mit dem Angenommenen, dessen Ehegatte wird nicht mit dem Annehmenden verschwägert.

(2) Die Rechte und Pflichten aus dem Verwandtschaftsverhältnis des Angenommenen und seiner Abkömmlinge zu ihren Verwandten werden durch die Annahme nicht berührt, soweit das Gesetz nichts anderes vorschreibt.

(3) Der Annehmende ist dem Angenommenen und dessen Abkömmlingen vor den leiblichen Verwandten des Angenommenen zur Gewährung des Unterhalts verpflichtet.

Materialien: BT-Drucks 7/3061, 54 f; BT-Drucks 7/5087, 21. S STAUDINGER/BGB-Synopse (2000) § 1770.

Systematische Übersicht

I. Normzweck und Entstehungsgeschichte

Im Falle einer Volljährigenadoption hat der Anzunehmende seine Eltern, Geschwi- **1** ster, Verwandten im Guten wie im Bösen bereits erfahren. Anders als bei der Minderjährigenadoption können diese Beziehungen rechtl nicht einfach ausgelöscht und ersetzt werden. Außerdem erscheint es nicht gerechtfertigt, mit Hilfe der Adoption eine künstliche Verwandtschaft nicht nur zum Annehmenden, sondern auch zu dessen Verwandten herzustellen, was im übrigen oft auch nicht dem Wunsch des Anzunehmenden entsprechen dürfte. Die Volladoption als Regeltyp scheidet deshalb für die Erwachsenenadoption aus (vgl ENGLER 44 f). Soweit **ausländische Rechtsordnungen** wie etwa die *Schweiz* und die *nordischen Länder* auch für die Annahme Volljähriger nur die Volladoption vorsehen, beschränken sie diese von vornherein auf Fallgruppen, die denen des § 1772 ähneln (für die *Schweiz* Art 266 Abs 1 ZGB; für die *nordischen Länder* ergeben sich die Einschränkungen nicht aus dem Gesetzestext, vgl aber KORKISCH, Einführung in das Privatrecht der nordischen Länder [1977] 130). Im Prinzip stehen jedoch diese Rechtsordnungen der Volljährigenadoption ablehnend gegenüber. Weitere rechtsvgl Hinw bei § 1767 Rn 11.

2 Der Gesetzgeber v 1976 hat die Erwachsenenadoption als sog einfache **Adoption mit schwächeren Wirkungen** ausgestaltet. Sie entspricht im wesentlichen der Minderjährigenadoption nach altem Recht (BT-Drucks 7/3061, 54). Da sich die Wirkungen von Minderjährigen- und Volljährigenadoption vor 1976 nicht unterschieden, hat die **Reform v 1976** an der Volljährigenadoption **nur wenig geändert,** sieht man einmal von der Möglichkeit der Volladoption nach § 1772 ab. Wortgleich mit § 1763 aF beschränkt § 1770 Abs 1 die Adoptionswirkungen auf die unmittelbar Betroffenen; Rechtsbeziehungen zur Familie des Annehmenden werden nicht begründet. § 1770 Abs 2 ordnet entsprechend § 1764 aF an, daß Rechte und Pflichten des Kindes gegenüber seinen leibl Verwandten durch die Annahme nicht berührt werden. § 1770 Abs 3 schließlich regelt die Rangfolge der Unterhaltsverpflichtung von leibl Eltern und Adoptiveltern in gleicher Weise wie § 1766 aF. **Unterschiede gegenüber dem alten Recht** bestehen insoweit, als ein Erbrecht des Annehmenden nach dem Angenommenen nicht mehr ausgeschlossen wird (§ 1767 Abs 2 iVm § 1754 gegenüber § 1759 aF). Außerdem erstrecken sich die Wirkungen der Annahme automatisch auf bereits vorhandene Abkömmlinge des Anzunehmenden (§ 1767 Abs 2 iVm § 1754), während § 1762 aF eine Wirkungserstreckung nur vorsah, wenn der Annahmevertrag auch mit den schon vorhandenen Abkömmlingen geschlossen wurde.

II. Begründung familienrechtlicher Beziehungen nur zum Annehmenden, nicht zu dessen Verwandten (Abs 1)

3 Die Adoption führt dazu, daß der Volljährige **Kind des Annehmenden** wird (§ 1767 Abs 2 iVm § 1754 Abs 2). Wird er von einem Ehepaar oder als Kind des einen Ehegatten vom anderen adoptiert, so erhält er die Rechtsstellung eines gemeinschaftlichen Kindes der Ehegatten (§ 1767 Abs 2 iVm § 1754 Abs 1).

4 Dabei erstrecken sich die Wirkungen der Adoption auch auf **Abkömmlinge des Angenommenen.** § 1767 Abs 2 iVm § 1754 ordnet diese Adoptionsfolge an, die im übrigen in § 1770 Abs 3 vorausgesetzt wird. So werden die Kinder des Angenommenen Adoptivenkel und Kindeskinder Adoptivurenkel des Annehmenden, unabhängig davon, ob sie bei der Annahme bereits vorhanden waren oder nicht (BT-Drucks 7/3061, 54). Die Unterscheidung zwischen bereits vorhandenen und nachgeborenen Abkömmlingen (§ 1762 aF) hat das AdoptG 1976 aufgegeben. Auch das schon verheiratete Kind des Angenommenen wird Adoptivenkel des Annehmenden. Der

Ehegatte des Kindes des Angenommemen wird nach § 1590 mit dem Annehmenden verschwägert, nicht aber der Ehegatte des Angenommenen (dazu unten Rn 7).

Die **automatische Einbeziehung vorhandener Abkömmlinge des Angenommenen in das** 5 **Annahmeverhältnis** war von ENGLER (FamRZ 1975, 125, 136) kritisiert worden. In der Tat wirkt es befremdlich, daß einem möglicherweise schon erwachsenen Kind des Anzunehmenden gegen seinen Willen neue Großeltern aufgezwungen werden, auch wenn die Rechtsbeziehungen zu den alten Großeltern fortbestehen (§ 1770 Abs 2). § 1769 löst das Problem nicht (ganz), weil es dort um die Frage geht, ob Kindesinteressen einer Adoption entgegenstehen, während es hier darum geht, ob vorhandene Abkömmlinge in die Wirkungen der Annahme einbezogen werden. Obwohl materielle Interessen der Abkömmlinge des Anzunehmenden kaum auf dem Spiele stehen dürften (vgl § 1769 Rn 11), hätte der Gesetzgeber besser daran getan, bei der Volljährigenadoption künstliche Verwandtschaftsbeziehungen konsequent nur dort zu begründen, wo die Beteiligten dies auch wünschen – von den Sonderfällen des § 1772 einmal abgesehen.

Anders als bei der Minderjährigenadoption **erstrecken sich die Wirkungen der An-** 6 **nahme nicht auf die Verwandten des Annehmenden** (Abs 1 S 1). So wird der Angenommene nicht mit den Kindern des Annehmenden verschwistert. Die Eltern des Annehmenden werden nicht seine Großeltern. Entsprechendes gilt für die Abkömmlinge des Anzunehmenden, auf die sich die Adoptionswirkungen erstrecken.

Des weiteren sind auch die Wirkungen der **Schwägerschaft** ausgeschlossen (Abs 1 7 S 2). Die Ehegatten des Annehmenden und des Anzunehmenden müssen zwar der Adoption zustimmen (§ 1767 Abs 2 iVm § 1749), werden aber rechtl von der Annahme nicht berührt. Das hat die merkwürdige Konsequenz, daß der Annehmende zwar nicht mit dem Ehegatten des Angenommenen verschwägert wird, wohl aber mit dem Ehegatten eines Kindes des Angenommenen (oben Rn 4). Auch wenn die Schwägerschaft nach geltendem Recht nur geringe Rechtswirkungen entfaltet, zeigt dieses Beispiel doch, wie wenig durchdacht die Regelung im einzelnen ist.

Die Wirkungen des § 1770 treten nicht ein, wenn ein Volljähriger fälschlich nach den 8 Vorschriften über die Adoption Minderjähriger angenommen wurde (BayObLGZ 1996, 77 = FamRZ 1996, 1034 m Anm LIERMANN FamRZ 1997, 112; AG Kempten StAZ 1990, 108), ebenso wie umgekehrt nach BayObLGZ 1986, 155, 159 f = StAZ 1986, 318, 319 für einen irrtümlich nach §§ 1767 ff adoptierten, nach seinem Heimatrecht noch minderjährigen Griechen § 1770 maßgeblich bleiben soll (Näheres § 1752 Rn 27).

III. Kein Erlöschen der bisherigen Verwandtschaftsverhältnisse (Abs 2)

Anders als bei der Minderjährigenadoption (§ 1755 Abs 1 S 1) scheidet der ange- 9 nommene Volljährige nicht aus seiner bisherigen Familie aus, gleichgültig, ob die bisherige Verwandtschaft auf Abstammung oder auf Adoption beruht. Bei Annahme durch ein Ehepaar erhält der Angenommene somit neben den bisherigen Eltern ein zweites Elternpaar, seine Kinder erhalten ein drittes Großelternpaar. Im Falle der erneuten Annahme eines Volljährigen, der bereits als Volljähriger angenommen worden war (vgl dazu § 1768 Rn 14), eröffnet § 1770 Abs 2 sogar die Möglichkeit von drei nebeneinander bestehenden Eltern-Kind-Verhältnissen (vgl BT-Drucks 12/2506, 9).

IV. Folgen der neuen, durch Adoption begründeten Rechtsstellung

1. Im Zivilrecht

a) Name

10 Zum Namen des Angenommenen vgl § 1757, eine Bestimmung, die nach § 1767 Abs 2 uneingeschränkt auf die Volljährigenadoption Anwendung findet (zur Verfassungsmäßigkeit vgl OLG Celle FamRZ 1997, 115 = StAZ 1997, 103). Das gilt auch für die Vornamensänderung nach § 1757 Abs 4 S 1 Nr 1, obwohl diese bei volljährigen ebenso wie bei minderjährigen Angenommenen fortgeschrittenen Alters praktisch nicht in Betracht kommt (GERNHUBER/COESTER-WALTJEN § 69 II Fn 9; aA MünchKomm/MAURER Rn 4).

b) Unterhalt

11 Im Unterhaltsrecht führt die Vermehrung der Elternteile bei der Erwachsenenadoption zu einer entsprechenden **Vermehrung der Ansprüche, aber auch der Pflichten** des Angenommenen.

Nach **Abs 3** ist der Annehmende dem Angenommenen und dessen Abkömmlingen vor den leibl Verwandten des Angenommenen zur Gewährung des Unterhalts verpflichtet. Nach dem Wortlaut des Abs 3 könnte man wie schon nach dem Wortlaut des § 1766 aF (vgl STAUDINGER/ENGLER[10/11] § 1766 Rn 3) annehmen, die Unterhaltspflicht des Annehmenden gegenüber dem Angenommenen gehe auch der Unterhaltspflicht der Abkömmlinge des Angenommenen vor. Eine solche Abweichung vom Grundsatz des § 1606 Abs 1 wäre jedoch durch nichts sachlich gerechtfertigt und widerspräche dem Sinn des Abs 3. Unter den „leibl Verwandten" des Angenommenen wird man in einschränkender Auslegung der Vorschrift **nur die gleich weit entfernten Verwandten aufsteigender Linie** zu verstehen haben (Nachw STAUDINGER/ENGLER[10/11] § 1766 Rn 3; außerdem BGB-RGRK/DICKESCHEID § 1770 Rn 4; SOERGEL/LIERMANN Rn 7). Auch der Umstand, daß der Gesetzgeber den Ehegatten des Angenommenen nicht erwähnt hat, bestätigt die Auslegung, daß hier nur das Verhältnis der Unterhaltsansprüche gegen leibl und Adoptivverwandte aufsteigender Linie geregelt, der Vorrang der Unterhaltspflicht der Abkömmlinge (§ 1606 Abs 1) und des Ehegatten (§ 1608) des Angenommenen dagegen nicht berührt werden sollte. Was die Unterhaltspflicht des Annehmenden gegenüber den Abkömmlingen des Angenommenen anbelangt, so gilt Entsprechendes: Der Annehmende haftet einem Kind des Angenommenen gegenüber zwar vor den leibl Großeltern, nicht aber vor dem Angenommenen selbst.

12 Für die **Unterhaltspflicht des Angenommenen gegenüber Adoptiveltern und leibl Eltern** enthält das Adoptionsrecht keine Sonderregelung. Das führt dazu, daß der Angenommene alten und neuen Eltern gleichrangig zur Unterhaltsleistung verpflichtet ist. Reichen seine Mittel zur Befriedigung aller Unterhaltsansprüche nicht aus, so sind die Mittel unter den Elternteilen proportional nach Bedürfnissen – nicht nach Köpfen, nicht nach Elternschaften – zu verteilen; § 1609 regelt den Fall nicht (GERNHUBER/COESTER-WALTJEN § 69 II 7).

c) Erbrecht
aa) Tod des Angenommenen

13 Verstirbt der Angenommene kinderlos, so wird er in der 2. Ordnung von seinen

Adoptiveltern und seinen leibl Eltern beerbt. Aus dem Erbrecht der leibl und der Adoptiveltern gegenüber dem Angenommenen ergibt sich jedoch nicht, wie sich die Erbberechtigung beider Elternpaare zueinander verhält; denn § 1925 geht erkennbar nur von einem Elternpaar aus. Im RegE (BT-Drucks 7/3061, 54) war ohne nähere Erklärung eine Ergänzung der Vorschrift des § 1925 nicht für erforderlich gehalten worden. Dem § 1925 Abs 2 (Eltern erben zu gleichen Teilen) und ergänzend dem § 1926 Abs 2 (zwei Großelternpaare erben zu gleichen Teilen) kann aber folgende Lösung entnommen werden: Adoptiveltern und leibl Eltern erben zu gleichen Teilen, wenn der Angenommene kinderlos verstirbt (OLG Zweibrücken Rpfleger 1997, 24 = FGPrax 1996, 189).

Lebt zZ des Erbfalls von dem leibl Elternteil der Vater oder die Mutter nicht mehr, so treten an die Stelle des Verstorbenen dessen Abkömmlinge (vgl OLG Zweibrücken Rpfleger 1997, 24 = FGPrax 1996, 189). Sind Abkömmlinge nicht vorhanden, so fällt der Anteil des Verstorbenen dem anderen Teil des Elternpaares und, wenn dieser nicht mehr lebt, dessen Abkömmlingen zu (§ 1925 Abs 3).

Lebt zZ des Erbfalls von dem Adoptivelternpaar der Vater oder die Mutter nicht mehr, so fällt der Anteil des Verstorbenen dem anderen Teil des Elternpaares zu. Abkömmlinge der Annehmenden scheiden als Erben aus, weil sich die Wirkung der Adoption nicht auf sie erstreckt (vgl BayObLG FamRZ 1994, 853, 854 = DNotZ 1994, 399, 401).

Die hier vertretene Ansicht beruht auf der **Ausgangsüberlegung, daß nach dem Willen 14 des Gesetzgebers jedes Elternpaar einen Stamm bildet und jeder Stamm** – ähnlich wie im Falle des § 1926 – **zur Hälfte erbberechtigt ist** (ebenso Bühler BWNotZ 1977, 129, 132; Dittmann Rpfleger 1978, 277, 282 f; Kemp MittRhNotK 1977, 137, 138 f; Roth 231 f; Lange/Kuchinke § 14 IV 4; BGB-RGRK/Dickescheid Rn 6; Erman/Holzhauer Rn 5; Soergel/Liermann Rn 9; MünchKomm/Leipold § 1925 Rn 8). Nach einer Mindermeinung soll § 1925 Abs 2 in dem Sinne wörtlich angewandt werden, daß beim Vorversterben eines Adoptivelternteils ebenso wie beim Vorversterben eines kinderlosen leibl Elternteils die verbliebenen drei Elternteile Erben zu je 1/3 werden (so MünchKomm/Maurer Rn 6). Die Anwendung des Rechtsgedankens v § 1926 Abs 3 dürfte jedoch näher liegen als eine Ausweitung des § 1925 Abs 2 auf den vom Gesetzgeber nicht bedachten Fall, daß ein Kind rechtl vier Elternteile hat.

Folgt man der hier vertretenen Ansicht, so fällt der den Adoptiveltern zugedachte 15 Anteil v 1/2 erst dann an die leibl Verwandten des Kindes, wenn beide Adoptivelternteile vorverstorben sind. Umgekehrt kommen die Adoptiveltern anstelle der leibl Eltern erst zum Zug, wenn beide Elternteile ohne Abkömmlinge vorverstorben sind (so auch Roth 232; Lange/Kuchinke § 14 IV 4; MünchKomm/Leipold § 1925 Rn 8). Die Ansicht, daß die Nachlaßhälfte der leibl Eltern erst dann den Adoptiveltern zugutekommen soll, wenn überhaupt keine leibl Verwandten mehr vorhanden sind (Dittmann Rpfleger 1978, 277, 283; Kemp MittRhNotK 1977, 137, 139; BGB-RGRK/Dickescheid Rn 6; Erman/Holzhauer Rn 5), dürfte an § 1930 scheitern: Die leibl Eltern und ihre Abkömmlinge gehören der gleichen Ordnung an wie die Adoptiveltern. Auch von der Sache her dürfte es nicht gerechtfertigt sein, leibl Verwandte der 3. oder einer ferneren Ordnung den Adoptiveltern vorzuziehen.

16 **Wurde der Erblasser** nicht von einem Ehepaar, sondern **von einer Einzelperson als Volljähriger adoptiert,** so bleibt es bei der Aufteilung nach Stämmen: Der Annehmende wird Erbe zu 1/2, nicht zu 1/3 (BGB-RGRK/Dickescheid Rn 6; Erman/Holzhauer Rn 5; aA MünchKomm/Maurer Rn 6; Staudinger/Werner [2000] § 1925 Rn 9).

bb) Tod des Annehmenden

17 Der Annehmende wird nach § 1924 Abs 1 vom Angenommenen beerbt. Stirbt dieser später kinderlos, so fällt das ererbte Vermögen an seine leibl Verwandten, die mit dem Annehmenden nicht verwandt sind – ein Ergebnis, das dem Willen des Annehmenden oft nicht entsprechen wird. Vor der Reform v 1976 war diese Konsequenz nicht nur bei der Volljährigen-, sondern auch bei der Minderjährigenadoption unausweichlich, weil das Kind zwar seine Adoptiveltern beerbte (§ 1757 aF), selbst aber nur von seinen leibl Verwandten beerbt wurde (§ 1759 aF). Wie nach altem Recht bei der Beurkundung des Annahmevertrags muß deshalb der Notar heute (bei der Beurkundung des Annahmeantrags) den Annehmenden nach § 17 BeurkG über diese Folgen der Adoption belehren (BGHZ 58, 343 = NJW 1972, 1422 = FamRZ 1972, 449). Andernfalls macht er sich schadensersatzpflichtig (§ 19 BNotO). Der Annehmende kann zwar anders als nach altem Recht (§ 1767 Abs 1 aF) das Erbrecht des Anzunehmenden nicht ausschließen, aber durch erbrechtl Vertragsgestaltung zu verhindern suchen, daß sein Vermögen in die blutsfremde Familie des Anzunehmenden abfließt. Auch der umgekehrte Weg muß bedacht werden, daß nämlich Vermögen der Blutsverwandten über den Angenommenen an die Adoptiveltern gerät.

18 **Fremde Rechtsordnungen** wie das *anglo-amerikanische* (vgl Section 5–102 Uniform Adoption Act 1994; Pütter, Adoption in den USA [1972] 221 ff) und das *französ* Recht (Art 368–1 Cc; vgl Ferid/Sonnenberger, Das französische Zivilrecht, Bd 3 [2.Aufl 1987] 5 B 106 ff) wirken dem Abwandern von Vermögenswerten in (bluts-)fremde Hände durch ein sog **Heimfallrecht** entgegen, das im Grundsatz besagt: Stirbt der Adoptierte kinderlos, so fällt das von den Adoptiveltern stammende Vermögen deren Verwandten zu, während Vermögenswerte, die von den leibl Verwandten herrühren, wieder an deren Familienangehörige zurückgehen. Zu den Nachteilen dieses Systems vgl Roth 235 ff.

cc) „Abkömmling" oder „Kind" in letztwilliger Verfügung

19 Werden in einer letztwilligen Verfügung „Kinder" oder „Abkömmlinge" bedacht, so fallen darunter grds nicht nur adoptierte Minderjährige (§ 1754 Rn 10), sondern auch adoptierte Volljährige (so iE OLG Frankfurt OLGZ 1972, 120 = FamRZ 1972, 396 [LS]). Allerdings kann gerade bei einer Erwachsenenadoption die Auslegung zu einem anderen Ergebnis führen. Dies gilt insbes dann, wenn die Adoption erst nach dem Tod des Erblassers erfolgt ist. Hier wird es nur selten dem Erblasserwillen entsprechen, wenn ein adoptierter Erwachsener im Nachhinein in den Genuß einer letztwilligen Verfügung (als Nacherbe oder Vermächtnisnehmer) gebracht wird (vgl BayObLGZ 1984, 246 = FamRZ 1985, 426 = MDR 1985, 235; OLG Hamm FamRZ 1999, 1390 = Rpfleger 1999, 278; OLG Stuttgart FamRZ 1981, 818 m Anm Bausch; LG München FamRZ 2000, 569; LG Stuttgart FamRZ 1990, 214).

2. Im öffentlichen Recht

20 Nach § 6 StAG erwerben Ausländer, die nach Vollendung des 18. Lebensjahres von einem deutschen Staatsangehörigen als Kind angenommen werden, nicht die deutsche **Staatsangehörigkeit** (vgl auch BVerwGE 108, 216 = NJW 1999, 1347 = StAZ 1999, 176). Zur **aufenthaltsrechtl Stellung** des von einem deutschen Staatsangehörigen adoptierten ausländischen Erwachsenen vgl § 1767 Rn 27. Nach § 15 ErbStG wird ein adoptierter Volljähriger in die **Erbschaftsteuerklasse I** befördert (Näheres § 1767 Rn 26); er behält darüber hinaus schon wegen § 1770 Abs 2 die steuerrechtl Vergünstigungen in der Ursprungsfamilie. Stirbt der Angenommene, so gehören Eltern und Adoptiveltern gleichermaßen der Steuerklasse II an.

§ 1771

Das Vormundschaftsgericht kann das Annahmeverhältnis, das zu einem Volljährigen begründet worden ist, auf Antrag des Annehmenden und des Angenommenen aufheben, wenn ein wichtiger Grund vorliegt. Im übrigen kann das Annahmeverhältnis nur in sinngemäßer Anwendung der Vorschriften des § 1760 Abs. 1 bis 5 aufgehoben werden. An die Stelle der Einwilligung des Kindes tritt der Antrag des Anzunehmenden.

Materialien: BT-Drucks 7/3061, 24–27, 55; BT-Drucks 7/5087, 21. S Staudinger/BGB-Synopse (2000) § 1771.

Systematische Übersicht

I. Normzweck und Entstehungsgeschichte

Das **AdoptG v 1976** hat die **Aufhebung der Volljährigenadoption** in § 1771 selbständig **1** und inhaltlich anders als die **Aufhebung der Minderjährigenadoption** in §§ 1759 ff geregelt. Soweit die Adoption an Begründungsmängeln leidet, verweist allerdings S 2 auf § 1760. Die Aufhebung wegen nachträglichen Scheiterns ist aber nach S 1 von anderen Voraussetzungen abhängig als in § 1763. Die unterschiedliche Regelung ist gerechtfertigt: Eine Aufhebung von Amts wegen, wie sie in § 1763 Abs 1 für die Minderjährigenadoption vorgesehen ist, kommt für die Volljährigenadoption kaum in Betracht. Außerdem steht § 1763 in engem Zusammenhang mit § 1742 und gestattet nach Abs 3 eine Aufhebung der Minderjährigenadoption grds nur, um das Kind besser geeigneten Eltern neu zuordnen zu können. Bei einer Volljährigenadoption scheidet diese Zielsetzung aus. Abgesehen davon gilt seit dem AdoptRÄndG v 1992 das Verbot der Zweitadoption nicht mehr für die Volljährigenadoption (§ 1768 Abs 1 S 2; Näheres § 1742 Rn 8 u § 1768 Rn 14, außerdem unten Rn 6).

2 Vor der Reform v 1976 führten gravierende Begründungsmängel zur Nichtigkeit der Adoption. Einer Aufhebung entsprechend § 1771 S 2 iVm § 1760 nF bedurfte es deshalb nicht (vgl § 1760 Rn 2). Im übrigen stand es den an der Adoption Beteiligten frei, das einmal begründete Annahmeverhältnis durch Vertrag wieder aufzuheben (§ 1768 aF). Ein wichtiger Grund iS des heutigen § 1771 S 1 brauchte allerdings nicht vorzuliegen. Im Zuge der Reformarbeiten war eine § 1768 aF entsprechende Regelung für die Volljährigenadoption vorgeschlagen worden. Der Gesetzgeber folgte aber dieser Anregung nicht. Die Aufhebung sollte nur durch Gerichtsbeschluß möglich sein und nicht der bloßen „Willkür der Beteiligten" überlassen werden (BT-Drucks 7/3061, 55).

II. Nichtigkeit, Aufhebbarkeit, Verfassungsbeschwerde wegen Verletzung rechtlichen Gehörs

3 Eine **nichtige Adoption** braucht nicht aufgehoben zu werden. Allerdings sind Nichtigkeitsgründe selten (Näheres § 1759 Rn 5 ff). Wirksam ist eine Volljährigenadoption insbes auch dann, wenn sie ohne die Absicht, ein Eltern-Kind-Verhältnis herzustellen, nur aus erbschaftsteuerlichen oder aufenthaltsrechtl Gründen erfolgte (unbestr, vgl § 1767 Rn 8; auch BGHZ 103, 12, 17 = NJW 1988, 1139, 1140 = FamRZ 1988, 390, 391 f; OLG Köln NJW 1980, 63 m Anm LÜDERITZ NJW 1980, 1087).

4 Eine **Aufhebung des Annahmeverhältnisses** nach § 1771 S 1 ist nur auf Antrag des Annehmenden und des Anzunehmenden, nach § 1771 S 2 nur auf Antrag des Annehmenden *oder* des Anzunehmenden möglich. Die anhörungsberechtigten Abkömmlinge des Annehmenden und des Anzunehmenden werden durch § 1771 ebensowenig geschützt wie die Eltern des Anzunehmenden (vgl § 1768 Rn 2). Bei **Verletzung des Anspruchs auf rechtl Gehör** (Art 103 Abs 1 GG) kommt jedoch eine Aufhebung des Annahmeverhältnisses nach Maßgabe der Ausführungen zu § 1759 Rn 11 f in Betracht. Führt die **Verfassungsbeschwerde** zur Aufhebung des Adoptionsbeschlusses, so sollte eine rückwirkende Beseitigung des Statusverhältnisses ausgeschlossen sein (vgl § 1759 Rn 13). Wenn eine Aufhebung bei fehlendem Antrag des Annehmenden oder des Anzunehmenden nach § 1771 S 2 u 3 nur mit ex-nunc-Wirkung möglich ist, sind bei einer Verletzung von Anhörungsrechten keine strengeren Sanktionen möglich.

III. Aufhebung aus wichtigem Grund (S 1)

1. Volljährigenadoption als Voraussetzung

a) Verhältnis zu § 1763
5 § 1771 S 1 gilt nur für Annahmeverhältnisse, die **„zu einem Volljährigen begründet"** worden sind. Wurde das Annahmeverhältnis zu einem Minderjährigen hergestellt, so kommt während der Minderjährigkeit des Angenommenen eine Aufhebung nach

§ 1763 in Betracht. Nach Erreichung des Volljährigkeitsalters scheidet dagegen nach dem klaren Gesetzeswortlaut eine Aufhebung sowohl gem § 1763 als auch gem § 1771 S 1 aus. Die Rspr (OLG Hamm NJW 1981, 2762 = FamRZ 1981, 498 = DAVorm 1981, 391; OLG Düsseldorf NJW-RR 1986, 300; OLG Zweibrücken NJW-RR 1986, 1391 = FamRZ 1986, 1149; FamRZ 1997, 577; OLG Stuttgart OLGZ 1988, 268 = NJW 1988, 2386 = FamRZ 1988, 1096; OLG Karlsruhe FamRZ 1996, 434 = StAZ 1996, 18; BayObLG FamRZ 1990, 204; unklar BayObLGZ 1978, 258 = FamRZ 1978, 944 = DAVorm 1978, 775, klargestellt durch BayObLGZ 1989, 383, 386 = FamRZ 1990, 204, 205; auch BayObLG FamRZ 1990, 1392, 1393) und der überwiegende Teil der Lehre (PALANDT/DIEDERICHSEN Rn 1; BGB-RGRK/DICKESCHEID Rn 6; MünchKomm/MAURER Rn 2; aA BOSCH FamRZ 1978, 656, 664 unter VII b, FamRZ 1984, 829, 842 u FamRZ 1986, 1149 f; ERMAN/HOLZHAUER § 1759 Rn 5 u 6; SOERGEL/LIERMANN Rn 8, der in krassen Ausnahmefällen eine Korrektur für geboten hält) lehnen zutr eine **entsprechende Anwendung v § 1771 S 1 auf inzwischen volljährig gewordene Adoptivkinder** ab. Von einer Regelungslücke kann nicht gesprochen werden. Der Gesetzgeber hat gesehen, daß jede Minderjährigenadoption eines Tages in ein Annahmeverhältnis zu einem Volljährigen übergeht, das dann unaufhebbar ist. „Das geltende Recht kennt auch bei einem auf Geburt beruhenden Eltern-Kind-Verhältnis keine Einschränkung, nachdem das Kind volljährig geworden ist." (BT-Drucks 7/3061, 27, vgl auch 55 zu § 1771 unter Nr 4; ausf zur Entstehungsgeschichte OLG Hamm NJW 1981, 2762 = FamRZ 1981, 498 = DAVorm 1981, 391). Unvernünftig oder gar sinnlos ist die gesetzl Regelung nicht. Schon die Minderjährigenadoption ist ähnl stabil ausgestaltet wie das natürliche Eltern-Kind-Verhältnis. Daran ändert § 1763 nichts; denn diese Bestimmung ist im wesentlichen nur eine Folge des (verfehlten) § 1742 (vgl dazu § 1763 Rn 1). Ist aber die Minderjährigenadoption grds unaufhebbar, dann erscheint es nur konsequent, wenn das Annahmeverhältnis auch nach Erreichen des Volljährigkeitsalters nicht mehr in Frage gestellt werden kann. Rechtl stehen nach dem 18. Lebensjahr des Adoptivkindes ohnehin nur vermögensrechtl Interessen (Unterhalt, Erbrecht) auf dem Spiel. Diese Folgen der Adoption sollten die Beteiligten in gleicher Weise hinnehmen wie Eltern und leibl Kinder. Mit „Volladoptionsmystik" (STÖCKER FamRZ 1974, 568, 569) hat das jedenfalls nichts zu tun. Im übrigen würde eine Aufhebung der Minderjährigenadoption den Angenommenen nach Jahren oder Jahrzehnten nicht nur aus der Adoptivfamilie ausgliedern, sondern mit allen unterhalts- und erbrechtl Konsequenzen wieder in seine Ursprungsfamilie zurückführen (§ 1764). § 1772 Abs 2 S 1 schließt deshalb sogar die Aufhebung der Erwachsenen-Volladoption entsprechend § 1771 S 1 aus.

Auch wenn eine Minderjährigenadoption nicht mehr nach § 1763 oder § 1771 S 1 **6** aufgehoben werden kann, nachdem das Kind volljährig geworden ist, so erlaubt doch § 1768 Abs 1 S 2 idF des AdoptRÄndG v 1992 (BGBl I 1974) entgegen § 1742 die **Zweitadoption** des volljährig gewordenen Adoptivkindes ohne vorherige Aufhebung der Erstadoption (Näheres § 1742 Rn 8). Diese (Neu-)Regelung entschärft die Problematik der gesetzl nicht vorgesehenen Aufhebbarkeit von Minderjährigenadoptionen nach Erreichung des Volljährigkeitsalters durch das Adoptivkind und macht die vor Inkrafttreten des AdoptRÄndG v 1992 aufkommende Diskussion um die Verfassungswidrigkeit der Regelung des geltenden Rechts (vgl STAUDINGER/FRANK[12] § 1742 Rn 11) gegenstandslos. Würde die Minderjährigenadoption – nach welcher Bestimmung auch immer – aufgehoben, so würde das Kind rechtl wieder in seine Ursprungsfamilie zurückgeführt (§ 1764). Dieses Ergebnis kann seit dem AdoptRÄndG v 1992 auch durch eine Rückadoption des Kindes erzielt werden, wobei allerdings zu beachten ist, daß die Rückadoption einen Antrag des (der) Annehmenden und des

Anzunehmenden voraussetzt und nur die Wirkungen des § 1770 hat, falls nicht ausnahmsweise eine Volladoption nach § 1772 ausgesprochen wird. Jedenfalls ermöglicht aber § 1768 Abs 1 S 2 eine angemessene Lösung der Fälle, in denen das volljährig gewordene Adoptivkind zu seinen leibl Eltern oder zu einem leibl Elternteil zurückfindet oder in denen aufgrund einer Entfremdung des Adoptivkindes von seinen Adoptiveltern eine Annahme durch verwandte oder nichtverwandte Dritte angestrebt wird.

b) Übergeleitete Minderjährigenadoptionen

7 Für **Minderjährigenadoptionen, die vor dem 1.1.1977 begründet wurden** und nach Art 12 § 2 Abs 2 S 1 AdoptG zur Adoption neuen Rechts erstarkten, gilt das bereits Gesagte. Sie können nicht mehr aufgehoben werden, sobald der Angenommene das Volljährigkeitsalter erreicht hat (BayObLGZ 1989, 383, 385 = FamRZ 1990, 204; OLG Düsseldorf NJW-RR 1986, 300; OLG Hamm NJW 1981, 2762 = FamRZ 1981, 498 = DAVorm 1981, 391; OLG Stuttgart OLGZ 1988, 268 = NJW 1988, 2386 = FamRZ 1988, 1096). Haben die Beteiligten nach Art 12 § 2 Abs 2 S 2 eine Erklärung dahingehend abgegeben, daß die Vorschriften des AdoptG v 1976 nicht angewandt werden sollen, so bestimmte sich gem Art 12 § 3 Abs 2 S 3 die Aufhebbarkeit des Annahmeverhältnisses während der Minderjährigkeit des Kindes nach § 1763 Abs 1 u 2 (vgl Vorbem 72 zu §§ 1741 ff; BayObLG FamRZ 1990, 97; SOERGEL/LIERMANN Rn 6; BOSCH FamRZ 1978, 656, 663 f; aA BEHN ZBlJugR 1977, 463, 482). Nach Erreichen des Volljährigkeitsalters ist gem Art 12 § 3 Abs 1 AdoptG § 1771 maßgebend (vgl Vorbem 72 zu §§ 1741 ff; BayObLGZ 1989, 383, 385 = FamRZ 1990, 204, 205; BayObLG FamRZ 1990, 97; BayObLGZ 1978, 258 = FamRZ 1978, 944 = DAVorm 1978, 775; SOERGEL/LIERMANN Rn 6). Hier kann also eine zu einem Minderjährigen begründete Adoption noch aufgehoben werden.

c) Volladoption nach § 1772

8 Im Falle einer Volladoption gem § 1772 scheidet nach § 1772 Abs 2 S 1 eine Anwendung v § 1771 S 1 aus. Das Annahmeverhältnis kann nur wegen Erklärungsmängeln aufgehoben werden (vgl § 1772 Rn 8).

2. Wichtiger Grund

9 Eine vertragliche Aufhebung des Annahmeverhältnisses war **vor der Reform v 1976** möglich, ohne daß ein wichtiger Grund vorlag (§ 1768 aF). Im RegE (BT-Drucks 7/3061, 55) heißt es dazu:

„Es ist nicht gerechtfertigt, die Aufhebung des Annahmeverhältnisses auf Antrag der Annehmenden und des Angenommenen grundlos und nach Willkür der Beteiligten zuzulassen. Zwar steht der freien Aufhebbarkeit nicht mehr das Wohl eines Minderjährigen entgegen. Die Zugehörigkeit zu einem Familienverband ist jedoch auch für den Volljährigen von erheblicher Bedeutung. Deshalb soll das Vormundschaftsgericht das zu einem Volljährigen begründete Annahmeverhältnis nur aufheben können, wenn ein wichtiger Grund vorliegt."

Ein wichtiger Grund liegt vor, wenn dem Annehmenden oder dem Angenommenen eine Fortsetzung des Annahmeverhältnisses nicht mehr zugemutet werden kann (GERNHUBER/COESTER-WALTJEN § 69 II 8; BGB-RGRK/DICKESCHEID Rn 4). Obwohl einseitige **Unzumutbarkeit** genügt, ist der Schutz des Annehmenden und des Anzunehmenden dadurch gewährleistet, daß beide nur gemeinsam den Antrag auf Aufhebung des

Annahmeverhältnisses stellen können (dazu unten Rn 11 ff). Die Unzumutbarkeit kann auf ein schuldhaftes schweres Fehlverhalten des Angenommenen oder des Annehmenden zurückzuführen sein, aber auch auf einer schuldlosen Zerrüttung der Beziehungen beruhen (BGB-RGRK/DICKESCHEID Rn 3). Es reicht nicht aus, wenn sich die geplante Herstellung des Eltern-Kind-Verhältnisses lediglich schwieriger gestaltet als erwartet, oder wenn das Annahmeverhältnis aufgrund nicht vorhersehbarer Umstände einem oder beiden Beteiligten lästig wird. Ein wichtiger Grund liegt außerdem vor, wenn die **Annahme von vornherein sittlich nicht gerechtfertigt** war, weil es den Beteiligten nicht um die Herstellung eines Eltern-Kind-Verhältnisses, sondern um die Erlangung aufenthaltsrechtlicher oder erbschaftsteuerlicher oder sonstiger wirtschaftlicher Vorteile ging (vgl BGHZ 103, 12 = NJW 1988, 1139 = FamRZ 1988, 390). Hier könnte man trotz des erforderlichen beiderseitigen Antrags zweifeln, ob die Fortsetzung des Annahmeverhältnisses den Beteiligten nicht zugemutet werden sollte. Das öffentliche Interesse an der Beseitigung sittlich nicht gerechtfertigter Adoptionen sollte aber den Ausschlag geben (**aA** OLG Schleswig NJW-RR 1995, 583 = FamRZ 1995, 1016 = MDR 1995, 388). Schützenswerte Drittinteressen können im Einzelfall gegen eine Aufhebung sprechen. So darf trotz schwerer Zerrüttung des Annahmeverhältnisses die Unterhaltslast des Annehmenden nicht ohne weiteres mit Hilfe einer gemeinsam beantragten Aufhebung der Adoption wieder den leibl Eltern aufgebürdet werden.

Das VormG hat **von Amts wegen** (§ 12 FGG) zu prüfen, ob ein wichtiger Grund iSv **10** **§ 1771 S 1 vorliegt**. Es ist dabei auf die Mitwirkung der Antragsteller angewiesen. Obwohl oft kein Anlaß bestehen wird, an den übereinstimmenden Angaben des Annehmenden und des Angenommenen zu zweifeln, kann die Überprüfung nicht auf die Ernstlichkeit der Anträge und den freien Entschluß der Antragsteller beschränkt werden (so aber MünchKomm/MAURER Rn 6). Schlechte Erfahrungen mit dem Scheidungsrecht aus der Zeit vor dem 1. EheRG v 1976 erlauben es nicht, am eindeutigen Willen des Gesetzgebers vorbeizugehen. Man sollte deshalb auch nicht von einer Indizwirkung der Anträge sprechen (zutr GERNHUBER/COESTER-WALTJEN § 69 II Fn 20; BGB-RGRK/DICKESCHEID Rn 5; ROTH-STIELOW Rn 3; SOERGEL/LIERMANN Rn 10; BayObLGZ 1978, 1, 4 = FamRZ 1978, 736, 738 = StAZ 1978, 158, 159; **aA** ERMAN/HOLZHAUER Rn 7; MünchKomm/MAURER Rn 6).

3. Beiderseitiger Antrag

§ 1771 S 1 setzt Anträge des Annehmenden *und* des Angenommenen voraus. Die **11** Anträge unterliegen nicht der dreijährigen Ausschlußfrist des § 1762 Abs 2 (OLG Schleswig NJW-RR 1995, 583 = FamRZ 1995, 1016 = MDR 1995, 388). Das **Erfordernis eines beiderseitigen Antrags** ergibt sich aus dem Gesetzeswortlaut. Einige Autoren meinen, der ratio der Bestimmung besser gerecht zu werden, wenn sie das Wort „und" nicht iS einer Antragskumulation, sondern von „und auch" („oder") verstehen. Nach ihrer Auffassung soll bei Vorliegen eines wichtigen Grundes eine Aufhebung auch auf **einseitigen Antrag** möglich sein (so ERMAN/HOLZHAUER Rn 6; BOSCH FamRZ 1978, 656, 665 f bei Fn 120). Diese Auffassung stößt auf die geschlossene Ablehnung der Rspr (BGHZ 103, 12 = NJW 1988, 1139 = FamRZ 1988, 390; Vorlagebeschluß KG NJW-RR 1987, 777 = FamRZ 1987, 635; KG OLGZ 1987, 306 = NJW-RR 1987, 776 = MDR 1987, 585; OLG Karlsruhe FamRZ 1988, 979; OLG Hamm NJW 1981, 2762 = FamRZ 1981, 498; OLG Frankfurt OLGZ 1982, 421 = FamRZ 1982, 1241; BayObLGZ 1978, 1 = FamRZ 1978, 736 = MDR 1978, 579; AG Langen MDR 1980, 1021; **aA** ohne Auseinandersetzung mit der Rspr AG Leutkirch FamRZ 1989, 538).

Auch in der Lit wird überwiegend ein kongruenter beiderseitiger Antrag für erforderlich gehalten (ENGLER FamRZ 1976, 584, 592; GERNHUBER/COESTER-WALTJEN § 69 II 8; BGB-RGRK/DICKESCHEID Rn 2; MünchKomm/MAURER Rn 2; SOERGEL/LIERMANN Rn 7).

12 Auf das Erfordernis eines beiderseitigen Antrags zu verzichten, besteht kein Anlaß. Der **Gesetzeswortlaut** ist deutlich genug, und aus der Entstehungsgeschichte ergibt sich klar, daß an die Stelle des nach früherem Recht möglichen Aufhebungsvertrags (§ 1768 aF) der „gemeinsame", „übereinstimmende" Antrag des Annehmenden und des Anzunehmenden auf Aufhebung des Annahmeverhältnisses treten sollte (Bericht des RAussch BT-Drucks 7/5087, 8, 21; auch RegE BT-Drucks 7/3061, 27, 55; ausf zur Entstehungsgeschichte KG NJW-RR 1987, 777 = FamRZ 1987, 635 u OLG Hamm NJW 1981, 2762 = FamRZ 1981, 498). Bei den Reformarbeiten waren im übrigen die spezifischen Probleme der Erwachsenenadoption in der Lit nur spärlich behandelt worden. Der Umstand, daß einige Autoren sich seinerzeit für die Möglichkeit der Aufhebung auf einseitigen Antrag ausgesprochen hatten (ENGLER 113; STÖCKER FamRZ 1974, 568, 569; früher schon HEINISCH, Beendigung und Nichtigkeit der Adoption [1960] 33 f), vermag am Willen des Gesetzgebers keine Zweifel aufkommen zu lassen (vgl aber ERMAN/HOLZHAUER Rn 5; BOSCH FamRZ 1978, 656, 661 f).

13 **§ 1771 S 1 hat** im übrigen **an der Rechtslage, wie sie vor Inkrafttreten des AdoptG v 1976 bestand, nichts Wesentliches geändert.** Auch nach altem Recht war die Aufhebung einer Volljährigenadoption auf einseitiges Betreiben nicht möglich (vgl STAUDINGER/ENGLER[10/11] § 1770 a Rn 5). Zwar war durch Art 5 des Ges v 12. 4. 1938 (RGBl I 380) eine solche Möglichkeit geschaffen worden; sie wurde später aber wieder durch das FamRÄndG v 11. 8. 1961 aufgehoben (Näheres STAUDINGER/ENGLER[10/11] § 1770 a Rn 2–4). Die Veränderung, die § 1771 S 1 gebracht hat, erschöpft sich mithin darin, daß das beiderseitige Betreiben der Aufhebung vom Vertragssystem in das Dekretsystem übergeführt und das Erfordernis eines wichtigen Grundes hinzugefügt wurde. Allerdings waren nach altem Recht Adoptionsverträge nach §§ 119 ff anfechtbar (vgl STAUDINGER/ENGLER[10/11] § 1755 Rn 1 ff); sie konnten auch als Scheingeschäfte oder wegen Sittenwidrigkeit nichtig sein (STAUDINGER/ENGLER[10/11] § 1756 Rn 5 ff). Die Frage, ob und inwieweit sich Mängel beim Zustandekommen der Adoption auf die Bestandskraft des Annahmeverhältnisses auswirken, ist heute in § 1760, auf den § 1771 S 2 verweist, abschließend geregelt. **Rechtsmißbräuchliche Adoptionen,** die früher nach § 138 nichtig waren, werden allerdings v § 1760 nicht erfaßt und können deshalb nur aufgrund eines gemeins Antrags des Annehmenden und des Angenommenen nach § 1771 S 1 aufgehoben werden. Die abweichende Ansicht des OLG Köln (NJW 1980, 63) ist auf allg Ablehnung gestoßen (BGHZ 103, 12 = NJW 1988, 1139 = FamRZ 1988, 390; KG [Vorlagebeschluß] NJW-RR 1987, 777 = FamRZ 1987, 635; LÜDERITZ NJW 1980, 1087). Für Mißbrauchsfälle besteht auch keinerlei Anlaß, eine Aufhebung auf einseitigen Antrag zuzulassen (BGHZ 103, 12 = NJW 1988, 1139 = FamRZ 1988, 390; KG [Vorlagebeschluß] NJW-RR 1987, 777 = FamRZ 1987, 635). De lege ferenda wäre allenfalls an eine Aufhebung von Amts wegen zu denken, die aber das geltende Recht bei der Volljährigenadoption nicht kennt (aA BGB-RGRK/DICKESCHEID Rn 9).

14 Der gesetzl Regelung kann auch nicht der **Vorwurf der Absurdität oder völligen Unvernunft** gemacht werden. Wenn eine Minderjährigenadoption nach Erreichen des Volljährigkeitsalters durch den Angenommenen ebensowenig aufgehoben werden kann wie eine *Volljährigenvolladoption* nach § 1772, dann paßt sich die Regelung

des § 1771 S 1, die immerhin eine eingeschränkte Aufhebungsmöglichkeit vorsieht, durchaus in das Gesamtsystem ein. Richtig ist allerdings, daß das zu einem Volljährigen begründete Annahmeverhältnis mit den Wirkungen des § 1770 nicht uneingeschränkt dem natürlichen Kindschaftsverhältnis gleichgestellt werden kann (ERMAN/HOLZHAUER Rn 5). Der Gesetzgeber hätte deshalb bei gravierendem Fehlverhalten eines Beteiligten eine Aufhebung auf einseitigen Antrag durchaus vorsehen können. Aber er hat es eben nicht getan, weil er es für richtig hielt, auch die Volljährigenadoption so stabil wie möglich auszugestalten. Damit haben sich die Beteiligten, die eine Erwachsenenadoption anstreben, abzufinden. Die unerwünschten Folgen der Adoption liegen ohnehin im wesentlichen nur auf unterhalts- und erbrechtl Gebiet, wo die Härteregelungen der §§ 1611, 2333, 2339 einen gewissen, wenn auch schwachen Schutz gewähren. Einen apriorischen Rechtsgrundsatz, daß Dauerrechtsverhältnisse aus wichtigem Grund vorzeitig beendbar sein müssen (so BOSCH FamRZ 1978, 656, 665), kennt jedenfalls das Familienrecht nicht (BGHZ 103, 12, 18 = NJW 1988, 1139, 1140 = FamRZ 1988, 390, 392).

Nach einem **Notventil für krasse Härtefälle** sollte man in Anbetracht der klaren ge- **15** setzl Regelung nicht suchen. Insbes kann das **Schikaneverbot (§ 226)** den zweiten Antrag nicht entbehrlich machen (so aber ROTH-STIELOW Rn 4; SOERGEL/LIERMANN Rn 8; OLG Frankfurt OLGZ 1982, 421 = FamRZ 1982, 1241, 1242; **dagegen** KG OLGZ 1987, 306, 309 = NJW-RR 1987, 776, 777 = MDR 1987, 585 f; KG FamRZ 1987, 635, 636; OLG Karlsruhe FamRZ 1988, 979, 980; GERNHUBER/COESTER-WALTJEN § 69 II Fn 18). Unklar bleibt, was das KG (OLGZ 1987, 306, 310 = NJW-RR 1987, 776, 777 = MDR 1987, 585, 586 unter Berufung auf LÜDERITZ NJW 1980, 1087) mit dem dunklen Satz meint, daß dem Angenommenen im Einzelfall – anders als dem leibl Kind – die Berufung auf das Bestehen des Annahmeverhältnisses unter den Voraussetzungen des § 826 versagt werden könne. Selbst bei schweren Vergehen oder Verbrechen des Angenommenen gegenüber dem Annehmenden ist keine dem § 1771 im Range vorgehende Rechtsnorm zu erkennen, die eine Aufhebung auf einseitigen Antrag gebieten würde. Es ist weder ein Verstoß gegen die Menschenwürde noch gegen die durch Art 2 GG geschützten persönlichen Freiheitsrechte noch gegen das **Willkürverbot (Art 3 GG),** wenn die Beteiligten auch bei „katastrophal fehlgeschlagenen Adoptionen" (vgl STÖCKER FamRZ 1974, 568, 569) an das Annahmeverhältnis gebunden bleiben, sofern nur einer der Beteiligten sich der Aufhebung widersetzt (so zutr KG OLGZ 1987, 306, 309 f = NJW-RR 1987, 776, 777 = MDR 1987, 585, 586; KG FamRZ 1987, 635, 636 f; OLG Karlsruhe FamRZ 1988, 979, 980).

IV. Aufhebung wegen Erklärungsmangels (S 2 und 3)

Leidet die Adoption an einem Erklärungsmangel, so kann das Annahmeverhältnis **16** „in sinngemäßer Anwendung der Vorschriften des § 1760 Abs 1–5 aufgehoben werden". Die Bestimmung ist **„sehr unglücklich gefaßt"** (ENGLER FamRZ 1976, 584, 592). Da § 1760 keine weiteren Abs enthält, hätten auch die Abs 1–5 nicht erwähnt zu werden brauchen. Außerdem hätte es des Zusammenhangs wegen nahegelegen, auch die Anwendbarkeit oder Nichtanwendbarkeit der §§ 1761 u 1762 anzusprechen, für die nunmehr die allg Verweisungsnorm des § 1767 Abs 2 maßgebend ist. Die „eilige Redaktion" hat durch Überarbeitungen und Umstellungen in der Schlußphase (BT-Drucks 7/5087, 21) nicht gerade an Klarheit gewonnen.

17 Daß § **1760** „**sinngemäß**" anzuwenden ist, bedeutet insbes, daß nur fehlende oder mangelhafte Erklärungen des Annehmenden und des Angenommenen zu einer Aufhebung führen können. § 1771 S 3 stellt klar, daß an die Stelle der Einwilligung des Kindes in § 1760 Abs 1 der Antrag des Anzunehmenden tritt. Eine Einwilligung der Eltern des Anzunehmenden ist bei der Volljährigenadoption ohnehin nicht erforderlich (vgl BayObLG FamRZ 2001, 122), und die fehlende oder mangelhafte Einwilligung des Ehegatten tangiert die Bestandskraft der Volljährigenadoption ebensowenig wie die der Minderjährigenadoption.

18 „Sinngemäße Anwendung" heißt weiter, daß § 1760 Abs 2 lit e u Abs 5 überhaupt nicht anwendbar sind (Näheres BISCHOF JurBüro 1976, 1569, 1588 f; BGB-RGRK/DICKESCHEID Rn 11; MünchKomm/MAURER Rn 3 u 4). Die Anwendbarkeit v § 1761 Abs 2 (Kindeswohlgefährdung) wird zwar nicht über § 1771 S 2, wohl aber über § 1767 Abs 2 ausgeschlossen (vgl insoweit auch die ursprüngl Fassung v § 1771 Abs 1 S 2 iVm § 1760 Abs 5 im RegE BT-Drucks 7/3061, 7 f). § 1762 bleibt über § 1767 Abs 2 anwendbar.

Problematisch ist die im Gesetzgebungsverfahren nicht weiter bedachte Anwendung v § 1771 S 2 iVm § 1760 Abs 4: Eine **arglistige Täuschung über Vermögensverhältnisse** mag bei der Minderjährigenadoption irrelevant sein, sollte aber vor allem in Fällen der Hofübergabe oder Unternehmensnachfolge trotz der „Tendenz zur Personalisierung des Adoptionsrechts" (GERNHUBER/COESTER-WALTJEN § 69 II Fn 15) Beachtung finden (so auch MünchKomm/MAURER Rn 4, SOERGEL/LIERMANN Rn 12, BGB-RGRK/DICKESCHEID Rn 11). Weiterhelfen kann hier allerdings nur eine Argumentation, die § 1760 Abs 4 Alt 1 für nicht sinngemäß anwendbar erklärt (so BGB-RGRK/DICKESCHEID Rn 11).

§ 1772

(1) Das Vormundschaftsgericht kann beim Ausspruch der Annahme eines Volljährigen auf Antrag des Annehmenden und des Anzunehmenden bestimmen, daß sich die Wirkungen der Annahme nach den Vorschriften über die Annahme eines Minderjährigen oder eines verwandten Minderjährigen richten (§§ 1754 bis 1756), wenn

a) ein minderjähriger Bruder oder eine minderjährige Schwester des Anzunehmenden von dem Annehmenden als Kind angenommen worden ist oder gleichzeitig angenommen wird oder

b) der Anzunehmende bereits als Minderjähriger in die Familie des Annehmenden aufgenommen worden ist oder

c) der Annehmende das Kind seines Ehegatten annimmt oder

d) der Anzunehmende in dem Zeitpunkt, in dem der Antrag auf Annahme bei dem Vormundschaftsgericht eingereicht wird, noch nicht volljährig ist.

Eine solche Bestimmung darf nicht getroffen werden, wenn ihr überwiegende Interessen der Eltern des Anzunehmenden entgegenstehen.

(2) Das Annahmeverhältnis kann in den Fällen des Absatzes 1 nur in sinngemäßer Anwendung der Vorschriften des § 1760 Abs. 1 bis 5 aufgehoben werden. An die Stelle der Einwilligung des Kindes tritt der Antrag des Anzunehmenden.

Materialien: BT-Drucks 7/3061, 22, 55 f, 78; BT-Drucks 7/5087, 21 f; BT-Drucks 12/2506, 7 f, 9; BT-Drucks 13/4899, 158. S Staudinger/BGB-Synopse (2000) § 1772.

Systematische Übersicht

I.   Normzweck und Entstehungsgeschichte

Vor dem AdoptG v 1976 war dem BGB eine Volladoption Volljähriger (ebenso wie **1** eine Volladoption Minderjähriger) unbekannt. Bei den Reformarbeiten bestand Einigkeit darüber, daß für die Annahme Volljähriger die Volladoption als Regeltyp nicht paßt (vgl § 1770 Rn 1). Nach dem Grundmuster des § 1770 wird deshalb der Angenommene zwar Kind des Annehmenden, in dessen weitere Familie wird er jedoch nicht eingegliedert. Die Rechtsbeziehungen zur Ursprungsfamilie bleiben unverändert erhalten. Allerdings gibt es Fälle, bei denen es sinnvoll und gerechtfertigt erscheint, auch einen Erwachsenen rechtl vollständig aus seiner Ursprungsfamilie zu lösen und ebenso vollständig in eine neue Familie zu integrieren. Der Gesetzgeber hat deshalb in § 1772 für im einzelnen aufgeführte Sondersituationen die Möglichkeit der Volladoption geschaffen. Im Vordergrund steht dabei die „nachgeholte Minderjährigenadoption" (Abs 1 S 1 lit b) und die Stiefkindadoption (Abs 1 S 1 lit c). Geringere praktische Bedeutung hat der Fall, daß minderjährige und volljährige Geschwister gemeinsam angenommen werden (Abs 1 S 1 lit a). Die auf einen seltenen Sonderfall zugeschnittene Regelung des Abs 1 S 1 lit d wurde durch das KindRG v 1997 neu eingefügt, während die in Abs 1 S 1 lit c früher vorgesehene Möglichkeit der Volladoption des eigenen volljährig gewordenen nichtehel Kindes ebenso wie in § 1741 (vgl Rn 52) ersatzlos gestrichen wurde. Der Nachteil des § 1772 besteht darin, daß bei der Vielfalt denkbarer Lebenssachverhalte eine präzise Differenzierung nach Falltypen nicht möglich ist. Der Gesetzgeber hat diese Schwierigkeit gesehen, meinte jedoch, daß weitere Wahlmöglichkeiten oder richterl Ermessensspielräume „zu Unübersichtlichkeit und Unklarheit in familienrechtlichen Beziehungen" führen würden (BT-Drucks 7/3061, 23).

II.   Voraussetzungen

1.   Fallgruppen (Abs 1 S 1 lit a-d)

Ist ein minderjähriger Bruder oder eine minderjährige Schwester des Anzunehmen- **2** den vom Annehmenden bereits adoptiert worden, oder werden **minderjährige und volljährige Geschwister** gleichzeitig angenommen, so bietet sich auch für die Adoption des **volljährigen** Geschwisterteils eine Annahme nach Maßgabe der §§ 1754–

1756 an (lit a). Adoptierte Geschwister sollten in der neuen Familie möglichst die gleiche Rechtsstellung erlangen. Außerdem läßt die Annahme des minderjährigen Geschwisterteils erwarten, daß auch der volljährige stärker in die neue Familie hineinwächst, als es sonst bei einer Erwachsenenadoption der Fall ist. Obwohl die Vorschrift des § 1772 Abs 1 S 1 wegen ihres Ausnahmecharakters eng auszulegen ist (OLG Hamm OLGZ 1979, 410 = FamRZ 1979, 1082 = DAVorm 1979, 776), verbietet der Wortlaut nicht, die Bestimmung auch auf **Halbgeschwister** anzuwenden.

3 Lit b betrifft die **„nachgeholte Minderjährigenadoption".** Im RegE (BT-Drucks 7/3061, 56) heißt es: „In manchen Fällen lebt ein Pflegekind in einer Familie, ohne daß es zur Adoption kommt. Wenn sich die Beteiligten erst später entschließen, ein Annahmeverhältnis zu begründen, erscheint es gerechtfertigt, die Annahme mit starken Wirkungen zuzulassen." Die Vorschrift ist nicht glücklich gefaßt, weil sie nur darauf abhebt, daß der Anzunehmende „als Minderjähriger in die Familie aufgenommen worden ist". Über eine bloße räumliche Aufnahme hinaus wird man verlangen müssen, daß bereits während der Minderjährigkeit faktisch ein Eltern-Kind-Verhältnis entstanden ist (KG FamRZ 1996, 240, 241; OLG Hamm OLGZ 79, 410, 411 f = FamRZ 1979, 1082, 1084 = DAVorm 1979, 776, 781; MASSFELLER/BOEHMER, Das gesamte Familienrecht [3. Aufl] § 1772 Anm 1). Andererseits reicht ein Eltern-Kind-Verhältnis allein nicht aus, wenn der Anzunehmende nicht auch tatsächlich in der Familie des Annehmenden gelebt hat. Eine entsprechende Anwendung von lit b kommt wegen des Ausnahmecharakters der Vorschrift nicht in Betracht (OLG Hamm OLGZ 1979, 410 = FamRZ 1979, 1082 = DAVorm 1979, 776). Eine bestimmte Mindestdauer der Aufnahme ist anders als in Art 266 Abs 1 Nr 2 *schweiz* ZGB (= 5 Jahre) nicht vorgeschrieben. Die Fassung von lit b deutet jedoch auf die Notwendigkeit einer Kontinuität der Beziehung hin, die nicht gewahrt ist, wenn der Anzunehmende als Kleinkind zwar beim Annehmenden gelebt hat, später aber wieder von seinen Eltern betreut wurde. Zur Anwendbarkeit von lit b *und* lit c, wenn die Annahme durch ein Ehepaar erfolgt, die Voraussetzungen von lit b aber nur in der Person eines Ehegatten vorliegen, vgl Rn 4.

4 Die **Volladoption von Stiefkindern** (lit c) läßt sich nicht damit rechtfertigen, daß es sich wie im Falle von lit b um eine nachgeholte Minderjährigenadoption handelt; denn lit b setzt nicht voraus, daß die Ehe schon bestand, als das Kind noch minderjährig war, und verlangt nicht einmal, daß der Ehegatte des Annehmenden Inhaber des Sorgerechts war. Für die Regelung spricht, daß ohne Rücksicht für die Fallgestaltung im übrigen bei *Stiefkindern* oft das Bedürfnis nach einer völligen rechtl Gleichstellung gegenüber Stiefelternteil und leibl Elternteil sowie deren Familienangehörigen besteht. Lit c ist entsprechend anzuwenden, wenn die Annahme gleichzeitig durch beide Ehegatten erfolgt, die Voraussetzungen von lit b aber nur in der Person eines Ehegatten vorliegen; denn es kann schwerlich einen Unterschied machen, ob die Annahme vor der Eheschließung durch einen der späteren Ehegatten allein nach lit b erfolgt und der andere das Kind dann nach lit c hinzuadoptiert oder ob beide gemeinsam das Kind erst nach der Eheschließung adoptieren (KG FamRZ 1996, 240).

5 **Der Sonderfall von lit d** wurde durch das KindRG v 1997 neu eingefügt. War der Annahmeantrag während der Minderjährigkeit des Anzunehmenden beim VormG eingereicht worden, erfolgt der Ausspruch der Annahme aber erst, nachdem der Anzunehmende volljährig geworden ist, so kann das VormG dennoch bestimmen, daß sich die Wirkungen der Annahme nach den Vorschriften über die Annahme eines Minderjährigen richten. Lit d dürfte auf die während des Gesetzgebungsverfahrens ergangene Entscheidung BayObLGZ 1996, 77 = FamRZ 1996, 1034 m Anm LIERMANN FamRZ 1997, 112 zurückzuführen sein (Näheres zur Entstehungsgeschichte FamRefK/MAURER § 1772 Rn 3 ff u GRESSMANN, Neues Kindschaftsrecht Rn 412 ff). Inhaltlich läßt sich die Neuregelung vertreten, sachlich zwingend ist sie indessen nicht (vgl FRANK FamRZ 1998, 394, 399). Weder bei der Minderjährigen- noch bei der Volljährigenadoption geht es nämlich um die Verwirklichung zivilrechtlicher Ansprüche, für die ein Abheben auf den Zeitpunkt der Antragstellung oft zweckmäßig ist, sondern um das Wohl des Anzunehmenden, also um eine Interessenbewertung, für die es auf den Zeitpunkt der Entscheidung ankommt. Viele Rechtsordnungen verbieten deshalb ohne Rücksicht auf den Zeitpunkt der Antragstellung Volljährigenadoptionen generell, weil diese nicht auf die Verbesserung personaler Eltern-Kind-Beziehungen, sondern auf die bloße Veränderung vermögensrechtl Positionen (Unterhalts-, Erbrecht) ausgerichtet seien (§ 1767 Rn 11). Selbst die Volladoption eines Minderjährigen muß nicht notwendigerweise bis zur Vollendung des 18. Lebensjahres möglich sein. In Portugal liegt die Altersgrenze bei 14 Jahren (Art 1980 Abs 2 Cc), in Frankreich bei 15 Jahren (Art 345 Abs 1 Cc) und in Luxemburg bei 16 Jahren (Art 367 Abs 1 Cc).

Voraussetzung von lit d ist, daß Annehmender und Anzunehmender einen Antrag auf Ausspruch einer Volljährigenadoption mit den Wirkungen des § 1772 stellen. Ein Antrag des Annehmenden allein nach § 1752 Abs 1 genügt nicht. Wird der Anzunehmende im Laufe des Verfahrens volljährig, so ist allerdings den Beteiligten im (Rechts-)Beschwerdeverfahren durch Zurückverweisung an das AG Gelegenheit zur Stellung eines Antrags auf Volljährigenadoption (gem § 1772 oder gem § 1770) zu geben (OLG Karlsruhe FamRZ 2000, 768; LIERMANN FamRZ 1997, 112, 113; vgl auch OLG Hamm JAmt 2001, 96).

2. Entgegenstehende Interessen der Eltern des Anzunehmenden (Abs 1 S 2)

Nach Abs 1 S 2 dürfen bei der Adoption eines Volljährigen die Wirkungen einer **6** Minderjährigennadoption nicht angeordnet werden, „wenn **überwiegende Interessen der Eltern des Anzunehmenden** entgegenstehen". Abs 1 S 2 wurde durch das Adopt-RÄndG v 1992 neu eingeführt. Notwendig war die Regelung nicht; denn jede Volljährigenadoption muß sittlich gerechtfertigt sein (§ 1767 Abs 1). Da die **sittliche Rechtfertigung** nicht ohne Rücksicht auf die konkreten Wirkungen der Adoption beurteilt werden kann, ist es im Einzelfall durchaus denkbar, daß die Annahme zwar mit den Wirkungen des § 1770 sittlich gerechtfertigt erscheint, nicht aber eine Volladoption mit den Wirkungen des § 1772 (so die hL, vgl BGB-RGRK/DICKE-SCHEID Rn 4; MünchKomm/MAURER Rn 8; SOERGEL/LIERMANN Rn 9; zweifelnd GERNHUBER/COE-STER-WALTJEN § 69 III Fn 1). Nach dem Willen des Gesetzgebers sollte denn auch die Neuregelung lediglich „die Notwendigkeit, die sittliche Rechtfertigung einer Volladoption auch im Hinblick auf etwa entgegenstehende Elterninteressen zu überprüfen, im Gesetzestext *verdeutlichen*" (BT-Drucks 12/2506, 8; vgl auch LIERMANN FamRZ 1993, 1263, 1265 f; WAGENITZ ZfJ 1991, 241, 244 f; LÜDERITZ NJW 1993, 1050, 1051). In der Tat verdienen die Eltern des Anzunehmenden, deren Einwilligung in die Annahme nicht erforderlich ist, besonderen Schutz, wenn ihr volljähriges Kind im Wege der Volladoption angenommen wird. So droht den Eltern vor allem der Verlust von Unterhaltsansprüchen (vgl LG Heidelberg FamRZ 2001, 120) oder Pflichtteilsansprüchen. Aber auch immaterielle (ideelle) Interessen stehen auf dem Spiel, wenn etwa eine Adoption durch den Stiefvater sich letztlich nur als eine Fortsetzung des nachehel elterl Streits um das Kind erweist (vgl AG Kamen ZfJ 1996, 536). Daß Abs 1 S 2 die Interessen der leibl Eltern hervorhebt, schließt nicht aus, daß auch die Interessen anderer Verwandter des Anzunehmenden oder des Annehmenden unter dem Aspekt der sittlichen Rechtfertigung einer Volladoption entgegenstehen. Wenn der Gesetzgeber mit der Einfügung von Abs 1 S 2 allerdings glaubte, eine Beteiligung der Eltern am Adoptionsverfahren sicherstellen zu müssen (BT-Drucks 12/2506, 9), so überzeugt dieses Argument nicht; denn auch im Falle einer einfachen Volljährigenadoption mit den Wirkungen des § 1770 haben die Eltern nach unbestr Ansicht einen Anspruch auf rechtl Gehör (Art 103 GG). Bei dessen Verletzung droht auf eine Verfassungsbeschwerde hin die Aufhebung der Adoption (§ 1768 Rn 8).

III. Wirkungen

7 Bzgl der Adoptionswirkungen verweist § 1772 auf die §§ 1754–1756.

Ist der Annehmende mit dem Anzunehmenden im 2. oder 3. Grade verwandt oder verschwägert, so kann das VormG nur anordnen, daß die Rechtswirkungen des § 1756 Abs 1 eintreten, nicht aber, daß die Wirkungen der Minderjährigen*voll*adoption nach den §§ 1754, 1755 maßgebend sind. Wenn bei der Minderjährigenadoption insoweit keine Wahlmöglichkeit besteht, muß sie auch bei der Volljährigenadoption nach § 1772 ausgeschlossen bleiben (DIECKMANN ZBlJugR 1980, 567, 580 f). Entsprechendes gilt für die Annahme eines Stiefkindes, das aus einer durch Tod aufgelösten früheren Ehe des Ehegatten stammt (§ 1756 Abs 2).

Wird ein nichtehel Kind, das bereits den vorzeitigen Erbausgleich nach § 1934 d aF erhalten hat, mit den Wirkungen des § 1772 adoptiert, so kann der Vater das Geleistete nach § 812 Abs 1 S 2 Alt 1 zurückfordern (vgl § 1755 Rn 9).

Ein gem § 1772 adoptierter Volljähriger erwirbt infolge der Adoption nicht die deutsche Staatsangehörigkeit (§ 6 StAG). Verfassungsrechtl Bedenken gegen diese Regelung bestehen nicht (ausf BVerwGE 108, 216 = NJW 1999, 1347 = StAZ 1999, 176). Sind für eine Volljährigenadoption die zivilrechtl Folgen einer Minderjährigenadoption maßgebend, so heißt das nicht, daß der Erwerb der Staatsangehörigkeit in gleicher Weise geregelt werden müßte wie bei Personen unter 18 Jahren. Auch aufenthaltsrechtlich verstärkt eine Adoption gem § 1772 nicht per se den Schutz des Angenommenen (BVerwG InfAuslR 1993, 262).

IV. Aufhebung (Abs 2)

8 Nach Abs 2 S 1 kann eine Volljährigenadoption mit den Wirkungen des § 1772 nur wegen Erklärungsmängeln „in sinngemäßer Anwendung der Vorschriften des § 1760 Abs 1–5 aufgehoben werden". Nachdem in § 1771 des RegE die Aufhebung einer Volljährigenadoption noch unterschiedslos für die Fälle der §§ 1770 u 1772 geregelt war (BT-Drucks 7/3061, 8; vgl auch Stellungnahme des BR BT-Drucks 7/3061, 78 zu Nr 17 b), folgte der Gesetzgeber später der Anregung des RAussch, der in BT-Drucks 7/5087, 22 meint:

„Eine Aufhebung auf gemeinsamen Antrag des Annehmenden und des Angenommenen wie nach § 1771 S 1 erscheint bei Gleichstellung der Wirkungen der Annahme mit denen der Annahme eines Minderjährigen nicht gerechtfertigt. Würde diese Möglichkeit der Aufhebung für die Fälle eröffnet, in denen ein Volljähriger mit den Wirkungen der Volladoption angenommen wird, so müßte sie auch dann zugelassen werden, wenn ein als Minderjähriger Angenommener volljährig geworden ist. Dies ist jedoch mit den Grundsätzen der Volladoption nicht zu vereinbaren."

In Anbetracht des Gesetzeswortlauts und des in der Begründung klar zum Ausdruck kommenden gesetzgeberischen Willens erscheint es nicht verständlich, wenn von einer Mindermeinung dennoch contra legem die Möglichkeit einer Aufhebung „aus wichtigem Grund" befürwortet wird (so ERMAN/HOLZHAUER Rn 7; vgl auch BOSCH FamRZ 1978, 656, 663 f; mit Einschränkungen auch BGB-RGRK/DICKESCHEID Rn 6; aA die hL, zB BayObLGZ 1986, 57, 59 = NJW-RR 1986, 872, 873 = FamRZ 1986, 719, 720 m Anm BOSCH; OLG Hamm NJW 1981, 2762, 2763 = FamRZ 1981, 498, 500 = DAVorm 1981, 391, 397; MünchKomm/ MAURER Rn 10; PALANDT/DIEDERICHSEN Rn 7; SOERGEL/LIERMANN Rn 12). Die gesetzl Regelung bedarf auch für den Sonderfall des lit a keiner Korrektur, falls bei der Annahme teils minderjähriger, teils volljähriger Geschwister das Annahmeverhältnis zum minderjährigen Geschwisterteil nach § 1763 aufgehoben werden sollte (aA MünchKomm/ MAURER Rn 10; SOERGEL/LIERMANN Rn 12; BGB-RGRK/DICKESCHEID Rn 6); denn eine Aufhebung der Minderjährigenadoption nach § 1763 ist nur unter der Voraussetzung möglich, daß das Kind anderen Eltern neu zugeordnet, dh in aller Regel eine Zweitadoption durchgeführt wird (§ 1763 Abs 3). Gerade darum kann es aber beim volljährigen Geschwisterteil von vornherein nicht gehen, so daß auch hier eine Aufhebung der Volljährigenvolladoption ausscheidet.

Die Regelung, daß eine Aufhebung aus wichtigem Grund im Falle einer Volljährigenadoption mit den Wirkungen des § 1772 nicht möglich ist, wird durch § 1768 Abs 1 S 2 entschärft, der für Volljährigenadoptionen generell, dh ohne Rücksicht auf deren Wirkungen, das Verbot der Zweitadoption (§ 1742) aufhebt. Es bleibt also im Falle des § 1772 bei der Anwendbarkeit von § 1768 Abs 1 S 2 (so auch ERMAN/HOLZHAUER § 1768 Rn 3; aA SOERGEL/LIERMANN § 1742 Rn 11 u § 1768 Rn 8).

V. Verfahren

Der gemeinsame Antrag des Annehmenden und des Anzunehmenden (Abs 1 S 1) **9** wird zweckmäßigerweise mit dem Antrag nach § 1768 verbunden; er kann nachgeholt werden, muß aber spätestens bis zum Wirksamwerden des Annahmebeschlusses (§ 56 e S 2 FGG) gestellt sein. Wird nur Antrag auf Erlaß einer Adoption mit den Wirkungen nach § 1772 gestellt, so kann dieser Antrag nicht in einen solchen mit den Wirkungen einer Volljährigenadoption nach § 1770 umgedeutet werden; denn die schwache (einfache) Adoption ist gegenüber der Volladoption kein Minus, sondern ein Aliud (KG FamRZ 1996, 240, 241; SOERGEL/LIERMANN Rn 13). Zulässig ist es allerdings, den Hauptantrag auf Erlaß einer Volladoption gem § 1772, den Hilfsantrag auf Erlaß einer schwachen Adoption gem § 1770 zu richten (Näheres dazu § 1768 Rn 11).

Die Eltern des Anzunehmenden und die Abkömmlinge des Annehmenden und des **10** Anzunehmenden haben einen Anspruch auf rechtl Gehör (vgl § 1768 Rn 8). Nichtanhörung ist allerdings kein Aufhebungsgrund iSv S 2 iVm § 1760, ermöglicht aber eine Verfassungsbeschwerde, die nach Maßgabe der Ausführungen zu § 1759 Rn 12 zu einer Aufhebung des Annahmeverhältnisses führen kann.

11 Das VormG hat nach § 56 e S 1 FGG im Beschluß anzugeben, auf welche Gesetzesvorschriften sich die Annahme gründet. Es muß insbes klarstellen, ob es sich um eine Adoption mit den Wirkungen des § 1770 oder 1772 handelt. Eine Adoption mit den Wirkungen des § 1770 kann nicht nachträglich in eine Volladoption umgewandelt werden (vgl § 1768 Rn 11). Zur Möglichkeit eines Ergänzungsbeschlusses, wenn über den Antrag nach § 1772 versehentlich nicht entschieden wurde, vgl § 1768 Rn 11; ebenfalls dort zu Problemen, die sich ergeben können, wenn der Hauptantrag auf eine Adoption nach § 1772, der Hilfsantrag auf eine solche nach § 1770 gerichtet ist.

Sachregister

Die fetten Zahlen beziehen sich auf die
Paragraphen, die mageren Zahlen auf die
Randnummern.

J. von Staudingers
Kommentar zum Bürgerlichen Gesetzbuch
mit Einführungsgesetz und Nebengesetzen

Übersicht Nr 73/20. August 2001

Die Übersicht informiert über die Erscheinungsjahre der Kommentierungen in der 12. Auflage sowie in der 13. Bearbeitung und deren Neubearbeitung 1998 ff. (= Gesamtwerk STAUDINGER).

Die Übersicht ist für die 13. Bearbeitung und für deren Neubearbeitung zugleich ein Vorschlag für das Aufstellen des „Gesamtwerks STAUDINGER" (insbesondere für solche Bände, die nur eine Sachbezeichnung haben). Es wird empfohlen, die Austauschbände chronologisch neben den überholten Bänden einzusortieren, um bei Querverweisungen auf diese schnell Zugriff zu haben. Bei Platzmangel sollten die ausgetauschten Bände an anderem Ort in gleicher Reihenfolge verwahrt werden.

	12. Aufl.	13. Bearb.	Neub. 1998 ff.
Erstes Buch. Allgemeiner Teil			
Einl BGB; §§ 1 - 12; VerschG	1978/1979	1995	
§§ 21 - 103	1980	1995	
§§ 104 - 133	1980		
§§ 134 - 163	1980	1996	
§§ 164 - 240	1980	1995	
Zweites Buch. Recht der Schuldverhältnisse			
§§ 241 - 243	1981/1983	1995	
AGBG	1980	1998	
§§ 244 - 248	1983	1997	
§§ 249 - 254	1980	1998	
§§ 255 - 292	1978/1979	1995	
§§ 293 - 327	1978/1979	1995	
§§ 255 - 314			2001
§§ 315 - 327			2001
§§ 328 - 361	1983/1985	1995	
§§ 362 - 396	1985/1987	1995	2000
§§ 397 - 432	1987/1990/1992/1994	1999	
§§ 433 - 534	1978	1995	
Wiener UN-Kaufrecht (CISG)		1994	1999
§§ 535 - 563 (Mietrecht 1)	1978/1981 (2. Bearb.)	1995	
§§ 564 - 580 a (Mietrecht 2)	1978/1981 (2. Bearb.)	1997	
2. WKSchG (Mietrecht 3)	1981	1997	
MÜG (Mietrecht 3)		1997	
§§ 581 - 606	1982	1996	
§§ 607 - 610	1988/1989		
VerbrKrG; HWiG; § 13 a UWG		1998	
VerbrKrG; HWiG; § 13 a UWG; TzWrG			2001
§§ 611 - 615	1989	1999	
§§ 616 - 619	1993	1997	
§§ 620 - 630	1979	1995	
§§ 631 - 651	1990	1994	2000
§§ 651 a - 651 k	1983		
§§ 652 - 704	1980/1988	1995	
§§ 705 - 740	1980		
§§ 741 - 764	1982	1996	
§§ 765 - 778	1982	1997	
§§ 779 - 811	1985	1997	
§§ 812 - 822	1979	1994	1999
§§ 823 - 825	1985	1999	
§§ 826 - 829	1985/1986	1998	
ProdHaftG		1998	
§§ 830 - 838	1986	1997	
§§ 839 - 853	1986		
Drittes Buch. Sachenrecht			
§§ 854 - 882	1982/1983	1995	2000
§§ 883 - 902	1985/1986/1987	1996	
§§ 903 - 924	1982/1987/1989	1996	
Umwelthaftungsrecht		1996	
§§ 925 - 984	1979/1983/1987/1989	1995	
§§ 985 - 1011	1980/1982	1993	1999
ErbbVO; §§ 1018 - 1112	1979	1994	
§§ 1113 - 1203	1981	1996	
§§ 1204 - 1296	1981	1997	
§§ 1 - 84 SchiffsRG		1997	
§§ 1 - 25 WEG (WEG 1)	1997		

	12. Aufl.	13. Bearb.	Neub. 1998 ff.
§§ 26 - 64 WEG; Anh Besteuerung (WEG 2)	1997		
Viertes Buch. Familienrecht			
§§ 1297 - 1302; EheG u.a.; §§ 1353 - 1362	1990/1993		
§§ 1297 - 1320; NeLebGem (Anh §§ 1297 ff.); §§ 1353 - 1362		2000	
§§ 1363 - 1563	1979/1985	1994	2000
§§ 1564 - 1568; §§ 1 - 27 HausratsVO	1994/1996	1999	
§§ 1569 - 1586 b	1999		
§§ 1587 - 1588; VAHRG	1995	1998	
§§ 1589 - 1600 o	1983	1997	
§§ 1589 - 1600 e; Anh §§ 1592, 1600 e			2000
§§ 1601 - 1615 o	1992/1993	1997	2000
§§ 1616 - 1625	1985	2000	
§§ 1626 - 1665; §§ 1 - 11 RKEG	1989/1992/1997		
§§ 1666 - 1772	1984/1991/1992		
§§ 1638 - 1683		2000	
§§ 1684 - 1717; Anh § 1717		2000	
§§ 1741 - 1772		2001	
§§ 1773 - 1895; Anh §§ 1773 - 1895 (KJHG)	1993/1994	1999	
§§ 1896 - 1921	1995	1999	
Fünftes Buch. Erbrecht			
§§ 1922 - 1966	1979/1989	1994	2000
§§ 1967 - 2086	1978/1981/1987	1996	
§§ 2087 - 2196	1980/1981	1996	
§§ 2197 - 2264	1979/1982	1996	
BeurkG	1982		
§§ 2265 - 2338 a	1981/1983	1998	
§§ 2339 - 2385	1979/1981	1997	
EGBGB			
Einl EGBGB; Art 1 - 6, 32 - 218	1985		
Einl EGBGB; Art 1 - 2, 50 - 218		1998	
Art 219 - 221, 230 - 236	1993	1996	
Art 222		1996	
EGBGB/Internationales Privatrecht			
Einl IPR; Art 3, 4 (= Art 27, 28 aF), 5, 6	1981/1984/1988	1996	
Art 7 - 11	1984		
Art 7, 9 - 12		2000	
IntGesR	1980	1993	1998
Art 13 - 17	1983	1996	
Art 18		1996	
IntVerfREhe	1990/1992	1997	
Kindschaftsrechtl. Ü; Art 19 (= Art 18, 19 aF)	1979	1994	
Art 20 - 24	1988	1996	
Art 25, 26 (= Art 24 - 26 aF)	1981	1995	2000
Art 27 - 37; 10	1987/1998		
Art 38	1992	1998	
IntWirtschR		2000	
IntSachenR	1985	1996	
Alphabetisches Gesamtregister	1999		
BGB-Synopse 1896-1998		1998	
BGB-Synopse 1896-2000			2000
100 Jahre BGB - 100 Jahre Staudinger (Tagungsband 1998)	1999	1999	
Demnächst erscheinen			
§§ 104 - 133; BeurkG		2002	
§§ 164 - 240			2001
§§ 328 - 361 b			2001
§§ 651 a - 651 l		2001	
§§ 741 - 764			2001
§§ 1113 - 1203			2001
Art 27 - 37 EGBGB		2001	
Art 38 - 42 EGBGB			2001

Nachbezug: Um sich die Vollständigkeit des „Gesamtwerks STAUDINGER" zu sichern, haben Abonnenten jederzeit die Möglichkeit, die ihnen fehlenden Bände früherer Jahre zu für sie erheblich vergünstigten Bedingungen nachzubeziehen (z. B. 47 bis Dezember 1998 erschienene Bände [1994 ff.; ca. 30.700 Seiten] seit 1. Januar 2001 als Staudinger-Einstiegspaket 2001 für DM 9.136,-/öS 66.693,-*/sFr 7.857,-; ab 1.1.2002 € 4.568,- [D] ISBN 3-8059-0950-0). Auskünfte erteilt jede gute Buchhandlung und der Verlag.
* Die Preisangabe in öS ist eine unverbindliche Preisempfehlung.
Dr. Arthur L. Sellier & Co. KG - Walter de Gruyter GmbH & Co. KG oHG, Berlin
Postfach 30 34 21, D-10728 Berlin, Telefon (030) 2 60 05-0, Fax (030) 2 60 05-222